MADAME DE STAËL

Du même auteur

Histoire politique de la revue « Esprit », 1930-1950
Seuil, « L'univers historique », 1975
rééd. sous le titre
« Esprit ». Des intellectuels dans la Cité, 1930-1950
Seuil, « Points Histoire », n° 200, 1996

La République se meurt
Chronique, 1956-1958
Seuil, 1978 et Gallimard, « Folio », 1985 et 2008

« La Gauche depuis 1968 »
in *Jean Touchard*, La Gauche en France depuis 1900
Seuil, « Points Histoire », n° 26, 1977

Mémoires d'un communard. Jean Allemane
(présentation, notes et postface)
Maspero, 1981

Édouard Drumont et Cie
Antisémitisme et fascisme en France
Seuil, « XXe siècle », 1982

La Fièvre hexagonale
Les grandes crises politiques, 1871-1968
Calmann-Lévy, 1986
et Seuil, « Points Histoire », n° 97, 1987, 1995, 2001 et 2009

Chronique des années soixante
« Le Monde » et Seuil, « XXe siècle », 1987
« Points Histoire », n° 136, 1990

1789, l'année sans pareille
« Le Monde » et Orban, 1988
Perrin, « Tempus », 2004

Nationalisme, Antisémitisme et Fascisme en France
Seuil, « Points Histoire », n° 131, 1990 et 2004

L'Échec au roi, 1791-1792
O ban, 1991
Le Socialisme en France et en Europe
XIXe-XXe siècle
Seuil, « Points Histoire », n° 162, 1992

Les Frontières vives
Journal de la fin du siècle (1991)
Seuil, 1992

(la suite en fin d'ouvrage)

Michel Winock

MADAME DE STAËL

LE GRAND LIVRE DU MOIS

ISBN : 978-2-286-06538-6

À la mémoire de Simone Balayé et de Béatrice W. Jasinski,
grâce aux travaux desquelles la rédaction de cet ouvrage a été possible.

En cherchant la gloire, j'ai toujours espéré qu'elle me ferait aimer.

La gloire elle-même ne saurait être, pour une femme,
qu'un deuil éclatant du bonheur.

Mme de Staël,
Corinne

Introduction

Napoléon la redoutait comme la peste, Mme Récamier l'aimait et l'admirait, André Suarès la tenait pour une ogresse volubile, Émile Faguet en a fait « la pleine et lumineuse conscience intellectuelle des hommes de son temps »... Le fiel et le miel n'ont cessé de concourir dans les jugements sur Mme de Staël.

Pendant une dizaine d'années, j'ai donné un cours à Sciences Po sur l'histoire des idées politiques, sans jamais lui consacrer une seule leçon. S'il m'arrivait d'y faire allusion, elle était toujours la seconde de Benjamin Constant, happée par la célébrité de l'auteur d'*Adolphe*, fille à papa qui ne faisait jamais oublier qu'il s'appelait Necker. Il a fallu que nous entrions dans la querelle du « libéralisme », que le nom de « libéral » devînt une injure en France, pour que de nouvelles lectures me révèlent l'importance d'un authentique auteur politique, méconnue en dépit de ses œuvres profuses et des innombrables études qu'elles ont inspirées.

Cet aveu n'est pas une simple anecdote, il révèle l'injustice faite à Germaine de Staël. Célèbre en son temps, elle est moins citée aujourd'hui que la comtesse de Ségur : elle n'a pas conquis (ou gardé) sa véritable place dans notre culture. Pourtant, elle avait trouvé l'oreille de tous les grands noms de son époque, de Goethe à Bernadotte ou Alexandre Ier. Sainte-Beuve, écrivant en 1835, la plaçait au même rang que Chateaubriand et parlait de ces « deux génies dont nous sommes habitués à unir les noms et la gloire ». Si ce célèbre critique, qui n'a jamais passé pour flagorneur, disait vrai, comment interpréter une telle ingratitude de la postérité ?

Ballanche, son cadet de dix ans, a pu écrire à propos de Coppet, ce château au bord du lac Léman où Mme de Staël a su réunir la fine fleur des écrivains et des artistes de son temps : « C'est là que l'on trouvera la fin du règne classique et le commencement du règne romantique. Le personnage de Mme de Staël aura alors toute son importance historique. » Oui, mais son romantisme même est suspect : n'est-elle pas une femme de tête ? Une héritière des Lumières qui exalte la raison ? Ne la voit-on pas, à peine séchée l'encre des protestations d'amour noyées de larmes, écrire sans transition des lettres d'affaires à son notaire parisien ? Ou bien, c'est aussi déroutant, après s'être adonnée à la rédaction d'un essai rigoureux, perdre dans la même heure son sang-froid, s'évanouir, pleurer, crier, délirer, emportée dans tous les excès que son violent désir d'être aimée lui inspire ?

De son temps même, Mme de Staël avait « mauvais genre ». Un mari, quinze amants, cinq enfants, et elle veut penser et écrire comme un homme ! Cette « femme singulière », à vrai dire « ni homme ni femme », « une femme impétueuse que les deux sexes regardent comme une méprise de la nature » déroute ses contemporains. Mme Récamier, son amie, a obtenu le droit de régner sur les imaginaires par sa beauté et dans les catalogues des antiquaires grâce à son divan. Mme de Staël n'avait ni sa grâce ni son élégance. Et pourtant elle attire, elle charme, elle séduit, elle retient les plus déterminés à la quitter. D'où vient que ses détracteurs les plus acharnés n'aient d'autre recours que de la présenter comme une « production monstrueuse » ?

Elle s'avise de surcroît d'avoir des idées politiques, ce qui n'était pas conseillé aux femmes de son temps. Mais sa pensée politique aussi échappe aux catégories arrêtées. Fille d'une époque troublée, elle n'aura pas vécu assez longtemps pour synthétiser ses idées dans un ouvrage canonique. Née sous l'Ancien Régime, elle reste attachée aux formes de la politesse aristocratique quand bien même elle adhère aux principes de 1789 Républicaine, elle est honnie des conventionnels de la Terreur. Adversaire de la tyrannie napoléonienne, elle se rallie finalement à la restauration des Bourbons. Serait-elle une girouette ? Sa pensée politique est forcément tributaire des incertitudes de l'événement. Elle change, mais sans renoncer à rien de ce qui est à ses yeux le fondement de toute son action et de sa réflexion, l'avènement d'un régime de liberté. La forme – républicaine ou monarchique – compte moins que la modération, l'équilibre des pouvoirs, l'indépendance de la Justice, les droits de l'individu. Au demeurant, le meilleur de ses écrits politiques se trouve dans des publications posthumes, et, de son vivant, elle passa moins pour philosophe que pour intrigante. On a retenu le nom de Benjamin Constant comme l'un des piliers du libéralisme, et sans doute à juste titre. Mais, en lisant tous ses ouvrages politiques les plus achevés, les *Considérations sur la Révolution* et, surtout, ses *Circonstances actuelles qui peuvent terminer la Révolution*, je me suis rendu compte à quel point sa pensée est tressée avec celle des *Principes politique* de Benjamin Constant. Tous les deux ont vécu longtemps côte à côte, et de ce commerce autant intellectuel qu'amoureux sont nées des pages et des idées auxquelles ils ont tous deux intimement collaboré. Et si la réputation de Constant a longtemps éclipsé la sienne, c'est aussi parce qu'elle n'a pas eu le loisir (elle meurt en 1817, Constant en 1830) de ramasser ses idées comme il a pu le faire lui-même. Nous sommes chez elle comme chez lui dans le laboratoire de la pensée libérale française.

Mme de Staël a pensé la politique à chaud, ce qui prive sans doute ses écrits du marbre ou de l'airain d'une œuvre à la Montesquieu. Malgré les variations dramatiques du contexte dans lequel elle écrit, on découvre néanmoins chez elle méthode et continuité. Non contente de réagir à l'événement en journaliste qu'elle est aussi, elle cherche le ressort caché des choses. Mais au total elle n'inspire pas les classificateurs et autres taxinomistes, trop située qu'elle est dans l'entre-deux de l'Ancien Régime et de la Révolution. Car, si elle n'a jamais été contre-révolutionnaire (c'eût été bien simple de la ranger dans le rayon où se côtoient les Joseph de Maistre et les Louis de Bonald), la république qu'elle préconise, elle a voulu la découpler de ce que la Révolution a eu de plus violent et de plus ténébreux. Elle a régulièrement fustigé l'esprit de parti, mais l'esprit de parti a eu sa revanche : quel camp peut aujourd'hui revendiquer sa mémoire et son œuvre ?

Malgré ces obscurités, ces contradictions, je me suis avancé dans les écrits de Mme de Staël avec la jubilation de la découverte. Sa correspondance m'a souvent désorienté par sa tendance aux extrêmes, et ce qu'il serait facile d'appeler les marques de l'hystérie. Cependant, derrière les démonstrations hyperboliques et les débords de la sensibilité, j'ai rencontré une personnalité dont la modernité est bien réelle. Elle ne renonce à rien, se moque du qu'en-dira-t-on, s'accorde de nombreuses licences sans se priver d'une morale, aime la Révolution et ses principes sans s'interdire d'en dénoncer les excès, suit des yeux l'astre de la liberté sans se fixer sur les formes aléatoires des gouvernements, ouvre son château ou son salon à tous les contradicteurs, et, toute fille des Lumières qu'elle est, fait sienne la formule qu'elle a lue dans *L'Émile* : « Exister, pour nous, c'est sentir ; notre sensibilité est incontestablement antérieure à notre intelligence, et nous avons eu des sentiments avant des idées. »

C'est ainsi que, parti pour enquêter sur la pensée libérale de Mme de Staël, je me suis laissé embarquer dans les torrents de sa carte du Tendre. La raison qu'elle entend servir se conjugue avec l'enthousiasme et la mélancolie, ses sœurs jumelles, pour former ce mélange détonant qui fait de la vie de Germaine de Staël une matière toujours en fusion.

1

« Je suis la fille de M. Necker »

Née le 22 avril 1766, rue de Cléry, à Paris, Anne Louise Germaine Necker avait huit ans lorsque Louis XVI fut couronné et vingt-six au moment où tomba la tête de Louis Capet. C'est dire qu'elle a déroulé ses années d'enfance et de jeunesse au crépuscule de l'Ancien Régime et au cœur de la Révolution. Mais ce fut à partir d'un double observatoire dont personne d'autre ne pouvait se prévaloir : à la fois depuis le salon des Lumières que tenait sa mère et depuis, au moins pour une saison – mais une saison incandescente –, le ministère des Finances dont son père, Jacques Necker, était le titulaire, véritable Premier ministre, porté aux nues avant d'être disgracié.

Elle fut d'abord la fille de sa mère, Mme Necker, née Suzanne Curchod, qui avait des idées très précises sur l'éducation des filles, et particulièrement sur celle de sa fille unique, qu'on appelait alors Louise. Fille d'un pasteur exerçant à Crassier, près de Lausanne, tôt orpheline, elle était réduite à la pauvreté. Elle avait cependant une excellente instruction, savait lire et écrire en latin, détenait des rudiments de sciences, jouait du clavecin et avait une certaine habileté pour l'aquarelle. Cette blonde aux yeux bleus avait de surcroît une beauté qui attirait les jeunes gens du voisinage, et mieux encore ceux de Lausanne où elle se produisait dans un cercle d'admirateurs. Un projet de mariage avait été ébauché avec l'historien anglais Edward Gibbon, qui était du même âge qu'elle, et qui avait été touché par les grâces de son esprit et de son visage : « Je la vis et j'aimai », dira-t-il en parlant d'elle. Le projet resta sans suite, Gibbon alléguant le refus de son père.

Suzanne Curchod ne manquait pas de protecteurs, en particulier le pasteur Moultou, fils d'un réfugié français, qui devait rester son ami, et aussi des femmes distinguées venues s'installer sur les bords du Léman pour consulter un médecin réputé, le docteur Tronchin. C'est la rencontre avec Mme Vermenoux à Genève qui décida de son sort. Veuve, jolie, sa protectrice avait connu Suzanne par l'intermédiaire de Moultou ; s'était intéressée à elle et lui avait proposé de l'emmener à Paris comme demoiselle de compagnie. Pleine d'attraits, Mme Vermenoux exerçait son pouvoir de séduction qui n'avait pas épargné Jacques Necker, une de ses relations, prêt à lui demander sa main. Ses assiduités étant restées sans succès, Necker se consola en demandant en mariage la demoiselle de compagnie, qui accepta sans hésiter. Mariés sous l'enseigne de la raison consolante, Jacques et Suzanne s'aimèrent d'amour et formèrent un couple d'une fidélité partagée et à toute épreuve. « Des tourterelles qui ne se quittent jamais », écrira leur fille.

La jeune fille pénétra d'emblée dans une maison riche, rue Michel-le-Comte, dans le Marais, là où se tenaient les bureaux de la maison de banque Thelusson et Necker. Pleine d'ambition pour elle et son mari, elle résolut d'avoir un salon. À cet effet, elle sut entrer dans le commerce des grandes dames qui attiraient chez elles les meilleurs esprits de leur temps : Mme Geoffrin, Mme Du Deffand, la maréchale de Luxembourg, dont il fallait ménager les susceptibilités. En quelques années, elle parvint à attirer chez elle, rue Michel-le-Comte, puis dans l'hôtel Leblanc de la rue de Cléry, les gens de lettres qu'elle avait su pêcher l'un après l'autre.

Jacques Necker, devenu en 1768 ministre de la république de Genève près la cour de France, avant de devenir neuf ans plus tard directeur général des Finances du roi, considérait avec bonhomie l'ambition de sa femme, tout en restant assez discret dans les conversations. Ce salon était ouvert le vendredi, seul jour de la semaine laissé disponible par la concurrence : Mme Geoffrin avait ses lundis et ses mercredis, le mardi était pris par Helvétius, les jeudis et les dimanches par le baron d'Holbach. La maîtresse de maison laissait, malgré le rigorisme de sa religion protestante, les avis les plus audacieux s'exprimer. Quoique figée dans l'étau de ses principes, elle jugeait qu'il était important pour la carrière de son mari de réunir chez elle les beaux esprits. Elle avait aussi un secret penchant pour l'écriture que son mari bridait au mieux, tenait un journal, écrivait à droite et à gauche, toujours soucieuse de style mais à désespérer parfois les amis de la simplicité.

Dès l'âge de cinq ans, « Minette », comme ses parents appelaient leur fille, est admise au salon, sur un tabouret près de sa mère. Elle écoute les philosophes, retient leurs formules, et, très vite, se plaît à répondre à leurs remarques quand ils s'adressent à cette petite qui leur paraît si bien douée. Parmi les habitués, l'enfant prodige écoute le spirituel Melchior Grimm, écrivain allemand ami des encyclopédistes et dont la *Correspondance littéraire* est un précieux témoignage sur la vie parisienne ; Marmontel, auteur des *Contes moraux* et encyclopédiste, dont les lettres à Mme Necker sont pleines d'effusions et d'adulation ; l'abbé Morellet, auteur d'articles sur la religion dans l'*Encyclopédie* ; le célèbre d'Alembert, philosophe et grand mathématicien, fils naturel de Mme de Tencin, un des piliers des autres salons avant la mort de Julie de Lespinasse (en 1776) et celle de Mme Geoffrin (1777) ; le littérateur Thomas ; l'académicien Suard ; le grand savant Buffon, qui résidait à Montbard mais ne ratait pas une occasion, lors de ses venues à Paris pour son Jardin du roi, de manifester de près à Mme Necker la tendresse qu'il lui prodiguait de loin dans ses lettres ; et puis Diderot, parlant à Sophie Volland d'« une femme qui possède tout ce que la pureté d'une âme angélique ajoute à la finesse du goût ». Mme de Staël fut élevée au Collège de France.

À son ami Moultou, resté en Suisse, et qui s'inquiétait quelque peu d'un pareil aréopage, Suzanne Necker répondait : « Je vois quelques gens de lettres, mais je me suis hâtée de leur montrer mes principes, on ne touche jamais à cet article chez moi. [...] Je vis, il est vrai, au milieu d'un grand nombre d'athées ; mais leurs arguments n'ont jamais même effleuré mon esprit, et, s'ils ont été jusqu'à mon cœur, ce n'a été que pour le faire frémir d'horreur. » Un soir, pourtant, l'aimable Grimm, bien involontairement, la fait pleurer sur ce sujet religieux – qu'elle-même ne dédaigne pas de mettre à la discussion – et tient tête à Diderot en personne.

Au demeurant, les échanges, au cours des premières années du salon de Mme Necker, portent surtout sur la littérature. Un des grands sujets est l'Académie française ; on disserte sur les discours, sur les prix, et plus encore sur les candidats et leurs chances. Certains d'entre eux s'adressent directement à Mme Necker, convaincus de son influence. À d'autres heures, on fait de la musique ou l'on écoute des vers, du théâtre, des œuvres nouvelles en prose auxquelles Mlle Clairon, retraitée des planches, prête sa voix célèbre. Avec de tels maîtres, une élève douée et motivée progresse vite. La petite Louise sur son tabouret fit un apprentissage de l'art de la conversation qui n'était pas accessible aux enfants royaux eux-mêmes.

En même temps, Mme Necker, rien moins que laxiste, entendait donner à sa fille une éducation et une instruction qui ne devaient rien laisser au hasard. La religion, et même la théologie, la morale y tenaient une grande part, mais aussi les disciplines profanes qu'elle lui enseigna elle-même : le latin, l'anglais, l'histoire, la géographie, les mathématiques..., sans oublier les leçons de clavecin que Louise prenait par ailleurs. La méthode était à l'inverse de celle de *L'Émile* qu'en lectrice admirative de Rousseau elle aurait dû appliquer. Elle ressemblait plus à la tête « bien pleine » de Rabelais, sans toutefois que l'enfant puis l'adolescente s'en soit plainte, manifestant pour les études des aptitudes hors du commun – celles que nous dirions aujourd'hui d'une surdouée.

En 1778, pâlotte, tour à tour languide et surexcitée, Germaine doit quitter l'hôtel parisien de ses parents, rue de la Chaussée-d'Antin, pour vivre hors de la capitale, sur le conseil du fameux docteur Tronchin. Necker avait acquis une maison de campagne à Saint-Ouen ; les parents y installent Minette avec une gouvernante, une bonne et une femme de chambre. Le bon air fera le reste, car très vite la santé de la petite s'améliore. Contre la solitude, Madame Mère avait ménagé à sa fille une compagnie en la personne de la fille de son professeur de clavecin, Catherine Huber, une Genevoise, protestante comme il se doit. Les premières lettres de Germaine de Staël datent de cette époque ; elles sont au nombre de sept, toutes adressées à sa mère. À les lire, on est frappé par sa maîtrise de la langue et son goût pour l'exaltation des sentiments, où l'on subodore l'influence de *La Nouvelle Héloïse* :

« Quelle que soit ma joie, écrit-elle ainsi, lorsque j'ai de vos nouvelles, je ne puis désirer de recevoir plus souvent de vos lettres. N'en dois-je pas sentir tout le prix ? Je les baise cent fois. Ah ! ma chère maman, ces moments se perpétuent pour moi, lorsque vous passez une demi-heure à m'écrire, ces moments se perpétuent pour moi et me rendent heureuse jusqu'au moment où je vous vois, et je puise dans vos yeux une nouvelle source de bonheur. Mais quelle sera mon ivresse lorsque je retournerai près de vous, que je serai sous les ailes de la meilleure de toutes les mères, que son exemple sera pour moi la plus excellente de toutes les leçons ! Ma joie n'aura plus de bornes, et je dirai bien du fond de mon cœur que les moments que je passerai près de vous, et de mon papa, seront les seuls heureux de ma vie. Jamais, ma chère maman, quelle que soit ma destinée, je ne trouverai de bonheur aussi pur que celui que je goûte maintenant ; en grandissant j'obéirai à un nouveau maître et je n'aurai jamais pour lui le quart de la tendresse que j'ai pour vous. »

Mme Necker s'émeut un peu des expressions exagérées de sa fille, et lui conseille le *moderato*. Peut-être sent-elle aussi au cours de ce séjour à Saint-Ouen que son influence sur sa fille est en passe d'être éclipsée par l'influence paternelle.

Jacques Necker était le fils de Karl Friedrich Necker, un Prussien, installé dans la république de Genève, où il était devenu professeur de droit, et de Jeanne Gautier, fille du premier syndic de Genève. Né en 1732, Jacques, à la fin de ses courtes études, avait été envoyé à Paris pour se former au métier de banquier auprès d'Isaac Vernet, frère d'un théologien de l'Académie de Genève. Il n'avait que seize ans mais il était appliqué, travailleur, épris de réussite, et, après la mort de l'associé d'Isaac Vernet, il remplaça à vingt-trois ans celui-ci. En 1762, l'année de la mort de son père, Jacques Necker se vit confier, avec l'aide de Vernet qui se retirait des affaires, une maison de commerce appelée à devenir une grande banque. Une série d'opérations heureuses avaient très vite fait de lui un homme d'affaires de premier rang. Son mariage – réussi – avec Suzanne Curchod en 1764 fortifie encore la position de Necker, notamment grâce au salon de son épouse qui lui vaut de rencontrer tout ce que Paris compte de gens distingués et importants. Les prêts qu'il consent aux banquiers de la Cour sont une façon encore plus efficace de se faire valoir.

Necker n'était pas un simple banquier, si heureux fût-il dans ses opérations ; il avait la bosse de l'écriture, comme sa femme. Il se fait remarquer, en 1773, par un *Éloge de Colbert* qui lui vaut un prix d'éloquence décerné par l'Académie française, puis en 1775 un traité *Sur la législation et le commerce des grains* où il prend Turgot à partie. Face au libéral Turgot, Necker défendait un libéralisme tempéré par l'intervention de l'État. La future Mme de Staël reçut de son père des leçons d'économie politique qui furent aussi d'économie domestique : elle saura toujours gérer ses affaires d'argent avec soin. Les deux ouvrages de Necker lui font un nom et une réputation. Il a quitté la banque, il ambitionne le service public, il devient par ses efforts un « ministrable » tout à fait crédible. Il est vrai que les emplois publics étaient réservés aux catholiques (c'est seulement en 1787 que la religion protestante obtiendra en France un droit d'état civil, sans autorisation de culte public), mais on pouvait tourner l'interdit. C'est ainsi que le ministre Maurepas, au moment de la mort de Clugny, le contrôleur général des Finances, en 1776, propose au roi de prendre Necker comme directeur du Trésor royal. Ne pouvant prétendre au titre et à la fonction de contrôleur général des Finances, lequel avait ès qualités sa place au Conseil d'État (le Conseil du roi), il reçut le titre de directeur des finances ; il partagerait les attributions du contrôle général. L année suivante, en 1777, à la suite de la démission de Taboureau des Réaux, le contrôleur général en titre, il devient à sa place directeur général des Finances. Ainsi, au moment où la jeune Louise quitte Paris pour Saint-Ouen, ses parents s'installent à l'hôtel du Contrôle général. Sauf le titre, Necker est devenu ministre du roi.

Necker assume son mandat pendant quatre ans avec succès. S'attaquant après d'autres à la vétusté d'un système financier et d'une administration fiscale obsolètes, il s'emploie à réformer, réduire le nombre des intermédiaires, diminuer de manière générale les dépenses, établir un budget à une époque où il n'y en avait pas et où l'opacité des dépenses était la règle. Tout cet effort ne pouvait plaire à tout le monde, et certainement pas aux divers prébendiers du régime, à commencer par les frères du roi. Le comte d'Artois se révèle vite un ennemi redoutable. Dans le même temps, la rigueur du ministre reçoit une large approbation, y compris dans les rangs de l'aristocratie. La manière dont il finance la participation de la France à la guerre d'Indépendance américaine sans impôts nouveaux, à coups d'emprunts pour beaucoup profitables, mais aussi son désintéressement affiché par son refus de toute rémunération personnelle, forcent la sympathie du public. Il obtient aussi sa reconnaissance par ses œuvres de bienfaisance, notamment la fondation de l'Hospice de Charité, le futur hôpital Necker, à la barrière de Sèvres. Mme Necker s'était émue, en visitant l'Hôtel-Dieu, au spectacle des pauvres bougres entassés, parfois dans un même lit, sans distinction d'âge ni de maladies : elle prit une part active dans la fondation de cet hospice, en chrétienne et en philosophe éprise de philanthropie.

Necker atteint un premier pic de popularité en publiant, peu avant sa démission, un *Compte rendu* de son administration qui soulève l'enthousiasme et lui vaut un succès considérable. Les lettres qu'il reçoit des Montmorency, des La Rochefoucauld, des Crillon, des Noailles, de la duchesse de Lauzun, de la duchesse de Rohan, de prélats comme l'archevêque d'Aix, et de tant d'autres « grands » sont éloquentes : « Tous les bons patriotes, lui écrit le maréchal duc de Mouchy, doivent faire des vœux pour que la France vous conserve pour son bonheur. » Les gens de lettres ne sont pas en reste, Diderot et Buffon en tête : « Par ce *Compte rendu* au roi, écrit celui-ci, je vois Monsieur Necker, non seulement comme un génie, mais comme un dieu tutélaire amant de l'humanité. » Des ouvriers de l'Imprimerie royale qui ont imprimé le *Compte rendu* lui adressent des vers.

Cette popularité ne pouvait qu'aggraver son cas aux yeux de ses détracteurs, si nombreux à la Cour. Maurepas, qui avait lancé Necker, devint le chef d'orchestre de la calomnie, inspirant des pamphlets, colportant la médisance. En 1781, il eut le bonheur de tenir l'occasion du renvoi de son ex-protégé. Necker, toujours interdit de Conseil, avait demandé d'y participer avec voix délibérative. Mis au défi par Maurepas : ou vous changez de religion, ou vous restez à la porte du Conseil, il préféra démissionner : « La conversation que j'ai eue avec M. de Maurepas ne me permet plus de différer de remettre entre les mains du roi ma démission. J'en ai l'âme navrée. J'ose espérer que votre Majesté daignera garder quelque souvenir des années de travaux heureux, mais pénibles, et surtout du zèle sans bornes avec lequel je m'étais voué à la servir. »

Cette démission n'est pas d'un modeste. Conscient de ses mérites, cet homme un peu épais (les méchants disaient qu'il était « gros, gras et gai ») avait beaucoup de considération pour sa propre personne. Au début de leur mariage, Mme Necker, que la passion conjugale ne privait pas de lucidité, pouvait ainsi écrire qu'il n'était « jamais étonné de la petitesse d'autrui, parce qu'il l'est toujours de sa propre grandeur ». Le nouveau flot de lettres de solidarité, d'indignation, d'éloges qu'il reçoit lorsque sa démission est connue ne peut que le renforcer dans l'admiration de ses propres œuvres. Son orgueil lui avait peut-être joué un mauvais tour en lui inspirant de démissionner après l'entrevue avec Maurepas. Après tout, celui-ci était mortel, il n'attendit même pas la fin de cette même année 1781 pour descendre au tombeau. Louis XVI, de son côté, n'avait sans doute pas été inspiré en acceptant cette démission. Il existait désormais une opinion, celle des salons, celle des écrits qui bravaient la censure, le qu'en-dira-t-on de la capitale. Se séparer d'un ministre aussi populaire que l'était Necker offensait l'esprit public et ternissait le prestige royal. En tout cas, Necker se retirait des affaires sous la cuirasse d'un héros sur lequel s'était acharnée la coterie des profiteurs.

C'est ce père admiré que Germaine adula, au détriment de sa mère. Le départ pour la cure d'air à Saint-Ouen semble avoir été décisif : Minette échappait à l'influence de Mme Necker, elle se libérait du carcan de principes où elle la tenait prise. À sa nièce Mme Necker de Saussure[1], qui la complimentait sur les qualités d'une enfant aussi bien élevée et instruite, Mme Necker répondit par ce mot mémorable : « Ce n'est rien, absolument rien, à côté de ce que je voulais en faire. » L'expression est frappante : le volontarisme

1. Albertine de Saussure, fille du grand naturaliste H.-B. de Saussure, était devenue la nièce de Mme Necker et la cousine de la future Mme de Staël par son mariage avec Jacques Necker, fils de Louis Necker, le frère aîné du ministre, devenu lui-même Necker de Germany par l'acquisition d'un domaine situé à Rolle, au pays de Vaud. Mme Necker de Saussure, née en 1766 comme Germaine Necker, sera un des témoins importants de sa vie.

éducatif de Madame Mère frappait à la borne de la réalité. Mais, assurément, Germaine commence à devenir elle-même à partir de ce moment d'éloignement géographique, qui est aussi le moment de la conquête du père.

Le banquier devenu ministre se rend à Saint-Ouen dès qu'il le peut, s'amuse des propos de sa fille, joue avec elle. Doué d'une naturelle gaieté, il est ô combien plus séduisant que son épouse, si souvent mélancolique, compassée et maladive. Mme Necker ressentit assurément la préférence que manifesta Minette pour son mari et en éprouva un certain dépit. Germaine devint alors une admiratrice inconditionnelle du « grand homme ».

Dans les temps qui suivent la démission du ministre, le salon des Necker prend un nouveau lustre. Le mari éclipse maintenant quelque peu l'épouse. On s'est installé rue Bergère, où les Necker resteront jusqu'en 1788. Lui n'a pas renoncé à revenir aux affaires, et désormais la littérature compte moins que la politique : la médiocrité ou les erreurs de ses successeurs, l'admiration dont il a le privilège et la réputation qu'il a acquise au-delà des frontières, tout l'invite à penser qu'un jour ou l'autre, le roi fera de nouveau appel à ses talents. Contre ses détracteurs, l'ancien directeur général réplique par un volumineux *Trait´ sur l'administration des finances*, à la fois une justification de sa politique et un programme. Son salon est devenu un salon d'opposition ; il est en réserve d'un parti libéral, qui n'existe pas formellement, mais que forment les aspirations aux réformes dans un système monarchique en souffrance. La jeune Louise est devenue la plus fervente militante de l'ancien ministre.

En mai 1784, Necker fait l'acquisition du château de Coppet, aux confins du pays de Vaud, à quelques lieux de Genève et non loin à l'ouest de Versoix, enclave française sur le lac Léman. Le bâtiment, construit au XVIIIe siècle, de taille moyenne, flanqué de deux tours, donne sur un grand parc traversé par une allée centrale : le calme des lieux, la proximité du lac et les ombrages des grands arbres qui entourent l'immeuble principal et les communs donnaient à la nouvelle demeure patricienne de M. Necker le charme d'une retraite propice à la méditation. Cette seigneurie, ancienne terre féodale du pays de Vaud érigée en baronnie au XVe siècle, offrait à son propriétaire le titre de baron de Coppet. Par là même l'acquéreur bénéficiait d'un certain nombre de droits féodaux (droit de four, droit de pressoir, etc.), une source appréciable de profit. Des travaux s'imposent, et en attendant qu'ils se terminent les Necker louent une autre résidence d'été, la propriété de Beaulieu près de Lausanne. Beaulieu puis Coppet, où la famille s'installe en septembre 1784, deviennent des succursales du salon de la rue Bergère. Louise-Germaine, aussi bien à Paris que sur les bords du Léman, commence à briller de tous ses talents. On l'invite. Elle danse. Elle séduit. Elle répond. Elle fait l'apprentissage de la coquetterie. Mme Necker écrit alors à Marmontel : « M. Necker me paraît plus heureux dans le calme qu'il ne le fut autrement dans la tempête, et ma fille est tellement agitée par le torrent des plaisirs, qu'elle n'a jamais été si heureuse : ainsi le bonheur de l'un semble dépendre beaucoup de moi, et je n'ai à faire pour le bonheur de l'autre : cet arrangement convient assez à mes goûts ainsi qu'à mes facultés. »

Cependant, la santé de Suzanne Necker ne laisse pas d'inquiéter : angoisses, insomnie, agitation nerveuse... Un voyage dans le Midi lui est recommandé. Louise suit donc ses parents à Avignon à la fin d'octobre, au désespoir de ne pas passer l'hiver à Paris. La société de la ville des papes déçoit, le mistral ne vaut rien à la malade. On devait y passer l'hiver, on met le cap sur Montpellier, où elle peut consulter le réputé docteur de Lamure. Elle laisse sa fille fréquenter le salon de Mme de Sainte-Aulaire. On entoure Germaine qui joue la comédie et frappe encore ses interlocuteurs par son esprit. La santé de Madame Mère ne s'améliore pas. On repart, pour Lyon cette fois. Le traité de Necker est alors diffusé ; il redevient un candidat très plausible à la succession de Calonne. Lui et sa famille se rapprochent de Paris, d'où il a été officiellement exilé après sa démission. Il obtient la permission de se fixer au château de Marolles, près d'Arpajon, où, selon ses dires, Mme Necker peut respirer un air « pur et sain », ce qui, d'après Germaine, revient à passer « doucement et solitairement » sa vie. Elle enrage de n'être pas à Paris, et ne résiste pas à y faire une visite fugace : « J'ai été une fois à Paris, écrit-elle à un ami de Genève, et je ne peux pas vous dire avec quelle vénération j'ai salué ces murs, objet de mes regrets, but de mes désirs. »

Une grande affaire se prépare pour elle, au moment où son père achève un nouvel ouvrage, *De l'Importance des questions religieuses* : il y va de son mariage. Elle a dix-huit ans, et c'est l'âge où les parents s'occupent de dénicher pour leur fille l'oiseau rare. Germaine ne manque pas de prétendants. Certes, elle n'est pas très jolie, malgré l'éclat d'un regard dont chacun fait l'éloge, mais elle séduit ceux qui l'approchent par sa conversation, sa culture, ses reparties, qui ont déjà fait mouche dans le salon de la rue Bergère. Son maître atout reste la fortune et la célébrité du père, irrésistible moteur d'attrait aux yeux de tous les chercheurs de dot. Mais il faut trouvei à Germaine un époux protestant, on ne sort pas de cette exigence. Cela raréfie sensiblement le nombre des possibles dans ce pays catholique où la famille a pris racine. Un temps, Mme Necker croit avoir trouvé le gendre idéal en la personne de William Pitt, jeune lord anglais qui, après avoir été Chancelier de l'Échiquier en 1782, fait un voyage en France l'année suivante. Très sérieux, un peu austère, le futur Premier ministre d'Angleterre ne plaît guère à Germaine. Le projet fait long feu, d'autant que Necker ne tient pas à voir l'Angleterre le priver de sa fille bien-aimée. Finalement, le choix du conjoint va se porter sur la personne du baron Éric-Magnus de Staël, ambassadeur de Suède à Paris, sans le titre.

Depuis des années, celui-ci guigne le beau parti, fait sa cour aux parents, n'a point de relâche pour se faire admettre. Il a seize ans de plus que la jeune fille, il est bel homme et jouit d'une réputation d'élégance et de séduction. Le problème aux yeux de Necker est que cet homme-là, par ailleurs panier percé très endetté, n'est pas assuré de son avenir. Il est à Paris, fort bien, mais plus tard ? N'emmènera-t-il pas Minette dans la lointaine Scandinavie ou en Dieu sait quel autre lieu aux antipodes ? Necker veut des assurances. Il faut que Staël soit confirmé dans son poste *à vie* ou à tout le moins, s'il devait perdre la place, que le roi de Suède Gustave III lui promette une pension assez élevée pour que le couple puisse demeurer à Paris. On discute, on négocie, Mme de Boufflers, une amie qui joue les entremetteuses, a obtenu l'accord du roi de Suède qu'elle connaît personnellement. L'obstacle semble levé. Restent les dettes du baron, qui ne sont pas minces, et Necker ne passe outre qu'en imposant des conditions de contrat assurant à sa fille un avenir sûr.

Ces négociations ont lieu en 1785. Les premières lettres que nous avons de Germaine au baron de Staël avant son mariage ne respirent pas le bonheur d'une future épousée ; elle se réjouit sobrement de la fin des tractations qui lui permet de convoler. « L'heureuse issue de nos affaires » la satisfait, mais ce mot trivial qu'elle emploie dans une lettre de l'automne 1785 à son promis laisse deviner le mariage de convenance – qu'accepte une jeune fille obéissante. De son côté, Éric-Magnus ne brûle pas d'amour. Dans son *Journal de jeunesse*, elle narre une scène qui en dit long sur le sujet : « Il est un moment qui restera longtemps présent à ma pensée ! Mon père lui dit de danser un moment avec moi et se mit à chanter l'air avec une gaieté charmante. M. de Staël avec sa jolie figure, ses connaissances dans l'art de la danse, formait bien ses pas, mais l'âme manquait à ses mouvements, mais ses regards fixés sur moi n'étaient animés ni par l'esprit ni par le cœur. Sa main en prenant la mienne me semblait de marbre blanc qui me serrait en me glaçant. Mon père tout à coup lui dit : "Tenez, Monsieur, je vais vous montrer comme on danse avec une demoiselle dont on est amoureux." Alors, malgré sa taille forte, malgré moins de jeunesse, ses yeux, ses yeux charmants, ses mouvements animés exprimaient la tendresse avec grâce, avec énergie. Dieu, feindrais-je ! quel serrement de cœur j'éprouvai dans ce moment, quelle comparaison déchirante ! Je ne pus continuer, je me sauvai dans un coin de la chambre, et je fondais en larmes. »

Le contrat est signé à Versailles par la famille royale, le 6 janvier 1786. Le 14, le mariage est célébré dans la chapelle de l'ambassade de Suède. La presse internationale s'en fait l'écho. Nous connaissons une lettre de Catherine II à Grimm, dans laquelle l'impératrice juge que la fille de Necker fait un « très mauvais » mariage : elle pouvait prétendre à mieux. En tout cas, voilà Louise baronne de Staël, ambassadrice de Suède à Paris, qui change de prénom en même temps que de nom : elle sera jusqu'à la fin de sa vie la baronne Germaine de Staël.

2

La baronne de Staël

Le mariage de Mme de Staël ne s'est pas conclu sous les meilleurs auspices ; rien pourtant n'annonçait une union ratée. Mariage de raison, mariage d'intérêt, mariage arrangé par les parents, c'est la norme. Les époux peuvent fort bien, sur cette base de stratégie sociale, s'entendre, vivre au mieux l'un près de l'autre, voire s'aimer. Après tout, les parents de Germaine n'ont pas convolé sur un coup de foudre, et ils ont su créer entre eux les liens les plus étroits. Le mariage d'amour ne deviendra courant qu'à la fin du XIXe siècle. L'important pour les familles est de caser leur fille et d'assurer le lignage ; le sentiment suivra, ou non. À sa mère qu'elle quitte en janvier 1786, elle confie son incertitude : « Le bonheur viendra ensuite, viendra par intervalle, ne viendra jamais... » Mme de Staël rapporte elle-même un trait suggestif du vicomte de Ségur : lié longtemps à une jolie dame, on lui parle de son attachement pour elle : « Il n'est plus question de cela, répond-il, *nous sommes mariés* [ensemble]. »

Ces mœurs ne sont pas celles des Necker, et Germaine de Staël s'engage avec l'intention probable de former avec son mari un couple durable. Elle devient ambassadrice et compte bien honorer ses responsabilités à côté du représentant de la Suède. Encouragée par Mme de Boufflers, elle s'emploie notamment à envoyer au roi Gustave III la « gazette des nouvelles ». Elle lui narre ainsi, dans sa première chronique, la séance de l'Académie qui a reçu un ami de la famille, le comte de Guibert. À ce propos, elle parle d'un discours reçu assez froidement en raison de son *pathos* ; elle le défend, elle, en des termes qui s'appliquent fort bien à sa propre personne : « C'est le ridicule que les âmes froides donnent aux âmes ardentes. Ils appellent exagéré tout ce qu'ils ne sentent pas, et disent qu'on est monté sur des échasses alors qu'on est plus grand qu'eux. » Mme de Staël assume pleinement ce qu'on décrit alors sous le terme d'*enthousiasme.* On la dit, on la dira exaltée, sans mesure, mais c'est précisément l'une de ses qualités que de se passionner au milieu de tant d'êtres désabusés ou indifférents.

Elle raconte par ailleurs à Gustave III comment elle a été reçue par la reine et présentée à la Cour le 31 janvier. Elle ne parle pas de son entrée remarquée : par gaucherie, elle déchire sa traîne en faisant ses révérences à Marie-Antoinette, laquelle, amusée, l'entraîne à l'écart pour faire recoudre les garnitures qui ont lâché. Ce qu'elle ne dit pas non plus dans cette chronique, ce qu'elle ne sait peut-être pas, c'est que son entrée dans le monde lui vaut des appréciations sévères de la part de gens – souvent des ennemis de son père – qui se moquent de son excès de franchise, de son manque de tact, de ses maladresses. Elle parle, elle choque, elle déplaît par ses interventions jugées intempestives. Trop d'assurance, pas assez de civilité ! Elle mérite pourtant d'être connue, car elle sait merveilleusement dissiper les présomptions, les idées qu'on s'est faites sur elle à partir des racontars. L'exemple de Mme de la Ferté-Imbault, fille de Mme Geoffrin et amie de ses parents, est significatif. Celle-ci, sur la foi du qu'en-dira-t-on, juge d'abord avec dureté le surcroît d'assurance que Germaine de Staël a acquis par son mariage et déplore sa « bavarderie ». Mais voici qu'au printemps 1786 Mme de Staël lui rend visite et, en peu de temps, Mme de la Ferté-Imbault admire sa « gaieté charmante », sa « candeur », sa « simplicité », sa « bonhomie ». Combien de fois ce retournement ne se reproduira-t-il pas ! La première ennemie de Mme de Staël sera toujours sa réputation.

La chronique destinée à Gustave III se prolonge. Il y est surtout question de la vie mondaine, des échos de la Cour, des bons mots qu'elle a entendus, par lesquels elle peint les mœurs de Versailles et de Paris : « La plus redoutable des accusations dans ce pays-ci, écrit-elle, c'est d'être soupçonné d'être ennuyeux. » Le ton n'est pas toujours mondain. Elle sait s'élever contre les iniquités de la Justice : « Je ne conçois pas comment l'esprit de corps aveugle au point de s'identifier avec les abus et les erreurs des lois, comme si le magistrat n'était pas intéressé le premier à réformer la règle qu'il va suivre. » Ou contre l'esclavage et la traite des Noirs, qui seront, durant toute sa vie, un objet d'indignation. Cette femme de vingt ans a des convictions.

Dans son nouvel état, elle mène avec son mari la vie à grandes guides, reçoit sans regarder à la dépense. Protectrice, Marie-Antoinette, qui a eu vent de ces largesses, demande au maréchal de Castries, ministre de la Marine, d'alerter Necker : le ménage de l'ambassadeur de Suède pourrait bien pâtir d'une telle prodigalité. « Voilà mon père, écrit-elle de Saint-Ouen à son mari, qui a saisi cette occasion pour me bien moraliser, car il a été fort frappé de cet avertissement et surtout fort touché de la bonté de la reine. » Il faudra s'assagir, mais, on le voit, sur ce chapitre qui inquiète fort Necker, la complicité règne entre les deux jeunes mariés.

Au début de son mariage, Mme de Staël habite l'ambassade de Suède, rue du Bac, fait des séjours fréquents à Saint-Ouen sans son mari – ce qui nous vaut la correspondance entre elle et lui –, et revient régulièrement rue Bergère, au salon de ses parents, dont elle devient l'étoile sous les yeux étonnés, parfois éblouis, des frères Lameth, de Mathieu de Montmorency, de La Fayette, de Talleyrand, Guibert, Narbonne, Noailles, futurs premiers rôles de l'Assemblée nationale. Initiée à la politique par son père, elle nourrit pour la chose publique autant de passion que de curiosité. L'ambassadeur ne peut la suivre dans ses pérégrinations, dans ces visites, ces bals d'où elle ne revient que tard dans la nuit. À la belle saison, à partir de juin, Germaine élit domicile à Saint-Ouen, et son mari ne la rejoint qu'en fin de semaine, quand il le peut : « J'ai toujours un grand plaisir à te voir. »

Un plaisir qui ne va pas jusqu'à la maintenir auprès de lui. Au début de septembre 1786, elle accompagne ses parents à Plombières, où sa mère doit prendre les eaux. Vingt-trois jours de séparation, des lettres affectueuses, et même quelques-unes en suédois qu'elle s'est mise à apprendre. Elle reconnaît que « c'est mal » de quitter son mari mais qu'elle est « bien heureuse » avec son père, ajoutant toutefois : « Je suis comme on est bien souvent dans la carrière qu'on parcourt : je marche en avant et je regarde en arrière. » Elle reproche à son époux qu'il ne lui écrive pas assez souvent, et de ce qu'il ose ouvrir les lettres adressées à des tiers qu'elle lui confie. Elle lui pardonne, mais parle de son « indignation » en découvrant sa « trahison ». On sent que le Suédois, si intégré soit-il dans la société française, ne peut rivaliser avec le talent de sa femme ; néanmoins elle l'encourage à sa manière : « Je cherche dans vos lettres la sensibilité plutôt que l'esprit. »

En octobre 1786, Mme de Staël éprouve le plaisir de participer au voyage de Fontainebleau où, chaque automne, la Cour séjourne et passe plusieurs semaines en fêtes et spectacles. C'est aussi le moment de l'année où le roi et ses conseillers envisagent les changements éventuels de ministres. Cette transhumance est coûteuse ; elle est même scandaleuse eu égard au déficit géant de l'État. Necker en a suggéré la suppression, et 1787 sera la dernière année à Fontainebleau. Mme de Staël, introduite à la Cour, va y passer une dizaine de jours : « Il faut me pardonner d'aimer les plaisirs du monde », écrit-elle à son mari une fois encore éloigné d'elle. Pendant dix jours, elle tient informé Gustave III du moindre détail : les dîners, les soupers, les rites de la Cour, les attroupements autour de la reine, les absences du roi, qui préfère chasser et lire. Elle peint avec vivacité ce monde des courtisans qui, chacun à leur manière, veulent attirer l'attention de la reine. Elle chronique aussi les pièces de théâtre ou les opéras donnés en avant-première.

C'est en cet automne 1786 que Mme de Staël se découvre enceinte. Selon sa cousine Mme Necker de Saussure, elle en serait « outrée » et « bien résolue, malgré sa vénération pour Jean-Jacques, à ne pas nourrir le futur nouveau-né ». Il est sûr qu'elle ne veut pas devenir « une nourrice ». Du reste, elle ne change rien à ses habitudes, à ses mondanités, en même temps qu'elle met au point ses premiers ouvrages qui comptent. Elle a déjà écrit une comédie, *Sophie*, et trois nouvelles, *Mirza, Adélaïde et Théodore* et *Histoire de Pauline,* mais elle fait sa véritable entrée littéraire avec ses *Lettres sur les écrits et le caractère de Jean-Jacques Rousseau*, dont elle donne des fragments à lire à ses amis. L'ouvrage, qui sera imprimé en 1788, à la fois éloge de *La Nouvelle Héloïse* et discussion des idées de Rousseau – notamment celles du *Contrat social* et de *L'Émile* –, témoigne déjà de son sens analytique et critique.

Depuis Fontainebleau et les premiers froissements dans le couple, les lettres de Germaine à son mari accusent un dissentiment croissant entre les deux époux. Le baron, qui ne voit guère sa femme, s'émeut de telle ou telle visite qu'elle reçoit ; la jalousie perce sous sa plume. Il lui reproche ainsi d'avoir reçu la visite du comte de Jaucourt, auquel elle a confié ses *Lettres sur Rousseau*. Germaine de Staël s'indigne : « Veux-tu donc empoisonner par la plus injuste des jalousies le bonheur dont nous devrions jouir ensemble ? Ne peux-tu pas pardonner à mon âge ce vain désir de plaire qui passera, et ne devrait-il pas te suffire d'occuper tellement ma pensée que je tremblais en parlant au comte de Jaucourt, lorsque j'ai entendu le bruit de ton carrosse ? Injuste que vous êtes ! C'est tyranniser que d'être malheureux. Je tremblerais moins si tu tournais ta fureur contre moi. Entends donc, mon ami, le langage de la raison. Je suis pure et je t'aime. Que t'importe après cela les défauts de mon caractère ? Pourquoi t'atteignent-ils quand ils ne partent pas de mon cœur ? Cependant ton malheur m'est insupportable, et, si tu l'exiges, tu obtiendras tous les sacrifices. Mais songe que tu n'es pas moins aimé quand tu me laisses à moi-même.

« Adieu, je te demande en grâce de venir ce soir. Je pars dans un état de malheur que je n'ai jamais éprouvé : il serait barbare à toi de ne pas m'en tirer. »

Cependant, à partir de 1787, la vie politique prend le pas sur les autres préoccupations de Mme de Staël. Son père est au premier poste d'observation des craquements de l'édifice financier de la monarchie française. Le déficit de l'État est énorme, la banqueroute menace. Les dépenses de la Cour sont devenues le tonneau des Danaïdes : le train de vie royal est écrasant – 17 000 personnes servent dans les Maisons du roi, de la reine, des princes et des princesses ; 9 000 hommes paradent dans la Maison militaire. À ces dépenses il faut ajouter les millions distribués en pensions, dont bénéficient 4 000 grandes familles. Quant à l'aide aux Américains dans leur guerre d'Indépendance, c'est aussi un gouffre financier. Les recettes globales sont bien insuffisantes pour faire face à toutes les dépenses de l'État et de la Cour. Or le système fiscal, déjà affaibli par l'affermage qui a pour conséquence l'évaporation d'une énorme partie des prélèvements, épargne la noblesse, qui elle-même exerce ses droits seigneuriaux sur les paysans. Le clergé de son côté détient une grande partie du sol, fait payer la dîme, et se contente de voter un « don gratuit » au roi tous les cinq ans. En tout état de cause, la réforme s'impose. La difficulté est d'en convaincre tous les bénéficiaires de l'iniquité fiscale. Le contrôleur général Calonne, après avoir accepté des dépenses somptueuses (par exemple l'achat de Rambouillet par le roi), en est venu, devant l'inquiétude des banquiers, à proposer un certain nombre de réformes : la création de ces assemblées provinciales proposée par Necker, formées de propriétaires qui s'occuperont notamment de la répartition de l'impôt ; la liberté du commerce des grains ; une subvention territoriale, un impôt qui n'épargnerait aucun ordre… Calonne propose au roi de réunir une Assemblée de notables, en majorité grands seigneurs, prélats, magistrats des cours souveraines, nommés par lui, auxquels il présenterait son programme. Le 22 février 1787, Calonne ouvre les débats par un discours très critique du système fiscal, annonce que le déficit des recettes par rapport aux dépenses atteint 56 millions, et met en cause le *Compte rendu* de Necker dont les chiffres dissimulaient l'ample déficit.

Les spécialistes de l'histoire financière, sans être d'accord dans leurs interprétations des actions respectives de Necker et de Calonne, s'entendent néanmoins pour juger avérée l'erreur de Necker faisant valoir un excédent de 10 millions dans son *Compte rendu*, alors qu'il existait un déficit de près de 25 millions. Toujours est-il que, piqué au vif, Necker demande au roi le droit de venir se justifier, mais le monarque ne veut pas d'une polémique et lui intime l'ordre de ne répliquer ni oralement ni par écrit. Il passe outre et rédige une *Réponse de M. Necker au discours prononcé par M. de Calonne devant l'Assemblée des notables*, publiée le 10 avril, deux jours après la démission de Calonne qui a échoué dans ses réformes. Dans l'exemplaire qu'il adresse à Louis XVI, il écrit : « Je tombe aux pieds de Votre Majesté pour le supplier de ne pas désapprouver le parti que j'ai pris de défendre mon honneur et ma réputation : ce sont des biens plus chers que ma vie. » Trois jours plus tard, une lettre de cachet est apportée à Necker : il est de nouveau exilé. « Je ne saurais peindre, écrit Mme de Staël dans ses *Considérations sur la Révolution française*, l'état où je fus à cette nouvelle ; cet exil me parut un acte de despotisme sans exemple ; il s'agissait de mon père dont tous les sentiments nobles et purs m'étaient intimement connus. Je n'avais pas encore l'idée de ce que c'est qu'un gouvernement, et la conduite de celui de France me paraissait la plus révoltante de toutes les injustices. »

Necker doit s'éloigner de Paris à une distance minimum de 20 lieues. Son choix se porte sur Château-Renard, près de Montargis, un domaine appartenant à Jean Fougeret, un receveur général des finances de sa connaissance. Tandis que l'ancien directeur général reçoit de nouvelles marques de sympathie, et qu'il apprend bientôt la nomination de l'archevêque Loménie de Brienne à la tête des Finances du roi, « Minette » rejoint ses parents à Château-Renard, alors qu'elle en est à sept mois de grossesse. La proximité de l'accouchement a sans doute convaincu Necker de s'installer à Château-Renard, qui n'est pas si loin de Paris où demeure Germaine, plutôt qu'à Coppet. Du reste, les bruits courent qu'il pourrait être rappelé au service du roi, et sa fille voudrait s'en convaincre, tant sa confiance en lui est sans bornes.

Une nouvelle correspondance s'engage entre les deux époux. Mme de Staël continue à fatiguer son mari des vertus de son père « sublime ». Elle lui dit, sans mesurer qu'elle le blesse : « Je suis deux fois mariée. » La vie continue, on joue au whist, on fait du piano, on reçoit quelques invités. C'est le cas de Guibert. Celui-ci, à son insu, devient la cause d'une nouvelle friction entre les jeunes époux. À quarante-quatre ans, le récent académicien s'est fait connaître par ses travaux sur l'organisation militaire. En 1770, il a publié un ouvrage, *Essai général de tactique*, qui a fait grand bruit par sa nouveauté. À travers la question militaire il prônait un régime de monarchie constitutionnelle, dont l'idée était discutée dans les salons qu'il fréquentait, notamment celui de Mlle de Lespinasse, dont il fut le grand amour. Ce brillantissime ami, qui a rencontré Frédéric II, Joseph II et servi au ministère de la Guerre sous l'autorité du comte de Saint-Germain, est un familier des Necker.

Au début du mois de mai, Mme de Staël adresse à son mari plusieurs lettres qu'il doit se charger de faire parvenir à leurs destinataires. Il s'agit d'une mesure de prudence, car la police peut ouvrir le courrier à discrétion. Or une lettre du baron lui fait soupçonner que celui-ci aurait ouvert celle qui était destinée à Guibert. Il n'en est pas à son coup d'essai, on l'a vu. Il avait promis de ne pas recommencer, mais la curiosité jalouse de l'ambassadeur a été irrésistible. Il a trouvé cette lettre un peu trop « charmante », plus affectueuse que celles qu'il reçoit de sa femme. Le ton monte :

« J'écris à M. de Guibert pour le prier de me renvoyer la lettre qu'il a reçue de moi, et c'est à mon père que je la remettrai : je le prends pour juge entre vous et moi. Je ne lui demande pas de décider de quelle nature est le tort d'un homme qui fait profession de la plus grande délicatesse, qui m'a dit vingt fois qu'il ne se croyait pas le droit d'ouvrir mes lettres, qui m'a demandé ma confiance en m'assurant qu'il ne pourrait me pardonner de me défier de lui quand il a déclaré qu'il regardait comme une action vile un abus d'autorité de ce genre, et qui, la première fois que sans l'ombre d'un soupçon, sans la moindre nécessité, seulement pour lui prouver mon estime, je me livre à ses promesses, me trompe si indignement. »

Le père est son tribunal. Elle veut qu'il décide si les « expressions passionnées » qu'elle a prétendument employées sont autre chose qu'un sentiment de « tendre amitié », comme aurait pu le faire sa mère. Non, elle n'est pas amoureuse de Guibert ; elle l'aime beaucoup, elle l'estime et rien de plus. Cependant, elle doit s'expliquer sur un post-scriptum qui a mortifié le baron, une allusion à Pitt, qui, s'il avait été son époux, aurait évité à Necker son exil. Le baron y décèle le regret qu'on l'ait préféré à l'Anglais. Elle s'explique : c'est son père qui a déclaré, dans sa fierté d'exilé, que s'il avait été le beau-père de Pitt, « la considération d'un tel gendre en eût imposé » : « Je voyais la grande raison qui m'avait déterminée à refuser M. Pitt pour jamais anéantie, et je sentais que j'aurais bien plus fait le bonheur de mon père si j'eusse suivi son vœu secret et la volonté positive de ma mère. Toutes ces pensées m'étouffaient dans cet instant. » Elle avoue plus loin : « J'avais un mouvement d'humeur contre vous. Je ne pouvais pas supporter la conduite de la reine envers mon père… », et de lui reprocher d'être « si dévoué à la reine », de ne pas savoir la conseiller de rappeler son père aux affaires plutôt que l'archevêque de Toulouse, Loménie de Brienne, dont les Necker viennent d'apprendre la nomination dans le poste qui, elle en est persuadée, aurait dû revenir à son père, pour le bien même de la nation et de la Couronne.

Mais mesure-t-elle à quel point ses protestations d'innocence, ses démonstrations de piété filiale sont autant de coups d'aiguille ? Germaine lui lance un appel : « Ah ! persuadez-moi que vous méritez encore d'être aimé et que ce vil trait de défiance est étranger à votre âme. » Elle est prête au pardon mais réclame la fin de la suspicion : « Comment causer avec confiance si tes chimères sont toujours entre toi et moi ? » Elle veut que la confiance règne entre eux deux, à quelques semaines de son accouchement.

Une lettre à son mari du 23 mai 1787 témoigne de la tiédeur persistante des relations entre les époux : « Je suis véritablement affligée, mon cher ami, du peu d'empressement que tu me montres pour venir ici [à Château-Renard]. Il y a bientôt un mois que tu ne m'as vue, et tu n'as pas le besoin de faire cesser cette longue absence. Je n'ai jamais vu d'amour d'une plus bizarre espèce que la tienne. » On peut se demander qui est « absent », lui, que ses obligations retiennent à Paris ou elle, qui a préféré suivre son père plutôt que de rester à l'ambassade de Suède. Aveugle sur son propre cas, elle a des mots très durs pour lui : « Tu m'aimes quand tu peux t'en servir pour m'affliger, mais quand l'occasion de me rendre heureuse se présente, il n'y a plus personne à la maison. » Une dernière expression qui ne manque pas de sel de la part d'une fugitive. Et elle enfonce le clou : « Je commence à croire que tu m'es infidèle. [...] Est-ce que tu as une maîtresse ? »

M. de Staël éprouve un nouveau sujet de colère, car sa femme lui a expliqué qu'il devait différer sa venue à Château-Renard en raison de la propre visite de Guibert : la rencontre du jaloux et du jalousé n'était pas souhaitable. Le baron se plaint alors de l'attitude de sa femme et s'avise étourdiment d'écrire à son beau-père, lequel laisse Mme Necker lui répondre et l'apaiser : « Quoique ses idées ne soient pas toujours conformes aux miennes, je puis vous assurer cependant que dans ses relations avec vous elle n'a pas une pensée qu'on puisse condamner avec raison, du moins dans les choses essentielles. »

Calmé, M. de Staël fait une visite de quatre jours à Château-Renard. Tout se passe bien, les deux volcans se sont provisoirement éteints.

L'heureux événement a lieu à la fin du mois de juillet 1787, on ne sait pas la date exacte de la naissance de Gustavine (un prénom donné en l'honneur du roi de Suède). La levée de la lettre de cachet ayant eu lieu, Necker et sa femme étaient de retour à Paris dès le début du mois. L'accoucheur est le célèbre Jean-Louis Baudelocque, auteur d'un *Art des accouchements*, dont un hôpital parisien portera plus tard le nom. L'enfant est baptisée « au nom de Gustave III » qui se fait représenter par le comte de Fersen. La lune de miel qui s'ensuit entre les deux époux n'a qu'une durée limitée. Le baron de Staël continue à manifester sa jalousie, dont elle est offensée. D'un air las, elle lui écrit : « Il se peut que nous ne nous convenions pas parfaitement, mais nous sommes unis, mais je suis la mère de ta fille. »

À vrai dire, Mme de Staël n'a jamais aimé l'ambassadeur de Suède. L'homme est distingué, ne manque pas d'allure, exerce une fonction flatteuse, mais, à ses yeux, il manque d'esprit. Il n'est pas sûr que lui-même ait jamais aimé sa femme. Ce qui est sûr, c'est que cet homme a épousé une dot, et qu'il se retrouve avec une femme au physique peu flatteur, qui sait peut-être charmer mais qui préfère la maison de ses parents au domicile conjugal et la compagnie brillante du salon de sa mère à la sienne. Ajoutons à cela un père adulé en passe de devenir une idole politique. De quoi être écrasé.

Au cours de ces premières années de mariage virevoltantes, Mme de Staël, émancipée, acquiert la réputation d'une femme frivole, écervelée, indifférente aux conventions, infidèle. En témoigne le portrait que trace son amie Catherine Huber, devenue Mme Rilliet-Huber, dans une lettre à ses parents :

« De mon côté j'ai en elle la confiance que je dois avoir, et si Mme de Staël avait moins de légèreté dans la tête, ce serait, avec l'étonnant esprit dont elle est douée, la plus céleste créature qu'on pût trouver sur la terre, parce qu'avec un esprit au-dessus de tout elle a le cœur parfait, mais souvent la tête mauvaise. Moi qui la connais mieux que personne et mieux qu'elle-même, je la trouve souvent unique, adorable, souvent aussi détestable, mais toujours folle et charmante, et son intimité, qui me fait jouir de tous les trésors de son esprit et de toutes les bonnes qualités de son cœur, son intimité, dis-je, est un des charmes de ma vie. »

Dans ces mois de 1787-1788 où le jeune ménage périclite, un autre drame se profile, autrement grave, collectif celui-là, politique et social : la menace de la banqueroute pesant sur la monarchie française. Sur une intervention de Marie-Antoinette, Loménie de Brienne a été appelé aux Finances. Le déficit budgétaire (rappelons que le budget moderne n'existe pas, c'est donc une façon de parler) atteint 126 millions en 1788 ; la dette, énorme, absorbe 50 % du budget. Brienne reprend certains projets de réforme de Calonne : la liberté du commerce des grains, la création d'assemblées provinciales, la subvention territoriale… Mais l'Assemblée des notables refuse d'entériner celle-ci, arguant qu'elle n'est pas qualifiée pour établir un impôt nouveau. Loménie de Brienne décide alors de dissoudre l'Assemblée des notables et se tourne vers le Parlement. Celui-ci refuse la subvention territoriale et – comme l'avait fait précédemment La Fayette à l'Assemblée des notables – réclame la convocation des États généraux, qui ne se sont pas réunis depuis 1614. Le gouvernement décide de passer outre, en obligeant le Parlement, par un lit de justice tenu le 6 août 1787, à enregistrer les édits. C'est la guerre qui est déclarée. Le Parlement déclare illégal l'enregistrement ; le roi l'exile à Troyes ; les parlements de province s'enflamment. Brienne doit capituler : Louis XVI rappelle le Parlement à Paris, mais celui-ci n'enregistre pas la subvention territoriale. Que faire ? Loménie de Brienne en revient à l'expédient qui pèse déjà si lourd sur le Trésor : l'emprunt. Pour ce faire, il a encore besoin du Parlement. Celui-ci accepte l'emprunt, mais à la condition que les États généraux soient convoqués. Le 19 novembre 1787, la séance royale, transformée en lit de justice, voit Louis XVI ordonner l'enregistrement des édits d'office tout en promettant de réunir les États généraux en 1792. C'est au cours de cette séance qu'est prononcé le mot resté célèbre du monarque, en réponse au duc d'Orléans ayant dénoncé l'illégalité de la procédure : « Si, c'est légal, parce que je le veux. »

L'opposition parlementaire, qui demande les États généraux, ne désarme pas, renouvelle ses remontrances, condamne les lettres de cachet au nom des « droits du genre humain ». La province soutient la résistance des parlementaires parisiens, une sorte d'alliance se forme entre la noblesse de robe et les couches populaires. Brienne fait appel à l'Assemblée du clergé, en juin 1788, pour obtenir un « don gratuit ». En vain. Le clergé demande aussi la convocation des États généraux. La révolte parlementaire est à son comble dans toute la France. À Grenoble, le 7 juin, les troupes royales sont agressées lors de la « journée des Tuiles » par la population qui soutient son Parlement et qui provoque en juillet une réunion des trois ordres de la province du Dauphiné à Vizille. Le 6 juillet, à Paris, des milliers d'ouvriers sans travail manifestent. Quelques jours plus tard, douze délégués de la noblesse bretonne sont arrêtés et embastillés. C'est dans ce climat de troubles généralisés que le roi se décide à rappeler aux affaires le « magicien », ce Necker si sujet à l'admiration générale, ce Genevois que Mirabeau, ironique, annonce : « Voici M. Necker, roi de France. » Le 26 août, il est nommé directeur général des Finances et ministre d'État.

Rien qui puisse davantage rendre heureuse Germaine de Staël. Le 25 août elle est allée à Versailles, à l'occasion de la Saint-Louis. Les courtisans l'entourent, on pressent la nomination de son père. Depuis 1781, elle attend ce retour de Necker au pouvoir. Elle n'a pas de doute sur ses compétences inégalables ; il est le sauveur. En quoi, du reste, elle ressent ce que le peuple qui parle, écrit, manifeste, ressent lui-même, tant la popularité du Genevois, nouveau Sully, est immense. Une popularité assez inexplicable, mais comme l'écrit Balzac : « Il est dans le caractère français de s'enthousiasmer, de se colérer, de se passionner pour le météore du moment, pour les bâtons flottants de l'actualité. »

3

« La gloire de mon père »

En cet été 1788, à l'heure où son père est rappelé aux affaires par Louis XVI, Mme de Staël découvre à la fois la politique et la vie amoureuse. L'amour et la politique ne se confondent pas ; ils se contredisent parfois, mais Germaine y voue également sa tête et son cœur. Avant la littérature ce sont ses premières passions. Nous avons d'elle un portrait de la main de Benjamin Constant qui, pour dater de 1794, n'en est pas moins précieux ; Mme de Staël est peinte sans complaisance ni malveillance sous les traits de Mme de Malbée, l'héroïne de *Cécile* :

« Une taille plutôt petite que grande, et trop forte pour être svelte, des traits irréguliers et trop prononcés, un teint peu agréable, les plus beaux yeux du monde, de très beaux bras, des mains un peu trop grandes, mais d'une éclatante blancheur, une gorge superbe, des mouvements trop rapides et des attitudes trop masculines, un son de voix très doux et qui dans l'émotion se brisait d'une manière touchante, formaient un ensemble qui frappait défavorablement au premier coup d'œil, mais qui, lorsque [elle] parlait et s'animait, devenait d'une séduction irrésistible. Son esprit, le plus étendu qui ait jamais appartenu à aucune femme, et peut-être à aucun homme, avait, dans ce qui touchait à la sensibilité une teinte de solennité et d'affectation. Mais il y avait dans sa gaieté un certain charme indéfinissable, une sorte d'enfance et de bonhomie qui captivait le cœur en établissant momentanément entre elle et ceux qui l'écoutaient une intimité complète, et qui suspendait toute réserve, toute défiance, toutes ces restrictions secrètes, barrières invisibles que la nature a mises entre tous les hommes et que l'amitié elle-même ne fait point disparaître tout à fait. »

Cette femme séduisante, qui tient salon, a des idées. En matière politique, elles sont très proches de celles de son père le ministre, même si elle les manifestera sa vie durant avec une exigence qui lui est propre. Mais, pour l'heure, elle met ses pensées dans les pas de Necker, dont elle est la fervente propagandiste auprès de tous ceux dont elle a l'oreille. Elle se tient le plus clair de son temps à Versailles, dans l'ombre du directeur général des Finances. Le baron de Staël, lui, demeure à Paris, ne vient au palais que le mardi, pour la réunion des ambassadeurs. Son épouse le rejoint en général rue du Bac en fin de semaine.

Necker reprend les commandes des finances en août 1788, à un moment critique. La banqueroute menace, les réformes s'imposent, mais rien n'est plus malaisé que de changer les habitudes d'un régime enfoncé dans la tradition des privilèges. L'Assemblée des notables, sous prétexte d'incompétence, venait de laisser l'initiative aux États généraux, dont le projet de réunion avait été approuvé par Brienne et par le roi. Prévue d'abord pour 1792, leur ouverture a été fixée au début de mai 1789.

La question de l'heure est de savoir comment seront composés les États généraux : verra-t-on, comme en 1614, la réunion des trois ordres séparés, laissant la majorité au clergé et à la noblesse, alors que le tiers état, représentant pratiquement toute la nation, ne disposerait que d'une voix ? Il revient à Necker de trancher. À ses yeux, il n'est pas concevable que les représentants du Tiers ne soient pas plus nombreux que ceux des ordres privilégiés : doubler leur nombre est souhaitable, mais il ne sait en imposer le principe. Mme de Staël, pour une fois, émettra (dans ses *Considérations sur la Révolution française*) des réserves sur la conduite de son père : « M. Necker ne prit pas sur lui la décision qu'il croyait la plus sage ; et, se fiant trop, il faut l'avouer, à l'empire de la raison, il conseilla au roi d'assembler de nouveau les notables qui avaient été convoqués par M. de Calonne. » Peine perdue ! Car ces notables, en majorité des privilégiés, refusent le doublement du Tiers. Le 27 décembre 1788, Necker l'obtient cependant du Conseil du roi. Mais sa résolution ne va pas jusqu'à demander le « vote par tête », qui aurait donné son sens au doublement du Tiers. Les trois ordres, d'autre part, continueront-ils à se prononcer séparément ? La question ne sera conclue que dans les premières semaines très tendues des États généraux. En janvier 1789, une brochure de l'abbé Sieyès, *Qu'est-ce que le tiers état ?*, suggère le conflit qui se profile : « Qu'est-ce que le tiers état ? Tout. Qu'a-t-il été jusqu'à présent ? Rien dans l'ordre politique. Que demande-t-il ? À être quelque chose. »

En ce début d'année 1789, la liberté de la presse n'a pas été décrétée, mais elle existe de fait. Libelles, pamphlets, lettres publiques se multiplient. Necker en fait les frais. Au dire du marquis de Ferrières, dont la *Correspondance* est souvent éclairante, il y a un « affreux déchaînement des Grands, des Financiers, des Parlements contre Necker : calomnies, pamphlets où on le dénonce au roi comme l'homme le plus dangereux ; d'autres où on le couvre de ridicules. Ses mœurs, sa probité, sa religion, tout est attaqué. Sa fille, Mme de Staël, n'est pas plus ménagée. Ses ennemis redoublent d'efforts et de rage pour le chasser avant l'ouverture des États généraux ».

La situation économique, elle, se dégrade encore. À la suite des orages du mois de juillet, la récolte de blé de 1788 est désastreuse, le prix des grains s'élève. Necker avance alors en gage la moitié de sa propre fortune, deux millions de livres[1], pour l'achat de blé étranger. Il fait surveiller dans les campagnes moulins, magasins et boulangeries, car le pillage menace partout, devient ici et là réalité. Les provinces regorgent de vagabonds et de chômeurs, Paris compte environ 120 000 indigents, soit un cinquième des habitants. Émeutes de la faim, grèves, chômage, troubles répétés emplissent les mois qui précèdent l'ouverture des États généraux, dont on attend un miracle.

Mme de Staël a laissé une description de ce grand moment d'espérance et de liesse. D'une fenêtre, elle a admiré, le 4 mai, la procession des « douze cents députés de la France » à Versailles, plaçant

1. Un bon artisan du quartier Saint-Antoine à Paris gagne environ une livre par jour. Donc deux millions de livres représentent deux millions de journées de travail d'un ébéniste ou d'un tapissier parisien.

ses espoirs dans les députés du Tiers, hommes de lettres, négociants, avocats, si austères dans leurs habits noirs au regard des députés de la noblesse « déchue » et du clergé en déclin. Le lendemain, elle assiste à l'ouverture des États, dans la salle des Menus-Plaisirs qui a été aménagée pour la circonstance. Necker doit y prononcer un discours attendu. On l'applaudit à son arrivée. Mais son intervention qui dure trois heures décourage l'auditoire, d'autant que, se bornant aux aspects financiers, il évite la question brûlante du vote par tête, et n'aborde aucune question politique. Le ministre enjoint aux députés de prendre patience : « Ne soyez pas envieux du temps. » On a baillé, on a été soûlé de chiffres, et l'on est désormais sommé d'attendre. C'est décevant, ce n'est pas ce qu'on espérait.

Près de son père, Mme de Staël devient un témoin privilégié du conflit qui oppose d'entrée les ordres privilégiés et le tiers état. Le Tiers demande aux deux autres ordres de vérifier en commun les pouvoirs des députés et d'accepter le vote par tête. Sur leur refus, Necker propose un compromis : la vérification par ordre et l'examen des élections contestées par une commission des trois ordres. Refus des privilégiés. Dès lors, le Tiers, le 10 juin, commence sans eux la vérification. Quelques membres du clergé et de la noblesse le rejoignent. Le 17 juin, le Tiers se proclame Assemblée nationale, invite les deux ordres à le rejoindre, et se donne le droit de décider des impôts.

Le roi et la Cour, qui semblaient inertes jusque-là, réagissent après ce coup d'éclat. La salle des Menus-Plaisirs est fermée le 20 juin, sous prétexte de travaux à exécuter avant la séance royale du 23. Derrière Bailly, le président de l'Assemblée autoproclamée, les députés se rendent alors au Jeu de paume, où ils prêtent un serment solennel, préparé par Mounier : ils ne se sépareront pas tant que la Constitution ne sera pas établie et « affermie sur des fondements solides ». Louis XVI, cette fois, est décidé à colmater la brèche : il convoque une séance royale le 23 juin.

Necker a déjà mis en garde le roi sur le fait que l'armée n'est pas sûre ; que les troupes ne marcheront pas contre les États généraux. Mme de Staël rapporte ainsi sa position face au roi : « Ce dont il s'agit, Sire, c'est d'accéder aux vœux raisonnables de la France ; daignez vous résigner à la constitution anglaise [...]. » En vue de la séance du 23, il remet au roi un projet de déclaration, favorable à la mise en place d'une monarchie limitée, avec un corps législatif en deux chambres. Louis XVI n'en tient pas compte : « Le Roi veut que l'ancienne distinction des trois ordres de l'État soit conservée en son entier, affirme la *Déclaration du Roi.* Le Roi a déclaré nulles les délibérations prises par les députés de l'ordre du Tiers État. » Necker, désavoué, n'a pas participé à la séance. Mme de Staël se lamente : « Si la monarchie a été renversée, écrira-t-elle dans ses *Considérations*, [...] n'est-il pas probable qu'elle eût été sauvée, si le roi ne s'était pas écarté de la route dans laquelle il avait marché depuis le retour de M. Necker au ministère. » L'esprit de compromis de celui-ci, qui pouvait imposer une solution parlementaire à l'anglaise quand il était encore temps, a été sapé par les aristocrates, mauvais conseillers du roi.

Ce 23 juin, le roi parti, l'Assemblée refuse de se séparer. L'épreuve de force joue en sa faveur : le 27, le roi capitule et ordonne la fusion des trois ordres. Le 9 juillet, les députés élus aux États généraux se déclarent Assemblée constituante. Cette fois, c'en est trop pour le roi, qui appelle ses troupes aux alentours de Versailles et de Paris. Mais la contre-révolution ne peut s'engager en gardant Necker : le 11 juillet, le roi ordonne à son ministre de « quitter Paris et la France ». Le message lui parvient alors qu'il s'apprête à dîner avec sa famille et quelques amis. En fin d'après-midi, le ministre déchu, respectant la discrétion qui lui est ordonnée, quitte Versailles en carrosse incognito en compagnie de sa femme, et à l'insu de sa fille. Ce n'est que le lendemain, 12 juillet, que Mme de Staël apprend la nouvelle par une lettre de son père, qui lui conseille de se retirer à Saint-Ouen. Mise au courant cependant par un nouveau courrier de l'itinéraire pris par ses parents, elle part, le 13, les rejoindre à Bruxelles. La disgrâce de Necker connue, Paris est en émoi ; les spectacles sont fermés ; on s'attroupe ; on dresse des barricades ; on prend les armes. Le coup de force prémédité échoue, comme l'explique l'auteur des *Considérations* : « On fit camper les troupes dans la plaine aux portes de Paris, ce qui leur donnait l'occasion de communiquer avec les habitants ; ils venaient en foule voir les soldats, et les engageaient à ne pas se battre contre le peuple. Ainsi donc, excepté deux régiments allemands qui n'entendaient pas le français, et qui tirèrent le sabre dans le jardin des Tuileries, seulement comme s'ils avaient voulu donner un prétexte à l'insurrection, toutes les troupes sur lesquelles on comptait partagèrent l'esprit des citoyens, et ne se prêtèrent en rien à ce qu'on attendait d'elles. »

La journée du 14 juillet qui s'ensuit, Mme de Staël l'approuvera dans ses *Considérations* écrites à la fin de sa vie : « Quoique des assassinats sanguinaires eussent été commis par la populace, la journée du 14 juillet avait de la grandeur : le mouvement était national ; aucune faction intérieure ni étrangère ne pouvait exciter un tel enthousiasme. La France entière le partageait [...]. Les esprits étaient exaltés, mais il n'y avait encore rien que de bon dans les âmes, et les vainqueurs n'avaient pas eu le temps de contracter les passions orgueilleuses, dont le parti le plus fort ne sait presque jamais se préserver en France. » En renvoyant Necker, le roi avait provoqué la prise de la Bastille ; s'il voulait se maintenir, il n'avait plus qu'à rappeler son ministre.

Les conséquences du 14 juillet sont lourdes pour Louis XVI. À Paris, un comité permanent de l'Hôtel de Ville se proclame Commune de Paris, Bailly en est élu maire, et La Fayette est nommé commandant de ce qui devient la garde nationale. En province, où le renvoi de Necker a soulevé l'indignation, la nouvelle de la prise de la Bastille provoque l'enthousiasme. En de nombreuses villes, les anciennes municipalités sont balayées, au détriment du pouvoir royal. Conjointement, les campagnes sont le théâtre de troubles dus à la crainte d'un complot aristocratique quand ce n'est pas celle des brigands. Le phénomène, qu'on baptisa du nom de Grande Peur, où se mêlent la peur de la contre-révolution et celle de la disette, aboutit à des mobilisations paysannes, à l'assaut des châteaux seigneuriaux : la France est menacée d'une jacquerie générale. Dans ces conditions, le rappel de Necker devient un moindre mal et une nécessité. Celui-ci hésite un moment, car son épouse juge son retour trop risqué. Mais le sens du devoir, selon Mme de Staël, l'amène à accepter de reprendre sa charge.

Le retour du « magicien » à Paris se déroule sous les vivats de la foule qui se presse au passage de son équipage. Mme de Staël, qui bien sûr est de la partie, est émue par l'extraordinaire accueil que les Parisiens font à son père le 30 juillet. « La population entière de

Paris, écrira-t-elle, se pressait en foule dans les rues, on voyait des hommes et des femmes aux fenêtres et sur les toits, criant : Vive M. Necker ! Quand il arriva près de l'Hôtel de Ville, les acclamations redoublèrent, la place était remplie d'une multitude animée du même sentiment, et qui se précipitait sur les pas d'un seul homme, et cet homme était mon père. » Après une déclaration faite aux magistrats nouvellement élus, « il s'avança sur le balcon et, proclamant à haute voix les saintes paroles de la paix entre les Français de tous les partis, la multitude entière y répondit avec transport. Je ne vis rien de plus dans cet instant, car je perdis connaissance à force de joie ». Jamais elle ne s'est sentie aussi fière, jamais elle n'a éprouvé à ce point la « gloire de [s]on père ». Scène mémorable, ce triomphe est à tout jamais gravé dans son esprit.

Quelques jours plus tard, lors de la nuit du 4 Août, les privilégiés renoncent à leurs privilèges : fini les corvées, les mainmortes, le droit de chasse, les justices seigneuriales, la vénalité des offices, la dîme... L'Ancien Régime est mort. Necker, toujours prudent, soucieux de conserver le pouvoir royal, redoute les conséquences de ce moment d'enthousiasme. Dans la relation que Mme de Staël fait des événements, le 16 août, au roi de Suède, perce aussi l'inquiétude d'une fuite en avant dangereuse : « Mon père qui est revenu se dévouer à la France en victime du bien public, non en ambitieux de la puissance, a trouvé tous les pouvoirs anéantis ou confondus, le gouvernement de la force, l'origine des sociétés, une vieille nation retombée dans l'enfance plutôt que revenue à la jeunesse, un peuple corrompu qui veut adopter les institutions de l'Amérique, la liberté obtenue avant que l'esprit public ne soit formé, enfin une incohérence dans les idées, un contraste entre les caractères et les circonstances qui fait frémir. » Très tôt apparaît chez elle le thème de l'anachronisme · il faut que les choses se fassent en leur temps ; que les esprits soient préparés au changement. Et d'affirmer que si son père ne parvient pas à rétablir un équilibre nécessaire il faudra fuir la France : « Constantinople serait un asile plus sûr qu'un pays abandonné à la liberté sans frein, c'est-à-dire au despotisme de tous. »

En attendant, elle veut espérer, multiplie les rencontres avec ceux dont le soutien à son père lui semble indispensable. C'est ainsi qu'elle se lie avec Talleyrand, avec Lameth, avec Clermont-Tonnerre défenseur du bicamérisme. Quand la grande question, qui va diviser l'Assemblée, se pose : le roi disposera-t-il d'un *veto* absolu, comme le défendent les monarchiens, ou d'un *veto* seulement suspensif, comme le veut le « côté gauche », elle est encore derrière son père qui tente de faire admettre un compromis : « Mon père, prend-elle le temps d'écrire à son mari, le 10 septembre, enverra demain à l'Assemblée nationale un rapport au Conseil dans lequel il dit au roi que le veto suspensif à deux législatures lui convient mieux que le veto absolu, et aux États généraux [l'Assemblée] que le veto suspensif à une seule est détestable. » Le 11 septembre, Clermont-Tonnerre, président de l'Assemblée, fait connaître la proposition de Necker. Plus à droite que Necker et sa fille, Mounier, chef de file des monarchiens, ne démord pas du veto absolu. Mme de Staël, pourtant proche de lui par les idées, se fâche : « Ces infâmes aristocrates, conduits par M. Mounier, n'ont pas voulu entendre la lecture du rapport de mon père. »

Le 10 septembre, le projet de chambre haute est repoussée : il n'y aura qu'une assemblée législative. C'est une défaite pour Necker et sa fille, partisans d'une constitution à l'anglaise. Quant au veto, Barnave reprend l'idée d'une suspension sur deux législatures, et cette concession est acceptée par la gauche que l'on appelle le parti patriote ou le parti populaire. Petite victoire de Necker, mais victoire à la Pyrrhus, comme l'attestent les « journées d'Octobre ».

Le 5 octobre, un lundi, Mme de Staël est encore rue du Bac à l'ambassade de Suède, où elle passe en général ses fins de semaine. La nouvelle lui parvient que le peuple de Paris marche sur Versailles. Elle va vivre dès lors au cœur de l'événement ces journées tourmentées qui décideront Mounier et bien d'autres à l'exil. Partie pour rejoindre ses parents, qu'elle estime en danger, elle gagne Versailles par « une route peu fréquentée » pour éviter la foule. À Versailles, elle découvre « des femmes et des enfants armés de piques et de faux » : « Au milieu de cette bande infernale, des hommes se vantaient d'avoir reçu le nom de *coupe-têtes*, et promettaient de le mériter. » Elle assiste à l'entrée dans le château de ceux qu'elle appelle les « assassins », auxquels La Fayette ne peut interdire les portes. Deux gardes du corps sont massacrés dans l'antichambre de la reine, qui a fui dans la chambre du roi. La foule exige que le roi et la reine se transportent à Paris. Necker, La Fayette et la famille royale paraissent au balcon. Mme de Staël, plus passionnée qu'effrayée, fait l'apprentissage de la psychologie des foules : « Le peuple en insurrection est inaccessible d'ordinaire au raisonnement, et l'on agit sur lui que par des sensations aussi rapides que les coups de l'électricité, et qui se communiquent de même. » L'apparition de la famille royale crée l'apaisement. Mais la foule ne veut pas renoncer à son projet de ramener le roi et la reine à Paris, et ceux-ci doivent obtempérer.

Mme de Staël et ses parents reviennent eux aussi à Paris, à distance du cortège triomphant. « C'était à travers le bois de Boulogne que nous passâmes, et le temps était d'une rare beauté, l'air agitait à peine les arbres, et le soleil avait assez d'éclat pour ne laisser rien de sombre dans la campagne : aucun objet extérieur ne répondait à notre tristesse. Combien de fois ce contraste, entre les beautés de la nature et les souffrances imposées par les hommes, ne se renouvelle-t-il pas dans le cours de la vie ! »

Adieu Versailles ! Mme de Staël se réinstalle près de son mari rue du Bac, plus encore à l'hôtel du Contrôle général de son père, rue Neuve-des-Petits-Champs, où elle continue de tenir salon, dont le but explicite reste le soutien à son père. À ses yeux, la révolution de la liberté s'achève, commence la révolution de l'égalité. Mais Necker reste en poste, de plus en plus en butte à une double opposition, celle de la Cour et celle du parti populaire. La première le soupçonne d'être du côté du second, et celui-ci d'être un défenseur du roi. Insuffisamment résolu dans ses démarches, il voit sa popularité se réduire comme une peau de chagrin. Les attaques les plus violentes se multiplient contre lui ; Mme Necker craint pour sa vie, au cœur de ce Paris révolutionnaire. Lui se révèle impuissant à dominer une situation qui lui échappe de plus en plus. Le 3 septembre 1790, il remet sa démission à Louis XVI. Sa lettre est lue à l'Assemblée dans l'indifférence. Le 8 septembre, Necker et sa femme quittent Paris ; le 9, ils sont arrêtés à Arcis-sur-Aube par une municipalité sourcilleuse : il faut l'intervention de l'Assemblée nationale pour que le ministre déchu et sa femme puissent continuer leur voyage pour Bâle. Plus rien des acclamations de jadis sur le même parcours. Mme de Staël est meurtrie par cette disgrâce ; elle aurait voulu accompagner ses parents, mais elle vient d'accoucher, le 31 août, de son fils Louis-Auguste.

De Necker, moins homme d'État que banquier accompli, elle ne voyait pas les limites, toute enivrée qu'elle était par l'inimaginable popularité dont son père avait joui. Les actes de celui-ci furent autant de demi-mesures qui finirent par mécontenter tout le monde. Mais Mme de Staël avait son siège fait : si l'on en voulait à son père, ce n'était que par malveillance car il était pour elle le phénix dont la France avait besoin, que la France avait appelé et que, par malheur, la France venait de rejeter. Ce revers ne suffit pas à la décourager : Necker s'en alla, elle resta.

Pendant ces mois de fièvre politique, la chronique maritale du baron de Staël et de sa femme s'est enrichie de lourds chapitres. Grâce aux lettres qu'elle envoie à son mari, surtout pendant la période où elle est le plus souvent à Versailles près de son père, d'août 1788 à octobre 1789, nous suivons la détérioration des relations entre les deux époux. La jalousie du baron de Staël s'exaspère, mais cette fois elle n'est plus sans raison. En même temps que l'apprentissage politique *in vivo*, Germaine a fait celui de l'adultère. Des liaisons qui se nouent pendant ces mois de tourmente, celle qu'elle a avec le fringant comte de Narbonne est la plus durable. Son premier fils en est le fruit.

Déjà M. de Staël joue les seconds rôles. Encore entend-elle maintenir les apparences : « Je n'ai pas été contente, mon ami, de la réception que tu m'as faite ce soir : il me semble que le boudoir était plus fleuri que ta mine et tes discours. » Ou bien : « Tu me fais de la peine en me forçant à cesser de t'aimer. Tu ne rends pas justice à mes qualités, à la vérité de mon cœur. Tu te laisses emporter par l'humeur et par l'amour-propre. » Ou encore : « Au nom de votre fille, calmez-vous. »

Sans doute s'efforce-t-elle de rassurer son époux sur son « tendre attachement », mais ce sont des mots de convenance. Un drame pourtant aurait pu les rapprocher : la maladie et la mort de Gustavine. La petite, atteinte du croup, meurt en avril 1789. Mme de Staël juge alors que le malheur pourrait être un lien entre elle et son mari, « si le bonheur ne l'est plus ». Dans les lettres qui suivent, Mme de Staël ne cache plus à son époux qu'elle n'éprouve pour lui qu'une tendresse un peu forcée. Mais, coquetterie ou calcul, à l'automne 1789 elle n'est pas prête à le voir s'éloigner.

Même si l'on ne possède plus les lettres de l'époux ainsi malmené, on peut lire en creux dans celles de sa femme son amertume. Une lettre du début de septembre 1789 cite des noms qui nourrissent, non sans raison, la jalousie de M. de Staël : « Tu t'es mal conduit pour moi, mon cher ami, pendant ces trois jours. Je n'en sais pas la raison. Je suis restée avec M. Lameth un soir pour lui parler de la délibération qui a passé hier et l'empêcher de faire paraître un livre sur le veto suspensif. Mon père, à qui j'ai tout conté le lendemain, en est témoin. Vous m'avez fuie constamment. Je vous ai dit devant l'évêque d'Autun [Talleyrand] que je vous aimais beaucoup, je vous ai recherché sans cesse et votre conduite pour moi a été indigne. Il semble que vous vous êtes fait un système de vous éloigner de moi toutes les fois que je veux me rapprocher de vous. »

Alexandre de Lameth, député de la noblesse, fait partie de ces aristocrates libéraux qui ont eu un rôle déterminant dans les débuts de la Révolution. L'homme est brillant, éloquent, séduisant, et Germaine de Staël, dans sa quête d'appuis pour son père, vit une brève liaison avec lui. Peut-être plus brève encore est celle qu'elle a avec Talleyrand, député du clergé, autre proie politique. Il ne semble pas, en revanche, qu'elle ait eu une relation amoureuse avec Stanislas de Clermont-Tonnerre, dont elle est très proche par les idées. Dans une lettre à celui-ci, vers l'automne 1789, elle dit se défendre de son « amour » à lui, mais conclut par une formule qui suggère bien sa coquetterie, source de tant d'amertume de la part de son mari : « Je dois craindre que vous ne continuiez à vous occuper de me plaire. Sans me l'avouer, je crains plus peut-être encore que vous n'y renonciez. »

Surtout, elle fait l'aveu, dans cette même lettre, du lien intime qui l'attache au premier amant qui compte dans sa vie : « J'ai aimé beaucoup, j'aime encore tendrement le comte Louis. » Il s'agit du comte Louis de Narbonne-Lara. Né à Parme en 1755, il passe pour le fils adultérin de l'infant de Parme, à moins qu'il ne soit l'enfant naturel de Louis XV lui-même : son père putatif était un blessé de guerre dans l'impossibilité d'être son père biologique. L'infant de Parme et Madame Adélaïde étaient ses parrains, et il avait été élevé à

Versailles. Élève de l'École d'artillerie de Strasbourg, commandant du régiment de Piémont-Infanterie, il avait épousé une riche demoiselle de Montholon, sans interrompre sa carrière d'homme né vainqueur des femmes. Il est beau, élégant, éloquent, l'esprit armé des idées nouvelles : tout pour séduire Mme de Staël, qui, vers la fin d'octobre 1788, s'est enflammée pour lui. Mme Necker, alertée, s'en émeut et met sa fille en garde contre ce charmeur. En vain, bien sûr. M. de Staël, qui voit surgir ce rival dans le cercle de sa femme, redouble de jalousie. Il fait part de ses souffrances, en janvier 1790, à G.A. Reuterholm, qui l'introduit dans un cercle de mystiques : « Mon tendre ami, j'ai subi depuis votre départ des heures bien amères. [...] Priez pour ma femme ! Puisse-t-elle ne jamais connaître les angoisses que je subis. »

Auguste, le deuxième enfant de Mme de Staël, est donc né de ses amours avec Narbonne, l'ambassadeur de Suède restant le père officiel. Une naissance survenue au pire moment : quelques jours avant la disgrâce de Necker. Germaine compte bien, juste après ses relevailles, rejoindre son père, au moins un certain temps, dans son exil. Elle part pour Genève le 5 octobre 1790, accompagnée par le comte de Gouvernet qui doit lui-même ramener sa femme d'un séjour à Genève. À Vitteaux, en Bourgogne, ils sont rejoints par Narbonne, qui leur conseille d'éviter Dole, et une éventuelle arrestation, comme les Necker en ont fait la sinistre expérience à Arcis-sur-Aube. De Suisse, elle écrit à son mari : « Mon cœur est maintenant à l'aise, car, je te le répète, ta douce manière pour moi pendant les derniers jours que j'ai passés à Paris m'a sensiblement touchée. Ne donne pas à mes paroles le caractère sacré d'une *préférence exclusive* [c'est nous qui soulignons] qu'il m'est peut-être impossible de promettre, mais crois à un intérêt tendre, à un intérêt qui s'accroîtra quand tu auras fait disparaître jusques à l'apparence de la crainte. »

Les choses sont claires pour elle : un « intérêt tendre » pour son mari, et, qu'il le sache cependant, pas d'exclusivité. Elle aime ailleurs.

4

Dans la tourmente

À vingt-quatre ans, Mme de Staël est restée si profondément attachée à son père qu'elle n'envisage pas de rester à Paris, où elle aime tant vivre, et qu'elle n'hésite pas à quitter son nouveau-né, Auguste : elle court rejoindre toutes affaires cessantes Necker dans un exil qui lui paraît passer le comble de l'injustice. Son amant, Louis de Narbonne, est en garnison à Toul ; il ne lui est pas permis de passer la voir à Coppet. Quand M. de Staël s'imagine le contraire, elle lui écrit : « Tu me dis que M. de Narbonne a passé cinq jours à Coppet : c'est un des mille et un mensonges dont on t'environne. Il n'y serait sûrement pas reçu, mais il n'est pas plus près d'y venir. » Mme Necker ne le permettrait pas : décence oblige.

À Coppet, la mélancolie commence à poindre : « Le matin la promenade, le soir le piquet ; ne point sortir, ne recevoir personne. » S'y ajoutent de tristes échanges épistolaires entre deux dépits. Germaine de Staël reproche à son mari la froideur de ses lettres, son manque d'amabilité, ses plaintes répétées. Quand elle lui dit son désir de revenir à Paris au plus tôt, elle n'obtient de lui nul encouragement : « Fais l'effort de me dire que tu me reverras avec plaisir. » Rien n'y fait, puisqu'elle renouvelle l'aveu du « ressentiment » qu'elle éprouve en lisant ses nouvelles lettres dénuées du moindre empressement. Revenue à Paris en janvier 1791, elle doit supporter les railleries de la presse royaliste qui, pour des raisons politiques, en voulant atteindre le père honni, tente de déstabiliser la fille. *Les Actes des apôtres*, *Le Journal de la cour et de la ville*, les plus féroces, saisissent toutes les occasions de l'éreinter. Les tantes du roi, Mesdames Victoire et Adélaïde, sont-elles retardées dans leur projet d'émigrer ? C'est la faute à Mme de Staël qui entend garder à Paris son amant Narbonne à qui il revient, comme chevalier d'honneur de Madame Adélaïde, d'accompagner ces dames. Ses adversaires vont jusqu'à publier au mois de mars une comédie, *Les Intrigues de Madame de Staël à l'occasion du départ de Mesdames de France*, qui versent du gros sel sur les cornes de l'ambassadeur.

Revenue au printemps 1791 auprès de ses parents à Genève puis à Coppet, elle endure la même aigreur, les mêmes soupirs, désespérant d'une harmonie possible entre les liens de tendresse conjugale et ceux de la passion amoureuse. Les protestations pleuvent : « Ton amour fini ne vaudra pas mon amitié constante », « Ta lettre est bien froide, et tu ne m'as pas voulu dire un mot de regret sur mon départ », « Ta jalousie m'a poursuivie sous toutes les formes »... Elle lui demande des nouvelles d'Auguste, en employant toujours la même expression : « ton fils », lequel est toujours resté à Paris auprès de sa nourrice. Elle sent que la jalousie de M. de Staël n'est pas incompatible avec le refroidissement qu'elle perçoit : elle lui parle de son « ancien amour » pour elle. A-t-elle appris que, dans son amertume, son mari ne se contente plus de consolations mystiques, qu'il est entré dans une surprenante liaison avec Mlle Clairon, une ancienne et célèbre comédienne, qu'elle a connue dans le salon de sa mère, et qui porte fièrement ses soixante-huit ans (vingt-six ans de plus que lui). Elle admire, elle adore le baron, elle a rencontré l'homme de sa vie, et lui, toujours prodigue malgré ses dettes, ne lui ménage pas son aide financière.

Quoi qu'il en soit de ses sentiments, M. de Staël ne paraît guère entrer dans le raisonnement de sa femme. Pour elle, il s'agit de gérer à deux le « passage de l'amour à l'amitié », de garder dans l'esprit et le cœur la possibilité de se rendre agréables l'un à l'autre – ce qu'elle appelle, dans une lettre à son mari, en juin 1791, la « seconde époque de la vie ». Outre l'amitié entre eux et l'amour parental pour Auguste, le fondement de l'accord qu'elle propose est aussi matériel. Lui, éternel endetté, vit de sa pension d'ambassadeur. En principe, son contrat de mariage, accepté par Gustave III, lui garantit le maintien dans son poste ou, à défaut, une indemnité compensatoire sous forme de rente. Mais les circonstances révolutionnaires rendent la situation précaire. Au moment de la fuite de Louis XVI et de son arrestation à Varennes, le roi de Suède menace de fermer son ambassade à Paris. À Coppet, Mme de Staël reçoit les adieux de son mari, lequel est accusé d'avoir fourni les passeports aux fugitifs de Varennes. Le 24 juin, l'ambassadeur écrit à son roi : « Tout Paris prétend que Votre Majesté attaquera la France avec une armée de 30 000 hommes pour opérer la contre-révolution. » Mme de Staël enjoint à son époux de ne pas quitter Paris, quitte à perdre son ambassade. Auguste doit être placé en sûreté à la campagne, auprès de son amie Mme Rilliet-Huber. Mais qu'il se rassure : l'ordre reviendra, et puis Gustave III a promis à M. de Staël une pension de 20 000 livres s'il devait cesser d'être ambassadeur. Et la voilà faisant ses plans : « J'espère que mon père et une partie de notre argenterie et autres effets inutiles payeront nos dettes. J'aurai trente mille livres de rente, cela nous fera cinquante. Nous passerons cinq mois ici [à Coppet], sept à Paris *et cela ira*. Si, contre toute attente, le roi manquait à sa parole, il faudrait obtenir la même somme de mes parents. » Finalement, l'attitude de Louis XVI et de l'Assemblée, suivie par l'adoption par le roi de la Constitution, diffère la fermeture de l'ambassade de la rue du Bac. L'argent et la paternité, fût-elle putative, ont leurs lois : on ne se sépare pas. Officiellement s'entend, car la séparation, à la fois morale et géographique, est à peu près consommée. Le baron boude et renâcle ; la baronne, qui en a les moyens, ne se soumet pas. On continue, dans la tiédeur.

D'octobre 1790 à la fin d'août 1791, Mme de Staël aura passé presque la moitié de son temps en Suisse, soit à Coppet, soit à Genève. Elle aide son père à supporter son échec et se plaint de sa mère, dont le caractère acariâtre est renforcé par un esprit d'économie qui l'entraîne à des « jérémiades perpétuelles » sur les dépenses de son gendre et de sa fille. « La maladie, la solitude l'ont aigrie à un tel point que mon père lui-même, quoique plus dominé par elle que jamais, souffre extrêmement de son joug. » Elle dit s'ennuyer passablement – « MM. Les Genevois ne sont pas aimables ». Elle ne fuit ni les bals, ni les soupers, ni les réunions de la bonne société de

Genève, notamment chez Mme Necker de Saussure, sa cousine par alliance. Quelques visiteurs viennent parfois distraire les châtelains de Coppet de leurs langueurs, comme Gibbon, qui a fini de publier en 1788 son *Histoire de la décadence et de la chute de l'Empire romain*, appelé à la postérité. Mais ces visites sont rares, et le meilleur des relations de Germaine est la correspondance. Elle s'enchante ainsi des lettres si fréquentes de Mathieu de Montmorency, ancien combattant de la guerre d'Amérique et ancien député de la noblesse libérale, qui brûle pour elle, et des missives spirituelles de Talleyrand. Elle correspond régulièrement avec le comte de Gouvernet, ambassadeur à La Haye, auquel elle prodigue des conseils politiques. Mais elle se languit de Narbonne, si rétif de plume qu'elle en souffre au point d'en faire l'aveu à son mari : « M. de Narbonne ne m'a pas écrit une ligne. » Du coup, elle ressent de violentes douleurs à la poitrine, a des rages de dents, s'enfièvre à tout propos.

En mai 1791, elle est mobilisée par la sortie du nouveau livre de son père : *Sur l'administration de M. Necker par lui-même*. La voilà lancée dans la promotion de l'ouvrage, elle en prépare pour la publicité un *digest*, qu'elle demande au député Duquesnoy de publier dans son *Ami des patriotes*. Elle demeure le soutien inconditionnel de ce père qu'elle trouve génial et malheureux, et qui compte tant d'ennemis à Paris, surtout chez les aristocrates, à l'instar de Cazalès. Ce « champion des privilèges de la noblesse » fustige dans un discours, le 19 octobre 1790, le « fugitif ministre des finances qui, calculant bassement l'intérêt de sa sûreté, a sacrifié le bien qu'il pouvait faire à sa propre ambition ». Des mots qui l'ont fait pleurer. Les mérites de son père doivent être connus, reconnus, célébrés : c'est de son renvoi, de ses renvois successifs que date le mauvais cours de la Révolution, elle en est certaine.

Elle-même écrit, et pas seulement de longues lettres. En octobre 1790, elle publie deux ouvrages restés inédits, une tragédie en vers, *Jane Gray*, et une comédie, *Sophie ou les sentiments secrets*. Petits tirages pour les amis. Dans ces ouvrages de jeunesse, elle alimente cette autre passion, la littérature, qui la faisait appeler par son père « Mademoiselle de Saint-Écritoire ». À Coppet, elle se lance dans la composition d'une tragédie historique en vers, *Montmorency*, dont le héros, Henri II, duc de Montmorency, avait été décapité sous le ministère de Richelieu en 1632. Si le héros « ressemble un peu » à son père, dit-elle, il est difficile de croire que le sujet ne doive rien à sa tendre amitié avec Mathieu de Montmorency. Elle parle de sa pièce à son mari, non sans perfidie : « Il y a là encore un amour conjugal qui te fera plaisir. Conviens que j'ai assez chanté cette passion-là : j'en suis l'Homère. Ne va pas en conclure que c'est un sujet d'invention. »

Très occupée des événements politiques, elle annonce à son mari, en juillet 1791, qu'elle a rédigé « un ouvrage politique assez distingué », dont on n'a pas retrouvé la trace à ce jour. Mais on sait, par ses lettres, ses ouvrages postérieurs, les témoignages et les libelles qui pleuvent sur elle quel est l'état de ses convictions. Revenue à Paris en janvier 1791, elle continue en effet à nourrir le dessein de jouer un rôle, malgré la disgrâce de Necker. Certes, elle caresse toujours le rêve d'un retour de son père aux affaires, mais surtout elle affirme ses propres idées, avec une autorité qui étonne chez une femme de vingt-cinq ans.

Jusqu'à la fin des travaux de la Constituante en septembre 1791, elle prend fait et cause pour le parti modéré, décidée à se battre sur deux fronts, contre les « aristocrates » – c'est ainsi qu'on désigne le mouvement contre-révolutionnaire – et contre les Jacobins ennemis du pouvoir royal. Dans un article anonyme, « À quels signes peut-on connaître quelle est l'opinion de la majorité de la nation ? », paru le 16 avril 1791 dans le journal de Suard, *Les Indépendants*, Mme de Staël expose ses convictions en faveur de la modération libérale, prise entre deux feux au lendemain de la mort de Mirabeau :

« Le côté droit de l'assemblée, connu sous le nom d'*aristocrates*, prétend que la terreur enchaîne le vœu de la majorité de la nation. Une partie du côté gauche, connu sous celui de *jacobins*, attribue toutes les résistances qu'il éprouve à l'attachement aux anciens abus.

« [...] Dans une révolution, le parti qui soutient les opinions modérées a plus besoin que tout autre de courage dans l'âme et d'étendue dans l'esprit ; il a deux combats à livrer, deux genres d'arguments à réfuter, deux écueils à éviter ; mais si les chefs d'un tel parti sont rares, rien n'est plus nombreux que l'armée qui attend leur signal pour savoir où trouver le bien qu'elle désire. »

Pour elle, donc, la société française est acquise à la révolution modérée, à la révolution raisonnable, à l'équilibre des pouvoirs d'un régime de monarchie constitutionnelle qui assure le règne de la liberté contre les extrêmes des deux bords. L'avenir n'est pas disputé entre deux « exagérations contraires » ; il doit être représenté par un parti fort qui fasse droit aux espoirs de la nation. Pourquoi cette tendance a-t-elle du mal à s'exprimer ? C'est en raison du danger contre-révolutionnaire, qui pousse les gens à ménager l'extrême gauche. Et l'auteur de l'article de regretter Mirabeau, qui vient de mourir le 2 avril 1791 :

« Cet homme qui brava souvent l'opinion publique, mais soutint toujours la volonté générale, s'était mis depuis quelque temps à la tête du vœu, que je crois celui du plus grand nombre ; à la tête de ces amis de l'ordre et de la monarchie, non moins défenseurs que les républicains des immortelles bases de la constitution française, la liberté et l'égalité. [...] N'existe-t-il que lui capable de défendre une opinion qui n'attend pour se montrer qu'un mot de ralliement ? »

À ses yeux, on ne doit pas confondre la modération des principes avec une faiblesse psychologique : on doit s'affirmer contre les extrêmes avec « une grande énergie dans l'âme ». Tout droit héritée de Montesquieu, l'alliance de la modération et de la force sera au cœur de ses conceptions politiques. Après la perte de Mirabeau, le grand tribun, celui dont « la puissance de vie dans ses discours » l'avait fascinée, il est nécessaire d'avoir un chef. Les travaux de l'Assemblée constituante ne la rassurent qu'à moitié. Elle en approuve l'affirmation des droits imprescriptibles : l'égalité devant la loi, la liberté individuelle, la liberté de la presse, la liberté des cultes, l'admission à tous les emplois, le vote des impôts par les représentants du peuple. Elle lui reproche deux décisions. La première tient à l'établissement du monocamérisme, c'est-à-dire d'un pouvoir législatif contenu dans une seule chambre. La seconde est le sort fait au roi. La Constituante a sauvegardé la monarchie, mais elle a rabaissé le pouvoir exécutif détenu par le roi, « comme un ennemi de la liberté, au lieu d'en faire l'une de ses sauvegardes ». Elle a pressenti le déséquilibre qui devait résulter d'une seule chambre face au roi suspect, un régime d'assemblée sans garde-fou. Telle était l'opinion de ceux qu'on appelait « monarchiens », défenseurs d'une monarchie limitée à l'anglaise, mais la mouvance de Mounier, mise en minorité, s'est décomposée après les journées d'Octobre, et l'on a vu Mounier préférer quitter Paris avant de s'exiler. Mme de Staël, proche de ces monarchiens, ne se considère pas comme vaincue. Elle fait le tri entre les décisions de la Constituante, approuve les unes, dénonce les autres. Ainsi à propos de la nationalisation des biens du clergé. Elle en admet le principe, car ces biens pour la plupart donnés par la Couronne au fil du temps n'appartiennent pas à des personnes. En revanche, elle conteste la création par la Constitution civile du clergé d'une Église d'État subventionnée, car chaque culte, à son avis, a le devoir d'entretenir ses prêtres. Avec la lucidité d'une tête bien faite qui, en matière politique, ne se laisse pas égarer par la passion, elle juge « funeste » que la création du clergé constitutionnel implique un serment propre à diviser : « l'intolérance politique à la place de l'intolérance religieuse » risque d'approfondir les divisions.

Dans son salon de la rue du Bac, Mme de Staël s'emploie à défendre ces idées, essuyant les insultes régulières de la presse aristocratique. Mais c'est en Suisse, où elle est revenue auprès de son père, qu'elle apprend la folle équipée de la famille royale qui se termine à Varennes le 21 juin 1791. La fuite du roi, son arrestation, son retour sous bonne garde et dans le silence glacial d'un Paris indigné (« Quiconque applaudira le Roi sera battu, qui l'insultera sera pendu »), tout pourrait faire échouer la monarchie constitutionnelle en faveur de la république. Cependant, les partisans de la monarchie limitée, toujours majoritaires dans l'Assemblée, usent d'une fiction pour faire aboutir leur projet : le roi a été *enlevé* ; il pourra ainsi être rétabli dans ses fonctions. La décision soulève la colère et divise le club des Jacobins. Les modérés qui en font partie se retrouvent dans le club des Feuillants, du nom du couvent où ils se rassemblent. Mais l'aile gauche du parti populaire, par la voix des Cordeliers, est désormais acquise à la république. Le 17 juillet 1791, le mouvement républicain entraîné par les Cordeliers organise une manifestation dont le but est de déposer une immense pétition réclamant la déchéance royale sur l'autel de la patrie, au Champ-de-Mars. La loi martiale est décrétée par la municipalité, que président Bailly et La Fayette. Les gardes tirent, plusieurs dizaines de manifestants sont tués. La « fusillade du Champ-de-Mars » consomme la scission entre les démocrates et ceux qui suivent les Feuillants. La voie est libre pour le vote de la Constitution et le maintien de la royauté.

De Coppet, Mme de Staël écrit à son mari : « Je suis, je te l'avoue, en pleine admiration de l'Assemblée et je me passionne de colère contre la secte républicaine. J'aime la réunion du parti populaire [c'est-à-dire la réconciliation des partisans de la monarchie constitutionnelle], et le courage qui leur fait résister à un nouveau genre de despotisme. »

Rentrée en France à la fin du mois d'août, elle suit de près les derniers travaux de la Constituante, dans l'espoir que la Constitution, réconciliant le roi et la Révolution, pourra faire retomber les passions et régir une nation réconciliée. Elle reçoit écrivains, diplomates et ministres, Montmorin, Talleyrand, Lessart, Beaumetz, Alexandre de Lameth, Malouet, Montesquiou, Lolly-Tollendal, Barnave, l'abbé Raynal, Le Chapelier, Narbonne aussi, nommé maréchal de camp et revenu à la mi-octobre à Paris à la tête de la « garde nationale soldée ». Les idées s'entrechoquent, mais convergent sur la nécessité de sauver la Constitution contre les deux extrêmes. Le rayonnement de son salon, elle s'en souvient vingt ans après dans ses *Considérations sur la Révolution française* : « C'est la dernière fois, hélas, où l'esprit français se soit montré dans tout son éclat, c'est la dernière fois et, à quelques égards aussi la première, que la société de Paris ait pu donner l'idée de cette communication des esprits supérieurs entre eux, la plus noble jouissance dont la nature humaine soit capable. Ceux qui ont vécu dans ce temps ne sauraient s'empêcher d'avouer qu'on n'a jamais vu ni tant de vie ni tant d'esprit nulle part. » La liberté des temps nouveaux s'est alliée à l'élégance des temps anciens, et Mme de Staël, en vraie libérale, refusant de faire de son salon l'état-major d'une coterie ou le siège d'un parti, accueille chez elle des gens qui sont d'avis opposés.

Elle encourage son mari à expliquer à son roi Gustave III, qui a craint pour la sécurité de Louis XVI, que l'issue juridique de l'équipée de Varennes est la meilleure solution. Une fois achevée et votée, la Constitution de 1791 est finalement acceptée par Louis XVI le 14 septembre à l'Assemblée. Est-il sincère ? Ou s'agit-il d'une manœuvre dilatoire, dans l'attente des circonstances qui le rétabliront dans ses droits anciens ? La question ne va cesser de se poser jusqu'à la chute finale. Pour l'heure, Mme de Staël veut croire à la possibilité d'un régime politique qui réconcilie le roi et la nation. Le 16 septembre, elle explique sa position à Nils von Rosenstein, conseiller de Gustave III : « Je trouve la Constitution de France détestable. Elle n'établit aucun équilibre. Si le roi a la majorité dans la seule chambre qui existe, il peut tout ; s'il ne l'a pas, il ne peut rien. » Mais chaque chose en son temps. Elle dira plus clairement, en décembre, sa position à Gouvernet : « Nous sommes plus en révolution que jamais, mais c'est un motif de plus pour se rallier à la constitution. Nous la changerons après, mais il faut d'abord qu'elle triomphe. » Car elle est encore en proie à deux dangers, celui de la Contre-Révolution, menée de l'étranger par les émigrés dans l'espoir de rameuter les princes contre la France révolutionnaire, et, à l'intérieur, celui du mouvement républicain.

L'Assemblée législative, qui, à la suggestion de Robespierre, ne comprend aucun élu de la Constituante, se réunit le 1er octobre 1791. Elle est dominée par une minorité relative de Feuillants (Barnave, Duport, Lameth, Jaucourt, les amis de La Fayette), face à une minorité de gauche, animée par ceux qu'on appellera plus tard les Girondins (Brissot, Condorcet, Isnard, Pétion, Vergniaud) et une petite extrême gauche républicaine ; le plus grand nombre des 745 députés formant un centre incertain. Le salon de Mme de Staël, favorable aux Feuillants, rivalise avec celui de Mme Roland et celui de Mme de Condorcet. Mme de Staël, qui a en tête de promouvoir son amant Louis de Narbonne au poste de ministre des Affaires étrangères, s'émeut que le premier décret de la nouvelle assemblée décide de « refuser le titre de *majesté* au roi, et pour lui assigner un fauteuil en tout semblable à celui du président [et non un trône] ». Il est vrai que le trône sera rétabli, mais non cette autre mesure selon laquelle on écouterait le roi assis et la tête couverte. Ce n'est pas un début encourageant pour les « constitutionnels » dont se réclame Germaine de Staël ; elle se plaint d'une « centaine de factieux » qui siègent aux Jacobins.

La grande question qui se pose très vite est celle de l'attitude des puissances étrangères face aux rassemblements d'émigrés qui, sur leur territoire, menacent la France d'une guerre aux fins de rétablir l'Ancien Régime. Le 20 octobre, Brissot, chef de file des Girondins, prononce un discours menaçant, dont s'inquiète Mme de Staël. Elle n'est pas davantage rassurée par l'attitude du roi et de son entourage. Dans une lettre à Gouvernet du 4 novembre 1791, elle se demande « si la cour est de bonne foi, c'est-à-dire si elle n'a pas le système de la contre-révolution expectante, de la contre-révolution par l'excès des maux, la plus incalculable de tous ». On saura plus tard que la reine poussait à cette politique du pire, en espérant une guerre favorable au rétablissement du roi dans ses anciens pouvoirs. C'est dans ces circonstances de doute et d'inquiétude que Mme de Staël, salonnière au sommet de son influence, parvient, grâce au soutien des constitutionnels qui fréquentent la rue du Bac (Barnave qui a l'oreille de la reine, Montmorin, celle du roi), à faire attribuer à Narbonne non le poste de ministre des Affaires étrangères qu'il convoitait avec elle, mais celui de la Guerre, qu'il accepte le 6 décembre, en remplacement de Duportail. « Quelle gloire pour Mme de Staël… », écrit Marie-Antoinette à Fersen. Nous sommes au moment même où le danger de guerre prend forme. Le 29 novembre, l'Assemblée somme les électeurs de Trèves et de Mayence de disperser les attroupements de Français émigrés, faute de quoi le gouvernement envisagera le recours à la force. Le 14 décembre, Louis XVI annonce à l'Assemblée que ses réclamations auprès de quelques princes étrangers sont restées sans effet, qu'il leur a donné jusqu'au 15 janvier pour procéder à la dispersion des attroupements, sinon… « Alors, messieurs, il ne me restera plus qu'à proposer la guerre. » Le calcul du roi et de la reine est exprimé dans une lettre de Marie-Antoinette à Fersen, datée du 9 décembre : « Je crois que nous allons déclarer la guerre, non pas à une puissance qui aurait des moyens contre nous – nous sommes trop lâches pour cela, – mais aux électeurs et à quelques princes d'Allemagne, dans l'espoir qu'ils ne pourront se défendre. Les imbéciles ! ils ne voient pas que, s'ils font telle chose, c'est nous servir ; parce qu'enfin il faudra bien, si nous commençons, que toutes les puissances s'en mêlent pour défendre les droits de chacun. » Cette dispersion des attroupements, Mme de Staël voudrait l'obtenir sans la guerre, car elle craint l'état déficient des armées françaises dont le commandement a été ravagé par l'émigration. Elle écrit le 21 décembre à l'ambassadeur Gouvernet qu'il doit prôner la dispersion désirée et faire échouer l'idée d'un congrès contre-révolutionnaire, tel que désiraient le tenir à Aix-la-Chapelle les émigrés. Elle lui répète sa conviction : « Il est insensé aujourd'hui d'avoir un autre espoir que celui de l'épigraphe des Feuillants [...] : *la Constitution, toute la Constitution, rien que la Constitution.* »

Le baron de Staël quitte Paris le 5 février 1792 pour plaider sa cause auprès de Gustave III, foncièrement hostile au régime dont la France s'est dotée. Il s'en explique à son beau-père, en mettant en cause Germaine : « Je ne peux cependant pas me dissimuler que le parti décidé qu'elle a pris et qu'elle continue de prendre dans la Révolution a fortement indisposé le roi contre moi. Il est donc important de voir moi-même ce qu'il faut faire et tirer des circonstances le meilleur parti possible. [...] Il ne peut cependant pas vous échapper, Monsieur, que le roi ne sera sans doute pas très disposé à écouter favorablement un homme dont la femme a la réputation de gouverner des ministres qu'il regarde comme rebelles contre leur maître légitime. » L'ambassadrice de Suède est devenue effectivement une collaboratrice officieuse du nouveau ministre de la Guerre, dans les discours duquel on reconnaît sa patte. Dans une de ses lettres à Gouvernet, elle parle de « notre conseil », et il est vrai qu'elle influe sur bien des décisions ministérielles, s'étant forgé un pouvoir de l'ombre grâce au réseau de son salon si largement ouvert. Elle appuie Narbonne qui désire élargir ses soutiens aux chefs de la Gironde. C'est que l'idée de la guerre progresse dans son esprit : elle pourrait témoigner de la bonne foi du couple royal et ainsi raffermir le régime rendu fragile par le doute. Pour autant, il n'est pas un belliciste, comme le montre cette déclaration faite au début de mars à La Fayette : « Je dois rester à mon poste [...] tant que nous serons menacés d'une guerre à laquelle il faut se préparer fortement, pour la soutenir avec gloire, ou pour obtenir le bonheur plus grand de l'éviter. »

Narbonne s'affaire à la réorganisation de l'armée, mais certaines de ses mesures sont refusées par l'Assemblée, notamment la fusion des troupes de la ligne avec la garde nationale – 50 000 hommes font défaut. Un autre obstacle à son action provient du manque d'unité du gouvernement. Le ministre de la Marine, Bertrand de Molleville, très proche du roi, est un adversaire politique ; le ministre des Affaires étrangères, Lessart, est indolent... Le 24 février, Narbonne lit au

Conseil un mémoire, inspiré par Mme de Staël, où il appelle à un sursaut contre le danger des extrêmes : il ne faut pas que le roi attende le salut « de la dissolution de l'État », « il est nécessaire que le roi comprenne bien que cet excès de mal, dont on dit quelquefois que le bien peut résulter, ne peut être pour Sa Majesté que le chemin infaillible d'une perte sans gloire et sans ressources… ».

Mme de Staël, qui mesure la faiblesse d'un gouvernement sans unité, sans chef, c'est-à-dire sans Premier ministre, plaide le 9 mars, dans la *Gazette universelle*, en faveur de cette solution à l'anglaise, dont évidemment Narbonne aurait le bénéfice : « L'Angleterre a non seulement des ministres, mais encore un ministère. On ne peut pas dire la même chose de la France. » Pareille réforme va dans le sens d'un régime parlementaire ; le roi ne peut s'y rallier. La gauche de l'Assemblée, elle, croit discerner dans ce projet la volonté de Narbonne de se poser en « protecteur », en nouveau Cromwell – l'accusation sera reprise plus tard par Robespierre. Les tensions restent la règle au sein du gouvernement. Narbonne, s'estimant entravé dans ses fonctions, annonce le 3 mars à trois généraux, Rochambeau, Luckner et La Fayette, son intention de démissionner. Ils veulent l'en dissuader et chacun d'eux rédige une lettre pour lui demander de rester à son poste. Ces lettres, Narbonne les fait publier dans les journaux. Mme de Staël est-elle responsable de cette décision ? N'est-ce pas de sa part un appel à l'opinion en faveur de Narbonne ? La *Correspondance politique* l'affirme. Le 9 mars, le *Courrier français* publie la réponse de Narbonne, faisant explicitement état de son désaccord avec « l'un de mes collègues ». C'en est trop : Narbonne est renvoyé. « Je regarde Narbonne, écrit Barnave à Théodore de Lameth, comme le premier homme qui ait su parler, faire travailler, s'attacher un parti dans l'Assemblée, c'est-à-dire tracer le chemin aux ministres du nouveau régime. » Après l'échec de Necker, celui de Narbonne : Mme de Staël retombe à pied d'œuvre. Elle résiste à la tentation de revenir à Coppet. Au début d'avril, elle apprend l'attentat dont Gustave III est tombé victime, avant que son mari n'ait pu être reçu par lui. Le 20, elle assiste à la séance de l'Assemblée au cours de laquelle Louis XVI propose la guerre « au roi de Hongrie et de Bohême [François II] », que vote la majorité avec enthousiasme. Le surlendemain, Narbonne rejoint Metz pour se mettre sous les ordres de La Fayette. En cas de malheur, elle est décidée à s'empoisonner : dorénavant, elle ne se séparera plus d'une dose d'opium à cette fin.

Dès les premiers échecs militaires des armées françaises, le mouvement révolutionnaire s'enflamme. Le 27 mai, l'Assemblée vote la déportation des prêtres réfractaires ; le 29, la garde constitutionnelle du roi est licenciée ; le 6 juin, le nouveau ministre de la Guerre Servan ordonne la concentration de 20 000 gardes nationaux au camp de Soissons pour protéger Paris. Le roi refuse le premier et le troisième de ces trois décrets. Le refus de retirer son veto déclenche la journée populaire du 20 juin, qui voit les Tuileries envahies par une foule en armes et les menaces chantées pendant des heures contre « M. et Mme Veto ». On coiffe le roi d'un bonnet rouge, on lui fait boire un verre de vin, on le menace, on l'assourdit du *Ça ira*. Mais sans résultat : le roi, dont le rythme cardiaque est d'une lenteur souveraine, ne retire pas son veto. La province s'émeut ; des protestations contre la journée du 20 juin affluent vers Paris. Mme de Staël, effrayée par la tournure des événements, l'esprit toujours fertile, conçoit un plan d'évasion pour la famille royale, qui prendrait incognito la direction de Dieppe, accompagnée par Narbonne. Mis au courant, le roi et la reine la remercient, mais, ne se croyant pas en danger, déclinent sa proposition.

Cependant, le 11 juillet, la Gironde fait proclamer par l'Assemblée la « Patrie en danger » et donne aux municipalités la liberté de prendre les mesures de surveillance nécessaires et de procéder aux enrôlements volontaires. Le mouvement révolutionnaire, excité notamment par *L'Ami du peuple* de Marat, exige la déchéance du roi. Or le 3 août, Paris prend connaissance du manifeste du duc de Brunswick, que celui-ci a fait rédiger par un émigré, le marquis de Limon. Paris est menacé d'« exécution militaire » et de « subversion totale » en cas d'outrage à la famille royale. L'Assemblée n'ayant pas, le 10 août, voté la déchéance, un mouvement insurrectionnel parti du faubourg Saint-Antoine se dirige vers les Tuileries. À l'Hôtel de Ville, les commissaires venus des sections proclament l'instauration d'une Commune insurrectionnelle. Le roi se réfugie à l'Assemblée, alors que l'assaut des Tuileries est lancé par les insurgés, renforcés par les fédérés de la garde nationale, Bretons et Marseillais venus à

Paris pour le 14 juillet. Les gardes suisses tirent sur eux, avant d'être massacrés. Le château est mis à sac. L'Assemblée, qui n'a pu empêcher le drame, décrète la suspension de Louis XVI et son internement au Luxembourg.

Mme de Staël n'est pas restée inactive au cours de cette journée terrible du 10 août. Bien qu'elle soit enceinte de nouveau, elle a voulu se rendre aux Tuileries, mais son équipage a été empêché de traverser la Seine par des barrages de manifestants. Dans la soirée, apprenant que nombre de ses amis étaient traqués, elle a parcouru la ville pour tenter de leur venir en aide. L'un d'eux, Stanislas de Clermont-Tonnerre, a été mis à mort par la foule déchaînée qui l'a défenestré de l'hôtel de Mme de Brassac où il s'était réfugié.

La journée du 10 Août et la suspension du roi dans ses fonctions ont obscurci le ciel politique de la France. Les jours de l'Assemblée législative sont comptés : une nouvelle Constituante – la Convention – sera bientôt élue pour élaborer une nouvelle Constitution. En attendant, le pouvoir officiel est aux mains d'un Conseil exécutif présidé par Clavière, et dont la figure de proue est Danton. Il rivalise avec la Commune insurrectionnelle de Paris qui a maintenu dans ses fonctions de maire Pétion et dans ses fonctions de procureur-syndic de la Commune Manuel, flanqué d'un nouveau substitut, Billaud-Varenne. Fort de 288 membres, parmi lesquels siège Robespierre, le conseil général de la Commune dispose depuis le 11 août d'un Comité de surveillance chargé de la police politique. Par ailleurs s'affirme un pouvoir populaire par le truchement des 48 sections de Paris, animées par les « patriotes » et les citoyens « passifs » – ceux qui n'ont pas le droit de vote et s'intitulent les « sans-culottes ». Si l'on ajoute à ce dispositif le rôle du club des Jacobins si influent, on constate à quel point le pouvoir est morcelé dans la capitale.

Un spectre hante les révolutionnaires, celui de la Contre-Révolution intérieure, le complot aristocratique lié à la Cour, tandis que la coalition austro-prussienne marche aux frontières. De nombreuses personnes ont été arrêtées au lendemain du 10 Août. Comme les prisons sont pleines, on a incarcéré de nombreux suspects à l'Abbaye et au couvent des Carmes. L'Assemblée a décrété le 17 août la formation d'un tribunal criminel extraordinaire aux fins de juger ces comploteurs. Mais les partisans de la Commune, hostiles à l'Assemblée girondine, jugent sévèrement les lenteurs de ce tribunal, et leurs journaux en appellent à la justice du peuple. Vaincre l'ennemi intérieur, avant d'écraser l'ennemi extérieur, tel est le programme de *L'Ami du peuple* ou de *L'Orateur du peuple* de Fréron : « Eh bien, lit-on dans les colonnes de celui-ci, la première bataille que nous livrerons, elle se fera dans les murs de Paris, et non à l'extérieur. » Le 17 août, le *Courrier des quatre-vingt-trois départements* de Gorsas lance cette menace : « Si la hache ne frappe pas, [le peuple] frappera. »

Les constitutionnels amis de Mme de Staël, qui ont voulu défendre le roi, sont en fuite. Elle met tout en œuvre pour faire évader Narbonne, qui a trouvé refuge chez elle, rue du Bac. L'aumônier de l'ambassade de Suède lui signale un « passeur » possible, un Allemand, le docteur Bollmann, qui accepte de l'aider. « Une femme enceinte et prête d'accoucher[1], écrira-t-il, qui se lamente sur le sort de son amant, fit une vive impression sur mon imagination. Ses larmes, un homme en danger de mort, l'espoir de le sauver, l'idée de gagner l'Angleterre et d'améliorer ma situation, le charme de l'extraordinaire, tout cela agit à la fois. » Bollmann demande à l'un de ses compatriotes, dont le signalement pourrait être celui de Narbonne, de se faire faire un passeport à l'ambassade d'Angleterre et un laissez-passer français au ministère des Affaires étrangères, signé du ministre Lebrun et ensuite du maire Pétion. Le 20 août, à quatre heures du matin, accompagné de Bollmann, le vrai-faux passeport en poche et déguisé en Anglais, Narbonne réussit à passer les barrières et à gagner Boulogne, d'où il s'embarque pour Douvres. Ce sauvetage accompli, Mme de Staël fait les démarches pour d'autres amis qui, eux, ont été arrêtés : François de Jaucourt, Lally-Tollendal..., elle plaide pour eux auprès du procureur Manuel. Elle-même, décidée à partir, fait la demande de ses passeports.

Mal lui en prend. C'est dans ces jours d'extrême tension et de pouvoir déliquescent que sont perpétrés ce qu'on appellera les « massacres de Septembre », les 2, 3 et 4 de ce mois sanglant qui verra la mise à mort d'environ 1 200 ou 1 300 personnes détenues dans les prisons, ainsi qu'aux Carmes et à l'Abbaye. Comme l'a montré l'étude rigoureuse de Pierre Caron, plus de 70 % des massacrés

1. En fait, elle accouchera de son deuxième fils en novembre.

sont des prisonniers de droit commun, y compris de tout jeunes gens mis en maison de correction à Bicêtre. Les autres sont les gardes et les Suisses rescapés du 10 Août, une cinquantaine de personnalités « politiques » et 223 prêtres réfractaires.

Le 2 septembre, alors que retentit le tocsin à l'annonce des prises de Longwy et de Verdun, Mme de Staël, enceinte de six mois, monte dans sa berline pour quitter Paris. « À peine ma voiture avait-elle fait quatre pas, lit-on dans les *Considérations*, qu'au bruit des fouets des postillons un essaim de vieilles femmes, sorties de l'enfer, se jette sur mes chevaux, et crie qu'on doit m'arrêter, que j'emporte avec moi l'or de la nation, que je vais rejoindre les ennemis, que sais-je ? mille autres injures plus absurdes encore. » La voyageuse est menée à l'assemblée de la section du quartier, où elle est accusée de vouloir emmener avec elle des proscrits (on pense évidemment à Narbonne dont on n'a pas de nouvelles). Envoyée à l'Hôtel de Ville escortée d'un gendarme, elle met trois heures à s'y rendre depuis le faubourg Saint-Germain, « à travers une foule immense qui [l]'assaillait avec des cris de mort » en raison de sa voiture de riche. Protégée par le gendarme, elle parvient à l'Hôtel de Ville, dont elle monte l'escalier, « également hérissé de lances » ; un homme brandit la sienne, le gendarme la défend de son sabre. Elle est enfin devant les représentants de la Commune : Robespierre, Collot d'Herbois, Billaud-Varenne ; la salle est emplie d'hommes, de femmes, d'enfants qui s'égosillent à crier « Vive la nation ! ». Debout, calme, plus rassurée devant ces hommes que dans la foule enragée, elle fait valoir ses droits d'ambassadrice de Suède, détenant des passeports en règle. Par chance, l'arrivée du procureur Manuel décide de son sort. Répondant d'elle jusqu'à ce que la Commune ait pris une décision à son sujet, il l'enferme avec sa femme de chambre dans son cabinet. Les deux femmes attendent pendant six heures, jetant de temps à autre un œil par la fenêtre, où elles voient sur la place de Grève le retour des tueurs « avec les bras nus et sanglants, et poussant des cris horribles ». Mme de Staël aperçoit aussi sa voiture que la foule s'apprête à piller, lorsqu'un individu plein d'autorité, en habit de garde national, monte sur le siège et repousse les voleurs. Manuel vient enfin lui annoncer son élargissement, la Commune ayant voulu éviter l'incident diplomatique. La nuit venue, le procureur de la

Commune ramène Mme de Staël rue du Bac, en l'informant qu'il a fait libérer les deux amis pour lesquels elle avait plaidé auprès de lui. Elle peut quitter la capitale le lendemain accompagnée de sa seule femme de chambre, Tallien, membre de la Commune, se chargeant de lui faire passer les barrières, tandis qu'un gendarme lui fait escorte jusqu'à la frontière. Le 7 septembre, elle arrive à Coppet.

Mme de Staël a perdu. Elle a cru possible une révolution qui eût instauré un régime représentatif équilibré, et elle a dû d'abord se résigner à la chambre unique et à l'abaissement du pouvoir royal. Elle a pu croire un moment que la guerre aurait la vertu de ressouder le roi et la nation, mais c'est à la chute de la royauté que la guerre a abouti. Son père doit se morfondre en exil ; son amant est en fuite en Angleterre ; son mari a quitté son ambassade ; ses amis modérés se cachent ou sont en prison… À l'heure des « septembriseurs », elle doit réfugier son chagrin une fois encore sur les bords du Léman, n'ayant plus d'espoir que dans la déesse de l'imprévisible, la Fortune.

5

Exil et passion

Au mois de septembre 1792, la Révolution française découvre à l'Europe les deux faces de son génie. La face noire des massacres de Septembre et, moins de trois semaines plus tard, la face lumineuse de Valmy – cette victoire, on le sait, qui inspire à Goethe présent le commentaire prophétique : « De ce lieu et de ce jour, date une nouvelle époque de l'histoire du monde. » Le lendemain, 21 septembre, la Convention, pour la première fois réunie, décrète l'abolition de la monarchie en France.

La Révolution, cependant, a commencé, tel Cronos, à dévorer ses enfants. Les constitutionnels, qui se réclament de 1789 et qui, tout en contestant certains de ses aspects, ont approuvé et voté la Constitution de 1791, restent des défenseurs de la monarchie : après le 10 Août, ils sont devenus suspects, on les arrête. Mme de Staël, qui est des leurs, a pu sauver François de Jaucourt, Mathieu de Montmorency et son cher Narbonne des foudres de la justice révolutionnaire. Pour elle-même qui a pu fuir la France, un long exil commence, qui l'éloigne de la scène politique. La Suisse est son refuge ; elle y rejoint ses parents, dans l'attente de ses couches.

Une date de naissance suspecte

Aussitôt arrivée à Coppet, Mme de Staël s'étonne de ne point trouver une lettre de Narbonne. Elle vit le début d'une longue torture, celle de l'absence, qui ne peut être compensée que par la correspondance. Quand celle-ci est en panne, le pire devient imaginable : « Tout mon sang se bouleverse pour un courrier manqué. » Pendant des mois, la correspondance avec l'Angleterre devient l'objet de tous les soins de l'amante. Le 7 septembre, elle entame une longue plainte : « J'arrive et ne trouve point ici la lettre que vous m'avez promise. » Tout ce qu'elle a vécu, risqué, affronté, au cours de ces journées dramatiques, du 10 août au 2 septembre, « eh bien, tout cela n'est rien auprès d'être sans nouvelles de vous. »

D'autant qu'ici, à Coppet, le nom de Narbonne ne doit pas être prononcé : censure maternelle. Son père, lui, garde un prudent silence : « Mon père m'a tendrement reçue mais je vous dirai une horreur, c'est que je ne serai jamais à lui de toute mon âme tant qu'il ne partagera pas mon sentiment pour vous comme il peut le partager. » L'inquiétude est, chez Mme de Staël, sœur jumelle de l'adoration : « Je ne puis rien juger, rien comparer qu'à l'aide de ton idée, de ton intérêt, de ton opinion, de toi, mon Dieu tutélaire. » La passion parle, et n'a pas fini de parler, en des termes raciniens : « Faites tout pour que je ne meure pas de votre silence. » Cet amour toujours incandescent, lui inspire la démesure dans l'expression, l'outrance des sentiments et la dramatisation de ses inquiétudes. Elle implore, elle souffre, elle crie, elle meurt… ou voudrait le croire. Ce qui est vrai, c'est qu'elle est opressée, elle a la fièvre.

Deux semaines après le retour de Mme de Staël à Coppet, les habitants de Genève s'émeuvent brusquement : les troupes françaises sous le commandement de Montesquiou sont entrées en Savoie. Jusqu'où iront-elles ? Coppet n'est qu'à quelques kilomètres de la frontière. La République conquérante veut-elle s'emparer de Genève ? Mme Necker convainc son mari, et finalement Germaine, de quitter leur château et de s'installer à une vingtaine de kilomètres à l'est, à Rolle, dans une maison qu'ils louent. Le 5 octobre, elle annonce cette fuite à Narbonne : « Nous traînerons de ville en ville, de frayeur en frayeur, et j'accoucherai comme les Amazones auprès de quelque champ de bataille. Nous aimerons bien cet enfant dont je serai mère, car c'est lui qui est cause que je ne pars pas dans ce moment pour Londres. »

La guerre de Genève n'aura pas lieu. À la diète helvétique qui la redoutait, le général de Montesquiou répond qu'il n'est pas dans ses intentions d'entreprendre quoi que ce soit contre la Suisse ni Genève. Les Necker restent cependant à Rolle. Mme de Staël, qui avait, un moment, nourri le projet de rejoindre l'Angleterre avant ses couches, s'est heurtée à l'« opposition absolue » de son père. Elle est tourmentée par ses parents qui la semoncent, sa mère « l'Évangile à la main », et dépeignent Narbonne en bellâtre ingrat. Necker ne veut pas de ce voyage risqué pour sa fille, et redoute qu'en allant accoucher auprès de son amant elle révèle la vraie paternité de son futur enfant. Elle envisage sérieusement, puisque la loi désormais l'y autorise, de divorcer. À la mi-octobre, comme elle est toujours enceinte, on commence à jaser : « Quelques personnes, écrit-elle à Narbonne, ont voulu calculer et les époques de ma grossesse et celle du départ de M. de Staël. Cela m'a imposé la loi de moins insister pour aller à Londres. »

Les armées de la Convention progressent au nord ; à la fin d'octobre 1792, Dumouriez pénètre en Belgique et remporte le 6 novembre la bataille de Jemmapes. À Paris, le procès de Louis XVI est annoncé, qui commencera le 11 décembre. Necker n'est pas en reste. Sa loyauté à l'égard du roi lui commande d'intervenir sous la forme d'un plaidoyer destiné à la Convention, *Réflexions à la nation française sur le procès intenté à Louis XVI*. En d'autres temps, elle aurait applaudi son père. Pour l'heure, toute à sa passion amoureuse, elle juge cette initiative dangereuse malgré toute l'estime qu'elle lui inspire. Cette adresse risque de compromettre les intérêts de l'ancien ministre, qui n'a pas récupéré le prêt de deux millions de livres qu'il a fait à la France, et dont il perçoit encore des intérêts. La fille conseille au père de renoncer à l'appel direct : la brochure est simplement mise en vente à Paris à la mi-novembre. C'est que l'argent devient une autre préoccupation pour elle : tous ses projets avec Narbonne, une installation en Italie, voire en Amérique, dépendent d'un financement dont son père est le seul pourvoyeur possible. À la fin d'octobre, le décret sur les émigrés et la séquestration de leurs biens s'ils ne rentrent pas pourrait viser Necker. Pour le moment, en tant que Suisse, il n'est pas considéré comme un émigré *stricto sensu.*

À mesure que l'heure de l'accouchement se rapproche, Mme de Staël hésite à se séparer de son mari. Celui-ci est toujours attendu. Le 8 novembre, elle s'émeut, dans une lettre à Narbonne, que son époux ne la rejoigne alors qu'elle serait « grosse après dix mois d'absence ». Elle n'en est pas encore là, mais le dixième mois est effectivement entamé. Son espoir est d'accoucher avant le retour de M. de Staël, afin de gagner sans tarder l'Angleterre. Car il pourrait bien désavouer son enfant. Elle pense que ses parents se résigneraient au divorce.

La Révolution est toujours présente. À la mi-novembre, les Necker reçoivent la visite inattendue du général de Montesquiou, commandant en chef de l'armée des Alpes, déguisé, le visage altéré, qui vient leur demander « asile et conseil » après avoir été mis en accusation par la Convention pour avoir traité sans autorisation avec la république de Genève. Finalement, le conquérant de la Savoie part se réfugier à Berne.

Le 20 novembre, Mme de Staël accouche de son second fils, Albert, neuf mois et demi après la séparation d'avec son mari. M. de Staël, qui est loin, feindra de n'être pas surpris. Sans doute les accouchements retardés ne sont-ils pas impossibles, la nature sait être capricieuse. Il est difficile de croire que le père officiel n'ait pas su la date de naissance de son fils supposé. Peut-être avait-il lui-même mauvaise conscience de ses relations avec Mlle Clairon. Ou simplement il acceptait de fermer les yeux, en voulant éviter un divorce qui l'eût privé des secours d'une riche épouse. Toujours est-il que les Necker font baptiser leur petit-fils comme le fils d'Éric-Magnus, baron de Staël de Holstein.

Un printemps anglais

Le projet de rejoindre Narbonne en Angleterre reprend forme, malgré l'opposition de ses parents. Outre que le comte Louis n'est pas désiré en Suisse par Mme Necker, il y a un réel danger pour lui à traverser l'Allemagne, où tant d'émigrés le menacent. C'est donc elle qui partirait. M. de Staël est toujours absent. Depuis les débuts de la régence, il est devenu un personnage important en Suède grâce à ses liens avec Reuterholm, conseiller du duc régent. Tous les trois sont des fervents d'occultisme et d'idées libérales. Le régent entend se faire aider par le baron de Staël dans sa politique de neutralité. C'est ainsi qu'au mois d'août 1792, le diplomate a été chargé d'une mission auprès de la Convention, dont il connaît plusieurs membres. Le 10 Août rend cette négociation hasardeuse, mais M. de Staël n'en est pas moins actif : à Copenhague il signe un traité entre la Suède et le Danemark. De là, se dirigeant vers Paris, il s'arrête à Bruxelles, tandis que commence le procès de Louis XVI. Il ne sera à Paris qu'en février 1793 : il conclura un traité d'alliance avec Lebrun le 16 mai suivant.

Entre-temps, Mme de Staël apprend que son amant, toujours fringant, a conçu le projet de se rendre en France pour apporter son témoignage d'ancien ministre dans le procès du roi. Il écrit dans ce sens à la Convention. L'apprenant, Mme de Staël avertit : « Si vous mettez les pieds en France, à l'instant même je me brûle la cervelle. » Le 2 décembre, la colère l'envahit : « Vous m'avez donné le coup mortel, M. de Narbonne. Je croyais que ma vie valait plus à vos yeux que la plus folle, la plus inutile, la plus dangereuse des démarches soit pour le roi, soit pour vous. Mais il faut que le besoin de paraître vous ait rendu féroce. » Heureusement pour elle, la Convention traite par le mépris la demande de Narbonne, et lui refuse le sauf-conduit dont il a besoin pour se rendre à Paris. Il devra se contenter de publier un mémoire qu'il transmettra à Malesherbes, avocat de Louis XVI, et qui paraîtra en janvier sous le titre *Déclaration de Monsieur Louis de Narbonne, ancien ministre de la guerre en France, dans le procès du roi*. Sévère autant que lucide, la fille de Necker fait valoir à son amant que l'entreprise dont il rêve est inutile pour la cause défendue et dangereuse pour lui, haï des hommes qui tiennent le pouvoir à Paris. Alors pourquoi cette idée folle ? C'est que, lui écrit-elle, « vous avez un tel besoin d'éclat que ces trois mois sans faire parler de vous vous ont paru des siècles ». Le 3 décembre, elle apprend le refus de la Convention : « Ces tigres sont plus humains que vous. »

En fait, elle redoute que le procès du roi ne se termine par un « horrible assassinat ». En Suisse même, la révolution gagne du terrain. À la fin de décembre 1792, Genève, si proche des troupes républicaines de la Savoie annexée, est le théâtre d'une insurrection de « patriotes » coiffés du bonnet rouge qui entraîne la chute du gouvernement ; l'élaboration d'une nouvelle constitution de la république de Genève s'ensuivra. « La terre tremble de tous les côtés, écrit Mme de Staël à Gibbon, le 28 décembre, et il me semble que si je ne me hâte pas de partir, un abîme s'ouvrira entre mon ami et moi. » Elle s'émeut, d'autre part, des rumeurs qui annoncent un prochain conflit entre la Grande-Bretagne et la France : les liaisons épistolaires risquent d'être entravées. Il faut donc partir, et vite !

Dans les premiers jours de janvier, elle passe en France, confiant ses deux enfants à ses parents. À Gibbon, Mme Necker avoue son désappointement : « Après avoir essayé inutilement toutes les ressources de l'esprit et de la raison pour détourner ma fille d'un projet insensé, nous crûmes qu'un petit séjour à Genève pouvait la rendre plus docile par l'influence de l'opinion ; elle a profité de cette liberté et s'est mise en route plus tôt qu'elle ne nous l'avait fait craindre et c'est sous d'aussi fâcheux auspices qu'elle a commencé l'année et qu'elle nous l'a fait commencer… » La fille prodigue se rend d'abord à Passy, où elle fait étape chez son ami Gouvernet, revenu de La Haye. Un autre ami l'attend pour l'accompagner, Mathieu de Montmorency, rentré en France depuis novembre pour ne pas s'exposer à la confiscation de ses biens. Tout dévoué à Germaine, Mathieu lui sert d'escorte jusqu'à Boulogne-sur-Mer, d'où ils s'embarquent pour Douvres. Mme de Staël, pour être admise en Angleterre sans entrave, se prévaut de la fonction de son époux : « Le caractère diplomatique dont M. de Staël est revêtu, écrit-elle au secrétaire d'État aux Affaires étrangères, me fait un devoir de vous prévenir de mon séjour dans la retraite de Juniper Hall. » Elle déclare vouloir trouver un « asile » dans le pays de la « vraie liberté ». Démarche qui n'est pas inutile, puisqu'elle débarque à Douvres le 20 janvier, le jour de la condamnation à mort de Louis XVI. Mme de Staël préfère éviter Londres, où les aristocrates français émigrés sont en nombre. Après une journée passée à Richmond sur la Tamise, au sud-ouest de la capitale, au domicile de la princesse d'Hénin – une parente de Gouvernet –, elle file vers Juniper Hall

Juniper Hall, propriété louée par Narbonne, est situé à Mickleham, dans le comté de Surrey, à une trentaine de kilomètres au sud de Londres, dans un beau paysage de collines, près de la vallée de la Mole. Pendant quatre mois, en ce printemps 1793, elle vit là, dans une sociabilité franco-britannique, des jours de répit, voire de bonheur. Elle a retrouvé son cher Narbonne, Alexandre d'Arblay, mais aussi de nombreux visiteurs, Mme d'Hénin, Talleyrand, Lally-Tollendal, Malouet, Bollmann qui aida Narbonne à gagner l'Angleterre. Du côté britannique, les amis se font nombreux, les Phillips, des voisins et leurs trois enfants ; les Lock, William et sa jolie femme Frederica, qui habitent avec leurs six enfants le château de Norbury Park, peu éloigné, et chez lesquels séjourne la romancière et ancienne dame d'atours de la reine Fanny Burney, sœur de Susanna Phillips. Le milieu social est celui d'une gentry aux idées libérales horrifiée par le tour violent pris par la Révolution française et par l'exécution de Louis XVI. Entre les trois résidences, on sympathise, on circule, on se reçoit, et Mme de Staël retrouve les plaisirs d'une vie mondaine assez particulière où, fontaine toujours jaillissante, elle peut de nouveau briller de sa conversation, de ses idées, et aussi par les lectures qu'elle donne – y compris des pages qu'elle a déjà écrites de son ouvrage *De l'Influence des passions*, qui sera publié en 1796.

Un des événements importants de ce séjour est la rencontre qu'elle fait et l'amitié qu'elle noue avec Fanny Burney, auteur de deux romans à succès, *Evelina* et *Cecilia*. Celle-ci a quitté ses parents qui habitent Chelsea College (maison de retraite pour militaires et invalides) près de Londres, pour venir passer, à peu près au moment où Mme de Staël arrive, quelque temps à Norbury Park. Fanny, qui a la quarantaine, est très réservée, au contraire de Germaine, mais elle s'enchante de l'entrain de sa cadette, de son art d'animer la conversation d'un groupe, électrisé par l'esprit et les allegros de cette femme étourdissante.

On parle le français, mais Mme de Staël s'efforce d'améliorer son anglais, se risque dans la langue de Fanny Burney pour lui témoigner son admiration ; celle-ci lui répond en français. Ni l'une ni l'autre ne sont à la hauteur des exigences de la syntaxe, mais qu'importe ! C'est aussi un jeu. Au demeurant, la frivolité la plus élégante a ses limites : les événements de France et de la scène internationale sont des sujets de préoccupation quotidiens. Narbonne a été profondément affecté par l'exécution de Louis XVI, qui a fait pleurer Mme de Staël. Le 1er février 1793, la France déclare la guerre au roi d'Angleterre et au stathouder de Hollande. La rivalité économique entre les deux pays en est la cause principale plus que la mort du roi. L'occupation d'Anvers et des bouches de l'Escaut menace le commerce britannique dans la mer du Nord, ce qui est insupportable aux yeux du Premier ministre qui n'est autre que William Pitt. Mme de Staël se pose des questions sur son proche avenir : pourra-t-elle rentrer en Suisse ?

Pendant ce temps-là, l'amitié qui se renforce chaque jour entre Germaine de Staël et Fanny Burney donne naissance à une campagne de dénigrements, nourrie notamment par Edmund Burke et Arthur Young, très hostiles à Necker : les parents de Fanny Burney s'inquiètent des prétendues « opinions démocratiques » de sa nouvelle amie, et supportent mal l'immoralité de la liaison de Mme de Staël avec Louis de Narbonne. Fanny, priée par ses parents de ne pas fréquenter Juniper Hall, défend vivement son amie, mais, de caractère docile, elle accepte de rester sagement chez les Phillips, auprès de sa sœur, et de quitter Mickleham à la date du 1er mars. Mme de Staël ne sait rien des raisons profondes de ce départ ; seul en a connaissance Alexandre d'Arblay, assidu auprès de Fanny, sa future épouse. Tous les deux communient dans l'amitié avec celle qu'on traîne dans la boue, mais Fanny Burney rentre néanmoins à Chelsea College, sous un mauvais prétexte.

Mme de Staël a eu vent des méchantes rumeurs qui courent sur elle ; elle les met au compte des émigrés français, ces « hommes malheureux », écrit-elle à Fanny, qui « s'occupent des personnes » faute de rien pouvoir sur « les affaires » : « Ils vous diront que je suis démocrate, et ils oublieront que mes amis et moi nous avons échappé au fer des Jacobins. » Dans son désir de maintenir sa relation privilégiée avec la romancière, Mme de Staël entreprend le 12 mars le voyage de Chelsea College pour lui rendre visite. Mais Fanny n'y est pas ; elle est à Londres ce jour-là. S'ensuit une course vaine dans la capitale, mais la romancière fuit son amie.

Mme de Staël reste à Londres une quinzaine de jours, fréquente les salons, éblouit et agace dans les dîners, où se retrouvent ses amis constitutionnels, Malouet ou Lally-Tollendal, Narbonne évidemment, et des hommes politiques anglais. Redoutée par ceux qui ne la connaissent pas, elle les désarme par ses talents. Ainsi l'explique Lord Sheffield à Gibbon : « Il existe beaucoup de préventions contre elle. Elle est réputée la démocrate la plus forcenée et la plus intrigante, capable de mettre le feu à la Tamise. J'ai du mal à faire convenir aux gens qu'elle est éminemment vive et agréable, et qu'elle possède des dons intellectuels extraordinaires, bien qu'elle se rende un peu ridicule. » Une femme qui se mêle de politique, qui dame le pion aux hommes, est toujours « un peu ridicule » – et pas seulement aux yeux d'un lord. Du moins celui-là reconnaît-il ses talents.

Revenue à Juniper Hall, Mme de Staël commence à se soucier de son retour en Suisse que la guerre compromet. Elle écrit à son mari pour le conjurer de lui envoyer les moyens de revenir chez elle, c'est-à-dire les passeports lui permettant de rentrer par Ostende, Lille ou Dunkerque. Le diplomate suédois est lui-même en France, pour négocier avec le Comité de salut public un accord entre la France et son pays. En attendant une réponse, que la situation internationale ne peut que retarder, elle reprend sa vie « junipérienne ». Les nouvelles de France intriguent : Dumouriez, désireux de purger la France « des assassins et des agitateurs », tente de faire marcher son armée sur Paris. Faut-il nourrir l'espoir d'un renouveau de la révolution libérale ? On en parle avec Talleyrand qui vient d'arriver de Londres le 8 avril. Pour en savoir plus, elle et Narbonne retournent à Londres, où ils séjournent chez Mme d'Hénin. Très excité, l'ancien ministre de la Guerre envisage de se mettre sous le commandement de Dumouriez, à condition que le général n'ait d'autre désir que de rétablir la Constitution de 1791. Un projet sans lendemain, puisque la défection de Dumouriez est bientôt connue. Le 18 avril, les deux amants dépités reviennent à Juniper Hall. Dans une lettre à Gibbon du 25 avril, Germaine expose ses doutes, sa seule certitude étant sa volonté de vivre avec Narbonne : « Je trouverais doux de vivre dans un pays dont la nature est si belle et le gouvernement si paisible, près de voisins romanesques en dévouement pour moi, si mon père me le permettait et m'envoyait ce qu'il faut d'argent pour vivre ici. » Si Necker refuse, et comme il est impossible de revenir en France, il faudrait que Gibbon l'aide à faire recevoir Narbonne en Suisse, puisqu'il a des accointances avec d'Erlach, le bailli de Lausanne, en état de dispenser les permis de séjour. De son côté, M. de Staël, qui n'a pas conclu le traité avec la France à la suite d'une volte-face du duc régent consécutive au projet de restauration monarchique de Dumouriez, apprend à sa femme son désir de revenir en Suisse, où il compte bien la revoir. Elle est décidée à rentrer, hésitant seulement sur le trajet à suivre. Le 20 mai, une lettre d'Elof Signeul, le secrétaire du baron de Staël, lui annonce qu'il l'attend à Ostende. Le lendemain se tient la cérémonie des adieux, tendres et baignés de larmes. Mme de Staël demande à Susan Phillips de dire à sa sœur Fanny qu'elle ne lui en veut pas, qu'elle est sans rancune, qu'elle quitte l'Angleterre sans cesser d'aimer cette personne qui a été contrainte de la fuir. Le 22 mai, au passage de la berline qui l'emmène à Londres, Mme Phillips lui fait un ultime adieu, et Mme de Staël reste sans voix.

Elle embarque à Douvres dans la soirée du 25 mai. Narbonne, qui l'accompagne jusqu'au port, lui promet de la rejoindre en Suisse dès qu'elle l'appellera. En attendant, elle quitte cette Angleterre où elle a connu des jours heureux, grâce à Susan Phillips, aux Lock, à leur entourage, à ses amis français réunis. Elle garde une légère amertume au coin du cœur à cause de cette amitié somme toute ratée avec Fanny Burley, si prisonnière des convenances, contrairement à elle. Pendant quatre mois, elle a pu vivre au côté de son amant : quel sera l'avenir ? Elle emporte son serment, il viendra la rejoindre. Mais, en ces temps de guerre, est-ce si sûr ?

Ingrat Narbonne

À Ostende, elle est attendue par Signeul comme prévu. Ils traversent la Belgique, gagnent Cologne, Coblence, Francfort, entrent en Suisse par Schaffhouse et prennent la direction de Bâle, où M. de Staël doit les rejoindre. En l'attendant, elle confie par lettre à Gibbon que le seul horizon de sa vie est de retrouver Narbonne : « Quand des circonstances, extraordinaires comme la révolution qui les a produites, ont confondu les âmes et les pensées de deux personnes depuis cinq ans, quand les mêmes circonstances ont fait naître une dépendance mutuelle qui ne laisse aucun moyen d'exister l'un sans l'autre, quand enfin tout ce qu'on appelle les convenances, les considérations, les avantages du monde, ne présente plus qu'un amas de ridicules et de ruines, je ne sais pas quelle serait la raison de vivre s'il fallait se séparer. »

Vers le 10 juin, le baron de Staël rejoint enfin sa femme à Bâle. Ils ne se sont pas revus depuis dix-sept mois. Tous les deux peuvent-ils reprendre une vie commune ? Elle l'accepte, à condition qu'il admette autour d'elle ses amis, qu'il regarde Narbonne « comme mon frère ». Il paraît conciliant. Ensemble, ils prennent le chemin de Berne, où M. de Staël reçoit une invite du duc régent à retourner en France pour conclure le traité resté en suspens. Cette perspective amène Mme de Staël à écrire à Narbonne qu'il vienne la rejoindre en Suisse, où elle a obtenu de son mari de rester jusqu'en novembre. Qu'il prenne le nom d'un Anglais et traverse la Suisse avec un passeport à ce nom d'emprunt. Il n'y a plus à hésiter. En fait, étant donné les tergiversations du régent de Suède et le tumulte des événements en France – la guerre de Vendée, le coup de force des sans-culottes contre les députés girondins le 31 mai... –, M. de Staël attendra encore longtemps avant de repartir pour Paris.

Le 18 juin, Mme de Staël est à Coppet, impatiente de lire les lettres de Narbonne qui doivent l'attendre. Mais non, pas une ligne de lui. Elle est au désespoir, écrit à d'Arblay, l'amoureux de Fanny Burney, sur l'affection de qui elle sait pouvoir compter : « silence affreux », serait-il malade ? Commence alors une longue traversée d'amertume qui va durer pendant des mois. Les lettres de Narbonne n'arrivent qu'au compte-gouttes : « Il faut mourir puisque je n'ai pas de lettres de vous. [...] Je souffre. Je vous conjure si vous m'aimez de venir ici... » Elle tombe malade d'une « fièvre inflammatoire ». Un mot lui arrive ? La vie reprend. Elle fait des projets, se met en quête d'une maison à louer. Au mois d'août, son mari lui-même l'accompagne pendant quelques jours dans cette intention. Elle a une justification : elle veut réunir ses amis constitutionnels toujours traqués, pris dans l'étau des Jacobins et des contre-révolutionnaires.

Elle trouve une maison appelée « Traxenhouse », près de Nyon, où elle brûle de voir venir son aimé. Mais celui-ci ne se décide pas à partir ; il promet, renonce, promet de nouveau, cherche tous les prétextes pour rester en Angleterre. Les reproches se succèdent : « Mon séjour à Coppet en Suisse sans vous est un supplice continuel » – « Laissons, je vous prie, ces vains prétextes qui me révoltent par leur *fausseté*, et doivent vous fatiguer par leur *construction* ». Éric-Magnus s'émeut de voir dépérir sa femme, s'indigne des misérables justifications de Narbonne, promet à Germaine de l'accompagner lui-même en Angleterre si, décidément, son ami qui la fait mourir ne bouge pas. Elle crie, elle menace : « Le lac est là : que ne vais-je m'y jeter au lieu d'implorer votre inflexible douceur ! Je vous en prie, je vous en prie, venez ! » Les lettres s'enflamment qui ont le ton outré de la tragédienne : « L'idée de la mort est la seule qui me fasse plaisir. […] Je te demande grâce, au nom de ces enfants dont tu n'as pas une seule fois prononcé le nom : grâce, grâce, pour le crime de t'avoir aimé, de t'avoir sauvé la vie, grâce. » Il ne veut pas venir à elle ? Elle ira à lui ! Elle lui donne ses instructions : qu'il demande à Mme Phillips de lui louer pour elle « une petite maison dans Mickleham » : « J'ai besoin de vous voir : pour ne pas mourir dans la rage du désespoir. »

Elle confie son malheur à ses amis Montmorency et Jaucourt venus la rejoindre. Ils sont stupéfaits en apprenant que Narbonne ne veut pas voyager sous un faux nom – c'est un de ses prétextes : « Vous me refuseriez de changer de nom ! Quand il s'agit de ma vie, vous ne feriez pas un tel sacrifice : ah ! n'êtes-vous pas honteux de mettre de semblables raisons en avant ? […] Ma vie, ma fortune, ma réputation, mon repos, tout vous a appartenu. […] Je ne vous estime plus, mais vous m'êtes encore si cher que la rage s'empare de moi en pensant que vous voulez me refuser un dernier adieu. » Elle le somme, elle le défie, elle le menace. Il répond, quand il répond, de manière évasive, en usant de faux-fuyants qui l'emplissent de colère. Et puis, en octobre, elle apprend que celui qui ne voulait pas courir les mille risques d'une traversée de l'Allemagne pour la rejoindre est décidé à partir pour Toulon qui a été livrée aux Anglais. Il a demandé un rendez-vous à Pitt pour accompagner le commissaire civil envoyé à Toulon. Le 14 octobre, Mme de Staël indignée lui écrit : « Si vous allez à Toulon sans venir ici auparavant, je vous jure que je vous tuerai ! Prenez à présent le parti que vous voudrez, mais sachez que vous êtes le plus méprisable des hommes en préférant les plus folles idées aux devoirs les plus réels. [...] Au reste, si vous voulez me voir encore, hâtez-vous, car je meurs ; des convulsions atroces me font presque éprouver des douleurs égales à celles de l'âme, et je suis bien sûre que vous m'avez assassinée. [...] Je vous le jure : si vous allez à Toulon, je pars pour Paris à l'instant, j'assassine Robespierre et je vous aide en expirant. » Narbonne n'ira pas à Toulon, faute de l'accord du gouvernement britannique, mais l'épisode a encore augmenté le ressentiment d'une femme qui se sait désormais mal-aimée, et dont la plainte trouve des accents raciniens :

Tous mes moments ne sont qu'un éternel passage
De la crainte à l'espoir, de l espoir à la rage.

Dans les mois suivants, les invectives, les cris d'amour et de haine mêlés, les supplications n'ont de cesse. « Après une nuit de larmes, lui écrit-elle le 16 octobre, j'ai été prier Dieu sur le berceau de mon fils. Il s'est réveillé. Je l'ai conjuré de demander *que son père eût pitié de moi.* Sa petite voix a répété ces paroles et il s'est rendormi. » Lui se plaint de ses reproches, de ses cris, embarrassé par les hyperboles de cet amour fou. Alors, « est-ce que c'est fini entre vous et moi ? », lui demande-t-elle à la fin d'octobre. Elle refait le plan d'un nouveau voyage en Angleterre, mais prend conscience qu'elle vit « une illusion qui s'éteint ». Mais que le monstre écrive quelques mots, elle renaît ! Du moins pour quelques jours, car la vaine attente de nouvelles lettres l'emporte contre l'« homme cruel » : « Il se mêle à présent de la haine à mon amour pour vous. Il s'y mêle du mépris pour la plus atroce ingratitude, de la rage contre l'impuissance de ma douleur... » Et le jeu de l'amour et de l'espérance flouée repart. À la mi-novembre, il annonce de nouveau son arrivée. Elle charge alors son mari qui part pour Stockholm le 12 décembre de faire les démarches nécessaires pour que son amant puisse entrer en Suisse à Berne et à Schaffhouse. Nouvelle désillusion, nouveau désespoir : il ne viendra pas. Elle est exaspérée. Qu'il avoue donc qu'il ne l'aime plus ! Mais sans doute a-t-il en tête de la pousser à la rupture elle-même, pour se donner le beau rôle. Il lui doit la vie ; il ne voudrait pas rendre publique son ingratitude : « Vous voulez m'exciter à rompre la première, lui écrit-elle, afin de vous donner un air de modération qui puisse contraster avec la violence des expressions dont je me servirai. »

Au mois de décembre 1793, cinq ans d'amour paraissent en miettes. Mme de Staël veut bien encore attendre

Un soupir, un regard, un mot de votre bouche,

mais elle n'y croit plus guère. Et puis, en cette tragique année 1793, la politique reprend ses droits.

Affaires d'argent

Occupée, habitée, ravagée par sa passion amoureuse, Mme de Staël n'en reste pas moins attentive aux événements qui embrasent la France et l'Europe. Fidèle à ses convictions, elle défend les principes d'une révolution de la liberté dans le cadre monarchique. Avec ses amis « constitutionnels », elle n'a pu faire naître le régime de leurs souhaits qui eût donné consistance à l'exécutif royal et deux chambres législatives comme en Angleterre. À défaut, ils ont accepté la Constitution de 1791, quitte à l'amender plus tard, en de meilleures circonstances. Mais ce loyalisme n'a pas été récompensé : la journée du 10 Août, les massacres de Septembre, la condamnation à mort de Louis XVI, l'instauration de la république, tout les exclut de la scène politique. Ils partent, ils se cachent, mais à l'étranger ils rencontrent l'hostilité des contre-révolutionnaires. Les *Considérations sur la Révolution française* résument bien leur situation :

« Ces amis de la liberté se trouvaient donc presque sans asile sur la terre. Les royalistes purs ne manquaient point à leurs principes en se battant avec les armées étrangères contre leur pays ; mais les constitutionnels ne pouvaient adopter une telle résolution ; ils étaient proscrits par la France, et mal vus par les anciens gouvernements d'Europe, qui ne les connaissaient guère que par les récits des Français aristocrates, leurs ennemis les plus acharnés. »

Elle-même objet de toutes les attaques, comme on l'a vu en Angleterre, Mme de Staël déploie son énergie et use de toutes ses ressources pour venir en aide à ses amis. De retour en Suisse, elle se met à la recherche d'une maison qui pourrait en abriter quelques-uns, et s'installe ainsi à Traxenhouse, près de Nyon, on l'a vu. Elle commence à y habiter avec son mari, avant le départ de celui-ci pour la Suède. C'est là qu'elle espère voir venir Narbonne, qui ne vient pas. Mais, le 5 octobre, elle a la joie d'accueillir François de Jaucourt et Mathieu de Montmorency, qui ont évité l'arrestation en France ; elle reçoit aussi des hôtes de passage, comme Mme de la Châtre, l'amie de Jaucourt. M. de Staël s'est montré, en la circonstance, un bon allié, loyal et efficace. Il a fourni aux deux pensionnaires de sa femme des noms suédois – Lowall et Ferbert – pour échapper aux tracasseries des cantons suisses. Protection précaire, du reste, car, en 1794, la location de Traxenhouse arrive à terme, et la « colonie » doit se disperser. Or Berne a décrété le renvoi de tous les émigrés en dessous de quarante ans ; Jaucourt et Montmorency deviennent de vrais clandestins, tandis que leur protectrice se multipliera en démarches pour obtenir les exceptions nécessaires et leur trouver un nouveau refuge.

La Révolution affecte aussi la fille de Necker dans ses intérêts financiers. On se souvient que l'ancien ministre de Louis XVI avait fait un prêt au Trésor français sur ses propres biens : il y allait de deux millions, sur lesquels l'État lui versait des intérêts. La question était de savoir si ce prêt était récupérable ou, à défaut, si la République continuerait à verser les intérêts dus au prêteur. Or les lois sur les émigrés sont implacables : en leur absence, tous leurs biens sont confisqués. Reconnaîtra-t-on à Necker que sa nationalité suisse l'empêche d'être un émigré ? Encore présente à Paris, après le départ en catimini de Narbonne, à la fin août 1792, elle est allée rechercher chez lui les meubles précieux qu'elle lui a prêtés, les bronzes, les livres, les vins, etc. Pour vivre à sa mesure, pour se projeter dans l'avenir, concevoir les voyages de l'exil, payer les dettes de son mari, celles de son amant, celles qu'elle a laissées à Paris, il faut des ressources, et Mme de Staël n'en fait pas mystère dans ses lettres à Narbonne : « J'insiste beaucoup sur les affaires d'argent parce que votre caractère a besoin de fortune et que je ne puis soutenir la pensée d'un seul de vos désirs non satisfait. » En octobre 1792, au moment où elle envisage le départ pour l'Amérique avec son amant, elle explique clairement à l'exilé : « Mon père a cent quarante mille livres de rente en France et soixante ailleurs, dans lesquelles ma dot est comprise. Il me donnera peut-être, si je sais lui présenter le danger de mon départ pour l'Amérique, tout ce qui excédera cent vingt ou cent trente, mais s'il est réduit à moins la tête tournera à ma mère. » Ces « détails de ménage » – comme elle dit – abondent dans ses lettres : l'argent, nerf de l'amour.

Quand Necker rédige son mémoire à la veille du procès de Louis XVI, sa fille lui conseille la prudence : c'est sur sa recommandation, on l'a dit, qu'il accepte de ne pas l'adresser directement à la Convention dans l'idée qu'en le publiant sans destinataire explicite le danger serait moitié moindre. Necker est-il un émigré ? Peut-on être un émigré sans la nationalité française ? En juillet 1793, elle écrit à Narbonne : « Le comité des finances [de la Convention] a fait un rapport qui prouvait clairement que mon père ne devait pas être considéré comme émigré, mais l'infâme Carra a mis en avant que ses deux millions et ses maisons étaient le gage de sa gestion, qu'il n'en avait pas rendu compte et qu'ainsi tous ses revenus seraient arrêtés jusques à ce que ses comptes fussent apurés. » En ce même mois de juillet 1793, elle écrit à son mari : « Comment ne serais-je pas malheureuse par la crainte de perdre ma fortune ? » Le paiement des intérêts à Necker est donc suspendu, ce qui rend pour elle la question de l'argent très préoccupante, obsédante même parfois. Est-elle avide ? On ne peut le dire, tant elle prodigue de largesses en faveur de ses amis et de son amant. Mais elle est riche de naissance, habituée à un train de vie princier, elle n'imagine pas pouvoir se nourrir d'amour et d'eau fraîche. Et puis elle éprouve un sentiment d'injustice devant la manière dont on traite son père, ce héros généreux qui a aidé la France et que la France persécute.

La Révolution jacobine lui fait horreur non seulement pour l'épreuve financière qu'elle fait subir à sa famille et à elle-même, mais aussi par ses violences, sa radicalité, la manière dont on s'est débarrassé des députés girondins le 31 mai-2 juin 1793, la traque des prêtres réfractaires, la guillotine – tout lui fait détester cette révolution-là. Au mois d'août 1793, alors qu'elle se morfond en

Suisse, elle rédige une brochure, *Réflexions sur le procès de la Reine*, qui sera publiée au début de septembre, avant que Marie-Antoinette ne soit condamnée et guillotinée, le 16 octobre. L'écrit est anonyme, mais, dès sa diffusion, nul ne doute de l'identité de son auteur.

Ce plaidoyer ne veut pas être partisan : « Je ne veux attaquer ni justifier aucun parti politique. » Il est tout de compassion pour l'« illustre infortunée ». L'auteur dénonce les calomnies les plus infâmes qui ont couru et courent sur la fille de Marie-Thérèse. Ce n'est pas elle qui, par ses frivolités coûteuses, a ruiné la France, mais « la guerre d'Amérique, les déprédations des ministres, des abus de tous genres… ». Elle trace le portrait d'une reine attachée à la France, dévouée à son époux, mère courageuse, et désormais sans défense. Sans doute Mme de Staël minimise-t-elle le rôle de Marie-Antoinette dans cette politique du pire, dans cette course à la guerre, que sa correspondance avec l'ambassadeur d'Autriche à Paris Mercy-Argenteau révèlera, mais elle analyse certainement avec justesse l'*inutilité* de cette condamnation à mort, qui n'ajoute rien à l'exécution du roi, sinon un peu plus d'horreur. Au contraire, cette exécution aurait un effet contraire au but visé : « Si la reine périssait à son tour, si le jeune enfant, héritier de tant d'infortunes, mourait privé des soins de sa touchante mère, on s'attacherait aux restes de cette race royale persécutée, et les princes qu'on repousse aujourd'hui intéresseraient en leur faveur, quand il n'existerait plus qu'eux. » Elle trouve à l'adresse des conventionnels la formule choc : « Vous gouvernez par la mort. »

Encore une fois, elle plaide pour la modération ; elle sait que tout régime qui produit des martyrs s'affaiblit par la répulsion et la compassion qu'ils suscitent. La République, si elle veut vivre, doit se séparer de la violence quand la violence n'est pas nécessaire. Un leitmotiv chez elle : en finir avec l'échafaud.

6

Amères amours

Trahie et humiliée par le comte Louis de Narbonne, Mme de Staël s'inspire de son infortune pour écrire un récit vengeur, *Zulma*, qu'elle fait imprimer au début d'avril 1794. Cette courte nouvelle narre l'histoire d'une jeune femme chez les « sauvages » au bord de l'Orénoque qui s'éprend éperdument d'un héroïque guerrier, auquel elle permet à plusieurs reprises d'échapper à la mort. Les deux jeunes gens s'aiment, se jurent fidélité, mais quand Zulma surprend son amant aux pieds d'une autre, elle le tue. Jugée par le tribunal des sages de la tribu, elle se défend avec flamme et obtient sa grâce. Sa famille ainsi sauvée du bannissement qu'elle risquait si Zulma était condamnée, la meurtrière se donne la mort pour rejoindre au Ciel celui qu'elle n'a cessé d'aimer. *Zulma* ou du bon usage de la littérature pour exorciser ses démons.

Au moment où cette nouvelle sort des presses, Mme de Staël s'est trouvé une autre raison d'oublier Narbonne. Celle-ci s'appelle Adolphe-Louis, comte Ribbing. Ce Suédois de vingt-huit ans comme elle, ancien capitaine des gardes de Gustave III, est entré dans le cercle de ses amis peu après son retour d'Angleterre. De haute taille et d'une beauté qui a déjà fait tourner les têtes blondes de son pays, le capitaine Ribbing, pénétré de culture française et favorable à la Révolution, a démissionné de l'armée et trempé dans la conjuration qui a coûté la vie au roi de Suède. Le 13 mars 1792, Gustave III était mortellement blessé par un coup de pistolet à l'occasion d'un bal masqué. Ribbing fut arrêté et condamné avec ses trois complices à la décapitation. Mais le duc régent a commué sa peine en exil perpétuel. Après un séjour à Paris, où il a été effrayé par la frénésie de la guerre intestine, il a gagné les bords du Léman.

Mme de Staël le rencontre, le juge « superbe de figure », et tisse avec lui des rapports d'amitié que les convictions libérales du Suédois ne font qu'aviver. À l'automne 1793, elle apprend qu'elle a été l'objet d'une querelle publique entre l'un de ses détracteurs nommé Horngacher et Ribbing, qui a pris fait et cause pour elle. C'est un déclic. Elle le remercie en lui disant qu'elle l'aime du fond de son cœur, « indépendamment de l'attrait que votre agrément doit faire naître ». Tendresse, estime, besoin de le voir : en décembre, elle lui confie qu'elle a « besoin d'être aimée » par lui ; qu'avant lui elle n'imaginait pas que quelqu'un pût rivaliser avec Narbonne...

Il y a du marivaudage dans ces premiers pas. Le Suédois s'émeut des avances de Germaine, mais son cœur, lui dit-il, est pour jamais « fermé à l'amour ». Elle se récrie : elle ne parlait que d'amitié ! « Et si votre grâce infinie m'inspirait jamais un autre sentiment plus vif, vous ne voudriez pas que nous fussions dégradés l'un par l'autre, vous ne supposeriez pas que mon cœur en pût concevoir la possibilité. »

En fait, si Mme de Staël est en passe d'évincer Narbonne, qui promet toujours d'arriver et qui n'arrive jamais, Ribbing, lui, est liée à la baronne de Geer, l'épouse du chambellan de la reine de Suède. Or Ribbing apprend en novembre 1793 la mort de sa maîtresse lointaine, qui le laisse désemparé. Germaine lui prodigue ses consolations ; il se rapproche d'elle. Insensiblement, elle se détache du comte Louis, même si quelques braises de sa passion rougeoient encore.

En février 1794, Mme de Staël part pour Lausanne rendre visite à sa mère, qui y séjourne et dont la maladie s'aggrave. Un répit l'autorise à gagner Berne, où elle doit s'occuper des permis de séjour de ses amis menacés, Montmorency, Jaucourt, Mme de la Châtre, Narbonne, peut-être Talleyrand... Sans succès, elle gagne Zurich pour solliciter les autorités, mais aussi pour revoir Ribbing. Tous les deux repartent pour Berne. Chemin faisant, ils s'arrêtent dans le village de Morgenthal, puis, à l'étape suivante, à Kilchberg : c'est là qu'ils deviennent amants.

Restée seule, elle se rend à Berne, où elle apprend que l'état de sa mère empire. Aussitôt repartie pour Lausanne, elle s'installe non loin de la ville, au château de Mézery, qu'elle a loué, et d'où elle peut se rendre au chevet de l'agonisante. Le cher Adolphe, le nouvel élu, n'a pas quitté sa pensée. Elle lui propose de venir se cacher auprès d'elle à Mézery. Mais lui s'inquiète de sa propre mère, provisoirement en Italie en compagnie de celui qu'elle va épouser en secondes noces. Mme de Staël est accommodante : que sa mère vienne, elle aussi !

Le 15 mai, Mme Necker s'éteint. Même dans les derniers jours de sa vie, elle a refusé de recevoir sa fille : « Elle m'a repoussée ; elle suit son caractère jusques au dernier moment », confie-t-elle douloureusement à Ribbing. « Je m'étonne de la constance de la haine, écrit-elle à son mari, c'est le seul sentiment durable dans la nature. » Sous-entendu : ce n'est pas comme l'amour, si volatil !

Mme Necker a fixé à son mari des instructions testamentaires qui laissent sa fille interdite. Elle ne voulait pas que la mort la séparât de son époux, et elle avait consulté des sommités médicales pour connaître les meilleures façons d'être embaumée. Elle demandait aussi qu'on plaçât son corps incliné dans une corbeille de marbre noir pleine d'alcool et son visage sous une plaque de verre de façon à être toujours visible par son mari. Ce vœu répondait aussi à une obsession, assez répandue à l'époque, source de romans d'épouvante, d'être enterrée vivante : sa brochure, *Des Inhumations précipitées,* publiée en 1790, attestait cette hantise, et formulait un règlement pour les familles, les paroisses et les hôpitaux, pour éviter l'horreur de mettre au tombeau des gens qui n'étaient morts qu'en apparence. Son tombeau à elle restait à construire à Coppet. En attendant, Necker garda le cercueil au château de Beaulieu près de Lausanne. Le 2 août 1794, le *Sans-Culotte,* bien informé, rendra public le vœu étrange de Suzanne Necker : « Madame Necker, morte depuis peu, a demandé qu'on la mît dans un cercueil de plomb avec un couvercle de verre et dans l'esprit de vin. Son époux a exécuté ses dernières volontés à cet égard, à la réserve pourtant du couvercle de verre auquel il n'a pas voulu consentir, parce que la maladie a défiguré son épouse et lui a enlevé sa beauté. On travaille actuellement au mausolée de la défunte ; jusqu'à ce que cet ouvrage soit achevé, le cercueil et le cadavre resteront dans la chambre à coucher de M. Necker. »

Dans une lettre à son ami fidèle Henri Meister, rédacteur de la *Correspondance littéraire* fondée par Grimm et jadis assidu au salon de Mme Necker, Mme de Staël conclut : « Ce n'est pas comme cela que j'entends le besoin de n'être pas oubliée. » Jusqu'au bout, l'incompréhension aura présidé aux relations entre la fille et la mère. Dans ses *Réflexions sur le divorce*, publiées à Lausanne pendant l'été 1794 et inspirées par « l'inconduite » de sa fille, Suzanne Necker faisait l'apologie du mariage et du vœu de fidélité « irrévocable », et flétrissait le désir de liberté des femmes, si dangereux, si contraire à l'ordre voulu par le Créateur.

Installée à Mézery, Mme de Staël s'affaire pour trouver une location à Ribbing qui vit alors à Zurich sous le nom de « Bing ». Elle trouve ce qu'elle cherche à trois kilomètres environ de chez elle, à Lance. En l'apprenant à son ami, elle le prie, pour échapper aux curiosités malintentionnées, de changer de pseudonyme : à Lance, il sera M. Kurck, un « sauvage » qui « ne voit personne ». Germaine sait ce qu'elle veut.

Pourquoi me faire tant de mal ?

Cet amour avec Ridding ressemble à une répétition, exaltée et malheureuse. Effusion, amour, passion, et, après l'acmé, glissement vers la désillusion : Mme de Staël, toujours extrême dans ses sentiments, connaît cette courbe sentimentale depuis qu'elle a rencontré Narbonne ; elle en expérimente la copie avec Ribbing pendant deux ans. Sur ces entrefaites, Narbonne se décide enfin à passer d'Angleterre en Suisse, au début de l'été 1794, et à tenter de reconquérir le cœur d'une femme qui pour lui a séché sur pied, mais Germaine de Staël est résolument entrée dans une nouvelle liaison qui la comble. Dans la seconde quinzaine de juin, Ribbing s'est installé à Lance, dans la maison qu'elle lui a louée, accompagné par sa mère et sa suite. Pendant six semaines, jusqu'à la fin de juillet, Mme de Staël, sa voisine, s'enchante de ces entrevues, même si le couple a rarement la possibilité de s'isoler. Quand Ribbing, après deux séjours qui se succèdent au cours de l'été, doit partir, elle ressent douloureusement l'impossibilité de vivre sans lui. Elle mesure alors l'ascendant qu'a sur lui la mère de son amant et pressent qu'elle sera un obstacle à leur avenir commun.

Comme le fils et la mère envisagent de partir s'établir au Danemark, l'imagination de Germaine s'y transporte ; elle rêve d'y acheter une terre. Il n'y a plus pour elle de bonheur ou de malheur que par Adolphe. De fait, la mère de Ribbing veut emmener son fils et son nouveau mari, le baron de Maclean, hors de la Suisse où ils ne jouissent pas d'une situation stable. Avant le départ, prévu pour le début de septembre, les deux amants peuvent se retrouver seuls pendant deux ou trois jours qu'ils passent à Morgenthal et à Suhr. Le dimanche 7 septembre, Ribbing la quitte pour gagner Hambourg et, de là, le Danemark. Il lui promet de revenir d'ici six mois. Ce jour même, elle lui écrit une lettre enflammée : « Je me défends de souhaiter la mort, puisque tu m'as promis de revenir. Je me le défends, mais quel supplice à présent que la vie. »

Supplice connu. Elle écrit, elle l'inonde de mots dévorants, de compliments et de serments. Elle lui rappelle aussi sa promesse de revenir. « Te quitter c'est mourir. » Elle vit, pourtant. Et d'abord pour ses deux fils : elle s'occupe activement de l'éducation de son aîné, Auguste, qui vient d'avoir quatre ans, tandis qu'Albert est encore en nourrice. Elle vit pour son père, qui a ramené au bout de trois mois le cercueil de sa femme à Coppet, et qui se morfond dans son veuvage. Elle vit pour la petite « colonie » de ses protégés toujours menacés d'expulsion. Mais c'est une vie douloureuse. Elle a acheté de l'opium pour vaincre ses insomnies. Si entourée qu'elle soit, elle meurt de « solitude » et de « mélancolie ». Le seul dictame pour elle, ce sont les lettres de son amant, désormais installé au Danemark. Mais qu'elles sont rares ! qu'elles sont courtes ! À ses flots d'éloquence et de déploration, le Suédois n'est pas de taille à répondre. Il n'a pas le talent de la correspondance, lui dit-il. Alors la voici, une fois encore, guettant le courrier, qui, trop souvent, ne lui apporte rien ou que des missives trop sèches.

Elle ne veut pas se croire condamnée à cette insupportable séparation, et prie donc son père de s'enquérir des possibilités d'acheter une terre au Danemark. Elle ferait ainsi la navette entre la Suisse où habite Necker et le pays du Nord où s'est établi Ribbing. Pendant des mois, elle bâtit des plans pour rejoindre Ribbing, peut-être pour se marier avec lui, après le divorce qu'elle envisage de nouveau. Mais elle sème en terre ingrate, la prose de Ribbing est incolore. Quand Thermidor arrive, la chute de Robespierre lui fait envisager un retour possible en France : c'est à Paris qu'elle rêve désormais de vivre avec Adolphe : « Je passerais l'été près de mon père, qui tous les jours m'attache plus, et l'hiver en France. Vous pourriez regarder la Suisse comme votre campagne ; vous pourriez ne me quitter jamais. » Autre rêve : l'Amérique. Au début de novembre 1794, Necker fait un placement aux États-Unis, par l'intermédiaire de Gouverneur Morris, financier expert qui a fréquenté assidûment le salon de sa fille : « Je vais être propriétaire de quatre mille arpents en Pennsylvanie, lui écrit-elle. Si nous sommes bannis d'Europe, ce sera une ressource pour nous. » Là-bas, elle deviendrait la comtesse de Ribbing !

Les jours, les semaines passent qui la rongent. Elle est outrée à chaque courrier. Adolphe plaide qu'il « écrit difficilement » ; que ce qu'il déteste le plus au monde, « c'est d'écrire des lettres » ! Elle a trop d'« exigence » ! Ah, non ! Que lui demande-t-elle ? Rien qu'un peu de constance, d'application, de fidélité : ce « besoin de lettres » la met en transes quand elle ne voit dans le courrier qui arrive « ni le timbre ni la main de (s)on Adolphe ». La colère monte en elle, jusqu'à ce que la lettre nécessaire soit là, devant ses yeux, enfin, qui la guérit subitement de ses désappointements. Il est vrai que cette lettre ne suffit pas toujours à l'apaiser ; elle est souvent trop froide, trop insignifiante, rien qu'un répit qu'il s'est cru forcé d'accorder.

Le pire est atteint en 1795. Les nouvelles de la Révolution sont favorables, la plupart des Jacobins arrêtés. La France est devenue son « Amérique » : « C'est là qu'il faut vivre. » Le Danemark est trop loin pour qu'elle soit assurée de voir son père comme elle le voudrait. Paris l'appelle. Elle doit régler enfin la question de la fortune de Necker, auquel l'État français doit plus de deux millions et dont les biens sont sous séquestre. Ensuite, à coup sûr, participer de nouveau à la vie mondaine et politique : la Suisse l'ennuie, la Suisse l'étouffe, la Suisse l'excède. C'est à Paris que les amants se retrouveront ! Hélas, Mme de Staël apprend que Ribbing vient d'acquérir une propriété à Aldershvide, proche de Copenhague. Le voilà enraciné, occupé à gérer et embellir son domaine, à soigner ses moutons. Ses moutons !

Elle lui explique qu'elle doit se rendre à Paris au printemps, et aussi à Plombières pour prendre les eaux en été. « À Paris, nous sentirons l'influence de la République : tout sera libre et facile. [...] Moi, j'ai ma fortune à retrouver à Paris pour vous et mes enfants ; ces pauvres enfants que vous avez tout à fait oubliés, je les perdrais dans le Nord sans motif. Mon père serait contre moi. Je vous ai laissé partir pour le Danemark sous la promesse sacrée que dans six mois vous reviendriez. Imitez-moi, venez pour six mois à Paris... » En février 1795, alors qu'on donne à la Comédie-Française à Paris la *Mort de César*, elle a ce mot vengeur contre son cher conjurateur : « Si la République de France eût existé, Brutus n'aurait pas vécu à Aldershvide ! »

Benjamin Constant entre en scène

Sur les bords du Léman, la vie n'est pourtant pas si morne. Le 18 ou le 19 septembre 1794, une douzaine de jours après le départ de Ribbing, Mme de Staël, depuis la demeure des Cazenove d'Arlens, entre Lausanne et le Léman, annonce à son prince charmant sa nouvelle découverte : « J'ai trouvé ici ce soir un homme de beaucoup d'esprit qui s'appelle Benjamin Constant. Il est cousin de Rosalie, pas trop bien de figure, mais singulièrement spirituel. » Le jeune homme, qui a vingt mois de moins qu'elle – vingt-six ans –, ne paye pas de mine en effet : des gros yeux à fleur de tête, une mise négligée, il est, au dire des témoins de ces années-là, un peu repoussant. La femme de lettres Thérèse Huber, citée par Ph. Godet dans son livre sur *Madame de Charrière*, en trace le portrait suivant : « Une stature élancée, de la grâce mêlée de gaucherie, des traits nobles dans leur laideur, une virilité juvénile avec un teint blafard et des cheveux rouges. » Très sensible à la beauté physique, elle qui en est privée, Mme de Staël n'est guère attirée par ce rouquin disgracieux, elle l'écrit à Ribbing, elle le lui répétera, mais elle perçoit immédiatement chez ce nouveau venu un « esprit supérieur » qui la captive.

Mme de Staël avait entendu parler de lui par Rosalie Constant, laquelle était pleine d'indulgence pour son étourneau de cousin. Né le 25 octobre 1767 à Lausanne, il était issu d'une ancienne famille française, de l'Artois par le père, du Dauphiné par la mère, réfugiée en Suisse depuis le XVIe siècle pour question de religion : on était huguenot des deux côtés. Comme sa mère était morte quinze jours après ses couches, Benjamin avait été élevé à la va-comme-je-te-pousse par son père, colonel d'un régiment suisse, qui n'eut guère le temps de s'occuper de lui. Il avait confié l'enfant à une série de précepteurs qui se révélèrent plus incapables les uns que les autres, avant qu'un séjour prolongé à Édimbourg n'offrît à son fils une occasion plus propice aux études. Benjamin était fort doué et avait le goût de la lecture ; il s'était fait un capital de connaissances qui, dit-il lui-même, « bien que fort décousues, étaient supérieures à celles de la plupart des gens ». Mais, pour avoir l'esprit orné, il n'en était pas moins un mauvais sujet. Très tôt, par ennui, curiosité, goût de mettre sa vie au hasard, il s'était mis à jouer comme un enragé, accumulant les pertes, s'endettant pour payer ses dettes dans une fuite en avant vertigineuse. Lucide, il écrira en 1811 dans son *Cahier rouge* – une de ses œuvres autobiographiques inachevées : « Le jeu qui m'avait déjà causé tant de peines, et qui m'en a tant causé depuis, vint troubler ma vie et gâter tout ce que la bonté de mon père avait fait pour moi. » Il court les tripots, fréquente les filles, se bat en duel, tire le diable par la queue, fait une escapade en Angleterre avec de l'argent emprunté, bénéficiant de l'indulgence d'un père qui, du reste, ne sait pas trop ce que fait son fils prodigue. Attiré par le néant, il prend à plaisir d'analyser lui-même sa déchéance : la lucidité ne lui fera jamais défaut.

Cependant, il n'est pas un cynique ; il sait tomber amoureux, il l'a déjà montré à plusieurs reprises. Au moment où il rencontre Germaine de Staël, sa vie sentimentale est en miettes. Depuis 1788, il était devenu grâce à son père chambellan à la cour du duc de Brunswick, où, l'année suivante, il s'était laissé épouser distraitement par Minna (Wilhelmine) von Cramm, qu'il avait « aimée »

– écrira-t-il dans *Cécile* – « par bonté d'âme plus que par goût [...], et dont l'esprit et le caractère me convenaient assez peu ». D'autres que lui ont dédaigné ses litotes : « Sa première femme, écrira André Suarès, était une Allemande laide, très maigre, les yeux rouges, grêlée de petite vérole, violente et capricieuse, et cette mauvaise guenon le trompe tant qu'elle veut. » La mésentente conjugale finira par un divorce en 1795. Entre-temps, en janvier 1794, il était tombé amoureux d'une autre Allemande, Charlotte de Marenholz – mais son cœur battait au rythme de ses déplacements géographiques. Le plus sûr attachement qu'il éprouvait en ce mois de septembre 1794 était sans conteste les liens d'amitié amoureuse qu'il avait noués avec Isabelle de Charrière de Zuylen, depuis leur rencontre à Paris, dans le salon de Mme Saurin, au cours de l'hiver 1786-1787.

Mme de Staël connaissait un peu Mme de Charrière. Elle l'avait rencontrée deux fois. D'abord en août 1793, dans sa maison à Colombier, près de Neuchâtel, à l'occasion du voyage qu'elle faisait avec son époux en quête d'un asile pour leurs protégés. Germaine de Staël connaissait la réputation de cette femme de cinquante-trois ans, d'origine hollandaise et de culture française, tard mariée et sans enfant, qui, auprès d'un mari ennuyeux, avait complété ses exercices de clavecin par la composition d'ouvrages de fiction très bien accueillis à Paris comme en Suisse, et dont le plus connu était *Caliste*. Isabelle de Charrière avait quelques préventions contre Germaine de Staël. Lorsque celle-ci, en 1789, avait fait connaître son essai sur Jean-Jacques Rousseau, elle s'était moquée, dans un libelle anonyme, de l'adoration de Germaine pour son père. Elle aimait en effet se moquer, un plaisir qu'elle partageait avec Constant. Elle redoutait cette visite annoncée, mais l'enthousiasme de Germaine de Staël finit par venir à bout de ses réticences. Elle livrait ainsi son impression à Benjamin : « Son esprit n'est pas simple, ni toujours juste, et son sentiment n'est que de l'esprit. Avec tout cela, vous l'admirerez si vous la voyez. Très bien comprendre, très bien répondre, s'exprimer avec grâce, rapidité et élégance, c'est assez rare pour qu'il faille l'admirer. » Une correspondance entre les deux femmes s'était ensuivie. La seconde entrevue, c'était une coïncidence, venait d'avoir lieu le 17 septembre 1794, à la veille de la rencontre entre Mme de Staël et Benjamin Constant. Plus sévère, peut-être vaguement inquiète, la dame du Colombier décrira quelques jours plus tard cette visiteuse à son ami comme une dame qui « se pique d'esprit comme si elle n'en avait guère, d'amis titrés comme si elle eût été prise hier par M. de Staël dans l'entresol d'une marchande de modes, et de la société de Paris comme une provinciale qui n'y aurait passé que six semaines ». Elle n'avait pas aimé *Zulma*, qu'elle jugeait « un bien mauvais ouvrage », et le lui avait écrit. Mme de Staël ne s'était pas attardée à cette sévérité, se contentant, au dire de Mme de Charrière, d'une « petite griffade ». Dans une autre lettre, adressée cette fois à son ami Chambier d'Oleyres, à Turin, Mme de Charrière résume ainsi son tête-à-tête : « J'ai revu Mme de Staël. Elle me pardonne sans doute de n'avoir pas admiré *Zulma*. Nous avons passé deux heures ensemble fort agréablement. Mon admiration pour sa manière de s'exprimer est toujours la même. Quant au reste, c'est un mélange d'esprit et de badauderie, de prétentions et de franchise tel, que je ne puis ni le définir ni l'apprécier. »

Constant était très attaché à Belle de Charrière, en qui il avait rencontré une femme d'une magnifique intelligence, lettrée, méprisant les convenances, sceptique, ironique, et avec laquelle il pouvait passer des nuits entières à parler avec une totale liberté. Elle savait tout de lui, de ses frasques et de ses tribulations, l'écoutait avec indulgence, toujours ravie par les pointes de son esprit acéré. Mme de Staël ignorait encore tout de cette relation exceptionnelle, qu'elle allait elle-même altérer, du moment que Benjamin tomba amoureux d'elle.

Dans *Cécile*, Constant a narré son émerveillement : « Son esprit m'éblouit, sa gaîté m'enchanta, ses louanges me firent tourner la tête. Au bout d'une heure, elle prit sur moi l'empire le plus illimité qu'une femme ait peut-être jamais exercé. Je me fixai d'abord près d'elle et chez elle ensuite. Je passai tout l'hiver à l'entretenir de mon amour. » Toute à sa passion pour Ribbing, Mme de Staël est plutôt égayée par les assiduités de l'amoureux transi qui a loué une maison près de Mézery pour la dévorer des yeux tous les jours. Lui, en toute ingénuité, se confie à Mme de Charrière dans une lettre du 21 octobre : « Depuis que je la connais mieux, je trouve une grande difficulté à ne pas me répandre sans cesse en éloges et à ne pas donner à tous ceux à qui je parle le spectacle de mon intérêt et de mon admiration. J'ai rarement vu une réunion pareille de qualités étonnantes et attrayantes, autant de brillant et de justesse, une bienveillance aussi expansive et aussi active, autant de générosité, une politesse aussi douce et aussi soutenue dans le monde, tant de charme, de simplicité, d'abandon dans la société intime. C'est la seconde femme que j'ai trouvée qui m'aurait pu tenir lieu de tout l'univers, qui aurait pu être un monde à elle seule pour moi. Vous savez quelle a été la première. » Pour lui, Mme de Staël était « un être à part, un être supérieur, tel qu'il s'en rencontre peut-être un par siècle ». On imagine le plaisir de Mme de Charrière sous le déluge de ces fols aveux. Elle eut beau dire à Benjamin qu'elle ne se donnerait pas le ridicule d'être jalouse comme le vieux Corneille le fut de Racine, il n'empêche : cette manifestation de ferveur intense pour une autre de la part de son « Constantinus » opéra un refroidissement sensible dans ses relations avec lui. Benjamin, au vrai, perdait la tête, écrivait à Germaine plusieurs fois par jour, la fatiguait de ses soupirs, mais la piquait aussi de son intelligence, lui lisait des pages qu'il était en train d'écrire sur « l'esprit des religions ». Restait l'indifférence de Germaine, désespérante : « l'invincible obstacle » de sa figure la prémunissait contre toute liaison possible, quand bien même son cœur eût été à prendre.

La ronde des amours

En cet automne 1794, Mme de Staël ne manque pas d'arguments pour prouver à l'ingrat Ribbing qu'on l'aime de toutes parts, qu'on l'assiège, qu'on ne peut se passer d'elle, dans l'espoir de provoquer chez son amant une réaction de désir mimétique.

Voici Narbonne qui débarque en juillet 1794 après tant de promesses non tenues. Ribbing l'a vu avant son départ pour le Danemark. Un regain de flamme transporte l'ancien ministre auprès de sa maîtresse : « M. de Narbonne depuis deux heures ce soir, écrit-elle au Suédois, ne cesse de me parler de vous assez aigrement et d'essayer de rentrer dans mon cœur. J'ai répondu simplement à tout par “Je l'aime”, sans encore accentuer ce mot » (10 septembre). Elle y revient : « Il s'est livré à un désespoir extraordinaire [...] et il a fini par jurer qu'il se tuerait si je séparais sa vie de la mienne. » Elle s'avoue « bouleversée », puis : « Je vous épargne tout ce qu'il m'a dit sur les malheurs auxquels j'allais m'exposer en vous aimant » (7 novembre).

Voici M. de Staël lui-même, longtemps absent, de passage en Suisse avant de partir en mission pour Paris, au début de janvier 1795. A l'en croire, le compatriote de Ribbing, le baron diplomate, est revenu auprès de son épouse plein de « passion » ; il ne songe plus qu'à la rendre heureuse, « à quelque prix que ce fût ». Cela nous conduit au bord du lit : « La lutte est arrivée pour le fameux lien conjugal : j'ai feint une maladie et garde mon lit pour éviter cette seconde et dernière soirée [avant son départ]. » Mais elle doit le retrouver à Paris. Elle avait conçu de divorcer pour vivre avec Ribbing ? Oui, mais son mari « étant plus en admiration de moi que jamais », le projet devient difficile (8 janvier 1795). « Il est plus à mes pieds que jamais » (16 janvier). Malgré cela, elle envisage, après avoir récupéré sa fortune (celle de son père) à Paris, d'en « céder » une partie à M. de Staël afin qu'il lui laisse la garde de ses deux fils. Elle écrit même : « Acheter mes enfants, et je suis à toi pour la vie… »

Voici maintenant Benjamin Constant, occupé d'elle sans relâche, prêt à tous les délires : « Benjamin Constant tombe en consomption. Il a une passion pour moi qui me fait pitié. Je fais l'impossible pour l'engager à voyager. Il me disait hier une chose assez spirituellement sensible. Chaque fois que je lui permets de me voir, il me parle de vous, et c'est pour cela que je l'écoute. […] Il a beaucoup d'esprit, mais il est pénible à regarder, surtout depuis que ce malheureux amour le tue » (8 décembre 1794). « C'est une passion insensée qui me poursuit par la terreur : il se casse la tête à ma cheminée quand je le prie de sortir de ma chambre. Il me mènera à Paris, bon gré, mal gré, *si vous ne venez pas*. C'est un fou de beaucoup d'esprit, et singulièrement laid [il ne faut pas affoler Ribbing, mais le piquer seulement], mais c'est un fou. » La menace est claire : si vous ne me rejoignez pas, tout est possible.

Plus surprenant encore, voici son vieil adulateur Mathieu de Montmorency, qu'elle protège, qu'elle héberge, et qui, malgré sa résignation, lui a révélé l'étendue de sa tristesse en la voyant si attachée à lui, Ribbing : « Il en a été au désespoir. Cette certitude a réveillé peut-être un sentiment mal éteint, et il s'est jeté dans la dévotion dont vous avez vu l'aurore, avec un tel excès qu'il pratique la religion catholique comme un prêtre » (23 janvier 1793).

Le tableau est complet. Dans cette posture ravageuse, elle fait valoir à son héros d'hier transformé en gentleman-farmer qu'elle n'est pas une femme délaissée, mais une femme adulée, entourée d'amants anciens ou potentiels qu'elle tient sous son empire. « Risibles amours » à la périphérie, amer amour au centre. Ribbing n'a pas l'air d'entendre ces cloches qui tintent ; submergé par les tornades épistolaires de sa maîtresse, il remet aux calendes grecques la date des retrouvailles. Elle supplie ; il fait le mort.

La Terreur est morte, vive la République !

La passion qui la dévore n'empêche jamais Mme de Staël de rester attentive à tous les événements, en France et en Europe, et d'y participer avec les moyens que l'exil lui mesure. Par les journaux qu'elle lit, les messagers qu'elle envoie en France, les rencontres que son existence active lui réserve, elle vit malgré son éloignement l'actualité parisienne. Le printemps 1794 qui vit fleurir son amour pour Ribbing est celui de la « Grande Terreur » du 11 juin au 27 juillet 1794. En quarante-sept jours, le Tribunal révolutionnaire prononce la condamnation à mort de 1 376 personnes, cependant que la loi du 22 prairial abandonne les accusés à leurs juges sans droit à la défense. Mme de Staël, horrifiée, apprend ainsi l'exécution du frère de Mathieu de Montmorency, qu'elle a la triste mission d'annoncer à son protégé, dont la mère et l'épouse ont par ailleurs été emprisonnées. Elle s'efforce de faire parvenir de l'argent et des passeports à celles de ses connaissances restées en France et qu'elle sait menacées. « Mais as-tu vu les effroyables listes de leurs crimes ? écrit-elle à son mari. C'est à présent quatre-vingts ou cent personnes par jour : la duchesse de Biron, le maréchal et la maréchale de Mouchy. Ah ! si les rois, au lieu de faire de cette guerre une coalition royale [c'est-à-dire contre-révolutionnaire], avaient seulement demandé la croisade des hommes contre les tigres, qui aurait pu s'y refuser ? » Les demandes d'aide affluent ; elle multiplie les démarches pour faire légaliser des passeports, en usant de sa qualité d'ambassadrice. Le 19 juillet, la ville de Genève est gagnée par une insurrection pro-révolutionnaire, alors qu'elle est à Mézery. Son oncle, Louis Necker, est arrêté (il sera libéré le 11 août). À Paris, pour faire évader Nathalie de Laborde, épouse de Charles de Noailles, elle envoie une lettre de crédit de 40 000 livres afin de « tout tenter pour gagner le geôlier » et la faire sortir de France. Le 9 Thermidor (27 juillet 1794) qui abat Robespierre et ses alliés ne la rassure pas d'emblée. « La nouvelle révolution qui vient d'arriver en France, écrit-elle à son mari, a mis des scélérats par leur intérêt à la place d'un scélérat [Robespierre] par pur amour du crime », ajoutant : « Ces infâmes Genevois assassinent à la française », faisant allusion aux œuvres de leur tribunal révolutionnaire. Cependant, au bout de quelques jours elle se rend compte que la répression s'apaise. Libérés de la prison ou de la menace d'y être conduits, nombre de citoyens français quittent leur pays. Sa « colonie » s'agrandit. Mais, dans cette action humanitaire, elle est en butte aux autorités de Berne, qui lui ordonnent « une fois pour toutes de ne plus accueillir, recevoir ni loger chez elle aucun étranger, à moins qu'il n'ait auparavant reçu la permission réglementaire de s'établir dans ce pays » (31 août 1794). À la fin d'août, la colonie de Mézery doit se disperser. Mais elle continue à s'occuper de chacun, à leur assurer le gîte et de quoi vivre.

Sa générosité paraît sans bornes. Elle réussit même à faire venir de France la mère de Mathieu, la vicomtesse de Laval, laquelle déteste la fille de Necker depuis le différend de celui-ci avec Calonne ; les sentiments de Mathieu pour Germaine n'ont fait que raviver cette antipathie. Mais pour l'heure, elle est sauvée et accueillie par elle, et Germaine de se féliciter de la voir « abjurer ses anciennes haines pour moi ». En octobre 1794, elle se réjouit d'apprendre l'élargissement « de tout ce que nous connaissons ». Les prisons s'ouvrent, l'espoir de rentrer en France renaît.

En cet automne où elle abreuve Ribbing de lettres désespérées, Mme de Staël rédige activement une brochure, qui sera publiée en février 1795 : *Réflexions sur la paix adressées à M. Pitt et aux Français* – un plaidoyer en faveur de la paix générale en Europe. La guerre continue en effet entre la France révolutionnaire et la coalition dirigée par l'Angleterre. Les armées françaises remportent désormais victoire sur victoire : prise d'Aix-la-Chapelle, prise de Cologne, prise de Coblence. De leur côté, les Anglais signent avec les États-Unis un traité de coopération contre les corsaires français et pour un blocus des côtes françaises. Mais aux Antilles, la Guadeloupe est reprise aux Britanniques en décembre. Dans son plaidoyer (anonyme), Mme de Staël s'adresse aux Français et au Premier ministre Pitt, aux fins de leur démontrer qu'ils ont ensemble intérêt à la paix. La chute de Robespierre y prédispose : « Le crime même est épuisé, et la puissance de la mort s'est presque anéantie devant le courage de ses victimes ; ce n'est donc que par la justice et la paix, que par des biens réels, substitués à tous les prestiges de la fureur et de l'enthousiasme, qu'on peut espérer d'acquérir et de conserver une nouvelle influence sur les Français. » C'est la paix qui restaurera pleinement la liberté en France. Les puissances ennemies ne doivent pas craindre la république, comme les y invitent les « aristocrates », les nostalgiques de l'Ancien Régime, ils doivent en passer par sa reconnaissance. C'est la poursuite de la guerre qui, en concentrant toutes les énergies, en permettant toutes les terreurs, ferait de la France un pays de révolution contagieuse et conquérante. Le 24 mars 1795, Charles James Fox, chef de l'opposition whig, favorable à la fin de la guerre, cite à deux reprises la brochure de Mme de Staël, sans connaître le nom de son auteur, à la Chambre des communes. C'est non seulement un titre de gloire pour elle, mais un argument auprès de son mari, revenu en mission à Paris, pour qu'il admette que son arrivée à elle dans la capitale française ne lui porterait pas tort, quelle que soit la mauvaise réputation qu'elle a dans la presse.

Mme de Staël veut en effet revenir à Paris. Il y va d'abord de sa fortune, elle y revient – plus de deux millions prêtés par son père au Trésor français et non remboursés, à quoi s'ajoute la mise sous séquestre de ses propriétés. C'est un droit qu'elle revendique contre l'injustice et l'arbitraire. Une « fortune indépendante » est aussi pour elle une nécessité : « Il n'y a plus de rang, il n'y a plus de place. Il y a à faire vivre soi et ses amis, et bien élever ses enfants. » Sa générosité, réelle, active, ne s'accommode pas d'un laisser-faire en matière financière. Elle est fille de banquier ; elle sait la valeur des choses et le prix d'une existence autonome. Au moment où elle envisage de se marier avec Ribbing, elle lui explique par le détail ses placements en Amérique : « Je vous ai fait ce long détail parce qu'un jour, si nous nous marions, il faut bien que nous sachions nos affaires. » Plus tard, l'apaisement de la France, la réinstallation rue du Bac de son mari, de nouveau ambassadeur et chargé de négocier un traité entre la Suède et la Convention, l'encouragent à revenir à Paris pour s'occuper elle-même de sa « fortune ». Chez elle, la tête n'est jamais loin du cœur.

Ce n'est pas la seule raison. Quoique à moitié suisse, elle se considère en exil sur les bords du Léman. Elle s'est jadis enivrée aux puissants effluves du pouvoir. Elle a tenu un salon, elle a joué un rôle de premier plan, exercé une influence auprès des ministres, elle en a même « fait » un, elle a brillé de tout son éclat, elle a existé. De cet âge d'or, largement dû à son père, où elle a fait admirer toute la gamme de ses talents, elle a la nostalgie. Son mari, qui l'a d'abord encouragée à venir le rejoindre, s'émeut bientôt des rumeurs et des gazettes qui prodiguent les épigrammes contre sa femme. Visant à réussir la négociation du traité franco-suédois, il ne l'encourage guère à quitter la Suisse. Germaine de Staël était proche des Feuillants, favorable à une monarchie constitutionnelle avant de quitter la France ; le gouvernement la croit « antirépublicaine ». En l'apprenant, elle s'en plaint auprès de son époux : « Il n'y a ni une ligne ni une action de moi contre la République. [...] Tu serais bien peu de choses dans ce pays pour lequel tu as tant fait, si tu ne savais pas y faire recevoir ta femme. »

La décision est prise, irrévocable. Le 12 mai 1795, elle quitte Coppet pour Lausanne, avec son fils Auguste et ses domestiques. Elle part le lendemain pour Neuchâtel, escortée par Mathieu de Montmorency et sa cousine Mme Necker de Saussure. À Orbe, elle fait une halte de deux jours en compagnie de ses fidèles, ceux qui ont pu s'y rendre, Jaucourt, son amie Mme de la Châtre, Montmorency, sa cousine, peut-être Narbonne lui-même. Le 16 mai, elle prend la route pour la France. Elle a dans sa berline un compagnon de voyage : Benjamin Constant en personne. La veille, elle a écrit une lettre désespérée à Ribbing :

« J'ai reçu des nouvelles assez inquiétantes sur les défiances que j'inspire en France. Je crois que j'y serai exposée, mais cela ne vous décidera pas à venir m'y chercher ! Quel cœur ! Quelle horreur vous avez contre moi ! Je pars au désespoir. J'ai été comblée de lettres d'Angleterre, flatteuses sur mon ouvrage, de M. Fox, de milord Lansdowne. J'ai été traitée ici à merveille, assez pour croire que je pourrais à jamais vous y garder ; mais je déteste l'existence, je vais en France dans l'espoir d'y périr. Ah ! ayez pitié de moi ! Que ce dernier cri aille jusques à votre cœur ! Mandez-moi que vous venez me sauver de l'abîme ; mandez-moi que je vous dois le jour, plus que le jour, une impression de bonheur anéantie depuis huit mois. Adieu, adieu. »

Tout vaut mieux que cette existence morne où elle se consume dans l'attente leurrée d'une fin d'éclipse. C'est à Paris que tout redeviendra possible.

7

Une républicaine de raison

Mme de Staël a quitté la Suisse pour Paris, mais c'est contre le vœu de son mari. L'ambassadeur de Suède, décidé à mener à bien sa mission diplomatique qui vise rien de moins qu'un traité franco-suédois, avantageux pour son pays, ne veut pas être embarrassé par la réputation sulfureuse de sa femme. Apprenant son départ, il a alors dépêché son fidèle secrétaire Jacobsson pour se porter au devant d'elle et la convaincre de faire demi-tour. En chemin, celui-ci a donné l'ordre à tous les maîtres de poste du parcours de ne pas donner de chevaux à la voyageuse. Peine perdue : Mme de Staël a suivi un autre itinéraire, improbable, et peut, de Nogent-sur-Seine, le 23 mai, avertir par un billet M. de Staël de son arrivée. Le 25, son retour rue du Bac est effectif, au grand dépit de l'ambassadeur. Dix mois après la chute de Robespierre, le Paris qu'elle revoit n'a rien d'une ville tranquille. Quelques jours avant leur arrivée, le 20 mai (1er prairial) a encore vu sourdre une émeute réprimée dans le sang.

Un salon républicain

La République thermidorienne à laquelle elle s'est ralliée est un essai de stabilisation politique. D'un côté, une réaction contre la période de la Convention montagnarde, incarnée par Robespierre ; de l'autre, une volonté de sauvegarder les acquis de la Révolution de 1789. Son personnel est issu de la Plaine, c'est-à-dire du centre – Cambacérès, Boissy d'Anglas, Isnard, Daunou, Tallien, Fréron, Barras, qui sont tenus de lutter sur deux fronts, celui des Jacobins et celui des contre-révolutionnaires. C'est exactement sa position ; elle adhère à cette république-là.

La réaction antirobespierriste prend diverses formes, politiques et symboliques : on ferme le club des Jacobins, on élimine les proches de « l'Incorruptible », et on retire les cendres de Marat du Panthéon. Mais les nouveaux maîtres du pouvoir doivent se méfier d'un mouvement de balancier qui deviendrait profitable aux royalistes. Le mot célèbre de Philippe le Hardi à Jean II, à la bataille de Poitiers : « Père, gardez-vous à droite, père gardez-vous à gauche », devient la ligne générale d'une Convention qui, en naviguant entre deux écueils, doit réorganiser la vie politique en dotant la France d'une nouvelle Constitution.

Le changement de climat politique s'accompagne d'un relâchement des mœurs, comme toujours dans une société longtemps cadenassée et brusquement libérée. L'heure est venue des muscadins, jeunesse dorée dont les familles ont souffert de la Terreur, rejetons des enrichis par la spéculation et les fournitures aux armées, royalistes en quête de revanche. Paris danse sur les pas de ces excentriques, dont les partenaires, les merveilleuses, s'habillent à la grecque et parlent un langage affecté. La vie sociale revivifiée se disperse dans les salons, les cafés, les tripots. Le Palais-Égalité (ex-Palais-Royal), point de concentration du Paris interlope, grouille de soupeurs, de prostituées, de bonimenteurs, de joueurs et de fripons. L'ostentation du luxe va de pair dans la capitale avec la misère des ventre-creux en proie à la crise économique.

Un bon tableau du Paris thermidorien nous a été laissé par Henri Meister, l'ami de Germaine de Staël, dans ses *Souvenirs de mon dernier voyage à Paris*, où il est revenu en septembre 1795. La capitale est encore marquée par le vandalisme, mais la vie a repris, les théâtres affichent complet, le Louvre, ancien palais royal devenu Musée national, attire les visiteurs ; la brocante est reine qui voit les désargentés offrir leurs habits à l'encan… Les intrigues politiques se nouent en tous sens.

Mme de Staël et Benjamin Constant arrivent à Paris au moment de la soudure – période de ravitaillement souvent difficile entre l'épuisement des dernières récoltes et celles de l'année. Les récoltes de 1794 ont été mauvaises, ce qui n'a pas empêché l'abolition du Maximum (le contrôle des prix) depuis décembre 1794. La hausse des denrées est sans frein ; l'assignat – cette monnaie de papier gagée au départ sur les biens confisqués de l'Église – s'effondre ; l'inflation et le chômage sévissent. Ainsi s'explique la journée du 12 germinal an III (1er avril 1795), qui voit une émeute de la faim retenue aux portes de la Convention – et réprimée par l'armée.

Le 1er prairial (20 mai), les manifestants ont envahi la Convention ; un député, Féraud, tué d'un coup de pistolet à l'entrée de la salle du Manège, a été décapité dans la cour, et sa tête fichée sur une pique présentée au président Boissy d'Anglas, sauvé par son sang-froid. La répression menée par l'armée, renforcée par les gardes nationaux et les muscadins, a été sanglante. Une Commission militaire spéciale prononce des condamnations à mort, qui touchent les derniers députés de la Montagne ; les sections de quartier sont épurées.

Dans un récit qu'il a fait plus tard à Jean-Jacques Coulmann, un de ses correspondants du parti libéral sous la Restauration, Benjamin Constant raconte le spectacle qu'ils ont découvert le 25 mai : « En entrant dans la ville, je rencontrai des charrettes chargées de dix-neuf gendarmes qu'on menait à la mort. C'était deux ou trois jours après l'insurrection du 1er prairial, la dernière chance de succès qu'ait eue le parti de Robespierre. [...] Cette tentative des Jacobins ayant échoué par le zèle de jeunes gens qui vinrent au secours de la Convention, on arrêta les députés soupçonnés d'y avoir trempé et les gendarmes qu'ils avaient entraînés. »

La reprise en main par le pouvoir ne peut que rassurer Mme de Staël, qui, dès le lendemain de son arrivée, confie dans une lettre à Ribbing : le « triomphe de la Convention m'a rassurée », espérant la défaite définitive des Jacobins. Elle sait cependant sa position personnelle incertaine, comme le lui avait signifié son époux, car si les royalistes la dénigrent, les modérés la voient comme une royaliste d'influence, capable de déstabiliser les hommes au pouvoir. Les gazettes parisiennes laissent entendre que, de connivence avec ses amis émigrés, elle travaille au retour d'un roi constitutionnel. M. de Staël proteste des bonnes intentions de sa femme auprès du Comité de salut public : « C'est la haine seule qui a pu supposer à Mme de Staël des torts criminels. » Elle-même adresse une lettre ouverte « aux rédacteurs des *Nouvelles politiques* », le journal de son ami Suard qui la publie le 3 juin.

Elle se défend d'entretenir des relations avec des émigrés contre-révolutionnaires : « Je ne pense pas qu'on osât me faire un crime de n'avoir pas cessé de voir et d'aimer quelques amis proscrits par la tyrannie de Robespierre, qui, dans l'asile auquel ils ont été forcés de recourir, n'ont jamais pris la moindre part à aucun projet hostile contre la République française. » Elle-même fait, peu après son retour à Paris, sa première profession de foi publique de conviction républicaine : « Je souhaite sincèrement l'établissement de la République française sur les bases sacrées de la justice et de l'humanité, parce qu'il m'est démontré que, dans les circonstances actuelles, le gouvernement républicain peut seul donner du repos et de la liberté à la France. »

La raison politique poussait l'ancienne « constitutionnelle » au ralliement à un régime qui était pour l'heure le moins mauvais à ses yeux. Son texte des *Nouvelles politiques* est repris par plusieurs journaux. En même temps paraît dans trois numéros du *Journal de Paris* une critique élogieuse de Roederer, ancien membre de la Constituante proche de ses idées, sur ses *Réflexions sur la paix*. L'auteur de l'article, journaliste et polémiste influent, écrit notamment : « Nous comprenons difficilement qu'il soit venu dans l'esprit de Français d'établir entre madame de Staël et la République des rapports de crainte et de défiance, et de partager entre elles ces sentiments de manière que les frayeurs soient pour la République et la sérénité pour madame de Staël. » Ainsi, pour un temps du moins, celle-ci bénéficie d'une pause dans les attaques portées contre elle. Son désir de se mêler des affaires publiques, qu'elle partage avec son ami Benjamin, peut se donner libre cours. Son salon de la rue du Bac retrouve sa pleine activité.

Benjamin Constant nous en a laissé un souvenir ironique : « Le salon de Mme de Staël se trouvait ainsi peuplé de quatre ou cinq tribus différentes : des membres du gouvernement présent, dont elle cherchait à conquérir la confiance ; de quelques échappés du gouvernement passé, dont l'aspect déplaisait à leurs successeurs ; de tous les nobles rentrés, qu'elle était à la fois flattée et fâchée de recevoir ; des écrivains qui depuis le 9 thermidor avaient repris de l'influence, et du corps diplomatique qui était aux pieds du Comité de salut public en conspirant contre lui. Au milieu des conversations, des actes, des intrigues de ces différentes peuplades, ma naïveté républicaine se trouvait fort embarrassée. Quand je causais avec la portion républicaine qui était victorieuse, j'entendais dire qu'il fallait couper la tête aux anarchistes et fusiller les émigrés, à peu près sans jugement. Quand je me rapprochais du petit nombre de terroristes déguisés qui avaient survécu, j'entendais dire qu'il fallait exterminer le nouveau gouvernement, les émigrés et les étrangers. Quand je me laissais séduire par les opinions modérées et doucereuses des écrivains qui prêchaient le retour à la morale et à la justice, et à la tête desquels était M. Lacretelle le jeune, on m'insinuait, à la deuxième phrase, que la France ne pouvait se passer d'un roi, chose qui me choquait singulièrement. Je ne savais donc pas trop que dire, ni surtout que faire, de mon enthousiasme pour la république. »

La grande question à l'ordre du jour, en ce printemps 1795, est le projet de la nouvelle Constitution. À vrai dire, plus que le texte de celle-ci, l'objet des controverses et des protestations est la décision de la Convention, pour parer à la subversion royaliste, de faire reconduire dans la nouvelle chambre législative les deux tiers des députés en fonction, soit 500 sièges sur 750. Mme de Staël juge le procédé inique, et sans doute en a-t-elle convaincu Constant qui, dans un article non signé, « Lettre à un député de la Convention », publié les 24, 25 et 26 juin dans les *Nouvelles politiques*, dénonce « le plus étrange des privilèges » et demande aux constitutionnels de ne pas se laisser aveugler par la peur : « Je vous adjure de renoncer à une idée qui [...] par l'improbation universelle qu'elle ne pourrait manquer d'inspirer, créerait le danger même auquel vous vous flattez d'échapper. »

Mme de Staël apprécie cette position et la défend auprès de ses relations mondaines. Benjamin Constant, lui, est gagné par le doute : la défense de la République n'a-t-elle pas besoin de prendre cette mesure exceptionnelle, de creuser des contre-sapes face aux entreprises des royalistes qui, à son grand regret, ont su exploiter son article ? Il confiera plus tard à Coulmann qu'il avait fait « une très grande sottise », car si la Convention était « une vilaine digue », c'était tout de même une digue, qu'il ne fallait pas renverser.

Mme de Staël, en communion de pensée avec Benjamin Constant, s'avise que ce décret des deux tiers s'impose sans doute dans la conjoncture si favorable aux royalistes. Elle tente d'en convaincre ses invités, pour nombre d'entre eux restés royalistes. C'est ainsi que Charles Lacretelle nous a laissé dans ses *Dix ans d'épreuves pendant la Révolution* le récit d'un dîner chez elle où elle fait feu de ses meilleurs talents pour défendre la décision de la Convention : « Vous parlez, Messieurs, d'en finir avec la Révolution, et vous prenez la meilleure marche pour la recommencer. [...] Vous allez allumer tous les feux de la guerre dans l'Ouest, et dans le Midi. Dans un état de fermentation, toutes les opinions extrêmes tendent à prévaloir, et vous, constitutionnels modérés, après avoir été victimes d'une faction sanguinaire, vous le serez encore sous le règne d'une faction violente. » Elle ne convainc guère ses invités, pour lesquels le nom même de « république » est attaché à leurs plus exécrables souvenirs, aux deuils qu'ils ont subis, et qui restent sentimentalement attachés à leur fidélité royaliste.

Mme de Staël, qui médite alors ses *Réflexions sur la paix intérieure*, évite de prendre publiquement parti sur la question des deux tiers mais elle est si proche à ce moment de Constant qu'on peut supposer qu'elle épouse ses oscillations. Elle est inquiétée sur un autre terrain : la question des émigrés. Depuis son retour à Paris, elle multiplie démarches et initiatives pour faire rayer les noms de ses amis libéraux de la liste des émigrés, et bien sûr celui de son père qui y figure toujours. Déjà, une loi du 11 avril 1795 a permis le retour d'un certain nombre d'entre eux ; elle en attend l'application généralisée. Elle fait rentrer Narbonne, Jaucourt et sa femme, et nombre de ceux qu'elle avait antérieurement aidés à quitter la France. Elle obtiendra gain de cause pour Montesquiou et pour Talleyrand. Ses agissements et ses demandes de clémence attirent les regards accusateurs jusqu'à la Convention, où le 18 août Louis Legendre alarme ses collègues contre la fille de Necker.

Legendre est une vieille connaissance ; il avait été son boucher et avait pris une part active au mouvement révolutionnaire. On l'avait vu le 13 juillet 1789 à la tête d'une manifestation en faveur de Necker et du duc d'Orléans. Le 14, il avait participé à la prise de la Bastille. Élu en septembre 1792 à la Convention, il avait siégé avec les dantonistes et voté la mort du roi, après avoir trempé dans l'invasion des Tuileries le 10 août précédent. Révolutionnaire avancé, lié avec Hébert, membre du Comité de sûreté générale, il avait su garder un profil bas au moment de l'arrestation de Danton. Même prudence le 9 thermidor, attendant la conclusion, la chute de Robespierre, pour sortir de l'ombre et accuser violemment les vaincus. Le 1er prairial, on l'avait vu à la tête de la force armée contre l'insurrection jacobine. Toutefois, il garde le souci de ne pas donner des gages au parti royaliste, s'enflamme contre les députés proscrits, les prêtres et les émigrés, car il redoute que le processus révisionniste ne l'atteigne lui-même comme ancien « terroriste ». C'est ce qui explique sa mise en cause de Mme de Staël au cours de la séance de la Convention du 1er fructidor (18 août) :

« Oui, citoyens, il n'est que trop vrai que les émigrés rentrent de toutes parts ; et nous devons nous en prendre à la faiblesse d'un gouvernement trop indulgent pour ces assassins de la Patrie. On m'assure que Malouet, Jaucourt et beaucoup d'autres de cette espèce sont à Paris. Ils y sont rappelés par l'influence de leur plus grande protectrice, qui après avoir répandu chez l'étranger un écrit en leur faveur, est passée de Suisse à Paris pour consommer apparemment son ouvrage. »

Par émigrés, il faut s'entendre. Dans une lettre à Charles His, rédacteur du *Républicain français*, qui la publie, Constant avait distingué ceux qui « avaient quitté la France dès l'aurore de la liberté », avant les massacres du 2 septembre, de ceux qui avaient fui la Terreur, et qui étaient pour lui des « réfugiés ». Pour Legendre, il n'y a qu'une seule et même émigration, celle des ennemis de la Révolution. Il enchaîne sur le salon de Mme de Staël par une philippique qui fait sourire nombre de ses auditeurs :

« Je connais des membres estimables du gouvernement dont j'honore les principes et les intentions, qui ont eu la faiblesse d'aller dîner chez cette correspondante des émigrés. Quand ils auraient juré d'être incorruptibles, me répondront-ils d'être sourds aux séductions de ces sirènes enchanteresses ? Que les protecteurs du Peuple dînent en famille, qu'ils dînent avec leurs collègues et leurs amis, mais qu'ils fuient ces banquets où l'on cherche à les corrompre. Il n'est pas un membre de cette Assemblée qui n'ait reçu des invitations fréquentes d'aller chez cette femme dont je me défie ; j'en ai reçu moi-même, ainsi que mon collègue Dumont et quelques autres. Sachons résister à toutes les séductions… »

Legendre est applaudi, et Mme de Staël s'inquiète de passer pour la « correspondante des émigrés », sans nuance. Benjamin Constant alerte alors son ami Louvet, membre du Comité de salut public, pour lui signifier que Germaine de Staël, tout comme lui, adhère sans arrière-pensée aux principes républicains. Il inspire le discours que prononce Louvet le 20 août sur le bien-fondé du décret des deux tiers, auquel s'est rallié Constant. Le 26, les *Nouvelles politiques*, de leur côté, publient une défense en règle de Mme de Staël attaquée par Legendre : « Comment n'a-t-il pas senti à quel point il choquait toutes les convenances sociales et politiques en attaquant […] une personne qui, par une réunion extraordinaire d'esprit, de connaissances et de talents, honore la France qui l'a vue naître ; qui, par la bonté naturelle et l'extrême franchise de son caractère, ne peut effrayer que les sots, et ne doit avoir d'ennemis que ceux de tout mérite ; qui, enfin, par le caractère public de l'étranger à qui elle est unie, et par le dévouement à la République dont l'un et l'autre ont donné tant de preuves, devait trouver, surtout au sein de la Convention, non seulement les égards que commande le droit des nations, mais encore ceux que sollicitent son sexe et son rare mérite ? » Grâce à ses amis, Mme de Staël pourra-t-elle échapper aux conséquences de la suspicion qui pèse sur elle ?

Les décrets des 5 et 13 fructidor (22 et 30 juillet) sur les deux tiers soulèvent la colère de la droite royaliste, qui contrôle en grande partie les sections parisiennes. La tenue des assemblées électorales, en septembre, risque d'être animée. Pour la prévenir du danger, M. de Staël convainc son épouse de s'éloigner de Paris, d'autant qu'elle a reçu à dîner des opposants notoires aux décrets, recrutés parmi les constitutionnels modérés. Elle n'est plus de leur avis ; comme Benjamin, elle est entrée dans les raisons des conventionnels et s'est ralliée au décret. Mais, sensible aux recommandations de son mari, elle quitte Paris, le 5 septembre, pour se réfugier à Ormesson, près d'Enghien, chez Mathieu de Montmorency, auquel ses biens ont été restitués en janvier.

Politique de Mme de Staël

Les *Réflexions sur la paix intérieure* que Mme de Staël a rédigées ne seront pas publiées, mais ce texte élaboré en cette année 1795 fixe nettement ses choix politiques. Pour elle, il est urgent de finir la Révolution, après trois années de désordres et de violences. Comment ? Par l'union de tous les amis de la liberté sous le drapeau de la République. Mme de Staël lance un double appel, à la famille des constitutionnels à laquelle elle appartient ou a appartenu et aux républicains modérés, qui n'ont renoncé ni à l'ordre ni à la liberté.

Aux premiers, elle s'emploie à démontrer qu'ils doivent renoncer à la royauté, qui n'est qu'un moyen, pour sauvegarder le but, l'instauration d'une société d'hommes libres. Sans doute avaient-ils raison en 1789 de se prononcer pour une monarchie constitutionnelle, mais les circonstances et la mort de Louis XVI ont révoqué en doute leur projet. Aujourd'hui, explique-t-elle en substance, toute tentative de restauration provoquerait la guerre civile et ce qui en découlerait, le retour à la Terreur ou le rétablissement de la monarchie absolue. Dans les guerres fratricides, la montée aux extrêmes est inévitable, aux dépens de la liberté. Certains rêvent-ils d'un changement de dynastie pour parvenir à leurs fins ? Elle leur montre qu'ils auraient à lutter autant contre les royalistes « non constitutionnels » que contre les républicains de tous bords. Les extrémistes seraient les vainqueurs car « la force qu'il faudrait pour renverser les républicains mènerait nécessairement au pouvoir absolu ». Elle en appelle au réalisme politique : « Beaucoup de gens se font honneur de tenir constamment à la même idée : ceux-là sont presque toujours des esprits bornés. » Les clairvoyants doivent se rendre à la réalité : « Il faut accepter la république si l'on veut conserver la liberté. » Une république découplée de la Révolution. Ce raisonnement qu'elle développe résume son évolution personnelle. Le but reste infrangible :

la liberté ; les moyens changent au gré de l'évolution. Il ne faut pas confondre le principal et l'accessoire.

Aux républicains modérés, elle demande qu'ils s'allient aux constitutionnels, en refusant de les confondre avec les émigrés contre-révolutionnaires. Elle les met en garde contre la peur et contre la défiance qui écartent tant de bonnes volontés d'une union avec eux. Qu'ils se souviennent que la Révolution de 1789 a été lancée par les constitutionnels, que ces hommes de liberté sont leurs alliés naturels. Lafayette, aujourd'hui prisonnier des Autrichiens, voué en France aux gémonies, ne doit pas être « l'objet de la double haine des extrêmes opposés » ; il est de ceux auxquels les républicains modérés doivent ouvrir leurs rangs. Car la république s'installera et prendra force par une politique de modération : « Ce pays malheureux, persécuté par tant de factions diverses, a moins besoin de punir tous les crimes qui l'ont déchiré, que d'éloigner la mort de ces funestes rives ; de désaccoutumer ce peuple du sang même des coupables, alors qu'il est encore si près de verser celui des innocents. Déportez, rejetez loin de nous cette écume révolutionnaire ; mais renversez ces échafauds trop honorables pour les criminels, ces échafauds où la leçon de l'exemple ne peut plus être donnée, ces échafauds qui font autant de coupables qu'ils attirent de spectateurs. » Il faut mettre un terme à la politique du soupçon : l'urgence est de « calmer et consoler ».

Quelle est cette république de la liberté qu'elle défend ? Elle se fonde sur deux principes : la propriété et les lumières, sur lesquelles se constituera une nouvelle aristocratie non plus héréditaire, mais censitaire. À nos yeux de contemporains vivant en démocratie, l'idée est choquante. Mais Germaine de Staël vit dans une société dont l'écrasante majorité des citoyens est dépourvue d'instruction. Par leur indigence même, on l'a vu à répétition, ils sont prêts à suivre les démagogues et à soutenir la tyrannie. Les démunis, les non-propriétaires, ne sont pas des exclus : ils pourront ou leurs descendants pourront, « en acquérant une propriété modique mais indépendante », devenir des citoyens à part entière : « Tout ce qui sert de motif d'émulation, et non de barrière, au mérite personnel ; tout ce qui est un but, et non pas une exclusion, ne saurait être considéré comme un privilège. » Autrement dit, alors que l'ancienne noblesse était un ordre fermé, la classe des propriétaires, qui est celle des citoyens, est une classe ouverte. Les responsables du pouvoir auront à cœur de « soigner l'existence physique » des pauvres ; de leur permettre d'acheter du pain à bas prix ; et aussi de multiplier à leur intention « les moyens d'acquérir de la propriété ».

Notons-le au passage : jusqu'en 1848, l'année de l'instauration du suffrage universel (masculin), tous les libéraux, Benjamin Constant, leur leader sous la Restauration, ou François Guizot sous la monarchie de Juillet, tiendront le même raisonnement. Le droit de vote et, *a fortiori*, l'éligibilité, doivent être réservés à ceux qui disposent de « capacités » (de « lumières », écrit Mme de Staël) – et ceux-là n'existent qu'à partir d'une certaine aisance matérielle. La différence entre Mme de Staël et ces libéraux de la monarchie censitaire est qu'elle prône, elle, le régime républicain. C'est affaire de conjoncture. On a reproché à la République thermidorienne de mener une politique de classes. Sans doute a-t-elle cherché à s'établir sur les intérêts des possédants. En même temps, elle reste fidèle au principe de l'égalité civile, à la destruction de la société d'ordres. Pour ces libéraux, la démocratie n'est pas mûre. La république, oui, mais non l'égalité des droits politiques, dont l'expérimentation entre 1792 et 1795 les a convaincus des méfaits du « populisme » avant la lettre. Il serait erroné de ne considérer la nature de cette nouvelle république qu'à travers la grille de la lutte des classes. Elle est inspirée aussi par le souci de stabilisation et de viabilité politique sans récuser les principes de 1789. La défense de la propriété dans une société qui a aboli les privilèges de la naissance est, aux yeux des penseurs politiques comme Mme de Staël, la condition *sine qua non* de la liberté.

Mme de Staël préconise donc la conjugaison des centres contre les extrêmes. Avec une belle exigence, et sans renoncer à ses principes, elle tente de tirer les leçons politiques de sept ans de tourmente qui ont ruiné tous les préjugés : « Rien aujourd'hui n'est vrai, rien n'est équitable, que de manière relative ; c'est dans le moindre degré de l'injuste que se réfugie tout ce que l'on peut placer d'estime ; et, témoin d'une si grande latitude de crimes, on peut se croire honnête aux plus déplorables conditions. » Contre Edmund Burke qui, dans ses *Réflexions sur la Révolution française*, avait fait l'apologie des préjugés, des habitudes impensées, du conformisme, Germaine de Staël défend le 89 de la raison et de la liberté. Mais, informée par trois ans de révolutionnarisme, elle croit possible de clore le cycle des bouleversements par un compromis centriste garant de la liberté. Qui connaît la suite de l'histoire ne peut s'empêcher de penser à la naissance de la IIIe République, lorsque les lois constitutionnelles furent votées en 1875 par le centre gauche (républicains modérés, qu'on appellera « opportunistes ») et le centre droit (orléanistes). Un rapprochement qui ressortit plus à l'ordre de la stratégie que de la théorie. Mme de Staël n'est pas devenue viscéralement républicaine, elle est toujours attachée à sa culture aristocratique : elle se rallie à la moins mauvaise des solutions, qui permette le règne de la liberté dans l'ordre ; son républicanisme est intellectuel, il est le moyen de finir la Révolution. Son rêve constant est de réconcilier la République, si fruste par son héritage révolutionnaire, avec les valeurs de sa culture salonnière : la politesse, l'urbanité, l'élégance : « Il faut donc civiliser, policer les mœurs républicaines, écrit Bronislaw Baczko, les adoucir et, par le même mouvement, républicaniser et démocratiser l'urbanité, le bon goût et les bonnes manières. » Toutefois, le ralliement à la République est sincère, même si celle-ci doit être policée, parce qu'elle est devenue le seul truchement de la liberté et du progrès. Mme de Staël entend dissocier la République de la Révolution, et la Révolution de la Terreur. Adepte de la perfectibilité du genre humain, conviction reçue des Lumières et de Condorcet, elle juge en 1795 que la République marque une étape dans l'évolution progressiste de l'humanité. Son républicanisme, qui va se renforcer au cours des années suivantes, s'est forgé sous une double inspiration, politique (c'est le seul régime possible *aujourd'hui*) et philosophique (c'est le régime des Lumières).

La Constitution de l'an III, votée le 5 fructidor (22 août 1795), ne lui donne pas toute satisfaction. Déjà, au mois de juin, elle s'inquiétait dans une lettre à Roederer que la séparation des pouvoirs ne soit dans le texte en préparation un ressort de division entre le législatif et l'exécutif (les cinq Directeurs) – ce qui se produira effectivement. Mais elle veut se montrer positive. Elle applaudit au principe d'inspiration anglaise, repoussé jadis par la Constituante, du bicamérisme (Conseil des Cinq-Cents et Conseil des Anciens) et elle approuve le système censitaire (20 000 électeurs environ désignés par des assemblées primaires, dont sont exclus les illettrés et les indigents).

Ces *Réflexions sur la paix intérieure* fixent clairement les idées politiques de Mme de Staël à la veille du Directoire. Quel contraste de style entre ce manifeste à la Montesquieu, d'écriture ferme et classique, et ses lettres à Ribbing qu'elle écrit au même moment ! À moins de trente ans, elle exprime simultanément une passion amoureuse désenchantée digne des futurs romantiques et la lucidité d'une tête politique rien moins qu'adonnée au sectarisme ou à la nostalgie impuissante. Là, tout n'est que flamme, exaltation et hyperbole ; ici, tout est calme, démonstration et raisonnement bien timbré. On doit s'y habituer : la personnalité de Germaine de Staël n'est pas d'un bloc. Elle a les larmes d'une tragédienne et la logique d'un philosophe politique.

Encore exilée

Le décret des deux tiers, garde-feu auquel Benjamin Constant et Mme de Staël se sont résignés en faveur du régime républicain, a provoqué une levée de boucliers. Le 13 vendémiaire (5 octobre 1795), les sections parisiennes tombées aux mains des royalistes tentent une nouvelle « journée ». Des amis de Mme de Staël, comme Suard et Lacretelle, appuient le mouvement contre la Convention. Barras, à qui celle-ci a confié les pleins pouvoirs militaires, prend comme adjoint un général en disponibilité, Bonaparte, qui écrase les insurgés à coups de canon.

Mme de Staël, à Ormesson, remercie son ami François de Pange, chargé de faire imprimer et de diffuser ses *Réflexions sur la paix intérieure*, de lui avoir conseillé de surseoir. La journée du 13 vendémiaire, qu'elle désapprouve, n'en est pas moins compromettante pour elle. Son ami Suard, l'ancien familier du salon de Mme Necker et rédacteur en chef des *Nouvelles politiques,* est en fuite. Il est plausible qu'elle lui ait donné l'hospitalité à Ormesson, ne fût-ce qu'une nuit. D'autres amis, suspectés, sont accueillis sous le toit de Mathieu de Montmorency chez qui elle séjourne. Le 15 octobre, plusieurs conventionnels sont accusés, parmi lesquels figurent certaines de ses relations, tel Lanjuinais. Legendre saisit l'occasion pour fustiger les ambassadeurs d'Espagne et de Suède, Miranda et le baron de Staël – « les entremetteurs des puissances étrangères ». La suspicion sur Mme de Staël s'alourdit ; certains répandent qu'elle aurait été de mèche avec les insurgés. En ce même 15 octobre, le Comité de salut public arrête qu'elle devra quitter la France dans les dix jours.

M. de Staël, pressé par sa femme, se rend auprès du Comité, proteste contre cette mesure arbitraire qui atteint l'épouse d'un ambassadeur étranger, et demande poliment le retrait de l'arrêté. Il n'est pas dépourvu d'influence depuis qu'en avril ses lettres de créance ont été agréées avec un certain éclat par une Convention en quête de reconnaissance étrangère. C'est Boissy d'Anglas qui avait répondu au discours du baron de Staël lors de cette cérémonie, et c'est le même Boissy d'Anglas (d'après Thibaudeau, alors membre du Comité de salut public et qui a laissé des *Mémoires sur la Convention et le Directoire*) qui suggère un « arrangement » au nom du « droit des gens », arguant que l'ambassadeur de Suède, favorable à la République, risquait, après la publication d'un tel arrêté, d'être rappelé dans son pays. Mme de Staël s'en tire provisoirement au prix d'un éloignement de la région parisienne. Le 20 octobre, elle quitte Ormesson pour Forges-les-Eaux en Normandie.

Là, comme à l'accoutumée, elle est entourée : un groupe autour d'elle lui est nécessaire, sans parler de son fils Auguste. Benjamin Constant en est, en soupirant jaloux que rien ne décourage. Il est vrai qu'il a eu beaucoup à faire depuis son arrivée à Paris. Il a pris langue avec des hommes au pouvoir, écrit dans les journaux, acquis des biens nationaux, s'est occupé des affaires de son père, mais en continuant sa cour avec assiduité, lui écrivant chaque jour, l'entretenant tard dans la nuit de ses idées et de ses livres à venir. Ses relations avec des hommes du pouvoir lui ont été fort utiles au lendemain du 13 Vendémiaire. Lors de cette journée, il était à Ormesson, mais, de retour à Paris le surlendemain (7 octobre), il a eu une méchante affaire en compagnie de son ami François de Pange. Tous les deux étaient dans la marmite fumante du Palais-Égalité lorsqu'ils furent mêlés malgré eux à une rixe due à un quidam éméché. Ils ont été accusés d'insulter la représentation nationale, ce qui leur a valu une arrestation et une incarcération dans la nuit du 7 au 8 octobre.

Constant se réclame alors de Louvet et de Marie-Joseph Chénier, membres du Comité de salut public, qui se portent alors garants du civisme des prévenus et de leurs sentiments républicains.

Ce François de Pange pourrait être pour lui un nouveau rival. Il était un ami de longue date de Germaine, qui l'avait accueilli lors de son exil. En Suisse il avait monté une imprimerie, à Neuveville, à laquelle Mme de Staël avait confié son manuscrit sur *La Paix*. Son retour à Paris avait précédé celui de Germaine ; ils s'étaient revus et une tendre amitié les unissait. D'Ormesson elle l'appelait à venir la voir : « Vous que j'aime avant tout, venez vous reposer dans ma retraite. » Le cœur de Mme de Staël est vaste et elle emploie le verbe « aimer » à tous les degrés de son intensité, désignant par le même mot l'amitié comme l'amour. Aimer, être aimée, elle y aspire plus que tout le monde.

Au cours de son séjour à Forges, au début de novembre, elle reçoit un coup au cœur : Ribbing lui écrit de Paris ! Il ne peut venir à Forges-les-Eaux, ce serait compromettre son compatriote, le baron de Staël. Alors, c'est elle qui ira le rejoindre à Paris, elle a trop attendu ce moment. Une dizaine de jours plus tard, elle revient à Ormesson, et annonce son arrivée dans la capitale aux fins d'y préparer son retour en Suisse. À Paris, elle reprend ses démarches en faveur de ses amis, échoue encore à faire lever les séquestres sur les biens de sa famille, mais brûle de rencontrer Ribbing. L'ambassadeur, piqué au vif, refuse de le recevoir rue du Bac ; Germaine devra revoir Adolphe ailleurs. En sa présence, Ribbing, de nouveau subjugué, lui fait une promesse : il la rejoindra en Suisse au début d'avril. En attendant, il lui offre un bracelet tissé de ses cheveux.

Le 20 décembre 1795, Mme de Staël reprend le chemin de Besançon pour la Suisse, toujours flanquée de Benjamin Constant, guettant son heure. Le 30, elle est accueillie par son père à Lausanne, où elle retrouve aussi Albert, son fils cadet. Déjà elle se lamente : « Ah ! la France, la France, écrit-elle à son mari, combien elle vaut mieux que ceci. »

Ce séjour de sept mois en France a été marquant pour ces deux ambitieux, Germaine de Staël et Benjamin Constant. Ils n'ont pas les mêmes objectifs. Lui, qui est un homme, peut prétendre à jouer un rôle au sommet de l'État républicain. Certes, il est de nationalité helvétique, mais son ascendance française est avérée : on saura bien le tenir pour un citoyen français. Elle ne peut exercer qu'un rôle d'influence, mais elle a acquis depuis le ministère de son père une réputation qui n'a cessé de s'affirmer et elle n'entend pas y renoncer. Pour certains, elle est une intrigante, peut-être dangereuse, en raison de sa surface sociale : le pouvoir s'en méfie, dans une conjoncture où le danger contre-révolutionnaire excède les menaces jacobines. Son républicanisme semble de façade. Pour ses amis, au contraire, elle incarne la générosité, l'hospitalité qu'elle met en œuvre au profit des bannis ; elle est de surcroît une femme de tête, au brio verbal étourdissant. Et puis, ses premiers écrits politiques qui circulent la désignent comme un penseur politique. Elle rivalise avec les hommes ; elle traite Benjamin Constant de pair à compagnon, elle s'adresse à Pitt, elle n'hésite pas à entrer dans un débat politique jusque-là réservé à l'autre sexe. Dans son salon, elle ne respecte pas la règle de courtoisie qui laisse aux autres la parole : elle est le centre, elle donne son avis sur tout, elle abasourdit son auditoire par sa verve, sa culture, ses raisonnements et ses enthousiasmes. La vie de Germaine de Staël s'inscrit ainsi dans la longue histoire de l'émancipation des femmes. Pas plus que pour l'étincelante Mme Du Châtelet, l'amie de Voltaire, ce n'est une cause qu'elle intériorise ; elle n'est pas « féministe » ; il n'y va que de sa gloire personnelle. Comme Émilie Du Châtelet, elle a été un interlocuteur, une partenaire, une rivale pour les plus beaux esprits du temps, pour les hommes au pouvoir. Pour cela, elle a été détestée, abaissée au rang d'intrigante, ce qu'elle était aussi. Mais la méfiance qu'elle inspire est à la mesure de son pouvoir de nuisance – qui ne repose que sur la force de ses idées et la solidité de son réseau. Haïe, soutenue, chahutée, elle est une vraie femme politique.

8

Le mandat d'arrêt

Elle est revenue en Suisse pour se mettre provisoirement à l'abri des mesures gouvernementales qui pèsent sur elle, mais aussi pour revoir son père. Ses relations avec lui ont changé depuis les vertes années où il prenait le temps de partager les jeux de sa Minette. Malgré son apparente sérénité, il reste marqué par l'échec final de son ministère et la mort de sa femme. Le mariage cahoteux de Germaine et ses infidélités malmènent son moralisme protestant. Elle garde pour lui toute son affection et son admiration, mais elle n'a plus de vrai commerce intellectuel avec lui. Le reclus de Coppet n'est-il pas alors le négatif de tout ce à quoi Germaine aspire : Paris, un soupirant, la notoriété, l'influence politique ? « Mon père est bon, très bon, écrit-elle à son ami François de Pange, mais on ne se mêle jamais à lui. Chaque phrase recommence une nouvelle conversation, avec l'inquiétude de manquer de sujets pour la suivante. La gloire isole des hommes… » Et Mme de Staël est d'autant plus portée à la mélancolie qu'elle est éloignée de Ribbing, qu'il faudra attendre trois mois avant de le revoir s'il tient bien sa promesse de revenir en Suisse le 1er avril. En attendant, elle peut compter sur la présence si fervente de Benjamin Constant, avec lequel elle entretient une complicité d'esprit qui scelle leur amitié.

L'heure de Benjamin

En ce début d'année 1796, elle rêve de nouveau dans ses lettres à Ribbing d'une vie commune avec le « beau régicide ». S'est-il inquiété de la proximité de Constant qui la suit comme un chien fidèle ? Elle le rassure : « C'est un homme d'un esprit très supérieur, quoi que l'on puisse vous dire, et il en est peu qui, comme société, convienne autant à mes goûts de conversation et surtout de littérature. [...] Du caractère et de la figure lui manquent absolument, et je ne conçois pas l'amour sans l'un de ces avantages ; et quel amour pourrait naître dans le cœur qui t'aime ou qui t'a seulement connu. » Bientôt, c'est à elle d'avoir des « pressentiments funestes », à partir d'une rumeur qui lui vient de Paris : « On mande de France, lui écrit-elle le 5 février, que *vous êtes devenu éperdument amoureux.* » Elle ne veut rien en croire, mais elle exige de son amant la vérité. Elle préfèrerait mourir que d'être condamnée à cette incertitude si violente. Ribbing ne répond pas. Ses amis de Paris précisent qu'il brûle pour Mme de Valence, une relation de Germaine. Les semaines passent, le silence d'Adolphe la jette dans le désespoir. Au début de mars, elle envoie à Paris son homme de confiance Eugène pour lui remettre en mains propres une lettre : elle veut savoir. Elle argumente encore qu'elle est prête au divorce, que son père y consent, que Benjamin n'a jamais été un rival pour lui, qu'elle est dans un état de fébrilité et de douleur auquel il doit mettre fin en rompant son mutisme : « On n'ouvre pas ma porte que je ne tressaille ; une heure avant l'époque du courrier, un tremblement me saisit tel qu'il faut m'enfermer pour ne pas me donner en spectacle et recevoir seule ces lettres où, dès la porte, j'aperçois qu'un cachet, une forme, une écriture n'y est pas. » Jamais avare d'une expression excessive, elle s'est habituée à marier la mort et l'amour : « Je prends de l'opium pour dormir, et sans avoir ni la force ni la volonté de me tuer, je prie l'Être qui m'a créé de ne pas me réveiller. » Il lui faut pourtant prendre conscience dans les jours suivants de l'irréparable : Ribbing ne l'aime plus.

Menacée d'asthénie, elle dispose à Lausanne de quelques ressources pour éviter le pire. Il y a d'abord ses amis Adrien de Mun et

Hippolyte Terray. Le premier, joli garçon de vingt-trois ans, lui plaît par son esprit et ses assiduités ; le second, guère plus âgé, arrive de Paris : des jeunes gens plus ou moins suspects aux yeux de la République française. C'est avec eux et quelques membres de la société lausannoise que Germaine de Staël s'étourdit au bal. Mais c'est surtout auprès de Benjamin Constant qu'elle puise des raisons de survivre. Son admiration pour lui n'a fait que grandir depuis qu'elle l'a rencontré et l'attachement qu'il lui manifeste lui est devenue une douce consolation. Il est probable que c'est dans les temps qui ont suivi la rupture d'avec Ribbing que Germaine et Benjamin sont devenus amants. Sa « figure » et son « caractère » restaient les mêmes, mais il plaisait par une autre voie, à laquelle dès la première rencontre elle avait été sensible, sa merveilleuse intelligence, doublée d'un esprit entraîné à la conversation. Point d'ennui avec lui ! Dans son besoin effréné d'être aimée en même temps que d'aimer, Germaine s'est convaincue : Benjamin pouvait être l'homme de sa vie.

Nous connaissons un document, malheureusement non daté, mais qui semble bien avoir été écrit à cette époque, avant le retour de Constant à Paris dans la seconde quinzaine d'avril 1796 : un serment de la main de Benjamin mais qui les engage l'un et l'autre :

« Nous promettons de nous consacrer réciproquement notre vie, nous déclarons que nous nous regardons comme indissolublement liés, que notre destinée sous tous les rapports est pour jamais en commun, que nous ne contracterons jamais aucun autre lien, et que nous resserrerons ceux qui nous unissent aussitôt que nous en aurons le pouvoir.

« Je déclare que c'est bien du fond de mon cœur que je contracte cet engagement, que je ne connais rien sur la terre d'aussi aimable que Mad. De Staël, que j'ai été le plus heureux des hommes pendant les quatre mois que j'ai passés avec elle, et que je regarde comme le plus grand bonheur de ma vie de pouvoir rendre sa jeunesse heureuse, vieillir doucement avec elle et arriver au terme avec l'âme qui me comprend et sans laquelle il n'y aurait plus pour moi aucun intérêt, aucune émotion, sur cette terre. »

Plus qu'avec personne d'autre, elle éprouve des affinités intellectuelles et politiques avec Benjamin qui sont sans doute le gage le plus sûr de leur union : ils s'entendent à mots couverts et réagissent à l'unisson. Tous les deux, en 1796, aspirent à être les citoyens français de cette République du centre, ce Directoire qui, depuis son installation à l'automne précédent, paraît annoncer une période de stabilité et le début d'une ère durable de liberté. Ils n'ont pas encore acquis la nationalité française, malgré qu'ils en aient. Lui se prévaut de ses ancêtres français ; elle, de sa naissance à Paris. La question est surtout importante pour lui, qui ambitionne une carrière. Quant à elle, elle deviendra pleinement française lorsque la France annexera l'enclave de Genève en avril 1798. Mais, en attendant, ils pensent et agissent comme s'ils avaient acquis pleinement leur citoyenneté de la Révolution.

Au début du printemps 1796, Constant rédige une brochure dans l'intimité de Germaine à Coppet, *De la Force du gouvernement actuel et de la nécessité de s'y rallier.* On y trouve l'écho au manifeste resté inédit de Mme de Staël sur la *Paix intérieure.* L'inspiration est la même ; les formules sont proches. Le but est toujours de convaincre les indécis, et notamment les hommes de la droite libérale, que la meilleure des solutions est de se rallier à un régime fondé sur le double principe de la liberté et du système représentatif. Il faut finir la Révolution et stabiliser la vie politique et sociale des Français, en renonçant conjointement aux leurres de la démocratie qui ont amené la terreur et aux chimères d'une restauration monarchique qui ouvrirait la guerre civile.

Le titre de la brochure est trompeur ; il n'est pas vrai que le Directoire ait de la « force ». Pour s'instaurer, il lui a fallu garder les deux tiers des Conventionnels qui siègaient à la salle du Manège aux Tuileries ; pour se maintenir, il lui faudra procéder à des coups d'État successifs, une politique de « balance », pour éviter tour à tour une majorité jacobine ou une majorité royaliste. Cette force vient sans doute de ce que le Directoire existe et qu'il est le moindre mal. Benjamin, après Germaine, s'applique à démontrer que les royalistes sont dans l'incapacité de se mettre d'accord, si ce n'est sur le rejet de la République. Les partisans de l'Ancien Régime, appuyés sur la Vendée, aigris, revanchards, intransigeants (il suffit de lire leurs écrits), « ne sentent pas que [leur] contre-révolution ne ferait elle-même qu'une nouvelle révolution ». « Des Vendées républicaines se formeraient, moins atroces, mais non moins redoutables que la Vendée catholique. » Mais les royalistes constitutionnels, adversaires des absolutistes, ne peuvent rien espérer eux non plus : « La Royauté constitutionnelle aurait pour adversaires tous les Républicains, plus tous les ennemis de la République, hors le très petit nombre de royalistes modérés. » Et puis quelle tête voudraient-ils couronner ? Là-dessus nul ne s'accorde. Alors, que ces hommes « qui ont fait les premiers pas vers la réhabilitation de l'espèce humaine » sachent qu'aujourd'hui c'est dans la République qu'ils peuvent espérer le règne de la liberté ! « La guerre civile, voilà ce qu'apporterait en France toute espèce de Royauté. »

Une partie de l'opinion craint le retour de la Terreur ; elle voit dans les nominations du gouvernement des « hommes de sang nommés aux places ». Constant en appelle à la réconciliation. Certes, il est des individus « frappés d'un éternel anathème », des irrécupérables ; bien d'autres en revanche sont désignés comme des terroristes sur des bruits vagues. Depuis 1789, qui donc n'a pas été en butte aux dénonciations, aux accusations, aux flétrissures de toutes sortes, aussi bien Condorcet que Saint-Just, aussi bien Sieyès que Robespierre ! « Il est des actions irréparables, qui élèvent entre un criminel et nous, entre un criminel et lui-même, une barrière éternelle : mais ces actions ne sont pas communes, et jamais on ne peut prononcer une condamnation sans appel contre une classe ou contre une secte toute entière. »

Benjamin Constant aborde ici une question qui nous est bien connue depuis la fin de la Seconde Guerre mondiale et qui s'est posée intensément après la chute des dictatures de droite, en Espagne, au Portugal, en Grèce, tout comme après l'effondrement du système soviétique. Problème moral autant que politique : doit-on condamner en masse les partisans des régimes renversés ? Mais aussi : peut-on se passer d'eux dans la mise en place des nouveaux pouvoirs ? Une amnistie de fait est nécessaire, pense l'auteur.

Sur ce point, Mme de Staël est réservée. Dans une lettre à Roederer, tout en approuvant l'écrit de Constant, et d'autant mieux qu'il a été fait sous son influence, elle prend quelque distance : « Je n'aurais jamais justifié les nominations jacobines. » Au demeurant, sa condamnation de la Terreur s'accompagne chez elle d'une invitation à l'oubli et à la clémence, car, comme l'écrit Bronislaw Baczko, dans ses *Politiques de la Révolution*, elle est « une thermidorienne généreuse, elle écarte toute tentation de revanche, cette obsession thermidorienne ».

Elle se dépense en faveur de son ami et se fait au mieux son porte-parole, en regrettant que la démonstration de celui-ci se heurte à la résistance de nombre de ses amis constitutionnels, notamment des *Nouvelles politiques, nationales et étrangères*, dans lesquelles Charles de Lacretelle, non sans mauvaise foi, accuse Constant de préconiser une alliance entre le gouvernement et les « terroristes ». Quant aux contre-révolutionnaires, il va de soi qu'ils ne peuvent que détester l'appel de Constant ; celui-ci a pour effet, entre autres, de hâter la rédaction des *Considérations sur la France* de Joseph de Maistre, prophète de la Contre-Révolution, qui paraîtront l'année suivante. Seule la presse du centre gauche, le *Républicain français*, *La Décade*, soutient Constant ; elle est moins nombreuse et influente que la presse de droite.

La brochure de Benjamin Constant a son utilité : elle fait de son auteur, défenseur éloquent du Directoire, hier inconnu, objet de toutes les controverses aujourd'hui, un homme en vue. Un homme nouveau. Le Directoire, qui ne compte pas tant de talents à son service, apprécie le renfort de cet écrivain prometteur, et fait réimprimer son texte dans *Le Moniteur* au début du mois de mai, assorti d'un commentaire élogieux : « Il est remarquable de voir un étranger discuter avec une sagacité profonde les intérêts de notre pays, prouver la puissance de notre gouvernement, démontrer la faiblesse et les faux calculs de ses ennemis, et joindre partout, à quelques nuances près, l'éclat et la vigueur du style à la justesse des aperçus. » Seul le mot « étranger » peut déplaire à Constant dans sa volonté d'être français. De son côté, Mme de Staël, qui ne désire rien tant que de revenir en France, espère que la brochure de son ami lui servira de sauf-conduit républicain à elle aussi.

Ce libelle n'est pas le plus mémorable des écrits de Benjamin Constant : la collection de la « Pléiade » ne l'a pas retenu dans ses *Œuvres*. Le style n'a pas encore atteint la force qu'on admirera dans les écrits ultérieurs, quoique la critique de l'époque, y compris celle de ses adversaires, loue « l'élégance du style ». On y rencontre en tout cas une pensée politique en formation, et déjà un principe clé de la philosophie politique du libéralisme, selon lequel « le grand art est de gouverner avec force, mais de gouverner peu, d'avoir une main de fer, mais de l'employer rarement, de se servir de la massue contre des ennemis redoutables, mais de ne pas en menacer ceux dont la petitesse rend les efforts à la fois ridicules et infructueux ». Plus encore, il formule une des bases de l'État de droit : le respect des formes, alors que les « formes » avaient été stigmatisées par Robespierre comme le signe même de l'absence de « principes ». « Il n'y a que les formes qui soient stables et qui résistent aux hommes. » L'arbitraire est tentant, au nom de l'efficacité, en raison des « circonstances ». Mais, nous dit Constant, « si l'on n'y prend garde il y aura toujours des circonstances à invoquer contre les principes ». L'auteur sera-t-il toujours fidèle à cet impératif ? Les « circonstances » ne sont pas toujours un simple alibi de l'arbitraire, il en fera bientôt l'expérience. Du moins a-t-il fixé dans la charte des libertés ce nécessaire respect des formes : la liberté « formelle », qui ne manquera pas de détracteurs, est une condition *sine qua non* de la liberté tout court. Tous les deux côte à côte, Mme de Staël et Benjamin Constant sont en train d'élaborer ou d'enrichir quelques-uns des fondements de la pensée libérale.

La menace

Benjamin est reparti à la mi-avril 1796 pour Paris, où Germaine compte bien l'y retrouver au plus tôt. Au mois de mai, ayant quitté Coppet, où elle laisse son père, pour s'installer à Ouchy, elle reçoit un choc : le Directoire, par une décision du 22 avril, aurait décrété qu'elle serait mise en état d'arrestation si elle se rendait sur le territoire français. Elle est « prévenue d'être en correspondance avec des émigrés, des conspirateurs et les plus grands ennemis de la République, et d'avoir participé à toutes les trames qui ont compromis la tranquillité de l'État ». Elle est accusée de vouloir revenir en France « pour continuer d'y fomenter de nouveaux troubles ». Le ministre de la Police, Cochon de Lapparent, a expédié des copies de l'arrêté aux commissaires des départements limitrophes de la Suisse. Le comportement de Mme de Staël intrigue toujours le pouvoir : elle se proclame républicaine, mais ne cesse de se réunir avec des royalistes ; on l'a même vue aux côtés de Wickham, résident anglais à Berne, qui passe, à juste titre, pour animer un réseau contre-révolutionnaire en France.

Ce que Mme de Staël ignore, c'est que depuis longtemps elle est surveillée, épiée, espionnée. Les Archives des Affaires étrangères révèlent le détail des rapports de Félix Desportes, résident français à Genève, au Directoire, notamment sur les relations que Mme de Staël entretient avec des émigrés constitutionnels, à commencer par Narbonne. Après l'arrêté du 22 avril, la surveillance se renforce. Le signalement de Germaine de Staël est envoyé aux receveurs des douanes de la frontière franco-suisse ; un exemplaire de la circulaire lui arrive de Versoix, terre française entre Coppet et Genève, où un ancien commissaire de police, Rousselet, en intelligence avec Desportes, prépare son arrestation dès que « l'intrigante » mettra un pied hors de Suisse.

Or elle apprend l'existence de ce mandat d'arrêt par une liste en provenance de Versoix, imprimée et affichée, où son nom figure à côté des noms de plusieurs délinquants ou criminels. À cette nouvelle, elle écrit aussitôt son indignation à son mari à Paris, en feignant de croire – et peut-être le croit-elle – que le gouvernement « n'est pour rien là-dedans » ; qu'il s'agit d'une initiative odieuse du commissaire – jacobin ! – du département de l'Ain. Elle demande simultanément des explications au résident Desportes, et proteste au nom du « droit des gens ». Dans sa réponse, Desportes feint de ne rien savoir de l'affaire : « Le Directoire a seul le droit de vous expliquer le motif de l'ordre dont vous vous plaignez, si toutefois cet ordre existe. » En même temps, le rapport qu'il adresse au Directoire signale une femme qui « reçoit tout le monde », mais qui dîne de préférence avec les royalistes. Mme de Staël s'inquiète des atermoiements de son mari, qui ne semble pas très actif dans ses démarches pour elle, alors qu'elle apprend que l'ordre d'arrestation a été expédié aux frontières du Jura et du Doubs. N'y tenant plus, elle décide de se rendre elle-même chez Desportes accompagnée de son oncle, Necker de Germany. Pour éviter une arrestation en passant par Versoix, ils se rendent à Genève en bateau. À Desportes elle dit son désir de se rendre en France et d'obtenir de lui un passeport ; à son avis, tous ces ennuis lui viennent du commissaire de l'Ain. Elle ajoute, selon le rapport de Desportes : « Ne pensez pas, Monsieur, que le Directoire ne m'y voie pas avec plaisir : il sait que je suis en partie l'auteur de l'ouvrage de Benjamin Constant ; que cet ouvrage a été composé en entier dans ma maison et sous mes yeux ; et dès lors il lui est impossible de suspecter mon dévouement à sa cause. M. Constant est très lié avec tous les membres du Directoire. [...] Ainsi, Monsieur, je vous prie comme femme d'ambassadeur, comme fille d'un Genevois, comme amie de votre république, de me viser mon passeport lorsque je vous le présenterai. »

Desportes, insidieux, évasif, lui parle d'une erreur probable, une confusion de noms, une enquête aura lieu, qu'elle prenne patience. De la maison de campagne de Necker de Germany à Cologny, elle écrit à son mari qu'il existe, selon Desportes, une Mme Stall (*sic*) qui correspond avec des émigrés... Mais Desportes continue de la faire surveiller par un espion nommé Monachon, auquel rien n'échappe, pas même les lettres qu'il fait décacheter quand elle s'avise de les envoyer de France, c'est-à-dire de Versoix. Par un courrier en provenance de Paris, probablement de Constant, elle reçoit à Cologny le 15 juin une copie de l'ordre officiel de son arrestation. Elle doit se rendre à l'évidence : l'ordre ne vient pas d'un sous-fifre mais du gouvernement. Ne doutant de rien, elle somme son mari de lui obtenir l'ordre de la laisser passer aux frontières, ce qui lui est indispensable en Suisse même, puisque l'arrêt du Directoire la contraint de ne plus passer par Versoix pour aller de Coppet à Genève.

Par ailleurs, à la suite de la conspiration communiste avortée de Babeuf, le gouvernement a adopté une mesure obligeant plusieurs catégories de personnes, au rang desquelles les étrangers, à quitter Paris. Constant, visé par le décret, mais fort de sa brochure qui vient d'être reproduite par *Le Moniteur*, obtient des directeurs l'autorisation de rester à Paris. Mais, pour Mme de Staël, la mesure d'exclusion ajoute encore à la menace d'arrestation. Elle proteste auprès de son époux : « Je suis née en France, j'y suis domiciliée bien avant 1789 : aucune loi sur les étrangers ne peut me regarder comme femme d'un ambassadeur. Je demande à être jugée comme Française, et j'irai à Paris pour cela. »

Un malheur ne vient jamais seul, dit-on. L'année 1796 est décidément funeste. En ce même mois de juin, elle apprend que son mari a reçu un « congé » de la part du roi de Suède. Le mot, tout diplomatique, signifie une disgrâce, car le duc régent a nommé à Paris sinon un nouvel ambassadeur, du moins un chargé d'affaires qui en assurera la fonction, le baron de Rehausen. La perte de son poste est une catastrophe : ses dettes s'élèvent à 150 000 livres dont 100 000 sont imputables à sa fonction : comment payer ? Les créanciers vont accourir. Sans désemparer, lui continue à entretenir la vieille Clairon, mais, outre la charge financière, c'est son rang, sa réputation qui font naufrage. Mme de Staël, elle, se voit privée du même coup d'une protection diplomatique de poids à Paris, où elle veut revenir. Certes, on ne parle que d'un « congé », le rappel définitif de l'ambassadeur reste en suspens, on peut encore espérer. Envers et contre tout, elle s'efforce de survivre. Au cours de l'été, elle se plonge dans la rédaction d'un ouvrage tiré de son expérience : *De l'Influence des passions sur le bonheur des individus et des nations*. Rosalie, la cousine de Benjamin, témoigne dans ses lettres à son frère Charles de la vitalité de Germaine : « On est étonné de la profondeur de ses idées et enchanté par le brillant, par la force ou par la nouveauté des pensées. Tout cela compense bien un peu de galimatias métaphysique qu'il y a toujours. »

Au demeurant, les nouvelles de Paris ne rassurent pas. Benjamin a échoué dans ses démarches pour obtenir la citoyenneté française : l'étude de son cas est remise *sine die*. De surcroît, elle apprend qu'il a une affaire de duel avec un journaliste, Bertin de Veaux. Celui-ci l'a calomnié dans la *Feuille du jour*, en le traitant de « petit monsieur » dont la « bassesse » s'est révélée « inutile », en raison du « triste accueil » réservé à sa brochure. Elle s'affole. Le danger de mort couru par son amant lui fait prendre conscience de la profondeur des sentiments qu'elle éprouve à son égard. L'affaire tourne court, car le journaliste, qui semble avoir écrit sa philippique sans avoir lu l'ouvrage, se rétracte. L'entremise d'un ami commun aux deux adversaires, Riouffe, a permis, sur le terrain même, de faire ranger les pistolets dans leur boîte. Là-dessus une autre feuille, le *Courrier républicain*, donne une version fantaisiste et insultante : le combat aurait été empêché par l'état physique de Constant, dont les jambes auraient « flageolé ». Le 31 juillet, elle écrit à Rosalie : « Il y a quarante-huit heures à présent que je tremble et pleure et meurs d'inquiétude. Si vous saviez ce qu'il est pour moi : c'est à lui que tient tout ce que j'ai de vie. » Toutefois, un nouveau démenti de Bertin convainc Benjamin de ne pas donner suite. Germaine, une fois rassurée : « Ce que j'ai souffert est inexprimable, confie-t-elle à Rosalie. Ah ! j'ai bien senti du moins que de lui seul dépendait à jamais tout le sort de ma vie. » La cristallisation a pris du temps ; elle l'a d'abord estimé, admiré, s'est enchantée de ses mots, a partagé ses idées et lui a donné les siennes. Il l'a consolée de sa présence et de ses soins toujours empressés lorsque Ribbing a rompu. Il est probable que Benjamin l'aimait plus qu'elle ne l'aimait quand ils sont alors devenus amants, mais les accents nouveaux qu'elle a pour lui au lendemain d'un danger de mort révèlent une nouvelle étape dans leurs relations : Benjamin ne serait-il pas enfin l'homme de cœur qu'elle attend depuis si longtemps ?

Comme s'il était conscient de cette métamorphose, Constant est reparti de Paris, pour être à Coppet le 4 août. Une quinzaine de jours plus tard, tous les deux s'installent à Ouchy. Benjamin a changé de coiffure, sa cousine, dans une lettre à son frère Charles, y fait une allusion, en même temps qu'une autre observation : « J'ai vu deux ou trois fois ma cousine de Staël et mon cousin le tondu. [...] Je me disputai horriblement avec eux tous [sont présents aussi Adrien de Mun, que Rosalie appelle "le petit chat", et Hippolyte Terray, "le renard"] sur notre pays, qu'ils regardent comme le théâtre de l'ennui et de la nullité. » La « trop célèbre », comme Rosalie appelle Germaine, lui est souvent insupportable, elle cherche à plaire à tout le monde, mais, dans chacun de ses petits tableaux acrimonieux, Rosalie ne peut s'empêcher de célébrer la belle animation que l'amie de son cousin met dans toutes les sociétés, citant les derniers livres, les commentant, provoquant les réactions, les enjouements, les discussions. Avec ses amis hommes, il est vrai qu'elle ne se départit jamais de sa coquetterie, mais ce désir de plaire n'est pas superficiel ; il se confond avec son désir d'être aimée : « Le malheur ne commencerait réellement pour moi, écrit-elle à Adrien de Mun, que si je cessais de vous être chère. » Et cet aveu provocant : « Hippolyte est parti hier. Aimez-le, je vous prie : près de moi, c'était un rival ; loin de moi, c'est un lien entre nous. » Elle cultive l'ambiguïté du vocabulaire, joue avec les mots comme avec les gens pour l'amour et l'amitié.

Au début de septembre, M. de Staël quitte Paris, après avoir vendu ses chevaux et ses équipages, pour gagner la Suisse. Il reste une huitaine à Coppet, avant d'aller prendre les eaux à Aix-les-Bains. Les rapports entre les deux époux sont sujets à caution. La comtesse Jean de Pange, auteur de *Monsieur de Staël*, prétend qu'ils avaient connu un retour de flamme. Il est permis d'en douter à lire ce que Germaine écrit à Adrien de Mun : « Mon mari part après-demain pour les eaux d'Aix ; au moins il ne m'a pas ennuyée longtemps. Il est perdu de dettes, très mal pour moi… » Et dans une autre : « Nous étions assez mal ensemble ; il vaut mieux être unis de loin. Je suis donc ici [à Coppet] parfaitement seule avec mon père et le Diable blanc [Benjamin]. » Si la question présente un intérêt c'est que Germaine de Staël accouchera de sa fille Albertine le 8 juin 1797. Le rapprochement entre les deux époux permit à l'enfant d'être présentée comme la fille de M. de Staël, qui du reste ne démentira pas sa paternité. Bref, Albertine sera pour les uns la fille d'Éric-Magnus de Staël, pour les autres celle de Benjamin Constant : on n'en saura pas plus.

Benjamin Constant est reparti à Paris un peu avant que M. de Staël soit revenu d'Aix. Avant de regagner Coppet, l'ex-ambassadeur est passé par Genève pour rendre une visite à Félix Desportes, lequel avertit Paris que le Suédois est en attente d'un ordre de Stockholm pour retourner en France comme ambassadeur. La nouvelle tant attendue lui parvient à Coppet le 17 novembre : le duc régent lui fait savoir qu'il pourra reprendre sa place d'ambassadeur à Paris, dès que le nouveau roi le lui aura signifié. Desportes, qui fait toujours espionner Mme de Staël, rapporte que celle-ci « a fait éclater une joie extrême à l'arrivée de ce courrier ». Elle compte bien que cette décision de la Suède facilitera son retour à Paris. Mais rien n'est encore officiel, et Rosalie de se demander « où ce couple si désassorti passera cet hiver… ».

De l'influence des passions

Contrainte au prolongement de son séjour en Suisse, Mme de Staël emploie ses loisirs à l'écriture de la première de ses œuvres importantes, celle qui lui ouvre la carrière des lettres, sous un titre qui ne surprend pas ceux qui ont été les témoins de ses tourments, *De l'Influence des passions sur le bonheur des individus et des nations*. Il ne s'agit nullement d'une autobiographie, même si maint élément personnel perle dans son discours. Formée par la philosophie des Lumières, adepte des grands moralistes, elle entend traiter du thème des passions au-delà de son cas particulier. Cependant, entrepris dans les semaines qui ont suivi la déroute de son aventure avec Ribbing, il s'agit aussi d'un exercice d'exorcisme et d'ascétisme, puisque la clé de l'ouvrage est de démontrer l'incompatibilité de la passion et du bonheur.

L'essai devait comprendre deux parties, l'une consacrée aux individus, l'autre aux sociétés, mais la première partie, publiée en octobre 1796, n'aura pas de suite. Néanmoins, dans ces pages publiées, les allusions aux comportements des hommes pris dans le torrent des années révolutionnaires abondent. « Les passions, cette force impulsive qui entraîne l'homme indépendamment de sa volonté, voilà le véritable obstacle au bonheur individuel et politique. » À l'opposé, « la base du bonheur est toujours la même, c'est la certitude de n'être jamais ni agité ni dominé par aucun mouvement plus fort que soi ». Elle ne nie pas la grandeur que peut avoir la passion et elle n'entend pas étouffer les grandes actions qui en résultent ; ce qu'elle vise est moins de vaincre les passions que de savoir les diriger.

Voici le répertoire des passions humaines : l'amour de la gloire, l'ambition, la vanité (retenue comme passion en raison de la violence des mouvements qu'elle inspire), l'amour, le jeu, l'avarice, l'ivresse, l'envie, la vengeance, l'esprit de parti, le crime. Cette première « section » est dans la tradition des moralistes, plutôt de La Bruyère que de La Rochefoucauld : l'analyse psychologique y préside, en formules souvent joliment ciselées. La gloire ? « Il n'y a jamais rien de suffisant dans les plaisirs de la gloire, l'âme ne peut être remplie que par leur attente. » L'ambition ? « L'ambitieux n'a jamais mis la dignité du caractère au-dessus des avantages du pouvoir ; et comme aucun prix ne lui a paru trop cher pour l'acquérir, aucune consolation ne doit lui rester après l'avoir perdu. » Pour la vanité, Mme de Staël met en scène comme La Bruyère des modèles inventés, ici Lycidas, qui a dans sa poche des lettres de ministres qui lui parlent… du temps qu'il fait ; Cléon qui « est laid et se croit aimé ; son livre tombe, c'est par une cabale qui l'honore ; on l'oublie, il pense qu'on le persécute… ». L'amour ? Germaine de Staël s'y connaît : « Il est certain que l'amour est de toutes les passions la plus fatale au bonheur de l'homme », car : « Dès que l'amour existe, l'illusion est complète ; et rien n'égale le désespoir que fait éprouver la certitude d'avoir aimé un objet indigne de soi. » Voilà pour Narbonne et Ribbing ! Et Germaine, sagace, de suivre la lente extinction des feux : « Ce funeste trait de lumière frappe la raison avant d'avoir détaché le cœur ; poursuivi par l'ancienne opinion à laquelle il faut renoncer, on aime encore en mésestimant ; on se conduit comme si l'on espérait, en souffrant, comme s'il n'existait plus d'espérance… » L'envie ? « La passion de l'envie n'a point de terme, parce qu'elle n'a point de but ; elle ne se refroidit point, parce que ce n'est d'aucun genre d'enthousiasme, mais de l'amertume seule qu'elle s'alimente, et que chaque jour accroît ses motifs par ses effets : celui qui commence par haïr inspire une irritation propre à faire mériter sa haine qui d'abord était injuste. »

Mme de Staël innove cependant comme moraliste en prenant en compte le jeu des événements sur la montée des passions. L'une d'entre elles est fortement décrite : l'esprit de parti, qui tient du fanatisme et de la foi. Il était répandu chez les catholiques et les protestants pendant les guerres de Religion ; il est aujourd'hui dans les rangs des aristocrates et des Jacobins, « aussi absolus dans leurs opinions ». Cette passion-là « s'empare de vous comme une espèce de dictature, qui fait taire les autorités de l'esprit, de la raison et du sentiment ». La modernité de l'analyse nous frappe, nous qui connaissons les ravages de cet esprit de parti dans le monde contemporain : « L'intégrité du dogme importe davantage encore que le succès de la cause. Plus l'esprit de parti est de bonne foi, moins il admet de conciliation ou de traité d'aucun genre ; et comme ce serait ne pas croire véritablement à l'existence efficace de sa religion que de recourir à l'art pour l'établir, dans un parti l'on se rend suspect en raisonnant, en reconnaissant même la force de ses ennemis, en faisant le moindre sacrifice pour assurer la plus grande victoire. » La psychologie politique atteint dans ces pages consacrées à l'esprit de parti une perspicacité que nous admirons chez un auteur qui n'a connu ni le fascisme, ni le nazisme, ni le communisme, ni l'islamisme ; elle avait une sorte de prescience du fanatisme futur en observant les adeptes de Robespierre et les émigrés de Coblence. La modération qu'elle préconise est à suivre aussi bien dans les comportements individuels que dans les attitudes politiques.

Cette modération individuelle, par quels chemins l'atteindre ? Dans la deuxième section de son ouvrage, qui surprendra certains de ses lecteurs, elle passe cette fois en revue un certain nombre de moyens qui peuvent conduire à l'apaisement et au bonheur, mais seulement, dira-t-on, selon la sagesse des nations. Car, à y regarder de près, ces « intermédiaires entre les passions et les ressources qu'on trouve en soi » sont loin d'être la panacée. De quoi parle-t-elle ? De l'amitié, de la tendresse filiale, paternelle et conjugale, de la religion, dont les limites thérapeutiques lui paraissent trop évidentes. L'amitié réserve des déconvenues comme l'amour, même si elles sont moins violentes ; de même que les affections familiales. De la religion, elle n'est pas ennemie, à condition que celle-ci ne soit pas dogmatique, ou c'est accepter une « espèce de suicide de la raison ».

Alors, l'auteur ouvre aux passionnés malheureux la voie de la guérison dans une troisième section intitulée « Des ressources qu'on trouve en soi ». Le premier des secours est la philosophie : « Le philosophe, par un grand acte de courage, ayant délivré ses pensées du joug de la passion, ne les dirige plus toutes vers un objet unique, et jouit des douces impressions que chacune de ses idées peut lui valoir tour à tour et séparément. » Vivre au présent, participer au calme de l'ordre universel, s'élever à quelque distance de soi-même, renoncer à tout projet d'influence, aimer la solitude et la retraite. Deuxième précepte : s'adonner à l'étude, à l'exercice de la pensée : « L'amour de l'étude, loin de priver la vie de l'intérêt dont elle a besoin, a tous les caractères de la passion, excepté celui qui cause tous ses malheurs, la dépendance du sort et des hommes. » Enfin, la bienfaisance, le bien que l'on peut faire aux autres.

Dans sa conclusion, Mme de Staël l'avoue : c'est elle-même qu'elle a voulu persuader : « J'ai écrit pour me retrouver, à travers tant de peines, pour dégager mes facultés de l'esclavage des sentiments, pour m'élever jusqu'à une sorte d'abstraction qui me permît d'observer la douleur en mon âme, d'examiner en mes propres impressions les mouvements de la nature morale, et de généraliser ce que la pensée me donnait d'expérience. » Avec cette franchise qui est chez elle une élégance, elle avoue qu'elle n'est pas sûre d'avoir été guérie par sa propre doctrine. Du moins s'en est-elle proposé le traitement.

De l'Influence des passions est publié en octobre 1796. L'ouvrage est diversement accueilli, loué ici avec chaleur, décrié ailleurs. Mme de Staël est quelque peu blessée par le compte rendu de Roederer dans son *Journal de Paris*, qui lui reproche un style incorrect et plein de pathos. Elle se récrie : « Qu'entend-on par le style ? N'est-ce pas le coloris et le mouvement des idées ? Or trouvez-vous que je manque d'éloquence, ou de sensibilité ou d'imagination ? » Piquée au vif, elle refuse cependant de sacrifier bêtement sa vie à l'amour-propre. Mais cet échange intéresse sans doute l'histoire de la sensibilité littéraire, le tournant de l'âge classique, et les premiers signes du romantisme.

Revenir à Paris reste le plus cher de ses vœux : peut-elle braver l'interdiction du Directoire ? Elle compte sur ses amis pour affirmer sa nationalité française, comme le fait le 27 novembre le *Républicain français* dans la critique élogieuse de son livre. Le retour de son mari dans ses fonctions d'ambassadeur serait pour elle un atout précieux. Or, au début de décembre, une lettre de Stockholm arrive à Coppet qui est un démenti. Aussitôt elle écrit à Nils von Rosenstein, au Conseil du roi de Suède ; elle plaide pour Éric-Magnus, en arguant des services qu'il a rendus à son pays auprès des autorités françaises, et sans craindre d'aborder la question financière : les deux tiers de ses dettes ont été contractées pour le service de son gouvernement, et ce n'est pas avec la pension de 20 000 livres qu'il pourra rembourser les 150 000 qu'il doit. À vrai dire, le problème pour son correspondant et pour le roi est d'ordre politique : c'est l'alliance de la Suède avec la République française, alliance à laquelle M. de Staël n'a cessé de travailler, qui est en question. M. de Staël décide alors de quitter Coppet pour se rendre à Bâle, dans l'attente des nouveaux ordres de Stockholm. À la mi-décembre, on apprend à Coppet la mort de Catherine II de Russie (remontant au 17 novembre) qui avait pesé jusque-là si lourdement sur la diplomatie de la Suède : le vent va-t-il tourner ?

Le 11 décembre, Constant est de retour à Coppet. Le 1er novembre précédent, il a acquis une ancienne abbaye à Hérivaux, près de Luzarches, à une dizaine de kilomètres de Chantilly, grâce à un prêt de Necker : Hérivaux pourrait devenir le refuge de Mme de Staël si elle devait se tenir loin de Paris et des salons. Elle-même avait acquis prudemment à peu près à la même date une propriété à Angervilliers, près de Dourdan, à 35 kilomètres de Paris, ce qui lui permettrait de donner le change sur ses liens avec Constant. Le Directoire n'est pas revenu sur sa décision : rentrer en France est dangereux. À tout le moins faut-il s'y prendre de la manière la plus discrète possible. Le 21 décembre, le résident Desportes, qui garde l'œil sur les faits et gestes de Germaine, annonce dans son rapport que Mme de Staël est partie l'avant-veille avec Benjamin Constant pour se rendre en France. « Son intention est, dit-on, de vivre retirée dans une maison quelconque, à quinze lieues de Paris, jusqu'à ce qu'elle ait obtenu du Directoire la permission de venir habiter cette commune. »

Confiant ses enfants à son père, et après des adieux touchants à ses proches, Mme de Staël passe la frontière française avec Benjamin Constant et tous les deux filent sans entrave sur Besançon, où celui-ci a un rendez-vous avec son père, pour régler ses comptes financiers avec lui. Après plusieurs étapes et séjours, elle s'installe chez Benjamin à Hérivaux le 18 janvier 1797, dans l'attente d'une décision du Directoire.

9

Dans l'ombre du Directoire

Mme de Staël a pu revenir en France grâce à l'entremise de l'un des cinq Directeurs, Barras, avec lequel Benjamin Constant entretient d'étroites relations : « Barras me défend avec chaleur et générosité, écrira-t-elle dans ses *Considérations sur la Révolution française*, et c'est lui qui m'obtint la permission de retourner en France [...]. » Toutefois, l'arrêté qui pèse sur elle n'a pas été pour autant annulé – ce qui la maintient à la merci d'un pouvoir dont la nature instable est à elle seule une menace. De Lumigny, chez Adrien de Mun, où les voyageurs font une étape de quelques jours, elle annonce aux Directeurs son arrivée, dans l'intention de « terminer les affaires de M. de Staël et les [s]iennes ». Elle joint à sa lettre un mémoire par lequel elle réaffirme sa nationalité française, avant de reprendre son argumentation plus en détail dans une lettre qu'elle adresse le 9 janvier 1797 au ministre de la Justice, Merlin de Douai, tandis que Constant se dépense du mieux qu'il peut en sa faveur.

Ce même jour, *La Quotidienne* annonce le retour de Mme de Staël sur un ton ironique : « La divine fille du divin Necker est en France, au château d'Angervilliers. À merveille ! Cette illustre ambassadrice est grosse. Encore mieux ! De mauvais plaisants, qui en veulent à Benjamin Constant, disent qu'il l'a enlevée. Fort mal ! Ils ajoutent que cette grossesse est un effet de *l'influence des passions*. C'est ridicule ! On achève en disant que le vrai père est pourtant M. le baron. Cela redevient passable. » Le *Journal de France* du même jour croit pouvoir affirmer qu'« un homme qui jouit d'un grand pouvoir lui a fait dire que si elle venait à Paris, elle serait arrêtée. Elle sera en conséquence réduite à intriguer de loin ». De fait, après un bref séjour dans sa propriété d'Angervilliers, elle s'installe chez Benjamin Constant à Hérivaux jusqu'au 23 avril, au grand dam de Necker.

Les démarches inlassables de Constant aux fins de faire régulariser sa situation ne sont qu'en partie couronnées de succès, car le ministre Merlin de Douai lui fait savoir qu'elle ne peut « être dans les droits de *citoyenne française* », car, fille d'un étranger, elle est mariée à un étranger, devenant ainsi « plus étrangère encore ». Cet avis n'est pas conforme à la Constitution mais traduit la méfiance durable du gouvernement envers elle. Cependant celui-ci, par l'intermédiaire de Merlin, lui assure les droits de « l'hospitalité », dans l'attente d'une décision définitive. Elle sera autorisée à venir demeurer à Paris peu de temps avant la naissance de sa fille, Albertine, le 8 juin.

Pendant trois mois environ, elle habite donc Hérivaux, sans cesser, comme toujours, d'être entourée, visitée, jamais en manque de compagnie. Défilent ou restent à ses côtés, outre l'affectueux propriétaire, ses amis Adrien de Mun, Hippolyte Terray, Mathieu de Montmorency, Talleyrand, renforcés par Mmes de la Châtre, de Noailles, et même Mme de Valence, dont la liaison avec Ribbing a fait long feu au bénéfice provisoire des assiduités d'Adrien de Mun. Mme de Staël ne se prive pas de conseiller celui-ci : « Mon amitié ne peut être altérée par vos amours. Un seul motif m'a fait attacher de l'importance à une liaison dont la nature repousse mon intérêt, c'est que vous êtes extrêmement mobile et faible et que Mme de V[alence] est fort adroite. Je crois impossible qu'elle ne prenne pas sur vous une influence fatale à votre caractère et à vos amis. Si je me trompe, vous aurez donné une preuve de force ce dont je vous estimerai davantage. » À bon entendeur… ! Éprouvant le désir de faire venir son fils Auguste, elle se heurte au refus de Necker, qui, en beau-père respectueux des convenances, ne veut pas faire ombrage à M. de Staël toujours à Bâle.

Mais voici que celui-ci arrive inopinément à Paris au début de février, et, selon la rumeur, pour vendre l'hôtel de son ancienne ambassade rue du Bac. Elle se cabre : « Nous nous quittons à Coppet d'un commun accord. J'arrive ici à travers mille peines ; je suis grosse ; je suis exilée ; je suis enchaînée à ma place, et vous êtes à Paris sans venir me voir, et vous êtes prêt, je crois, à vendre mon lit sans me consulter, et lorsque j'ai au moins le droit de demander que je sois accouchée avant qu'on prenne aucun parti. » Éric-Magnus, incurable panier percé, obtempère et la rassure.

Retour aux affaires

La situation politique de la France reste pour Mme de Staël, après sa situation personnelle, un objet principal de préoccupations qu'elle partage avec Benjamin Constant. La France est toujours en guerre, malgré les traités de 1795 avec la Prusse et l'Espagne : elle a encore en face d'elle l'Autriche et l'Angleterre. À l'est, l'armée française est contenue sur le Rhin, mais, en Italie, où il doit faire diversion, le général Bonaparte remporte victoire sur victoire face aux Autrichiens, aux Piémontais et au roi de Sardaigne. Après la capitulation de Mantoue, Bonaparte marche sur Vienne à travers les Alpes et traite directement avec l'Autriche, en mettant le Directoire devant le fait accompli. En octobre 1797, maître de l'Italie, Bonaparte cède Venise à l'Autriche et crée une République cisalpine (Lombardie) puis une République ligurienne (Gênes). La montée en puissance de Bonaparte et d'une armée prétorienne est un sujet d'inquiétude, mais le Directoire a besoin de son appui, car il remplit ses caisses et, de renommée républicaine, il pourrait se révéler précieux face au danger d'un complot anglo-royaliste.

En 1796, la menace venait de l'extrême gauche, comme l'avait montré la renaissance de l'opinion jacobine et la tentative insurrectionnelle des Égaux, facilement contrecarrée. Babeuf et son complice Darthé sont exécutés en mai 1797. Cette année-là voit la résurgence d'une opinion royaliste, qu'anime notamment le club de Clichy, dont font partie des modérés comme Jordan, Pastoret, Portalis, Royer-Collard. Ils entendent se battre sur le terrain électoral et préparent activement la bataille des urnes qui, selon la Constitution de l'an III, a lieu chaque année pour renouveler un tiers du Corps législatif et un Directeur sur cinq. Le général Pichegru et le diplomate Barthélemy sont gagnés à leurs vues. Les élections de l'an VI (fin mars 1797) deviennent donc un enjeu capital, puisqu'elles peuvent renverser la majorité des deux chambres au profit des royalistes. Benjamin Constant et Mme de Staël s'en inquiètent, et cette inquiétude donne l'occasion au premier de publier un nouvel essai, *Des réactions politiques*, qu'il achève au moment où la droite, comme il le redoutait, sort vainqueur des élections.

Dans un style acéré, Constant en appelle à la résistance contre les forces de la réaction, mais à une résistance légale. Un avant-propos lui sert à réaffirmer son identité *française*, arguant de ses origines, ses propriétés et le fait qu'il a exercé dans les assemblées primaires de sa commune « tous [s]es droits de citoyen ». Dans cet essai, l'auteur distingue deux genres de réactions, celle des personnes et celle des idées. Contre les personnes criminelles, les artisans de la terreur blanche, c'est au gouvernement d'agir, mais en se gardant d'un « écueil dangereux : le mépris des « formes ». La justice et la loi, telles sont ses armes. En revanche, contre les idées, c'est à l'opinion de réagir : « C'est aux hommes qui dirigent l'opinion par les lumières, à s'opposer aux réactions contre les idées. Elles sont le domaine de la pensée seule, et la loi ne doit jamais l'envahir. »

C'est à cette bataille des idées qu'il entend se livrer, en constatant que le rapport des forces ne lui est pas favorable : les opposants au Directoire sont largement majoritaires dans les journaux, qui encouragent les anciens préjugés. « Ainsi se reconstruit le triple édifice de la royauté, de la noblesse et du sacerdoce. Ainsi les opinions libérales sont attaquées par des transfuges de la philosophie, par les disciples mêmes de ces génies immortels qui ont osé rêver la régénération de l'espèce humaine. » Une fois encore, ce sont moins les contre révolutionnaires, les absolutistes, les partisans d'un retour à l'Ancien Régime qui sont visés, eux qui, du moins, savent ce qu'ils font. Le malheur vient de ces partisans de la monarchie modérée, de ceux qui avaient mis en marche la Révolution et qui ne voient pas que la cause de la liberté passe désormais par la République.

La conquête de l'opinion, voilà la grande affaire. Ce sont les journaux, dans un régime de liberté, qui la font. Or la plupart des journaux sont aux mains des réactionnaires, des calomniateurs, des mercantis en quête de succès : « Tandis que la gloire est sur nos frontières, la calomnie empoisonne et dévaste nos foyers. » Il importe que les amis de la liberté se ressaisissent et qu'ils appuient le Directoire dans son œuvre de consolidation républicaine. Mais Constant adjure aussi les gouvernants de se soustraire à l'arbitraire, à tout ce qui n'est pas « conforme aux principes », aux règles et aux limites. « La Terreur, écrit-il, n'était que l'arbitraire poussé à l'extrême. » Il y a des bases auxquelles on ne peut toucher dans un régime constitutionnel de liberté : une représentation nationale par deux chambres, l'absence d'un roi, l'abolition de la noblesse – et en cela il se distingue de Necker, qu'il égratigne respectueusement au passage –, l'indépendance des tribunaux, l'inviolabilité des propriétés (y compris les biens nationaux), l'assurance de ne pas être détenu arbitrairement, ou frappé par des lois rétroactives. Principes inaliénables, inviolables, que le gouvernement ne peut oublier sans tomber dans l'arbitraire.

Ce manifeste libéral rencontre un accueil très favorable : en trois jours, mille exemplaires en sont vendus. Une seconde édition sort au début de juin, mais assortie d'un complément, *Des effets de la Terreur*, qui réplique à une brochure d'Adrien de Lezay, *Des causes de la Révolution et de ses résultats*, où il est soutenu que la Terreur a été nécessaire pour établir la République. L'idée est répandue, qui ne manquera pas d'être reprise par nombre d'historiens, que la Terreur, si regrettable soit-elle, a eu le mérite de sauver la République, en rétablissant l'obéissance au-dedans et la discipline au-dehors. Constant ne récuse nullement l'indulgence à l'égard des hommes qui ont pu s'égarer dans le régime de la Terreur ; il combat le système : il juge nécessaire de pardonner, mais non de justifier. Il invite son lecteur à distinguer ce qui appartint, dans l'action des gouvernements révolutionnaires, à l'exercice normal du pouvoir et ce qui ressortit à la terreur : « Séparons donc, dans l'histoire de l'époque révolutionnaire, ce qui appartint au gouvernement de ce qui appartint à la terreur, et les droits du gouvernement des forfaits de la terreur. » La recommandation a de la portée : combien d'historiens, confondant les deux parties, ne justifieront-ils pas la Ter eur soit par les actions positives, soit par le caractère légal de certaines mesures répressives. Mais celles-ci pouvaient se passer de l'arbitraire : « Le gouvernement avait le droit de surveiller, de poursuivre, de traduire devant les tribunaux ceux qui conspiraient contre la république ; mais la terreur créa des tribunaux sans appel, sans formes, et assassina sans jugement soixante victimes par jour. » Dans la suite, Constant démontre l'inutilité de la Terreur, sa perversion, le dépérissement par elle de l'esprit public : « Elle a confondu toutes les notions, façonné les esprits à l'arbitraire, inspiré le mépris des formes, préparé les violences et les forfaits en tous sens. »

Tout cela a été rédigé dans l'ombre de Mme de Staël, qui se charge d'en défendre les idées auprès de ses amis restés royalistes constitutionnels. Les *Nouvelles politiques* attaquent-elles la brochure ? Elle écrit à Suard pour qu'il y mette un terme. Roederer s'en fait-il le censeur dans son *Journal d'économie publique* ? Elle s'efforce d'atténuer les malentendus entre lui et Constant.

Cependant, elle et Benjamin s'émeuvent des effets induits par les dernières élections, largement favorables aux royalistes : la réaction s'affirme. Aux Cinq-Cents, Pichegru a été élu président ; aux Anciens, le clichyen Barbé-Marbois ; le nouveau Directeur est Barthélemy. La nouvelle majorité projette d'abolir la loi contre les prêtres réfractaires, réclame la démission de quatre ministres trop « jacobins ». « La contre-révolution n'est-elle pas absolument faite ? », écrit-elle à Roederer, qu'elle exhorte à soutenir les républicains dans son journal : « Ce n'est pas une monarchie modérée que l'on voit prête à succéder à la République, c'est une monarchie plus despotique que celle de 1788, parce qu'il n'y a plus d'opposition contre elle dans la masse du tiers état. » Pessimiste, elle fait observer à son ami Meister que « sans les armées il n'y aurait plus d'espoir pour la République ».

Le 23 avril, un mois avant la date présumée de ses couches, elle quitte Hérivaux pour s'installer chez Mathieu de Monmorency à Ormesson, plus proche de Paris, où elle veut que naisse son enfant. Vers la fin de mai, elle réintègre l'hôtel de la rue du Bac, où elle donne naissance, le 8 juin, à sa fille Albertine. Déjà nombre de visiteurs viennent la voir ; vite, la vie mondaine reprend, tout occupée de politique.

Elle s'emploie par ailleurs aux intérêts de son père, qui sont aussi les siens. L'impératif est de faire supprimer le nom de Necker sur la liste des émigrés et de faire lever le séquestre sur ses biens en France. Elle y parvient en partie le 20 juillet, quand le nom de son père est rayé de la liste des émigrés par le département de la Seine. Plusieurs biens deviennent récupérables, deux maisons à Paris et la propriété de Saint-Ouen. Il lui faudra attendre la décision définitive du Directoire, qui sera prise le 31 juillet 1798, et qui, grâce surtout à Barras, aboutira à la suppression du nom de Necker de la liste nationale des émigrés. Le contentieux entre Necker et la République n'est pas entièrement réglé : son prêt de deux millions n'est toujours pas remboursé. À tout le moins, un grand pas est alors dans le règlement des comptes, et Mme de Staël pourra de nouveau séjourner dans la maison de son enfance à Saint-Ouen.

Elle s'intéresse aussi de près au sort de La Fayette, prisonnier des Autrichiens à Olmütz et qui, grâce aux victoires de Bonaparte, pourrait espérer être libéré. Le 20 juin, se réjouissant dans une lettre à La Fayette des espoirs qu'on peut nourrir, elle l'appelle en France : « Vous y trouverez la république que votre opinion appelait, lorsque votre conscience vous liait à la royauté. Vous la trouverez illustrée par la victoire et délivrée des crimes qui ont souillé son origine. » Son aspiration demeure d'une conciliation des anciens royalistes constitutionnels et des républicains modérés : le ralliement de La Fayette en serait un magnifique symbole. C'est chose faite en septembre, mais La Fayette devra attendre la fin de 1799 pour être autorisé à revenir en France, et, à cette date, un certain Bonaparte aura pris les affaires du pays en main.

Parmi ses activités de salon, ses démarches auprès des hommes au pouvoir, notamment par l'intermédiaire de Benjamin Constant, elle renoue avec le plaisir de faire des ministres, à défaut d'y prétendre pour elle-même. C'est ainsi que ses efforts sont récompensés en faveur de son vieil ami Talleyrand, l'ancien évêque d'Autun plein d'idées aux coudes, qu'elle a déjà réussi à faire revenir d'Amérique, et qui est nommé ministre des Relations extérieures le 16 juillet 1797. Tout cela montre une activité débordante, des contacts innombrables, des soupers stratégiques, qui remettent son nom sous les torches. On sait sa proximité avec Constant qui devient l'un des membres les plus éloquents du Cercle constitutionnel, qu'elle a contribué à créer, et dont le but est de soutenir le gouvernement républicain du Directoire. Forcément, elle redevient le point de mire des journaux royalistes, les *Actes des apôtres*, *L'Invariable*, le *Censeur des journaux*, le *Journal général de France*, qui l'abreuvent d'injures : « hermaphrodite », « misérable intrigante de l'Europe », « Messaline-Staël », « guenon habillée », ce dont elle se moque superbement, sauf quand elle est taxée de « jacobinisme ». À Pastoret, député de droite, membre du club de Clichy, elle écrit pour protester contre cette accusation insane. À un destinataire inconnu, elle demande de ne pas s'abaisser « à répéter de misérables calomnies auxquelles l'esprit manque autant que la vérité ». Étonnante destinée publique que la sienne, elle qui, après avoir été suspectée par le Directoire de royalisme, est désormais accusée par les royalistes de complicité avec les « terroristes ».

Parmi les journaux qui lui sont hostiles, l'un se distingue par sa bonne tenue, *Le Mémorial*, dirigé par l'abbé Bourlet de Vauxcelles, La Harpe et un ami de Chateaubriand, Fontanes. Celui-ci publie, les 20 et 21 juillet, un long article sur Mme de Staël, « Des faux calculs des conspirateurs », où la nomination de Talleyrand aux Relations extérieures lui donne l'occasion de dénoncer la main invisible qui conspire derrière le Directoire : « On attribue l'influence la plus marquée à cette femme célèbre qui, ne trouvant point assez d'aliments pour son activité dans les intrigues ordinaires de son sexe, [en trouve] dans toutes celles qui ont changé notre gouvernement ; on sait qu'elle court après tous les genres de renommée [...]. Une monarchie était trop monotone pour la mobilité de cette imagination extraordinaire. Il lui faut des républiques toujours agitées, où elle puisse se faire et défaire à son gré des Constitutions. » Fontanes dépasse la polémique et argumente contre la politique du rapprochement des deux centres – les gouvernants actuels et les constitutionnels de 1791 –, en s'efforçant de démontrer qu'il s'agirait d'une alliance contre nature, fondée sur de « faux calculs ». Car les anciens constitutionnels auraient tout à redouter d'une alliance avec les anciens Jacobins : la Terreur n'a pas été fortuite, circonstancielle,

elle est partie intégrante du processus révolutionnaire. Robespierre n'était que l'instrument d'un système, dont les prémices datent de 1789 : « La Terreur a commencé dès les premiers temps où s'assemblaient les États généraux. » De sorte que Mme de Staël, propagandiste des idées de 1789, est une femme dangereuse. En exagérant son pouvoir d'intrigue et en se montrant impitoyable, l'article de Fontanes élève Germaine de Staël en puissance.

Fructidorienne malheureuse

Face à la poussée de la droite, trois des cinq Directeurs, qu'on appelle le « triumvirat », Barras, Reubell et La Révellière Lépeaux, se déterminent alors à employer les grands moyens pour dresser une digue contre la dérive royaliste. Bonaparte leur envoie le général Augereau pour leur assurer un appui des forces armées sous les ordres de Hoche, afin de mener à bien le coup d'État. Le 4 septembre 1797 (18 Fructidor), à l'issue d'une opération de police, ceux qu'on appelle les « députés du roi » sont arrêtés aux Tuileries. Le 19, la minorité du Conseil des Anciens casse les élections dans 49 départements, où 140 élus sont invalidés, tandis que Barthélemy et Carnot sont destitués de leur siège de Directeur, et qu'une soixantaine de députés et de journalistes sont déportés en Guyane. La loi du 19 fructidor organise une répression politique et administrative qui vise les émigrés, les nobles, les prêtres, de nombreux fonctionnaires, une quarantaine d'imprimeurs, de nombreux journalistes... Mesures souvent illégales, arrestations arbitraires, perquisitions sans mandat, tout cela rappelle amèrement les jours noirs de la Révolution et place Mme de Staël et Benjamin Constant en porte-à-faux.

Dans les mois qui ont suivi les élections de la fin mars, tous les deux ont espéré voir se former dans les deux chambres une majorité républicaine grâce à un rapprochement de tous les modérés. Leurs vœux n'ayant pas été comblés, ils ont fini par consentir au coup d'État, mais, à la différence de Constant qui assume la répression, Mme de Staël s'applique à sauver, encore une fois, ses amis en danger ; elle avertit les Suard, qui peuvent se mettre à l'abri, et d'autres proscrits. Cette acceptation du coup d'État, elle la regrettera : « Il suffit d'un jour où l'on ait pu prêter un appui par quelques pensées, par quelques discours, à des résolutions qui ont amené des cruautés et des souffrances ; il suffit de ce jour pour tourmenter la vie », lit-on dans *De la littérature*.

« Fructidorienne malheureu e » (François Furet), « Fructidorienne honteuse », elle s'en prend au rapport de la commission des Cinq-Cents confié à Boulay de la Meurthe, qui préconise l'ostracisme des nobles : « Chaque pas dans l'injustice rend le second nécessaire », écrit Mme de Staël. Les nobles, sauf exceptions, sont finalement privés de droits politiques.

Elle-même, toujours suspecte (on l'accuse de « pitié pour les conspirateurs »), préfère s'éloigner de Paris dans les jours qui suivent le coup d'État, pour se réfugier chez Mathieu à Ormesson. Constant s'implique davantage. Le 16 septembre, douze jours après le 18 fructidor, il prononce au Cercle constitutionnel un discours très écouté à l'occasion de la plantation de l'arbre de la Liberté, par lequel il justifie le coup d'État et les mesures arbitraires qui l'ont suivi. Ce qu'il exécrait, ce qu'il a fustigé en lettres de feu dans ses écrits antérieurs, le mépris des formes et l'arbitraire, il en explique la nécessité aujourd'hui, pour sauver la liberté et la République : « Si, dans cette journée, quelques malheurs individuels peuvent légitimer des regrets, la journée en elle-même n'en était pas moins indispensable. » Mais la République n'a-t-elle pas été moralement abaissée par l'illégalité de la répression ? Le plaidoyer de Constant a l'odeur de son ambition ; il n'est pas digne des principes qu'il voulait pour base de la République.

Or qu'en dit Mme de Staël, si active dans la défense des victimes, si désireuse de conciliation entre les « idées des vainqueurs » et les « sentiments des vaincus » ? Dans une lettre à Samuel de Constant, l'oncle de Benjamin, elle vante le succès obtenu par celui-ci devant l'abondant public du Cercle constitutionnel : « Il a prononcé devant deux mille personnes un discours qui a été applaudi comme Gracchus à Rome. » Un discours reproduit dans la presse, imprimé, « placardé à tous les coins de rue ». On attendait pour le moins plus de réserve de sa part. En même temps, elle est accusée de trop de modération, et Barras doit la défendre au sein du Directoire, où Reubell et Merlin de Douai lui sont défavorables. *La Sentinelle*, sous l'influence probable de Constant, fait une mise au point : « On ne peut guère la soupçonner d'avoir intrigué au profit des Clichyens, dans l'événement mémorable du 18 fructidor, puisque, depuis six mois, tous les journalistes qu'on a déportés, et qui étaient si visiblement vendus à cette odieuse faction, l'ont déchirée de mille manières. Ils l'ont surtout fortement accusée d'avoir intrigué pour la formation du cercle constitutionnel : si cela est, ce n'est pas à nous à lui faire un crime de ce genre d'intrigue. »

Toujours prise entre ses principes (républicains) et ses sentiments de générosité à l'égard de ses amis menacés, arrêtés, expulsés, condamnés, elle doit en permanence se battre sur deux fronts. Benjamin Constant n'a pas les mêmes solidarités familiales et sociales : homme nouveau, sans attaches avec le monde, travaillant à sa promotion, il affirme ses positions sans retenue. Elle le soutient, mais, en faisant « parler son cœur », haïssant l'esprit de parti, restant fidèle aux amis qui ne partagent pas ses idées, elle prête le flanc à toutes les suspicions, à gauche comme à droite.

Premières rencontres avec Bonaparte

L'événement le plus marquant à la fin de l'année 1797 a été pour Mme de Staël sa rencontre avec le général Bonaparte. Celui-ci avait acquis une première gloire avec sa campagne d'Italie. On se souvient des débuts de *La Chartreuse de Parme* : « Le 15 mai 1796, le général Bonaparte fit son entrée dans Milan à la tête de cette jeune armée qui venait de passer le pont de Lodi, et d'apprendre au monde qu'après tant de siècles César et Alexandre avaient un successeur. » Dans ses *Considérations sur la Révolution française*, Mme de Staël saisit avec un enthousiasme stendhalien la réputation du héros à son retour d'Autriche : « Le général Bonaparte se faisait remarquer par son caractère et son esprit autant que par ses victoires, et l'imagination des Français commençait à s'attacher vivement à lui. [...] On se plaisait à lui croire toutes les qualités généreuses qui donnent un beau relief aux facultés extraordinaires. »

A vingt-huit ans, couronné de lauriers, il n'est pas seulement un soldat ; on le tient pour un philosophe, un homme des Lumières.

Cachant à merveille ses ambitions, il passe pour le plus désintéressé des hommes de guerre, sobre, simple et sage. Mme de Staël, qui aime les grands hommes et la gloire, s'est entichée de lui à l'annonce de ses victoires en Italie. Elle lui a écrit alors son admiration. Ses lettres ont disparu, mais plusieurs témoignages attestent qu'elles ont bien existé. Il y est fait allusion dans le *Mémorial de Sainte-Hélène*. Paul Gautier, auquel on doit une étude sur *Madame de Staël et Napoléon* (1903), cite une lettre du général Bertrand, écrite après la mort de Napoléon au roi Joseph : « Il paraîtrait que les papiers que vous aviez n'ont pas été brûlés. Je présume donc que vous avez la correspondance avec les souverains, et en conséquence je vous engage à la faire imprimer... Si vous avez ces pièces, voyez : il doit y avoir quatre ou cinq lettres de Mme de Staël, qu'elle lui a écrites en Italie, et qu'il désirait qu'on imprime. »

Plus tard, dans ses *Considérations*, elle ne manquera pas de dénoncer dans l'armée d'Italie le passage sans cesse accéléré de l'esprit patriotique à « l'intérêt personnel », et l'évolution du « dévouement à la liberté » à « l'attachement à un homme ». Ce n'est pas son état d'esprit lors du retour de Bonaparte à Paris, le 15 frimaire an VI (5 décembre 1797), pour remettre au Directoire le traité de Campoformio. Dès le lendemain matin, Talleyrand, ministre des Relations extérieures, le reçoit, non sans avoir prévenu au préalable son amie Mme de Staël, impatiente de faire la connaissance du nouvel Alexandre. Elle veut tout savoir sur lui. Déjà, au moment du 18 Fructidor, elle avait interrogé Augereau sur son compte, son amour de la liberté, son ambition. Était-il vrai qu'il songeait à se faire roi ? Augereau avait eu cette réponse digne d'un majordome britannique : « Non, assurément, c'est un jeune homme trop bien élevé pour cela. » Bonaparte passe alors pour un républicain certifié, qui n'a pas refusé d'aider le Directoire dans son coup d'État du 18 fructidor, ce qui lui a fait écrire à Talleyrand : « C'est un grand malheur pour une nation de 30 millions d'habitants, et au XVIIIe siècle, d'être obligée d'avoir recours aux baïonnettes pour sauver la patrie. » Il fait ainsi montre de la même conscience malheureuse que Mme de Staël : amis de la liberté, ils ont accepté à contrecœur la mise provisoire à la trappe des « formes » si chères aux libéraux, Benjamin Constant en tête. Elle ne doute pas que, dans son projet politique, Bonaparte puisse être un instrument de la plus grande utilité.

De son côté, Bonaparte, dont le flair n'est pas la moindre qualité, a l'intention à ce moment-là de ménager Mme de Staël, dont la réputation d'intrigue, l'intelligence, le réseau d'amis e. d'alliés sont une force objective. Ce matin du 6 décembre, elle découvre donc au ministère des Relations extérieures le vainqueur d'Arcole et de Rivoli : un petit homme au visage blafard, fatigué, mais aux yeux brûlants. Présentée au visiteur, Mme de Staël reste interdite devant la froide politesse qu'il lui manifeste : il n'appartient à aucun des milieux qu'elle connaît. Une énigme pour elle que cet être « sans pareil » : « Sa tournure, son esprit, son langage sont empreints d'une nature étrangère, avantage de plus pour subjuguer les Français. » Pour la subjuguer elle-même et l'intimider, chose si rare qu'elle-même s'en étonne. Mais le coup de foudre n'a pas lieu.

Quelques jours après cette furtive entrevue, Mme de Staël assiste à la séance solennelle de réception du général par le Directoire, dans la cour du Luxembourg, ornée des drapeaux de la campagne d'Italie disposés autour de l'autel de la Patrie. Foule élégante, Directeurs en costume romain, députés et magistrats des tribunaux, membres de l'Institut en rangs serrés, parterre d'admirateurs, parade d'émerveillés, musique militaire des grands jours. « Bonaparte arriva très simplement vêtu, raconte Mme de Staël, suivi de ses aides de camp, tous d'une taille plus haute que la sienne, mais presque courbés par le respect qu'ils lui témoignaient. » Talleyrand, chargé de faire son éloge, célèbre son mépris du faste, son amour « insatiable » de la patrie, et s'enchante qu'un stratège puisse lire la poésie d'Ossian. Bonaparte garde sa modestie, répond rondement, et remet aux Directeurs le traité de paix signé à Campoformio. La République semble avoir trouvé son défenseur. Une telle cérémonie ne peut qu'aviver chez Mme de Staël son désir de rapprochement. Elle l'invite à un bal ; il ne vient pas. Elle lui fait des approches ; il recule. Cette femme qui ne l'attire pas est visiblement trop accaparante. Il la ménage encore parce qu'elle est d'une certaine force dans cette République qui va à vau-l'eau ; il est poli, quoi qu'on en ait dit ; mais il est distant, méfiant, suspectant chez elle une ambition qui pourrait gêner la sienne. Elle a l'occasion de le revoir encore à plusieurs réceptions ; il la fuit ostensiblement. Bonaparte n'aime pas les bas-bleus, les femmes savantes, celles qui échappent à leur devoir « naturel » de femme. Sa manière de le lui faire savoir sera sa première provocation en cette fin d'année 1797. Dans un cercle choisi, elle lui demande un jour quelle est à ses yeux la femme la première du monde, morte ou vivante. Il lui répond en souriant : « Celle qui fait le plus d'enfants. »

Ils auront cependant encore quelques échanges, toujours aigres-doux. Lors d'un dîner où elle est assise entre lui et Sieyès, elle l'entretient de son inquiétude au sujet des intentions prêtées au Directoire d'envahir la Suisse. La République est devenue expansionniste ; Mme de Staël s'oppose à ses conquêtes : les peuples doivent se libérer eux-mêmes, et non par les baïonnettes étrangères. Bonaparte l'écoute, silencieux, tandis qu'elle s'enflamme, jusqu'au moment où il lâche : « Sans doute, mais il faut aux hommes des droits politiques ! » Autrement dit : il n'y en a pas en Suisse, particulièrement dans le pays de Vaud dont les droits ont été confisqués par le gouvernement oligarchique de Berne. Certains Vaudois demandaient aux Françai d'intervenir : excellent prétexte de conquête au nom de la liberté.

Le 5 nivôse (janvier 1798), Bonaparte est élu à l'Institut, ce qui ajoute encore à son renom d'homme des Lumières, qui parle mathématiques avec Lagrange et Laplace, métaphysique avec Sieyès, poésie avec Chénier, politique avec Gallois, législation et droit public avec Daunou. Mais il garde une attitude d'humilité : « Le suffrage des hommes distingués qui composent l'Institut m'honore, écrit-il au président Camus. Je sens bien qu'avant d'être leur égal, je serai longtemps leur écolier. » Tout admirative qu'elle est, et empressée, Mme de Staël n'a pas réussi à mettre Bonaparte dans sa poche : le désaccord est manifeste.

Au début de janvier 1798, elle reprend la route de Coppet, accompagnée par Benjamin Constant, lequel revient à Paris à la fin du mois. Elle s'inquiète pour son père, qui n'a toujours pas été rayé officiellement de la liste des émigrés : qu'arrivera-t-il si les Français s'emparent du pays de Vaud ? Selon la loi, un émigré qui reste sur un territoire occupé par les troupes françaises risque la peine de mort. Elle l'invite à s'éloigner de Coppet ; il s'y refuse : « Depuis quatre ans que la compagne de sa vie n'existait plus, écrit-elle, il ne se passait presque pas un jour qu'il n'allât se promener près du monument où elle repose, et en partant il aurait cru l'abandonner. » Le 22 janvier, elle écrit à Barras : « Quinze mille hommes de troupes françaises entourent notre malheureux petit pays, et l'on nous menace à chaque instant de leur invasion. Cette habitation [Coppet] est la première ville frontière, et j'ai mes enfants et mon père à un quart de lieue de l'armée. Que veut donc le Directoire de nous ? » Elle demande au Directeur une lettre de recommandation pour le général Menard qui commande près de Coppet et le prie encore de faire rayer le nom de son père de la liste des émigrés. Elle s'inquiète aussi pour elle, sur qui pèse toujours ce mandat d'arrêt qui n'a jamais été abrogé. Aussi écrit-elle au Directoire exécutif pour faire rapporter ce mandat dont l'annulation n'avait été que de fait. À l'aube de la nouvelle année, elle a peur. La Suisse est devenue dangereuse.

10

Le livre de la République

À partir de janvier 1798, Mme de Staël partage de nouveau ses jours entre Paris et Coppet, entre la ville natale où elle prodigue ses talents et le château du père où elle a le temps de méditer et d'écrire. Qui veut l'entendre sait que la Suisse l'ennuie ; c'est la présence de Jacques Necker, philosophe auprès du tombeau de sa femme, qui l'incite à revenir, quand ce n'est pas la proscription qui la frappe. Trois fois par an, elle prend la route en berline, route souvent cahoteuse ou boueuse, accompagnée de quelques domestiques, de l'un ou l'autre de ses deux fils, pour dix jours de trajet. En janvier 1798, elle s'arrête à Chaumont, puis à Gray, Besançon, Pontarlier, avant de franchir la frontière. Benjamin Constant l'a accompagnée jusque-là.

La conquête de la Suisse

Cette fois, le retour vers les rives du Léman risque d'être perturbé par la politique de conquête du Directoire. « Hélas ! écrit-elle à Meister le 22 janvier, ce temps de calme pour la Suisse est donc passé : je suis au désespoir de l'état dans lequel je trouve notre malheureux pays. » Elle est convaincue, à juste titre, que la menace française vise le « trésor de Berne », car le gouvernement français vit alors sur le pillage des pays conquis, tout en proclamant sa volonté de répandre la liberté en Europe. Elle se désole de l'attitude paternelle : « Je crois, dira-t-elle, que le motif secret était de ne pas s'éloigner du tombeau de ma mère ; il avait à cet égard une superstition de cœur qu'il n'aurait sacrifiée qu'à l'intérêt de sa famille, mais jamais au sien propre. » On restera donc à Coppet, vaillamment.

Sur ces entrefaites, Mme de Staël apprend par les journaux que son mari a été rétabli dans son poste d'ambassadeur à Paris. Elle est d'autant plus courroucée de n'en avoir pas été avertie par lui directement que sa nomination lui doit beaucoup. Elle a fait agir Talleyrand, lequel a écrit au roi de Suède que le baron de Staël, en raison de ses qualités propres et de son attachement à la République française, « serait celui que le Directoire recevrait le plus volontiers ». Un retour de fortune on ne peut plus agréable pour le diplomate perclus de dettes. Elle lui rappelle le rôle qu'elle a joué : « Si vous êtes renommé, j'ai mis quelque intérêt à cette affaire », et lui reproche son attitude distante envers elle, qu'elle met au compte de cette « femme âgée », la Clairon, qui l'exploite et lui dicte sa conduite. Lui parle-t-il « sans cesse » de Benjamin Constant ? Elle réplique que c'est un soulagement pour elle d'avoir cet ami qui l'épaule, elle et ses enfants, dans le « malheur » où elle est. Mais trêve de querelles ! Il y a une urgence : il faut qu'il lui envoie tout de suite une procuration, afin de permettre la cession des biens de Necker, dont le nom est toujours sur la liste des émigrés, à sa fille, à elle-même, au moment où l'invasion française risque de les mettre sous séquestre.

Le pays de Vaud est envahi. Restée seule avec son père, ses enfants et leurs gens dans le château de Coppet, elle attend les troupes françaises à son balcon. Elles arrivent à Coppet le 27 janvier. Un officier se détache pour monter au château. « Une frayeur mortelle me saisit ; mais ce qu'il nous dit me rassura bientôt. Il était chargé par le Directoire d'offrir à mon père une sauvegarde ; cet officier, très connu depuis sous le nom de maréchal Suchet, se conduisit à merveille pour nous, et son état-major, qu'il amena le lendemain chez mon père, suivit son exemple. »

L'intention du Directoire est de conquérir l'ensemble de la Suisse, pour en faire une république sœur, tandis que Genève sera annexée à la France le 4 mai 1798. La résistance de Berne, plutôt symbolique, est balayée le 5 mars, mais les petits cantons, plus pugnaces, défient l'envahisseur jusqu'à leur défaite à Morgarten, le 3 mai. La République helvétique centralisée (« une et indivisible ») est mise en place, contre la traditionnelle autonomie des cantons. « Dans la constitution qu'on nous présente, écrit-elle à son mari, il fallait démocratiser chaque canton, mais le laisser maître de se régir lui-même dans ses limites. » La réflexion est pertinente, puisque la République unitaire ne durera que cinq années, jusqu'à ce que Bonaparte rétablisse le régime fédéral. Quoi qu'il en soit, Genève est réunie de force à la France, ce qui règle définitivement la question de la nationalité de Mme de Staël, désormais française sans conteste : « Me voilà Française de fait comme je l'étais de cœur. »

L'événement, cependant, menace les revenus du châtelain Necker. La création de la République helvétique implique l'adoption des lois françaises : les droits féodaux sont abolis. Or au château de Coppet étaient attachées des dîmes, qui, du coup, disparaissent. Necker n'est nullement opposé à l'abolition de ces droits féodaux, mais non sans contrepartie. Portée au pathétique, Mme de Staël déclare dans une lettre à Mme de Condorcet : « Pour moi, je suis tout à fait ruinée : notre revenu entier était en dîmes. Ne me disiez-vous pas qu'on parlait de moi parce que j'étais riche ? J'ai droit au silence actuellement. » Necker et sa fille ne sont pas à la rue, loin s'en faut : la générosité de Mme de Staël est un fait ; sa tendance à pleurer misère n'en fait pas moins partie de ses faiblesses. Et n'avait-elle pas dit et redit son enthousiasme pour 1789 ?

Toutes ces émotions domestiques n'éloignent pas l'esprit de Germaine de Staël de ce qui se passe à Paris. Là-bas, Benjamin Constant, en quête d'un siège au Conseil des Cinq-Cents, a sollicité sans vergogne un appui quasi officiel de Barras, par une lettre où il lui rappelait son « dévouement sans bornes », son attachement au « sort de la République », la manière dont il avait combattu à ses côtés la réaction au 18 Fructidor. Barras, corrompu parmi les corrompus, n'a pas été offusqué, mais n'a pas donné suite à cette supplique d'un ambitieux désargenté. Constant a fait acte de candidature en Seine-et-Oise sans succès, mais non sans être accusé d'« intérêt personnel » au cours de quelques séances très agitées à Versailles. Objet des attaques de *L'Ami des lois*, il a provoqué l'un des propriétaires du journal en duel. D'après *La Sentinelle*, la rencontre a eu lieu le 21 avril au bois de Boulogne. Constant, désigné par le tirage au sort, a tiré le premier, en vain. Siburet, son adversaire, a alors, magnanime, tiré en l'air. Mme de Staël s'inquiète : « [Benjamin] ne cesse de mêler la violence républicaine à l'esprit chevaleresque. Il nous tuera... », écrit-elle à l'un de ses correspondants. Ce n'est pas tout. Hérivaux, où il fait d'importants travaux qu'il ne peut payer, lui coûte cher. Elle appelle au secours son père Juste Constant : « Mettez-vous à la tête de ses affaires. » Surtout, elle lui envoie 2 400 livres, une aide qui arrive à point non seulement pour que Benjamin s'acquitte de ses dettes, mais parce que la générosité de Germaine coupe toute velléité de sa part de la quitter. La passion de Constant s'est refroidie ; les variations du cœur sont chez lui monnaie courante, mais elle-même est trop dominatrice pour ne pas susciter à la longue chez ses amants un désir d'émancipation. Le 15 mai 1798, il écrit à sa tante la comtesse de Nassau de lui trouver... une femme. Après avoir exposé sa situation financière, pas trop brillante, il précise ses desiderata : une Genevoise de seize ans au plus, « d'une figure passable, sans aucun défaut prononcé, ayant des habitudes simples, de l'ordre, la possibilité surtout de supporter une retraite profonde, assez de raison pour vivre à huit lieues de Paris, en y allant très r rement. Quant au caractère, je m'en remets à vous. Pour de l'esprit, j'en ai par-dessus la tête ». Il prévient qu'il ne sera pas un mari « bien amoureux », mais un « ami assez fidèle ». Dans cette lettre extravagante perce sa lassitude : « Je ne serai plus le satellite d'un météore brûlant, condamné à retrouver par un autre la triste célébrité dont je voudrais me défaire. » Le pauvre se dit « tout essoufflé » à suivre « le char d'une femme célèbre ». Il est temps pour Germaine de revenir à Paris.

Au mois d'août, Benjamin entame une liaison avec Julie Talma, séparée du célèbre comédien François-Joseph Talma qu'elle a épousé en 1795. Cette ancienne ballerine, qui a tenu un salon avec son amant le vicomte de Ségur avant la Révolution, est tombée amoureuse de Benjamin, qui s'y est laissé prendre. Mme de Staël ignore tout de ces frasques, mais connaît les vacillements sentimentaux du si mal nommé Constant.

Vers le 17 ou 18 juin, elle reprend la route de Paris avec son fils Auguste, et s'installe quelques jours plus tard dans la propriété de

Necker à Saint-Ouen, où passe régulièrement Benjamin Constant. M. de Staël, lui, ambassadeur de nouveau, n'a pas réintégré l'hôtel de la rue du Bac, mais a loué une maison plus modeste rue de Grenelle. Résolument, le baron ne veut plus vivre aux côtés de la baronne, sans pour autant fuir ses conseils : les deux époux se rendent des visites amicales à tour de rôle. Elle est aussi revenue à Paris pour appuyer la demande de son père au Directoire aux fins d'être radié de la liste des émigrés. Le 13 thermidor (31 juillet 1798), la nouvelle tant attendue arrive : les démarches de Mme de Staël, appuyées par les interventions de Benjamin Constant, aboutissent enfin : le Directoire a rayé définitivement Necker de la liste des émigrés. C'est un grand soulagement pour le père et la fille, même si la dette de deux millions de l'État français n'est toujours pas remboursée : chaque chose en son temps. Pour l'heure, Necker peut récupérer ses biens sous séquestre en France ; il met en vente sans trop attendre deux hôtels qu'il avait à Paris.

La situation politique est critique. La guerre continue ; la politique impérialiste du Directoire a provoqué la formation d'une coalition entre l'Angleterre, l'Autriche, la Russie et le roi de Naples réfugié en Sicile. L'inégalité des forces pousse le gouvernement à faire adopter la loi Jourdan qui organise la conscription. À l'intérieur, le discrédit du Directoire va grandissant dans l'opinion. Les élections d'avril ont vu la victoire cette fois des Jacobins : il a fallu encore invalider nombre de députés. Après le 18 fructidor an V, c'est le 22 floréal an VI ; après le coup d'État contre la droite, le coup d'État contre la gauche. La Constitution n'est plus défendue qu'au moyen de sa propre violation. « Ceux qui parlaient liberté voulaient le despotisme ancien et conspiraient pour lui, écrira Benjamin Constant ; ceux qui parlaient république voulaient un despotisme nouveau. » Le 18 fructidor an VI (4 septembre 1798), le gouvernement organise une somptueuse cérémonie pour célébrer l'anniversaire de la victoire sur le royalisme. Mme de Staël ne participe pas à ces liesses officielles. Sa foi républicaine n'est pas entamée, mais elle est convaincue de la nécessité de réformer le régime en place qui ne se tient plus qu'à coups de force. Sa méditation a commencé au lendemain du 18 Fructidor, et c'est au cours de l'année 1798 qu'elle rédige un texte politique de la première importance, *Des Circonstances actuelles qui peuvent terminer la Révolution et des Principes qui doivent fonder la République en France.*

Un grand livre politique

L'histoire de cet ouvrage est étonnante. Il n'est pas douteux qu'avec ce livre Mme de Staël s'inscrit parmi les tout premiers penseurs politiques de la période thermidorienne et directoriale. Or ces pages sont restées inédites pendant plus d'un siècle. Selon Lucia Omacini, qui a réalisé l'édition critique du texte pour les éditions Droz en 1979, Mme de Staël l'a écrit entre mai et octobre 1798. Relu, annoté, corrigé par Benjamin Constant, le manuscrit a fini par échouer entre les mains de Mme Récamier, avant d'être légué en 1885 à la Bibliothèque nationale par la nièce et héritière de celle-ci, Mme Lenormant. Le premier à utiliser ce manuscrit pour un livre fut Paul Gautier, l'auteur de *Mme de Staël et Napoléon*. Trois ans plus tard, la première édition voyait le jour par les soins de John Viénot, un pasteur parisien de l'Église réformée. Mais c'est à l'édition scientifique de Lucia Omacini qu'il faut se référer, en attendant la réédition du texte dans les *Œuvres complètes* en préparation. Bronislaw Baczko, chargé d'y présenter les *Circonstances actuelles*, m'a aimablement communiqué sa longue introduction, « Opinions des vainqueurs, sentiments des vaincus ».

En laissant ignorer cet essai et le précédent, elle rate l'occasion, de son vivant et au-delà, d'occuper la place qui lui est due au rang des écrivains politiques. Sa célébrité viendra de ses essais littéraires et de ses romans, mais cet ouvrage porte l'estampille de l'intelligence politique. Le 18 Fructidor en 1797 et le 26 Floréal en 1798 posent la question du régime républicain sorti de la Terreur et retombé dans l'arbitraire. Pourquoi cette instabilité ? Comment y remédier ? En d'autres termes, comment finir la Révolution dans une République fondée « sur la justice et l'humanité » ? Mme de Staël se targue de pouvoir répondre à cette question avec objectivité en sa qualité de femme, c'est-à-dire sans l'ambition personnelle qui est interdite à son sexe. Le livre est d'abord une défense du « système républicain » en même temps que le refus de l'esprit de vengeance et la générosité à l'égard de ses adversaires – ce qu'elle résume par la formule : « Ce livre sera donc avec les opinions théoriques des vainqueurs et les sentiments des vaincus. » Par ailleurs, elle ne cherche pas le régime politique idéal, platonicien pourrait-on dire ; elle ne donne pas les solutions pragmatiques qu'elle propose pour universelles ; elle veut résoudre une équation ; concilier le vivant et le marbre. Au-delà de la conjoncture, elle affirme des principes – ceux de 1789 – qui ne sont pas discutables.

Ces principes, elle les rappelle : l'égalité politique, c'est-à-dire « le droit de chaque homme ayant les conditions requises pour être citoyen à concourir à la formation des lois qui le gouvernent ». Le système représentatif ensuite, parce que dans un pays de 28 millions d'habitants, la démocratie pure, la démocratie directe est, à son sens, impossible. Ce système représentatif défend les intérêts de la nation et non ceux des individus. Il est issu d'élections libres, dans lesquelles les droits héréditaires n'ont aucune place. Cette liberté, cette indépendance légale et de fait des choix et des élus du peuple, dégage l'opinion publique, véritable pouvoir souverain d'un gouvernement représentatif. Elle n'oublie pas le droit de propriété, qui est la base de la société, ni les devoirs de la nation envers les pauvres, dont l'existence doit être assurée.

Réfléchissant sur l'état présent de la France, l'instabilité des pouvoirs et de l'opinion, d'où résulte une ingouvernabilité aggravée, Mme de Staël observe un écart initial entre la République et les Lumières, la République arrivée trop tôt, avant la formation d'un « esprit général qui devait l'amener ». Pour elle, il importe non pas de défaire la Révolution, mais de rapprocher les Lumières et les institutions.

Ce qui fait défaut à cette République bringuebalante, c'est la morale particulière et publique dans la nation française : « Si la puissance de la morale n'est pas, pour ainsi dire, le pouvoir constituant d'une république, la république n'existe pas. » La cause de cette déficience est l'héritage de l'Ancien Régime, son système d'inégalité des rangs, un esprit de subalternité qui s'est révolté. Il faut que les institutions cessent d'établir « ces semences de haines entre deux parts distinctes du genre humain, sources si fécondes des guerres intestines ».

La République, qui est le régime de tous, est vouée à cette articulation entre les institutions et les Lumières : « Il faut travailler de tout son pouvoir à rallier tous les hommes honnêtes au système républicain ; il le faut, parce que les principes qui en font la base sont éminemment bons en eux-mêmes ; il le faut parce que les traces de l'affreux régime révolutionnaire ne peuvent être effacées que par la juste application des principes démocratiques et la direction qui leur sera donnée par les véritables républicains. » Elle-même s'est ralliée au régime républicain en 1795, comme le montrait son essai sur *La Paix intérieure*. La République sans la Révolution ou, si l'on préfère, la République post-révolutionnaire, tel est le programme.

Analysant les « circonstances », Mme de Staël reprend la description de l'état des forces politiques qu'elle avait déjà ébauchée dans ses écrits antérieurs. Elle explique pourquoi la monarchie limitée, que souhaitaient établir les constituants de 1789, est aujourd'hui impossible : « Ce n'est que par la République qu'on peut éviter le despotisme royal le plus absolu. » Et cela parce qu'un parti républicain est ne, s'est renforcé, et qu'il faudrait une nouvelle guerre civile pour l'abattre. Quant aux partisans du retour à l'Ancien Régime, ce sont des fanatiques en trop petit nombre pour triompher. À l'opposé, elle fait l'éloge du parti républicain, recomposé depuis le 9 Thermidor : des hommes désintéressés, occupés de l'intérêt général. Mais ils ne savent pas captiver l'opinion ; ils laissent pénétrer leurs rangs par des gens méprisables ; ils sont à l'inverse emplis de défiance envers des honnêtes gens qui pourraient les renforcer ; ils craignent les esprits supérieurs, ils se méfient du talent. Le succès des armées ne suffit pas, il faut qu'ils élargissent leur cercle aux hommes éclairés. Elle se fait romaine pour plaider la générosité, non pas la compassion qui est une vertu privée, mais la générosité politique, celle qui scelle la réconciliation des peuples, « celle qui n'est que la justice au moment de la toute-puissance. » La générosité est une politique, un bon calcul : « Elle seule prévient les réactions. »

La partie la plus intéressante, la plus moderne est celle qu'elle consacre à l'opinion publique. Il existe une masse silencieuse, dont les premiers soucis sont le niveau de vie (« l'aisance ») et la tranquillité. C'est elle qu'il faut s'attacher, car c'est sur elle qu'un régime politique est fondé à la longue. Si les républicains ne parviennent pas à la conquérir, la République ne s'établira pas. Nous ne sommes plus dans les républiques antiques, dont les réunions publiques et la guerre étaient le quotidien des citoyens. Désormais, les gens veulent jouir d'une vie privée ; ils sont « paisiblement égoïstes », ils existent isolément des affaires publiques. Or c'est sur cette masse, éprise de liberté civile, de liberté individuelle, de bien-être, qu'il faut compter : « C'est le respect de l'existence particulière, de la fortune privée qui seul peut faire aimer la République. » Profession de foi libérale : « La liberté des temps actuels, c'est tout ce qui garantit l'indépendance des citoyens contre le pouvoir du gouvernement. La liberté des temps anciens, c'est tout ce qui assurait aux citoyens la plus grande part dans l'exercice du pouvoir. De ces deux grandes différences sort la nécessité pour la République en France, de ne pas exiger, de ne pas peser, de prendre pour guide une morale préservatrice plutôt qu'un système de dévouement qui devient féroce lorsqu'il n'est point volontaire [...]. »

Benjamin Constant prononcera en 1819 un discours sur « la liberté des Anciens comparée à celle des Modernes ». Souvenons-nous que la comparaison a été faite, à peu près dans les mêmes termes, par Mme de Staël vingt ans plus tôt. La similitude des formules est frappante : « Le but des anciens, dira Constant, était le partage du pouvoir social entre tous les citoyens d'une même patrie. C'était là ce qu'ils nommaient liberté. Le but des modernes est la sécurité dans les jouissances privées ; et ils nomment liberté les garanties accordées par les institutions à ces jouissances. » Mais cette liberté individuelle n'est garantie que par la liberté politique. Constant n'est pas un plagiaire : son esprit et celui de Mme de Staël étaient en consonance ; elle fut la première à développer le thème – mais dans un écrit resté inédit.

Il est frappant de constater comme elle fait son miel des nouveautés de l'époque. Cette grande libérale est une des premières à réfléchir sur les conséquences de la liberté de la presse et sur l'importance de l'opinion. Car cette opinion est construite par les journaux, qui bénéficient désormais de la liberté de la presse ; et aussi par des livres qui agissent plus lentement mais en profondeur. Or la presse, en 1798, est dominée par des journaux antirépublicains ; elle est « une épée au lieu d'une lumière ». Mme de Staël s'oppose donc à une liberté totale de la presse, qui doit être soumise à la surveillance ; une liberté qu'elle défend en revanche pour les livres : le gouvernement peut contrôler les journaux, mais non les livres, car « faire un journal est un emploi public tandis qu'écrire un livre n'est que l'exercice d'un droit consacré ». Elle qui a été et demeure l'objet de tous les ragots, de toutes les calomnies, qui est traînée dans la boue, sait aussi que, au-delà de son cas personnel, « les journaux, tels qu'ils sont en France, tels que les intérêts et les passions du moment les ont rendus, ont amené, amèneront toutes les calamités de la France ». On observera peut-être ici une faille dans le libéralisme de Mme de Staël, mais non dans son raisonnement : le régime républicain a besoin d'une presse qui le soutienne, ainsi que la moralité publique, de journaux qui ne se livrent pas au travail de sape contre les individus et le gouvernement. La liberté n'implique pas la diffamation. Pour cette formation de l'opinion, elle compte sur les écrivains : « L'Institut national de France est l'association d'hommes qui doit obtenir, avec le temps, la première considération en France. Déjà ceux qui composent aujourd'hui cette société la méritent sous tous les rapports, mais c'est de la raison philosophique réunie aux talents de l'écrivain que doit partir l'impulsion de l'esprit national en France. L'Aréopage d'Athènes, le sénat de Rome, la pairie d'Angleterre, ont été les institutions caractéristiques des nations dont elles étaient le centre. Par la nature de la Révolution française, c'est le corps des hommes éclairés qui doit conserver ses vrais principes et les diriger. »

Vingt ans plus tard, François Guizot tentera de mettre en place un « gouvernement des esprits » par l'enseignement mais aussi par des institutions d'État (et notamment l'Académie des sciences morales et politiques). Dans le même souci, Mme de Staël décrit dans ce livre le rôle, avant la lettre, des intellectuels organiques, de ces hommes de savoir qui mettent leur plume et leurs actions au service des liens entre le pouvoir et l'opinion. Mme de Staël procède à une distinction entre l'autorité qui est fondée sur « l'esprit militaire » et celle qui, grâce à la liberté de pensée, est fondée sur la « conviction ». Il faut *persuader*, il faut convaincre. On ne gouverne pas par la crainte mais par l'adhésion. Au XXe siècle, le philosophe marxiste Antonio Gramsci fera à son tour la distinction entre le pouvoir qui domine et le pouvoir qui dirige, entre le gouvernement par la force et le gouvernement par l'opinion.

Autre ingrédient du ciment social : la religion. Mme de Staël, en lectrice de Rousseau, juge qu'une religion est nécessaire dans la République, parce qu'elle a besoin d'un moyen supplémentaire qui moralise le grand nombre. Non pas une religion encombrée de dogmes et de mystères comme le catholicisme, mais une religion civique. Les protestants et les théophilanthropes (secte patronnée par le Directeur La Révellière-Lépeaux) montrent la voie de ce que pourrait être une religion d'État, avec ses cérémonies, ses cultes, ses ferveurs collectives, et l'indépendance vis-à-vis d'un souverain étranger (le pape).

Mais avant tout, pour qu'un régime soit solide, il faut en finir avec les lois révolutionnaires, les mesures d'exception, l'arbitraire destructeur, les expropriations, les bannissements qui renforcent le camp de l'ennemi. C'est par le consentement que la République doit s'attacher la nation. « Terminer tout ce qui appartient au mouvement révolutionnaire, pour donner à la nation de la confiance dans l'ordre actuel. » Bannir tout principe fondé sur le fanatisme, « reprendre les lois positives de la morale comme les seules d'accord vec une constitution naturelle ».

L'« ordre actuel » est plutôt un désordre, on le sait. Aux yeux de Mme de Staël, l'instabilité du Directoire, sa navigation à la godille, son manque de force viennent de sa mauvaise Constitution : « Pour sauver la constitution, il a fallu l'enfreindre ; la constitution est donc mauvaise. » Certes, cette Constitution de l'an III repose sur trois principes républicains, la division du pouvoir exécutif en plusieurs membres, qui évite le pouvoir personnel ; l'élection par le peuple du Conseil des Cinq-Cents et la non-hérédité des pouvoirs. Mais l'application de ces principes est défectueuse : des élections annuelles qui déstabilisent l'opinion et le gouvernement ; une division des pouvoirs qui est une caricature de la séparation ; l'impuissance de l'exécutif qui n'a ni l'initiative des lois ni le droit de dissolution, etc. Mme de Staël propose donc une révision constitutionnelle, en prenant pour base la Constitution qui existe, en gardant les Directeurs et les deux assemblées du Corps législatif, mais en redistribuant les fonctions de chacun, afin de tendre à l'unité du pouvoir. Elle attribue notamment un rôle prépondérant au Conseil des Anciens, nommés à vie et dotés de revenus importants, ce qui leur assurerait indépendance et considération. Assemblée aristocratique sans doute, mais étrangère au principe d'hérédité ; une aristocratie naturelle : le gouvernement des meilleurs. Cette assemblée assurera la permanence des institutions, quel que soit le résultat des élections, qui, elles, doivent rester libres. Le Directoire, lui, disposera d'un droit de veto suspensif d'une session à l'autre et le droit de dissoudre les Cinq-Cents. Si, après de nouvelles élections, le Directoire est désavoué, il faudra qu'il démissionne, au moins en partie. Quant au pouvoir judiciaire, il importe de lui assurer la plus grande indépendance, ce qui est alors loin d'être le cas.

N'allons pas plus loin dans la description de ce projet constitutionnel, du reste incomplet. Retenons seulement que cette lectrice de Montesquieu et de Rousseau, l'esprit enrichi par l'expérience des années révolutionnaires, se montre capable d'analyser les défauts d'un régime politique et d'en proposer savamment les remèdes. Elle, la mondaine, la salonnière, la bavarde, l'amoureuse, démontre à l'envi des capacités de théoricienne politique qui peut rivaliser avec ses amis les Idéologues de l'Institut, Daunou, Cabanis, Fauriel, Destutt de Tracy, avec Sieyès qui, lui aussi, a son projet de révision, dans une volonté d'établir une République où chaque Français puisse vivre : il n'existe « pas encore de constitution en France, puisque ni la liberté, ni l'égalité, ni le bonheur n'y sont point encore établis ».

Dans sa conclusion, Mme de Staël fait l'éloge de l'action du Directoire, à tout le moins jusqu'à la première élection du nouveau tiers, d'où date la dérive. L'esprit public, animé par la presse royaliste, a été le premier responsable du désordre : « Sur cent vingt journaux criés dans les rues de Paris, quatre étaient directoriaux, quatre modérés et cent douze royalistes. » Cependant, la mauvaise Constitution a été incapable de parer aux montées des extrêmes, et l'on n'a su colmater ses insuffisances que par l'arbitraire et la petite terreur. C'est enfin l'abaissement de la moralité publique, la corruption généralisée, la dépravation des mœurs et l'apathie du grand nombre. Saura-t-on se ressaisir ? « Il y a des actions, il y a un langage, qui ranimeraient la nation pétrifiée, qui ferait couler des larmes des yeux desséchés. »

Cet ouvrage, d'une élévation et d'une acuité d'analyse étonnantes, n'a donc pas été publié. Pourquoi ? Le titre XIII de la Constitution de l'an III, consacré à la révision, en donne la clé principale. On lit à l'article 338 : « Lorsque, dans un espace de neuf années, la proposition du Conseil des Anciens, ratifiée par le Conseil des Cinq-Cents, a été faite à trois époques éloignées l'une de l'autre de trois années au moins, une Assemblée de révision est convoquée. » Les thermidoriens en somme, tout comme les auteurs de la Constitution de 1791, avaient, dans leur volonté de stabilité institutionnelle, verrouillé la révision. Le résultat est que désormais, en 1798, au moment où tant de gens s'accordent sur la nécessité de la révision, celle-ci se révèle impossible par les moyens légaux. La nécessité d'un coup d'État est dans maint esprit, notamment autour de Sieyès. Quoi qu'il en soit, Mme de Staël a d'autres raisons de ne pas publier son essai, et d'abord sa sécurité personnelle. « Son livre était un brûlot », écrit Bronislaw Baczko. Il mettait en cause le caractère sacré d'une Constitution, sans arrêt violée mais néanmoins célébrée comme une arche sainte. Si longtemps suspecte aux yeux du Directoire, Mme de Staël n'avait pas intérêt à apparaître comme l'inspiratrice d'un coup de force. Et puis, les ambitions politiques de Benjamin Constant ! Il ne fallait pas les compromettre. Le manuscrit est abandonné à la critique des souris ; elle se consolera en reprenant une partie de son contenu dans l'ouvrage qu'elle est en train de concevoir, *De la littérature.*

Tandis que le Directoire agonise

À la fin d'octobre 1798, Mme de Staël reprend la route de Coppet, accompagnée par Benjamin Constant. Elle se partage entre ce qu'elle peut rencontrer de vie mondaine en Suisse et la préparation de son nouvel ouvrage qui exige d'immenses lectures. Elle est définitivement rassurée sur le sort de son père, qui est aussi celui de sa fortune. Elle se met en quête d'un précepteur pour ses fils et demande à son ami Meister de trouver l'oiseau rare qui apprendrait à ses enfants le latin, l'allemand, l'anglais et, si possible, la musique. En janvier 1799, elle s'installe à Genève où elle a loué un appartement, tandis que Benjamin est retourné à Paris, décidé à tenter sa chance aux nouvelles élections du mois d'avril. Pour y parvenir, il a choisi Genève, chef-lieu du nouveau département, le Léman. La situation en France s'est aggravée ; la conscription et les impôts nouveaux provoquent le mécontentement ; dans l'Ouest, la chouannerie a repris. À l'extérieur, tandis que Bonaparte mène sa conquête en Égypte, la coalition antifrançaise marque des points : le 25 mars, Jourdan est vaincu à Stockach par l'archiduc Charles d'Autriche. Pour les élections d'avril, l'assemblée électorale se réunit le 9 à Genève, où Mme de Staël déploie toute son énergie et active sa correspondance en faveur de Benjamin Constant. Mais c'est finalement le commissaire du département Philippe qui est élu grâce aux Savoyards mieux représentés que les Genevois dans la circonscription. N'ayant plus rien à faire à Genève, elle repart pour Paris le 18 avril, non sans avoir tenté de s'y faire accompagner par son père, désormais libre, mais en vain.

Elle s'installe à Saint-Ouen, où elle héberge bientôt Mathieu de Montmorency, à peine relevé d'une grave maladie. Sosthène de La Rochefoucauld, futur gendre de Mathieu, venu passer huit jours auprès d'eux, témoigne des relations tendres et amicales entre ces deux êtres aux « âmes généreuses » : « Il y avait dans l'amitié de M. de Montmorency pour Mme de Staël de la reconnaissance, une pieuse sollicitude, une juste admiration. L'affection de Mme de Staël pour M. de Montmorency ressemblait à une espèce de culte ; c'était le génie prosterné devant la vertu. » Sa vie durant, elle fait montre de cette amitié chaleureuse, de cette hospitalité attentive, quels que soient les désaccords politiques, car Mathieu partage d'autant moins ses convictions républicaines qu'il est devenu dévot. Le plus souvent, les gens sont charmés par cette gentillesse qui s'ajoute à tant de talent, et rien ne pouvait la trouver moins indifférente que l'échec de ses efforts de séduction : on la voit alors s'échiner à vaincre toutes les réticences. Depuis un certain temps, elle tente de gagner l'amitié de Mme Pastoret, qui est rétive, jugeant Germaine trop « agitée » et trop « brillante » : « Je n'ai jamais trouvé qu'une raison pour ne pas vous aimer, lui dit-elle, et c'était que vous ne m'aimiez pas. » L'alliance de la raison et du cœur reste au long de sa vie un des traits marquants de sa personnalité.

Son mariage ? Elle ne vit plus du tout avec le baron de Staël. En mai 1799, celui-ci perd de nouveau son poste d'ambassadeur, à cause du différend entre la France et la Suède. Il demande alors ses passeports pour Hambourg et la Suède. Une somme d'argent envoyée par Necker lui permet de quitter Paris en juin. C'est alors que les armées françaises subissent revers sur revers devant les Autrichiens et les Russes, en Italie mais aussi en Suisse. Zurich et l'Est de la République helvétique sont occupés. À Paris, la crise éclate entre les Conseils et le Directoire exécutif ; cette fois, les Conseils imposent leur loi, et poussent à la démission quatre des Directeurs – ce qu'on appellera le coup d'État du 30 prairial an VII (18 juin 1799). Barras reste le seul des Directeurs élus en 1795. De nouveau, un courant jacobin retrouve ses forces ; le 6 juillet est fondé le club jacobin du Manège, mais un mois plus tard un soulèvement royaliste se produit dans le Sud-Ouest. Le pays, soûlé de mots solennels et secoué par les turbulences opposées, se décompose. Mme de Staël, qui a quitté Saint-Ouen pour habiter brièvement à Paris, rue du Mont-Blanc (Chaussée-d'Antin), où Necker possède un hôtel, reprend la route de Coppet à la mi-juillet. Constant, de son côté, vient de publier une nouvelle brochure, *Des Suites de la contre-révolution de 1660 en Angleterre*, où il réitère de manière quelque peu contradictoire sa dénonciation de l'arbitraire et sa fidélité au gouvernement directorial, mais sonne l'alarme sur une victoire militaire des Russes qui pourraient installer la Contre-Révolution avec un Louis XVIII à la botte. « Quelle que soit votre opinion, écrit-elle à son correspondant Pictet de Rochemont, en voyant attaquer avec tant de force les Russes et les Jacobins, vous penserez que le courage du moins ne manque pas à son talent. »

Dans ses lettres de Coppet à ses amis, on la sent toujours extrêmement attentive au cours des événements. À la fin août, elle se réjouit des premiers succès militaires français en Suisse, est heureuse d'être auprès de ses deux garçons et de sa petite fille « très aimable », écrit son nouveau livre et ravive autour d'elle le cortège de ses amis et faux amis : « La trop célèbre est à Coppet, écrit Rosalie Constant à son frère, rassemblant autour d'elle tous les hommes du pays, bons ou mauvais. » En septembre, les nouvelles sont meilleures : Masséna a repris Zurich, et finalement les Russes doivent se retirer de la

Suisse. Et puis voici Bonaparte qui revient d'Égypte, débarque à Fréjus, enfreignant la loi qui impose la quarantaine (contre la peste) à tout navire en provenance d'Orient ; elle l'admire toujours : « C'est un grand événement, et cet homme de plus vaut une armée », écrit-elle le 15 octobre à Meister. À Genève, on tire le canon pour saluer l'arrivée du grand soldat : « Sa destinée est invincible », écrit-elle. Et, le 24 octobre, à Pictet de Rochemont : « La République est sauvée. » Car elle nourrit l'illusion que le vainqueur des Pyramides n'est revenu d'Égypte que pour remettre de l'ordre dans le régime de ses vœux.

Au début de novembre, elle reprend la route de Paris, sur laquelle Benjamin Constant est venu à sa rencontre pour l'escorter du 14 au 17 brumaire. Le soir du 18 brumaire, à Charenton, dernier relais avant Paris, elle apprend que Barras vient de passer accompagné par des dragons. Il vient de démissionner et se dirige vers sa terre de Grosbois. À l'auberge, il n'est bruit que des événements de la journée à Paris ; un nom revient sur toutes les lèvres : Bonaparte. Elle veut croire en lui, en son républicanisme ; elle ne voit pas le coup venir.

11

Le 18 Brumaire de Germaine de Staël

Arrivés à Paris, Germaine et Benjamin apprennent que Barras a démissionné, que deux autres Directeurs, Gohier et Moulin, sont consignés au Luxembourg ; que Bonaparte a été investi commandant de la division de Paris ; qu'un décret du Conseil des Anciens a ordonné le transfert du Corps législatif au château de Saint-Cloud... Et que tout doit se décider le lendemain, 19 brumaire.

Mme de Staël s'installe dans l'hôtel de la rue de Grenelle que son mari avait loué en mai 1798. Lui, qui n'a pu se décider à repartir en Suède, s'est réfugié dans un petit appartement place de la Révolution (aujourd'hui de la Concorde). Dès le lendemain matin, 19 brumaire (10 novembre), Benjamin Constant file à Saint-Cloud, où il va assister aux actes successifs d'un coup d'État laborieux, sans manquer de tenir avertie Germaine d'heure en heure.

Fin du Directoire

Quoi qu'on en ait dit, ni Mme de Staël ni Benjamin Constant n'ont été de la conjuration qui aboutit au coup d'État, mais ils étaient des proches de certains des participants – à commencer par le directeur Sieyès – avec lesquels ils partageaient la conviction que le régime directorial était dans l'impasse et qu'il fallait donner à la

République une nouvelle Constitution. L'ancien abbé Emmanuel Sieyès, qui s'était rendu célèbre jadis par sa brochure *Qu'est-ce que le tiers état ?*, est acquis depuis longtemps à l'idée d'une révision constitutionnelle dans le sens d'un renforcement de l'exécutif, en sachant que la lettre de la Constitution de l'an III rend quasi impossible cette révision. Il s'est donc persuadé d'y arriver en s'appuyant sur un sabre. Il a d'abord songé au général Joubert, mais celui-ci a été tué en Italie au mois d'août 1799. En attendant, il a appuyé le ministre de la Police Joseph Fouché contre les Jacobins, puis s'est prononcé contre les royalistes : le coup d'État qu'il a en tête doit se faire contre la droite et contre la gauche, ce qui établit forcément entre Constant, Mme de Staël et lui une proximité de vues indéniable.

Joubert mort, Sieyès songe à quelques autres généraux, mais l'un d'eux s'impose finalement, Bonaparte, qui vient de débarquer à Fréjus le 9 octobre 1799. Chargé de gloire, bénéficiant d'un empire absolu sur ses soldats, il a fait rêver l'opinion avec l'Égypte malgré les déboires qu'il y a connus (la flotte détruite par les Anglais à Aboukir), et nourrit une ambition personnelle qu'il sait dissimuler sous une teinture de modestie du meilleur effet. Il peut compter à Paris sur des connivences dans la classe politique, tels Talleyrand et Roederer, et a deux complices dévoués en la personne de ses frères, Lucien et Joseph, le premier occupant le poste stratégique de président du Conseil des Cinq-Cents depuis le 23 octobre. Par Lucien, il a pris langue avec Sieyès, auquel il a vite imposé ses vues : on transférerait le Corps législatif à Saint-Cloud, on établirait un gouvernement provisoire et une commission législative qui préparerait une nouvelle Constitution à soumettre à l'approbation du peuple. Trois consuls formeraient le gouvernement provisoire, lui-même et les deux Directeurs Sieyès et Ducos (il se méfie de Barras, qu'il connaît trop bien). Sieyès s'incline : il a à sa charge d'assurer le transfert à Saint-Cloud tandis que le général, fort de l'appui de l'armée et de l'accord des autres généraux, assurera par la force si nécessaire la conduite des opérations.

Le 18 Brumaire, une nouvelle brûle les travées du Conseil des Anciens réuni aux Tuileries : un complot jacobin se trame contre le régime ! Un député de mèche avec Sieyès saisit ce prétexte fallacieux pour proposer le transfert à Saint-Cloud du Corps législatif. Malgré quelques oppositions, le décret est voté, et Bonaparte est chargé d'assurer l'ordre. Le Directoire est neutralisé : Gohier et Moulin sont tenus sous bonne garde au Luxembourg et Barras démissionne contre une jolie prime de licenciement. Rendez-vous est pris pour le lendemain à Saint-Cloud.

Malheureusement pour les conjurés, la nuit a permis la formation d'une résistance et nombre de membres des Anciens et des Cinq-Cents, qui n'ont vu nulle trace du complot jacobin et qui, au matin du 19 à Saint-Cloud, assistent à un déploiement de force inusité, alors que les salles où les deux conseils doivent se rassembler ne sont pas prêtes, ont le temps de s'interroger. Le Conseil des Anciens enfin réuni doit constater la démission du Directoire, et Bonaparte va en informer le Conseil des Cinq-Cents. Mais les représentants du peuple se cabrent, les débats traînent, et Bonaparte s'avise de se rendre à la galerie d'Apollon où siègent les Anciens. Son arrivée provoque la stupeur ; il se lance dans une harangue, mais l'art oratoire et parlementaire n'est pas son fort (« il ne sait pas s'exprimer dans le langage soutenu, écrit Mme de Staël ; ce n'est que dans la conversation familière que son esprit mordant et décidé se montre à son avantage »). Bonaparte quitte la salle furieux, pour se rendre à l'Orangerie où sont les Cinq-Cents. La conjuration est dénoncée : « Oui, déclare le député Delbrel, de grands dangers menacent la République, mais ceux qui cherchent à la détruire sont ceux-là mêmes qui, sous prétexte de la sauver, veulent renverser le gouvernement ! » Le cri de ralliement est lancé : « La Constitution ou la mort ! » On entoure Bonaparte, on l'injurie, on le frappe même, jusqu'à ce que ses gardes du corps parviennent à lui assurer une sortie.

C'est un fiasco ! À ce moment-là, Constant, témoin de la scène, expédie à Mme de Staël un courrier pour lui faire entendre la menace d'un échec. Craignant un retour en force des Jacobins, elle se prépare, écrira-t-elle dans ses *Considérations*, « à quitter de nouveau la France ». Mais un autre émissaire bientôt la rassure : les grenadiers de Murat ont envahi l'Orangerie et poussé nombre de députés à s'enfuir par les fenêtres. C'est Lucien qui a sauvé son frère ; président indigné, il est sorti de l'Orangerie pour exhorter les grenadiers à délivrer le Conseil terrorisé par une poignée de « furieux ». Bonaparte voulait un coup d'État « propre » ; rien ne s'est passé comme prévu. On s'efforce néanmoins de sauver les formes. Quelques dizaines de députés sûrs sont rabattus comme des lièvres vers l'Orangerie où, la nuit venue, à la lueur des quinquets, Lucien Bonaparte prononce la fin du Directoire et la nomination d'un triumvirat provisoire, Bonaparte, Sieyès et Ducos, sous le nom de Commission consulaire, « investie de la plénitude du pouvoir directorial ».

Le Corps législatif ajourné, une soixantaine de députés d'extrême gauche exclus de la représentation nationale, on met en place deux commissions – une par conseil – chargées d'élaborer d'ici six semaines un projet de Constitution. Ce sera la Constitution de l'an VIII, rédigée à vive allure sous le contrôle impatient du général, mettant en place le Consulat. Un pouvoir exécutif confié à trois consuls, dont le Premier a la réalité du pouvoir ; un pouvoir législatif confié à un Tribunat qui discute et à un Corps législatif qui décrète sur les projets du gouvernement. Un Sénat conservateur – où sont nommés Sieyès et Roger-Ducos – est appelé à se prononcer sur la constitutionnalité des lois. Soumis au plébiscite, le projet recueille plus de 3 millions de « oui » contre 1 562 « non » (miracle !), mais il y a près de 4 millions d'abstentions.

Le coup d'État du 18 Brumaire a été mal conçu et mal exécuté, mais il est douteux qu'il eût pu échouer. C'est le scrupule de légalité (ou de semblant de légalité) de la part de Bonaparte qui a été la cause de ses dérapages. Scrupule fondé non pas sur la vertu civique, mais sur son intérêt politique bien compris. Il ne devait pas être dit que le général n'était qu'un sabre ; il était d'abord le sauveur de la patrie. Les Français, lassés par dix années de révolution, où les coups d'État avaient succédé à la Terreur, lassés par la guerre qui durait depuis plus de sept ans, accueillaient le vainqueur des Pyramides comme l'homme providentiel qui devait rétablir l'ordre et la paix. Mme de Staël et Benjamin Constant partagent ce sentiment général, en voulant croire que le « héros » a sauvé la République et la liberté.

Mme de Staël et Bonaparte

Quand Germaine de Staël sera devenue l'adversaire implacable de Napoléon Bonaparte, elle aimera se convaincre et convaincre ses lecteurs que d'emblée, dès le coup d'État, elle avait compris l'ambition effrénée du futur dictateur, auquel elle se serait opposée sans attendre. « Comme je n'ai jamais pu concevoir aucun intérêt politique séparé de la liberté, lit-on dans *Dix ans d'exil*, chaque jour j'étais plus affligée de la révolution du 18 Brumaire... » Dans les *Considérations*, on lit aussi : « Sans aucun doute la majorité des honnêtes gens, craignant le retour des jacobins, souhaitait alors que le général Bonaparte eût l'avantage. Mon sentiment, je l'avoue, était fort mélangé. La lutte étant une fois engagée, une victoire momentanée des jacobins pouvait amener des scènes sanglantes ; mais j'éprouvais néanmoins, à l'idée du triomphe de Bonaparte, une douleur que je pourrais appeler prophétique. »

Cette « douleur prophétique » n'est guère repérable au moment du 18 Brumaire. Elle croit alors avec d'autres que le triomphe de Bonaparte, c'est le triomphe de la liberté. Dans une lettre à sa fille du 25 brumaire (16 novembre), Necker évoque avec sévérité « votre joie à tous, votre contentement ». Un mois plus tard, il lui parle de son « enthousiasme [à elle] pour Bonaparte » : « Je te félicite d'être heureuse de sa gloire. » Germaine de Staël est d'autant plus satisfaite que ce coup d'État n'a été prolongé par aucune des mesures d'arbitraire dont elle s'était désolidarisée au lendemain du 18 Fructidor. Au contraire, Bonaparte autorise le retour en France des « fructidorisés ». Une nouvelle fois, elle et Benjamin se sont accordé une licence avec le respect des *formes* et le refus de *l'esprit* militaire. Et comme le nouveau régime offre des postes, elle sollicite les mieux placés, comme Roederer, qui vient d'être nommé président de la section de l'Intérieur au Conseil d'État. Nul doute qu'elle rêve de jouer un rôle, de refaire de son salon l'antichambre du gouvernement, et c'est évidemment par l'intermédiaire de Benjamin qu'elle peut y arriver.

Mme de Staël juge que des nouvelles institutions la plus appropriée au talent de Constant est le Tribunat, c'est-à-dire l'assemblée de cent membres qui discute les lois proposées exclusivement par le gouvernement avant que celles-ci soient décrétées sans discussion par le Corps législatif. Benjamin est bon orateur ; c'est au Tribunat qu'il peut se mettre en valeur, d'autant que nombre de journaux, où l'on pouvait fixer ses idées, sont supprimés. Elle s'adresse donc à diverses personnes qui peuvent l'aider dans ce projet, notamment à Joseph Bonaparte et à Chabaud-Latour, membre de la commission chargée de préparer la Constitution de l'an VIII. Chabaud présente Constant à Bonaparte, qui reste très vague. C'est finalement Sieyès, devenu président du Sénat et disposant du pouvoir sur les nominations dans les assemblées législatives, qui est déterminant : il peut compter Constant parmi ses alliés au même titre que Daunou et quelques autres qu'il choisit comme tribuns. Bonaparte, d'abord hésitant, finit par signer la nomination de Benjamin Constant au Tribunat, le 24 décembre 1799. Enfin ! Enfin, il tient ce qu'il convoite depuis Thermidor : une tribune, un marchepied et un traitement mensuel de 15 000 francs.

Pour l'instant, ils y croient. Dans un premier temps, ils essaient de concilier le Consulat avec la liberté à laquelle ni l'un ni l'autre n'ont renoncé. Dès le 19, dans une lettre à Sieyès, il exprimait, « après le premier sentiment de joie » que lui avait inspiré la victoire de Bonaparte, ses craintes pour la République : « Ses proclamations, où il ne parle que de lui, où il dit que son retour a fait espérer qu'il mettrait un terme aux maux de la France, m'ont convaincu plus que jamais que dans tout ce qu'il fait il ne voit que son élévation. » Dès sa première intervention au Tribunat, il démontre que sa vocation n'est pas pour la servitude, serait-elle dorée.

Le Tribunat ouvre sa session le 2 janvier 1800 sur une question touchant à la formation de la loi. Le gouvernement propose une procédure selon laquelle le Tribunat devrait discuter les projets de loi au jour indiqué par le gouvernement. Seul organe de délibération, le Tribunat est ainsi invité à écourter au maximum le temps de débat sur le projet du gouvernement. Après avoir consulté Mme de Staël, Constant se fait inscrire pour intervenir sur la question lors de la séance du 5 janvier 1800. On attend avec curiosité cet homme maigre, aux cheveux roux, un peu voûté, qui, depuis quelques années, défraye la chronique comme écrivain politique, amant de Mme de Staël, défenseur du Directoire et qui pour la première fois monte à la tribune d'une assemblée législative. Le discours que ses collègues entendent, construit, serré, logique, les effraye par son audace. Constant déclare en substance que le Tribunat n'a certes pas à exercer le rôle d'une opposition permanente au gouvernement, mais qu'il est de son devoir de s'opposer aux « propositions qui lui semblent funestes ». Aux propositions utiles, point d'obstacle, aucun délai, pas de retard. Mais on ne peut accepter la précipitation en tout état de cause, car l'« autorité » peut en abuser :

« Raisonner dans cette hypothèse, ce n'est point attaquer le Gouvernement. Décrire les abus qui sont possibles, ce n'est point affirmer que ces abus auront lieu : ce n'est point inculper les vues des dépositaires du pouvoir. Mais la liberté ne s'occupe pas des vues ; elle considère les moyens ; il ne lui suffit point d'être sans inquiétude sur la volonté présente ; elle veut être rassurée sur la puissance à venir. »

Suit une démonstration, article par article, qui pourfend adroitement le projet de loi visant à réduire la puissance tribunitienne : « Sans doute l'harmonie est désirable entre les autorités de la république ; mais l'indépendance du Tribunat n'est pas moins nécessaire à cette harmonie que l'autorité constitutionnelle du Gouvernement : sans l'indépendance du Tribunat, il n'y aurait plus ni harmonie ni constitution, il n'y aurait que servitude et silence ; silence que l'Europe entière entendrait et jugerait. »

Ce discours laisse les tribuns mi-admiratifs mi-craintifs. Un grand orateur s'est affirmé, chacun de ses mots a été entendu dans un silence attentif. Mais l'orateur néophyte a osé ce que les vieux routiers de la politique politicienne, trop heureux de se retrouver sur les bancs du Tribunat, se sont bien gardés de dire. L'esprit de cour commence à poindre. À preuve l'intervention de Riouffe. Que dit cet ancien Girondin, ce modéré, ex-défenseur du Directoire ? Il fustige l'intervention de Constant et, deux heures durant, déclame une litanie de louanges à la gloire du Premier Consul, « juste, clément et grand », pour achever sur cette conclusion de thuriféraire : « Qui, en effet, sait mieux les besoins des gouvernés que ceux qui gouvernent ? »

À la fin de la discussion, le projet est voté par 54 voix contre 26, avant d'être adopté au Corps législatif par 203 voix contre 23.

Bonaparte peut être content. Nullement ! Il est furieux au contraire, principalement contre Constant, un « homme qui veut tout brouiller ». La légitimité d'une opposition n'est pas dans ses vues. Pour en avoir défendu le principe, il va en coûter au tribun frondeur et à son amie Mme de Staël.

Celle-ci avait donné une réception à la veille de l'intervention de Constant. Parmi ses invités figuraient notamment Lucien Bonaparte, Talleyrand et Roederer. Constant lui avait glissé à l'oreille : « Voilà votre salon rempli de personnes qui vous plaisent ; si je parle, demain il sera désert ; pensez-y. » De fait, le soir où Benjamin a prononcé son grand discours, elle reçoit encore ; mais ses invités ne viennent pas : « Je reçus dix billets d'excuses à cinq heures. » Ce fut le moindre des châtiments. Le lendemain et les jours suivants, elle est l'objet dans les journaux d'une campagne d'éreintement. Le 18 janvier, dans les termes policés qu'il sied d'imprimer dans un journal officiel, *Le Moniteur* insère une note non signée de Bonaparte : « Chacun a soif de gloire, chacun veut confier son nom aux cent bouches de la Renommée, et quelques gens ignorent encore qu'on parvient moins sûrement à la considération par l'empressement à bien dire, que par la constance à servir utilement, obscurément même, ce public qui applaudit et qui juge. » Les autres journaux sont d'une autre encre. Certains, comme le *Journal des hommes libres*, dont le propriétaire est Fouché, contestent la constitutionnalité de la nomination du *Suisse* Constant au Tribunat, et le même journal fustige l'inspiratrice, Mme de Staël, censée être au cœur d'une conspiration orléaniste visant à faire revenir Necker au pouvoir. *Le Peuple*, connu pour sa délicatesse, apostrophe la diablesse : « Ce n'est pas votre faute si vous êtes laide, mais c'est votre faute si vous êtes intrigante. » La presse royaliste n'est pas plus amène. *L'Ange Gabriel* donne à Germaine de Staël un sobriquet forgé sur le nom de sa mère : *Curchodine*, qui écrit « sur la métaphysique, qu'elle n'entend pas ; sur la morale, qu'elle ne pratique pas ; sur les vertus de son sexe, qu'elle n'a pas ». Féroce, la même feuille prête à Mme de Staël ce projet : « Benjamin sera consul, je donnerai les finances à papa, mon oncle aura la justice, mon mari une ambassade lointaine. Moi, j'aurai l'inspection sur tout, et très sûrement je régenterai l'Institut. »

Tant de violence la déconcerte et la plonge dans le désarroi. « Mais expliquez-moi donc, je vous en conjure, Roederer, écrit-elle à celui-ci le 9 janvier 1800, ce qui se passe depuis trois jours, ce déchaînement, cette violence contre Benjamin, ce *Journal des hommes libres* lancé contre moi seulement parce que je suis l'amie d'un homme qui a prononcé un discours indépendant sur un règlement ! » Elle proteste de son innocence : elle aime Benjamin, oui, mais elle ne le « dirige » pas. Et de réaffirmer à Roederer, si proche du pouvoir : « Quelle femme s'est montrée *dans tous les temps* plus enthousiaste que moi de Bonaparte ? » Elle lui demande un entretien ; c'est Fouché qui la reçoit et qui lui fait savoir que, pour le Premier Consul, c'est elle qui aurait « excité » Constant. Mais enfin, la liberté de parole existe encore en France : le tribun Constant n'avait-il pas le droit de donner son avis ? Fouché lui conseille de prendre le vert quelque temps, de se faire oublier. Son père lui écrit qu'elle doit être prudente et lui conseille aussi la retraite. Elle s'y résout avec mauvaise grâce, et part pour la maison de Saint-Ouen. Du reste, elle a un livre à terminer, comme le lui rappelle Necker : c'est le mieux qu'elle ait à faire. Elle s'exécute donc, mais pour peu de temps car on la rencontre de nouveau à Paris dès la seconde quinzaine de février.

Mme de Staël, en cette année 1800, n'a pas rompu avec le pouvoir de Bonaparte. Elle souffre parfois d'être victime de l'ostracisme de certains salons ou, comme dans celui de Mme de Montesson, de la « défaveur » des invités qui se donnent le mot pour la snober. Au printemps, elle se réjouit des succès des armées françaises qui annoncent la paix. Elle manifeste encore dans sa correspondance sa ferveur pour Bonaparte, comme dans cette missive du 2 mai à Du Pont de Nemours, où elle parle du « très grand homme ». Le Premier Consul lui-même, en route au mois de mai vers l'Italie, invite Jacques Necker à le rencontrer à Genève. Selon le *Publiciste*, les deux hommes conversent pendant près de deux heures. Necker ne semble pas avoir fait grande impression sur Bonaparte, qui vit en lui, selon le *Mémorial*, « un lourd régent de collège bien boursouflé », mais une telle entrevue, et son écho dans les journaux, ne peut qu'être favorable à Germaine de Staël : « Bonaparte a été aimable pour mon père, écrit-elle à son ami le philosophe Gérando, et même pour moi dans ses discours. Tout le monde dans ce pays en a la tête un peu tournée. » À Henri Meister, dans une lettre du 20 mai, elle parle encore du « héros » qui va « conquérir de nouveau l'Italie et signer une seconde fois la paix à Campoformio : n'est-ce pas historique ? ». Le 4 juillet, elle vante les « merveilles d'Italie » en évoquant la victoire de Marengo. Le ton sera très différent dans *Dix ans d'exil* : « Je souhaitais que Bonaparte fût battu parce que c'était le seul moyen de mettre un terme à sa tyrannie. » Il est vrai qu'elle ajoute : « Mais je n'osais avouer ce désir. » À tout le moins elle n'était pas obligée de chanter les « merveilles » du « héros ». Sa mauvaise foi est à la mesure sans doute de son malaise. En 1800, elle est encore pour le moins dans l'expectative : Bonaparte, après sa victoire, n'allait-il pas faire la paix ? La paix ramènerait la liberté et la justice. Mme de Staël aura admiré le héros comme Stendhal. Elle aura fait des efforts pour ne pas voir son hostilité. Elle imagine pouvoir devenir l'égérie du grand homme ; elle sera sa grande rivale.

De la littérature

Son nouvel ouvrage, *De la littérature considérée dans ses rapports avec les institutions sociales*, a parfois été considéré comme un manifeste contre Bonaparte. Il est vrai que l'auteur y a mis la dernière main dans les premiers mois de l'année 1800 et que certaines allusions visent, sans le nommer, les dangers d'un pouvoir discrétionnaire qui pouvait être celui de Bonaparte. Mais ce serait rabaisser son ambition et sa valeur intrinsèque que de considérer ce livre comme le fruit de la conjoncture. Mme de Staël l'avait conçu et largement rédigé avant le coup du 18 Brumaire. Son projet visait rien de moins qu'à rendre raison de la littérature européenne, d'Homère à la Révolution française, dans ses rapports dans chaque cas d'espèce avec les institutions nationales, le régime politique, l'histoire, la géographie, la religion, la condition des femmes… Montesquieu avait expliqué l'esprit des lois ; elle voulait expliquer l'esprit des productions littéraires et philosophiques des grandes nations.

Ce projet s'accompagnait d'une conviction, partagée avec les écrivains des Lumières et spécialement Condorcet, celle de la *perfec-*

tibilité de l'espèce humaine. Elle s'en explique dans la préface à la seconde édition de son livre : « Premièrement, en parlant de la perfectibilité de l'esprit humain, je ne prétends pas dire que les modernes ont une puissance d'esprit plus grande que celle des anciens, mais seulement que la masse des idées en tout genre s'augmente avec les siècles. Secondement, en parlant de la perfectibilité de l'espèce humaine, je ne fais nullement allusion aux rêveries de quelques penseurs sur un avenir sans vraisemblance, mais aux progrès successifs de la civilisation dans toutes les classes et dans tous les pays. » L'accumulation des expériences et des connaissances au cours des siècles arme les écrivains d'une intelligence toujours accrue des comportements et des psychologies des hommes. Ainsi, « les sciences ont une connexion intime avec toutes les idées dont se compose l'état moral et politique des nations ». Avant Bergson qui suggérera la nécessité d'un « supplément d'âme » à un « corps démesurément agrandi » par les sciences et les techniques, elle écrit : « Les progrès des sciences rendent nécessaires les progrès de la morale ; car, en augmentant la puissance de l'homme, il faut fortifier le frein qui l'empêche d'en abuser. » Son livre est donc bâti sur la philosophie du progrès chère au XVIIIe siècle.

Son goût de la classification se nourrit d'explications tirées de la géographie, du climat, de l'histoire, des religions... Elle cherche à établir une distinction entre les littératures du Nord et celles du Midi : « Les Grecs, les Latins, les Espagnols et les Français du siècle de Louis XIV, appartiennent au genre de littérature que j'appellerai la littérature du Midi. » Les ouvrages allemands, et quelques écrits des Danois et des Suédois, doivent être classés dans la littérature du Nord, dans celle qui a commencé par les bardes écossais, les fables islandaises et les poésies scandinaves. Esprit philosophique, poésie mélancolique, imagination sombre et nébuleuse, goût de l'indépendance caractérisent le Nord : « Une certaine fierté d'âme, un détachement de la vie, que font naître, et l'âpreté du sol, et la tristesse du ciel, devaient rendre la servitude insupportable... » Elle évoque encore un « respect pour les femmes, inconnu aux peuples du Midi » – cause de la sensibilité qui caractérise la littérature du Nord. Ensuite, la religion protestante qui ne renferme en son sein « aucun germe actif de superstition », qui n'arrête « en rien les recherches philosophiques, et maintient efficacement la pureté des mœurs ». Tout le contraire dans les pays du soleil, devenus aussi les pays de l'Inquisition, du gouvernement des prêtres, de la monarchie absolue. Et l'auteur de se lancer dans la description raisonnée des littératures anglaise, allemande, italienne, espagnole, française, sans craindre les stéréotypes auxquels elle donne en tout cas une nouvelle vie, stimulant au passage le questionnement. Tout y passe, depuis l'humour des Anglais jusqu'aux idées abstraites des Allemands ; depuis la « charmante imagination » des Italiens jusqu'à « l'élévation des sentiments » des Espagnols. Pourquoi certains peuples s'adonnent plus à la poésie et à la philosophie, pourquoi d'autres au théâtre et au roman, Mme de Staël convoque toute sa culture pour tout expliquer. Avec une sagacité qui sera étayée plus tard par Norbert Elias, elle observe à quel point la société en France est marquée par l'esprit de cour, que la concentration des élites par la monarchie absolue à Versailles et à Paris a construit, et qui a produit les tendances profondes aussi bien des mœurs que des créations culturelles. La soumission de l'aristocratie après les frondes nobiliaires s'est accompagnée d'un système d'échanges entre le roi et les nobles : « Le monarque avait un pouvoir sans bornes par le fait, et néanmoins incertain par le droit. Cette situation l'obligeait à ménager ses courtisans même, comme faisant partie de ce corps de vainqueurs, qui tout à la fois lui cédait et lui garantissait la France, leur conquête. » Il lui fallait ménager l'honneur de ceux qu'il avait asservis et eux essayaient « de se courber sans s'avilir ». Il en est résulté à la Cour des habitudes qui sont passées dans les écrits des hommes de lettres. Le désir universel de plaire en est le cœur ; le ridicule, le moyen par lequel les courtisans s'identifient par rapport à ceux qui ignorent les usages, les rapports convenus entre les rangs, la méconnaissance des règles. La peur du ridicule exerce chacun à s'observer et à observer les autres. Les écrivains français « connaissaient mieux les caractères, les peignaient mieux qu'aucune autre nation. Obligés d'étudier sans cesse ce qui pouvait nuire ou plaire en société, cet intérêt les rendait très observateurs ». Au-delà des caractères nationaux, elle établit par ailleurs le *goût* en invariant, auquel elle oppose un néologisme de son invention, la *vulgarité*.

Brio des formules, finesse des analyses, audace de la conception, ce livre n'est pas seulement explicatif et analytique, il est normatif : Mme de Staël, dans la continuité du chapitre des *Circonstances* consacré aux écrivains, fait de ceux-ci les agents historiques des Lumières dans la société libérale. « Les progrès de la littérature, écrit-elle, c'est-à-dire le perfectionnement de l'art de penser et de s'exprimer, sont nécessaires à l'établissement et à la conservation de la liberté. » Il en va donc de la responsabilité de l'écrivain dans une société démocratique, où il ne doit pas se laisser guider par le désir de la popularité. Cette mission confiée aux écrivains n'est pas du tout celle que leur assigne le régime bonapartiste qui se met en place. Nul doute que le 18 Brumaire, survenu au cours de la rédaction de son ouvrage, puis les suites du discours du 15 nivôse de Constant au Tribunat ont renforcé les défiances de Mme de Staël envers « l'esprit militaire », dont l'influence est un « imminent danger pour les États libres ». « L'enthousiasme qu'inspire la gloire des armes est le seul qui puisse devenir dangereux à la liberté. »

De la littérature, publié à la fin d'avril 1800, remporte un vif succès dans le public ; il aura une seconde édition avant la fin de l'année. L'accueil contrasté des journaux sert au moins la notoriété de l'auteur. Certains sont insultants, comme le *Journal de Paris*, où son ouvrage est jugé « une monstruosité en littérature ». Ce qui lui fait regretter de n'être pas un homme pour répondre : « Quel malheur, écrit-elle à Daunou, quel véritable malheur d'être une femme, une ci-devant dame, et d'avoir une sorte de convenance compliquée de tout cela qui ne permet pas de répondre et de se livrer à quelque talent d'amertume ou seulement de plaisanterie ! » L'idée de perfectibilité du genre humain suscite le soutien des Idéologues, les philosophes à la mode ; elle heurte toutes les têtes de la réaction politique. Fauriel, dans *La Décade philosophique*, Daunou et Roussel dans la *Clef du Cabinet* en font l'éloge ; Fontanes, le futur maître de l'Université napoléonienne, tente de la mettre en miettes dans *Le Mercure*. Il semonce même l'auteur pour son sexe : « Quand une femme paraît sur un théâtre qui n'est pas le sien, les spectateurs choqués de ce contraste [la] jugent avec sévérité… » Ancien fructidorisé revenu en France après Brumaire, il s'en prend à la théorie de la perfectibilité – critique à laquelle elle répondra dans la seconde édition de l'ouvrage en novembre, évoquant la mémoire de Condorcet qui, « au comble de l'infortune, écrivait encore en faveur de la perfectibilité de l'espèce humaine ». Fontanes laissera le soin à son ami Chateaubriand de répondre à cette seconde édition dans son *Mercure de France.* Avec sa manière inimitable d'enrober les vacheries dans le sucre des compliments, puis de glacer le tout de son mépris : « Vous êtes sans doute une femme supérieure. Vous êtes forte et votre imagination quelquefois pleine de charme. [...] Votre expression a parfois de l'éclat, de l'élévation... Mais malgré tous ces avantages, votre ouvrage est bien loin d'être ce qu'il aurait pu devenir. Le style est monotone, sans mouvement, et trop mêlé d'expressions métaphysiques. Etc. » L'émigré récemment revenu en France, encore inconnu malgré son essai sur les *Révolutions*, vérifie l'audience de Mme de Staël au retentissement de sa critique. À la perfectibilité – ligne directrice de la *Littérature* – il oppose ce qu'il appellera le « génie du christianisme » : « Ma folie, à moi, est de voir Jésus-Christ partout, comme Mme de Staël la perfectibilité. » Dans ses *Mémoires d'outre-tombe*, Chateaubriand révèle que c'est cet article, « cette boutade », qui le « fit sortir de l'ombre » : « Ce que n'avaient pu faire mes deux gros volumes sur les *Révolutions*, quelques pages d'un journal le firent. Ma tête se montrait un peu au-dessus de l'obscurité. » Dans ces mêmes *Mémoires*, brossant en 1822 le portrait de Fontanes, il écrira : « Il a été souverainement injuste envers Mme de Staël. » Chateaubriand et Mme de Staël se rapprocheront, chacun reconnaissant le génie de l'autre.

L'hostilité de ceux qu'on appellerait de nos jours les « intellectuellement corrects » joue en effet en faveur de Germaine de Staël : elle est désormais consacrée comme un écrivain que l'on prend au sérieux. À preuve, la longue étude critique que Charles Pougens consacre à son livre dans la *Bibliothèque française* : pas moins de quinze pages dans son sixième numéro, suivies dans deux numéros ultérieurs par trente et quatorze pages. Quant à Bonaparte, il n'avait peut-être pas lu *De la littérature* plus d'un quart d'heure, comme il le dira, mais il en avait « compris » suffisamment pour savoir qu'il fallait compter avec elle.

« Cette odieuse politique »

À cette date cependant la rupture est d'autant moins consommée que Mme de Staël, revenue à Coppet à la mi-mai 1800, suit de près la marche des armées françaises, grâce aux renseignements que lui fournit le préfet du Léman Ange-Marie d'Aymar. La victoire de Bonaparte signifierait la paix, et elle espère comme tous ses amis libéraux que la paix permettra au Consulat de devenir un régime de liberté. Il n'en fut rien : la victoire de Marengo remportée le 14 juin annonçait certes une paix prochaine, mais elle renforçait l'autorité de Bonaparte et servait son ambition dictatoriale. Plus tard, en écrivant *Dix ans d'exil*, elle savait la suite et pouvait annoncer l'inéluctable ; pour l'heure, elle se réjouit de la victoire de Bonaparte en Italie. « Nous espérons la paix ici, écrit-elle à Claude Fauriel le 31 juillet, et nous admirons beaucoup Bonaparte... » À Du Pont de Nemours, le 6 août : « C'est une dictature glorieuse par les armes, à côté de laquelle rien n'existe et rien ne paraît. Mais comment n'être pas enthousiaste de tant d'exploits mémorables ! À la paix nous saurons comment on organisera l'intérieur, car il me paraît peu probable que l'on ne modifie pas l'organisation actuelle. » Une des raisons pour lesquelles elle reste à ce moment-là favorable à l'homme du 18 Brumaire, c'est sans doute parce qu'il a permis à ses amis émigrés de rentrer en France : « C'est de tous les biens du 18 Brumaire celui auquel j'ai été le plus sensible. »

À Coppet, elle passe, aux côtés de Benjamin, une bonne partie de son temps à répondre à ceux qui lui ont écrit sur son livre. Elle apprend l'allemand, enseigne le latin à ses fils, fait de la musique, prépare la seconde édition de son ouvrage. Cette « vie inoffensive », selon son expression, lui permet d'échapper aux feux de l'actualité et de désarmer ses ennemis. Mais, en juillet, des journaux parisiens reprennent une information du *Courrier de Londres* selon laquelle Constant, avec Cambacérès, Sieyès, Lucien Bonaparte et Fouché, aurait espéré la défaite du « héros » pour prendre le pouvoir. Mis en cause, alerté par Talleyrand et quelques autres, Constant, retenu un moment en Suisse par la maladie puis la mort de son oncle Samuel, revient se justifier à Paris à la fin d'août. Mme de Staël, elle, écrit à qui veut la lire qu'elle a renoncé à la politique : « J'en ai bien fini de cette odieuse politique. » Elle dit se préparer « à une carrière littéraire », s'est mise à écrire un roman (ce sera *Delphine*) qu'elle présente à Mme Pastoret comme « l'histoire de la destinée des femmes présentée sous divers rapports ». Elle s'occupe aussi de la diffusion du nouvel ouvrage de son père, le *Cours de morale religieuse*, avant la seconde édition à la mi-novembre de son propre livre *De la littérature*, qu'elle a corrigé, augmenté de notes, et enrichi d'une préface pour répondre à ses détracteurs. À la mi-décembre, laissant Albert et Albertine à son père, elle est de nouveau à Paris.

M. de Staël, qui n'a plus de poste, y réside, chichement, harcelé par ses créanciers. Jacques Necker a reçu une lettre d'un M. du Buc qui décrit la situation de l'ancien ambassadeur comme désespérée et lui demande « quelque consolation et des secours qui l'arrachent à la misère profonde dans laquelle il est plongé ». Pour la « consolation », Necker envoie à son gendre son *Cours de morale religieuse* ; pour le reste, il répond et s'étonne : « Il a reçu de moi environ vingt mille livres depuis trente mois, il a une pension de Suède, il a quitté volontairement une place dont les appointements étaient considérables, il avait un asile auprès de moi, il avait la liberté de se réunir à sa femme, il a en meubles, dit-on, un luxe apparent, comment accorder tout cela avec les expressions dont il s'est servi, monsieur, en vous parlant ? Quoi qu'il en soit, j'ai prié un de mes amis de regarder et de subvenir à ses besoins, et ma fille à son retour prochain à Paris reprendra les conversations qu'elle a eues avec lui et je souhaite qu'elle vous voie, monsieur, si vous le permettez. » Éric-Magnus écrit à son tour humblement à Necker, lui explique ses problèmes de santé, le remercie. Séparée de fait de son mari, Mme de Staël n'a pas l'intention de l'abandonner. Du reste, elle n'abandonne jamais personne : c'est un trait marquant de sa personnalité. Elle a même la vertu de prêter secours à ses ennemis quand ils sont dans la détresse.

À Paris, où l'on attend l'issue du congrès de Lunéville qui doit décider de la paix, Mme de Staël partage l'émotion créée par l'attentat manqué contre Bonaparte le 24 décembre 1800, rue Saint-Nicaise. Elle en fait part dans une lettre à Joseph Bonaparte, qui est à Lunéville : « Cet atroce événement est peut-être un des traits les plus marquants de la fortune ; tous les gens du peuple vont voir les désastres de la rue Saint-Nicaise et cette nation, qui serait peut-être restée indifférente aux dangers de son gouvernement, s'indigne contre les scélérats qui compromettent la vie de tant d'hommes obscurs pour faire périr un grand homme. » Cette fois, Bonaparte sévit, fait arrêter et déporter sans jugement les Jacobins qu'il estime compromis. La dictature est en marche, mais l'opinion est encore sous le charme de l'homme providentiel qui s'attache à remettre de l'ordre en toutes choses et annonce la paix prochaine. Mme de Staël, en cette fin d'année 1800, ne s'est pas encore départie de l'illusion que cette paix, préparée par les armes du Premier Consul, ouvrirait la porte à la liberté. Pari de circonstance, illusion maintenue : elle veut encore y croire.

Elle ne sait pas non plus que Benjamin, régulièrement frappé par les illuminations soudaines de l'amour, s'est amouraché en novembre d'Anna Lindsay, une jolie veuve de trente-six ans d'origine irlandaise, maîtresse d'Auguste de Lamoignon. Germaine n'est plus pour lui qu'une passion éteinte – même si, pour l'heure, il a encore besoin d'elle.

12

Mort d'un mari

Le lendemain du jour où il est venu à la rencontre de Mme de Staël, Benjamin Constant rassure Anna Lindsay, sa nouvelle maîtresse, sur sa flamme : « Ces courses interrompues, ces moments arrachés au hasard et goûtés avec inquiétude ne calment pas le feu qui me brûle. Je vous aime avec idolâtrie et plus qu'on n'aima jamais. » Trois jours plus tard, il lui écrit en anglais (sa correspondance avec Mme Lindsay est tour à tour en français et en anglais) : « Je ne puis dormir, toutes mes artères sont pleines de vous, mon cœur bat à se rompre. [...] Je t'aime, je t'adore, je n'ai d'autre pensée que toi au monde. » Et encore, le 31 décembre 1800 : « Anna bien-aimée, centre unique de tous mes espoirs. »

Germaine de Staël n'a pas eu sous les yeux ces déclarations exaltées, mais elle ne peut pas ne pas remarquer les attitudes de Benjamin, ses distractions, sa hâte à prendre congé. Réinstallée dans son hôtel de la rue de Grenelle, elle éprouve elle ne sait quel découragement, une fatigue, une vague tristesse. Mais vite, la vie mondaine la reprend, et son salon bruisse de tous les mots de Paris. Dès le 4 janvier, Benjamin peut confier son soulagement à Anna : « Ce que j'espérais s'accomplit : *ses* relations se reforment. *Elle rentre* dans la société, et comme mes refus, motivés sur mes opinions me dispensent de l'y suivre, je pourrai, sans offenser son cœur, consacrer à celle que j'aime des heures que m'enlevaient d'anciens égards. »

Pourquoi ne rompt il pas avec Germaine qu'il n'aime plus ? Cette question, il se la posera à lui-même dix fois, cent fois. La réponse la plus triviale n'est sans doute pas la plus décisive, mais on doit la mentionner : elle touche aux intérêts. Quand Constant perdra sa place en janvier 1802 au Tribunat et l'indemnité de 15 000 francs qui lui est attachée, ce sera une grosse perte pour lui, qui dilapide ses revenus sur le tapis vert. Au mois de mars 1802, il doit revendre pour 30 000 francs sa grande propriété d'Hérivaux qu'il avait achetée 50 000, pour acquérir un domaine nettement plus modeste, les Herbages, toujours dans le canton de Luzarches. Avoir pour amie Germaine de Staël, fille de M. Necker, est une assurance contre l'infortune : tous les deux ont su déjà se montrer généreux avec lui. Le plus important est sans doute ailleurs : Germaine a le don de s'attacher ceux et celles qu'elle aime, on a dit par quels éclatants talents et aussi par une affection qui sait désarmer. Elle le domine, elle l'aimante, elle l'enchaîne. Mais, entre Benjamin Constant et Germaine de Staël, il y a plus : une communion d'idées, un idéal partagé, leur combat pour la liberté ; ils se comprennent, ils communient dans les mêmes idées, ils sont à eux seuls une société de pensée. Or le régime de Bonaparte, à la naissance duquel ils ont acquiescé, sinon contribué, contrarie de plus en plus leurs espérances. Ce n'est pas la république de la liberté que le général est en train de fonder, mais un régime consulaire derrière lequel se profile la dictature.

Une disgrâce annoncée

Mme de Staël a le bon esprit d'ouvrir son salon à tout le monde, y compris à des gens qui peuvent paraître suspects au pouvoir. Elle ne cesse pas de voir nombre d'émigrés qui ont pu revenir, comme Jordan ou Gérando. Mais elle a soin d'entretenir aussi de bonnes relations, parfois amicales, voire affectueuses, avec des personnalités haut placées, Fauriel, secrétaire de Fouché, Fouché lui-même, le consul Lebrun, et surtout Joseph Bonaparte, le frère aîné du Premier Consul. Au lendemain de l'attentat de la rue Saint-Nicaise, elle lui affirme : « Il n'y a point eu de moment depuis le 18 Brumaire où l'esprit public soit plus monté en faveur du gouvernement. » Ses échanges épistolaires, fréquents, dépassent la simple politesse. Il l'invite à plusieurs reprises dans la propriété qu'il a acquise à Mortefontaine, près de Compiègne, d'où elle revient à chaque fois enchantée. Joseph, frotté de culture littéraire, écrivain à ses heures, sait, en compagnie de sa femme, « Madame Julie », se montrer un hôte attentionné. Lors d'un de ces séjours, Germaine captive les invités par la lecture d'une nouvelle, dont elle ne connaît guère l'auteur, *Atala*. Elle ne savait de Chateaubriand que ce que cet ami de Fontanes avait écrit méchamment sur *De la littérature*, sans du reste signer de son nom qui figurait sur la liste des émigrés, mais par un énigmatique : « auteur du *Génie du Christianisme* », ce qui était anticiper d'une année ou presque sur la sortie de ce livre. Mme de Staël s'était plainte auprès de Mme de Beaumont, l'amie de l'auteur, qui l'avait consolée et rassurée. Du reste, la rancune n'est pas le fort de Mme de Staël : elle contribue même, en s'adressant à Fouché, à faire rayer le nom de Chateaubriand de la fameuse liste des émigrés. Joseph, qui sympathise avec elle, sait plaider pour elle auprès de Napoléon si souvent hargneux à son endroit.

Cependant, l'attentat de la rue Saint-Nicaise sert de prétexte à Bonaparte pour prendre des mesures d'exception. Avant de connaître les coupables, le pouvoir consulaire décide que ce sont les Jacobins, dont il importe de se débarrasser. Une liste de proscription, dressée par le ministre de la Police Fouché, atteint 130 suspects, dont bon nombre de républicains notoires, qui sont condamnés à la déportation, avec l'approbation du Sénat, comme « mesure conservatrice de la Constitution ». Qui plus est, à la fin de janvier 1801, un projet de loi est présenté à l'examen du Tribunat, aux fins de créer un tribunal spécial, mi-civil mi-militaire, statuant sans jury, sans appel et éventuellement de manière rétroactive sur le sort d'accusés assez mal définis, y compris les manifestants des « rassemblements séditieux ».

Le 25 janvier, le projet présenté au Tribunat, après avoir été approuvé en commission, provoque une intervention acérée de Constant, qui en conteste le contenu, point par point, et en appelle au respect de la Constitution : « Ce sera donc de l'arbitraire d'un seul agent du Gouvernement, nommé et révocable par lui, qu'il dépendra de priver un citoyen accusé d'un crime, du bénéfice des formes ordinaires et de l'institution des jurés. » Pour le respect des « formes », contre l'« arbitraire », Constant est dans la continuité de son combat libéral en faveur de l'État de droit et contre le pouvoir discrétionnaire de l'exécutif. « Le rapporteur oublie, dit-il encore, qu'il existe une qualité plus indispensable pour des juges que l'âge, les études et la profession ; une qualité qui fait la base de l'ordre judiciaire ; une qualité sans laquelle les tribunaux ont toujours passé pour des instruments de vengeance et de vexations. Cette qualité, c'est l'indépendance. » Il poursuit sa démonstration dans un discours implacable, et se hasarde à conclure par un cri : « Eh bien ! je n'hésite pas à le dire, si le projet que l'on vous propose est adopté [...], la Constitution sera violée, l'institution des jurés détruite, l'arbitraire organisé. » Ce grand discours, qui mérite de figurer dans le livre d'or des défenseurs de la liberté, a reçu l'approbation d'une bonne minorité de tribuns : 41 voix suivent Constant contre 49 voix favorables au projet, tandis qu'au Corps législatif on compte 88 voix contre et 192 pour. Rage de Bonaparte ! « Ils sont là douze à quinze métaphysiciens, tous bons à jeter à l'eau : c'est une vermine que j'ai sur mes habits, mais je la secouerai. » Mme de Staël est prévenue : qu'elle cesse d'inspirer au tribun Constant ses « sarcasmes » et « suppositions insensées ». Comme on le verra plus loin, le Premier Conseil, qui veut la mortifier, n'hésite pas à lui faire grief de l'état de « misère » où elle laisse végéter son mari. Mais son siège est fait : tout en prenant les mesures de sauvegarde qu'elle peut, reposant sur son amitié pour Joseph Bonaparte et le consul Lebrun, Mme de Staël voit bien où va ce régime : « Nous allons à la monarchie », écrit-elle, attristée, en avril à Du Pont de Nemours – l'ami qui s'est installé aux États-Unis et avec lequel elle est en relations d'affaires, à la suite des investissements qu'a faits son père en Amérique.

Au même, un peu plus tard, elle confie son hostilité au Concordat que prépare Bonaparte dans une volonté de paix religieuse. Au lieu d'établir le respect de *toutes* les religions, il redonne sa primauté à l'Église romaine : « Nous allons avoir des évêques et des curés, une religion dominante. Comment voulez-vous que la religion catholique telle qu'elle est puisse jamais s'accorder avec la liberté ? Si on avait laissé des évêques, ce n'était rien, mais en faire revenir ! » Le pouvoir personnel et le clientélisme de Bonaparte lui deviennent insupportables : « Bonaparte est très stable dans ses choix ; il a senti avec raison qu'un gouvernement qui n'était pas fondé sur les institutions devait l'être au moins sur les hommes et il n'en change point. Personne cependant ne regarde ceci comme stable parce que la France est en rente viagère sur la tête de Bonaparte et que cette idée ne lui déplaît pas. »

À la mi-mai 1801, elle quitte Paris pour Coppet en compagnie de son fils Auguste. Benjamin l'accompagne pendant le voyage avant de rentrer à Paris. En route, ils font halte au château de Lagrange en Seine-et-Marne, chez le marquis et la marquise de La Fayette. Anna Lindsay, elle, n'a guère apprécié l'escapade de son amant avec Germaine. Crise de jalousie : « Vous étiez plus que jamais attaché à Mme de Staël. Votre ami Touquet dit à qui veut l'entendre que le jour où vous avez dîné chez lui avec elle vous la regardiez avec une avidité inconcevable que vous sembliez dévore. de vos yeux tout ce qui l'approchait. » Et d'ajouter : « C'est un éternel adieu que je vous fais. » Effondré, Benjamin lui jure « le besoin » qu'il a d'elle, et qui le « dévore ». Ils se reverront, mais leur idylle paraît bien compromise. Oppressé entre deux jalousies qui l'étouffent, il se résignera à une simple amitié entre Anna et lui.

À Coppet, près de son père, Germaine s'occupe de ses enfants et de son roman. Elle s'est mise à apprendre sérieusement l'allemand auprès du précepteur de ses fils, Gerlach. Elle entretient avec soin sa correspondance avec ses amis Fauriel, Hochet, Adèle Pastoret, Gérando, Du Pont de Nemours… Elle leur résume sa situation : « Je ne me plais pas beaucoup ici, le bonheur excepté (*sic*) : le pays me paraît plus insipide que jamais et j'ai bien sollicité mon père de revenir en France. J'écris mon roman avec zèle. »

C'est de cet été 1801 que date la première lettre connue de Mme de Staël à Juliette Récamier. Les deux femmes s'étaient rencontrées en juillet 1799 [Herriot, le biographe de Mme Récamier, dit « fin 1798 »] et avaient noué un début d'amitié semée de fleurs qui devaient embaumer souvent la vie de Mme de Staël. Celle-ci, prise sous le charme – comme tant d'autres ! – de celle qu'elle appelle la « belle Juliette », de onze années sa cadette, l'avait introduite dans la société littéraire. Mme de Staël présida chez elle, en cette année 1801, à la première rencontre entre Mme Récamier et Chateaubriand, qui en a laissé le récit dans ses *Mémoires d'outre-tombe*. « Au milieu de tous

[vos] succès, lui écrit-elle le 9 septembre, ce que vous êtes et que vous resterez, c'est un ange de pureté et de beauté. »

Benjamin est venu la rejoindre à la fin de juillet, pour rester auprès d'elle jusqu'aux environs de la mi-octobre. Leur entente est devenue chancelante, mais leur complicité intellectuelle demeure. Juste après le retour de Constant à Paris, elle écrit à son ami Meister une lettre qui est bien dans le ton des propos de Benjamin. On parle de la paix prochaine avec l'Angleterre ; les Anglais s'en réjouissent ; les Français restent comme indifférents : « Bonaparte, très en colère de l'impassibilité de Paris, a dit à ses courtisans réunis : "Que leur faut-il donc ? Que leur faut-il donc ?" Et personne ne s'est levé en pied, ou assis s'il était debout, pour lui dire : "La liberté, citoyen Consul, la liberté !" »

En novembre, elle rentre à Paris, non sans avoir tenté de convaincre une nouvelle fois son père de l'accompagner. Il n'a toujours pas récupéré les deux millions que le Trésor français lui doit, et puis cela devient insupportable au père comme à la fille cette séparation annuelle. Mais Necker répugne, lui, l'ancien ministre de Louis XVI, à se retrouver au milieu des courtisans astiqués de Bonaparte... Et puis, comme le note l'ami Meister, il se déplace difficilement, tant « le volume de tout son corps et surtout celui de ses jambes [est] d'une énormité effrayante ». C'est, à chaque séparation, une douleur, un arrachement pénible, comme si Germaine s'était départie d'un morceau de son cœur, au point qu'à peine partie, dès l'étape de Morez, elle lui écrit : « Ah ! j'ai pour toi le plus tendre, le plus passionné des sentiments ; veux-tu l'empoisonner par le malheur ? »

Elle toupille de nouveau dans les turbulences de la vie parisienne, dans la cacophonie de son salon, où les notes d'un andante le disputent au cliquetis des mots ; elle se réserve les conversations plus intimes pour ses déjeuners et ses dîners, où sont conviés Juliette Récamier, Benjamin Constant, Narbonne... Elle continue à soigner ses relations avec Joseph Bonaparte, qui à Lunéville puis à Amiens s'occupe de la paix avec l'Angleterre ; elle lui fait la chronique ; lui prodigue ses amitiés. Chez elle ont pris leurs habitudes des ministres comme Fouché et Berthier, les consuls Cambacérès et Lebrun. Mais tout cela n'empêchera pas le châtiment que Bonaparte réserve à Constant et à quelques autres libéraux. En janvier 1802, elle apprend que le renouvellement du Tribunat ne se fera pas par tirage au sort mais sur la décision d'une commission installée par le Premier Consul. Bonaparte a donné ses instructions : « Je vous prie, écrit-il à Cambacérès, de tenir la main à ce qu'on nous débarrasse exactement des vingt et soixante mauvais membres que nous avons dans les autorités constituées. » Benjamin Constant, qui avait su incarner la résistance à l'arbitraire, est nécessairement sur la liste.

Les liens qu'il a avec Germaine sont notoires, et son salon passe pour abriter l'état-major de l'opposition. Au printemps 1802, elle est compromise par des ragots sur la préparation d'une conspiration, de mèche avec le général Bernadotte, dont elle a fait la connaissance. Il n'en existe aucune preuve, mais ses liaisons dangereuses avec tous ceux qui résistent à la dictature naissante de Bonaparte font d'elle une cible privilégiée, d'autant qu'elle prononce des mots sans équivoque auxquels s'ajoutent tous ceux que la rumeur lui prête contre le régime. En janvier, le Premier Consul a appris qu'elle l'a qualifié d'« idéophobe ». Bonaparte appelle ses deux frères alors qu'il prend son bain et les gourmande de défendre une telle femme. Joseph lui assure qu'il n'a jamais entendu pareil mot dans sa bouche : « Cela sent sa Madame de Staël d'une lieue, interrompt le Premier Consul. C'est gentil. Ah ! Elle veut la guerre… Idéophobe ! C'est gracieux… Pourquoi pas hydrophobe ? On ne peut pas gouverner avec ces gens-là », et il frappe l'eau du bain avec son poing, éclaboussant Joseph de la tête aux pieds. « Avertissez bien cette femme, conclut-il, tandis qu'un valet sèche son interlocuteur aspergé, que je ne suis ni un Louis XVI […] ni un Barras. Conseillez-lui de ne pas prétendre à barrer le chemin […] où il me plaira de m'engager, sinon je la romprai, je la briserai. » On n'humilie pas impunément Bonaparte. Elle le paiera cher.

La nuit de Poligny

Mme de Staël a été apitoyée par la déchéance de son époux. Le 19 mars 1801, Bonaparte, furieux contre Constant et sa « complice », avait vidé sa colère dans une lettre à Joseph pour qu'il sache bien la vraie nature de cette femme qu'il fréquentait : « M. de Staël est dans la plus profonde misère, et sa femme donne des dîners et des bals. Si tu continues à la voir, ne serait-il pas bien que tu engageasses cette femme à faire à son mari un traitement, de 1 000 à 2 000 francs par mois ? Ou serions-nous déjà arrivés au temps où l'on peut, sans que les honnêtes gens le trouvent mauvais, de fouler aux pieds, non seulement les mœurs mais encore les devoirs plus sacrés que ceux qui réunissent les enfants aux pères ? » Joseph avait transmis le propos à Germaine, qui en avait été indignée. Non ! L'ancien ambassadeur n'avait jamais été abandonné ni par elle ni par son père. Pour répondre à son accusateur, elle fit au Premier Consul une réponse aussi ferme qu'argumentée par l'intermédiaire de Lebrun :

« 200 mille livres, le tiers de ma dot, ont déjà été consacrés à payer les dettes de M. de Staël, les deux autres tiers formant vingt mille livres de rente sont placés sous le nom de mon père. Je ne dispose que du revenu. J'offre à M. de Staël de le partager en se réunissant à moi et à mes enfants. S'il y consent je mettrai, comme je l'ai toujours fait, mes soins à le rendre heureux. Mon père a donné vingt mille francs à M. de Staël depuis trois ans, il lui offre dans ce moment encore deux mille écus pour se rendre en Suède où des affaires importantes l'appellent depuis longtemps. Il a dix mille livres de pension de la cour payables à Paris et vingt mille s'il veut résider en Suède. Son revenu serait alors précisément égal au mien et l'entretien et l'éducation de mes enfants ne regardent que moi. Depuis leur naissance à tous les trois j'en ai seule été chargée. [...] Mon père offre à M. de Staël un asile à Coppet sans aucun frais quelconque et depuis cinq ans il n'a pas été une seule fois le voir. M. de Staël, par la facilité de son caractère, s'est abîmé de dettes à un tel excès que ma fortune entière ne suffirait pas pour les payer quand je mettrais mes enfants et moi à l'hôpital. Il a fait entre autres 8 mille livres de pension à Mlle Clairon ; comment pourrais-je suffire à la moitié de ses engagements ? »

Rappelant que c'est son époux qui a renoncé à vivre avec elle, elle assure à Lebrun qu'elle est toujours prête à « se réunir à M. de Staël ». Il n'est cependant que temps de régler officiellement la séparation de fait par une séparation de biens. On négocie les arrangements ; Éric-Magnus marchande une pension, le paiement de ses dettes. À peine ces dispositions ont-elles été fixées sur papier timbré devant notaire que la vieille Clairon, à laquelle le baron versait une pension devenue impayée, lui expédie exploits d'huissier et menaces de saisie. L'imprévoyance ne suffisait pas à l'accabler : la maladie l'enfonce un peu plus dans la déréliction. Il subit plusieurs attaques et la paralysie menace. Mme de Staël ne l'a pas abandonné ; elle est venue le soigner. Au printemps 1802, elle confie à Nils von Rosenstein, ami de l'ancien ambassadeur : « Je regardais la triste histoire de mes relations avec M. de Staël comme terminée, lorsqu'il est tombé dans un état de santé, dans un affaiblissement de tête qui ne m'a pas permis de garder le souvenir du passé, j'ai pris la direction de lui et de ses affaires. [...] Il est hors d'état en ce moment d'entreprendre le voyage de Suède, mais après deux mois de séjour aux eaux où je le mène, j'espère qu'il pourra s'y rendre et je vous demande alors d'intéresser le roi à sa destinée, de réunir ses amis pour le recevoir et le protéger. » Elle s'avise de l'accompagner d'abord à Coppet, d'où son père, qu'accablent les créanciers de l'ancien ambassadeur, lui fait savoir que cette solution ne lui plaît guère et qu'elle est trop sentimentale. N'importe ! le pauvre Éric lui fait pitié : « Il a fait beaucoup de fautes, M. de Staël, mais il est bien malheureux ; je suis revenue à lui à cause de son malheur. »

La petite équipée, suivie à quelque distance par Benjamin Constant, fait étape à Poligny, dernier relais avant la frontière suisse, pour y passer la nuit. Le lendemain, M. de Staël est si faible que, décidant de prendre une journée de repos là où ils sont, elle ne quitte pas son chevet, s'occupe de tous les détails, comme en témoigneront les aubergistes Poilevey. Deux jours passent encore, l'état du malade est stationnaire, mais dans la nuit du samedi 8 au dimanche 9 mai, M. de Staël s'endort à tout jamais vers 3 heures. À cinquante et un ans, c'est dans les bras de sa femme qu'il achève pathétiquement une vie qu'il avait rêvée grandiose, qui avait eu ses heures de gloire.

Cette mort cause à Germaine une douleur plus vive, dira-t-elle, que toutes celles qu'elle avait pu connaître précédemment. Cette agonie dans une hôtellerie, cette fin si triste la culpabilisent. Jamais, sans doute, n'aurait-elle dû épouser cet homme qu'elle n'a jamais aimé ; les convenances, la religion, les parents en avaient ainsi décidé et elle s'était laissé imposer, comme à toutes les femmes de son époque, cette union sans joie. Les bonnes manières de l'époux, sa prestance, et son titre d'ambassadeur n'avaient suffi à combler ni la passionnée ni le bel esprit qu'elle était. Il n'avait jamais été à sa mesure, dépassé par le rôle qui lui avait été assigné par le sort. Le paradoxe veut qu'à l'exemple de ses parents, si tendrement liés, elle a toujours nourri l'idéal de l'amour conjugal. C'est un beau raté ! Mais, à cette heure du tombeau pour lui, elle s'adresse le reproche de n'avoir pas su ou voulu faire ce qu'il fallait pour rendre leur couple possible, voire de « n'avoir pu le rendre heureux quelque temps ». La mort confesse les survivants et les met à genoux.

Delphine fâche

Un autre malheur frappe Mme de Staël, la mort de Christian-Guillaume Gerlach, le précepteur de ses enfants et son professeur d'allemand, qu'elle aimait tendrement, emporté le 19 mai 1802 par une « fièvre bilieuse ». Il lui faut chercher un successeur.

Les nouvelles de Paris lui confirment les menaces de dictature. En juin, les Français avaient eu à répondre à la question posée au plébiscite : « Napoléon Bonaparte sera-t-il consul à vie ? » Avec lucidité, Mme de Staël disait à son ami Meister : « Il faut encore deux pas : l'hérédité et la couronne impériale. » Les résultats du plébiscite n'étaient pas encore connus lorsque, le 20 juin, est publiée une brochure anonyme intitulée *Vrai Sens du vote national sur le Consulat à vie.* L'auteur en est Camille Jordan, ami de Germaine de Staël, ancien député aux Cinq-Cents, exilé à Weimar avant de revenir en France après le coup d'État. Sans donner d'explicite consigne de vote, ce manifeste défend les principes d'un régime de liberté contre l'instauration d'un pouvoir personnel sans contrôle. Mme de Staël s'enthousiasme ; la brochure est saisie ; l'intermédiaire entre Jordan et son imprimeur est arrêté… Alors Jordan se déclare l'auteur de la brochure, mais évite finalement les poursuites pour avoir écrit au début de son texte : « J'ai voté pour le Consulat à vie… » Les journaux bonapartistes l'attaquent ; la brochure, qui reste interdite, circule sous le manteau. À Paris, le *Journal des défenseurs de la patrie* insinue qu'il a été « subjugué » par la philosophie de Mme de Staël. Celle-ci s'indigne encore au mois d'août : après l'annonce officielle des résultats le 2, un sénatus-consulte, deux jours plus tard, instaure une nouvelle constitution, dite de l'an X, qui accroît sensiblement les pouvoirs de Bonaparte. De Paris, elle apprend qu'elle risque d'être arrêtée : « S'il me renvoyait de France, écrit-elle à Hochet, j'irais en Angleterre, et certes là je lui serais plus importune que, solitaire et tremblante, à Paris, comme chacun doit l'être. »

Nombreux sont ceux qui s'inquiètent alors sans oser forcément le dire de la dérive monarchique du régime. Parmi eux se trouve Necker. Dans son dernier ouvrage, les *Dernières vues de politique et de finance*, paru pendant l'été, il observait l'échafaudage monarchique et proposait une nouvelle Constitution, ce qui n'était pas fait pour se concilier les grâces du Premier Consul. Necker est vilipendé dans la presse aux ordres : « Heureux homme, qui a pu contribuer puissamment à tant de malheurs sans en ressentir aucun ; heureux homme qui n'a jamais versé de larmes que la plume à la main », lit-on dans *Le Mercure*, qui ajoute : « Nous sommes partisans du gouvernement d'un seul, parce que nous n'avons connu toute l'horreur du despotisme que sous le gouvernement de plusieurs. » Bonaparte, à qui Necker avait envoyé sa brochure, ne décolère pas contre cet ancien ministre de Louis XVI qui ose écrire ce que d'aucuns pensent en silence, la marche de Bonaparte vers un pouvoir monocéphale.

Derrière cet ouvrage, que Necker était pourtant bien capable d'écrire tout seul, le Premier Consul croit discerner l'inspiration de Mme de Staël. Maîtresse – à cette date – de ce petit jeu, celle-ci s'en réjouit et écrit à Lacretelle : « Il me craint. C'est là ma jouissance, mon orgueil... », ajoutant toutefois : « Et c'est là ma terreur. » Au premier chef, elle craint d'être une fois encore proscrite, exclue, interdite, exilée. Une lettre du consul Lebrun à Necker est explicite : « Des propos échappés à Mme de Staël, les démarches plus qu'indiscrètes de gens qu'on sait être ses confidents les plus intimes, l'ont convaincu [Bonaparte] qu'elle avait travaillé votre opinion et influé sur votre ouvrage. » La menace est claire ; elle devient brutale dans la bouche du Premier Consul, comme on le lit dans les *Œuvres* de Roederer : « Jamais la fille de M. Necker ne rentrera à Paris. »

La publication de son roman, *Delphine*, en décembre 1802 achève d'exciter la fureur du consul à vie contre l'écrivain. Mme de Staël avait déclaré à qui voulait l'entendre qu'elle en avait assez de la politique et que, si elle avait donné à l'intrigue de son roman le cadre de la Révolution (entre avril 1790 et octobre 1792), elle s'était gardée d'en analyser les épisodes, il n'empêche : son récit et le personnage de Delphine célèbrent la liberté individuelle, que Bonaparte voudrait étouffer. « Maintenant, écrit-elle le 5 novembre 1802 à Du Pont de Nemours, la position est simple : je ne me mêle de rien, je n'écrirai sur rien, mais jamais mon cœur et mon esprit n'ont été plus pénétrés et plus convaincus de l'amour de la liberté. »

Delphine est un roman épistolaire, à la manière de *La Nouvelle Héloïse* ou des *Liaisons dangereuses*, mais aussi de *Clarisse Harlowe*, le roman de Samuel Richardson paru en 1748, et dont l'abbé Prévost avait donné une traduction assez lâche mais qui avait eu un grand succès. Comme dans *Clarisse*, mais aussi comme dans *Werther*, qu'elle aime tant, Germaine de Staël narre l'histoire d'un être dont le bonheur est rendu impossible par la tyrannie de l'opinion. *Delphine*, l'histoire d'une jeune veuve dont l'amour pour Léonce est interdit par les préjugés de la société et de la religion, et qui s'achève par le suicide de l'héroïne et la mort du héros. Un gros roman qui entrelace plusieurs intrigues, confronte plusieurs destinées, et transpose dans l'univers psychologique et moral les grands débats politiques de la Révolution. Une idée domine : l'échec amoureux est plus tragique après la Révolution qu'avant. À nos yeux, ces deux cent treize lettres sont d'un poids excessif pour faire de ce roman un chef-d'œuvre. Mais la personnalité de l'auteur, la sensibilité du siècle, la peinture vive des sentiments leur ont assuré un succès immédiat et posé Mme de Staël, définitivement, comme l'un des grands écrivains de l'époque, l'année même où Chateaubriand faisait pleurer les âmes pieuses ou en mal de piété avec son *Génie du christianisme*.

Le roman est publié à une quinzaine de jours d'intervalle en décembre 1802, d'abord à Genève, chez Paschoud, puis à Paris par le libraire Maradan, auquel elle avait livré les épreuves de l'édition suisse non sans abondantes corrections et modifications. C'est à cette édition parisienne en trois volumes plus conforme à ses souhaits qu'elle se réfèrera.

Roman d'amour tragique, roman de mœurs, roman sensible, *Delphine* n'en apparaît pas moins comme un roman anticonformiste au moment où la France, épuisée par les dix années révolutionnaires, s'en remet à un chef suprême. Trop de traits dans le livre témoignent de sa résistance à la grande remise en ordre de la société. Le personnage de Delphine, auquel Germaine de Staël prête beaucoup d'elle-même, est à lui seul une provocation pour le nouveau tuteur de la nation : fille des Lumières, rétive au catholicisme, acquise aux principes de 1789, bravant l'opinion, désireuse de vivre conformément à sa raison et à ses sentiments, opposant les droits de l'individu aux conventions, elle tombe victime d'une mise à mort sociale, par étouffement.

Le Premier Consul ne s'était sans doute pas donné la peine de lire tout l'ouvrage, mais on sut lui faire connaître les passages les plus susceptibles de déclencher sa fureur. Il y avait la question du divorce, établi en France en 1792, et rejeté par la société dominante, et alors que le Code civil en voie d'élaboration faisait du mariage le fondement de la société. Un personnage du roman, Lebensei, inspiré en partie par Benjamin Constant, défend le principe du divorce qui permettrait à Delphine d'épouser Léonce enchaîné par un mariage malheureux : « L'indissolubilité des mariages mal assortis prépare des malheurs sans espoir… » Lebensei, qui écrit ces mots à Delphine, se réjouit de la décision de l'Assemblée constituante de décréter le divorce, « j'en ai vu la loi, j'en suis sûr », et « au milieu d'une société civilisée qui introduit les mariages par convenance, les mariages dans un âge où l'on n'a nulle idée de l'avenir, lorsque les lois ne peuvent punir, ni les parents qui abusent de leur autorité, ni les époux qui se conduisent mal l'un envers l'autre, en interdisant le divorce, la loi n'est sévère que pour les victimes […] ; elle semble dire : "Je ne puis assurer votre bonheur, mais je garantirai du moins la durée de votre infortune" ». L'humanité l'emporte sur la rigidité des idées reçues.

Il y avait la question du suicide, qui, comme l'apologie du divorce, heurtait les belles âmes catholiques. Provocation encore pour Bonaparte qui venait de signer le Concordat faisant du catholicisme la « religion de la majorité des Français » et redonnant au clergé un pouvoir de contrôle social qu'il avait perdu sous la Révolution. Mme de Staël, de famille protestante mais de foi déiste à la manière du vicaire savoyard de Rousseau, avait vu dans cette restauration officielle de l'Église une menace pour les libertés individuelles. Elle écrivait à Suard, le 4 novembre : « Je vous dis à vous seul que je crois le roman un peu anti-catholique, point politique, il n'en est pas question, mais des situations mettent la religion du cœur au-dessus du catholicisme. » C'était aller à contre-courant des nouveaux élans du catholicisme dont Chateaubriand venait de louer la force créatrice dans son *Génie du christianisme*. Le roman au contraire dépeignait les adeptes de la religion romaine comme des fanatiques, notamment Matilde, l'épouse de Léonce, et les prêtres comme des tyranneaux impitoyables. Croire, oui, mais refuser la superstition, les mystères, les dogmes qui figent le catholicisme dans l'étau des croyances impossibles et des interdits sans pitié.

Une fois encore, c'est Lebensei, porte-parole de Mme de Staël et de Benjamin Constant, qui accable le catholicisme : « La religion catholique est la seule qui consacre l'indissolubilité du mariage, mais c'est parce qu'il est dans l'esprit de cette religion d'imposer la douleur à l'homme sous mille formes différentes, comme le moyen le plus efficace de son perfectionnement moral et religieux. » On ne s'étonne pas de l'éloge qui suit du protestantisme : « La religion protestante, beaucoup plus rapprochée du pur esprit de l'Évangile que la religion catholique, ne se sert de la douleur ni pour effrayer ni pour enchaîner les esprits. Il en résulte que dans les pays protestants en Angleterre, en Hollande, en Suisse, en Amérique, les mœurs sont plus pures, les crimes moins atroces, les lois plus humaines ; tandis qu'en Espagne, en Italie, dans les pays où le catholicisme est dans toute sa force, les institutions politiques et les mœurs privées se ressentent de l'erreur d'une religion, qui regarde la contrainte et la douleur comme le meilleur moyen d'améliorer les hommes » (IVe partie, Lettre XVII). La ligne de démarcation est fixée.

Contre Chateaubriand, dont elle loue dans sa préface l'« imagination originale, extraordinaire, éclatante », elle défend l'idée que les « progrès de l'esprit humain en général » se sont manifestés dans la littérature bien après la naissance du christianisme. Le tour dogmatique pris entre-temps par le catholicisme a stérilisé la création : « Rien n'est plus contraire à l'imagination, comme à la pensée, que les dogmes de quelque secte que ce puisse être. » On ne saurait trop insister sur l'anticatholicisme de Mme de Staël. Née protestante, adepte de la religion naturelle, elle ne serait pas devenue l'écrivain qu'elle est, elle n'aurait pas joué le rôle qu'elle joue, si elle avait vu le jour dans une famille catholique. Joseph de Maistre, qui respectait sa personne et détestait ses idées, y verra la source de son « malheur » : « Je ne connais pas de tête aussi complètement pervertie ; c'est l'opération infaillible de la philosophie moderne sur toute femme quelconque, mais le cœur n'est pas mauvais du tout. » Ce fut aussi, n'en déplaise à l'écrivain traditionaliste, l'inspiration de son esprit éclairé.

Tout le roman de Mme de Staël est écrit sous l'astre d'un amour passionné : celui de la liberté. À cette lumière, la condition des femmes est dénoncée ; elles sont les premières victimes des normes et des préjugés imposés par la société. En épigraphe, elle a inscrit un apophtegme inspiré par une phrase de sa mère : « Un homme doit savoir braver l'opinion, une femme s'y soumettre. » Telle est la norme haïssable qui interdit la liberté aux femmes, et particulièrement aux femmes supérieures. Quant à elle, que les critiques de parti le sachent : ce roman n'est pas écrit pour eux ; il s'adresse à « la *France silencieuse* mais éclairée, à l'avenir plutôt qu'au présent ». L'appel à la contestation, fût-elle muette ; l'appel à l'avenir, fût-il lointain – il y avait du manifeste dans cette fin de préface qui ne pouvait qu'irriter furieusement Bonaparte.

La presse qu'il stipendie entreprend la démolition du livre, dont l'auteur est vouée aux gémonies. Chateaubriand, qui lui explique dans une lettre qu'il ne pourra pas rendre compte de son roman parce qu'elle-même avait refusé d'écrire sur son propre livre (« Passe-moi la rhubarbe, je te passe le séné »), lui écrit néanmoins : « Je tremble que vous ne tombiez entre des mains ennemies, qui chercheront à vous blesser de toutes manières. Je vais faire tous mes efforts pour prévenir le malheur, mais si mon zèle est grand, mon crédit est peu de chose, et je crains bien que la haine et l'esprit de parti l'emportent sur la chaleur de l'amitié. »

René avait vu juste ; on assiste à un déchaînement. Dans le *Mercure*, Fievée, chien de garde du régime, se livre à une agression inouïe. Assimilant Mme de Staël, cette « commère », à la cohorte des « femmes malheureuses » qui ont à « se plaindre de tout le monde », il écrit : « Regardez-les : elles sont grandes, grosses, grasses, fortes ; leur figure enluminée de trop de santé n'offre aucune des traces que laissent toujours après elles les peines qui viennent du cœur. C'est qu'en effet elles n'ont jamais éprouvé d'autre chagrin que celui-ci de l'amour-propre humilié ; en un mot, ces femmes sont tout bonnement des égoïstes exaltées. » *Le Journal des débats* flétrit « les principes très faux, très anti-sociaux, très dangereux » de l'auteur, qui « calomnie la religion catholique sans la connaître ». Le *Journal de Paris*, un peu plus digne mais tout aussi fielleux, s'en prend, lui, à l'anglophilie de Mme de Staël. Un peu plus tard, celle-ci doit encore subir les moqueries de sa rivale, Mme de Genlis, qui lui consacre sa nouvelle *Mélanide ou la femme philosophe*. Au Vaudeville, deux pièces satiriques, *Delphine ou l'opinion*, de Dupaty, et *Colombine*, de Radet, seront présentées au printemps 1803, aussi piètres l'une que l'autre.

Il y a des compensations. Comme pour ses publications antérieures, Mme de Staël a le plaisir de voir son nouvel ouvrage défendu par *Le Publiciste* (Hochet), par *La Décade philosophique* (Ginguené), mais aussi par *Le Citoyen français*, où paraît le 10 janvier 1803 le compte rendu de Benjamin Constant, qui lui rend en conclusion un bel hommage :

« Notre but n'est pas de faire l'apologie de l'ouvrage de madame de Staël ; elle s'était déjà signalée par des écrits d'un mérite supérieur. Celui-ci ne peut qu'ajouter à sa réputation littéraire. Nous ne connaissons point d'ouvrage de femme qui puisse lui être comparé ; et de toutes les productions de son auteur, celle-ci nous paraît fonder encore son plus beau titre à la gloire ; aussi les ennemis par instinct de tout ce qui mérite de l'obtenir s'acharnent-ils, avec un zèle particulier, contre cet ouvrage. Nous avons donc pour le juger favorablement, outre notre opinion personnelle, la haine de ses ennemis, qui est, pour ainsi dire, une seconde conscience, et sur laquelle on peut compter presque aussi infailliblement que sur l'autre. »

La brochure de Camille Jordan, l'ouvrage de Necker, le roman de Germaine de Staël, c'en est trop pour la patience très limitée de Bonaparte. Ces libéraux sont des ennemis déclarés ; cette femme, qui ne sait rester à sa place, un auteur dangereux, antisocial, immoral. La discipline sociale et l'autorité politique qu'entend faire régner le Premier Consul s'accordent mal avec l'esprit d'indépendance. Il construit une société d'obéissance, appuyée sur l'ordre moral, la religion catholique, le Code civil. Pour lui, elle est un agent de trouble ; il se promet de la neutraliser.

13

L'enchantement de Weimar

De Coppet, Mme de Staël observe le renforcement progressif du pouvoir consulaire. Bonaparte, Premier Consul, peut certes se prévaloir d'être un despote éclairé, fondateur du Code civil, des lycées, et présidant à un renouveau de la vie économique, mais en pratique il dispose de pouvoirs supérieurs à ceux de feu Louis XVI. Sa férule se fait de plus en plus sentir. Il a l'initiative des lois, le droit de grâce, le droit de conclure les traités ; il désigne les sénateurs et tous les fonctionnaires – notamment les préfets, instruments de l'autorité centrale –, il préside le Sénat, tandis qu'il a réduit le Tribunat, seule assemblée consultative, à 50 membres ; il contrôle l'opinion par une presse stipendiée : la puissance de Bonaparte connaît peu de limites. Il a même l'idée de s'attacher une nouvelle noblesse en créant la Légion d'honneur, pour vassaliser une clientèle de bons serviteurs : « C'est avec des hochets qu'on mène les hommes. » Avec des hochets et avec une bonne police.

À l'extérieur, la paix d'Amiens est rendue fragile par ses initiatives tous azimuts, au rang desquelles figurent le rétablissement de l'esclavage aux Antilles, la capture de Toussaint Louverture, le Spartacus noir de Saint-Domingue (qui mourra en France au fort de Joux), la vente de la Louisiane aux États-Unis. En Europe, annexions et occupations militaires se multiplient en Italie ; en février 1803, il se met à la tête de la République helvétique avec le titre de médiateur.

Le même mois, il réorganise l'Allemagne, avec l'accord de la Prusse et de la Russie, et la place sous sa tutelle. Les frictions, de plus en plus nombreuses, entre la France et l'Angleterre entraînent au mois de mai une reprise de la guerre.

Malgré cela, Germaine, au début de 1803, envisage toujours son retour en France. Sinon à Paris, où elle est indésirable, du moins dans une maison de banlieue. Saint-Ouen a été vendue à l'automne précédent, mais elle n'aurait pas de mal à louer, à acheter une autre demeure, ou à habiter chez des amis. Pour l'heure, cependant, elle attend que le retentissement du livre de son père et de son roman s'apaise. Benjamin est auprès d'elle, mais leur couple décline comme un coucher de soleil.

Amélie et Germaine

Benjamin Constant s'avise alors d'écrire un journal intime, dont il tire sur les premiers mois, du 6 janvier au 10 avril 1803, le récit de ses balancements affectifs, sous le titre *Amélie et Germaine.* Il y démontre à la fois son extrême indétermination et sa lucidité sur lui-même. Au cours de cet hiver passé en Suisse, entre Coppet et la société de Genève, il caresse de nouveau le rêve de se marier pour ne plus laisser sa vie « sous le gouvernail » de Germaine. On se souvient du portrait de la femme idéale qu'il avait tracé dans une lettre à sa tante, cinq ans plus tôt. Or, occupé de nouveau par une aspiration matrimoniale, il rencontre dans la société de Genève une jeune fille – on disait plutôt à l'époque une vieille fille, puisqu'elle a trente ans –, une Amélie qui pourrait bien faire l'affaire.

Il avoue que, « depuis longtemps », il n'a plus d'amour pour Germaine ; qu'il ne peut plus tenir ce langage de l'amour qu'elle exige de lui ; qu'il est sous sa coupe, subalterne, enchaîné. D'où jaillit cette conclusion qu'un mariage lui préserverait l'amitié de Germaine, mais « il ne sera plus question de liens d'amour ». « Il faut me marier. Mais avec qui ? » Le portrait-robot de l'élue a de quoi faire frémir Mme de Staël : « Mon but, en me mariant, écrit-il le 15 janvier, c'est de trouver de l'amour, et beaucoup plus d'être aimé de ma femme que de l'aimer. Mon cœur, mon caractère et mes sens sont susceptibles d'habitudes. Il me faut donc une femme qui ait des sens [pas comme Germaine !], du goût pour moi et de la douceur de caractère. » Une petite gardienne du foyer auprès de laquelle il trouvera enfin le « repos ». Car il est fatigué : « Depuis 8 ans, Germaine me fait vivre dans un orage perpétuel, ou plutôt dans une complication d'orages. C'est de la politique, c'est de l'exigence d'amour comme à 18 ans, du besoin de société, du besoin de gloire, de la mélancolie comme dans un désert, du besoin de crédit, du désir de briller, tout ce qui se contredit et se complique. Il y a dans Germaine de quoi faire dix ou douze hommes distingués. Elle réunit toutes les qualités les plus éminentes et de l'esprit et du cœur ; mais elle met tous ses amis sur les dents. » Il n'en peut plus ; il demande grâce, et voilà pourquoi, entre deux parties de whist, il lorgne Amélie, qui n'a pas inventé la poudre, dont la figure est acceptable, et qui, surtout, pourrait bien être une femme qui accepte de lui être soumise, de vivre dans sa propriété, sans avoir toujours envie de société : « Une femme doit être la partie douce, légère, gracieuse, consolante, reposante, mais par cela même la partie subordonnée de l'existence commune. » Ce rêve patriarcal pourrait étonner, mais, précisément, le manque d'amarres qui a été de toute sa vie autant que les « orages » qu'il subit de la part de Germaine lui font désirer l'accostage en eau calme.

Donc, Amélie : « Elle n'a point d'instruction, mais je la crois assez disposée à se livrer à celui qui voudrait la caresser. Si on la traitait doucement, ce serait un animal assez fidèle. » Au risque de provoquer la jalousie de Germaine, alarmée de ses desseins. Un moment, il s'est cru libéré de sa vigilance lorsqu'elle est entrée en coquetterie avec un Irlandais de passage, nommé O'Brien. La bonne société genevoise lui a prêté une « intrigue scandaleuse » avec cet homme marié, qu'elle aurait détourné de la fidélité conjugale. Mais non ! Germaine lui fait des scènes : « Scènes sur scènes et tourments sur tourments. Depuis trois jours, Germaine est furieuse et me poursuit tellement d'invectives, de larmes et de reproches que je passe moi-même alternativement de l'indifférence à la fureur et de la fureur à l'indifférence. C'est une relation terrible que celle d'un homme qui n'aime plus et d'une femme qui ne veut pas cesser d'être aimée. »

Il soupe avec Amélie ; il la fait causer ; il avoue : « Je n'ai pas trouvé dans une conversation d'une heure ni une idée ni un sentiment. » Des idées, passe encore ! il l'a dit : lui-même en a assez pour deux. Mais le sentiment ? Car il veut être aimé, Benjamin ! Du moins, cette oie blanche, si légère, n'est pas un fardeau : « Elle n'a pas une idée et ne pèsera jamais un grain dans mes résolutions ni dans ma vie. » Si seulement elle lui manifestait un peu plus d'affection ! Elle ne semble pas repousser le mariage ; la rumeur les marie déjà tous les deux, et l'affaire est presque faite : « J'ai besoin de femmes, Germaine n'a point de sens, je déteste une liaison subalterne. » Les amours faciles ou vénales, il en a assez ; mais être dominé par une femme qui n'est même pas douée au lit, c'est un comble que Benjamin exprime en termes plus distingués.

Mme de Staël n'entend nullement se laisser déposséder de son Benjamin. Elle argumente ; elle lui fait valoir que, si avec elle il a les inconvénients d'une femme « spirituelle et trop célèbre », avec Amélie il connaîtrait ceux d'une « femme médiocre et qui n'en serait pas moins exigeante ou du moins plaintive ». Il écoute, pèse le pour et le contre, s'exclame : « Quelle cruelle chose que l'indécision ! » Il n'aurait pourtant qu'un mot à dire pour qu'Amélie accepte de convoler avec lui, mais il hésite à « braver à la fois le public, qui trouve ce mariage ridicule, et Germaine qui me trouve perfide ». Les vents s'inversent, la girouette grince.

Alors, il songe à fuir, à la campagne, dans le Midi, en Italie, en Allemagne, n'importe où, mais redevenir indépendant. Germaine le rend fou, mais il doit reconnaître l'« étrange ascendant de cette femme sur [lui] » ! Hier, il craignait le tumulte de sa vie, son « joug » tutélaire, ses ennemis qui devenaient les siens. Aujourd'hui, il a peur de « son ressentiment ». Rompre serait scandaleux ; continuer, affreusement douloureux. Tantôt il se rebelle contre la prolongation de son « esclavage » ; tantôt il se sent capable du coup de force contre elle. Incapable de décision, il préfère quitter les lieux. D'ailleurs l'aristocratie des parents d'Amélie s'accommoderait mal de ses idées. Et puis, est-il si vrai qu'il n'aime plus Germaine ? « J'ai passé dix jours en tête à tête avec [elle], écrit-il le 10 avril. Quelle grâce ! quelle affection ! quel dévouement ! que d'esprit ! » Désarçonné, il préfère partir, se retrouver dans sa campagne, réfléchir.

Adieu Amélie ! Au revoir Germaine ! Son rêve de mariage est remis à plus tard ; Mme de Staël a provisoirement endigué la révolte.

Le bannissement

Au cours de ce séjour prolongé en Suisse, Mme de Staël n'a pas seulement à gérer ses amours ; elle s'inquiète de la possibilité qui lui reste de revenir en France. Les nouvelles de Paris sont mauvaises. Le Premier Consul est bien décidé à ne pas laisser y revenir « cette étrangère intrigante » ; si elle s'y risquait, elle serait reconduite aussitôt à la frontière. Au mois de mars, alors qu'elle est décidée à s'en aller coûte que coûte, ses amis Mathieu de Montmorency et Claude Hochet lui écrivent qu'ils tiennent de Lebrun l'interdiction. La santé de son père la retient encore à Genève, mais elle ne veut pas « s'enraciner dans l'exil ». Que lui reproche-t-on ? Le livre de Necker ? Son roman ? « Est-il raisonnable, écrit-elle à Hochet, de ne pas aimer mieux me tenir la patte à Paris, que me lancer à Londres avec de l'esprit et du ressentiment ? »

Elle confie sa détresse à Du Pont de Nemours : « Daignez songer que depuis mon enfance j'ai vécu avec les hommes les plus distingués et parlé des intérêts les plus nobles, et demandez-vous ce qu'il m'en coûte pour entendre discuter du matin au soir si Mademoiselle une telle, qui m'ennuie, épousera Monsieur un tel, qui produit sur moi le même effet. [...] Joignez au dégoût de ce pays un goût extrême pour la France, pour l'esprit français, une grande affection pour mes amis, et ces souvenirs de l'enfance qui rendent la patrie si chère : c'en est assez pour vous faire concevoir que je mourrais ici si j'y étais reléguée. »

Elle plaide encore auprès de Joseph Bonaparte ; lui fait valoir qu'elle doit rentrer, pour les créanciers de son mari qu'il faut dédommager pour l'éducation de son fils aîné et parce qu'en Suisse elle s'embourbe. Elle y vient, elle y reste pour son père, c'est la seule raison : « Je vous donne ma parole que, si le Consul me laisse revenir en France, je me tiens liée d'honneur à ne pas dire un mot, à ne pas écrire une ligne, à ne pas faire une démarche qui puisse lui déplaire. » Elle câline Joseph, lui confirme son affection, sa « tendresse », et lui demande d'obtenir qu'elle puisse revenir sinon à Paris, du moins à quelques lieues de la capitale, ne serait-ce que pour avoir la possibilité de traiter avec les créanciers de feu le baron de Staël.

De son côté, Necker plaide pour elle auprès de Lebrun. Le consul lui fait savoir que sa fille doit prendre patience, que son livre à lui, ses *Dernières vues*, a fortement irrité le Premier Consul. Quel argument ! elle n'y est pour rien, lui répond-il. Benjamin Constant y va de sa lettre personnelle au Premier Consul. Rien n'y fait.

Une éclaircie tout de même dans ses malheurs : à la mi-avril, elle fait la connaissance de deux Écossais, Lord John Campbell, membre de la Chambre des communes, et Robert Robertson, docteur en médecine, qui sont en voyage touristique. Elle trouve son compte à leur commerce ; elle les invite à souper, discute de longues heures avec eux. Elle ressent un goût de plus en plus prononcé pour Robertson tout en appréciant l'amitié de Lord John. Malheureusement, la tension entre la France et l'Angleterre amène le Premier Consul à décréter l'arrestation de tous les citoyens britanniques en âge de porter les armes. Campbell et Robertson, prévenus de la menace, sont invités par Mme de Staël à fuir Genève et à venir s'installer à Coppet. Tous les trois se rendent d'abord à Lausanne, ce qui suscite ce commentaire de Rosalie : « Mme de Staël se distrait le mieux qu'elle peut avec la tourbe d'Anglais que nous avons ici ; elle les a suivis lorsqu'ils ont quitté Genève. » Ils participent à de nombreux soupers ensemble et, après une excursion que font les deux Britanniques aux glaciers de Grindelwald, Germaine les accueille de nouveau à Coppet le 19 juin. Ensemble, dans sa voiture, ils font d'autres excursions en Suisse, accompagnés d'un nouvel ami, Ferdinand Christin, et de son fils Auguste. Cette grande amitié se poursuit dans les semaines qui suivent. Elle aimerait qu'ils s'installent dans sa maison d'Ouchy, mais elle apprend en juillet que Robertson a été arrêté à Genève. Alors, la voilà de nouveau déployant tous ses efforts, comme elle n'a cessé de le faire depuis des années pour ses amis, pour faire délivrer celui pour lequel son cœur bat. Elle espère, en cette affaire, pouvoir compter sur le préfet du Léman, à Genève, Claude-Ignace de Barante, avec lequel elle a noué d'excellentes relations. Est-ce grâce à lui ? Toujours est-il que

Robertson, en raison de sa qualité de médecin, est libéré, comme elle l'apprend le 22 juillet.

Malheureusement, il ne regagne pas Coppet mais part pour l'Allemagne. Elle confie à Lord John sa déception : « Le parti qu'il a pris certainement n'altère pas mon estime pour lui, mais diminue beaucoup l'idée que je m'étais faite de son affection pour moi, par conséquent ma confiance de ses plans futurs pour me revoir. Une telle pensée est douloureuse, car j'ai pris pour Robertson une vive et profonde amitié, et tout ce qu'il m'avait montré de sentiment m'avait presque persuadée qu'un homme pouvait être capable d'une sensibilité telle que je la désire, telle que je la veux pour donner celle que je peux éprouver. » Elle n'hésite pas à lui confier qu'elle avait été prête à lier son cœur à lui « pour toujours ». Elle s'en voudra, le lendemain, de s'être livrée à de tels aveux, son cœur débordait, et elle demande à Campbell d'oublier cet « ébranlement de nerfs ». Ce besoin d'être aimée, jamais satisfait...

Au début de juin, elle a eu le plaisir d'avoir des entretiens avec un homme qui va jouer un grand rôle dans sa vie intellectuelle : Charles de Villers. Celui-ci, qui lui avait écrit après la publication de son ouvrage *De la littérature* et avec lequel elle entretenait désormais une correspondance, est venu discuter avec elle de *Delphine*. C'est par lui, habitant l'Allemagne, traducteur en français d'Emmanuel Kant, et auteur d'une *Philosophie de Kant* en 1801, qu'elle a été véritablement initiée à la littérature et à la philosophie allemandes. Cet émigré d'origine lorraine, ancien officier d'artillerie, s'était installé à Göttingen, où il a été chargé d'un cours de littérature française. Son nom s'inscrira dans l'histoire littéraire comme celui d'un passeur entre l'Allemagne et la France, et l'on verra plus loin quelle aide il apportera à Germaine de Staël à la veille de son voyage en Allemagne. Pour l'heure elle est décidée, après avoir tenté de revenir à Paris, et quoi qu'il en soit, à entreprendre le grand voyage outre-Rhin, continuant son apprentissage de l'allemand. Ce voyage aurait aussi un objectif sentimental, car elle compte retrouver à Francfort et à Berlin ses amis écossais : « Le mois que j'ai passé avec vous deux a été parfaitement heureux, écrit-elle à Campbell ; si vous avez conservé quelques souvenirs de ce temps, recommençons-le. »

La générosité de Mme de Staël est encore à l'épreuve en cet été 1803. Le jeune Ferdinand Christin dont elle avait fait récemment connaissance est arrêté à Genève sur l'accusation d'espionnage au profit de l'Angleterre, sans autre preuve que la diversité de ses fréquentations. Elle lui rend visite en prison, et s'échine à l'en faire sortir, car il est malade ; Barante en donne l'ordre, mais vite, de Paris, le Grand Juge ordonne de nouveau son emprisonnement. Finalement, le Grand Juge décide de faire interner Christin à Paris. Celui-ci garde une reconnaissance émue à Mme de Staël et lui écrira, le 8 février 1805, au moment où il recouvre sa liberté : « Au fort de ma détresse, votre image ne m'a pas abandonné un seul instant. » On ne saurait exagérer cette bonté agissante, cette compassion de tous les instants en faveur de ceux qui souffrent du pouvoir arbitraire, de l'exclusion, de fausses accusations. Elle prend toujours la main qu'on lui tend.

À la fin de l'été 1803, sa résolution est prise : avant l'Allemagne, Paris ! Le 16 septembre, accompagnée par Mathieu de Montmorency et ses enfants Auguste et Albertine, elle quitte Coppet et prend la direction de Morez, dans le Jura, une première étape vers la banlieue de Paris. Quelques jours plus tard, elle s'installe à Maffliers, un village de notre Val-d'Oise, non loin de L'Isle-Adam, dans une maison mise à sa disposition par le notaire Fourcault de Pavant. Dès son arrivée, elle écrit à Bonaparte :

> « Citoyen Premier Consul,
>
> « Ayant eu connaissance l'hiver dernier que mon retour à Paris ne vous était pas agréable, je me suis condamnée, sans aucun ordre direct de votre part, à passer dix-huit mois dans l'exil. Quelques paroles de bonté que vous avez depuis prononcées sur moi et qui me sont revenues m'ont persuadée que cet exil vous paraissait assez long et que vous voudriez bien prendre en considération les intérêts de famille qui rendent mon retour à Paris absolument nécessaire. Je m'arrêterai cependant à une campagne à dix lieues de Paris, ne me permettant pas d'arriver sans savoir votre intention à mon égard. Si je connaissais le genre de prévention que mes ennemis ont essayé de vous inspirer contre moi, je saurais ce que je dois dire pour me justifier, mais je me borne à vous assurer que je ne prononcerai ni

n'écrirai un seul mot relatif aux affaires publiques pendant mon séjour en France. Je ne sais si, née à Paris, rencontrant partout en France des traces honorables de la conduite publique de mon père et des établissements charitables de ma mère, je puis être considérée comme étrangère. Mais je sais que c'est de votre volonté seule que dépend mon séjour en France, et quand je vous prie d'y consentir, je dégraderais mon caractère si je ne remplissais pas fidèlement les conditions qui doivent être la suite d'une faveur, serais-je réduite à demander seulement de passer deux mois dans une campagne, à dix lieues de Paris, pour reposer mes enfants que la fatigue du voyage a rendus un peu malades, et faire avec les créanciers de M. de Staël un arrangement qui me permette d'honorer sa mémoire sans ruiner mes enfants. J'espère que votre bonté et, s'il m'est permis de le dire, votre justice ne se borneront point à ces deux mois. Pourquoi renverseriez-vous la destinée d'une femme qui n'a de sa vie fait de mal à personne ? Pourquoi forceriez-vous une mère à chercher ailleurs que dans sa patrie les ressources nécessaires à l'éducation de ses enfants ? Enfin surtout, à la hauteur où vous êtes placé, pourquoi vos regards tomberaient-ils sur moi, si ce n'est par un sentiment de protection et de bienveillance ?

« Agréez, Citoyen Consul, l'hommage de mon respect. »

Nous n'avons pas la réponse de Bonaparte, mais elle est certainement positive, puisque, dans une lettre postérieure, elle dira au Premier Consul : « Je vivais en paix à Maffliers, avec l'assurance que *vous aviez bien voulu me faire donner que j'y pourrais rester.* » Bonaparte, au début de cet automne 1803, est surtout absorbé par son projet d'attaque contre l'Angleterre, ce qu'on appelle la « descente » – la traversée de la Manche à partir de plusieurs ports français, le camp de Boulogne servant de leurre de fixation. Cependant, la prudence de Mme de Staël ne lui offre qu'une tranquillité précaire. La police du Consul veille, fait des rapports sur les visites qu'elle reçoit, les venues fréquentes de Benjamin Constant, qui n'habite pas loin ; les malveillances de ses ennemis, parmi lesquels se distingue Mme de Genlis, sa rivale, trouvent aisément l'oreille de Bonaparte. En écrivant régulièrement à son père, elle prend soin de séparer les nouvelles qu'elle donne de sa petite famille des commentaires que lui inspire la situation politique : ces lettres-là ne sont pas postées de Maffliers, mais confiées à son éditeur Maradan qui s'arrange pour les expédier en même temps que des livres. Sa soumission à Bonaparte n'est que d'apparence, comme on le mesure dans cette correspondance parallèle.

Elle cramponne toujours Joseph Bonaparte, se plaint de l'injustice dont elle est victime, lui rappelle la dette de l'État à l'égard de son père, les méchancetés inouïes de la presse contre son roman, les pièces jouées contre elle au Vaudeville : « Et tout cela pour quel crime ? Parce que j'ai exprimé, peut-être inconsidérément, mes opinions sur la liberté et la philosophie. [...] Si je jugeais de ma supériorité par l'acharnement de mes ennemis, je devrais en avoir une grande idée. » Et nos contemporains qui connaissent le vocabulaire de Pierre Bourdieu souriraient en lisant sous la plume de Germaine de Staël : « Je suis plus dominée que dominante. » C'est un appel au secours. Elle ne peut sécher sur pied dans cette campagne : ou elle aura le droit de venir à Paris, ou elle partira pour l'Allemagne. Joseph lui promet son intercession, mais elle a vent des mauvaises intentions du gouvernement. Benjamin, qui est allé voir Fouché, l'avertit d'une prochaine arrivée des gendarmes pour venir la raccompagner à la frontière. « Il n'y a pas de jour, écrit-elle à son père le 7 octobre, que l'on ne vienne me dire : "Le Premier Consul va vous envoyer des gendarmes même ici, ou si vous prenez une maison près de Paris, ou si vous allez à Paris conduire votre fils en pension." Cette vie est insoutenable : on n'ouvre pas ma porte que je ne pâlisse. » On fait savoir à Bonaparte que Maffliers où elle réside n'est pas à *dix*, comme elle le prétend, mais à *six* lieues de Paris. Bonaparte saisit alors le Grand Juge : « Je suis informé que Mme de Staël est arrivée à Maffliers, près de Beaumont. Vous aurez à lui faire savoir, par ses amis et de manière à éviter *l'éclat*, que si le 15 vendémiaire, elle est encore dans cet endroit, elle sera reconduite par des gendarmes à la frontière. Mon intention est qu'elle ne reste pas en France. »

À cette nouvelle, apprise de la bouche d'un « ami », elle quitte Maffliers, où elle laisse Auguste à ses domestiques, et se réfugie avec l'aide de Benjamin, « admirable », chez Mme de La Tour, recommandée par un ami commun, Regnaud de Saint-Jean-d'Angély. De là elle adresse une nouvelle supplique au Premier Consul : « Si vous voulez que je quitte la France, faites-moi donner un passeport pour l'Allemagne et accordez-moi huit jours à Paris pour avoir de l'argent pour mon voyage et faire voir un médecin à ma fille, âgée de six ans, que la route a fatiguée. » Parallèlement, elle écrit derechef à Joseph Bonaparte, puis, après deux nuits passées chez Mme de La Tour, gagne Saint-Brice, à quelques kilomètres, où son amie Juliette Récamier lui offre l'hospitalité.

« Rien n'était plus attachant, écrira Benjamin Constant, que les entretiens de Mme de Staël et de sa jeune amie. La rapidité de l'une à exprimer mille pensées neuves, la rapidité de la seconde à les saisir et à les juger ; cet esprit mâle et fort qui dévoilait tout, et cet esprit délicat et fin qui comprenait tout : tout cela formait une réunion qu'il est impossible de peindre sans avoir eu le bonheur d'en être témoin soi-même. »

Mme Récamier, suspecte aux yeux du pouvoir en raison de la défiance que suscitent son salon, ses habitués, ses relations, se sent d'autant plus solidaire de Germaine de Staël, qu'elle admire tant. Chez elle, dans cette maison estivale qu'elle a louée à Saint-Brice, les quelques amis qui l'entourent permettent à Mme de Staël de passer quelques jours apaisés. Camille Jordan, qui en est, admire le dévouement d'amitié de Juliette et se réjouit de retrouver chez Germaine le « feu d'artifice de tout son esprit ». Bonheur provisoire, de courte durée, car elle apprend de Joseph Bonaparte qu'il n'y a plus rien à espérer : « Agréez, Madame, le vif regret que j'éprouve de n'avoir pas mieux répondu à la confiance que vous me témoignez, et que je mérite par l'amitié que je vous ai vouée. » En l'occurrence, une amitié impuissante. Dans les jours suivants, sans ordre exprès des autorités, elle se prend à espérer, et regagne Maffliers le 15 octobre. Ce même jour, un lieutenant de gendarmerie de Versailles lui apporte l'ordre de quitter sa maison dans les vingt-quatre heures : la distance de 40 lieues de Paris au minimum lui est imposée. Elle obtient du gendarme, qui l'accompagne, de gagner son appartement de la rue de Lille à Paris, pour rassembler ses affaires, non sans s'arrêter au passage à Saint-Brice pour informer Juliette. Aussitôt à Paris, elle écrit au Grand Juge pour lui demander un sursis : elle n'a même pas de passeport. Comme elle l'avait prévu, c'est pour l'Allemagne qu'elle veut partir, et, sans plus attendre elle écrit à Charles de Villers, qu'elle sait à Metz, « pour causer deux jours » avec lui. Elle confie à son père, dans une lettre du 18 octobre, qu'elle n'a pas envie, dans l'état d'esprit où elle est, de revenir dans le pays qu'il habite, et dont elle a une « si invincible horreur ». Le lendemain, accompagnée de ses deux enfants, elle quitte Paris avec l'intention de gagner l'Est de la France. Mais elle fait étape à Mortfontaine, chez Joseph, où elle passe trois jours : « Bizarre destinée d'être exilée par le frère, écrit-elle à son père, et d'aller chez le frère ! » De chez lui, en compagnie de ses enfants et de Benjamin, elle prend la route de Metz, où ils arrivent le 19 octobre. Malgré leurs frictions, Benjamin, chevaleresque, ne veut pas abandonner Germaine : « Il n'était ni dans mon caractère ni dans mon cœur, écrit-il dans *Cécile*, d'abandonner une femme proscrite. »

Cette étape dans la grande ville lorraine est d'importance, car, pendant les treize jours qu'elle y passe, elle a le loisir de s'entretenir longuement avec Charles de Villers, qui a, selon son expression, « toutes les idées du nord de l'Allemagne dans la tête ». Malgré l'agrément qu'elle éprouve à écouter Villers et la gentillesse sans faille de Benjamin, qui l'épaule loyalement dans son épreuve, elle confie à ses correspondants, son père, Mathieu de Montmorency et d'autres, le chagrin qu'elle éprouve. Elle parle aussi drôlement de la compagne de Villers, Mme Rodde, qui ne voit pas d'un très bon œil les entretiens du professeur et de l'élève en germanisme : « J'ai trouvé ici Villers de Kant, qui est vraiment un homme d'esprit, et intéressant par son enthousiasme pour ce qu'il croit bon et vrai. Il a avec lui une grosse Allemande, Mme Rodde, dont je n'ai pas encore percé les charmes. » Le grand germaniste, grave, un brin sentencieux, qu'elle réussit à faire rire, lui prédit un grand succès en Allemagne. Elle se sent bien entre lui et Constant, mais pas vraiment dans cette ville qui la traite « comme une pestiférée dans la disgrâce ». Allons, il faut partir ! Toujours accompagnée de ses enfants et de Benjamin, elle quitte Metz le 8 novembre pour l'Allemagne, non sans regretter la compagnie de Charles de Villers, qu'elle aurait bien emmené dans son périple, n'était la « grosse Allemande » qui le tient par le cou, et qui se trouve finalement bien aise de voir s'éloigner les talons de la trop entreprenante et trop célèbre dame.

Dans le cercle de Goethe

Sous l'influence de Bonaparte, l'Allemagne a donc été réorganisée, en accord avec la Prusse et la Russie, par le Recès du 25 février 1803 : 112 des anciens États du Saint Empire aboli sont annulés ; sur 51 villes libres, il n'en existe plus que 6 ; les principautés ecclésiastiques sont supprimées, à l'exception de celle de l'archevêque-électeur de Mayence, transférée à Ratisbonne. Ces simplifications ont bénéficié particulièrement à la Prusse, aux États du Sud, Bade, Wurtemberg et Bavière, sur lesquels le Premier Consul exerce son protectorat, au détriment de l'Autriche. C'est cette Allemagne dominée par la France que Mme de Staël part visiter, avec pour principaux objectifs Weimar, la « patrie littéraire de l'Allemagne », et Berlin, capitale de la Prusse. Elle explique ainsi son but à l'une de ses correspondantes : « N'ayant pas réussi, ma chère Madame, dans la recherche que j'ai faite pour un instituteur de mon fils, je me suis décidée à voyager pendant deux ou trois mois en Allemagne pour remplir ce but et pour avoir le plaisir de connaître les hommes illustres dont mon admiration m'a déjà rapprochée. » Elle a aussi une idée derrière la tête, qu'elle confie dans une autre lettre au philosophe Friedrich Heinrich Jacobi : « Le projet de tenter [l']importation de vos paisibles lumières parmi nous, et pour cela j'étudie l'allemand avec ardeur. »

Après une étape à Forbach, à Hombourg, Germaine et les siens parviennent le 13 novembre à Francfort, où il a été prévu que Benjamin se séparerait de Germaine. Elle descend dans l'hôtellerie la plus réputée de la ville, au *Gasthof zum grossen roten Haus*. Introduite dans la société par un banquier, Simon Moritz Betmann, elle passe une bonne partie de son temps à table. Ses premières impressions sur l'Allemagne sont empreintes de déception : « On me traite bien ici, écrit-elle à son père, mais c'est une ville sans ressources sous le rapport des lumières, et tout le matériel en Allemagne est insupportable : lits, nourriture, poêle, toutes les sensations sont pénibles. » Par malheur, sa fille Albertine tombe malade, et on craint la scarlatine.

Ce sera plus bénin, mais elle juge le médecin qui soigne la petite un individu brutal. Ici, on mange (beaucoup), on boit, on échange des banalités, et Germaine de Staël se demande plaisamment comment « percer le triple rempart des habitudes, de la nourriture et de la pipe ». C'est dit : elle « déteste l'Allemagne ».

Le séjour se prolonge à Francfort à cause de la maladie d'Albertine ; Benjamin, solidaire, est resté heureusement auprès d'elle. Elle consulte, par l'intermédiaire de son père, son médecin à distance, enrage d'être bloquée à Francfort, puis se réjouit de la guérison de sa fille. Cependant, elle ne perd pas espoir de revenir en grâce auprès du Premier Consul et, à cette fin, écrit une lettre assez plaintive à Lebrun : « Si vous pouviez m'écrire que le Premier Consul me laisse revenir, avec joie je renoncerais à tout ce qui n'est pas la France. » Elle relance aussi Joseph Bonaparte au début de décembre, sur un mode plus affectueux, mais également douloureux. La France ! La France ! L'exil est un tombeau.

C'est à Francfort que lui parvient, via Coppet, la nouvelle de la mort de Mme de Beaumont à Rome, où elle était aux côtés de Chateaubriand. Celui-ci publiera plus tard *in extenso*, dans les *Mémoires d'outre-tombe*, la lettre de condoléances si délicate qu'il a reçue d'elle. Elle l'appelle *« my dear Francis »* et lui assure qu'elle sera pour lui « une sœur ». Elle sent entre elle et lui tant de ressemblances malgré les différences. Elle a été touchée par les mots de François-René : « Si vous conservez encore quelque bienveillance pour moi, vos lettres me seront un grand soulagement. Je suis comme un enfant qui a peur dans la solitude, et qui a besoin d'entendre au moins quelque voix amie pour se rassurer. » Une amitié entre eux prend racine.

Le 3 décembre, enfin, elle peut quitter Francfort, en compagnie de ses enfants, mais aussi de Benjamin qui a accepté de rester avec elle, et prend la direction de Weimar, à travers la Hesse. Fulda, Eisenach, Gotha… la route hivernale est laborieuse, la neige tombe, les gens rencontrés lui semblent toujours aussi balourds : « Il n'y a rien de plus lourd, écrit-elle à Necker, de plus enfumé au moral et au physique que tous les hommes allemands. » Et de plaindre les femmes du pays qui doivent épouser ces mangeurs de saucisse. En même temps elle s'émeut de la sollicitude de Benjamin, de ses marques d'amitié, de ses paroles réconfortantes. Elle se plaît aussi dans la compagnie d'Albertine, pleine de vivacité. À Gotha, elle a dîné avec l'un des frères Grimm, Frédéric-Melchior, qui a été l'ami de ses parents, mais c'était bien décevant : « Tous ses défauts se sont fort augmentés par ses quatre-vingts ans : il est lourd, lent, goguenard, sans esprit ni mesure, et d'une aristocratie stupide. » Mais, le 14 décembre, la voici à Weimar, la terre d'élection, la patrie des grands hommes. Elle y est connue : « La Delphine est bien charmante », lui dit-on au moment de son installation dans l'hôtellerie réputée du *Prince héritier*, au cœur de la ville.

Elle a hâte de rencontrer les grands hommes qui font la gloire de Weimar. L'un d'eux, Herder, est malheureusement à l'agonie ; elle ne pourra pas le voir. Mais, très vite entourée, sollicitée, invitée, elle a plaisir à être présentée au duc Charles-Auguste de Saxe-Weimar, et à son épouse, la duchesse régnante, Louise de Saxe-Weimar, qui l'invite dans son château. Le duché de Saxe-Weimar n'est pas plus grand qu'un département français, compte environ 200 000 habitants ; l'université est à Iéna, tandis que Weimar, petite ville de 5 000 habitants, est sa capitale. La duchesse Anne-Amélie, veuve à dix-neuf ans, en a été l'excellente administratrice, avant de céder le pouvoir à son fils Charles-Auguste. Celui-ci a fait venir Goethe auprès de lui, avec des fonctions officielles. Comme sa mère et comme son épouse, la duchesse Louise, il s'affirme en protecteur des hommes de lettres.

C'est surtout lui, Goethe, ainsi que Schiller, autre résident auquel le duc a offert une chaire à l'université d'Iéna, et le poète Wieland, ancien précepteur de Charles-Auguste, que Mme de Staël désire rencontrer. L'annonce de son arrivée ne provoque pas l'enthousiasme de ces grands esprits. Schiller, accaparé par l'achèvement de son *Guillaume Tell*, se sent importuné, écrivant à Goethe, alors à Iéna : « Pourvu qu'elle comprenne l'allemand, nous en aurons raison ; mais lui expliquer notre religion et lutter contre la volubilité française, c'est là une tâche trop rude. »

Apprenant que Goethe est à Iéna, elle lui écrit aussitôt : « Mon premier désir en venant en Allemagne est de vous connaître. [...] Si votre santé ne vous le permettait pas, ayez la bonté de me l'écrire, et j'irai passer deux jours à Iéna avec vous. » L'auteur de *Werther* fait la sourde oreille, elle insiste : « On prétend ici qu'il n'est pas fier à moi d'aller vous chercher, et peu galant à vous de ne pas venir me voir. » Mais l'auteur de *Werther* préfère qu'elle vienne jusqu'à Iéna, il saura la loger et lui assurer « une bonne petite table bourgeoise ». Car l'idée de retourner à Weimar, écrit-il à Schiller, « faire de la toilette, paraître à la Cour et dans le monde, c'est impossible, je le déclare aussi net que vous l'avez jamais déclaré vous-même en des cas analogues ». Il faudra une intervention du duc pour le décider à quitter ses pantoufles.

En attendant la venue de Goethe, elle rencontre Wieland et Schiller. Le duc et la duchesse l'entourent de leurs soins ; ils font jouer pour elle des pièces de Goethe et de Schiller. Elle trouve une pension pour son fils Auguste, qui a treize ans ; quitte son auberge pour un appartement près du théâtre. Revenu à Weimar, en homme poli, Goethe la prie le 19 décembre de venir dîner chez lui avec M. et Mme Schiller. Elle avait déjà rencontré Schiller, « un grand homme, maigre, pâle et roux », mais son français ne valait guère mieux que l'allemand de Germaine ; heureusement, Mme Schiller faisait fonction d'interprète. D'emblée, elle désarme les préventions de Schiller, qui prend goût à la controverse avec elle, et elle avec lui, notamment à propos de la supériorité du théâtre français qu'elle défend contre lui : « Je me servis d'abord pour le réfuter, écrit-elle, des armes françaises, la vivacité et la plaisanterie, mais bientôt je démêlai dans ce que disait Schiller tant d'idées à travers l'obstacle des mots, je fus si frappée de cette simplicité de caractère qui portait un homme de génie à s'engager dans une lutte où les paroles manquaient à ses pensées, je le trouvai si modeste et si insouciant dans ce qui concernait ses propres succès, si fier et si animé dans la défense de ce qu'il croyait la vérité, que je lui vouai dès cet instant une amitié pleine d'admiration. »

Goethe arrive, et Mme de Staël entend bien tirer de lui le meilleur parti. Elle avait écrit dans *De la littérature* : « Quelle sublime réunion l'on trouve dans *Werther*, de pensées et de sentiment et de philosophie. » Voir en chair et en os l'écrivain qu'elle met au-dessus des autres, qui incarne l'âme allemande, l'emplit d'excitation. Mais son jugement est mitigé à la première rencontre, à cause de son aspect physique : « C'est un gros homme sans physionomie, qui veut être un peu un homme du monde, ce qui ne vaut rien à demi, et qui n'a rien de sensible ni dans le regard, ni dans la tournure d'esprit, ni dans les habitudes ; mais c'est du reste un homme très fort dans l'ordre des pensées littéraires et métaphysiques qui l'occupent. » Une première impression qui sera vite corrigée, car elle s'enchante de ses entretiens avec lui. Goethe se méfie d'elle, jugeant qu'elle cherche aussi bien « à faire valoir ses idées qu'elle paraît désireuse de pénétrer les nôtres » ; elle « veut être connue » ; elle est en exploration « chez les Hyperboréens, avec l'idée que leurs vieux sapins et leurs vieux chênes séculaires, leur fer et leur ambre peuvent encore à la rigueur être de quelque usage utile ou décoratif [...] ». Jugement rapide : c'est à Weimar, et sous l'influence de Goethe notamment, qu'elle va idéaliser l'Allemagne poétique. Quant à lui, il finit par admettre, comme son ami Schiller, la fécondité intellectuelle de la voyageuse.

Elle dîne et soupe au château ducal où elle éblouit les convives, qui la traitent « comme une divinité ». Surtout, elle se ménage toutes les occasions de rencontrer le trio magique, Wieland, Schiller, Goethe surtout, qu'elle harcèle d'interrogations, auquel elle soumet les traductions de ses textes, et qu'elle noie sous ses flots d'éloquence quand elle n'est pas illuminée par ses éclairs de génie. Elle prend des notes, rédige un journal de voyage, comme un bon reporter. L'Allemagne ? Elle a remisé ses premiers commentaires, oublié l'expérience morne de Francfort, émerveillée qu'elle est par Weimar – une ville de surcroît où l'on connaît ses œuvres, où elle est appréciée à son juste rang, où le moindre anonyme lui parle de *Delphine*. Benjamin, lui, se tient un peu en retrait, incognito, en attendant de simuler une arrivée postérieure à celle de Mme de Staël, et de faire, au début de janvier, son entrée officielle : il sera désormais des entretiens et de la fête aux côtés de Germaine de Staël.

Elle est frappée par la différence entre Français et Allemands, les premiers plus vifs, plus passionnés de politique et d'actualité, mais légers ; les seconds, vivant le plus souvent dans leur thébaïde, peu habitués à la vie de société, indifférents aux formes de leur gouvernement, mais d'esprit profond, sérieux, travailleur : « Le plus instruit d'entre nous, écrit-elle à Hochet, est un ignorant ici, et ils sont dans le sérieux de la métaphysique comme Archimède, qui ne songeait pas qu'on prenait Syracuse pendant qu'il résolvait un problème. »

Le séjour à Weimar se prolonge jusqu'à la fin de février 1804, dispensant jour après jour aux deux voyageurs les charmes alternés de la vie mondaine et de la vie intellectuelle. Elle se venge de sa disgrâce à Paris, d'où elle apprend que le Premier Consul reste inflexible à son endroit, par les succès que chaque jour lui apporte. À la Cour, elle lit *Phèdre* et Benjamin lui donne la réplique. Son attachement pour lui s'est fortifié au cours de ce voyage – « il a vraiment été mon frère », écrit-elle à son père. Suivant à ses côtés les conversations avec Goethe, il fait de celui-ci, dans son *Journal*, ce portrait concis : « Finesse, amour-propre, irritabilité physique jusqu'à la souffrance, esprit remarquable, beau regard, figure un peu dégradée » (23 janvier). Autre notation : « Souper très remarquable chez Goethe. C'est un homme plein d'esprit, de saillies, de profondeurs, d'idées neuves. » Il partage l'admiration de Germaine : « Soirée et souper avec Goethe et Schiller. Je ne connais personne au monde qui ait autant de gaîté, de finesse, de force et d'étendue dans l'esprit que Goethe. »

À la fin de février 1804, c'est une germanophile qui part pour Berlin. Elle a approfondi ses connaissances de l'Allemagne littéraire et philosophique, poursuivi son apprentissage de la langue, étudié Kant, Schelling, Schlegel ; elle a beaucoup vu et entendu Schiller et Goethe ; elle est maintenant décidée à se lancer dans un ouvrage dont le but est de faire véritablement connaître la culture allemande aux Français, qui la connaissent si peu ou si mal. De ce séjour, saisissons l'écho sous la plume de Benjamin Constant, écrivant à Fauriel : « Je regarde cet hiver comme celui de ma vie que j'ai le plus utilement employé. J'ai trouvé des trésors dans la littérature allemande, et j'en ai fait un usage prodigieux, depuis deux mois et demi que je travaille huit heures par jour [...]. Vous n'imaginez pas comme l'Allemagne repose l'âme et la tête. »

Mme de Staël et Benjamin Constant devaient se séparer à Leipzig, lui pour rentrer en France, elle pour gagner Berlin. Une tempête de neige entrave leur route, et ils y arrivent péniblement, « par des chemins affreux », le 3 mars. Constant, qui fait un récit lapidaire du voyage dans son *Journal*, note à la date du 6 mars : « Elle est partie. Il n'y a rien de si bon, de si aimant, de si spirituel et de si dévoué. Et

Albertine ! […] Je suis profondément triste. La solitude est un bain froid assez désagréable au moment où l'on y entre. Mais je suis sûr que je m'y referai. » Cette solitude, Germaine de Staël l'éprouve également, mais elle ne s'y est jamais résignée. Elle pourrait rentrer auprès de son père, qu'elle a mauvaise conscience de délaisser, mais il lui faut finir ce qu'elle a entrepris : d'abord Berlin, et puis elle repassera par Weimar.

14

La mort d'un dieu

Au moment où Mme de Staël s'achemine vers Berlin et au cours de son séjour, qui dure du 8 mars au 19 avril 1804, la scène politique en France retentit d'un drame, dont elle a les échos avec le retard imposé par la lenteur des communications. Dans l'opposition royaliste à Bonaparte qui n'a pas désarmé, le chouan Georges Cadoudal, soutenu par l'Angleterre, avait forgé le projet de supprimer le Premier Consul. Un certain nombre d'émigrés lui avaient donné leur appui, dont le général Pichegru. Le complot avait fait long feu ; Cadoudal était arrêté le 9 mars. Mais les agents de Bonaparte révélèrent alors la présence à Ettenheim, au pays de Bade, du duc d'Enghien, fils du prince de Condé, un prince du sang de France, suspecté d'organiser une armée contre la France avec l'or anglais. Poussé par Talleyrand et Fouché, Bonaparte l'avait fait enlever sur le territoire badois, transférer à Strasbourg et de là à Paris.

Aucune preuve n'était établie d'une participation quelconque du duc d'Enghien au complot de Cadoudal, même si le prince était un ennemi résolu de la France consulaire autant que de la France révolutionnaire. Mais il était un émigré, et, en émigré pris les armes à la main, il relevait de la loi sur les émigrés qui n'avait pas été abolie : en raison de celle-ci, une commission militaire, réunie sous la présidence de Murat, gouverneur de Paris, condamna le duc d'Enghien qui fut fusillé le 21 mars. Mme de Staël apprend la nouvelle à Berlin, le 2 avril ; elle confie son indignation à son père : « Sans doute si les Bourbons revenaient, l'Europe continentale me serait peut-être interdite ; mais [le duc d'Enghien] cinq heures après son arrivée, sans défenseur officieux, un confesseur refusé, tellement abattu par la route qu'il dormait à son interrogatoire, obligé de remettre au chef de ses bourreaux sa montre et sa bague pour les faire parvenir à celle qu'il avait secrètement épousée, la princesse de Rohan ! Ah ! le genre humain est atroce… »

Cette nouvelle lugubre, qui devait entraîner la démission de Chateaubriand de ses fonctions diplomatiques (rappelé de Rome, il avait reçu l'ordre d'un nouveau poste dans le Valais), creuse un peu plus le fossé qui sépare Mme de Staël de la France. Elle se sent d'autant plus justifiée de se trouver en Allemagne, de poursuivre son enquête, en espérant que son séjour dans la capitale de la Prusse sera aussi fructueux que les semaines passées à Weimar.

Un professeur d'allemand

Parvenue à Berlin, Mme de Staël s'installe d'abord au *Stadt Paris*, une hôtellerie de renom, avant de pouvoir louer un appartement. La Prusse vit alors sous le règne de Frédéric-Guillaume III, qui reçoit la voyageuse avec la plus grande courtoisie ; son épouse, la reine Louise, séduit Germaine par sa grâce et sa gentillesse. Ici, à Berlin, contrairement à la vie simple de Weimar, elle va devoir sacrifier beaucoup de son temps aux mondanités qui se distribuent entre les divers salons de la famille royale, où princes, princesses et duchesses rivalisent en bals et fêtes, thés et dîners, pour lesquels elle doit renouveler sa garde-robe. Elle a la bonne surprise d'être bien reçue aussi par l'ambassadeur français Laforest. Qui fait de son mieux pour rendre son séjour agréable et l'invite à sa table.

Dans l'espoir de rencontrer d'autres écrivains et philosophes, elle cherche à obtenir un rendez-vous du philosophe Friedrich Heinrich Jacobi, un des grands noms de l'idéalisme allemand, mais il est à Hambourg et elle lui avoue qu'elle ne veut pas se risquer sur des chemins mauvais accompagnée d'Albertine. Elle lui confirme son impression : « Ce n'est pas ici […] que je crois qu'il faut étudier l'Allemagne littéraire : la société y domine, et comme société il n'y a que Paris qui serve à un homme de lettres. Partout ailleurs la solitude vaut mieux. Je me suis plu à Weimar. Goethe est un homme d'un esprit étonnant ; son caractère et ses opinions ne sympathisent pas avec moi, mais j'admire ses facultés profondément. Le bon Wieland m'a captivé le cœur, et je trouve à Schiller un admirable talent. [...] J'ai traduit en vers des pièces de Goethe et de Schiller, dont ils ont été fort contents, et je veux traduire des morceaux de prose de vos ouvrages si je peux les lire avec vous. »

Au bout de quelques jours, elle prend néanmoins goût à la société berlinoise. Elle a trouvé un logement sur le quai de la Spree ; trouve à placer son fils Auguste au Gymnasium ; se déplace dans une voiture de location ; organise des « thés », et, tout en assurant à ses correspondants qu'elle préfère « les petites villes d'Allemagne où l'on cultive seulement la science et la littérature », elle n'est pas fâchée d'être de nouveau entourée, sollicitée, invitée dans les fêtes les plus brillantes, et d'avouer à son père : « Si d'être célèbre est un plaisir, j'ai ce plaisir assurément. »

La première rencontre importante qu'elle fait, en dehors des têtes couronnées, est celle de Wilhelm Schlegel, qui parle parfaitement le français. Immédiatement, elle songe qu'elle pourrait l'emmener avec elle à Coppet où il donnerait des leçons à Albert et l'aiderait elle-même pour le livre qu'elle projette. Wilhelm est le frère aîné de Friedrich Schlegel, tous les deux critiques et écrivains, fondateurs de la revue *Athenaeum*, place forte de la nouvelle esthétique romantique, interrompue depuis 1800. Wilhelm, qu'elle appelle aussi William ou Guillaume, est alors occupé à une traduction du théâtre de Shakespeare, dont la qualité assure sa réputation plus que tout ce qu'il écrivit par ailleurs. Polyglotte, il traduit aussi Dante, Pétrarque, Calderon et Cervantès, et, vivant en partie de ses conférences littéraires à Berlin, il s'apprête à publier ses *Leçons sur l'histoire et la théorie des beaux-arts*. En attendant de le décider pour Coppet – il est divorcé, cela devrait faciliter les choses –, elle s'assure de ses services comme interprète (son allemand n'est pas encore assez sûr), prend auprès de lui des leçons de littérature allemande et noue avec le professeur, qu'elle a décidément charmé, des relations d'amitié. Elle se croit tenue de préciser à son père que, s'il est un merveilleux professeur, sa « figure n'est ni jolie ni séduisante » : que les choses soient claires ! Elles ne l'étaient pas tout à fait pour Schlegel, silencieusement épris.

Wilhelm Schlegel, qui allait devenir pour la vie son ami dévoué et fidèle, n'est pas apprécié de tout le monde. Wieland, blessé par sa critique littéraire, le juge « vain et présomptueux », et il est vrai que les frères Schlegel ont souvent la dent dure dans leur *Athenaeum*. Mais Mme de Staël éprouve un vrai plaisir à écouter Wilhelm, dont les leçons sont les moins récusables : « Dans tout ce Berlin, écrit-elle à sa cousine, qui m'a intéressée ? Le fameux prince Louis ? Non. Quelques-uns des grands seigneurs qui abondent ici ? Non : un professeur, un professeur allemand ! » Elle insiste, dans sa correspondance, sur ce qui différencie la « société » en Allemagne par comparaison avec la France : « Les deux sociétés, celle des savants et de la cour, sont complètement séparées, et il en résulte que les savants ne savent pas causer et les hommes du monde pas du tout penser. » Elle apprendra donc à causer à Schlegel ; il l'aidera à penser l'Allemagne.

Qui rencontre-t-elle encore ? Fichte, Ancillon, le pasteur de l'Église réformée française de Berlin, le philologue Georg Ludwig Spalding. Les recommandations de Jacobi auprès de Fichte lui sont utiles, mais elle a une manière directe, bien à elle, d'interpeller les plus grands. Selon Ancillon, cité par Béatrice Jasinski, elle aurait ainsi écrit à Fichte : « Monsieur Fichte, auriez-vous la bonté de me donner, dans un quart d'heure environ, un aperçu de votre système, pour que je puisse comprendre ce que vous entendez par votre *ich*, votre *moi*, car j'avoue que cela reste obscur pour moi. » Au bout de dix minutes, elle lui aurait dit : « Ah ! c'est assez, je comprends, je vous comprends parfaitement, Monsieur Fichté. Votre système est parfaitement illustré par une histoire des *voyages* du baron Münchhausen. Car lorsque le baron arriva sur les rives d'une large rivière, sans pont ni bac ni le moindre radeau, il était tout d'abord au désespoir. Puis, reprenant ses esprits, il saisit fermement sa propre manche et se propulsa sur l'autre bord. Cela, Monsieur Fichté, je le vois, c'est tout à fait ce que vous avez fait avec votre *ich*, votre *moi*, n'est-ce pas ? » Tous ceux qui assistent à la scène sont saisis par tant d'esprit, sauf Fichte interloqué. Vraie ou fausse, l'anecdote illustre la vivacité d'esprit de Mme de Staël, comment elle pouvait étonner et, parfois, laisser cois ses interlocuteurs les plus fameux.

Un jour, elle apprend que dans un bal d'enfants sa fille a souffleté le prince royal, futur roi de Prusse Frédéric-Guillaume IV. Atterrée, elle écrit au précepteur du jeune prince que sa fille est punie, qu'elle n'ira pas au prochain bal et gardera la chambre « jusqu'à ce que la reine en ordonnât autrement ». Le roi et la reine, attachant peu d'importance à ces querelles d'enfants, la rassurent : « J'ai été bien touchée de leur bonté, écrit-elle à son père, mais je n'en ai pas moins gardé la petite demoiselle en pénitence ; elle a vraiment besoin qu'on modère son impétueuse vivacité. » Elle savait de qui tenait Albertine. C'est cette vivacité chez Germaine de Staël qui faisait peur à tant de gens, parmi les plus intelligents. Metternich en personne, l'envoyé de l'empereur, dont elle fait alors la connaissance, en témoignera plus tard dans ses *Lettres à la comtesse de Lieven* : « Son esprit m'a fait mal, ses gestes m'ont fait peur. La *femme-homme* me tue. Son salon, loin d'être agréable, ressemblait au forum, et son fauteuil à une tribune. Elle voulait des esclaves enchaînés à ses pieds, tout en ayant l'air de vouloir se soumettre. »

Tout en s'enivrant quelque peu du succès qu'elle remporte, elle regrette tout de même Weimar, les échanges intellectuels qu'elle y a connus, et il lui arrive de ne pas se rendre aux invitations qu'on lui prodigue. Elle se confie dans une lettre à Goethe : « En vérité, ce que j'ai de vif et de jeune dans les impressions ne peut guère s'exercer ici. C'est un pays qui ne frappe point l'imagination. La société y est alignée à la prussienne, et les femmes ici doivent être tout étonnées de vieillir, car elles disent et font la même chose pendant soixante ans de suite, et le temps ne devrait pas marcher quand les pensées, les sentiments et les circonstances sont stationnaires. » Elle annonce à Goethe dans la même lettre sa joie de revenir bientôt à Weimar et de consacrer son nouveau séjour à l'entendre, n'hésitant pas à lui dire, avec le style direct qu'on lui connaît : « Je veux vous voler tout ce qui se vole – cela vous laissera bien riche encore –, et revenir en France avec un butin tout à fait différent de celui que nos généraux y rapportent. » On ne sait pas quelle fut la réaction de Goethe à ce fric-frac annoncé.

Le 17 avril, elle écrit encore à son père. Elle ne sait pas qu'il a rendu l'âme huit jours plus tôt. Quinze jours avant, elle avait confié à sa cousine, Mme Necker de Saussure : « Je ne crois pas que je puisse survivre à sa perte. J'ai sondé mon cœur de partout [...], et j'ai tellement éprouvé que toute ma vie tenait à lui, que je n'avais pas un souvenir sans lui, pas une idée qui n'eût une connexion avec lui, qu'il m'a semblé qu'il ne me resterait rien ni dans le passé ni dans le présent ni dans l'avenir, enfin que je m'anéantirais pour tout excepté pour le désespoir. » Ses amis, qui connaissent son attachement si fort au père, s'avisent de ne pas lui annoncer brutalement la terrible nouvelle. Lorsqu'elle quitte Berlin le 18 avril, elle ne sait encore qu'une chose : que son père est tombé gravement malade, et c'est dans une grande inquiétude mêlée d'espoir qu'elle arrive le 22 avril à Weimar, où, de la bouche de Mlle de Gœchhausen, ancienne dame d'honneur de la duchesse douairière Anna Amalia, elle reçoit le choc de ce qu'elle redoutait le plus au monde : son « dieu sur la terre » est mort. « Elle tomba sur le sol avec un cri perçant, rapporte Schlegel ; on dut lui tenir les bras serrés pour éviter des mouvements violents ; elle continua à crier comme si elle avait perdu la raison... »

La douleur suprême

Benjamin Constant, bouleversé, est reparti de Lausanne pour la rejoindre à Weimar : « Je vais la retrouver, la consoler, ou du moins la soutenir. Pauvre malheureuse ! [...] Mourir vaudrait mieux que ce que tu vas souffrir. Et [Necker] lui-même, je le regrette, si bon, si pur, si noble ; il m'aimait. Qui conduira maintenant l'existence de sa fille ? Que de douleurs ! » Parti de Lausanne le 11 avril, il arrive à Weimar le 20 à minuit ; il revoit Germaine le 22. Premiers moments convulsifs, cris déchirants, prostration. Goethe, venu présenter ses condoléances, la quitte effrayé. Elle ne se console pas de s'être séparée de son père si longtemps. Au duc de Saxe-Gotha, elle écrit : « Ce n'était pas des relations de fille à père : c'était la fraternité, l'amour, la religion, tout mon être moral. » La souffrance la vide de tout désir, tout projet, tout but. Ses amis Constant et Schlegel, qui l'a suivie et la suivra à Coppet, font ce qu'ils peuvent pour lui redonner vie. Mais, écrit Benjamin, « la douleur est un serpent qui se glisse à travers toutes les barrières et qui nous retrouve toujours ».

Le 19 mai, Germaine et ses amis rejoignent le château de Coppet, où, arrivée dans un « état affreux », elle perd connaissance. Elle « tomba de voiture, écrit Schlegel, et jamais je n'ai entendu de ma vie un cri aussi perçant que lorsqu'elle fut portée, à demi inconsciente, par ses domestiques, dans la maison ». Dans les semaines qui suivent, elle consacre une grande partie de son temps à recevoir les visiteurs et à écrire aux amis et aux relations qui lui ont marqué leur affection et leur sympathie. Ce n'est pas du malheur, écrit-elle, « c'est la destruction de ma vie ». Elle n'est plus qu'une « ombre sur la terre ». Pendant des semaines, elle souffre de tremblements et de palpitations. Elle doit cependant assumer la succession de Necker, dont la lecture du testament lui est faite le 29 mai.

Loin de laisser les affaires paternelles en déshérence, elle fait montre d'une application sourcilleuse à traiter des dossiers en suspens et à ne rien laisser perdre de la fortune qui lui est léguée : il y va de l'avenir de ses enfants. Son principal chargé d'affaires est à Paris son notaire Pierre Fourcault de Pavant. S'ensuit entre elle et lui un échange épistolaire incessant : elle veut être mise au courant de tout et faire gérer au mieux les biens qu'elle a reçus. Des lettres on ne peut moins littéraires, où il est question de baux, de legs, de garanties, d'hypothèques, d'actions, de loyers, de procuration, de liquidation, d'intérêts, d'arrérages, de rente viagère, de fonds, d'engagements, d'états de situation, de rentrées probables, de pensions, de lettres de change, de solde de compte, de dettes, de paiements, de papier-monnaie, de quittances… Dans cette correspondance considérable, on retrouve la femme de tête, que la mort du père, loin de faire tomber en catalepsie, charge de nouveaux devoirs.

Les affaires de Necker sont nombreuses et compliquées ; des biens en France sous de multiples formes, un investissement aux États-Unis, la liquidation des redevances féodales en Suisse, sans compter la succession de son mari, le baron de Staël, dont les dettes à éponger. Elle exécute scrupuleusement les volontés du défunt, fait verser 3 000 livres à l'hospice des Enfants-trouvés, fondé par sa mère, ainsi qu'une somme importante à la bibliothèque publique et universitaire de Genève. Elle harcèle son notaire, ses banquiers, ses débiteurs, portée contre l'erreur, les comptes inexpliqués, les additions mal faites.

Elle n'a pas oublié, évidemment les fameux millions prêtés par Necker au Trésor public. Elle envoie en conséquence un mémoire à Lebrun ; écrit au ministre du Trésor public, Barbé-Marbois, par l'intermédiaire de son ami Suard, auquel elle confie : « Si j'ai le malheur d'être forcée de renoncer à tout, je pense que j'aurais quelques motifs pour parler ou pour écrire ; mais j'aimerais mieux le plus obscur de tous les nids avec mes amis et ma patrie. »

Ses adversaires l'ont décrite comme une bourgeoise âpre au gain, obsédée par sa fortune, inflexible sur ses biens. On la voit, de fait, dans cette période, mobilisée par la défense de ses intérêts. Elle répond elle-même en alléguant ses devoirs à l'égard de la mémoire de son père et le souci de l'avenir de ses trois enfants. Il faut surtout noter que sa vigilance aux affaires n'a d'égale que sa générosité. Apprenant que son ami Claude Hochet a des ennuis d'argent, elle le supplie de se laisser aider par elle, de ne s'adresser à personne d'autre. À Benjamin Constant, elle lègue la jouissance d'un bien immobilier, rue des Mathurins à Paris, pour sa vie durant. Sa maison reste ouverte à tous les vents, et les amis défilent chez elle qu'elle traite avec toutes les délicatesses. Nulle avarice chez elle, mais un sens affirmé de la propriété. Ayant perdu le droit de vivre en France, c'est sa fortune qui lui assure ce qu'il lui reste de liberté : recevoir ses amis, voyager, élever ses enfants le mieux possible et, bien sûr, garder un train de maison qui lui laisse le loisir de vivre dans le confort auquel elle a été habituée depuis sa petite enfance.

Son père mort, son besoin d'affection redouble, sa peur de la solitude est au plus vif, et, pendant ces semaines de deuil qui l'anéantissent, elle peut encore compter sur des amis chers autour d'elle. On ne saurait exagérer l'intensité des sentiments qu'elle ressent pour Benjamin, qui se révèle, pendant toute cette période dramatique, un véritable « frère » – c'est le mot qu'elle emploie. Lui, dans son for intérieur et dans les pages de son journal intime, reste toujours aussi incertain. À son égard il passe par l'alternance de rejet et de tendresse. Quand il était en Allemagne avec elle, il s'est demandé si le mieux n'était pas de l'épouser. Il a abordé avec elle la question, mais il comprend qu'elle croirait déchoir en l'épousant : « Une demi-heure de conversation sensible me remet sous les yeux, dans le cœur, ses nobles et loyales qualités, son esprit, ce naturel qu'on ne trouve qu'en elle. Il faut l'épouser. Si elle refuse, ce n'est pas ma faute. » Il croit pouvoir se jurer à lui-même, l'imprudent !, que si elle ne l'épouse pas il ne se remariera jamais. Mais « Minette prétend que nous ne devons nous marier qu'après le mariage de ses enfants ». Pour lui, c'est une impasse, l'occasion de retomber dans sa perplexité, voire de fantasmer sur un autre mariage comme il en avait déjà évoqué, à plusieurs reprises, le désir. Quoi qu'il en soit, il est là, à ses côtés, travaillant d'arrache-pied à son livre sur la religion, assaisonnant d'un peu de variété le séjour à Coppet, qui peut être sinistre, par quelques virées à Genève, Lausanne, ou Berne.

Un autre ami est en train de prendre une place de choix dans sa vie, c'est Wilhelm Schlegel, même si la rumeur qui les voudrait amants est fausse. Germaine goûte infiniment sa présence, son esprit, son immense culture, ses dons pédagogiques pour ses enfants. On ne peut dire que cette présence réjouisse Benjamin, qui sait avoir la dent dure à l'adresse du docte Allemand, qu'il jalouse quand Germaine passe trop de temps en tête à tête avec lui. Pendant un certain temps, à l'automne, les deux Schlegel sont à Coppet, et Germaine éprouve en face de ces têtes carrées les délices de l'idée reine. Elle préfère Wilhelm, son « instituteur savant », mais elle s'efforce d'obtenir un poste en Allemagne à son frère Friedrich, dont elle vante les qualités au duc de Saxe-Gotha, peu désireux de tendre l'oreille tant le nom de Schlegel a mauvaise réputation. Mais telle est sa nature : s'occuper des gens, offrir son aide, se mettre en quatre pour eux, en espérant sans doute, plus ou moins consciemment, un retour d'affection en sa faveur.

Un autre ami est à ses côtés, et qui y reviendra souvent, Charles-Victor de Bonstetten, un membre de l'aristocratie bernoise, ancien bailli de Nyon et membre du Grand Conseil de Berne, qui a été une proche relation de ses parents. En cette année de deuil, elle a besoin de tous les soutiens. Elle pourchasse jusqu'en Allemagne Brinkman, l'ancien attaché de l'ambassade de Suède à Paris : « Êtes-vous malade ? […] C'est dans le moment le plus malheureux de ma vie que vous avez tout à coup cessé de me donner des marques d'amitié, c'est quand je suis si dépouillée de bonheur que vous m'ôtez votre affection. » On a suggéré qu'il n'appréciait pas la prétendue liaison amoureuse entre elle et Schlegel. Les jalousies secrètes, les dépits affectifs, les rivalités inavouables ne manqueront jamais dans l'entourage de Mme de Staël. Elle a le désir effréné de faire vivre ensemble ceux qu'elle aime, exige de chacun d'eux une fidélité irréprochable, mais, comme à la cour de Versailles, autour du soleil les satellites peuvent s'entrechoquer.

La mort de Necker n'a éloigné qu'un temps l'esprit de Mme de Staël des affaires politiques de la France. Elle se trouve à Coppet lorsque le sénatus-consulte du 28 floréal an XII (18 mai) déclare que le « gouvernement de la République est confié à un Empereur », et que Napoléon Ier devient l'« Empereur héréditaire des Français ». Une République en apparence qui continue ; un nouveau pouvoir monarchique dans les faits. Un plébiscite portant sur l'hérédité a suivi : le « non » a rassemblé le chiffre ridicule de 2 579 votes, contre plus de 3,5 millions de « oui ». Mme de Staël n'est pas dupe, elle connaît les méthodes de Bonaparte : « Les maires inscrivent les gens en leur absence mais, passé les fonctionnaires publics, il n'y a pas eu à Paris une signature », écrit-elle à son ami Jean de Müller. En septembre, elle réaffirme à Claude Hochet ses convictions, au moment où la France s'abrutit sous le nouveau sceptre impérial : elle reste hostile à la dynastie des Bourbons et fidèle aux idéaux de la Révolution. Cependant elle se résigne, lui dit-elle, à la dynastie actuelle. Elle nourrit une espérance : l'héritier, le successeur éventuel de Napoléon, c'est son frère Joseph. Qu'il arrive un « malheur » à l'Empereur, et la situation change à la fois pour la France et pour elle radicalement. Elle continue à correspondre avec Joseph, qu'elle appelle désormais « mon Prince » et auquel elle répète : « Sauvez-moi si vous le pouvez de la situation où je suis. Je vis ici dans un tombeau qui sera bientôt le mien, si mon exil ne se termine pas. » Elle caresse un espoir plus proche : la rumeur s'est répandue qu'à l'occasion du couronnement de Napoléon Ier par le pape, le 2 décembre prochain, l'Empereur rappellerait tous les exilés. Il n'en sera rien et l'exil continuera à la tarauder. Lorsque ses désespoirs seront déçus, le 2 décembre, elle partira pour l'Italie.

L'hommage

Au cours de ces mois de deuil, Mme de Staël a l'idée de rendre un premier hommage à son père en publiant un recueil d'écrits inédits, les *Manuscrits de M. Necker*, pour lequel elle rédige une longue préface, qu'elle achève en octobre 1804 et qu'elle intitule : « Du caractère de M. Necker et de sa vie privée. » Comme on s'en doute, il s'agit d'un panégyrique plutôt que d'un portrait visant à l'objectivité, et on le lit surtout comme un témoignage d'amour, de la part d'une fille unique qui a adoré son père, qui a le sentiment de tout lui devoir et la mauvaise conscience de ne pas lui avoir donné assez de son vivant. Ce texte peut aussi être regardé comme le point d'orgue des chants de tendresse qu'elle n'a cessé de lui offrir au long de ces innombrables lettres qu'elle se faisait scrupule de lui adresser dans ses éloignements de Coppet, et dans lesquelles elle l'appelait son « cher ange ». Elle a eu très tôt le sentiment d'une gratitude infinie pour lui non seulement pour la richesse qui lui permet de vivre au sommet de l'échelle sociale, mais aussi pour une formation intellectuelle qui, combinée avec les influences reçues très jeune dans le salon de sa mère, ont fait d'elle une femme exceptionnelle. Elle lui doit aussi d'avoir toléré chez elle un genre de vie qui n'était pas celui de sa morale puritaine, conscient sans doute d'avoir favorisé un mariage quelque peu désastreux : « Mon père obéissait à des principes très austères [...] mais il avait pour les autres une indulgence qui n'était pas seulement le résultat de sa bonté, mais de sa parfaite connaissance du cœur humain. »

Dans le dithyrambe écrit par Germaine, Necker est doté de toutes les qualités morales et intellectuelles : pureté, douceur, délicatesse, vertus innombrables, esprit supérieur, sensibilité sublime, génie enfin ! Car il ne se montre pas seulement hors pair dans les matières financières, il détient aussi le talent d'écrivain au « suprême degré ». Elle narre ses débuts, son arrivée à Paris seul à l'âge de quinze ans, sa réussite dans les affaires grâce au travail et à la sagacité dont il est doué ; comment, nommé ministre de la république de Genève à Paris, il refuse ses appointements – ce même désintéressement dont il fait preuve derechef en devenant ministre d'État de Louis XVI.

Dans cette carrière à triple détente – appelé, remercié, rappelé, exilé, rappelé encore au lendemain du 14 juillet 1789, et définitivement éloigné du pouvoir –, elle entend faire admirer un homme qui n'a jamais voulu séparer la morale de la politique. Ce n'était pas naïveté de sa part : « Il connaissait parfaitement la politique du machiavélisme ; il avait mille fois plus de finesse dans l'esprit qu'il n'en faut pour manier la ruse. » Ses dons d'observation psychologique, sa connaissance du cœur humain sont visibles dans le recueil qu'elle publie, notamment dans ce *Bonheur des sots* montrant que le genre satirique ne lui était pas inconnu. Mais on sent peser chez elle un soupçon, quand elle affirme : « Les facultés de M. Necker n'avaient d'autres bornes que ses vertus. » Faire profession d'anti-Machiavel ne prédispose pas en effet à la conduite d'un État : être incorruptible, refuser le népotisme, ne jamais couvrir ses intérêts privés sous le voile des intérêts publics, oui, on attend cela d'un homme d'État. Mais on attend de lui aussi assez de ruse, d'ingratitude, voire de mensonge, au profit du bien commun. Cette question, débattue au moins depuis le XVIe siècle et la publication du *Prince* du génial Florentin, Mme de Staël la traite en donnant raison à la vertu de son père, mais on discerne entre les lignes comme une réserve, laquelle devient explicite quand elle évoque la susceptibilité – « peut-être trop grande » – de Necker aux libelles qui s'imprimaient contre lui. « Mais en supposant qu'on le condamne sous ce rapport comme homme public, écrit-elle, c'est une belle condamnation que celle qui porterait seulement sur son trop de vertu ; c'est un procès qu'il serait encore beau de perdre… »

Du bout de la plume, elle concède une autre faiblesse pour un homme d'État : son extrême prudence. Elle la met au compte de son intelligence, de son esprit avisé qui pèse le pour et le contre, mais aussi de sa nature inquiète : il « ne faisait jamais rien par l'impulsion du moment. Son esprit avait un défaut pour l'action, c'était d'être susceptible d'incertitude ; il combinait toutes les chances, et ne s'étourdissait jamais sur la possibilité d'un inconvénient… », un trait qu'elle corrige vite dans la suite : « Mais lorsque l'idée d'un devoir lui était présentée, toutes les puissances calculatrices de sa raison se courbaient devant cette loi suprême. » N'empêche : disséquer les virtualités d'une situation et faire primer la vertu causent souvent les infortunes de l'autorité politique : en cas de crise, la résolution, la promptitude dans la décision, l'action qui tranche sont plus attendues que les hésitations rationnelles ; c'est ce qui rend les intellectuels souvent inaptes à la politique. M. Necker en était un, à sa façon.

Elle rappelle avec émotion la célébrité qu'il atteignit en juillet 1789, l'enthousiasme populaire, les centaines de milliers de personnes qui criaient son nom, et, quand il fut rappelé pour la troisième fois, lors même que son épouse tentait de le dissuader de revenir aux affaires, la voie triomphale de Bâle à Paris. Souvenirs inoubliables : « Les acclamations les plus vives l'accompagnaient à chaque pas, les femmes se mettaient à genoux, de loin, dans les champs, quand sa voiture passait ; les premiers citoyens des lieux que nous traversions prenaient la place des postillons pour conduire nos chevaux sur la route, et dans les villes, les habitants les dételaient pour traîner eux-mêmes la voiture. » La jeune fille, témoin de ces tableaux de légende, est restée à jamais marquée par cette liesse populaire, l'enthousiasme des gens criant le nom de son père, la gloire qui l'auréolait. Marquée aussi par la disgrâce, la chute, l'arrestation à Arcis-sur-Aube alors qu'on l'accusait d'avoir trahi les intérêts du peuple. Après la gloire, l'injustice a porté à l'incandescence la sensibilité de Germaine de Staël, et la politique est devenue pour elle un monde naturel où l'exaltation le dispute au malheur.

Elle nous parle ensuite de la retraite d'un sage, écrivant les livres les plus inspirés, répandant les bienfaits par son « âme céleste » ; la perte cruelle de son épouse ; son émotion profonde et sa résignation religieuse ; l'amour offert aux siens, et aussi la dégradation physique : « Il lui était pénible d'être vieux ; sa taille, qui était devenue très grosse, et qui lui rendait les mouvements difficiles, lui causait un sentiment de timidité, qui le détournait d'aller dans le monde. Il ne montait pas en voiture quand on le regardait ; il ne se promenait pas quand il pouvait être vu. »

En perdant son père, Germaine éprouve le sentiment d'abandon des orphelins. Jusque-là, elle s'était sentie protégée, préservée, défendue, guidée, c'était son « ange tutélaire ». Même loin de lui, un ange gardien veillait sur ses pas : « Mes forces, c'étaient les siennes ; ma confiance, c'était son appui. » D'un accent lyrique, elle évoque la séparation par une scène qui s'est répétée :

« Il y a une fenêtre du cabinet de mon père, à Coppet, qui donne sur le bois où il avait bâti le tombeau de ma mère et le sien : l'on aperçoit aussi l'avenue par cette fenêtre, et c'est de là que chaque fois que je l'ai quitté il venait me dire adieu, et me saluer de son mouchoir blanc, que je voyais encore à distance. Un de ces soirs que je passais avec lui, l'automne dernier, dans ce même cabinet, après nous être longtemps entretenus intimement, je lui demandai à lui-même, à lui qui me semblait devoir me préserver de tout, même de sa perte, ce que je deviendrais s'il me fallait jamais la supporter. "Mon enfant", me dit-il alors, avec une voix brisée, avec une émotion toute céleste, "Dieu mesure le vent aux brebis dépouillées". Ah ! l'orage ne m'a pas épargnée ; et c'est quand ma patrie m'était ôtée, qu'une autre patrie, la maison paternelle, n'est plus pour moi qu'un tombeau. »

Ce beau requiem ne s'achève pas sans un *mea culpa* :

« Les dernières paroles qu'il a prononcées sont entre Dieu et lui : *Grand Dieu*, s'est-il écrié, *reçois ton serviteur qui s'avance vers la mort à grand pas*. Sans doute il a été exaucé : c'est lui qui a été protégé par le ciel, ce n'est pas sa malheureuse fille ; elle n'a point entendu les derniers accents de sa voix, elle ne l'a pas soutenu dans ce terrible passage ; elle jouissait en paix de la vie, à l'instant même où il périssait. »

En lisant cette introduction aux *Manuscrits de M. Necker*, Benjamin Constant ne peut s'empêcher de pleurer : « Il y a une sensibilité d'autant plus réelle, écrit-il dans son *Journal*, qu'elle est tout à fait exempte d'affectation. » La publication en novembre 1804 de ce texte qui a pu faire sourire les esprits forts et les ennemis de Mme de Staël a été pour elle un acte d'amour filial, de reconnaissance, mais aussi un acte de pénitence, tant elle s'est sentie coupable de légèreté ingrate.

Dans cette préface, elle laisse délibérément de côté la pensée politique de Necker ; elle y reviendra, dit-elle ; pour l'heure, elle ne veut parler que de son caractère, de sa vie privée, de sa grandeur d'âme. Si nous devions compléter d'un mot l'influence qu'a eue Necker sur sa fille, nous pourrions dire qu'il l'a instruite dans le libéralisme ;

que ses idées libérales, mais aussi celles de Benjamin Constant, ont été inspirées, nourries, stimulées par l'ancien ministre de Louis XVI, dont elle dit ici au moins le choix pour une monarchie limitée, qu'il n'abandonnera pas. Ce fut aussi celui de sa fille dans les débuts de la Révolution. Lorsque Mme de Staël afficha après le 9 Thermidor son ralliement à la République, puis un républicanisme, partagé par Constant, reposant sur la même base : rejet de l'aristocratie héréditaire, et donc adhésion au principe d'égalité, défense de la liberté contre tout pouvoir autoritaire. Necker fut moins illusionné par Bonaparte que sa fille, ayant pressenti en lui le germe des pires fléaux. Cependant, échaudée par les brimades du Premier Consul, elle fut en plein accord avec les *Dernières vues* de son père, où il annonçait le temps de la « force militaire, [des] Prétoriens, [des] armées de l'Orient et de l'Occident », ajoutant : « Dieu garde la France d'une semblable destinée. » Il a discerné « dans le tumulte des rivalités et des ambitions » la meilleure chance d'une prise du pouvoir par celui qui s'honorera du bien de l'État et de la paix rétablie. Le Premier Consul n'avait pas toléré que ce gros Genevois lise si bien l'avenir qu'il préparait, et sa foudre était tombée sur le père et sur la fille.

Peut-être plus nette est la divergence entre Necker et Mme de Staël sur la question religieuse. Tout protestant qu'il était, Necker ne concevait pas pour la France une autre religion que le catholicisme, non seulement parce qu'il est la religion majoritaire dans ce pays, mais parce qu'il offre les rites et pompes, le culte de la Vierge et des saints, qui répondent mieux que l'austérité protestante aux ferveurs populaires. Ce n'était de sa part ni un point de vue théologique ni un point de vue philosophique, mais bien une conviction politique. Mme de Staël, quant à elle, refuse en philosophe du XVIIIe siècle la superstition catholique, les dogmes et les mystères. Elle juge utile une religion, mais qui ne soit pas fondée sur une « croyance aveugle ». Pour la République, on l'a vu, elle voulait une « religion naturelle » comme celle des théophilanthropes ou comme celle des protestants. À ses yeux, il faut, certes, des cérémonies et une union des âmes avec le pouvoir, mais l'évolution des idées condamne le catholicisme. Là-dessus elle s'était opposée à Chateaubriand, dont le *Génie du christianisme* était plus en accord avec les idées de son père. Mais ces divergences sont de peu de poids par rapport au legs majeur des idées libérales laissées par Necker, et dont elle fera son miel. Leur libéralisme, c'est aussi le fait qu'ils n'éprouvent pas forcément le besoin d'être d'accord – pour être sûrs, quand même, d'être tous les deux supérieurs au monde entier.

La cérémonie du couronnement a lieu le 2 décembre, sans qu'aucune amnistie ait été déclarée ; Mme de Staël reste interdite de séjour à moins de 40 lieues de Paris, soit environ 160 kilomètres. Depuis des mois, elle envisage que dans pareil cas elle quittera Coppet pour l'Italie. À vrai dire, quand elle prend la route le 4 décembre, accompagnée de ses enfants et de Schlegel, elle se dirige vers Lyon sans trop savoir ce qu'elle fera ensuite. Camille Jordan, entre autres, les attend ; entre-temps, le 5 décembre, à Pont-de-l'Ain, Benjamin rejoint les voyageurs. Il écrit le lendemain dans son *Journal* : « Route de Pont de l'Ain à Lyon. Journée douce avec Minette. Personne ne connaît comme moi ce que cette femme vaut. Il y a une analogie parfaite entre ses opinions et les miennes. » En même temps, il n'est pas douteux qu'il supporte douloureusement son enchaînement : « Elle a un caractère malheureux, une imagination blessée, un esprit immense et encore plus de bonté que d'esprit. Elle a un besoin de moi qui la rend très touchante, mais qui me rend très malheureux. »

Après quelques jours à Lyon et quelques soirées chez des amis, notamment chez Camille Jordan, sa résolution étant faite, elle prend le 11 décembre la route de Turin par le col du Mont-Cenis, cette fois sans Benjamin : « Départ de Minette, écrit-il. Elle a eu bien de la peine à se soutenir. Singulie sentiment que le mien pour elle, mais sa douleur me ferait sacrifier ma vie pour la consoler. »

Partir, c'est revivre un peu.

15

La découverte de l'Italie

Le voyage en Italie, dont elle a conçu le projet depuis longtemps, devient pour Mme de Staël une nécessité physique : puisqu'elle ne peut revenir à Paris et que les bords du Léman lui pèsent plus encore depuis la mort de son père, partir pour le Midi inconnu, sans autre projet que le seul plaisir de la découverte et du ciel bleu, lui paraît ce qu'elle a de mieux à faire en ce début d'hiver 1804-1805. Après les funérailles de Mme de Beaumont et avant de quitter Rome, Chateaubriand avait écrit une *Lettre à M. de Fontanes sur la campagne romaine*, d'une beauté toute classique, que le *Mercure de France* publia en avril 1804. L'imagination de Mme de Staël, selon Sainte-Beuve, en avait été piquée. Au cours de l'été de la même année, à Coppet, Bonstetten, l'ami des Necker, revenu d'Italie quelques mois auparavant, avait mis la dernière main à son *Voyage sur la scène des six derniers livres de l'Énéide*. L'Italie devenait attirante. Elle l'avait traitée de haut dans sa *Littérature*, si peu favorable aux peuples du Midi ; elle aurait l'occasion de vérifier ses préjugés.

Outre ses trois enfants, âgés respectivement de quatorze, douze et sept ans, elle emmène avec elle Wilhelm Schlegel, tandis qu'un autre compagnon de voyage, Simonde de Sismondi, les rejoindra à Milan. Sur le plan sentimental, le voyage est prévu pour être calme : ses deux compagnons de route ne font pas partie du premier cercle, celui de l'amour, de la passion, où se sont succédé, jusqu'à ce moment de notre récit, Narbonne, Ribbing et Benjamin Constant. Ni même du deuxième cercle, celui de l'amitié passionnée, une catégorie équivoque où figurent ses coups de cœur, des amants potentiels, des êtres chers qu'elle aime tendrement, tels Camille Jordan, François de Pange ou Robertson, plus fraternellement Mathieu de Montmorency. La troisième catégorie est celle de l'amitié simple, dépourvue de toute attirance amoureuse, tout au moins de sa part : c'est dans celle-là qu'il faut placer Schlegel et Sismondi.

Wilhelm ou Auguste-Guillaume Schlegel, on le connaît déjà un peu. Lui est secrètement amoureux de Germaine, qui l'a happé à Berlin pour faire de lui un précepteur très haut de gamme de ses enfants. Érudit, polyglotte, l'esprit philosophique, il lui est très précieux par ses connaissances : non seulement il la familiarise avec la langue et la culture allemandes, mais il sait aussi lui parler de l'Italie. Son dernier ouvrage, paru à Berlin en 1804, est une anthologie des poètes italiens, espagnols et portugais. S'il y a en lui de la raideur, beaucoup d'orgueil, de susceptibilité, et s'il n'a pas su la séduire, il a su devenir l'ami sûr et dévoué sur lequel Germaine peut compter.

Charles Simonde de Sismondi, dont on lit encore aujourd'hui les traités d'économie, était, malgré son nom d'origine italienne, d'une famille protestante de Genève. La révolution de 1794 l'en avait chassé et, avec sa mère et sa sœur, il avait émigré à Pescia, en Toscane – ce qui explique la publication de son *Tableau de l'agriculture toscane*, paru en 1801 à Genève, où il avait rencontré Mme de Staël. Ce refuge ne s'était pas révélé très sûr, puisque Sismondi avait été mis en prison en 1796 par les soldats de Bonaparte, puis une nouvelle fois en 1799 au moment du retour des Autrichiens. Il partage avec Germaine de Staël nombre d'idées, l'anticatholicisme, la passion de la liberté, l'amour de l'Angleterre. C'est plutôt avec lui qu'avec Schlegel qu'elle parle de politique. Au cours de l'été 1804, il a écrit à Coppet tout un chapitre de son *Histoire des républiques italiennes* consacrée à l'Italie médiévale.

Entre le rigide Schlegel et le libéral Sismondi, on ne peut dire que l'entente soit parfaite. Plus ou moins jaloux l'un de l'autre, ils auraient pu rendre la vie impossible à Germaine de Staël. Mais, entre eux, les amours-propres ont beau s'insurger, la bonne éducation lime les aspérités du caractère et la dévotion à la « trop célèbre » allume en permanence des contre-feux. Et puis le génie de Mme de Staël est précisément de faire tenir ensemble, comme dans les églises cent fois restaurées où la nef est romane et le clocher gothique, les styles les plus opposés et les caractères les moins conciliables. Ils sont pour elle deux sources de savoir différentes et complémentaires.

Premières impressions

Le 11 décembre 1804, la berline de Mme de Staël quitte Lyon pour Turin, via Chambéry et le col du Mont-Cenis. Une traversée des Alpes en chaises à porteurs sur des chemins étroits, sous la neige, neuf jours d'équipée dont le souvenir se retrouve dans *Corinne*, le roman que son voyage lui inspirera : « L'enfer de glace si bien décrit par Dante » que l'on traverse en silence. L'étape de Turin, où la petite troupe reste une semaine, est décevante. Le froid existe aussi en Italie, et la société turinoise est inintéressante, bien que les salons lui ouvrent leurs portes. Elle fait la connaissance du général Menou, administrateur de la région, qui a surtout, pour elle, l'originalité d'avoir ramené d'Égypte une femme musulmane, qu'elle réussit à rencontrer dans l'ancien palais des rois sardes : « J'ai vu la femme arabe du général Menou ; elle a de beaux yeux, bien noirs, un teint bien olivâtre, et une certaine douceur orientale qui inspire de l'intérêt et de la pitié. » Dans cette ville, qui lui paraît si âpre, sans son père, sans Benjamin parti pour Paris, elle ressent la rudesse de la solitude et se réjouit de quitter Turin pour Milan, munie d'une lettre de recommandation écrite par Luigi Bossi, un diplomate de la République cisalpine, pour le poète Vincenzo Monti.

À cinquante ans, Monti est alors le plus fameux des poètes du néoclassicisme italien. Après avoir connu la gloire à Rome, il s'était installé à Milan, où son œuvre avait pris des couleurs révolutionnaires et anticatholiques. Exilé à Paris au moment où les Autrichiens étaient revenus en force, il avait pris parti pour Bonaparte et le Consulat, ce qui lui valut en 1802 la chaire d'éloquence de l'université de Pavie, et il venait d'être nommé conseiller au ministère de l'Intérieur. Son opportunisme politique ne pouvait plaire à tout le monde, et Mme de Staël le savait mais elle ne veut pas en faire un obstacle : connaître et fréquenter les plus grands écrivains italiens vivants, tel est le programme. Et c'est lui qu'elle veut voir avant tout le monde.

Installée à l'*Auberge de la Cité*, proche du Duomo, elle s'empresse de lancer une invitation à Monti avec ce mélange inimitable de courtoisie et d'aplomb : « Il est impossible, Monsieur, à qui s'occupe des lettres, de n'avoir pas recueilli votre nom avec admiration, de n'avoir pas lu vos poésies qui soutiennent encore l'honneur de la littérature moderne en Italie. C'est ce sentiment qui m'a fait désirer une lettre d'introduction auprès de vous. Si vous êtes libre dans la journée, jusqu'à sept heures du soir je ne sortirai point de chez moi, espérant de vous y voir. »

Dès leur première rencontre, une amitié est scellée entre eux. Monti, avec ses belles manières et sa crinière blanche, son élégance et ses douces paroles, la séduit. Lui, comme tant d'autres qui font sa connaissance, est aimanté par la verve et l'esprit de cette femme, à laquelle il reprochait à distance ses pages de la *Littérature* sur l'Italie. Il se met donc en mal de lui prouver qu'elle a fait aux lettres italiennes un mauvais procès. Germaine et Vincenzo se voient tous les jours, tantôt en compagnie de Schlegel, tantôt en tête à tête. Il lui lit des poèmes ; elle lui dédicace son livre sur Necker ; ils visitent palais et bibliothèques, font des excursions, se mêlent à la société milanaise, notamment au salon de la belle comtesse Cicognara où défile la fine fleur lombarde, notamment le professeur Pietro Moscati, ami de Monti, et comme lui en charge de fonction dans la République italienne, en passe de devenir après le couronnement de Napoléon république d'Italie.

L'arrivée à Milan de Mme de Staël, précédée par sa réputation, ne passe pas inaperçue : comme à Berlin on l'invite, on l'entoure, on la fête, on écrit sur ses livres des articles dans le *Giornale Italiano*. Ses entretiens renouvelés avec Monti la déterminent à lui proposer, à lui qui, sans fortune, vient de subir de graves dommages à la suite des inondations causées par les débordements du Pô et du Tibre, un prêt de 50 louis : « Dites donc *oui* tout simplement à cette petite proposition. »

À Milan, elle a l'occasion de rencontrer Lucien Bonaparte, brouillé avec son frère Napoléon depuis son mariage avec Mme Jouberthon, et qui se cache en Italie sous un faux nom. Finalement, l'étape de Milan, qui ne devait pas dépasser une huitaine de jours, s'étend sur trois semaines, au grand dam de Sismondi qui les a rejoints et de Schlegel qui tous les deux piaffent dans leur impatience de gagner Rome. Le 14 janvier, l'expédition se remet enfin en route, tandis que Germaine a le cœur serré de devoir quitter Monti.

Commence alors avec le grand poète une correspondance qui illustre une de ces amitiés passionnées, dont elle a le talent et dans laquelle elle se montre prodigue d'hyperboles admiratives et de tendresse renouvelée. À chaque étape, à Lodi, Plaisance, Parme, Bologne, Ancône, elle prend la plume pour continuer le dialogue interrompu. Arrivée à Parme le jour de la Saint-Antoine, elle découvre qu'on amène dans la ville tous les chevaux pour les faire bénir : « Ah ! Monti, un peuple se relève-t-il jamais de tout cela ? » Elle lui décrit les aspects moins plaisants de sa visite : « Des prêtres et des mendiants remplissent les rues : quel misérable ordre social ! » Heureusement, la ville a d'autres attraits : elle est invitée à l'opéra par Moreau de Saint-Méry, ancien député à la Constituante, présentement administrateur des États de Parme et de Plaisance – une amabilité qui atteste les bonnes dispositions du pouvoir à son égard ; elle va visiter le grand imprimeur Bodoni, un ami de Monti, qui lui offre des sonnets d'un poète alors en vogue, Minzoni, que Monti lui a fait connaître. Elle avoue qu'en dehors de quelques vers, elle a trouvé l'ensemble « bien faible ». Pour le moment, elle ne jure que par Vincenzo Monti, sur quoi ses compagnons de voyage la taquinent, mais ses lettres régulières au « premier poète d'Italie » se font de plus en plus tendres.

L'Italie hivernale, battue par les vents froids, inondée par ses fleuves en crue, ne l'a pas encore séduite. Tout change une fois franchis les Apennins, au-delà desquels, comme elle l'écrira dans *Corinne*, les voyageurs découvrent « le beau climat d'Italie », et respirent « l'air suave du Midi ». Cependant, ils doivent faire le pied de grue pendant quarante-huit heures aux portes de Rome, car une nouvelle crue du Tibre met dans l'eau une partie de la ville. Ils y pénètrent enfin dans la soirée du 3 février.

Rome, Naples, Rome

En ce début du XIXe siècle, la Rome antique et la Rome de la Renaissance ont laissé place à une grosse bourgade où circulent entre les ruines des grands monuments les troupeaux de bœufs et de chèvres, tandis que le Colisée est devenu un grand marché de campagne. Mais, capitale de la chrétienté, Rome est avant tout la ville des papes, des cardinaux du Sacré Collège, dominée par Saint-Pierre, la basilique baroque édifiée par le Bernin, qui fait une très vive impression sur Mme de Staël. Sa défiance du catholicisme n'est pas ébranlée : « À Rome, je me sens saisie d'une profonde tristesse, écrit-elle à la comtesse Cislago-Cicognara. Tant de grandeur dans les souvenirs et tant de petitesse dans ce qui nous reste ! L'homme ainsi tombé, non par la séduction d'Ève, mais par celle d'un autre serpent, la superstition, cela fait mal, et plus je suis émue par la grandeur des monuments, plus je m'attriste sur les hommes qui errent autour de ces ruines. » Elle s'en explique dans une lettre à Monti : « Les plus beaux monuments sont élevés en l'honneur des idées les plus superstitieuses, et les plus grands souvenirs sont à côté de la plus profonde misère. [...] On mesure ici constamment la hauteur dont l'homme est tombé ; ce qu'il est, et ce qu'il fut, inspire une mélancolie plus humiliante que douce. » À Mathieu de Montmorency, elle fait cet aveu : « Les Italiens ne me plaisent pas le moins du monde. »

Cette protestante n'en admet pas moins qu'à Rome les vraies personnes fréquentables sont les cardinaux, les *monsignori*, les dignitaires cardinalices sans prêtrise, autant de grands seigneurs intelligents et de bonnes manières qui l'entourent, la flattent, lui font des grâces, bref composent une exception qui lui agrée : le secrétaire d'État Ercole Consalvi, qui exerce un rôle d'autant plus important que le pape Pie VII, appelé pour couronner Napoléon, se trouve encore en France ; Giulio Maria Della Somaglia, vicaire du pape ; le cardinal d'origine écossaise Charles Erskine : « Si je vous suis infidèle, minaude-t-elle dans une lettre à Monti, ce sera certainement pour un cardinal. » Le bruit court à Rome que le cardinal Della Somaglia a parié qu'il la convertirait au catholicisme avant son départ – un pari perdu d'avance, mais qui anime les discussions.

L'hommage de ces prélats lui est une revanche contre ceux qui, à Paris, avaient pourfendu *Delphine* au nom de la morale catholique.

Outre la prélature, il existe une aristocratie romaine laïque, dont le faste l'étonne : vastes palais, collections d'art, élégants équipages, tout le miroitement d'une noblesse décadente mais brillante. Elle fréquente les bals, les théâtres, les concerts – « je n'ai pas une heure à moi » –, d'autant qu'elle a rencontré un jeune Portugais, don Pedro de Souza-Holstein, qui a repris provisoirement, comme chargé d'affaires, les fonctions de son père, ancien ambassadeur du Portugal à Rome mort en 1802. Elle l'avait croisé déjà, mais elle fait sa connaissance lorsqu'elle est intronisée comme « pastourelle » à l'académie de l'Arcadie. Cette société littéraire, datant de la fin du XVIIe siècle, est assez délustrée, mais elle continue d'exercer son rayonnement par ses mondanités.

L'abbé Luigi Godard, *custode generale* de l'Arcadie, la prie d'assister à une séance de l'académie et d'y lire quelque chose. Comment refuser ? Goethe lui-même y a été honoré. C'est l'occasion de faire connaître sa traduction du sonnet de Minzoni, *Quando Gesù*, que Monti lui avait lu. La voici introduite dans une grande assemblée, en présence du Tout-Rome, cardinaux et grands seigneurs réunis, lorsque l'abbé Godard la proclame avec solennité arcadienne. On fait pleuvoir sur elle une trombe de compliments, de sonnets, et de roses, jusqu'au moment où, tremblante, elle lit sa traduction de Minzoni, accueillie par des vivats mémorables. Quand il apprend la scène, Benjamin note dans son *Journal* : « Il y a vraiment du saltimbanque dans cette conduite. Si ce sonnet parvient en France, ce sera un ridicule d'une nouvelle espèce. » Mais le plus intéressant pour elle, c'est la présence dans l'auditoire du jeune et beau don Pedro, qu'elle convainc de l'accompagner chez elle pour un dîner, en compagnie de Consalvi et de Wilhelm von Humboldt, philologue et résident de Prusse à Rome qu'elle a rencontré à Paris.

Chez les Humboldt, à la Villa Malta, elle a participé à de nombreuses soirées et rencontré artistes et poètes, comme les frères Tieck, Angelica Kauffmann, venue de Suisse, qui exécutera son portrait pendant son séjour à Rome. Elle a aussi fait la connaissance du comte Alessandro Verri, l'homme le plus distingué de la société romaine, délicieux causeur, auteur à ses heures, qui à son tour tombe sous son charme : « Vous ne pouviez pas me donner une plus grande preuve de votre bienveillance, écrit-il à Monti, qu'en me procurant la très agréable occasion de connaître la célèbre fille de l'immortel Necker. Mais vous m'avez exposé à une épreuve dangereuse : c'est celle de tomber amoureux malgré mon âge [il a soixante-quatre ans]. La délicatesse, la sensibilité, la grâce, la force de son âme excitent en la mienne une sorte de jeunesse. » Elle a aussi eu l'occasion d'inscrire dans son carnet de bal le comte Giuseppe Alborghetti, secrétaire de légation à Ravenne, lui aussi membre de l'académie des Arcadiens, qui lui sert un peu de cicérone, avant que don Pedro ne prenne le relais. Malgré tous ces empressements autour d'elle, elle ressent toujours la solitude : « Je ne me sens en relation intime avec personne. » La tendre amitié qu'elle éprouve pour ce jeune aristocrate un peu timide la tire tout de même de la mélancolie ; c'est lui aussi qui va lui faire vraiment découvrir la Ville Éternelle.

En attendant, elle suit son programme : une excursion à Naples, accompagnée de Schlegel, Sismondi, Auguste et Albertine. Elle a laissé en pension à Rome le turbulent Albert. Naples, sa baie, sa campagne environnante, lui apparaissent, dès son arrivée le 21 février, comme une source d'enchantement inépuisable. Elle qui n'a jamais prisé vraiment la nature s'émerveille d'un printemps précoce où la palette vive des couleurs rivalisent avec les fragrances de la flore. « Tout est admirable ici. » Elle compose une *Épître sur Naples* : « Connais-tu cette terre où les myrtes fleurissent… », née d'une impression durable, dont *Corinne* se fera aussi l'écho : « Chaque pas, en pressant les fleurs, faisait sortir des parfums de leur sein. Les rossignols venaient se reposer plus volontiers sur les arbustes qui portaient les roses. Ainsi les chants les plus purs se réunissaient aux odeurs les plus suaves ; tous les charmes de la nature s'attiraient mutuellement ; mais ce qui est surtout ravissant et inexprimable, c'est la douceur de l'air qu'on respire. »

Toujours en quête d'hommes d'esprit, elle va droit au cardinal Fabrizio Ruffo, très proche de la reine de Naples Marie-Caroline, et à l'archevêque de Tarente, Giuseppe Capecelatro, grand érudit, collectionneur, qui deviendra ministre de l'Intérieur sous le gouvernement de Murat. Mais, comme elle l'avoue à Monti, la société napolitaine lui semble un désert d'« âmes nobles et d'esprits supérieurs ». Le royaume des Deux-Siciles, alors sous le règne de Ferdinand IV, est endormi. À l'exception de la reine Marie-Caroline, la sœur de Marie-Antoinette, qui ne manque pas de pétulance. Elle déteste Napoléon, et les rapports avec la France, représentée par l'ambassadeur Alquier, sont des plus froids. Mme de Staël n'avait pas demandé à lui être présentée ; elle s'en faisait l'idée d'une réactionnaire invétérée. La reine insiste, et Mme de Staël, accompagnée par Alquier, se rend au palais royal le 4 mars. Les deux femmes se voient et se revoient, unies dans leur détestation du « scélérat corse », selon l'expression de Marie-Caroline.

Les paysages resteront plus ancrés en elle que la société napolitaine. Deux excursions la marquent particulièrement, le Vésuve et Pompéi, qu'elle fait avec ses deux compagnons de voyage. Au pied du Vésuve, elle est fascinée par la lave « d'une couleur funèbre » qui sort du volcan, « roule lentement comme un sable noir de jour, et rouge la nuit ». Elle en arrive à cette méditation dans *Corinne* : « Tout ce qui entoure le volcan rappelle l'enfer, et les descriptions des poètes sont sans doute empruntées de ces lieux. C'est là que l'on conçoit comment les hommes ont cru à l'existence d'un génie malfaisant qui contrariait les desseins de la Providence. » L'ange de la mort, qui a dû s'envoler de ce sommet, elle en retrouve la trace dans les ruines de Pompéi : « C'est avec des morceaux de lave pétrifiée que sont bâties la plupart de ces maisons qui ont été ensevelies par d'autres laves. Ainsi, ruines sur ruines, et tombeaux sur tombeaux. » Mélancolie de l'exil, spleen familial, curiosités du Grand Tour se cristallisent enfin.

Mme de Staël rapporte de Naples une vision émerveillée : « C'est le plus beau pays du monde et je le préfère à tout autre séjour en Italie. » Il faut pourtant revenir à Rome, mais, cette fois, elle peut compter sur le guide de cœur faute duquel elle ne goûte à rien, don Pedro : « Je n'ai compris que par vous les délices de ce séjour, lui écrira-t-elle ; mon imagination n'avait point encore peuplé le désert ; je vous ai aimé et tout s'est animé en moi ; les beaux arts, la nature, et jusqu'aux souvenirs du passé qui me faisaient mal et dont j'ai appris à jouir. » Entre eux se noue cette amitié passionnée qui n'exclut pas des gestes d'amants, comme l'échange de vers, de bagues, de boucles de cheveux. L'idée d'un livre germe dans son esprit : « J'écrirai une espèce de roman qui serve de cadre au voyage d'Italie, écrit-elle à son vieil ami Suard, et je crois que beaucoup de pensées et de sentiments trouveront leur place là. » Elle n'a pas aimé l'Italie d'emblée ; seule Naples l'a immédiatement conquise, mais ce second séjour à Rome, grâce à son mentor don Pedro, l'a pénétrée cette fois du charme de la péninsule.

Elle tente, non sans grâce, de transmettre ses sensations à Claude Hochet, l'ami lointain : « Ce n'est pas une ville que j'ai aimée, mais je ne sais quelle existence musicale, poétique, pittoresque, aérienne, qui m'a découvert un nouveau cercle d'idées et de sensations. Ces monuments, ces souvenirs, ce beau ciel, ces déserts autour de Rome qui ne sont point arides, mais semblent tristes d'avoir perdu leurs anciens possesseurs, tous ces chefs-d'œuvre des arts qui remontent l'âme quand elle est abattue, ces chants harmonieux qui retentissent la nuit dans toutes les rues, cette liberté sociale qui n'est pas digne comme la liberté politique, mais qui a son charme dans l'habitude de la vie, ces Italiens tous spirituels, tous gais inoffensivement, tous amoureux dès que vous le permettez, et adorateurs des femmes, trop pour leur dignité, mais point trop pour l'agrément de la vie des femmes, tout cela est si singulier, si jeune, si doux, qu'il n'existe pas de vie obscure et tranquille qu'on puisse comparer à celle-là. » Humboldt, qui observe la métamorphose, raconte à Goethe comment la paix règne désormais sur son esprit, débarrassé des « imaginations qui la tourmentent et la désorientent en même temps ».

Une chose cependant étonne chez elle, son peu de goût pour les arts. Musicienne à ses heures, écrivain, amie des philosophes, elle est curieusement rétive aux trésors de la peinture, de la sculpture et manifeste peu d'intérêt pour l'archéologie, au grand dam de Schlegel. L'iconoclaste protestante qui sommeille en elle se plaint dans une lettre à Monti que les Romains s'intéressent beaucoup trop aux tableaux et aux statues : « Je n'ai pas une si insatiable ardeur de la figure humaine que je puisse passer ma vie à la voir représenter. » Monti, horrifié par cette insensibilité « sacrilège », lui promet de garder pour lui le secret de cet aveu qui la discréditerait dans toute l'Italie.

La petite troupe se désagrège lorsque Sismondi, vers la mi-avril, quitte Rome pour rejoindre sa mère et sa sœur à Pescia. Schlegel, lui, a le bonheur de retrouver son amie Sophie Bernhardi, qui arrive à Rome avec ses enfants. C'est la fin provisoire d'un trio tempétueux, tant l'Allemand et le Suisse sont décidément peu accordés. Sismondi, qui se sépare de Germaine de Staël la mort dans l'âme, lui écrit, vengeur : « Dites-moi si Schlegel profite du tête-à-tête pour vous dominer tout à fait, si vous ne gagnez pas à mon absence de vous coucher de meilleure heure, puisque la querelle quotidienne peut commencer après le souper et qu'on n'attendra plus que je sois parti. » Mme de Staël minaude en affectant de croire qu'une des raisons de la tristesse de Sismondi provient du fait qu'en quittant Rome il se sépare aussi d'une chère amie, Mme Batthyany. Il lui répond aussitôt : « Comment ne savez-vous pas que je vous aime cent fois plus qu'elle ? » Entre elle et ses amis, le madrigal est de rigueur, et Marivaux jamais très loin, tant elle sait toujours badiner avec l'amour… des autres. Sismondi le comprend qui, après lui avoir écrit le 20 avril qu'il a passé à ses côtés les quatre mois les plus « doux » de sa vie, ajoute : « Je ne veux pas me laisser aller davantage ; vous prendriez tout cela pour une déclaration d'amour, d'où vous concluriez que vous devez en rire. Ne riez pas, je vous supplie, de mon attachement : c'est le sentiment le plus sérieux de ma vie. »

De même qu'elle avait prolongé son séjour à Milan pour Monti, elle retarde son départ de Rome dans la difficulté qu'elle éprouve à s'arracher à son « cher dom Pèdre ». Au début de mai, le jeune homme reçoit d'elle un long poème en alexandrins :

Il faut donc quitter Rome, il faut donc vous quitter
Et remplir de douleur son âme et sa pensée
C'est avec vous, surtout, que j'aimais à goûter
Les nobles souvenirs de la grandeur passée…

Il promet, comme les autres, de ne pas l'oublier et de venir à Coppet. Dans un léger délire, elle lui confie le rêve qu'elle a fait de le marier plus tard à sa fille Albertine : « Je vous assure qu'elle aura ce qui a pu me distinguer, avec des avantages de plus et des défauts de moins. Cher dom Pèdre, ce n'est pas tout à fait une folie que cette idée. »

Benjamin toujours

Cette douce folie ne lui fait pas oublier Benjamin. Et pour cause, ils s'écrivent presque chaque jour. Nous n'avons malheureusement plus leurs lettres, mais nous en percevons la teneur par le *Journal* que lui s'est avisé de tenir depuis 1804. Se partageant entre Paris et les Herbages, il exprime son bonheur d'avoir reconquis la solitude qui lui permet de travailler d'arrache-pied à son grand livre sur la religion. Mais, bien incapable de s'y contraindre, il multiplie les visites, dîners et soupers chez ses amies, Sophie de Condorcet, Juliette Récamier, et d'autres. Au cours des premiers mois de l'année 1805, il est l'objet des assiduités de deux de ses anciennes maîtresses, Anna Lindsay et Charlotte de Hardenberg, mal mariée à Dutertre, avec lesquelles, malgré sa volonté de les tenir à distance, il reste en coquetterie. Une autre ancienne amie, Julie Talma, lui a écrit un jour dans une de ses lettres pleines d'esprit dont elle a le don : « Vous n'êtes qu'une fieffée coquette, et rien de plus ! » Ce sera une des plus dures épreuves de cette période pour lui que de voir mourir de tuberculose cette amie si chère, qu'il tiendra dans ses bras au moment de son trépas, le 5 mai.

Qu'en est-il de ses sentiments pour « Minette » ? Il sasse et ressasse ses raisons de la quitter, de rester avec elle, de l'épouser, d'en finir, de se marier ailleurs, dans une introspection permanente, rythmée par l'heure du courrier en provenance d'Italie. Échantillon :

1er janvier 1805 : « Ce qu'il y a de sûr, c'est que je ne veux plus lui causer de peine ; je veux vivre beaucoup plus libre que je n'ai vécu jusqu'à présent, mais en même temps beaucoup plus pour elle. »

7 janvier : « Minette est bonne, tendre, dévouée, comme à son ordinaire ; elle trouve mes lettres tristes, elle me demande ce qu'il faut pour mon bonheur. Hélas ! ce qu'il faut pour mon bonheur, c'est la vie que je mène à présent avec de la liberté ! C'est précisément ce qu'elle ne peut pas m'accorder. Elle est avec moi comme ce houzard avec un prisonnier de guerre qu'il avait ordre de tuer : “Demandez-moi toute autre chose, mais pour la vie, il n'y a pas moyen.” »

23 janvier : « Abjurons le projet de la quitter, puisqu'il est bien clair que je n'ai pas une volonté assez forte pour cela. »

5 février : « Non, je ne pourrais jamais supporter le malheur ni la perte de Minette. Mais je veux, je dois prendre un parti sur cette liaison. Il faut qu'elle se consolide, il faut qu'elle devienne honorable ; il faut qu'elle me laisse le temps d'étudier et d'arriver enfin à la gloire littéraire. »

7 février : « Je lui écris alors pour lui proposer un mariage secret, et je tiens irrévocablement à ce mariage. Plus je l'aime, plus il m'est impossible de me séparer d'elle ou de lui faire de la peine, plus je dois prendre un parti décisif et convenable. »

18 mars : « Elle vaut mieux qu'aucune autre femme. J'en reviens assez à l'idée d'un mariage public qui est plus simple que tous les autres partis. »

9 avril : « Je suis si content des lettres de Minette que je vivrai avec elle où elle voudra dans une ville hors de Suisse. »

19 avril : « L'obstination et l'égoïsme avec lequel elle croit que je ne suis fait que pour lui sacrifier toute ma vie, me révolte et me blesse. Et cependant sa douleur me tourmente, et la violence qui sera nécessaire pour faire la moindre chose qui ne lui conviendra pas m'effraie d'avance. »

2 mai : « J'ai renoncé à toute résolution de me séparer d'elle. »

Mais voici qu'une idée germe subitement dans sa tête enfiévrée. Mme Dutertre, née Charlotte de Hardenberg, ne pourrait-elle pas faire l'épouse idéale ? Naissance illustre, caractère charmant, de la fortune, « un attachement qui a survécu à dix ans d'absence et d'indifférence » de sa part, n'est-ce pas le « port inattendu » que le ciel lui présente ? Car la dame lui dit qu'elle peut être libre, que le mari consent au divorce ! Benjamin rêve, mais ce rêve, pour une fois, ne manque pas de consistance. À partir du 8 mai, Constant décide de rédiger un « journal abrégé » qui est aussi un journal codé. Parmi les 17 chiffres dont il usera, les trois premiers sont : « 1. Jouissance physique ; 2. désir de rompre mon éternel lien dont il est si souvent question ; 3. retours à ce lien par des souvenirs ou quelque charme momentané. » La suite est éclairante : les 1 sont assez rares ; les 2 pleuvent en rafale, et les 3 se raréfient. Quel retour en perspective pour Mme de Staël !

Bonaparte roi d'Italie

En apprenant que Bonaparte s'est déclaré roi d'Italie, le 26 mai 1805, elle a prévu de revenir par Milan, où il doit être couronné. Elle nourrit l'espoir de le rencontrer et de plaider sa cause de vive voix : la fin de l'exil, la restitution de la dette des deux millions qui sont bien devenus trois avec les intérêts. De Paris, Benjamin et Mathieu de Montmorency l'encouragent dans cette espérance, constatant des signes de bienveillance de la part du pouvoir. Elle espère que Joseph, qu'un moment elle souhaite voir désigné comme vice-roi avant d'apprendre qu'il décline l'offre, accompagnera son frère et se fera une nouvelle fois son intercesseur. En attendant, il lui reste à visiter Venise, en passant par Florence, Bologne et Padoue.

À Florence, elle est rejointe par Sismondi, qui l'escorte pendant son séjour avant de repartir le cœur lourd à Pescia. La grande affaire pour elle est de rencontrer la comtesse d'Albany, qu'on présente comme la « reine intellectuelle » de la ville. Pendant plus d'une vingtaine d'années elle a été la maîtresse de Vittorio Alfieri, mort en 1803. Ce poète d'un narcissisme qui annonce le romantisme (« satiété, ennui, douleur ») était aussi l'auteur d'une vingtaine de tragédies écrites dans une langue pure. C'est à Florence qu'il avait connu la comtesse d'Albany ; c'est à Florence qu'il était venu s'installer près d'elle. Le salon de la comtesse était devenu un des hauts lieux de la société littéraire de la Toscane. Pendant la huitaine qu'elle passe à Florence, Mme de Staël voit tous les jours la comtesse d'Albany, dont le deuil l'a touchée et qui lui confie le manuscrit de l'autobiographie d'Alfieri. La dame, qui, après le départ de Mme de Staël, lui écrit à quel point elle a pu apprécier sa présence, que depuis son « malheur » elle n'avait trouvé personne avec qui ses sentiments « fussent plus à l'unisson », réserve à d'autres correspondants ses flèches du Parthe : « Elle a été ici l'année passée, écrira-t-elle à un ami. Elle a de l'esprit beaucoup, un grand vernis d'instruction qu'elle a pris en vivant depuis son enfance avec des gens de lettres ; elle écrit sans digérer ses ouvrages parce qu'elle n'en a pas le temps, passant ses journées en société et à écouter les hommages de ses amants qu'elle a en grand nombre, quoique laide. »

On a dit que les femmes ont moins aimé Germaine de Staël que les hommes. Il y eut cependant des exceptions de taille.

Les chefs-d'œuvre de Florence ne l'impressionnent pas. Des gens, des visages, des personnes, voilà ce qu'elle aime, mais en vrai, en chair et en os, et non point en images. Madones, pietà, cènes, annonciations, crucifixions, ces images désespérément pieuses la lassent. Les nouvelles étapes, Bologne où elle a un entretien sans intérêt avec le poète Manzoni, dont elle avait lu le sonnet à l'Arcade, et qui se révèle à ses yeux un petit homme excédé d'amour-propre, lisant ses poèmes dans une pose avantageuse. Quelle déception ! Mais à Padoue, tout change ! La chaleur de la relation humaine, empreinte de sympathie et d'admiration, elle la savoure dans cette étape, où elle fait la connaissance du poète Melchior Cesarotti, professeur de grec et d'hébreu, rendu célèbre par ses traductions d'Ossian. Pendant les trois jours qu'elle passe à Padoue, elle entretient avec lui une conversation ininterrompue, le matin dans son hôtel, *L'Aquila d'oro*, et l'après-midi chez le vieux professeur où se tient tout un cercle d'intellectuels, d'anciens élèves et d'amis. L'un d'eux, Mario Pieri, qui a laissé un témoignage sur ces entrevues, est évidemment sévère, jugeant Germaine « laide de visage et gauche de corps », il s'agace de la patience avec laquelle Cesarotti l'écoute, quitte à s'avouer épaté. Il ajoute en revanche que celui-ci ne peut souffrir l'homme maigre, sec, taciturne, glacé, l'impossible Schlegel au masque de pierre. Cesarotti, lui, subit, comme tant d'autres, ce que Schlegel lui-même appelle sa « puissance surnaturelle », l'extraordinaire force de séduction de Germaine de Staël.

Enfin Venise ! Mais la Cité des doges qui ne cesse de se faire admirer n'est pas à la mode : Byron ne l'a pas encore chantée. De ses canaux, de ses eaux dormantes, de sa splendeur passée se dégage une tristesse qu'elle ressent au tréfonds d'elle-même. Heureusement Venise prodigue les fêtes et les rencontres, y compris dans les cafés de la place Saint-Marc, ce qui l'étonne, elle si habituée à ne rencontrer les gens distingués que dans les salons. Elle apprécie surtout l'accueil d'Isabelle Testochi Albrizzi, une Grecque très brillante, aimée du directeur général des Musées Vivant Denon, l'homme du Louvre, et que lui a conseillé de rencontrer Sismondi. Pendant ces cinq journées vénitiennes, elle trouve à sa disposition un nouveau chevalier servant en la personne de Maurice O'Donnell, un Autrichien d'origine irlandaise, autre jeune homme cultivé et dévoué qui entre à son tour dans son cœur hospitalier.

Mais il est temps de revenir à Milan. Le couronnement italien a eu lieu le 26 mai, dans une ville pavoisée, inondée de soleil. Comme lors du sacre de Notre-Dame, Napoléon a saisi des mains du cardinal Caprara la couronne – cette fois la couronne de fer des rois lombards – qu'il a posée sur son auguste tête. Le 4 juin, Mme de Staël fait son entrée dans Milan, avec la ferme intention de solliciter un des hauts personnages qui entourent l'Empereur pour ses affaires. Son ami Gérando, qui fait partie du cortège officiel, finit par lui annoncer quelques bonnes nouvelles : Napoléon lui accorde de raccourcir les distances de son exil et lui accorde 20 lieues au lieu de 40. Quant à la dette, il a chargé son ministre des Finances Gaudin de s'en occuper. Une rencontre entre elle et lui est même prévue à Turin. Hélas ! ce sera un rendez-vous manqué, car lorsque, retenue un jour de plus à Milan, Germaine arrivera à Turin, Gaudin sera déjà reparti, lui, pour Gênes. Entre-temps, Lucien Bonaparte a décliné lui aussi le titre de vice-roi d'Italie que lui offrait son frère, et qui revient du coup à Eugène de Beauharnais. Un poète vient de célébrer le nouveau roi d'Italie dans le *Beneficio* : c'est son cher Vincenzo Monti, bientôt nommé historiographe du Royaume d'Italie.

À l'issue de ce dernier séjour à Milan, réjouis par de grands dîners en son honneur et tous les fastes de la vie mondaine, les joies du théâtre, les rencontres imprévues pleines de saveur, Mme de Staël et les siens reprennent la route en direction du Mont-Cenis. Dans les adieux qu'elle fait par lettres à Vincenzo Monti et don Pedro, elle exprime toute sa tristesse à quitter la *bella Italia.* Elle emporte dans ses bagages une profusion de paysages, de souvenirs, d'affections, dont elle fera, elle en est maintenant certaine, son « roman de l'Italie ». Elle a, en le quittant, confié à don Pedro le titre qu'elle lui donnera : *Corinne.*

16

Les belles heures de Coppet

Les années 1805 et 1806, qui portent Napoléon Ier au faîte de sa gloire, voient la guerre renaître. À part Charles IV d'Espagne, son allié, l'ensemble des monarques européens veulent dresser une digue contre l'expansionnisme français au-delà des Alpes et du Rhin : une nouvelle coalition se forme entre l'Angleterre, le tsar Alexandre, François II qui a pris le titre d'empereur d'Autriche (François Ier). Le grand dessein napoléonien d'envahir l'Angleterre échoue ; le 21 octobre 1805, la flotte britannique de Nelson enfonce la flotte franco-espagnole à Trafalgar. Mais cet échec maritime est occulté par les victoires remportées par Napoléon sur le continent : capitulation des Autrichiens à Ulm le 20 octobre et, surtout, éclatante victoire de la Grande Armée sur les armées austro-russes à Austerlitz le 2 décembre, le jour anniversaire du couronnement impérial. Une nouvelle fois, la carte de l'Europe est rectifiée ; l'Autriche est chassée d'Italie et d'Allemagne, perd l'Istrie et la Dalmatie. Napoléon fait un retour triomphal à Paris le 26 janvier 1806. Rien ne paraît pouvoir lui résister.

Mme de Staël, dans ces circonstances, n'a pas perdu l'espoir d'un retour en grâce de la part du grand vainqueur, mais l'Empereur reste inflexible. À son retour d'Italie, elle a lancé de nouveau ses messagers en direction du maître. À l'un d'eux, Fouché, Napoléon a répondu, alors qu'il était au camp de Boulogne : « Mme de Staël prétend que je lui ai permis de venir à Paris, et elle veut y rester. Qu'elle se rende à Coppet ; vous sentez que je ne suis pas assez imbécile pour la vouloir à Paris [...]. Faites connaître à ses amis qu'elle s'arrêtera à quarante lieues. Tous les éléments de discorde, il faut les éloigner de Paris. Il n'est pas possible que, quand je serai à deux mille lieues, à l'extrémité de l'Europe, je laisse aux mauvais citoyens le champ libre d'agiter ma capitale. »

Quel hommage ! Une seule femme, rien qu'une femme, pouvait donc lui faire craindre une « agitation » au cœur de la tranquillité parisienne et dans l'opinion bâillonnée. C'était reconnaître l'inépuisable talent de Mme de Staël à cristalliser tout ce qui restait à Paris de réfractaire ; c'était donc une « puissance » ! Elle a beau faire la chattemite pour être autorisée à revenir, Napoléon la connaît suffisamment, il est assez bien renseigné par ses agents qui ne cessent de l'espionner depuis des années : une fois obtenue la levée de son interdiction de séjour, une fois dans les murs, comment n'aurait-elle pas l'envie d'ouvrir son salon à tous les opposants du régime ? Dans un État dictatorial, tout devient matière à soupçon. Décidément, ce sera 40 lieues – et non 20 comme elle aurait pu l'espérer à Milan !

Sans qu'elle le sache et sans qu'elle le veuille, l'exil auquel elle est condamnée va produire une sorte de miracle. Coppet, Coppet qui l'ennuie, Coppet qu'elle déteste, Coppet frappé du « terrible vide que la mort y a fait », Coppet va devenir, pendant une douzaine d'années, le haut lieu de l'intelligence européenne. Un pis-aller étincelant.

Prosper de Barante

Revenue à Coppet le cœur serré au début de l'été 1805, elle s'empresse d'envoyer des messages d'invitation à tous les horizons de la rose des vents. Dès le 8 juillet, Benjamin Constant arrive en compagnie de Claude Hochet et de Prosper de Barante. D'autres viendront, se succèderont, se réuniront, mais reste accroché en elle comme un chiendent le désir de Paris. À un point qui étonne Chateaubriand :

« J'allais voir à Coppet madame de Staël ; je la trouvai seule au fond de son château, qui renfermait une cour attristée. Je lui parlai de sa fortune et de sa solitude, comme d'un moyen précieux d'indépendance et de bonheur ; je la blessai. Madame de Staël aimait le monde ; elle se regardait comme la plus malheureuse des femmes, dans un exil dont j'aurais été ravi. Qu'était-ce à mes yeux que cette infélicité de vivre dans ses terres, avec les conforts de la vie ? Qu'était-ce que ce malheur d'avoir de la gloire, des loisirs, de la paix, dans une riche retraite à la vue des Alpes, en comparaison de ces milliers de victimes sans pain, sans nom, sans secours, bannies de tous les coins de l'Europe, tandis que leurs parents avaient péri sur l'échafaud ? Il est fâcheux d'être atteint d'un mal dont la foule n'a pas l'intelligence. Au reste, ce mal n'en est que plus vif : on ne l'affaiblit point en le confrontant avec d'autres maux, on n'est pas juge de la peine d'autrui ; ce qui afflige l'un fait la joie de l'autre, les cœurs ont des secrets divers, incompréhensibles à d'autres cœurs. Ne disputons à personne ses souffrances ; il en est des douleurs comme des patries, chacun a la sienne. »

Germaine de Staël souffre comme un animal qu'on a tiré de son milieu naturel : l'exil lui est insoutenable. Née à Paris, élevée dans l'un des plus brillants salons de la capitale, où elle a entendu et fréquenté les grands esprits du XVIIIe siècle ; fille d'un homme célèbre qui a connu sur les rives de la Seine la plus extraordinaire des ferveurs populaires ; où elle-même a présidé un salon prestigieux, influent, redouté des pouvoirs, faisant à l'occasion des ministres comme d'autres naguère faisaient des académiciens. Là-bas, elle a brillé, rayonné, étonné, appuyé de sa puissance occulte les débuts de la Révolution… L'injustice qui la cloue à 40 lieues de son temple, elle ne s'y résigne pas, même si elle parvient à importer sur les bords du Léman ce que Chateaubriand appelle sa « cour ».

À Paris, elle envoie vivre une partie d'elle-même, son fils Auguste, qu'elle place à seize ans dans la pension de François Thurot, un grammairien, directeur d'une école des sciences et belles-lettres, rue de Sèvres. L'explication officielle est crédible : Auguste y est pour préparer le concours de l'École polytechnique. Mais elle espère que son fils sera son ambassadeur auprès de tous ceux qui peuvent approcher l'Empereur ; sa présence à Paris sera aussi un argument supplémentaire dans sa requête d'y vivre elle-même. À Joseph Bonaparte, elle écrit à la fin d'août : « Aurez-vous la bonté, mon Prince, de voir un moment mon fils avant qu'il entre dans sa pension ? Il aspire à cette faveur. »

En attendant, le château de Coppet se remplit d'hôtes et de visiteurs. On n'y vit pas dans le luxe, quoique la domesticité ne manque pas ; la bonne chère est rare, la décoration un peu usée, mais on s'y délecte de l'échange intellectuel. On parle beaucoup, on écoute de la musique, on joue des pièces de théâtre ; on sait aussi se retirer dans sa chambre pour écrire. Tout tourne évidemment autour de cette hôtesse exceptionnelle, d'une hospitalité légendaire, chef d'orchestre bien visible de talents stimulés, vivifiés, électrisés par elle.

C'est bien le cas d'un nouveau pensionnaire émerveillé, Prosper de Barante. Son nom nous est connu, tout au moins le nom du père, Claude-Ignace de Barante, depuis 1803 préfet du Léman, qui, de Genève, avait notamment pour mission de surveiller l'intrépide Mme de Staël. Son fils Prosper, sorti de l'École polytechnique en 1801, était venu voir son père à plusieurs reprises et avait alors fait la connaissance de Mme de Staël qui entretenait de bons rapports avec le préfet. C'est en 1805 qu'il noue avec elle une amitié qui brûle vite d'un autre feu. Il arrive donc au début de juillet en compagnie de Benjamin Constant, dont il est devenu l'ami, et de Claude Hochet. Il a vingt-trois ans, elle en a quarante, mais il subit comme tant d'autres ce que Schlegel appelle sa « puissance surnaturelle ». La célébrité de Mme de Staël répandue au-delà des frontières ajoute encore à ses attraits, mais elle n'en a pas besoin pour séduire les jeunes gens qui ont du goût pour les lettres, les idées, les paradoxes, la conversation inspirée, l'esprit en un mot : là où elle peut effrayer les hommes rassis, les timorés, les frileux et les placides, elle est irrésistible pour ceux dont l'âme n'aspire qu'à l'exaltation.

Prosper et Germaine sont vraisemblablement devenus amants au cours de cet été 1805. En surnuméraire au ministère de l'Intérieur, Prosper de Barante fait un long séjour à Coppet, donne à apprécier par la dame sa jolie figure, mais aussi sa culture littéraire, philosophique, historique. Ce jeune homme brillant, qui deviendra plus tard le grand historien des ducs de Bourgogne, dispose déjà d'un savoir qui l'a fait entrer sur un pied d'égalité dans ce cercle choisi de

Coppet. Benjamin Constant reste l'ami officiel de Germaine de Staël, mais, toujours désireux de briser ses chaînes (le mot est de lui), il n'éprouve aucune jalousie, entrecoupe son séjour de nombreuses virées à Genève et à Lausanne, bref laisse le champ libre aux amours naissantes entre Germaine et Prosper.

Une lettre de Barante donne le ton de cette belle intimité. En septembre 1805, il écrit à Mme de Staël : « Adieu, je vous embrasse et vous aime : je suis heureux. Quelquefois en vous tenant dans mes bras, j'ai des regrets de ne pouvoir être tout à vous, mais quand je consulte mon cœur seulement, je me dis que rien ne peut ajouter à mon sentiment et que je n'ai besoin de rien de plus pour me déclarer vôtre pour toujours. » Le « ne pouvoir être tout à vous » a laissé des doutes. Mais l'expression est compréhensible : il n'a jamais été question pour Mme de Staël de congédier Benjamin Constant ; ce fait suffirait à éclairer les « regrets » passagers dont parle Barante. Une autre explication, complémentaire, est possible : Barante a pu rêver de mariage, et son père s'en est effrayé, qui fera de son mieux pour l'éloigner de la « trop célèbre ». Le 3 avril 1806, nommé auditeur au Conseil d'État, il quitte Coppet, au grand soulagement non de Benjamin, mais du fidèle Auguste-Guillaume Schlegel, l'amoureux transi, qui déteste les autres bourdons de la reine, le cœur meurtri : « Quelle nuit ! Quelle séparation cruelle ! Tant de douleur ne brisera-t-elle pas votre cœur, et n'en chassera-t-elle pas celui qui la cause ? Songez qu'il a souffert, et qu'à présent [il lui écrit ces mots dans la nuit du 3 au 4] il est encore bien malheureux. » Mais Germaine et Prosper ne s'en tiendront pas là.

L'homme le plus indécis du monde

Les affinités électives entre Germaine de Staël et Prosper de Barante n'affectent pas Benjamin Constant. Au cours de ce long séjour à Coppet et à Genève, de juillet 1805 à juin 1806, nous suivons dans son journal chiffré les fluctuations de ses sentiments. Le chiffre 1 qui signifie « jouissance physique » se fait très rare en juillet 1805. Il faut attendre le 20 de ce mois pour le rencontrer : « Course à Genève. 1. » Ses rapports avec Germaine sont devenus platoniques, et c'est ce « besoin de 1 » qui « empêche toute durée dans 3 », c'est-à-dire dans ses bonnes dispositions avec elle. Le 2, « désir de rompre », revient régulièrement. Tantôt il aspire à la solitude – « Mon Dieu, la solitude ! », tantôt il rêve d'un mariage bien bourgeois qui lui permettrait de dénouer ses liens avec Germaine tout en restant son ami : c'est le numéro 8 de son code. 8 revient, s'efface, revient encore. Il nous reparle d'Amélie (« c'est peut-être la seule chose raisonnable »), il évoque Thérèse, et aussi Antoinette (« douce et bonne »), et encore une Adrianne, mais ne conclut à rien. Une autre femme a repris consistance dans son imaginaire, Mme Dutertre, qui fut cette Charlotte d'Hardenberg qu'il connut à la cour de Brunswick, qu'il a laissé épouser un Allemand, qui a divorcé, qui s'est remariée à un émigré français, qu'il a revue à Paris, et qui ne demanderait pas mieux que de continuer sa vie avec lui. L'« amour pour Mme Dutertre » est signifié par le numéro 12, qui surgit sans cesse. Parfois « faiblement », parfois « rejeté », avant qu'à la réception d'une lettre de Charlotte il n'écrive : « Presque revenu à 12. » 13 veut dire : « incertitude sur tout », et il lui arrive d'écrire : « Je me repends de 13 sur 12. » Il oublie, il rejette, il abandonne, puis, brusquement : « Petit retour vers 12. » Le 5 octobre 1805, à la réception d'une lettre de Charlotte, c'est plus sérieux : « Je suis tout à fait revenu à 12. » Quelques jours plus tard, il balance : « Décidé à 8 ou à 12 », c'est dire s'il n'est pas décidé du tout. Peu de jours suffisent à lui faire « abandonner » 8 et 12. La tête nous tourne. L'abandon de 12 n'est que passager, un « petit retour » s'effectue. Mais le 1, « absolument nécessaire », revient au galop, il lui faut y souscrire « de manière ou d'autre » : ses échappées à Genève lui permettent d'assouvir son « besoin de femmes ». Mais Germaine dans tout cela ?

On l'a dit, deux chiffres la concernent directement : 2, je n'en veux plus ; 3, je ne puis m'en séparer. Les deux chiffres alternent régulièrement, mais plus souvent 2 que 3. La confusion des sentiments est extrême chez lui, passant le même jour du désir fou de se rendre libre à la certitude qu'il ne peut la quitter. Son attitude émeut sa maîtresse, des scènes, qu'il dit épouvantables, se succèdent, suivies de « raccommodement ». Il y a chez lui, quel que soit l'affaiblissement de l'attrait qu'il éprouve pour Germaine, un sentiment noble de ne pas vouloir lui faire du mal. Le 18 septembre, il note : « Grande découverte : elle serait heureuse sans moi. C'est donc pour moi que je reste avec elle. » Il n'en sort pas. « Y eut-il jamais homme plus indécis », lâche-t-il le 4 octobre 1805. Il lui arrive de se convaincre que 3 est le mieux, à condition d'« arranger 1 ». Et quand 1 s'« arrange » effectivement, il ne croit plus du tout 3 impossible. Mais les querelles redoublent : 2, 2, 2 ! « C'est l'épine habituelle de ma vie, l'idée qui me suit, m'oppresse, m'ôte la moitié de mon talent et tout mon bonheur. » Il se réfugie dans 4, qui signifie « travail ». Il s'absorbe dans son grand livre sur les religions mais aussi dans son « grand traité » politique, cent fois remanié. Et quand 3 revient : « C'est précisément ce qui redouble ma tristesse. » Germaine a le génie de l'enchaîner : « Dénouer est impossible. » Voilà où il en est au moment où il quitte Coppet et Genève en juin 1806. Amour impossible, séparation improbable. Claude Hochet, qui les connaît bien, pense-t-il à eux lorsqu'il évoque, dans une notice qu'il donne, en février 1806, aux *Lettres inédites de Madame la Marquise du Châtelet à M. Le Comte d'Argental*, les liens qui unissaient Voltaire à Mme Du Châtelet : « Pour des esprits de cette trempe, le besoin de communiquer ses idées à un esprit de même force, et d'en recevoir des idées analogues, l'habitude de s'entendre mutuellement, vite et à demi-mot, et de parcourir ainsi en peu de temps un vaste champ de pensées, est encore plus vif, plus impérieux que ne l'est dans les liaisons vulgaires le besoin et l'habitude de se communiquer et de partager des sentiments et des affections communes. » Pour lui, nul moyen de démagnétiser cette relation par bien des aspects infernale.

La vie à Coppet

À Coppet, Mme de Staël règne sur son petit monde avec une autorité pleine de grâce. Cette autorité, on la perçoit notamment dans ses rapports avec Schlegel. À cet amoureux sans espoir qui lui voue une fidélité de dogue, sans savoir dissimuler sa jalousie, elle propose une déclaration de servitude volontaire inouïe : « Je déclare, lui écrit-il le 18 octobre 1805, que vous avez tous les droits sur moi et que je n'en ai aucun sur vous. Disposez de ma personne et de ma vie, ordonnez, défendez, je vous obéirai en tout. Je n'aspire à aucun autre bonheur que celui que vous voudrez me donner ; je ne veux rien posséder, je veux tenir tout de votre générosité. [...] Je suis fier de vous appartenir en propriété. Je ne prendrai aucun nouveau lien qui pourrait me détacher de vous [...] vous avez sur moi une puissance surnaturelle, contre laquelle ce serait en vain de lutter [...]. Pour moi, j'ai perdu une partie de ma vie à chercher ; j'ai enfin trouvé ce qui est impérissable et ne me quittera qu'au tombeau. N'abusez pas de votre pouvoir : vous pourriez facilement me rendre malheureux, sans que j'eusse des armes contre vous. Surtout, je vous supplie, ne bannissez jamais d'auprès de vous votre esclave. » Dans l'île d'Ééa, Circé de sa baguette magique transformait les compagnons d'Ulysse en pourceaux et en chiens. Mme de Staël n'a pas ce pouvoir, mais elle a bien celui d'ensorceler.

Dès son retour d'Italie, elle lance des invitations tous azimuts. Venez, Maurice O'Donnell ! Venez, Friedrich Schlegel (le frère), vous découvrirez ici « une nature bienfaisante » ! Venez Vincenzo Monti, « vous serez bien ici. Votre chambre donne sur les Alpes ». Et ne craignez pas de perdre votre temps en frivolités : « Nous menons une vie studieuse » ! Venez, Charles de Villers, ma maison est la vôtre ! Venez don Pedro de Souza, ou alors « rendez-moi les vers que je vous ai écrits de ma main, car si vous n'avez plus d'amitié pour moi, je ne veux pas qu'il vous reste des preuves de la mienne » ! Venez, comte Fédor Golowkin, « pourquoi ne revenez-vous pas ici la semaine prochaine » ? Et, apprenant la faillite de la banque de M. Récamier, elle lance un appel à Juliette Récamier : « Serait-ce un rêve que de vous voir ici cet hiver ? »

Les hôtes qui restent et les visiteurs qui passent forment une société cosmopolite et brillante, dont la principale activité est la conversation. Nous n'avons évidemment pas le contenu de tous ces échanges, mais le journal intime des uns, les lettres des autres, nous font comprendre ce qui est en train de naître et de se développer à Coppet. Plus tard, les historiens parleront du « groupe de Coppet », une expression qui pourrait induire en erreur si on croit qu'elle désigne un parti ou un club. Il s'agit d'un groupe informel, aux limites variables dans la durée, un cercle d'esprits distingués, selon le mot de l'époque. Des gens qui ne pensent pas tous la même chose, mais qui s'écoutent beaucoup. Ils sont là, dix, vingt, trente parfois, à échanger des idées, soit en tête à tête (toutes les chambres restent ouvertes), soit en réunion.

Mme de Staël a fait de la conversation un véritable genre littéraire. Contre la « vulgarité révoltante dans les manières » qu'elle constate depuis la Révolution *(De la Littérature)*, mais aussi à l'encontre des anciens salons où le ton était plus frivole, elle conçoit la conversation comme un art, alliant le bon goût, la culture, les idées « et qui ranime les esprits, comme la musique chez quelques peuples, et les liqueurs fortes chez quelques autres ». Cet art, qu'elle analysera dans son ouvrage *De l'Allemagne* comme typiquement français, elle le transpose avec bonheur sur les bords du Léman et lui donne une couleur plus germanique, plus politique surtout. Les Suisses Bonstetten et Sismondi, les Allemands Auguste-Guillaume et Friedrich Schlegel, assurent le sérieux des disputes, auxquelles se mêlent Benjamin Constant et son esprit caustique, Prosper de Barante et les autres visiteurs.

Quasiment tous ces hôtes de Coppet écrivent et deviendront des auteurs importants s'ils ne le sont déjà. Elle-même s'est attelée à *Corinne*, son « roman sur l'Italie ». Nul doute que les échanges intellectuels auxquels ils se livrent ont fécondé leur imagination, corrigé leurs préjugés, ouvert leur curiosité. On a souvent attribué au groupe de Coppet l'étiquette libérale. À juste titre, sans doute. Le libéralisme de Coppet, auquel Mme de Staël et Benjamin Constant ont donné les illustrations les plus remarquables, est d'abord une défense de la liberté individuelle contre l'arbitraire des pouvoirs. Il se dresse à la fois contre l'absolutisme de l'Ancien Régime, contre le gouvernement révolutionnaire qui a instauré la Terreur et contre l'autoritarisme de Napoléon. Le groupe de Coppet se réclame des principes de 1789, à la fois de la liberté des individus et de l'égalité civile qui en a terminé avec les ordres et les castes, avec les privilèges de naissance. Mais la Révolution a été, au sens étymologique, un renversement de la légitimité politique qui a remplacé le pouvoir d'un seul par la volonté générale, formidable tremplin ou terrible alibi d'une puissance publique démesurément agrandie. Ces hommes de culture, nourris par l'exemple de la monarchie parlementaire à l'anglaise mais aussi par les expériences républicaines, contribuent à une réflexion approfondie sur la dialectique éternelle entre la puissance de l'État et la liberté de chacun. Ils ne sont pas tous d'accord sur la forme des institutions mais ils éprouvent leurs convictions sur la souveraineté – nécessaire mais relative –, l'équilibre des pouvoirs, la forme des contre-pouvoirs, le rôle des citoyens face aux pouvoirs.

Faut-il voir dans ces idées l'influence de la religion protestante et de la notion du libre examen ? Faut-il au contraire insister sur l'héritage des Lumières ? Sans doute les deux, mais, plus encore peut-être, l'effet d'une histoire immédiate qui a vu la Révolution se retourner contre ses principes, une réaction monarchiste nostalgique, et puis la conquête des pouvoirs par un césarisme qui ambitionne de dominer l'Europe. Autant d'agressions contre la liberté de la personne humaine, autant d'arbitraire révoltant, autant de soumission. C'est en soi-même que chacun doit chercher les armes de l'opposition en refusant ce que les foules acceptent comme allant de soi, en jugeant des lois comme des projets du gouvernement. De tout cela en tout cas Mme de Staël est sûre, elle pense que c'est la « libéralité de jugement » qui fondera la liberté des citoyens. Car les autres libertés en découlent, à commencer par cette liberté de la presse contre laquelle tous les pouvoirs autoritaires s'acharnent.

Ce libéralisme n'est donc pas un conservatisme ; il l'est d'autant moins que le groupe de Coppet adhère en majorité au principe de la perfectibilité humaine si cher à Mme de Staël et à Benjamin Constant. Leur pensée est fondamentalement progressiste à partir de leur philosophie de l'Histoire. Certes, le progrès n'est pas linéaire, la Révolution en a donné l'exemple. Mais il faut distinguer le cours général de l'Histoire, la longue durée, des épisodes de régression passagers, dus soit au fanatisme, soit aux intérêts particuliers des castes dominantes, à commencer par les castes sacerdotales. La religion occupe beaucoup l'intérêt des commensaux de Coppet. Constant s'est attelé depuis sa jeunesse, on le sait, à un grand ouvrage sur le sujet, auquel il travaillera une quarantaine d'années, sans pouvoir en publier tous les volumes de son vivant. À Coppet, on rencontre des catholiques comme Mathieu de Montmorency, Barante, Auguste-Guillaume Schlegel qui s'est converti ; la majorité, à commencer par Mme de Staël, est composée de protestants. Mais la plupart se rencontrent dans une certaine méfiance des dogmes quand ce n'est pas une franche hostilité. La religion intéresse non pas à travers ses différentes confessions, mais comme phénomène en soi, et l'on s'accorde, en général, à penser que l'homme est depuis la nuit des temps un animal religieux. Le *sentiment* d'un au-delà est jugé universel ; ce sentiment a pris des *formes* successives qu'on appelle les religions, lesquelles évoluent sous l'empire des progrès de la connaissance. Elles évoluent ou elles périssent si elles ne s'adaptent pas aux nouvelles conditions créées notamment par le progrès scientifique. Autant d'idées qui ont nourri, entre autres, la grande œuvre anthropologique de Constant sur la religion.

Mais la religion fait débat sur le plan social et politique. On a vu que Mme de Staël, comme son père, juge la religion dans sa définition d'origine : comme un lien entre les hommes d'une même Cité. Tous à Coppet croient aux bienfaits sociaux de la religion mais n'ont pas forcément la même idée de son institution. Constant est tout à fait hostile à ce qui ressemblerait à une religion d'État et apprécie la diversité des cultes qui stimule la morale et le civisme. Mais le plus important est peut-être le fait de son évolution : parti de l'athéisme et de l'antichristianisme, Benjamin Constant a progressivement modifié son regard sur la religion, notamment sous l'influence des philosophes allemands, des conversations qu'il a eues à Weimar avec Goethe, sans compter l'influence propre de Mme de Staël, qui, pour vague que soit sa religion personnelle, n'a jamais fait profession d'athéisme et devient même de plus en plus sensible aux sentiments religieux. Bref, les sujets de conversation ne manquent pas dans cette nouvelle abbaye de Thélème.

La littérature garde une part privilégiée dans ces discussions, qui sont aussi des moments de lecture, où chacun se risque à livrer aux autres les dernières lignes, le dernier chapitre qu'il a écrits, ou de réciter ses vers (« Superbe déclamation de Monti », note Benjamin le 21 octobre 1805). Mieux encore, on fait du théâtre. Sous la conduite de Mme de Staël, comédienne-née, éprise depuis toujours de théâtre, une véritable troupe amateur est formée, qui apprend, répète et joue en public des pièces diverses, à la manière d'un Voltaire à Ferney. Les pièces sont montées soit à Coppet, dans la grande galerie devenue aujourd'hui la bibliothèque, soit à partir de la saison d'hiver à

Genève, salle du Molard, devant un parterre considérable et acquis d'avance aux comédiens et comédiennes, dont certains ont leur famille dans la salle.

Nous connaissons la liste de ces pièces pour la saison 1805-1806 grâce au journal intime de Benjamin Constant : *Mérope* (Voltaire), *Mahomet* (Voltaire), *La Fausse Agnès* (Destouches), *Le Barbier de Séville* (Beaumarchais), *Alzire* (Voltaire), *Zaïre* (encore Voltaire, dont on ne méprisait pas alors le théâtre), *Agar dans le désert* (petite pièce composée par Mme de Staël elle-même pour être jouée avec ses enfants Albert et Albertine), *Les Plaideurs* (Racine), *Pygmalion* (« galimatias du XVIIIe siècle » selon Constant, d'un auteur incertain, car les *Pygmalion* sont alors foison), *Le Jaloux malade* (vaudeville de Dupaty, Mme de Staël n'était pas rancunière), *Shakespeare amoureux* (un acte d'Alexandre Duval), où elle joue une femme de chambre « vêtue de rose, gaie et fine et légère », et *Phèdre* (Racine), qui permet à Germaine (Phèdre), inspirée, de déclarer à Prosper (Hippolyte) :

Oui, Prince, je languis, je brûle pour Thésée.
Je l'aime, non point tel que l'ont vu les enfers,
Volage adorateur de mille objets divers,
Qui va du Dieu des morts déshonorer la couche ;
Mais fidèle, mais fier, et même un peu farouche,
Charmant, jeune, traînant tous les cœurs après soi,
Tel qu'on dépeint nos Dieux, ou tel que je vous voi(s).

Tout le monde est sollicité, Benjamin et Prosper comme les autres, et Germaine tient toujours le rôle féminin principal. Les commentaires de Constant sont souvent caustiques : « [Dans *Les Plaideurs*], voilà-t-il pas que Schlegel, comique dans la tragédie, n'est pas gai du tout dans la comédie » ; « Représentation de *Zaïre*. Il y a dans Prosper du talent enfermé qui se débat sans se montrer ». Il n'est pas mécontent de lui dans *Mahomet* : « Je ne joue pas mal… » et il applaudit Germaine dans *Phèdre :* « Mme de Staël a joué admirablement. » On voit, en tout cas, à l'énumération des titres joués, l'intense activité théâtrale que mènent à Coppet puis à Genève Mme de Staël et ses amis : les pièces sont répétées, jouées souvent plusieurs fois, c'est une occupation, pendant des jours, de tous les instants.

Soucis maternels

Ni salon ni théâtre ne font oublier à Mme de Staël la correspondance à laquelle elle consacre plusieurs heures par jour. Elle écrit à ses amis éloignés, mais au cours de cette saison, elle a deux destinataires de choix : son fils Auguste et son notaire Fourcault.

Auguste est donc envoyé à Paris à l'âge de quinze ans. « Il sait le latin, l'allemand, l'italien, l'anglais et pas mal le grec, mais il est ignorant dans les mathématiques » : ainsi Mme de Staël présente-t-elle son fils à François Thurot, le directeur de l'école des sciences et belles-lettres où il doit préparer l'École polytechnique. Mère exigeante, elle veille scrupuleusement sur les études de son fils. Elle lui écrit chaque semaine de même qu'elle exige d'Albert et d'Albertine d'écrire à leur frère au même rythme. De son côté, Auguste doit, chaque jeudi et chaque dimanche, donner de ses nouvelles – et pas d'un mot rapide, mais sur quatre pages pleines et gare s'il en manque ! Elle a prié Mathieu de Montmorency de veiller un peu sur lui et elle lui a demandé, à lui, Auguste, de faire certaines démarches pour plaider sa cause d'exilée. Voir Joseph Bonaparte, Fouché, par exemple chez Mme Récamier, et d'autres. Il y a quelque hypocrisie de sa part à lui dire, le 11 septembre 1805 : « Ah ! je n'aurais jamais eu le courage de t'envoyer en France, si j'avais pu prévoir que je ne t'y suivrais pas, et ce dernier coup m'a douloureusement affectée. » Il est vrai que le préfet du Léman venait de l'informer des ordres stricts que Fouché avait lui-même reçus de Napoléon, mais elle aurait pu se douter qu'elle n'avait guère de chance de rejoindre son fils à Paris. Elle se plaint encore. Fouché lui fait répondre par Mme Récamier qu'elle pourrait envoyer Auguste faire ses études à Bordeaux, à Lyon, à Marseille ou à Nantes, villes où elle aurait le droit de se rendre.

Auguste préfère rester à Paris. S'ensuit un échange de lettres où la mère donne ses conseils : qu'il ne manque pas de faire de la musique, et surtout, surtout, qu'il ne néglige pas l'étude de l'histoire, peu enseignée chez Thurot. « Je voudrais que tu me rendisses compte chaque semaine de ce que tu as lu, et des idées que l'histoire fait naître en toi. » En décembre, elle lui reproche de ne pas donner assez de temps à l'histoire : « Songe donc qu'après la religion, c'est ce qu'il y a de plus important : l'homme n'apprend que là. » Bon élève, Auguste lui parle de Massillon qu'il a lu ; elle répond : « Tu sais que la religion qui va à mon cœur est celle de ton père [elle désigne ainsi son propre père, feu le baron est aux oubliettes]. Les auteurs catholiques font constamment usage de l'enfer, et sans oser juger une telle opinion, je n'ai jamais senti qu'elle rendît meilleur. Bourdaloue est encore pis que Massillon ; mais Fénelon est plein de charme, de douceur et de bonté qui, à la mysticité près, me rappelle ton père. » Mathieu l'emmène-t-il écouter un prédicateur ? Elle ne se fâche pas, mais tient à lui préciser qu'il ne doit aller « à aucun exercice d'un culte qui n'est pas celui de notre père ».

L'autre partie importante de sa correspondance est adressée à Fourcault de Pavant qui gère ses affaires à Paris. Des lettres assez techniques qui nous confirment toute l'attention avec laquelle elle suit ses placements : elle demande conseil, propose des ventes et des achats de biens, veille sur la sous-location de l'appartement qu'elle loue rue de Lille, elle veut être « au fait de tout ce qui pourrait (l)'inquiéter relativement aux affaires d'argent ». En novembre 1805, apprenant la faillite de Récamier, elle a écrit à Juliette toute sa peine, on l'a dit, mais, parallèlement, elle s'inquiète auprès de Fourcault si l'intérêt de son placement chez Récamier qui échoit le 14 décembre lui sera bien payé. Elle achète une ferme sous le nom de Schlegel, moyennant un acte de revers de celui-ci. Les affaires d'argent, c'est aussi, on s'en doute, l'éternelle requête d'être remboursée du prêt de Necker au Trésor public. Elle s'adresse à la Direction générale de la liquidation de la dette publique, demandant à son directeur Defermon « quelle est la loi qui prive [ses enfants] de la fortune d'un homme qui a servi l'État sept ans sans appointements ? ». Toujours la même réponse : Necker avait figuré sur la liste des émigrés, et ceux-ci, une fois amnistiés, ne pouvaient recouvrer les créances qu'ils avaient eues sur le Trésor. Toujours la même objection : Necker n'était pas un émigré puisqu'il était de nationalité suisse ! On n'en sort pas. Derrière l'administration, Napoléon, au courant de cette dette de l'État, juge qu'il tiendra mieux la bride sur le cou de Mme de Staël en la faisant toujours espérer. Elle ne lâchera pas prise ; elle décide, en avril 1806, de quitter Genève où elle avait pris ses quartiers d'hiver. Le 19, puisqu'elle a eu l'autorisation de Fouché, elle part pour Lyon, en compagnie d'Albert, d'Albertine, de Schlegel et de don Pedro de Souza, qui vient d'arriver à Genève.

Souza, qui narre à Frederike Brun, une amie de Mme de Staël, son voyage de Genève à Lyon, lui avoue son enchantement : « Vous la connaissez, Madame, mais vous n'avez pas encore idée du bonheur qu'on éprouve à voyager avec elle et à entendre un esprit et une âme comme celle-là se développer pour ainsi dire pendant douze heures de suite, toujours inépuisable et si souvent sublime. » En décembre 1805, Souza avait fait timidement l'aveu à Mme de Staël qu'il allait se marier ; elle lui avait répondu, légèrement mortifiée, que c'était bien, même si c'était un peu tôt pour lui. Elle l'avait encouragé à venir néanmoins rejoindre la petite troupe, et à lui rapporter à l'occasion les vers qu'elle lui avait donnés à Rome. Souza arriva ; ses fiançailles avaient été cassées ; quant aux vers réclamés, il se garda bien de les lui rendre.

17

Le malheur à Auxerre

Les années 1806 et 1807, loin de conclure la paix en Europe, sont frappées à nouveau par la guerre, que Napoléon porte toujours plus loin vers l'est. Après Austerlitz, des négociations, les unes avec l'Angleterre, les autres avec la Russie, avaient bien été amorcées, mais l'attitude de la Prusse, rebelle aux exigences françaises et hostile à la création de la Confédération du Rhin par Napoléon, encouragea la Russie et l'Angleterre à former avec Berlin une nouvelle coalition. Le 26 septembre 1806, la Prusse, stimulée par la reine Louise, que Mme de Staël avait tant admirée, lançait un ultimatum à la France, sommée de ramener ses troupes en deçà du Rhin. Napoléon, qui ne s'y attendait pas, était à Paris, lorsque les Prussiens passèrent à l'offensive sans attendre les Russes.

Revenu en hâte à la tête de la Grande Armée, restée en Allemagne et vivant sur le pays, Napoléon remporte la victoire d'Iéna, tandis que, simultanément, le 14 octobre, le maréchal Davout met les Prussiens hors de combat à Auerstaedt – deux batailles qui provoquent la débandade des troupes ennemies. La Prusse est envahie ; Napoléon, à la tête de ses soldats déguenillés, fait son entrée dans Berlin le 27 octobre. Il s'ensuit une décision capitale pour la suite : la mise des îles Britanniques en état de blocus, d'où résulte la prise et l'occupation des ports de la mer du Nord et de la Baltique, à commencer par Hambourg. Ce « Blocus continental », c'était l'arme économique lancée contre l'Angleterre qu'on ne pouvait plus projeter d'envahir depuis la défaite maritime de Trafalgar, et dont Napoléon voulait désormais anéantir le commerce. Du même coup, pour rendre le blocus efficace, il devait s'assurer la domination du continent.

Cependant, les Russes restent en guerre. La Grande Armée pénètre alors dans la partie prussienne de la Pologne, où la population l'accueille avec enthousiasme dans l'espoir de recouvrer son indépendance. L'affrontement avec les Russes qui suit est particulièrement dur en cette saison hivernale. Les soldats français, mal ravitaillés, mal équipés, décimés, « grognent » mais obéissent. Le choc décisif a lieu à Eylau, dans la neige ; la bataille acharnée fait 25 000 morts chez les Russes et 18 000 du côté français. Un massacre dont la nouvelle fait sensation à Paris. Les Russes ne s'avouent pas encore vaincus ; il faut attendre la victoire française de Friedland, non loin de Königsberg, en Prusse-Orientale, le 14 juin 1807, pour que la paix soit rétablie par les traités de Tilsit, le 7 juillet. Les anciens ennemis, Napoléon et Alexandre, signent un partage de l'Europe, dont l'Angleterre fait les frais.

C'est au cours de cette longue période d'affrontements que Mme de Staël entreprend sa propre guerre de mouvement pour se rapprocher de Paris.

Une stratégie d'approche

Parlant de Mme de Staël à sa cousine Rosalie, Benjamin Constant lui écrit dans une lettre du 29 mars 1807 : « Je suis donc parti de Lausanne il y a un an pour l'aider dans une tentative que je lui avais conseillée. Jusqu'à présent cette tentative a réussi, et si mes conseils avaient toujours été suivis, elle aurait encore réussi bien mieux. » Le conseil en question était de procéder à un rapprochement de Paris par étapes, en utilisant tous les moyens, tout leur réseau, pour fléchir la volonté impériale. La première de ces étapes, en Bourgogne, est choisie en fonction des 40 lieues de distance de Paris fixées par Napoléon : Mme de Staël choisit Auxerre qui se situe à 43 lieues. Elle s'y rend après être passée par Lyon – d'où elle a demandé à Fouché l'autorisation de se rendre à Paris pour s'entretenir avec les membres du Conseil de liquidation sur le prêt de son père. Nulle réponse. Accompagnée de ses deux enfants Albert et Albertine, des deux frères Schlegel et de don Pedro (qui continue sa route vers Paris), elle s'installe ainsi au château de Vincelles, qu'elle loue au banquier suisse Bidermann, en attendant de pouvoir briser le cercle kilométrique infernal qui lui est imposé.

Très vite, à Vincelles, la vie lui devient « insupportable » ; il n'y a pas un chat à voir, écrit-elle à Gérando : « C'est une véritable Scythie. » Dans une lettre à Suard, elle renchérit : « Il n'y a pas un secours pour l'éducation, pas un livre, pas un musicien, c'est la vraie Scythie d'Ovide. Toute la littérature du département consiste dans les vers de notre préfet, M. de la Bergerie, sur les moutons. » Un nom prédestiné il est vrai ! À une autre correspondante, Mme Frederike Brun, elle évoque l'abîme entre Paris et le désert français : « Paris engloutit tout. » Ses amis ont beau la visiter, Mathieu de Montmorency et son frère Adrien, Constant, Camille Jordan, Juliette Récamier, Elzéar de Sabran, Prosper de Barante, rien ne peut combler la solitude qui la mine. Elle prend de l'opium pour dormir, car ses affaires de cœur, nous le verrons, ajoutent encore à son désarroi. Constant fait pourtant de son mieux dans les démarches qu'il poursuit à Paris pour lui obtenir le sauf-conduit l'autorisant à se rapprocher de la capitale. Sans réponse, elle se décide à quitter le château de Vincelles pour une auberge d'Auxerre, mais le cœur de la ville ne lui offre aucune amélioration de son sort. Un espoir peut-être : la fête du 15 août, catholique et impériale, pourrait être le moment de l'indulgence espérée du maître. Non, c'est toujours la même attente leurrée, la même déception. Elle ne peut tout de même pas rester éternellement à Auxerre, son « supplice » ! Elle s'échappe quelques jours pour se rendre à Chaumont, chez son ami Le Ray. Elle fait des projets : aller prendre les eaux à Plombières, où elle rejoindrait Mme Récamier ; elle se décide finalement pour Spa, autre ville d'eaux pour laquelle elle demande un passeport au préfet de l'Yonne, qui le lui accorde. Mais elle doit renoncer car Mathieu est tombé malade, et elle adresse son fidèle Eugène à Paris pour avoir des nouvelles ; il va mieux, mais c'est au tour de Schlegel d'être alité à Auxerre. Elle veille sur lui, fait venir Koreff, son médecin allemand qui exerce à Paris.

L'idée qu'elle conçoit alors, inspirée par Benjamin, est d'acheter une terre non loin de Paris, obtenir l'autorisation d'habiter sa propriété, et de là se faire admettre plus tard dans la capitale. Elle écrit donc à son notaire, pour qu'il lui déniche la bonne occasion, et lui demande – surveillance policière obligeant – qu'en lui écrivant il ne désigne la distance « qu'en y ajoutant dix lieues » et de ne parler d'elle que « comme d'un tiers ». En attendant que l'affaire se fasse, elle réussit à obtenir du préfet de l'Yonne, avec l'indulgence de Fouché, un passeport pour se rendre à Rouen, qui la rapproche de Paris. Arrivée à Rouen le 18 septembre, elle descend à l'hôtel de France. De Rouen, on peut être à Paris en douze heures par la diligence. Mieux encore : Fouché l'autorise, le 23 janvier 1807, à prendre ses quartiers au château d'Acosta, appartenant au fils du marquis de Castellane, situé à Aubergenville, près de Meulan, à 12 lieues de Paris. Là, en négociant un acte de propriété, elle désespère toujours d'ennui, malgré les visiteurs qu'elle reçoit. Il est vrai que deux d'entre eux sont loin, don Pedro à Lisbonne, et Prosper de Barante à Varsovie. Polyandre sentimentale et possessive, elle a toujours besoin de tous ses soupirants à ses côtés. Comme l'écrit Charles Du Bos, biographe de Benjamin Constant : « Avec elle, ce n'est pas que les absents ont tort au sens courant de l'expression, c'est tout au contraire que pour elle il n'y a pas, il ne doit pas y avoir d'absents, c'est que pour elle la présence de ceux-ci est tout ensemble si impérieuse et si indispensable qu'en n'étant pas là ils lui font un tort, le seul tort qu'ils puissent lui faire mais celui-là inexcusable, le tort de leur absence même. » C'est ce qui la rend si dramatique, ajoute Du Bos.

Napoléon, cependant, parfaitement instruit par sa police particulière des faits et gestes de Mme de Staël malgré son éloignement avec la Grande Armée, n'apprécie nullement la bienveillance de son ministre de la Police. Il lui adresse une série de mises en garde. Le 31 décembre 1806 : « Ne laissez pas approcher de Paris cette coquine de Mme de Staël ; je sais qu'elle n'en est pas éloignée. » Le 15 mars suivant : « Vous devez veiller à l'exécution de mes ordres, et ne pas souffrir que Mme de Staël approche à *quarante lieues de Paris*. Cette méchante intrigante devrait enfin prendre le parti le plus sage. » Pendant ce temps, Mme de Staël, après avoir renoncé à acheter d'Acosta qu'on lui proposait à de mauvaises conditions, a jeté son dévolu sur une propriété à Cernay, près de Franconville, à 10 lieues de Paris. C'est à cette opération que Constant faisait allusion dans le passage de sa lettre à sa cousine Rosalie cité plus haut : « Je ne suis point sûr que le dernier pas se fasse avec autant de facilité. » De fait, le 7 mars, alors qu'elle veut se rendre à Cernay, le préfet de Seine-et-Oise lui intime l'ordre de faire demi-tour. Qui plus est, elle devra quitter Aubergenville au plus tard le 1er avril.

Elle réclame un délai, parce que sa fille est malade. Napoléon, qu'on croirait occupé à d'autres urgences, bombarde Fouché de messages venimeux pour qu'il renvoie Mme de Staël à Coppet. Il la craint, peut-être la surestime-t-il, mais il la croit capable de tout : « Aujourd'hui courtisant les grands, le lendemain patriote, démocrate, on ne saurait en vérité contenir son indignation en voyant toutes les formes que prend cette…, et vilaine par-dessus. Je ne vous dis pas les projets déjà faits par cette ridicule coterie, en cas qu'on eût le bonheur que je fusse tué, un ministre de la Police devant savoir cela. Tout ce qui me revient de cette misérable femme mérite que je la laisse dans son Coppet, avec ses Genevois et sa maison Necker. » Sa haine est politique, Napoléon croit détenir les preuves que cette mauvaise femme est l'« ennemie du gouvernement et même de cette France dont elle ne peut se passer ».

Fouché tente d'intercéder. Le 3 mai, réponse fulgurante de l'Empereur : « J'espère […] que vous n'aurez plus la faiblesse de remettre sans cesse en scène Mme de Staël. Puisque j'entends qu'elle ne doive plus sortir du Léman [le département], *c'est une affaire finie*. Je la laisse d'ailleurs maîtresse d'aller à l'étranger, et elle est fort maîtresse d'y faire autant de libelles qu'il lui plaira. » Mme de Staël avait quitté le château d'Acosta le 20 avril, mais elle avait gagné clandestinement Paris avec l'aide de Benjamin. Paris ! enfin ! un dîner est organisé chez Hochet en son honneur ; elle retrouve avec délices les pierres de la capitale, les bords de la Seine, les rues où elle a vécu. Mais une fuite a lieu. Mme de Tessé qu'elle avait invitée à venir la voir chez Hochet décline son invitation dans un souci de légalité, tout en demandant une autorisation pour la recevoir, elle, chez elle. Fureur de Fouché ! Indignation de Constant contre « l'infamie de Mme de Tessé » ! Et Napoléon, toujours au courant de tout, de lancer une nouvelle flèche à son ministre : « Je vois dans votre bulletin du 27 avril que Mme de Staël était partie le 21 pour Genève. Je suis fâché que vous soyez si mal informé. Mme de Staël était les 24, 25, 26 27 et 28 est probablement encore à Paris. Elle a fait beaucoup de dîners avec des gens de lettres. Si l'on n'avait pas rempli d'illusions la tête de Mme de Staël, tout ce tripotage n'aurait pas eu lieu, et elle se serait tranquillisée. En ne lui ôtant pas l'espoir de revenir jamais à Paris et recommencer son clabaudage, c'est accroître les malheurs de cette femme et l'exposer à des scènes désagréables ; *car je la ferai mettre à l'ordre de la gendarmerie.* »

À ce moment-là, elle n'était plus à Paris ; le 27 avril, elle faisait ses adieux à Benjamin Constant qui l'avait accompagnée un bout de route en direction de Lyon ; le 9 mai, elle est à Genève. Entre-temps, elle venait de publier son grand roman, *Corinne*, qu'elle avait achevé pendant tout ce temps d'errance. La stratégie du rapprochement avait échoué ; sa seule consolation avait été de revoir, fût-ce fugitivement, son Paris bien-aimé. L'incroyable reste que Napoléon, aux prises avec toutes les difficultés de la guerre, s'est constamment soucié d'interdire Paris à Mme de Staël. C'est que cette présence dans la capitale lui paraissait d'autant plus dangereuse qu'il savait, du plus loin de son éloignement, que l'opinion française commençait à douter de l'issue de la campagne militaire qu'il menait, qui faisait tant de morts, et il redoutait un coup de force à la faveur de son absence et au moindre revers de ses armées. À ses yeux, Mme de Staël reste une « intrigante », on dirait dans notre jargon d'aujourd'hui un redoutable leader d'opinion. Lui qui, à « 500 lieues de la France », comme il l'écrit à Fouché, sait mieux « ce qui s'y passe que le ministre de la Police » veille à tuer dans l'œuf toute tentative de conspiration derrière son dos.

Les tourments du jeune Barante

Pendant ces mois stratégiques, Germaine de Staël connaît d'autres peines, celles d'un cœur blessé. Et d'abord à cause de son nouvel élu, Prosper de Barante. L'installation à Auxerre avait aussi pour raison de raccourcir la distance la séparant du nouvel auditeur au

Conseil d'État. Elle rêve d'un avenir commun. Il lui écrit le 7 mai l'impossibilité d'un mariage entre eux : « Eh ! bien, c'est ce lien [le mariage] que de tout temps j'ai regardé comme le bonheur, et qui paraît maintenant mille fois plus précieux ; c'est ce lien que je ne peux pas, que je ne dois pas, que je ne veux pas nouer avec la personne qui m'aura le mieux aimé ; c'est une affreuse idée qui bouleverse tout mon cœur, qui le rend insensé. » Prosper fait néanmoins plusieurs fois le déplacement de Paris à Auxerre au cours des mois de mai et juin 1806. Brefs, trop brefs séjours qui mettent Germaine dans un état d'impatience et de nervosité, dont Benjamin Constant est témoin, qui note, le 16 juin, dans son *Journal* : « Elle est furieuse de ce que, par devoir, il repart demain. J'ai envie d'élever un petit autel à la déraison. »

Claude-Ignace de Barante apprend ces allers-retours qui ont eu lieu à son insu et engage son fils à y mettre un terme. Celui-ci se trouve alors dans une situation qui n'est pas sans analogie avec celle de Benjamin à l'égard de Germaine : il voudrait rompre une liaison pour lui sans issue et ne parvient pas à s'y résoudre. Il en arrive à confier à son père le soin d'intervenir auprès de Mme de Staël et lui adresse le projet d'une lettre qui laisse le préfet du Léman abasourdi : « On ne passe pas plus loin que cela l'extravagance et la déraison », écrit-il en juin 1806 à son fils. Et, usant du *vous* de manière inhabituelle (le père et le fils se tutoient dans les autres lettres), il poursuit : « Il n'y a pas un mot, pas un seul mot de toute votre lettre qui ne me démontre dans quelle affreuse situation cette femme vous a placé et comment elle vous ôte, avec le sens et le jugement, toute tendresse et toute reconnaissance. Continuez pour mieux mener votre barque de prodiguer votre temps, votre santé, à ces voyages continuels, entrepris aux dépens de votre sommeil et de mon argent, pour une femme qui, comme vous me l'avez dit à moi et à d'autres, n'a aucune idée de devoir, à une femme qui empoisonne ma vie et tourmente la vôtre. »

Ce que nous savons de ces tourments se trouve avant tout dans la correspondance entre Prosper et son père et dans les lettres du jeune homme à Mme de Staël ; ses lettres à elle, qui furent restituées à la famille de Broglie, ont été détruites. Cette correspondance des Barante est complétée par des extraits du journal de Prosper, lequel a écrit aussi, bien plus tard, des *Souvenirs* mais guère loquaces sur ses relations avec Mme de Staël. Dans la *Correspondance générale*, nous rencontrons quelques allusions dans des lettres à des tiers, sans plus. C'est donc le point de vue de Barante qui nous est le mieux connu, et particulièrement les débats avec son père.

Celui-ci lui demande, dans la lettre déjà citée : « Quelle sorte de relation existe donc entre vous ? Vous me donnez votre parole d'honneur qu'il n'y aura jamais ni amour ni mariage. Que m'importent les mots si le sentiment que l'on vous fait éprouver est plus impérieux que l'amour, s'il étouffe en vous tous les sentiments de devoir et de reconnaissance envers moi, s'il vous fait dire et faire des folies, s'il vous a ôté complètement le jugement et la raison dans les choses qui touchent même le plus légèrement à cette corde de votre cœur. » Et de terminer sa lettre par ce soupir : « Oh ! que je vous plains de ne savoir pas rompre un pareil lien ! »

L'autorité paternelle n'est pas un vain mot à cette époque, mais, outre les convenances et les habitudes d'obéissance, Prosper est très attaché à ce père qui, surtout depuis la mort de sa femme en 1801, lui a prodigué attentions et tendresse. Le père ne veut pas du mariage, un moment envisagé par eux, entre Prosper et Germaine ; il exhorte son fils à en finir avec cette liaison dangereuse. La différence d'âge, la différence de fortune, l'existence de trois enfants, la mauvaise réputation d'une femme qu'il est, en tant que préfet du Léman, chargé de surveiller, cette situation lui rend insupportable la passion de son fils. Prosper acquiesce en apparence aux raisons de son père, mais il ne peut vaincre le « penchant irrésistible » qui le ramène à Germaine : « Si je suis allé à Auxerre, écrit-il à son père le 30 juin, croyez-vous que ce soit pour mon plaisir ? » Formule implacable : la passion n'est pas un plaisir. « Ne vous est-il pas facile de voir que j'ai fait tout ce qui dépendait de moi pour n'y point aller. » Il souffre, il reçoit des lettres « affreuses », il confie qu'il donnerait de grand cœur dix ans de sa vie pour sortir de cette situation. Mais le 15 juillet, il avertit son père qu'il repart pour Auxerre.

De retour à Paris, il poursuit la dispute avec lui. Louise – c'est le prénom qu'il a choisi pour s'adresser à elle – lui a donné l'étrange conseil d'aller voir Mme Récamier, dont elle fait sa complice. Dans son journal, Barante note qu'il a eu une « conversation déplaisante » avec Mme Récamier, qui lui conseille de retourner auprès de Louise. Elle a cru aussi devoir faire intervenir Mathieu ; il s'en plaint : « Je n'aime pas beaucoup cette sommation faite par un tiers. » On le sent, dans ces pages, déchiré entre le cœur et la raison : « Assurément, note-t-il, personne ne sait aimer comme elle, mais tout de même l'amour a une juste mesure qu'il ne faut pas passer, sous peine d'être malheureux ou coupable. Elle, au contraire, croit qu'il n'y a rien de mieux que de pousser l'amour au dernier terme, et elle a une vraie estime pour les gens que de telles causes rendent frénétiques et criminels. » Et voilà ce pauvre Barante, parvenu, plus rapidement que lui, aux mêmes réflexions que Constant : liaison « tyrannique » dont on veut se démettre et rêve d'un mariage « pour être heureux ». Il fuit, elle le rattrape ; elle gronde, il accourt ; elle le harcèle, mais il ne désobéira pas à son père ; ils se déchirent, de vive voix, par lettres « orageuses », mais suivies de missives « bien douces et bien aimables ». Quand ils se voient, les scènes se répètent. L'intervention du père met fin provisoirement à ce désordre : le préfet parvient à faire donner à son fils une mission en Espagne au mois d'août. Rentré d'Espagne, il est bientôt affecté en Allemagne et en Pologne dans les rangs de l'administration qui suit l'Empereur en campagne.

Mme de Staël, qui est alors à Rouen, prend sa plume le 29 octobre pour se plaindre auprès du père : « Oh ! Monsieur, voilà donc ce que vous avez préféré au dévouement de mon cœur et de ma vie ! Je vous le pardonne, je vous aime encore, mais je voudrais mourir ! [...] Oh ! vous qu'il aime tant, que j'aime aussi, bien que vous m'ayez fait tant de mal, soutenez-moi, s'il est possible, et plaignez-moi si je n'y puis résister ! » Quant à Prosper, qui voulait « en finir », on voit bien à ses lettres adressées d'Allemagne à Germaine qu'il est loin du compte. Il s'est même mis en tête, à la suite d'une fausse rumeur, que Germaine allait se marier avec Elzéar de Sabran ; il s'inquiète. Elle l'a certainement rassuré ; elle écrit à son père, le 6 mars 1807 : « On vous aura peut-être mandé l'une des unes et mille bourdes de Paris, mon mariage avec M. de Sabran : ce n'est pas vous qui l'aurez cru possible. Je n'en eus jamais la fatale pensée. » La rumeur courait depuis assez longtemps puisque, en août 1806, à don Pedro qui déjà s'en inquiétait, elle avait précisé que cet homme, dont elle appréciait la culture et l'intelligence, qui la courtisait, voudrait être « son ombre », n'était rien pour elle. L'attitude de Mme de Staël encourageait sans doute les racontars : on sait combien elle peut prodiguer le verbe « aimer » à tous les sens du mot, y compris les sens qu'elle est seule à lui donner. Pour l'heure, elle ne désespère pas que Prosper lui revienne.

Charlotte entre en scène

« Polyandrie sentimentale », ai-je écrit plus haut. Oui, sentimentale, Germaine n'est pas une Messaline, mais ses amants, ses soupirants, ses amis, il les lui faut auprès d'elle. « Mes amis viennent me voir, écrit-elle à Mme Frederike Brun, du château d'Acosta, mais il m'en manque deux, l'un à Lisbonne et l'autre à Varsovie, qui me font un grand vide. » Sa liaison avec Barante ne l'empêche nullement de vouloir garder Constant. Lui-même est devenu très ami avec Prosper et s'émeut d'autant moins des affinités entre celui-ci et Germaine qu'il demeure dans cet état d'irrésolution, pris dans la tenaille de ses velléités de fuite et de sa soumission au « funeste ascendant » de Minette. Or voici du nouveau en 1806 : ce qu'il avait vaguement conçu, le mariage avec Charlotte de Hardenberg, épouse Dutertre, prend forme au mois d'octobre en dépit de son incertitude chronique. En juin, au moment où Germaine se débat avec Prosper, il est à Auxerre, où il voit passer aussi don Pedro, dont il apprécie la société, l'« esprit fin », la « simplicité noble ». Il fait des incursions à Paris, où il démarche toujours pour abréger l'exil de Mme de Staël. Il y voit Prosper, se rend compte qu'il souffre, qu'il est fatigué, et a ce mot : « Mais il s'en tirera, au lieu que moi... » Il a conscience d'être « nécessaire » à Germaine mais sans lui suffire. Et quand il revient à Auxerre, il la trouve dans une telle agitation que leurs relations s'aigrissent un peu plus : « Scène horrible, note-t-il le 30 juillet, épouvantable, insensée. Expressions atroces. Elle est folle, je suis fou. Comment tout cela finira-t-il ? » Les scènes se succèdent en août ; à la fin du mois il s'enfuit aux Herbages.

Il doit en convenir pourtant : « Minette, meilleure que les autres. » En septembre, il est du séjour de Rouen, et profite de tous les moments que lui laisse sa vie agitée pour poursuivre la rédaction de son grand livre. Soudain, le 10 octobre, une lettre de Mme Dutertre qu'il n'attendait pas tisonne en lui les braises du désir : « 12 [amour pour Mme Dutertre] redevient possible. » Son attachement, qui ne se lasse pas, le touche, l'excite, le trouble. Le 18, il est à Paris et revoit Charlotte, qu'il trouve embellie. Il veut alors aller « le plus loin possible » avec elle. Deux jours plus tard, elle tombe dans ses bras (1 et 12 !). L'amour physique accompli l'enivre : « Mon Dieu, comme cela attache les femmes ! » Les jours suivants sont emplis du même désir et de la même tendresse réciproques : « Cette femme est un ange de douceur et de charme ! Quel lot j'ai manqué dans la vie ! 12. 12. 1. » Il ne se pardonne pas de l'avoir repoussée douze ans auparavant. Entré dans sa quarantième année, il fait le triste bilan de sa vie, tombée « sous le joug de l'être le plus impérieux qui fut jamais ». Ce n'est pas le seul désir qui le pousse vers Charlotte, mais l'amour, oui l'amour qui le reprend « dans toute sa violence ». Toujours lucide sur lui-même, il juge cependant que si Charlotte lui fait tourner la tête, « Mme de Staël y entre pour beaucoup ». En tout cas, il est décidé à vivre avec cette femme si douce et si aimante. L'ennui est qu'elle est mariée à ce Dutertre jaloux : acceptera-t-il le divorce ? Après ce séjour enchanté à Paris, où il a connu la « nuit la plus délicieuse de [s]a vie », il retourne le 29 octobre à Rouen, où commence pour lui le supplice des amants séparés guettant des lettres qui se font souvent attendre – supplice aggravé par la présence de l'autre à laquelle il faut tout cacher.

Dans le nouveau tête-à-tête qu'il a avec Mme de Staël, il se culpabilise de sa dissimulation. Il n'avoue pas d'ordinaire à Germaine ses bonnes fortunes : elles ne comptent pas. Mais il s'agit de tout autre chose. Le 7 octobre, alors qu'il est surpris en train d'écrire à Charlotte et que Mme de Staël lui demande de lire sa lettre, Benjamin la brûle sous ses yeux. « Son irritation s'en augmenta, narre-t-il dans *Cécile*, et pendant la querelle qui suivit, l'idée me vint qu'en lui disant tout, je m'affranchirais à la fois et d'une dissimulation qui m'était pénible et d'un joug qui me pesait. » Sur le vif, il confie à son *Journal* : « Tout est rompu. Ma tête est brisée. Je voudrais partir. Je ne resterais ici que pour des scènes, et je passerais pour un monstre. Ô mon Dieu, donne-moi Charlotte ou la force de m'enfuir et de vivre seul. Qu'arrivera-t-il demain ? »

Deux jours plus tard, Charlotte réagit : « Ciel ! tu as parlé, ah ! ce n'est pas pour moi que je crains – Mais s'il [mon mari] sait jamais, il ne supportera pas cet aveu même de ma bouche. Je suis dans une angoisse affreuse ; oh mon Dieu fais qu'elle ne sacrifie pas le bonheur d'un être qui n'a jamais voulu lui faire de mal. Mais non ! on l'a dit bonne, noble généreuse, avec une âme comme la sienne le malheur que l'on peut causer n'est pas une consolation ; Henri [elle l'appelle Henri], dis-lui que moi aussi je l'aimerai, qu'au lieu de perdre un ami elle s'en attachera deux. Son cœur est fait pour apprécier le charme des affections tendres, qu'elle dispose de moi aussi, tout ce qui te rendra plus heureux sera pour moi une source de bonheur. »

Constant, dans l'impossibilité psychologique de poursuivre ses travaux « sérieux », s'est lancé dans l'écriture d'un roman, la première ébauche d'*Adolphe*, mais son inquiétude redouble et ses relations avec Germaine deviennent de plus en plus acrimonieuses. Elle émet des « plaintes perpétuelles » ; il tente de la rassurer. Il est surtout inquiet des réactions de M. Dutertre. Le 14 novembre, Charlotte lui apprend qu'elle a tout avoué à son mari, lui a révélé son amour pour lui, et son désir de rompre les liens du mariage. La cadence des lettres entre Paris et Rouen s'accélère, l'espoir du divorce de Charlotte prend quelque vigueur. M. Dutertre n'y est pas hostile, pourvu que sa femme lui cède une part de sa fortune et à condition que la demande de divorce ne soit pas effective avant un an, et que durant ce temps Charlotte ne voie pas son amant. La dernière clause ne tient pas. Retour à Paris, nuits d'amour, transport des sens. Départ de Constant pour le château d'Acosta, raccommodements interrompus avec Germaine, scènes redoublées : « Elle m'est odieuse, hideuse, insupportable ! » De retour à Paris le 8 janvier 1807, il passe une soirée chez Mme Récamier, qui lui apprend qu'on parle à Paris de son prochain mariage avec « une Allemande venue à Paris exprès pour cela ». Décidément l'orage gronde : tout cela ne finira-t-il pas par un duel ? Désabusé, il a ce mot bien dans sa manière : « Si M. Dutertre me tue, j'y perdrai peu. » Alors, les deux amants décident de s'éloigner un peu l'un de l'autre pour éviter un éclat.

Les semaines suivantes, il multiplie les allers et retours entre Germaine et Charlotte, passant de la crainte à l'espoir, de l'espoir à la rage. Ce divorce qu'il souhaite n'est pas pour demain, et vivre aux côtés de Mme de Staël est devenu plus infernal que jamais, malgré toute la douceur qu'elle emploie pour le rattacher à elle. Il éprouve de la honte à jouer encore l'affection pour elle et à lui faire du mal, sans pouvoir éviter les scènes. Charlotte est pour lui « un être libérateur ». Quand la rumeur du mariage entre Elzéar de Sabran et Mme de Staël lui parvient, il s'en réjouit. Germaine joue-t-elle les coquettes ? Il note, le 25 février, qu'il a eu avec elle une « conversation bizarre » : « Elle épouserait Elzéar si je n'y étais pas. Il faut qu'elle l'épouse, et pour cela, il faut m'en aller. »

À vrai dire, Benjamin se pose des questions sur ce mariage avec Charlotte : le double divorce de celle-ci ruinerait un peu plus sa réputation dans l'opinion, car, sous ses abords caustiques et ce qui peut passer pour un élégant cynisme, il se soucie du qu'en-dira-t-on, Benjamin ! Il frémit « d'une femme qui ne sera reçue nulle part ! ». S'il n'avait pas le désir de quitter Germaine, aurait-il besoin de Charlotte ?

À Paris, il continue à la revoir, mais il s'occupe toujours des affaires de Mme de Staël. Il rend visite à Fouché à plusieurs reprises, mais, comme on l'a vu, les indulgences de Fouché se heurtent à la volonté inébranlable de Napoléon. Revenu auprès de Germaine, dont il parle dans son *Journal* sous le nom de « l'ex », il n'échappe plus aux scènes que le désespoir engendre chez son amie. De sorte que, quand la séparation se produit, à la fin d'avril 1807, c'est pour lui un immense soulagement, tempéré par le remords : « Elle a tant de bonnes qualités ! Elle m'aime d'une si tendre affection ! Albertine aussi ! [Sans doute sa fille, on s'en souvient.] […] Mon cœur est déchiré. Je suis honteux de ma fausseté. Mais puis-je consacrer ce qui me reste de ma vie à un malheur perpétuel ? »

Prosper de Barante est parti, Benjamin Constant veut la quitter ; s'y ajoute l'ordre exprès de son expulsion et de son retour forcé à Coppet. Pourtant, au milieu de ces orages, elle connaît une consolation, la naissance d'une nouvelle grande amitié, qui deviendra elle aussi « passionnée » : celle qui se noue au cours de l'été 1806 avec Juliette Récamier.

La « belle Juliette »

Au cours de l'été 1806, sous le ciel orageux où vit Mme de Staël à Auxerre, Juliette Récamier en fut l'éclaircie. Les deux femmes s'étaient rencontrées, fréquentées, s'écrivaient de temps à autre, mais sans intimité. Dans la solitude morale où elle se trouve depuis son départ de Coppet en avril 1806, elle sonne le rappel aux oreilles de ses amis, et parmi eux Mme Récamier. À ses yeux, Juliette est la plus belle, la meilleure et la plus généreuse des femmes. Loin d'éprouver à son endroit la jalousie instinctive envers une rivale qui fait ployer tant de genoux devant elle, tout se passe comme si Germaine de Staël, dont le désir de beauté est en proportion de l'ingratitude de son physique, était comme tant d'autres charmée par la grâce infinie de Mme Récamier. Les lettres que Mme de Staël écrit à celle-ci, notera Chateaubriand quand il les lira, « ont un charme qui tient presque de l'amour ». Juliette faisait aussi partie du réseau d'amis et d'alliés qu'elle sollicite pour intervenir en sa faveur auprès des autorités publiques, et notamment auprès de Fouché et de Murat.

Du château de Vincelles, Mme de Staël la prie de venir la visiter ; elle lui envoie même son fils Albert et Schlegel pour lui servir d'escorte. Le voyage est retardé en raison de la grave maladie de Mme Bertrand, la mère de Juliette. Celle-ci avait été jadis la maîtresse de Récamier ; on a pu soutenir ainsi que Juliette était née de leur union et que Jacques Récamier avait contracté avec la très jeune Juliette un mariage blanc au moment où, sous la Révolution, en 1793, il pouvait craindre de mourir sans pouvoir léguer sa fortune à sa fille adultérine. La rumeur en avait couru du vivant même du couple Récamier et était parvenue jusqu'à Mme de Staël, qui refuse de lui accorder le moindre crédit (lettre à Claude Hochet, 4 septembre 1805). La situation matrimoniale de Mme Récamier n'en était pas moins curieuse, et l'on n'a cessé de s'interroger sur le cas de cette reine de beauté, attirant tous les hommes, assez coquette pour ne pas les repousser, mais que l'on continuait de dire vierge : *noli me tangere*, le charme de cette citadelle imprenable n'en était que fortifié.

Juliette rend plusieurs visites à Mme de Staël lors de son séjour à Auxerre. Le 27 mai, après la première, Germaine lui écrit : « Il n'est arrivé qu'une seule lettre, belle sainte, parce que l'on ne croyait pas que vous accorderiez tant de jours à la pauvre exilée. [...] Je me sens d'une affreuse tristesse, et n'espère qu'en vous pour me tirer un peu de là. Puisse votre bonté, et votre charme, m'arracher à cette cruelle situation, ou du moins l'adoucir ! J'attends de vos nouvelles avec impatience, et je vous serre contre mon cœur avec plus de dévouement qu'aucun amoureux ne pourrait le faire. » Trois jours plus tard : « J'attends toujours de vos nouvelles avec une anxiété difficile à exprimer. Je suis là, dans l'auberge d'Auxerre, ne gagnant quelques heures de sommeil qu'avec de l'opium, n'entendant pas un coup de fouet sans tressaillir. » Les lettres suivent et l'invitation de revenir à Auxerre se renouvelle. Une femme est entrée dans le cercle des bien-aimés.

Des projets s'ébauchent : prendre les eaux ensemble à Plombières, acheter en commun une habitation de campagne, des projets qui feront long feu, mais qui témoignent du rapprochement entre les deux amies. Juliette, malgré les seize heures de route, revient encore à Auxerre à la fin de juillet. On imagine les épanchements, les confidences, les discussions qui se prolongent sous les ramures. Une fois arrivée à Rouen, Mme de Staël s'avise qu'elle a peut-être eu tort d'envoyer Prosper de Barante chez elle. Celui-ci, de retour d'Espagne, a revu Juliette dont les beaux yeux ne sont pas restés sans effet. De là cette requête pathétique :

« Je crains, écrit Germaine à Juliette, je vous l'avoue, que vous ne vous laissiez aimer par lui, et ce serait pour moi une peine mortelle, car deux de mes sentiments en seraient troublés. Ne le faites pas, Juliette. Proscrite que je suis, me confiant à vous, et si prodigieusement inférieure à vos charmes, la générosité vous défend de vous permettre avec lui la moindre coquetterie. Ce n'est pas que je croie beaucoup à son affection pour moi : j'ai le malheur affreux d'en douter sans cesse. Mais réunir ce malheur à l'idée qu'il vient de vous me serait odieux. Je ne me sentirais pas la force de le supporter (ceci entre nous). »

La nomination de Prosper en Allemagne résout la question, au moins provisoirement. Mme Récamier doit alors faire face aux conséquences de la faillite de son mari, auquel tout prêt a été refusé par le Trésor, téléguidé par un Napoléon hostile à Mme Récamier qui ne l'aime pas. L'heure est venue de la liquidation : il faut mettre en vente leur hôtel du Mont-Blanc, l'argenterie, les bijoux. Juliette, dans cette tourmente, garde son calme et une dignité parfaite. Mme de Staël la réclame, non sans lui dire : « Pourquoi dans l'amour comme dans l'amitié, ne vous est-on jamais nécessaire ? » C'est promis, elle viendra la voir, elle vient au château d'Acosta. Mais, lui dit l'exilée, toujours insatisfaite : « Il ne faut pas vous trop aimer : vous faites mal. »

Repartie pour Coppet après un an de tribulations sur le territoire français, le bilan que peut faire Mme de Staël est assez triste. Elle a échoué dans les deux projets qu'elle s'était donnés : obtenir la permission d'abord de se rapprocher de Paris puis d'y avoir le droit de séjourner et tout à la fois régler enfin la question de la dette envers son père. La première tentative a été marquée d'un certain succès, puisqu'elle a pu se fixer un moment à une quinzaine de lieues de Paris, mais elle s'est heurtée ensuite à l'oukase d'un Napoléon intraitable ; la seconde, qui l'a entraînée à multiplier lettres et réclamations et à continuer les démarches par l'intermédiaire de ses amis, n'a pas eu le moindre résultat. Parallèlement, elle a vu s'éloigner d'elle et Barante et Constant. Son réconfort est d'avoir eu la jouissance de fouler, même de manière fugitive, le sol de la capitale. C'est aussi d'avoir noué une amitié avec Juliette Récamier. Mieux encore, peut-être, c'est d'avoir pu, c'est d'avoir eu l'énergie d'achever d'écrire son « roman d'Italie », *Corinne*, qui sort des presses au moment où elle est acculée à sortir de France.

18

Corinne

Dans la destinée de Mme de Staël, le malheur et la gloire se télescopent. Sommée de quitter Paris, accablée par l'ostracisme napoléonien, elle s'en va la mort dans l'âme au moment même où son roman l'élève au rang des écrivains français du premier rang. *De la littérature* et *Delphine* avaient déjà consacré son talent et exporté sa renommée ; *Corinne*, non seulement remporte un immense succès public, mais devient pour une nouvelle génération une des œuvres culte – Sainte-Beuve en témoigne –, comme *Atala* ou *René*.

Le roman, avant Balzac, n'a pas encore acquis ses lettres de noblesse. Souvent écrit et lu par des femmes, il est considéré comme un genre mineur, un objet de divertissement. Aussi les grands écrivains qui s'y adonnent ne se contentent pas de raconter une histoire ; ils se proposent d'enseigner ; ils ont un but philosophique ou moral. Mme de Staël le note dans son *Essai sur les fictions*, une préface à des nouvelles écrites dans sa jeunesse : « Le seul avantage des fictions n'est pas le plaisir qu'elles procurent [...] : elles ont une grande influence sur toutes les idées morales, lorsqu'elles émeuvent le cœur ; et ce talent est peut-être le moyen le plus puissant de diriger et d'éclairer. » Le roman permet de traiter autrement des choses abstraites, de manière existentielle, à travers des personnages et une intrigue, ce qui permet à l'auteur de diffuser ses idées à un nombre de lecteurs bien plus élevé que celui des essais et des traités. Le maître de l'auteur de *Corinne* est sans conteste le Rousseau de *La Nouvelle Héloïse.* L'ensemble du titre nous informe sur ses intentions : *Corinne ou l'Italie*, et non pas « Corinne en Italie ». Elle veut faire connaître l'Italie aux Français, comme plus tard elle leur fera découvrir l'Allemagne ; la volonté pédagogique est manifeste. De là résulte un aspect du livre qui déconcerte le lecteur d'aujourd'hui, cette apparence de guide de voyage, ces longues descriptions de Rome, Naples, Venise, Florence ; ces dissertations sur les valeurs respectives de l'Italie, de l'Angleterre et de la France. Des tableaux sont parfois brossés par le narrateur, mais le plus souvent par les personnages eux-mêmes, Corinne et Oswald : il faut que l'exposé du savoir soit imbriqué dans l'histoire, qui, comme dans presque tous les romans, est une histoire d'amour.

Ainsi, l'esprit des Lumières, l'esprit encyclopédique si l'on préfère n'est pas séparé d'un drame sentimental, celui de la passion interdite entre deux êtres qui s'aiment, tout comme dans *Tristan et Iseult*, la *Clarisse* de Richardson, les *Souffrances du jeune Werther* de Goethe et bien sûr *Julie ou la nouvelle Héloïse*. Malgré cette volonté de pétrir tout au long les idées dans la fable, on distingue deux parties successives : la première moitié – la genèse d'une passion – est nettement dominée par les échanges intellectuels, les descriptions, les exposés sociologiques et géographiques, jusqu'au moment où les deux personnages principaux, par les aveux de leurs origines, lèvent le voile sur le secret de leur conduite et se livrent à leur destin inexorable. L'action se précipite et, même si le roman ne perd jamais sa dimension philosophique, le malentendu tragique requiert désormais toute l'attention : on sait que l'inévitable doit s'accomplir ; on ne sait par quels cheminements, mais la fatalité désormais commande.

À nos yeux de lecteur moderne, *Corinne*[1] relève d'un genre sans doute déconcertant, au moins pour deux raisons, les excès du roma-

1. Résumé : C'est à Rome, où il est arrivé d'Angleterre, que le jeune Oswald Lord Nelvil, pair d'Écosse, fait la connaissance de Corinne, la femme la plus célèbre d'Italie, au moment même où elle est fêtée, célébrée, couronnée, immortalisée au Capitole à la fois comme poète, écrivain, musicienne, experte en improvisation poétique. D'une « éclatante beauté », un peu timide malgré sa popularité, elle touche le cœur d'Oswald dès que, au son de sa lyre, elle enchaîne les premières strophes de

nesque et l'imbrication de l'exposé discursif et de la fiction. Par *romanesque*, entendons l'usage de l'extraordinaire, du hasard, du merveilleux, du chimérique, bref une tendance à négliger la réalité. Le genre romanesque, qui a pris son envol dans la première partie du XVIIe siècle, était représenté par des récits-fleuves prodigues en

---

son improvisation : « Italie, empire du Soleil ; Italie, maîtresse du monde ; Italie, berceau des lettres, je te salue… » Le genre, qui est italien, n'est pas du goût d'Oswald, et c'est pourtant en écoutant son improvisation du Capitole que l'Écossais, ébloui, tombe amoureux de l'Italienne. Et Corinne, qui a si peu de goût pour la Grande-Bretagne, qui manifeste tant de gaieté d'esprit et d'enthousiasme, s'éprend à son tour d'un homme qui paraît l'incarnation de la mélancolie. La suite du livre développe ce jeu des oppositions, offrant à l'auteur de disserter ou de faire disserter sur les arts, les lettres, la religion, l'opposition du Nord et du Midi, la singularité de l'Italie, tandis que le sentiment amoureux prend force au cours de ces échanges contrastés. Oswald a osé aborder Corinne après son récital capitolin ; Corinne a osé proposer à Oswald de lui servir de guide, d'abord dans la Ville Éternelle, puis, bravant les conventions, à Naples où ils partent ensemble.

L'amour entre les deux jeunes gens semble pourtant contrarié par le mystère qui s'attache à leur identité mutuelle : « Vous avez vos secrets, dit Oswald à Corinne, j'ai les miens, respectons mutuellement notre silence. » Lui semble se protéger contre cet amour qui l'habite ; il craint le charme de Corinne, s'éloigne d'elle, revient plus convaincu de ne plus pouvoir exister que par elle. Quant à elle, elle l'aime comme elle n'a jamais aimé. Leurs échanges intellectuels sont souvent cause de friction mais renforcent l'intérêt qu'ils ont l'un pour l'autre : « On eût dit que les défauts mêmes d'Oswald étaient faits pour relever ses agréments. Un homme, quelque distingué qu'il eût été, mais dont le caractère n'eût point offert de contradiction ni de combats, n'aurait pas ainsi captivé l'imagination de Corinne. » Pour le moment, rien ne compte pour les deux amants – qui ne sont amants qu'au sens ancien du mot – que de ne pas se quitter. L'heure présente devient éternité, mais l'avenir incertain autant que les mystères respectifs de leur passé font peser sur leurs têtes le nuage de la mélancolie : « Plus la séparation est affreuse, moins elle paraît vraisemblable ; elle devient, comme la mort, une crainte dont on parle plus qu'on n'y croit, un avenir qui semble impossible, alors même qu'on le sait inévitable. »

Au pied d'un Vésuve en éruption, Oswald fait sa confession, une vérité qui surgit comme la lave du tréfonds. Lord Nelvil parle et le roman devient roman. L'aveu d'Oswald concerne la culpabilité qu'il ressent à l'égard de son père qui est mort et qu'il aimait « profondément ». Il l'a fait souffrir, il lui a été désobéissant. À vingt et un ans, il lui a arraché la permission d'accomplir un long séjour en France. À Paris, il fait la connaissance du comte Raimond et bientôt de sa sœur, jeune veuve séduisante, Mme d'Arbigny, qui s'intéresse à lui. Rappelé au bout de six mois en Écosse par son père, Oswald s'exécute, mais, plusieurs mois plus tard, au lendemain du 10 août 1792, il reçoit une lettre désespérée de Mme d'Arbigny dont le frère a été

rebondissements, en rencontres improbables, en reconnaissances fantastiques, en héros surhumains, jusqu'au moment où Mme de La Fayette a donné avec *La Princesse de Clèves* l'épure d'un roman d'amour qui parle au minimum. Certes, l'auteur de *Corinne* n'a rien

---

tué aux Tuileries. Sans hésiter et sans demander son avis à son père, il repart pour la France. Mme d'Arbigny devient sa maîtresse, veut se marier avec lui avant qu'il ne l'emmène en Angleterre. Le père lui écrit pour le rappeler à ses devoirs, l'adjure de ne pas se marier avec cette dame tant qu'il ne sera pas revenu en Angleterre. Mais Oswald, pris dans les rets de la passion, refuse et reste en France avec une raison supplémentaire : Mme d'Arbigny lui annonce (mensongèrement) qu'elle est enceinte. Cependant, il a un rival en la personne de M. de Maltigues, qui tente de le persuader de rentrer chez lui. Un duel s'ensuit, Maltigues est blessé, mais c'est lui qui épousera Mme d'Arbigny. Rentré en Angleterre, Oswald apprend la mort de son père, qui, lui dit-on, a été profondément affligé par la désobéissance de son fils, occupé d'épouser une femme « dont il pensait peu de bien » et sur le chemin d'abandonner la carrière des armes, alors que la guerre reprenait entre la France et l'Angleterre. Accablé de remords, désireux d'expier, Oswald se jure de ne plus rien faire qui ne soit pas conforme à la pensée de ce père aimé et abandonné.

Corinne, quelques jours plus tard, s'explique à son tour sur son passé. Elle est la fille d'un Anglais, Lord Edgermond, et née en Italie de la première femme de celui-ci, une Romaine. Âgée de dix ans, elle a perdu sa mère, mais elle est restée chez une tante à Florence jusqu'à ses quinze ans. Celle-ci décédée à son tour, elle est partie en Angleterre, dans une petite ville du Northumberland, où son père s'était remarié et avait eu, avec Lady Edgermond, une autre fille, Lucile. Corinne ne s'entend pas avec sa belle-mère, une marâtre revêche qui domine son mari, et tente de la dissuader de s'intéresser aux arts et aux lettres : « Une femme était faite pour soigner le ménage de son mari et la santé de ses enfants. » Un ennui débilitant pèse sur la jeune fille. Cependant, Lord Nelvil père et Lord Edgermond, qui sont amis, se mettent en tête d'arranger un mariage entre Oswald et Corinne qui ne se connaissent pas. Lord Nelvil se fait présenter Corinne, qui s'avise de lui montrer tous ses talents. Mal lui en prend : « Mon esprit, longtemps contenu, fut peut-être trop vif en brisant ses chaînes. » Lord Nelvil est incommodé par le tempérament tout méridional de la jeune fille. Jugeant Corinne sur le modèle de la bonne épouse anglaise il renonce à cette alliance, qui eût permis aux jeunes gens de s'unir plusieurs années avant leur rencontre en Italie. La belle-mère présente alors à la jeune fille un autre projet de mariage, très « convenable », pour lequel Corinne éprouve de la répugnance. Ne pouvant compter sur l'appui de son père, qui meurt alors dans un accident, elle rompt avec sa belle-mère, et, grâce à la fortune dont elle a hérité à ses vingt et un ans, quitte l'Angleterre pour l'Italie, en acceptant de se plier à la double exigence de sa belle-mère : renoncer à son nom et se faire passer pour morte. Venue s'établir à Rome, elle acquiert une réputation littéraire, repousse deux demandes en mariage, et vit seule, avec sa fidèle Thérésine, jusqu'au moment où elle rencontre Oswald.

d'un La Calprenède, auteur de *Cassandre* et de *Cléopâtre*, où il multipliait les intrigues tordues, les fausses identités, les enlèvements, mais elle n'est pas non plus Mme de La Fayette : elle accepte les conventions de l'invraisemblable. Pour n'en prendre qu'un exemple

---

Celui-ci éprouve une grande émotion aux révélations de Corinne : « La part qu'avait son père dans son histoire l'affligeait amèrement. » Se succèdent alors les actes ordonnés par le *fatum* : ils s'aiment mais leur union est impossible. Ils se mentent à eux-mêmes en croyant le contraire. Oswald veut connaître les raisons que son père a pu avoir pour s'opposer, sept ans auparavant, à cette union qu'ils désirent tant : « Il ne m'en a jamais parlé ; j'ignore tout à cet égard ; mais son ami le plus intime, qui vit encore en Angleterre, saura quels étaient ses motifs. »

Après une halte à Venise et des adieux déchirants, Oswald repart en Angleterre, où, replongé dans son milieu, il voit se dissiper le mirage italien. Là-bas, il fait la connaissance de Lucile, la demi-sœur de Corinne, dont la beauté et la douceur le troublent. En Écosse, il a connaissance d'une lettre de son père à Lord Edgermond, le père de Corinne. Lord Nelvil lui exposait sa raison de ne plus envisager une union entre son fils Oswald et la fille aînée de son ami : « Elle entraînerait nécessairement mon fils hors de l'Angleterre ; car une telle femme ne peut y être heureuse ; et l'Italie seule lui convient. [...] Cette expatriation me ferait mourir de douleur. » En revanche, il se montre très favorable à un mariage futur entre Oswald et Lucile, vraie fille d'Angleterre : « Quoiqu'elle soit bien enfant, j'ai démêlé dans ses traits, dans l'expression de sa physionomie, dans le son de sa voix, la modestie la plus touchante. Voilà quelle est la femme vraiment Anglaise qui fera le bonheur de mon fils. »

De fil en aiguille, la tragédie se trame. Corinne a décidé de partir pour l'Angleterre pour sauver son amour, mais elle a laissé sans nouvelles Oswald, qui se croit délaissé, abandonné. Une série de péripéties empêchent Corinne d'approcher Oswald. Elle découvre son assiduité auprès de Lucile, et, finalement, en silence, se résigne au mariage entre celui qu'elle aime et sa demi-sœur. Malade, elle rentre en Italie, s'installe à Florence, en s'enfonçant dans une solitude volontaire. Oswald apprend la vérité « avec un sentiment de douleur et de remords qui lui rendait la vie impossible ». Cependant, malade lui aussi, il accepte le conseil de son médecin d'aller respirer le bon air d'Italie, où il emmène Lucile et la petite fille née entre-temps. Corinne refuse de le recevoir, mais il sait qu'elle est gravement atteinte par la maladie. Lucile est acceptée chez Corinne avec sa fille : « Oswald était sur le seuil de la porte, quelquefois voulant entrer malgré la défense positive de Corinne, quelquefois anéanti par la douleur. Lucile allait de l'un à l'autre : ange de paix entre le désespoir et l'agonie. » Oswald finit par se jeter à son chevet ; elle veut parler, mais n'en a pas la force. C'en est fini, elle meurt, et lui, égaré, suit la pompe funèbre de celle qu'il a tant aimée et dont l'implacable destin l'a séparé. Longtemps prostré, il continuera sa vie auprès de sa femme et de sa fille, donnant l'exemple d'une vie domestique régulière, sans qu'on sache s'il a pu se pardonner sa conduite passée.

dans l'intrigue, par quel prodige Oswald et Corinne peuvent-ils se rencontrer à Rome, s'aimer et rêver d'unir leurs destinées, alors que, sans qu'ils le sachent, leurs pères respectifs avaient, quelques années plus tôt en Angleterre, conçu le projet de les marier ? Mais les deux personnages principaux eux-mêmes sont-ils plausibles ? Corinne est une surdouée d'une beauté sans égale. Elle pratique tous les arts, la musique, l'art dramatique, la poésie, l'improvisation et règne sur Rome comme une déesse de la Beauté. On a pu dire que Corinne c'était l'Italie, oui, mais une Italie telle qu'elle devrait être, de même qu'on a vu dans l'héroïne Germaine de Staël en personne : oui, mais une Germaine de Staël idéalisée. L'auteur partage avec sa création l'enthousiasme et aussi, au fil des pages, la mélancolie et l'angoisse dans une relation amoureuse impossible ; le génie de la conversation, la puissance de séduction, et le malheur de la femme exceptionnelle en butte aux normes de la société. Corinne n'en reste pas moins un personnage de rêve sans complicité exagérée avec le monde réel. Oswald, lui, est sans doute plus proche d'une humanité ordinaire : sa timidité, son conformisme, ses préjugés, son caractère irrésolu le banalisent, mais il n'en est pas moins un héros de légende, dont le courage stupéfie les témoins. À son arrivée en Italie, il sauve à lui seul les malades d'un asile d'aliénés au cours d'un incendie à Ancône ; plus tard, il sauve un homme de la noyade dans une tempête qui fait fuir tous les gens de l'endroit ; à la guerre, cet officier brave tous les dangers.

La seconde particularité qui désarçonne est l'abondance des discours, des commentaires, des descriptions qui nous éloignent, malgré la volonté de l'auteur, de l'intrigue amoureuse qui est le cœur du livre. On pourrait sourire du côté *Guide bleu* de *Corinne* : Mme de Staël se sert de ses *Carnets de voyage* et de toutes les informations et explications qu'elle a reçues de ceux qui lui ont fait connaître l'Italie. C'est ainsi que Wilhelm von Humboldt la complimentera des commentaires qu'elle fait tenir par Corinne sur les monuments romains, pour y avoir reconnu ses propres leçons. Et en dehors des aspects descriptifs, que de disputes entre les personnages : sur l'art, la religion, les genres de vie ; on colloque à bon compte au long du livre. Mais ce débordement de dialogues n'est une faiblesse qu'à nos yeux. Le roman, on l'a dit, n'a pas encore acquis sa légitimité littéraire complète ; il reste un truchement pédagogique, une manière d'enseigner et de philosopher devant un public élargi. Ajoutons à cela que l'Italie, qui est l'objet des descriptions et des interprétations les plus nombreuses, reste inconnue de la plupart des Français. Le récit de voyage donne à voir ce qu'on ne verra jamais parce que le pays dont il est question est trop éloigné, parce que n'existent ni la photographie, ni le cinéma, ni la télévision. Et puis les défenseurs de *Corinne*, à commencer par A.-W. Schlegel, ont montré que les paysages et les villes décrits ne sont pas séparés de l'intrigue mais qu'au contraire ils y jouent un rôle actif : enthousiasme dans la Ville Éternelle, révélations sous le Vésuve, tristesse dans Venise aux gondoles noires qui ressemblent à des cercueils (« D'où vient la mélancolie profonde dont je me sens saisie en entrant dans cette ville ? »)...

S'il faut mentionner un dernier trait qui nous déconcerte et nous fait sourire, ce serait assurément l'excès des effusions. Nous sommes devant des personnages qui, longtemps secrets sur eux-mêmes, ne s'en livrent pas moins à toutes les extériorisations du sentiment : cris déchirants, pâleurs subites, abattements, cris de désespoir, frémissements, douleurs profondes, palpitations, mains tremblantes, tumultes effrayants, agenouillements, évanouissements, et, plus que tout, pleurs et larmes versés à tous les chapitres, voire à toutes les pages. Même l'intrépide Lord Nelvil, héros de guerre au sang-froid britannique, se révèle une fontaine lacrymale. Nous touchons là à l'un des traits du romantisme naissant, son extrême sensibilité qui se donne en spectacle, aussi bien à travers ses ferveurs qu'à travers ses épanchements douloureux. L'enthousiasme et la mélancolie forment un couple qui ne redoute pas de s'exhiber : c'est aussi une libération des règles du classicisme, des convenances sociales, et du qu'en-dira-t-on. La raison n'est pas tout, le sentiment a des droits. Je pleure, donc je suis. *Corinne* est une pièce archéologique dans l'histoire de la sensibilité comme dans l'histoire de la littérature.

À l'approche de Naples, dans une nature inondée de toutes les couleurs et de tous les parfums, Oswald ne peut cacher son émotion, prend Corinne dans ses bras, résiste à son désir, revient, s'éloigne de nouveau « pour respecter celle qui devait être la compagne de sa vie ». Commentaire : « Corinne ne pensait point aux dangers qui auraient pu l'alarmer, car telle était son estime pour Oswald, que, s'il lui avait demandé le don entier de son être, elle n'eût pas douté que cette prière ne fût le serment de l'épouser ; mais elle était bien aise qu'il triomphât de lui-même et l'honorât par ce sacrifice ; et il y avait dans son âme cette plénitude de bonheur et d'amour qui ne permet pas de former un désir de plus. Oswald était bien loin de ce calme : il se sentait embrasé par les charmes de Corinne. Une fois, il embrassa ses genoux avec violence, et semblait avoir perdu tout empire sur sa passion ; mais Corinne le regarda avec tant de douceur et de crainte, elle semblait tellement reconnaître son pouvoir en lui demandant de n'en pas abuser, que cette humble défense lui inspira plus de respect que toute autre. » La chasteté ne ressortit pas seulement à l'impératif moral ; il y va de l'intérêt narratif. Plus tard, Flaubert renoncera, dans *L'Éducation sentimentale*, à faire de Mme Arnoux la maîtresse de Frédéric : « C'est beaucoup plus fort comme ça », dira-t-il.

Comme récit d'un amour malheureux, le roman de Mme de Staël s'inscrit dans une longue tradition qui, depuis *Tristan et Iseult*, s'attache à décrire la malédiction de la passion. En général, l'amour entre les deux protagonistes est rendu impossible par une tierce personne que la société interpose. Dans *Tristan* déjà, c'était le roi Marc ; la princesse de Clèves aime Nemours mais elle est mariée et veut garder sa « gloire » ; dans le roman de Rousseau, il y a entre Saint-Preux et Julie M. de Wolmar, l'époux de celle-ci ; entre Werther et Charlotte, Goethe a placé Albert... La figure du triangle se reproduit à l'infini. Même dans *Corinne*, Lucile que finit par épouser Oswald semble reproduire le schéma. Mais il n'en est rien, car Lucile ne joue un rôle que dans la dernière partie du récit ; elle n'est pas la véritable cause de l'échec de Corinne, sa demi-sœur ; elle est davantage la conséquence d'une interdiction morale et psychologique venue d'ailleurs, lancée par un fantôme, celui du père d'Oswald. Interdit lui-même étroitement lié à un antagonisme culturel.

L'autorité que l'on peut qualifier d'abusive de Lord Nelvil père et la soumission de son fils est un autre sujet d'étonnement pour nous. N'oublions pas cependant que Mme de Staël a commencé son roman peu de temps après la mort de son père qui était, selon ses propres

Suzanne Cruchot de Nose, épouse de Jacques Necker.
Estampe, XVIIIe siècle, château de Versailles.

Jacques Necker. Pastel, XVIIIe siècle,
de Pierre Baudemand, musée des Beaux-arts, Troyes.

Germaine Necker, à l'âge de treize ans.
Dessin de Carmontel. Château de Coppet.

Salon de Mme Necker, à ses côtés, Germaine,
1775. Gravure d'après Philippoteaux.
Coll. archives F. Kunst & Geschichte.

Germaine de Staël à trente ans. Crayon d'Isabey, 1797. Paris, musée du Louvre.

Mme de Staël avec sa fille Albertine. Peinture de Mademoiselle Gérard. Château de Coppet.

Louis-Marie Jacques-Amalric Narbonne-Lara, représenté en 1812. Par Herminie Déhéran, 1838. Paris, musée de l'Armée.

Éric Magnus de Staël, baron de Staël. Peinture d'Adolf Heinrich Wertmuller, 1802. Château de Coppet.

Benjamin Constant. Par L. Desmarais. Bibliothèque nationale de France.

Germaine de Staël.
Peinture de Marie Eleonore Godefroy.
Château de Versailles.

Germaine de Staël, 1812.
Peinture de Vladimir L. Borovikoski.
Moscou, galerie Tretiakoff.

Prosper de Barante.
Peinture de Girodet-Trioson,1814.
Château de Barante.

John Rocca, en uniforme de hussard de Chamborand
avec son cheval Sultan.
Peinture de Pierre-Louis Bouvier.
Collection du château de Coppet.

Mme Juliette Récamier, 1799.
Peinture d'Eulalie Morin.
Château de Versailles.

La chambre de Juliette Récamier
au château de Coppet.

Mathieu de Montmorency.
Château de Versailles.

August Wilhelm Schlegel.
Gravure de G. Zumpe.
Bibliothèque nationale de France.

Le château de Coppet, canton de Vaud, Suisse, 1889.
Gravure sur bois, collection particulière.

Le salon du château de Coppet.

Corinne au cap Misène.
Peinture de Gérard,1819.
Lyon, musée des Beaux-arts.

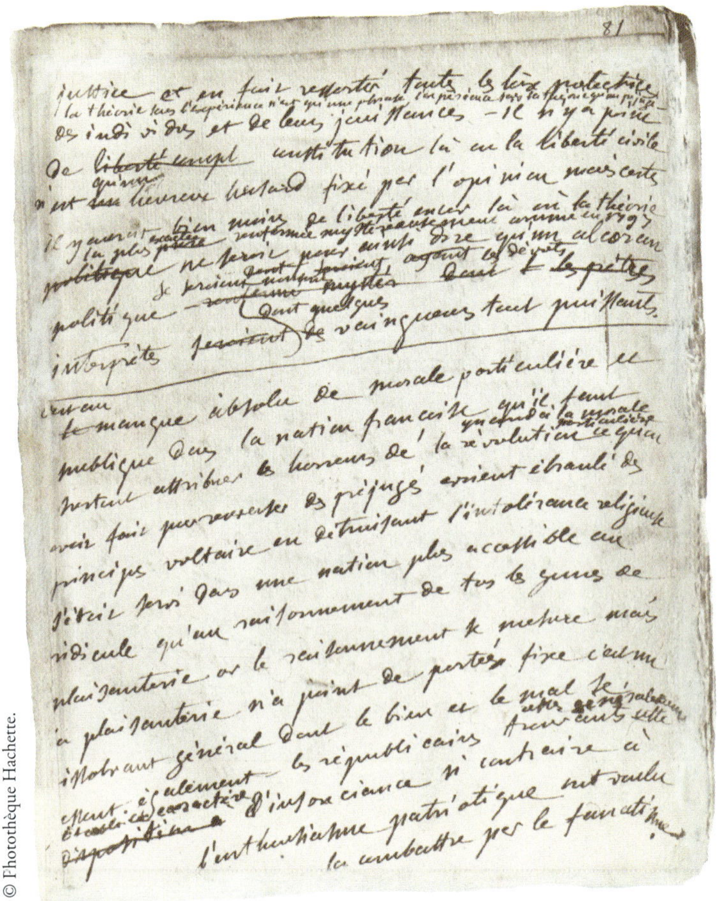

Manuscrit autographe de *Fragments d'écrits politiques,* page 81. Bibliothèque nationale de France.

Goethe.
Peinture de Gerhard von Kügelgen, 1808.
Tartu, Bibliothèque universitaire.

Schiller.
Peinture de Gerhard von Kügelgen, 1800.
Francfort-sur-Le-Main.

Weimar, XIXe siècle,. La maison de Goethe. Aquarelle de von S. Rösel.

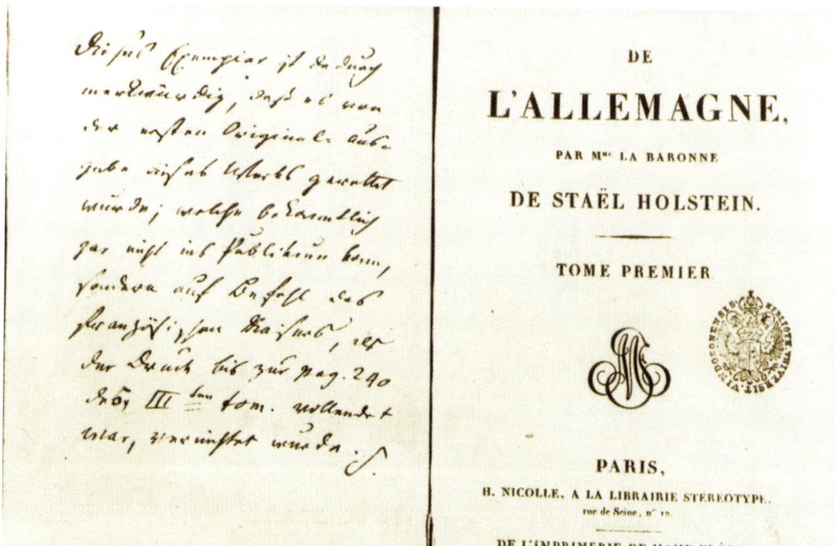

DE
L'ALLEMAGNE,
PAR Mme LA BARONNE
DE STAËL HOLSTEIN.
TOME PREMIER
PARIS,
H. NICOLLE, A LA LIBRAIRIE STÉRÉOTYPE,
rue de Seine, n° 12.
DE L'IMPRIMERIE DE MAME FRÈRES
1810.

Page de titre de l'ouvrage *De l'Allemagne,* dans l'édition de 1810.

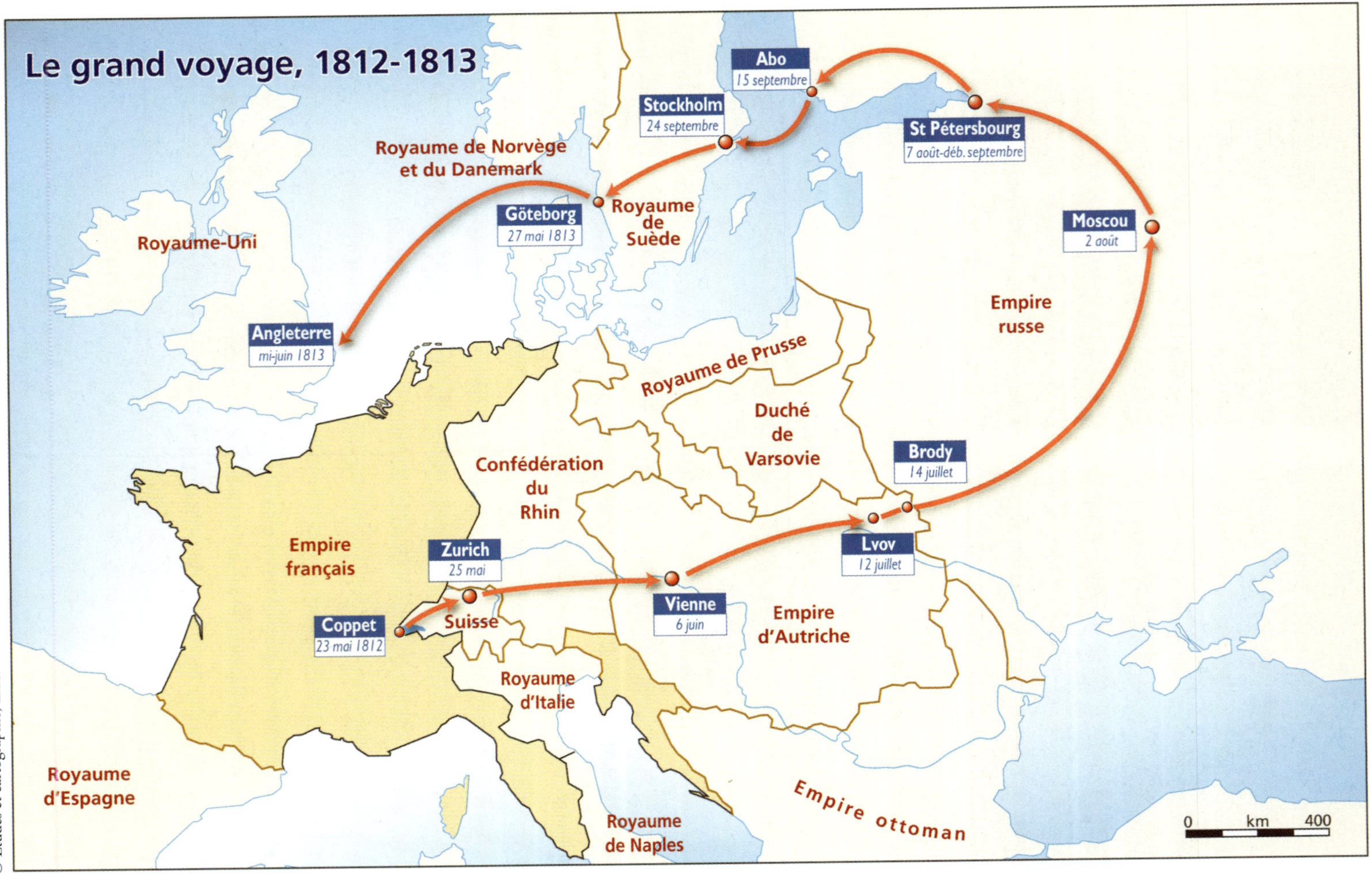
Le grand voyage, 1812-1813
Royaume-Uni
Royaume de Norvège et du Danemark
Royaume de Suède
Abo
15 septembre
Stockholm
24 septembre
St Pétersbourg
7 août-déb. septembre
Göteborg
27 mai 1813
Moscou
2 août
Empire russe
Angleterre
mi-juin 1813
Royaume de Prusse
Duché de Varsovie
Brody
14 juillet
Confédération du Rhin
Empire français
Zurich
25 mai
Lvov
12 juillet
Vienne
6 juin
Coppet
23 mai 1812
Suisse
Empire d'Autriche
Royaume d'Italie
Royaume d'Espagne
Royaume de Naples
Empire ottoman
0
km
400

termes, un « dieu » pour elle. Et Oswald n'est pas seulement un fils obéissant mais un fils aimant. Le père a gardé son autorité ancestrale mais il l'a complétée ou enrichie de l'affection : c'est l'amour du père pour son fils, et non sa seule autorité, qui fait comprendre la résignation du fils, d'un fils par ailleurs culpabilisé, tout comme Mme de Staël, pour n'avoir pas été présent au moment de la mort du père. Au demeurant, Necker, malgré son rigorisme, n'avait pas maudit « Minette » après la révélation de son adultère avec Narbonne ; il n'a pas exercé sur elle cette influence exorbitante qui est celle du père d'Oswald. Il n'a pas été le représentant d'une société qui condamne et bannit celle qui a manqué à ses devoirs, moins par son adultère que par sa publicité. Corinne, elle, est entourée de pères de substitution, sa belle-mère ou le comte d'Erfeuil, cet ami français d'Oswald, qui lui répètent que l'important est de ne pas « se déshonorer dans l'opinion ». Lorsqu'elle conçoit le projet de faire le voyage de Naples en compagnie de Lord Nelvil, le comte d'Erfeuil la rappelle à l'ordre : « Vous exposez imprudemment votre réputation en allant à Naples avec lui. » Car la morale du père est claire : « On ne cesse pas de vivre au milieu de la société, et d'avoir besoin d'elle », *ergo* il faut se plier aux convenances. Ces rappels sont autant d'occasions pour Corinne-Germaine d'exprimer l'impératif de l'amour fou : « S'il y a quelque chose de religieux dans ce sentiment, c'est parce qu'il fait disparaître les autres intérêts, et se complaît comme la dévotion dans le sacrifice de soi-même. » La société peut toujours exiger la soumission à ses normes, elle ne comprend rien à la passion qui la nie : « Rien n'est motivé dans l'amour ; il semble que ce soit une puissance divine qui pense et sent en nous, sans que nous puissions influer sur elle. »

L'originalité de *Corinne* par comparaison avec les romans d'amour qui l'ont précédée est ailleurs. Ce n'est pas un mari jaloux, ce n'est même pas un père abusif qui détruit l'avenir du couple : le divorce est annoncé dès le début du récit entre deux personnalités de cultures inassimilables. C'est cet antagonisme culturel qui provoque l'échec final de l'accomplissement amoureux, quels que soient les accidents, les malentendus et les hasards de l'intrigue. Comme dans la tragédie, la mort est annoncée dès la levée du rideau. C'est pourquoi les dissertations sur l'Italie et l'Angleterre, et subsidiairement sur la France, ne sont pas gratuites ; elles expriment l'enracinement culturel des personnes dans un milieu national qui colle à la semelle de leurs souliers. Mme de Staël exagère sans doute l'antagonisme entre les peuples du Nord et ceux du Midi, dans la mesure où elle assimile ces derniers à la seule Italie ; mais elle est sensible, on le sait depuis ses tableaux de la *Littérature*, à la diversité des identités culturelles liées au milieu, à l'histoire, au climat, à la religion du pays où l'on est né. La Révolution et l'Empire ont avivé dans toute l'Europe le sentiment national ; c'est dans ce contexte qu'il faut replacer cette attention extrême, précise, outrée parfois à ce qui fait qu'un Anglais (ou un Écossais, mais la nuance est absente dans *Corinne*) n'est pas un Italien. Le protestant insulaire, qui vit sous un régime politique et sous un climat austères, a beaucoup de mal à comprendre un peuple catholique exubérant, amoureux des arts et des lettres, privé d'intérêt politique par la fragmentation de l'Italie. C'est l'amour de Corinne qui permet à Oswald d'être pénétré par l'amour de la beauté et de comprendre un peu cette religion baroque, alourdie de dogmes et de rites et si peu intérieure. La pédagogie de Corinne fonctionne, l'Écossais ouvre les yeux, tempère ses critiques acerbes, mais sa bonne volonté a des limites : « Oswald et Corinne différaient d'opinion à cet égard [sur la nature des objets de la peinture] ; mais cette différence comme toutes celles qui existaient entre eux, tenait à la diversité des nations, des climats et des religions. » La lente imprégnation de la culture italienne due aux efforts de Corinne fait long feu, au moment du retour aux sources : « En approchant de l'Angleterre, tous les souvenirs de la patrie rentrèrent dans l'âme d'Oswald ; l'année qu'il venait de passer en Italie n'était en relation avec aucune autre époque de sa vie. C'était comme une apparition brillante qui avait frappé son imagination, mais n'avait pu changer entièrement les opinions ni les goûts dont son existence s'était composée jusqu'alors. » L'auteur précise : « Dès qu'il eut mis le pied sur la terre d'Angleterre, il fut frappé de l'ordre et de l'aisance, de la richesse et de l'industrie qui s'offraient à ses regards ; les penchants, les habitudes, les goûts nés avec lui se réveillèrent avec plus de force que jamais. Dans ce pays où les hommes ont tant de dignité, et les femmes tant de modestie, où le bonheur domestique est le lien du bonheur public, Oswald pensait à l'Italie *pour la plaindre* [c'est nous qui soulignons]. » Confusion, faiblesse, ignorance, ainsi lui apparaissait l'Italie, charmeuse, charmante, enchanteresse, certes, mais tellement inférieure à cette Angleterre où règnent « la liberté et la morale ». Et quand il apprend le contenu de la lettre que son défunt père a écrit au père de Corinne, et dans laquelle il souhaitait que son fils épousât Lucile, il en saisit douloureusement la raison profonde : il fallait à son bonheur une « femme *vraiment Anglaise* [nous soulignons] ». À quoi il finit par acquiescer : « Vous savez combien les Anglais en général, déclare un autre personnage du roman, le comte Castel-Forte, sont asservis aux mœurs et aux habitudes de leur pays. »

Corinne présente une autre originalité, celle d'un féminisme avant la lettre. Sans doute s'exprime-t-il dans l'attitude et le comportement d'une femme exceptionnelle. Orpheline de mère, doté d'un père faible dominé par sa seconde épouse qu'elle a fui, elle a su se rendre libre, rompre avec sa famille, et, grâce à sa fortune, vivre en toute indépendance dans l'Italie qu'elle aime et où elle a réussi à devenir par son génie l'une des grandes figures vivantes de son pays d'adoption – qui est aussi son pays natal. Elle s'est choisie. Elle a su repousser les demandes en mariage qui lui ont paru indignes de ses exigences, et elle se livre délibérément au bonheur d'aimer sans réserve, sans calcul, sans souci des convenances, quand elle rencontre Oswald. Elle suit même la logique de sa passion jusqu'à accepter l'éventualité d'aller vivre en Angleterre ou en Écosse, au mépris de ses attaches, de sa carrière, de sa renommée : « Fais ce que tu voudras de moi, enchaîne-moi comme une esclave à ta destinée. » Choix délibéré d'une fuite en avant qui ne paraît possible qu'aux femmes.

Pourtant, quel sinistre tableau elle fait de la condition féminine en Angleterre ! En tout cas dans la petite ville froide et grise qu'elle a habitée avant sa révolte : « Représentez-vous ce que c'était pour une Italienne comme moi, écrit-elle à Oswald, que d'être assise autour d'une table à thé plusieurs heures par jour après dîner [déjeuner], avec la société de ma belle-mère. Elle était composée de sept femmes les plus graves de la province. [...] Une femme disait à l'autre : *Ma chère, croyez-vous que l'eau soit assez bouillante pour la jeter sur le thé. – Ma chère,* répondait l'autre, *je crois que ce serait trop tôt ; car ces Messieurs ne sont pas encore prêts à venir.*

– *Resteront-ils encore longtemps à table aujourd'hui*, disait la troisième, *qu'en croyez-vous ma chère ? – Je ne crois pas*, répondait la quatrième, *il me semble que l'élection du parlement doit avoir lieu la semaine prochaine, et il se pourrait qu'ils restassent pour s'en entretenir. – Non*, reprenait la cinquième, *je crois plutôt qu'ils parlent de cette chasse au renard qui les a tant occupés la semaine passée, et qui doit recommencer lundi prochain ; je crois cependant que le dîner sera bientôt fini. – Ah ? je ne l'espère guère*, disait la sixième en soupirant, et le silence recommençait. – J'avais été dans les couvents d'Italie ; ils me paraissaient pleins de vie à côté de ce cercle, et je ne savais qu'y devenir. Tous les quarts d'heure il s'élevait une voix qui faisait la question la plus insipide, pour obtenir la réponse la plus froide, et l'ennui soulevé retombait avec un nouveau poids sur ces femmes que l'on aurait pu croire malheureuses, si l'habitude prise dès l'enfance n'apprenait pas à tout supporter. » Et quand les « Messieurs » reviennent, ils continuent de converser entre eux tandis que les femmes distribuent les tasses de thé. « Et, quand l'heure du départ arrivait, elles s'en allaient avec leurs époux, prêtes à recommencer le lendemain une vie qui ne différait de celle de la veille que par la date de l'almanach et la trace des années venait enfin s'imprimer sur le visage de ces femmes, *comme si elles eussent vécu pendant ce temps* [nous soulignons]. » Est-ce ainsi que les femmes doivent vivre ? ou, pour mieux dire, ne pas vivre ? Corinne/Germaine de poser la question : « Chaque femme comme chaque homme ne doit-elle pas se frayer une route d'après son caractère et ses talents ? » Ce n'est pas une interrogation pour Lady Edgermond : « Si vous devez vivre ici, dit-elle à sa belle-fille, soumettez-vous ; allez-vous-en, si vous le pouvez ; il n'y a que ces deux partis à prendre. » Elle partira, elle choisira sa liberté, elle en mourra.

Le succès de *Corinne* a été immédiat et considérable, bien que la critique parisienne lui ait fait un mauvais sort. Simone Balayé, qui a lu pour nous les journaux français (« Corinne et la presse parisienne en 1807 »), a mis en avant le premier compte rendu paru, dans le *Journal de l'Empire*, et dû à un dénommé Féletz qui sera suivi par La *Gazette de France*, le *Journal du Commerce*, *Le Courrier des spectacles*, *Le Courrier français*, et aux feuilles alignées. « Elle ne voit, écrit-il, de sentiments dignes de ce nom que dans l'enthousiasme, dans l'admiration, le culte, l'idolâtrie, de passions que dans le délire. » Les critiques fustigent ce que Féletz appelle la « doctrine mélancolique ». La *Gazette de France* en rajoute : « La mélancolie est incompatible dans la vie avec la grandeur, avec l'héroïsme. Dans l'art et la littérature, elle est incapable d'enfanter les chefs-d'œuvre de la Grèce et de Rome qui ne connaissent que la vertu. » L'enthousiasme n'est pas davantage admis, au nom de l'ordre social : « Elle s'est fait, écrit Féletz, des idées si singulières sur la perfection de l'homme que si le beau idéal qu'elle a conçu venait à se réaliser et que beaucoup d'hommes et de femmes ressemblaient à ses héros et à ses héroïnes, tout ordre disparaîtrait dans la société civile, tout bonheur dans la société domestique, et l'on serait à chaque instant témoin ou victime des scènes les plus bizarres et les plus tragiques. »

On pouvait s'y attendre, la revendication féminine, sinon féministe, de Mme de Staël/Corinne est pointée : « Chaque femme, lit-on dans le *Journal de l'Empire*, doit rester dans la route qui lui est indiquée par la nature et l'ordre de la société ; les pas qu'elle fera dans une autre route seront trop souvent incertains, hasardés, malheureux : voilà la maxime générale. » C'est celle du Code civil napoléonien. Une femme n'est pas un homme ; elle doit rester à sa place : « Une femme qui se distingue par d'autres qualités que celles de son sexe contrarie les principes d'ordre général. »

À ces critiques, assez misérables et bornées, inspirées par la soumission au pouvoir impérial (Napoléon était furieux d'être complètement absent de cette évocation de l'Italie qu'il reconstruisait à sa guise), les amis de Mme de Staël ont su répondre. Benjamin Constant a écrit trois « extraits » de *Corinne* dans *Le Publiciste*, les 12, 14 et 16 mai, soit quinze jours après la publication du roman – des articles qui, selon son *Journal*, remportent « un grand succès ». Du personnage de Corinne, il écrit ce qu'il aurait pu dire de Mme de Staël : « Ayant besoin d'être applaudie, parce qu'elle a la conscience de ses forces, [elle a] plus encore besoin d'être aimée. » Aux Zoïles qui ont reproché à l'auteur d'avoir fait un roman sans morale, Constant réplique : « Mais quelle est la morale de *Corinne* ? Ici, je pense qu'il faut s'entendre. Si, par la morale d'un ouvrage, on comprend une morale directe, exprimée en toutes lettres, comme celle qui se trouve à la fin des fables de La Fontaine, j'affirme que, dans un ouvrage d'imagination, une pareille morale est un grand défaut. Cette morale devient un but auquel l'auteur sacrifie, même à son insu, la probabilité des événements et la vérité des caractères. [...] La morale d'un ouvrage d'imagination se compose de l'impression que son ensemble laisse dans l'âme. » Tout le reste de l'article relève d'une finesse d'analyse autant que d'admiration qui a pu combler Germaine de Staël, si malheureuse par ailleurs.

Elle a pu se réjouir aussi d'une étude substantielle d'August-Wilhelm Schlegel, écrite en allemand il est vrai, et qui ne sera traduite en français qu'en 1973 (dans les *Cahiers staëliens*) ; du moins Mme de Staël avait-elle pu l'apprécier. Il juge que *Corinne* plaira en Allemagne, où des voix s'élèvent « pour réclamer dans le roman plus de poésie et surtout plus de romantisme ». Car « si le caractère romantique provient avant tout de la confrontation de l'enthousiasme idéal et de la réalité prosaïque, on considère avec raison l'amour qui anime les contradictions de la nature de l'homme et de son destin comme la passion romantique par excellence ». Parmi ses nombreuses notations, Schlegel loue Mme de Staël d'avoir décrit des caractères nationaux, d'avoir su notamment présenter l'Italie sous des couleurs ignorées de l'opinion commune : « En Italie surtout Corinne va susciter un enthousiasme de joie. L'Italie ressent avec amertume d'avoir depuis longtemps à subir la pression de l'opinion de l'Europe, alors qu'elle a servi de modèle à toutes les autres nations. »

Les autres amis témoignent à Mme de Staël leur admiration pour son roman, tel Sismondi, tel Meister (« un vieillard suisse » comme il se présente), qui, eux aussi, y vont d'un article dans *Le Publiciste*. C'est par une lettre du 3 juin que Humboldt félicite Mme de Staël de ce beau livre, où l'on trouverait « pour des années entières matière à réfléchir ou à causer ». Il a été attentif, lui, tout comme Schlegel, et contrairement à l'inepte critique des journaux parisiens, aux « raisonnements sur les nations et leur caractère » qu'on y trouve : « Je ne connais, lui écrit-il, aucun ouvrage qui engageât tant à réfléchir sur cette matière. » Mais on ne peut plaire à tout le monde, et certains de ses proches ressentent douloureusement des ressemblances entre tel ou tel personnage et eux-mêmes. C'est Claude Hochet, qui croit avoir servi de modèle (caricatural) au personnage du comte d'Erfeuil, et entraîne Mme de Staël à le dissuader : « Qui, à Paris, imaginerait cette ressemblance ? » C'est Prosper de Barante qui croit se découvrir sous les traits d'Oswald lui-même. « Vous me faites de cruels reproches et vous m'avez enfermé dans cet Oswald où je ne puis me défendre. » Et de se justifier : « Ah ! si quelque jour il peignait aussi ce qu'il a ressenti, on verrait ce qu'il a souffert [...]. Sa jeunesse est gâtée pour avoir rencontré Corinne [...]. Enfin, il ne fera pas un livre de ses sentiments et de ses chagrins. » Il y a de fait une similitude de situations dans les relations de père à fils entre Oswald et Barante, tous deux extrêmement attentifs à l'autorité paternelle, qui les interdit de mariage avec l'être aimé. Et la souffrance de Mme de Staël peut être comparée à celle de Corinne, l'une et l'autre victimes du père de leur ami.

Rosalie Constant, peu indulgente envers celle qu'elle appelle « la trop célèbre », a beaucoup admiré *Corinne*. Dans une lettre adressée le 19 mai 1807 à son frère Charles, elle en donne une analyse succincte mais pénétrante :

« Je lis *Corinne ou l'Italie* de Mme de Staël, qui vient de paraître ; il est impossible de lire ce qu'elle écrit sans en avoir l'esprit très occupé. Elle nous fait, on peut le dire, respirer l'Italie. Tout ce qu'elle peint l'est d'une manière si vive, avec tant de finesse et d'un côté si neuf, qu'il y a beaucoup d'illusion. D'ailleurs c'est comme toujours une grande abondance d'idées ; trop souvent de la recherche et de l'obscurité. Les héros sont ce qui intéresse le moins ; l'homme est trop passif et la femme trop active ; c'est toujours elle qu'on retrouve dans Corinne, et on voit que ceux qui l'ont aimée n'ont jamais été aussi passionnés qu'il lui aurait fallu. La nature est ce qu'elle peint le moins ; ce qu'elle en dit fait regretter qu'elle ne l'ait pas regardée plus souvent. Où elle excelle, c'est dans la peinture des mœurs et du caractère italien. Jamais on n'a observé, deviné avec plus d'esprit et de sagacité. »

C'était bien vu.

19

La saison 1807 à Coppet

Dans ses relations avec Napoléon, Mme de Staël, d'une immanquable naïveté, s'est imaginée que, loin de la desservir, *Corinne* pouvait contribuer à son retour en grâce. N'avait-elle pas fait preuve, en écrivant un roman, de son éloignement de la politique ? Mais le succès même du livre, l'engouement qu'il suscite en France et au-delà des frontières, la gloire incontestable acquise par l'auteur ne font qu'irriter davantage l'Empereur qui avait déjà décrété que *Corinne* était un brûlot antifrançais. « On me flatte que *Corinne*, écrit-elle à Pedro de Souza, me vaudra cet automne la permission d'aller dans ma terre. » Pourtant, la même personne qui écrit à l'une de ses connaissances : « La nation entière est anonyme : un seul homme y vit pour la gloire, tout le reste est instrument ou poussière » (à Étienne Dumont, 16 mai 1807) devrait savoir que sans un esprit de soumission au maître, averti plus qu'elle ne peut l'imaginer de ses dits et écrits grâce à son cabinet noir, elle ne peut dissiper sa méfiance. Le traité de Tilsit, qui consacre la victoire de Napoléon sur la Russie, lui semble encore une occasion de clémence : que peut craindre pareil vainqueur d'une romancière ? « Voilà la paix, écrit-elle à Gérando le 16 juillet. Je ne sais si elle s'étendra jusqu'à moi. » Eh bien non, elle restera proscrite.

Sa revanche, sa consolation, c'est décidément Coppet, dont elle est en train de faire, sans qu'elle l'ait vraiment préconçu, ce que

Sainte-Beuve a pu appeler « l'Élysée intellectuel de toute une génération ». À défaut d'un salon à Paris, qui, de toute façon, eût été sous haute surveillance, elle fait du château paternel le rond-point de l'intelligence européenne. Toujours extrême dans son désir d'être aimée et applaudie, elle invite, elle convoque, elle s'entoure, et gare à ceux qui tardent à la rejoindre ! Au-delà des amis chers, elle ouvre ses portes aux chers amis, jeunes gens prometteurs et futurs hommes illustres qui n'ont pas résisté à venir écouter la « trop célèbre ». Au cours de la saison 1807, un jeune archéologue américain, John Izard Middleton, entre dans le cercle et s'y incruste d'autant plus qu'il tombe amoureux de l'irrésistible Juliette Récamier qui séjourne pour la première fois à Coppet. Deux visiteurs dont les noms sont promis à la célébrité sont de passage : Karl von Clausewitz et François Guizot. Le futur théoricien de la guerre est l'aide de camp du prince Auguste, lui-même en visite à Coppet. Mme de Staël, dans une lettre à la comtesse von Voss, dira son admiration pour l'esprit, l'énergie et la sensibilité de Clausewitz, affecté par la récente défaite de la Prusse, et couvé par Schlegel – l'un et l'autre étant ses « deux Allemands ».

L'autre jeune homme, François Guizot, un protestant dont le père avait été guillotiné sous la Terreur, tout juste vingt ans, avait été emmené par sa mère à Genève où il avait fait ses études. Dans ses *Mémoires*, il raconte que, ayant sollicité l'honneur d'être présenté à Mme de Staël, celle-ci le reçut à Ouchy, où elle se trouvait alors, le plaça à sa droite à table et le fit parler de Paris, où il était rentré depuis 1805. Un moment étonnant, car le jeune homme se mit à réciter un article de Chateaubriand, paru dans le *Mercure* du 4 juillet et qui avait élevé René au rang d'adversaire le plus talentueux de Napoléon : « Lorsque, dans le silence de l'abjection, l'on n'entend plus retentir que la chaîne de l'esclave et la voix du délateur, lorsque tout tremble devant le tyran et qu'il est aussi dangereux d'encourir sa faveur que de mériter sa disgrâce, l'histoire paraît chargée de la vengeance des peuples. [...] C'est en vain que Néron prospère ; Tacite est déjà né dans l'Empire... » L'auditoire, Germaine de Staël la première, est enchanté. Ce sont de ces épisodes qui rendent Mme de Staël insupportable à Napoléon bien plus que Chateaubriand : celui-ci est isolé, celle-là dispose d'une cour, d'une antenne, d'un pouvoir de nuisance qu'il lui faut contrôler et contenir.

Une visite d'une autre nature la réjouit, celle d'un peintre connu, Élisabeth-Louise Vigée-Lebrun, réputée depuis son portrait de Marie-Antoinette. En villégiature en Suisse, elle reste une semaine à Coppet, où elle exécute le portrait de Mme de Staël en Corinne au cap Misène : « Mme Lebrun, écrit-elle à son ami Henri Meister, a fait un portrait de moi qu'on trouve très remarquable. Elle l'a porté à Paris. Il est pris comme une sibylle, ou comme Corinne, si vous l'aimez mieux. » Ce portrait deviendra une des représentations les plus célèbres de Mme de Staël.

Les journées ordinaires suivent un déroulement fixé par les heures des repas. Le déjeuner vers dix heures est une première réunion des convives autour de la châtelaine ; il coupe une matinée que celle-ci consacre à ses « affaires », aux lettres qu'elle écrit surtout à son notaire Fourcault de Pavant, et à ses lectures ou à ses écrits. Chacun de son côté s'active à ses propres études ou se joint à des petits groupes qui continuent la conversation. La vie reprend toutes ses couleurs à cinq heures, l'heure du dîner ; tout le monde alors forme cercle et discute, écoute des lectures. Le souper, qui a lieu à onze heures, ne clôt pas les colloques, qui se poursuivent souvent tard dans la nuit. Les répétitions et les représentations théâtrales, les petits concerts de musique sont d'autres moments choisis de la scène staëlienne.

De tous les visiteurs, trois occupent, en 1807, une place de choix dans le cœur de la châtelaine, Prosper de Barante, Benjamin Constant et Juliette Récamier, trois cœurs déchirés.

Le retour de Prosper de Barante

En Allemagne où il était en poste, Prosper de Barante avait donc lu *Corinne* en frémissant de colère, devinant qu'il avait inspiré le personnage d'Oswald dans la seconde partie du roman, quand Lord Nelvil, trop docile à l'égard du père, consomme sa trahison en épousant Lucile. Il s'était détourné de la femme d'exception pour faire un mariage conforme aux impératifs du qu'en-dira-t-on. Peut-être

Mme de Staël avait-elle sciemment voulu régler ses comptes avec lui. Et Barante lui dit son fait, non sans hargne, au milieu des compliments qu'il lui adresse. Malgré toute sa volonté et les injonctions paternelles, il reste épris de Germaine. Le ressentiment que celle-ci éprouvait envers Claude-Ignace de Barante, préfet de Genève, elle avait su l'exprimer dans un entretien qu'elle avait eu avec lui en juillet 1807. Le 24 du même mois, elle lui écrit une lettre qui résume sa disposition d'esprit :

« Si je vous ai dit un mot qui pût vous blesser, Monsieur, je vous prie de le pardonner à mon malheur et à un état de santé dont je ne crois pas me relever. [L'art de la dramatisation est chez elle inné.] Je vous remercie de répéter que vous mettez du prix à l'amitié qui m'attache à votre fils. Je dirai hardiment que, loin de lui nuire, elle lui servira, car si, comme je puis un peu l'espérer à présent, je reviens dans mon pays [toujours la même illusion], tous mes amis seront les siens, et j'ose vous dire qu'il y a assez de gens qui me traitent mieux que vous. Je ne demanderai d'ailleurs aucun sacrifice à Monsieur votre fils, et je tiendrai pour oubliées des promesses qui, pendant six mois, devaient m'inspirer la plus parfaite confiance. Ainsi serai-je, du moins, tant que mon fatal sentiment ne sera point détruit ; mais je persiste à croire qu'il y a quelques devoirs envers des promesses faites par un homme libre à une femme libre [...].

« Si je vis, j'espère vous montrer une fois que votre famille, et vous et Prosper, vous aurez en moi une amie comme ce temps n'en offre plus ; mais si vous me tuez, vous aurez et des remords et des regrets. Toutes les puissances de la terre n'obtiendraient pas de moi ce que le sentiment en obtient ; ne le poussez pas au désespoir.

« Encore une fois, adieu, et qu'un mot de vous vienne nous remettre dans des relations qui me soient douces. J'ai assez souffert, et vous m'avez ôté le seul bien auquel j'aspirais dans ce monde. Adieu encore, je ne vois plus ce que je vous écris, mais je sens que je puis encore vous aimer. »

Ces « promesses » que Mme de Staël évoque, c'étaient celles que Prosper avait faites à Germaine, au cours de l'été 1805, quand il s'était déclaré tout à elle. Une promesse que son père lui suggère alors de passer par pertes et profits : « Oh ! mon ami, pourquoi une fausse et sotte délicatesse t'a-t-elle empêché de rompre une promesse qui fait notre malheur depuis un an et qui te place dans une fausse position si tu continues ta carrière politique... » Lorsqu'elle apprend à ce moment-là que Prosper va rentrer d'Allemagne et qu'il doit passer voir son père à Genève avant de rentrer à Paris, elle écrit encore au préfet : « Je n'ose pas en écrire à Prosper, mais je vous dis à vous que mes sentiments pour lui sont à jamais les mêmes. » C'est une des raisons pour lesquelles Claude-Ignace de Barante peut se féliciter de la nomination de son fils comme sous-préfet de Bressuire (Deux-Sèvres). Un poste qui, d'apparence, n'a rien de glorieux et une nomination sur laquelle on glose beaucoup à Coppet : « Prosper vient d'être nommé à une misérable sous-préfecture de Vendée, écrit Mme de Staël à l'une de ses correspondantes. Il sera bien malheureux de cet exil s'il s'y soumet, ou plutôt si son père l'y condamne. » Pourtant, il ne s'agit pas d'une disgrâce prononcée par Napoléon contre lui, car plusieurs des auditeurs au Conseil d'État qui l'ont accompagné en Allemagne et en Pologne reçoivent des nominations analogues – un début de carrière prometteur dans l'esprit de Napoléon.

Puisque Prosper doit venir à Genève, Mme de Staël ne manque pas de l'inviter à Coppet. Il hésite, car leurs rapports sont devenus tendus : « Vous vous passez bien de moi, lui écrit-il le 7 juillet, sauf une heure par semaine, un reflet de l'affection première. Il serait injuste de vouloir être le centre de vos affections », mais il ne veut pas être un Benjamin bis. Finalement, il est à Genève le 26 septembre, à Coppet peu après ; il restera dans la région environ un mois. Germaine s'est évertuée pendant ce temps à le dissuader d'accepter le poste de sous-préfet à Bressuire, un enterrement de première classe ; elle lui fait valoir quel avantage il retirerait d'une union avec elle. C'est ce qu'elle exprime dans une lettre écrite à un ami de Prosper, Jean-Joseph Louis Maleteste, qu'elle voudrait faire son allié, au moment où Barante rentre à Paris : « Vous allez le revoir, Monsieur ; il vous dira sans doute tout ce qui s'est passé entre nous. Un moment j'ai cru que notre sort allait se décider, mais l'influence de son père a détruit par degrés cette espérance. Il revient près de vous, Monsieur, avec lequel j'ose me croire tant de sympathie. Daignez plaider ma cause : indépendance, gloire, sécurité, tendresse se trouvent dans le parti que je lui propose ; celui qu'il va suivre me déchire le cœur sans lui promettre, ce me semble, aucun genre de bonheur ni de dignité. Je souffre horriblement, mais ce n'est pas cette souffrance, je crois, qui détermine mon jugement. Je ne l'aimerais pas, je ne serais pas prête à lui consacrer mille vies, que j'aurais une répugnance véritable pour cette obscure et rebutante carrière. »

Rien n'y a fait, ni l'éloignement, ni la durée de cet éloignement, ni la résistance du père, ni l'électricité de leurs relations épistolaires, ni les rétractations de Prosper : elle veut encore croire possible une union qui, sans détruire les autres relations qu'elle a nouées, serait au cœur de sa vie : « Hélas ! un tel bonheur est-il fait pour moi ? L'exil, la persécution seraient changés en félicités et en gloire... » Elle ne discerne pas que Barante s'est détaché d'elle ; qu'il lui voue toujours la plus grande des admirations, mais qu'il craint son esprit de domination. L'« indépendance » dont elle parle, il la gagnerait sans doute au regard de l'administration impériale, mais certes pas vis-à-vis d'elle. Mme de Staël paraît condamnée à séduire et à enchaîner. Les seuls qui lui restent attachés invariablement, comme l'agaric sur l'écorce, sont ceux qu'elle n'a pas pris dans ses bras, Sismondi ou Schlegel, qui subliment leur amour et ne demandent rien d'autre qu'être à ses côtés.

L'éternel Benjamin

Plus important encore pour elle que l'attachement de Barante est celui de Benjamin Constant. Il lui a avoué son inclination pour Charlotte de Hardenberg ; elle en a été bouleversée : elle veut le garder à tout prix. Lui est pris dans une tenaille de sentiments contraires, mais toujours plus décidé à franchir le pas, s'émanciper, et le mariage avec Charlotte devrait en être l'occasion. D'autant qu'il est alors sérieusement épris de cette Allemande qu'il avait jadis négligée. En mai 1807, au moment où Mme de Staël a dû quitter la France pour rejoindre Coppet, il ne l'a pas suivie. Après avoir écrit ses articles sur *Corinne*, il note dans son *Journal*, le 14 mai : « Toujours la même idée : 2, 2, et toujours les mêmes hésitations à l'exécuter. » On sait que 2 signifie « désir de rompre mon éternel lien ». Dans cette perspective, il est soutenu par sa famille, surtout par sa cousine Rosalie. Germaine le presse de venir la rejoindre, mais lui se fait prier. Il a une bonne excuse : ses yeux, dont il souffre, et pour lesquels il doit consulter les meilleurs oculistes qui exercent à Paris. Les lettres en provenance de Coppet deviennent furieuses et menaçantes : « Toujours sa douleur pour moyen, note-t-il, et sa nature pour motif. Mon Dieu, délivre-nous l'un de l'autre. »

Les grandes résolutions se multiplient dans son *Journal* : je ne retournerai pas la rejoindre, je reste à Paris, j'épouserai Charlotte, dans trois mois cela sera fait, c'est décidé, mon parti est pris. Les lettres de Germaine se font plus pressantes : « Que faire avec une personne furieuse que rien n'arrête ? » Il a pour la peindre des images de mélodrame : « Cette furie qui me poursuit l'écume à la bouche et le poignard à la main ! » La présence intermittente de Charlotte auprès de lui, à Paris, aux Herbages, lui donne quelque courage, mais sa bien-aimée part à la fin de juin pour l'Allemagne où elle doit s'affairer à l'obtention de son divorce. Benjamin prend alors la route de Dole où habite son père malade. Mme de Staël lui dépêche aussitôt son factotum Eugène pour lui faire savoir qu'elle lui demande deux mois, deux mois de présence à Coppet. Schlegel lui écrit aussi pour le convaincre. Et le voici retombé à pied d'œuvre, balançant entre la rupture et la concession, se débattant tout comme un malade enfiévré : « Cette furie, ce fléau, que l'enfer a vomi pour me tourmenter. » Il fait des plans : j'y vais, mais à la première scène je claque la porte. Elle, dans ses lettres, menace de se tuer s'il l'abandonne. Le 14 juillet, toujours à Dole, il reçoit la visite subite de Schlegel, le brave Schlegel qui a mis son dévouement pour Mme de Staël au niveau d'une cause religieuse. Il a avec Benjamin, selon celui-ci, une « conversation violente ». Constant se laisse convaincre : il reviendra à Coppet avec l'Allemand, mais il laissera tous ses manuscrits chez son père afin de pouvoir s'enfuir de Coppet « au premier moment ».

Dans ses lettres à Hochet, il explique le dilemme qui l'assaille. D'un côté, l'exaspération d'être à la merci de Mme de Staël : « Il n'y a pas de raison pour qu'on ne me fasse pas aller à la Chine, en me faisant écrire qu'on a bu trente gouttes de laudanum. » Mais les menaces de suicide ne sont pas la seule cause de ses scrupules :

« J'ai pour notre amie, car elle l'est et doit l'être encore, un sentiment profond qui fait le tourment de ma vie, et qui me rend son bonheur plus nécessaire que le mien. » On le sait : il n'y a plus de relations physiques entre eux, mais une sorte de gémellité intellectuelle et affective qui rend leur séparation impossible.

Schlegel est donc devant lui, ici à Dole, pour lui signifier que s'il ne se décide pas à partir pour Coppet, c'est Mme de Staël elle-même qui viendra le chercher. Constant explique à Hochet le rôle de Schlegel : « Schlegel est absolument fou, d'une folie qui n'est pas sans noblesse et sans désintéressement, mais qui voit dans la volonté de Mme de S. la fatalité à laquelle il trouve atroce que tout ne cède pas à l'instant. » Il a le bonheur, Schlegel, d'avoir rencontré « un être surnaturel » : il faut lui sacrifier tout, la célébrité et la considération personnelle. « Mélange d'enthousiasme, de sophisme et de stoïcisme » qui fait tourner la tête à Benjamin. À chacun son piège ! Mais alors que Schlegel chérit ses chaînes, Constant se débat comme un animal traqué.

Le 17 juillet, les deux voyageurs arrivent à Coppet. Germaine accueille Benjamin par une scène de jalousie, qui renforce sa résolution de repartir. Mais, dans les jours suivants, elle se calme, s'adoucit, redevient charmante, et Benjamin perplexe. À la fin de juillet, Mme de Staël en compagnie de Mme Récamier part en excursion aux « glaciers », c'est-à-dire à Chamonix pour la mer de glace. Benjamin gagne Lausanne, où il retrouve sa cousine Rosalie et sa tante Mme de Nassau, auxquelles il confie ses tourments. Elles l'encouragent à rompre, mais quand il se met à évoquer la possibilité d'un mariage avec Charlotte de Hardenberg il est désapprouvé : une femme qui aurait divorcé par deux fois, ce n'est pas possible ! À Lausanne, il rend visite aux « Mystiques », des piétistes dirigés par Charles et Sophie Langallerie, attachés au quiétisme de Mme Guyon, que Fénelon avait défendu contre Bossuet mais qui fut condamné par l'Église et pratiquement éradiqué de France. Sans doute voulait-il trouver chez les Mystiques la paix et le repos de l'âme.

À Lausanne, Mme de Staël vient le rechercher. Il pense en finir en lui mettant le marché en main en réitérant sa demande en mariage. « Sans doute, écrit-il, je me donne un double tort : aux yeux du public, celui de vouloir épouser une femme très riche et de n'avoir de tout temps eu que ce but ; aux yeux de ma famille : celui de vouloir épouser une femme qu'ils n'aiment pas. » Une manière de reprendre l'avantage, car il sait que Germaine ne veut pas se marier : son titre, son nom, sa fortune, ses enfants, elle n'entend pas perdre ou risquer tout cela. Lui retourne la question dans sa tête, craint d'elle, en cas de rupture, ses démonstrations de douleur. En attendant, il s'empêtre, et accepte de jouer dans *Andromaque*, car le théâtre reste une des activités principales de Coppet et d'Ouchy, où la pièce est représentée le 22 août. Depuis le début du mois Mme de Staël y a loué une maison, où elle a entraîné sa cour : un déplacement qui lui permet d'être à proximité de Benjamin Constant à Lausanne, avant le retour à Coppet vers le 25 août. C'est dans les jours suivants que le drame éclate.

Mme de Staël veut ramener Constant à Coppet, alors que lui entend regagner Dole. Le 29 août, elle lui envoie sa voiture, mais il est décidé à rompre – « enfin » ! Il écrit une lettre de rupture, mais l'effort lui est impossible et il brûle sa lettre. Il ira donc à Coppet, désespéré. Sa tante et sa cousine le convainquent d'achever cette guerre sournoise en offrant à Mme de Staël le choix entre un prompt mariage ou une rupture à l'amiable. Oui, c'est bien cela qu'il faut faire, et le voilà reparti pour Coppet, dominé par « une puissance magique », selon ses propres termes. Il arrive, fait la proposition convenue, mal lui en prend : elle appelle ses enfants, le précepteur (Schlegel), et déclare : « Voilà l'homme qui me met entre le désespoir et la nécessité de compromettre votre existence et votre fortune. » Il proteste qu'elle ne voudra jamais l'épouser ; elle se jette à terre en criant, feint de s'étrangler avec son mouchoir. Interloqué, effrayé, il doit la consoler, la calmer, lui dire des mots tendres. Il n'en dort pas de la nuit, mesure au petit matin l'étendue de sa reculade. Alors, il saute à cheval et regagne Lausanne au galop. Revenu chez sa cousine, il se croit tranquille. Illusion ! Germaine l'a suivi ! Dès que sa cousine entend sa voix, elle enferme Constant dans sa chambre. L'autre exige qu'on lui dise où il est. Elle se couche à la renverse sur l'escalier. Mme de Nassau la relève, l'installe dans une autre chambre, mais Benjamin, excédé d'être enfermé, frappe à sa porte. On lui ouvre ; elle l'entend, elle accourt, se jette dans ses bras, puis déverse sur sa tête mille reproches. Rosalie, à qui nous devons le récit de ces heures exaltées, termine ainsi sa lettre à son frère : « Pour résultat elle l'a ramené à Coppet pour six semaines ; de là il nous écrit des lettres pleines d'amitié, mais assez calmes, convenant d'un pouvoir plus fort que le sien et comme touché de cette terrible et dernière preuve d'amour. »

À Coppet, on reprend le théâtre. Racine est à l'honneur : *Andromaque*, *Phèdre*, mais aussi le *Grand monde* d'Elzéar de Sabran, et *Geneviève de Brabant* que Mme de Staël a écrit pour faire jouer ses enfants. Benjamin Constant, « pour tuer le temps » nous dit-il, se met à composer une tragédie en vers sur la mort de Wallenstein – *Wallstein* –, à partir de la pièce de Schiller. Il se prend au jeu, s'enchante de ses vers, mais reste au fond désespéré. Tellement qu'un jour, après l'une de ces scènes terribles entre eux, il s'enivre « pour supporter cette affreuse situation ». Il se met à rêver : si le mariage avec Charlotte devient impossible, alors… l'Amérique ! C'est l'horizon des consolations. Décidé à rester calme, les jours qui suivent sont meilleurs. Il versifie, aidé par les conseils de Germaine. Évidemment elle est douce, agréable, aimable, Germaine, à condition qu'on fasse ce qu'elle veut, « mais faire tout ce qu'elle veut m'opprime », note-t-il. Elle a décidé qu'elle ne passerait pas l'hiver à Coppet ; son intention est de retourner en Allemagne, puis de séjourner à Vienne. Mais elle lui dit qu'elle ne partira pas avant qu'il n'ait achevé son *Wallstein*. Il travaille d'arrache-pied, bien qu'il souffre toujours des yeux, mais il a de ces cris du cœur : « Ma pièce sera superbe. » Au début de décembre, le cinquième acte bouclé, il l'a lu, on l'a applaudi, la séparation a lieu. Il ne sait plus, Benjamin, où il en est, car Charlotte est loin, et Minette s'est montrée si tendre avec lui. Il se rebelle : « Ne suis-je pas fou ? Revenir à elle au moment où j'avais atteint par six mois de dissimulation le but de la quitter ! » Les années se suivent et se ressemblent.

Les émois de Juliette

C'est une fête pour Mme de Staël de compter cette année-là pour la première fois parmi ses visiteurs celle qu'elle appelle la « belle Juliette ». Mme Récamier était partie de chez elle dans sa voiture en compagnie d'Elzéar de Sabran, l'un des soupirants sans espoir de Mme de Staël, et de sa femme de chambre. Non loin de Morez, sur une route escarpée, le postillon rate un virage, la voiture verse, deux chevaux sont tués. Mme Récamier, qui s'en tire avec une foulure à la cheville, est transportée dans une auberge de Morez, où Mme de Staël accourt pour ramener Juliette et Sabran à Coppet. Elle installe son amie dans une chambre du rez-de-chaussée du château, donnant sur la bibliothèque et la terrasse en fleurs.

Le lendemain, Mme de Staël lance une invitation au prince Alphonse Pignatelli, qui est en cure à Eaux-Bonnes, près de Pau, alors recommandé pour les poitrinaires. Il y avait entre lui et Juliette Récamier des sentiments qui dépassaient la sympathie réciproque : « Si, comme je l'espère, les eaux vous font du bien, passez par ici pour aller en Italie : c'est la route la plus courte et la meilleure, et vous êtes bien sûr d'être reçu ici comme un ami. Je n'ai eu l'honneur de vous voir qu'une fois, mais vous savez que je crois beaucoup vous connaître, et je ressens, et l'on m'inspire, le plus tendre intérêt pour vous. » C'est alors un choc pour Mme Récamier d'apprendre au début d'août la mort de Pignatelli à Pau. Ce décès d'un ami cher qui l'aimait s'ajoute à ses autres malheurs, la faillite de son mari, la mort de sa mère, l'accident de Morez : Mme de Staël prend à cœur de la consoler, de lui manifester l'amitié la plus tendre.

Un jour que Mme de Staël a entraîné sa troupe au « Petit Ouchy » arrive Auguste de Prusse. Ce soldat courageux de vingt-huit ans, frère du prince Louis tué à Saalfeld et neveu du Grand Frédéric, avait été fait prisonnier par les Français à Prentzlow ; retenu à Nancy puis à Soissons, il avait obtenu de Napoléon l'autorisation de se rendre en Italie. En passant par Genève, il fait halte chez Mme de Staël – une halte qui se prolonge plusieurs semaines, pour les beaux yeux de Juliette.

Précédé par une réputation de don Juan, un peu fat, il avait une prestance à faire tourner la tête des femmes. Celle de Mme Récamier s'était légèrement dirigée vers lui quand ils s'étaient rencontrés dans un salon parisien en 1807. Dès le 18 août, soit une semaine après son arrivée, Rosalie représente dans une lettre à son frère le prince Auguste comme « très amoureux » de Mme Récamier. Il écrira plus tard à celle-ci : « Il ne faut que vous voir pour vous aimer ; mais il faut avoir eu l'occasion de connaître la noblesse et la douceur de votre caractère, le charme inexprimable répandu sur votre personne et dans vos manières pour éprouver le sentiment passionné que vous m'avez inspiré. »

Mme de Staël ne voit pas d'un mauvais œil l'idylle qui rapproche Juliette du prince. Un peu effarouchée de ce qui lui arrive, Juliette songe à rentrer à Paris et écrit à son mari pour le prier de la rappeler auprès de lui. Jacques-Rose Récamier, aux prises avec ses affaires, peu soucieux de revoir à ses côtés une amie de Mme de Staël, lui répond « que son crédit encore mal assuré avait besoin de l'appui du gouvernement ; que la présence de Mme Récamier qui, liée à Mme de Staël, était comme elle en disgrâce, pourrait nuire à ses affaires ». Le prince, mis au courant, jouant son va-tout, demande alors à Juliette de l'épouser. Son mariage avec Récamier n'est qu'un mariage blanc, il serait facile de le faire annuler. Juliette est ébranlée. Les hôtes de Mme de Staël observent alors Juliette et Auguste en de longues promenades ensemble, à pied, à cheval, en barque sur le lac. Se prêtant aux invites de Mme de Staël, elle accepte de chanter, de jouer de la harpe, de prendre le rôle d'Andromaque dans la pièce qui est jouée, même sans être douée pour la comédie elle apparaît comme une diva aux yeux émerveillés des visiteurs de Coppet.

Juliette se décide alors à répondre aux vœux d'Auguste ; elle écrit à son mari pour lui demander son accord pour divorcer à l'amiable. Dans l'attente de la réponse, qu'elle ne peut imaginer négative, elle se voit déjà mariée au prince. Le 28 octobre, jour du départ de celui-ci – non pour l'Italie, mais pour Berlin où il est appelé –, une représentation de *Phèdre* est donnée dans la bibliothèque du château. Mme de Staël interprète Phèdre de nouveau, tandis que Mme Récamier prend le rôle de la princesse Aricie :

Hippolyte demande à me voir en ce lieu ?
Hippolyte me cherche, et veut me dire adieu ?

Ces adieux sont aussi une promesse, que les deux amoureux consignent par une double déclaration écrite :

« Je jure par l'honneur et par l'amour de conserver dans toute sa pureté le sentiment qui m'attache à Juliette Récamier, de faire toutes les démarches autorisées par le devoir pour me lier à elle par les liens du mariage et de ne posséder aucune femme tant que j'aurai l'espérance d'unir ma destinée à la sienne. »

À ce serment d'Auguste, Juliette répond :

« Je jure sur le salut de mon âme de conserver dans toute sa pureté le sentiment qui m'attache au prince Auguste de Prusse ; de faire tout ce que permet l'honneur pour faire rompre mon mariage, de n'avoir d'amour ni de coquetterie pour aucun autre homme, de le revoir le plus tôt possible, et, quel que soit l'avenir, de confier ma destinée à son honneur et à son amour. »

Cet échange de billets est complété par un échange d'anneaux de fiançailles. Le prince offre de surcroît à Juliette un bracelet en or et une chaîne avec un cœur en rubis. Mais survient sur les talons du prince parti « dans la douleur » la réponse de M. Récamier. Celui-ci fait comprendre à son épouse qu'il ne tient pas à ce divorce qui porterait atteinte à sa notoriété. Mme Récamier, malgré les lettres passionnées du prince Auguste, n'aura pas la force de passer outre.

Comme toujours, Mme de Staël a pris le parti de la passion et soutenu son amie dans son projet. Le départ du prince Auguste et de Clausewitz à la fin d'octobre ne met pas fin à la saison de Coppet, qui dure encore un mois et se clôt par un ultime spectacle, la représentation de *Geneviève de Brabant* et la pièce de Sabran, *Deux fats, ou le Grand monde*, dans laquelle Mme Récamier interprète un des personnages principaux, Mme de Mirbelle. Le 29 novembre, les lumières du château s'éteignent à travers les arbres dénudés. On se sépare : Mme Récamier repart pour Paris en compagnie de Sabran, comme à l'aller ; Mme de Staël et ses enfants, Schlegel et Constant prennent la direction de Lausanne, d'où elle doit partir pour Vienne. À Rolle, la petite troupe a fait une halte ; Mme de Staël s'est donné le plaisir de lire le *Wallstein* de Benjamin. Le lendemain, elle écrit à Mme Récamier de soutenir le « chef-d'œuvre » de Benjamin à Paris, qu'il doit bientôt regagner : « Les succès de Benjamin me sont plus chers que les miens, et contribuent à mon bonheur d'une manière bien plus intime. Je ne rêve que l'été prochain. »

Oui, l'été prochain ! Car malgré les drames, grands et petits, qui ont émaillé ces mois souvent agités, Coppet, devenu un haut lieu de la culture européenne, est aussi une principauté affective, un carrefour des émotions. La princesse Germaine de Staël y règne avec une attention désarmante qui peut se muer en tyrannie. Il lui faut sa cour au complet. Mais elle ne règne pas par la seule terreur, Benjamin Constant lui-même ne cesse, dans ses ratiocinations, de répéter combien elle peut être irrésistible. Parmi d'autres, Auguste-Guillaume Schlegel est subjugué. Amoureux sans espoir, il veut la servir on peut dire avec dévotion. Pendant cette saison, il a emmené son élève Albert au long d'une grande randonnée à pied en Suisse allemande : son dévouement est tel que son frère Friedrich, avec lequel il a œuvré comme on sait, s'en plaint à Mme de Staël :

« Vous regardez comme un malheur que mon frère ne peut pas renoncer à nous, qu'il lui faut ou *moi* ou *l'Allemagne*. Moi, si je dois vous parler du fond du cœur, je vous demanderai plutôt combien de temps vous voulez nous séparer encore. Nous ne le sommes que trop longtemps. Je sens de jour en jour encore plus vivement le besoin intime de vivre avec mon frère. Notre carrière, notre gloire, notre existence mutuelle est une et indivisible. La meilleure partie de ses forces, qui se doubleraient encore si nous étions réunis, est paralysée, se dissipe et se perd par la séparation. »

Guillaume aura bientôt sa récompense : le départ pour Vienne, via Munich, en sera l'occasion. Mais chacun repart de Coppet avec la nostalgie de jours heureux, de moments étincelants, peines et contrariétés oubliées. Ainsi s'exprime le grand ami Simonde de Sismondi, qui vient de publier son *Histoire des républiques italiennes* :

« Ce que je regrette ce n'est pas ce tourbillon, ce sont nos déjeuners dans votre chambre, avec la famille seulement, Benjamin, Schlegel et votre cousine : c'est là qu'est mon cœur. Le souvenir m'en revient souvent, comme ces rêves qu'on dit des avant-goûts du Paradis, et j'ai peine à croire que j'ai pu être assez heureux pour vivre de cette autre sphère, dans ce monde qui ne ressemble point à celui-ci… »

Chateaubriand évoquera, dans le livre XXIX de ses *Mémoires d'outre-tombe*, le séjour de Mme Récamier à Coppet en 1807 : « Le prince Auguste, croyant que madame Récamier pourrait consentir au divorce, lui proposa de l'épouser. Il reste un monument de cette passion dans le tableau de Corinne que le prince obtint de Gérard ; il en fit présent à madame Récamier comme un immortel souvenir du sentiment qu'elle lui avait inspiré, et de l'intime amitié qui unissait Corinne et Juliette. [...] Je parcours des lettres qui me rappellent des temps où je vivais solitaire et inconnu. Il fut du bonheur sans moi, aux rivages de Coppet, que je n'ai pas vus depuis sans quelque mouvement d'envie. » Chateaubriand écrivait ces lignes plus de vingt ans après la mort de Mme de Staël : Coppet exerçait toujours sur lui et sur ses contemporains l'attrait d'une île inspirée des dieux.

20

L'intermezzo de Vienne

Quand l'automne est installé et que les derniers visiteurs quittent Coppet, en général pour Paris, il lui faut prendre la route, ne pas rester dans le château déserté et sous les arbres dénudés, où ne règne plus que l'esprit des morts. On lui interdit Paris, elle ira chercher la société ailleurs, dans ces capitales européennes où elle est précédée par sa célébrité et où elle peut parader loin des griffes de l'ennemi. Elle a besoin des applaudissements, mais ce bruit qu'elle provoque est aussi une manière de fuir son malheur de n'être pas aimée, de n'être pas aimée comme elle le voudrait de ceux qu'elle aime. Elle ressent une perpétuelle inégalité dans ses relations sentimentales, de donner plus qu'elle ne reçoit. « Réfléchissez avec bonheur et fierté, écrit-elle à Mme Récamier, à cette puissance de plaire que vous possédez si souverainement : c'est un don plus précieux que l'empire du monde. »

En décembre 1808, Germaine de Staël et Benjamin Constant se sont séparés pour de longs mois ; Prosper de Barante va rejoindre Bressuire ; Juliette Récamier est repartie pour Paris. La solitude est un monstre à fuir. Le besoin que ses amis soient là, autour d'elle, en même temps, est une manière chez elle de vivre dans la continuité, dans l'inaltérable. Leur absence la replonge dans la fuite accidentelle des jours.

Cette fois-ci, elle s'est fixé Vienne comme but de voyage. Son intention est d'y trouver une école militaire pour son fils Albert ; elle veut compléter ses connaissances de la littérature germanique pour le livre qu'elle prépare sur l'Allemagne, et Schlegel, qui la suit en bon serviteur, est aux anges à l'idée de se replonger dans son univers linguistique et mental. Albertine est aussi du voyage, tandis qu'Auguste, le fils aîné, est resté à Genève.

Auguste de Staël chez Napoléon

Le voyage de Coppet à Vienne est long et difficile en cette saison hivernale. La berline de Mme de Staël est vaste, encore faut-il qu'elle tienne bien la route : les accidents sont fréquents, on l'a vu avec Mme Récamier. On roule pendant de longues heures sur des routes souvent mauvaises, embourbées ; le postillon doit braver la pluie, la neige, le vent ; les corps des voyageurs sont rompus. Du moins la paix règne-t-elle au cours de ces mois 1807-1808 en Europe centrale ; c'est en Espagne que se déploient les armées napoléoniennes. Mais si Napoléon laisse Mme de Staël libre de ses mouvements au cœur de l'Europe, tout lui demeure prétexte pour justifier la proscription. Au début de décembre 1807, il écrit ainsi de Venise au maréchal Victor, gouverneur de Berlin : « Je reçois la lettre par laquelle vous me faites connaître que le prince Auguste de Prusse se conduit mal à Berlin. Cela ne m'étonne pas, parce qu'il n'a point d'esprit. Il a passé son temps à faire la cour à Mme de Staël à Coppet et n'a pu prendre là que de mauvais principes. Il ne faut point le manquer. Faites-lui dire qu'aux premiers propos qu'il tiendra, vous le ferez arrêter et enfermer dans un château, et que vous lui enverrez Mme de Staël pour le consoler. Il n'y a rien de plat comme tous ces princes de Prusse. »

Quelques jours plus tard, le *Journal de l'Empire* fait écho à cette affaire en des termes plus violents, où il est toujours question de la cour qu'aurait faite le prince de Prusse à Mme de Staël à Coppet – cet antre de perdition où il aurait pris « les leçons des mauvais esprits ». En l'occurrence, l'information était approximative, le prince Auguste n'avait brûlé que pour Mme Récamier, mais une approximation utile à charger un peu plus la châtelaine de Coppet. À la fin de décembre, celle-ci, qui venait de prendre connaissance de l'article alors qu'elle était à Vienne, écrit à son amie Juliette combien elle est « aise d'être seule nommée ! J'en aurais été mille fois plus peinée, s'il avait été question de vous ».

A-t-elle encore un peu d'espoir d'infléchir l'intransigeance du dictateur ? Lorsque son fils Auguste lui confie son projet d'aller voir l'Empereur à Chambéry, ville par laquelle il doit passer à son retour d'Italie, elle s'en dit « très touchée » mais n'en « espère pas beaucoup ». Le recevra-t-il seulement ? Oui, et sans difficulté. À la mi-janvier, elle reçoit une longue lettre d'Auguste qui lui narre l'entrevue que Napoléon a accepté de lui donner, après l'avoir attendu pendant trois jours. Son récit dépeint celui-ci sous le masque d'un souverain aimable, ironique et intransigeant :

« D'où venez-vous ? – Sire, je viens de Genève. – Où est votre mère ? – Elle est à Vienne, ou près d'y arriver. – Eh bien, elle est bien là ; elle doit être contente ; elle va apprendre l'allemand. – Sire, elle est loin de ses amis, de ses habitudes, de son pays, et je pourrais montrer à Votre Majesté, par les lettres qu'elle m'écrit dans l'intimité combien elle est triste et malheureuse de son exil. – Votre mère est comme cela, elle n'est pas méchante : elle a de l'esprit, beaucoup d'esprit ; mais elle n'est habituée à aucune espèce de subordination ; elle a été élevée dans la confusion de la révolution ou de la monarchie tombante. Il parlait beaucoup, explique Auguste, tellement que, pour lui répondre, je lui coupais presque toujours la parole ; et ce qui m'a frappé, c'est que, quand je combattais ce qu'il me disait, il ne se servait pas de tout son avantage pour me donner tort ; mais, au contraire, il se taisait comme quelqu'un qui serait convaincu, et puis reprenait une autre phrase. Du reste, il parlait avec une espèce de calme qu'on aurait pu prendre pour de la douceur, mais qui n'est, je crois, que le résultat de l'habitude qu'il a que ses moindres paroles soient regardées comme des lois. [...] Votre mère n'aurait pas été six mois à Paris que je serais forcé de la mettre à Bicêtre ou au Temple ; j'en serais fâché parce que cela ferait du bruit, cela me nuirait un peu dans l'opinion : ainsi, dites bien à votre mère que, tant que je vivrai, elle ne rentrera pas à Paris. [...] Elle ferait des folies ; elle verrait du monde ; elle ferait des plaisanteries : elle n'y attache pas d'importance, mais moi j'en mets beaucoup. Je prends tout au sérieux. »

Napoléon, rapporte Auguste, fulmine encore contre Necker et ses *Dernières vues de politique et de finance* : « À soixante ans, vouloir renverser ma Constitution, faire des plans de Constitution ! » Auguste proteste que son grand-père a su rendre hommage à son génie : « Oh ! bah ! il m'appelle l'homme nécessaire... l'homme nécessaire ! et, d'après son ouvrage, la première chose à faire était de lui couper le cou à cet homme nécessaire. » En finissant l'entretien, l'Empereur pince doucement l'oreille d'Auguste en lui disant : « Si vous aviez mon âge, vous jugeriez mieux les choses... Votre mère vous a donné là une commission très difficile et vous vous en êtes acquitté avec esprit. Je suis bien aise d'avoir causé avec vous, mais vous n'obtiendrez rien. Le roi de Naples [Joseph] m'a beaucoup parlé là-dessus, et cela n'a servi à rien. Si je l'avais mise en prison, j'en reviendrais, mais de l'exil, non. Tout le monde comprend que la prison, c'est un malheur : il n'y a que votre mère qui soit malheureuse quand on lui laisse toute l'Europe. »

En lisant ce récit, Mme de Staël se dit qu'à dix-sept ans son fils a fait preuve d'une grande présence d'esprit, de hardiesse et de dignité, et, puisque l'entretien s'est bien passé si l'on ne tient pas compte de la conclusion, elle prie Auguste de se rendre à Paris pour présenter une requête au Conseil d'État. Cette fois, elle ne parle plus de son exil – question suspendue – mais de la liquidation de la dette qu'on lui doit. L'Empereur avait dit à Auguste que cette question-là n'était pas de son ressort : « Si les lois sont pour, cela va tout seul ! » Mauvaise foi insigne, mais Mme de Staël veut prendre ces mots-là au pied de la lettre : il faut se concentrer sur ce paiement en se tenant momentanément pour battue sur l'exil. Elle lui conseille de s'appuyer dans ses démarches sur Benjamin. Elle-même hasardera une lettre de Vienne à Talleyrand : « Vous serez étonné de recevoir une écriture dont vous avez perdu le souvenir. À la distance où nous sommes, il me semble que je m'adresse à vous comme d'un autre monde, et ma vie a tellement changé que je puis aisément me faire cette illusion. J'ai dit à mon fils d'aller vous trouver et de vous demander franchement et simplement de vous intéresser à la liquidation des deux millions qui font plus que la moitié de notre fortune et de l'héritage de mes enfants... » Cette lettre restera sans réponse.

Avant Vienne, Mme de Staël passe par Munich, où elle est très bien reçue à la fois par l'ambassadeur de France, Louis-Guillaume Otto, par l'ambassadeur d'Autriche, Friedrich Lothar Stadion. Surtout, elle a le plaisir de revoir son ami le philosophe allemand Friedrich Heinrich Jacobi, devenu président de l'Académie royale bavaroise. Une lettre de lui l'attend à son arrivée : « Je suis au comble de la joie, chère Corinne, de vous savoir arrivée à Munich. [...] Tous ceux qui me connaissent savent combien je suis votre admirateur, votre *amatore.* » Pendant cinq jours, il est aussi son cicérone. Elle fait la connaissance de Friedrich Schelling, qui lui exprime avec quel « empressement » il voulait la rencontrer. Schelling n'est pas encore au faîte de sa gloire, mais il s'est déjà imposé comme l'un des grands esprits vivants d'Allemagne. Mme de Staël, qui a eu du mal à pénétrer ses idées, a un long entretien avec lui, dont les deux sortent ravis. « Mme de Staël, écrit-il à un ami, est une femme digne d'admiration, la forme est française autant que cela lui est possible, mais le fond est infiniment meilleur. J'ai beaucoup parlé avec elle et ai fort joui de la vivacité, de la rapidité et du feu de ses discours. » Caroline, l'ex-épouse de Guillaume Schlegel devenue la femme de Schelling, exprime, de son côté, son admiration avec un tour de poivre supplémentaire : « Elle est un phénomène de vie, d'égoïsme et d'activité intellectuelle. Son extérieur est transfiguré par son âme et en a bien besoin, elle a des moments ou, pour mieux dire, des vêtements où elle a l'air d'une vivandière, et en même temps il est possible de la concevoir dans le rôle de Phèdre, et cela dans le sens le plus tragique. »

Après « maints et maints accidents de voyage », comme elle l'écrit à Auguste, la petite famille arrive à Vienne le 28 décembre. On loge d'abord dans un hôtel assez médiocre, *Le Cygne blanc*, avant de pouvoir louer à la mi-janvier sur le Plankengasse un appartement meublé à la hâte car il faut rendre thés, dîners et autres soupers que sa notoriété lui a aussitôt valus. Elle survient à quelques jours du mariage de l'empereur François Ier avec sa cousine Maria Ludovique Béatrice d'Autriche-Este ; la ville est en fête et Mme de Staël est prise dans un tourbillon de cérémonies, de bals et de spectacles. Nous connaissons assez bien ce séjour à Vienne grâce à divers chroniqueurs, notamment au journal du comte Charles Zinzendorf et, accessoirement, aux rapports de police des archives du ministère de l'Intérieur viennois. Le gouvernement autrichien se méfiait de cette femme qui, malgré les apparences, pouvait bien être employée à une mission secrète. Ses bonnes relations avec l'ambassadeur de France à Vienne semblaient l'attester, aussi est-elle est soumise à un espionnage en règle.

Grâce à l'appui de l'archiduc Jean, Albert est admis à l'essai dans une école de cadets. Mais le plus beau succès de son entregent est d'obtenir de l'empereur François pour Guillaume Schlegel l'autorisation de donner une quinzaine de leçons sur l'art dramatique. Schlegel venait de publier en France une *Comparaison entre la Phèdre de Racine et celle d'Euripide*, qui a soulevé la colère ou l'ironie de la critique : « Monsieur Schlegel, écrit le critique Dussault, se donne l'air de n'en vouloir qu'à Racine, mais au fond il veut déprécier toute la littérature française. » La jeune revue *Prometheus*, à laquelle collaboraient les frères Schlegel, allait en donner une traduction en allemand. Mme de Staël, qui élève la *Phèdre* de Racine au pinacle, ne partage pas les idées de son ami, mais elle est tolérante. Les conférences (payantes) font salle comble, car Schlegel sait faire vibrer la fibre nationale germanique, peu de temps après les *Discours à la nation allemande* que Fichte, après la bataille d'Iéna, a prononcés à Berlin et qui résonnent comme un appel contre la France. Dans la préface à la première édition de son cours, publiée en 1809 à Heidelberg, on lit d'ailleurs cette profession de foi : « Ce fut pour moi une minute sublime et vraiment inoubliable, lorsque, dans ma dernière leçon, au moment où je venais de rappeler les souvenirs de la vieille gloire allemande, sacrés à tout patriote, où tous les cœurs battaient à l'unisson avec plus de solennité que de coutume, je dus prendre congé de mes auditeurs, profondément ému à la pensée que ces liens formés par un commun amour de tout ce qui peut former l'esprit et l'ennoblir, allaient se dénouer dans un instant, et que je ne verrais plus jamais ainsi tous ces auditeurs rassemblés autour de moi. [...] C'est dans le domaine de l'intelligence inaccessible à la force brutale, sur le terrain de la pensée et de la poésie, que les Allemands, séparés de tant de manières, prennent conscience de leur unité. » Un pareil cours exaltant le sentiment national allemand devant l'élite de la ville de Vienne ne pouvait que renforcer la suspicion dont Mme de

Staël se plaignait de la part de Napoléon. Celui-ci, qui l'avait jusque-là surtout considérée « comme une folle », se plaint auprès de Fouché de la voir « entrer dans une coterie contraire à la tranquillité publique ».

L'accueil empressé qu'elle reçoit à Vienne n'est pas seulement rendu à l'auteur de *Corinne*, mais à l'adversaire de l'empereur français, qui tient l'Allemagne sous un gant de fer depuis ses victoires d'Austerlitz et d'Iéna. Au moment où Mme de Staël est reçue à Vienne, la fermentation antifrançaise prépare la revanche. Jugée comme l'adversaire français le plus redoutable de Napoléon, elle est accueillie avec enthousiasme chez les ducs et les archiducs, et elle fait sensation, jusque par ses tenues ébouriffantes. Elle n'a pas abandonné son goût du théâtre – et du théâtre classique n'en déplaise à son ami Schlegel – et, outre la reprise d'*Agar* et de *Geneviève de Brabant*, elle monte le 11 mai pour les Viennois *Les Femmes savantes*, où elle prend le rôle de Philaminte.

Quelques-uns des meilleurs moments de cette vie de cour, elle les partage avec le prince de Ligne. Celui-ci, originaire du Hainaut, soldat de Joseph II, ancien héros de la guerre de Sept Ans, diplomate, homme de lettres, avait beau être couvert de titres et de dignités – prince du Saint Empire, chevalier de la Toison d'or, Grand d'Espagne, Grand Bailli de Hainaut, commandeur de l'ordre de Marie-Thérèse –, privé de ses biens par l'invasion française de la Belgique il vivait assez chichement à Vienne : « J'ai vendu, pour vivre, mes livres, mes tableaux, ma vaisselle et je vends le peu d'esprit qui me reste. » À soixante-douze ans, il manifeste dès les premiers jours à Mme de Staël le bel esprit qui faisait sa réputation lorsqu'il était la coqueluche des salons parisiens, en particulier celui de Mme Du Deffand. Il a fréquenté la cour de Versailles, rencontré Voltaire, causé avec Rousseau. Réfugié à Vienne, il a commencé à publier ses *Mélanges militaires, littéraires et sentimentaires* et gardé le charme d'un Casanova cosmopolite qui enchante d'emblée Mme de Staël. « Je passe ma vie dans la maison du prince de Ligne, écrit-elle à Claude-Ignace de Barante, avec qui, peu rancunière, elle continue de correspondre. Cet homme, le plus aimable de son temps, me traite comme sa fille. [...] Il est ici comme une île française dans la mer germanique. » Le comte Ouvarov évoquera encore en 1842 ces entretiens entre Mme de Staël et le prince de Ligne et le « feu d'artifice inouï dont les merveilleuses fusées se retracent encore avec délices à ma mémoire ».

Tout irait pour le mieux si ce n'était l'ennui qu'elle éprouve trop souvent parmi ces Autrichiens plus soucieux du décorum que de la vie de l'esprit. « Je vous avoue que je m'ennuie, écrit-elle à Mme Récamier. L'attrait de la nouveauté me soutenait dans les premiers moments ; mais bien que ce pays soit solide, on s'en dégoûte comme des choses frivoles, parce qu'il n'y a rien à y découvrir. » Et ceci encore à Sismondi, qui doit la rejoindre : « Je ne crois pas que la société vous intéresse beaucoup ; elle est noble et bonne, mais elle n'a rien du tout de caractérisé, rien qui tienne aux idées. C'est un pays paisible, heureux et qui se tranquillise sur tout, y compris l'esprit, qu'on traite bien comme un art libéral, mais étranger à la contrée. J'ai vu le mariage, les fêtes, la cour, la ville, tout ce qui se peut voir en individus, et je m'endors ici assez paisiblement en attendant le printemps. »

Ce qu'elle ignore, ce sont les libelles et les satires sur elle, en vers et en prose, qui circulent sous le manteau. La bienveillance viennoise a des limites. Dans un de ces pamphlets, *Madame de Staël convertie*, on peut lire sa confession : « À force de réfléchir sur les reproches qu'on me fait de toutes parts, je suis obligée de convenir que je n'ai que trop répandu dans mes romans des principes très faux, très antisociaux, très dangereux, sans aucun but moral et sans offrir aucun exemple à suivre ; et je confesse que j'ai placé le sentiment dans le galimatias, que mes principaux personnages dissertent comme des pédants, se passionnent comme des énergumènes, et déraisonnent comme des sophistes. J'en ai le cœur contrit et humilié, et je suis aussi désolée d'avoir répandu des maximes corruptives (*sic*), que mon père a été affligé sur la fin de sa vie, d'avoir prêché une fausse politique, et d'avoir engagé la France dans un détroit et parmi des écueils, dont la faiblesse de son génie n'a plus su le tirer. » Car Germaine de Staël a beau être une ennemie de Napoléon, elle reste la fille de ce Necker par qui, aux yeux des aristocrates, la Révolution est arrivée : au pays de Marie-Antoinette, on ne saurait l'oublier.

Sous les apparences de la plus aimable hospitalité, on suit dans les pages du journal de Zinzendorf les propos malveillants qui visent la voyageuse, en particulier de la part des femmes de la haute société. Comme l'explique le comte de Lagarde dans ses *Souvenirs* : « Elle aimait le monde, où elle brillait tant ; mais elle aimait très peu la société des femmes, qui offrait généralement moins de ressources à un esprit tel que le sien. Les femmes ne lui ont pas pardonné, quelque éclat qu'elle fît jaillir sur leur sexe. »

Maurice O'Donnell

Heureusement pour elle, Vienne a aussi le visage de la jeunesse. Elle noue des liens d'amitié avec un attaché à l'ambassade de Russie, Serguei Ouvarov, mais surtout avec un des amis de celui-ci, le même Maurice O'Donnell, officier en congé, qui parle et écrit un excellent français, qui avait été invité en vain à Coppet l'été précédent. Elle lui avait envoyé *Corinne* et elle lui écrivait en novembre 1807 combien elle espérait le voir à Vienne : « Songez que je vous ai vu cinq jours et que vous êtes là mon plus ancien ami ! » Très vite après son arrivée dans la capitale autrichienne, l'amitié entre eux deux se renforce et tourne bientôt aux relations intimes. Mais cette relation n'est pour l'heure qu'un marivaudage un peu grinçant. À ce jeune homme brillant, fougueux et distingué, Germaine adresse cependant des billets de plus en plus tendres. En mars 1808, elle ment à Mme Récamier sur son état d'esprit : « Je me suis étourdie cet hiver, tant que j'ai pu, mais étourdie comme une personne de dix-huit ans : rien n'a approché de mon âme à cent lieues. » Affirmation bien exagérée quand on lit les billets qu'elle adresse à Maurice O'Donnell qui la visite tous les jours, et plutôt deux fois qu'une, mais qui lui joue en société une tout autre partition : il la fuit, l'ignore, la blesse par ses distances, c'en est déconcertant. Elle croit discerner dans son regard « une impression qui n'est pas toute amitié ». La tristesse lui inspire des lignes où perce le dépit :

« Vous êtes bon et vrai certainement, je le crois et je le sens, mais le monde produit sur vous un effet bien singulier, il semble qu'il efface de votre cœur tout ce qui ne vient pas de lui. [...]

« Un moment de distraction se conçoit, mais deux heures sans apercevoir, sans examiner mes impressions [...] ? Je ne savais plus ce que je disais, je n'avais plus une idée et je parlais comme une machine à conversation. Je ne crois pas que la princesse Flore vous soit chère, mais en société vous ne pensez à rien qu'à l'amour-propre du moment, et il faut que je sois seule pour régner sur votre âme. Que serait-ce donc si vous étiez dans un pays où les femmes chercheraient davantage à vous plaire ? »

D'autres billets suivent sur des registres similaires. Elle lui reproche son amour-propre excessif, son manque d'égards : « Je sais bien que vous ne m'aimez pas assez pour adoucir ce qui nous sépare ; mais il est pourtant vrai que j'ai pour vous l'affection la plus tendre. [...] J'ai mal aux nerfs, et je suis prête à donner de mon sang pour réparer, si j'ai eu tort, pour oublier, si c'est vous qui avez tort. Vous ne savez pas comme vous manquez d'égards dans la dispute. Je suis accoutumée à ce qu'on me considère comme une personne distinguée, et parce que je vous aime, vous n'avez pas avec moi les égards que vous auriez pour toute autre femme. Est-ce délicat ? Au lieu de jouir simplement d'être aimé par une femme qui a quelques talents, il semble que vous voulez humilier cette femme ! Maurice ! j'irai chez vous ; recevez-moi avec bienveillance. Je vous donne ma parole de ne pas dire un mot qui vous énerve ; je vous amuserai ; je serai si heureuse de vous revoir encore ! »

Au mois de mai, O'Donnell participe à la représentation des *Femmes savantes*, dans le rôle de Clitandre, Ouvarov dans celui de Trissotin et Sismondi joue Ariste. Mais Mme de Staël reproche toujours à O'Donnell d'avoir des manières avec elle qui lui rendent la vie « odieuse ». En mai, la séparation paraît annoncée : « Je suis d'une profonde tristesse, lui écrit-elle. Il y a peut-être trop d'impétuosité dans mes expressions, mais le fond ne s'accorde pas, et loin qu'en vivant ensemble il s'établisse cette douce sympathie, bonheur durable des affections, il me semble que nous nous éloignons tous les jours plus. Mon [attirance pour vous] ne diminue pas, mais mon espérance s'efface, et je me sens comme Zaïde de Mme de La Fayette, nous ne nous entendons pas. Hélas ! ce n'était pas ainsi qu'il fallait passer les derniers jours pour s'assurer de se revoir. »

Parlant de son « abattement », de son dégoût d'elle-même, de son incapacité à renverser les barrières qui les séparent, elle fait allusion à l'adresse que lui avait lancée Chateaubriand dans sa *Lettre à M. de Fontanes* sur *de la littérature* : « Vous paraissez n'être pas heureuse : vous vous plaignez souvent dans votre ouvrage, de manquer de cœurs qui vous entendent. Sachez qu'il y a de certaines âmes qui cherchent en vain dans la nature les âmes auxquelles elles sont faites pour s'unir, et qui sont condamnées par le Grand-Esprit à une sorte de veuvage éternel. »

Les jours suivants confirment la mésentente. Vers la mi-mai, elle lui écrit qu'elle a encore été blessée lors d'une conversation en société, dans un dernier souper auquel ils participaient. Elle défendait le principe d'admiration contre l'esprit qui rabaisse. Il l'avait contrée sans ménagement. Elle va partir, elle lui demande de brûler tous les billets et lettres qu'elle lui a écrits au cours de son séjour : « Je souhaite que de telles folies ne subsistent plus guère. » N'empêche, elle obtient une nouvelle rencontre avec Maurice. Le 21 mai, ils partent en excursion à Laxenburg, dans le sud de Vienne, où le jeune homme, dans un retour de flamme, grave à l'aide d'un couteau leurs noms sur un tronc d'arbre.

S'il a jamais existé entre eux deux, l'amour les unit au moment des adieux. Dirait-on, cynique, à la manière de Chamfort : parce que c'est justement le moment des adieux ? N'est-ce pas la séparation prochaine qui a causé cette flambée des sentiments ? Le 22 mai, O'Donnell accompagne Mme de Staël sur la route de Prague, jusqu'à Stockerau, où Schlegel, Sismondi, Albertine et ses gens la rejoignent, tandis qu'Albert est resté dans sa pension viennoise. Dès le lendemain 23 mai, elle écrit une lettre passionnée à celui qu'elle vient de quitter : « Qui peut vous connaître et ne pas vous aimer ? Je le crois, mon sentiment ne me trompe pas, votre âme est un trésor du ciel ; je vous rendrai plus religieux, et vous me rendrez plus digne de l'être. » Au long de ce voyage de retour, les lettres se succèdent : « Pendant cinq mois, je vous ai vu deux fois par jour ; mon âme n'était remplie que de l'attente ou de la présence. Je me sens comme après une fête, dans une obscurité profonde ; je cherche votre musique qui était votre voix, cette parure du jour qui était votre regard, et ma peine est si vive que je la prends quelquefois pour un pressentiment... » Elle craint les commérages (notamment ceux d'Ouvarov) qu'elle a laissés derrière elle et qui pourraient l'indisposer contre elle. Prague, Töplitz [Teplice], Dresde où elle descend le 29 mai à l'hôtel de Pologne. Joie ! une lettre de Maurice l'attend. Hélas ! elle n'est suivie d'aucune autre lettre dans les jours suivants, alors qu'elle en reçoit de son fils Albert. Recommence alors le supplice qu'elle a si souvent connu, le silence effrayant de l'être aimé, l'attente oppressante de la poste, l'abîme qui s'ouvre sous ses pieds. Elle est à Leipzig, rien ; elle arrive à Weimar, rien. Pourtant pas moins de trente lettres l'y attendent, mais aucune de Maurice O'Donnell. Les jours passent, rien. Le 18 juin, elle écrit : « Depuis le 1er de juin je n'ai aucune nouvelle de vous. Le serrement de cœur que j'en éprouve est inexprimable ; ma santé, dont je ne me soucie guère, en est tellement altérée que je me mets en route avec une fièvre et une toux continuelle. [...] J'ai donné mon cœur à qui devait le briser ! Vous m'avez donné votre parole d'honneur de m'écrire deux fois par semaine, *votre parole d'honneur* de venir à Coppet, et je croyais qu'un mot, une promesse de vous était ce qu'il y avait au monde de plus sacré. » Elle désespère, prend de l'opium pour dormir, s'inquiète des cancans qui ont pu provoquer son silence. À Gotha, toujours rien : « De quoi m'accusez-vous ? » Elle reprend la route sans mot dire à ses compagnons de voyage, remuant dans sa tête les raisons qui pourraient expliquer le silence qui la transperce. De Francfort, où elle fait une étape de plusieurs jours, elle lui lance un nouvel appel : « Je ne dois plus vous importuner de mes plaintes ; aussi bien je n'en ai plus la force, j'ai tant pleuré depuis deux jours que je suis ici et que je n'ai pas de lettres de vous ! Schlegel, qui est arrivé [il était allé voir sa mère au Hanovre], dit qu'il est impossible que vous ayez une conduite mésestimable, qu'il en répondrait, bien qu'il ne soit pas d'accord avec vous. Si cela est, d'où vient donc ce silence ? Supprime-t-on mes lettres ? Supprime-t-on les vôtres ? »

C'est en arrivant à Coppet le 7 juillet qu'elle trouve enfin une lettre du cher Maurice réexpédiée de Weimar. Il lui dit qu'il croit dans une guerre prochaine et qu'il ne reculera pas devant son devoir. Elle ne veut pas l'entendre ainsi. Elle lui répond qu'en cas de guerre, elle reviendrait à Vienne, au prétexte de ramener Albert ; qu'en attendant elle lui propose de lui envoyer 125 louis de France, pour ses chevaux, ses gens, ses soins de santé... Il lui faudra se résigner pourtant. Son cavalier a trouvé, dans la guerre, une manière « noble » de prendre congé. Ce Maurice O'Donnell semble bien avoir été la plus vaine de ses tocades.

Benjamin se marie

Éloigné, séparé de Germaine de Staël pendant de longs mois, Benjamin Constant avait l'occasion de mener à bien son périlleux projet de mariage avec Charlotte de Hardenberg. Ce n'était pas si facile car il avait l'extrême faiblesse de vouloir contenter tout le monde, Charlotte, certes, mais aussi Germaine, et sa cousine Rosalie et sa tante Mme de Nassau si bonnes avec lui et dont l'approbation lui était précieuse. Il avait quitté Lausanne pour rejoindre secrètement Charlotte à Besançon, avant de passer chez son père à Brevans, près de Dole, et déjà il subissait cette métamorphose des sentiments à laquelle il savait si mal résister : « Par une complication bizarre d'impressions diverses, lit-on dans *Cécile*, je m'affligeais du départ de Mme [de Staël], précisément parce que je lui savais gré de partir. Si tout à coup elle se fût décidée à rester, j'aurais repris toute mon impatience contre elle. Mais certain que je serais bientôt rendu à moi-même, je me livrais avec sécurité à des mouvements de tendresse d'autant plus vrais qu'ils étaient sans conséquence. »

Charlotte, qui s'est morfondue à l'attendre, lui expose que ses parents lui ont conseillé de faire casser son mariage en France : les tribunaux allemands n'auraient plus qu'à entériner le divorce puisque son mari est français. Elle doit donc se concerter avec son mari, cela prendra encore quelque temps. Charlotte croit lire alors dans les pensées de Benjamin que rien n'est conclu : « Elle vit mes incertitudes et les remords qui m'avaient repris. Elle tomba dans la mélancolie la plus profonde, et cette réunion que pendant cinq mois j'avais demandée au Ciel, pour laquelle j'avais eu recours à tant de dissimulation et à tant de ruses, n'était plus pour nous deux, au bout d'une heure, qu'une source de malheur. » Le voilà de nouveau dans les affres du choix impossible, habité par le doute et le remords. Son cousin Langallerie, le mystique, ne lui a-t-il pas dit que Mme de Staël était sa croix et qu'il devait la porter, et non « briser les nœuds écrits dans le Ciel ».

Charlotte tombe malade, elle a des spasmes ; il l'emmène à Dole où il veille à sa guérison dans une auberge près de chez son père, auquel il raconte une fable pour se justifier, avant de tout lui confier. En février, ils rentrent ensemble à Paris. Son récit *Cécile* est interrompu tout comme son *Journal*. Dans ses lettres à Rosalie, il ne parle pas de ses projets de mariage, mais multiplie les maximes désabusées : « Quand serons-nous dans un port tranquille ! Y en a-t-il dans ce monde, et le seul port véritable, n'est-ce pas le cercueil ? » Rosalie lui conseille de rester à Paris hors d'atteinte de Germaine. « Mais c'est précisément, répond-il dans une lettre du 30 mai, parce qu'on ne peut m'atteindre sans danger que je trouve dur de profiter d'un malheur et d'une injustice réelle et, de plus, j'ai bien lieu de croire qu'avec la passion qu'on a [Mme de Staël] pour Paris, on ne demanderait pas mieux que de prendre mon séjour pour prétexte d'une imprudence dont on espèrerait quelque succès, et dont on excuserait les inconvénients en m'en rendant responsable. »

À ce moment-là, il a pris sa décision, quitté Paris pour Brevans en compagnie de Charlotte, qui a obtenu l'annulation de son union par l'autorité religieuse. Pendant tous ces mois de séparation, la correspondance entre Mme de Staël et Benjamin Constant est restée intense. De Vienne, au moment de son flirt avec O'Donnell, elle ne cesse de dire à ses amis, particulièrement à Mme Récamier, que Benjamin est l'homme de sa vie : « Il est, Benjamin, confie-t-elle à son amie, vous le savez, un être bien cher, l'être le plus cher pour moi, de quelque manière qu'il soit pour moi. » Dans une autre lettre : « Benjamin vous dit que je suis mécontente de lui. Mon Dieu ! je n'ai qu'une peine, mais elle est cruelle : c'est la crainte de ne pas être aimée. » Plus tard, elle demande à Juliette de voir Benjamin, de le voir souvent : « Vous savez si bien faire valoir vos amis, et je vous devrai peut-être une vie. Il n'en est pas pour moi sans l'ami de toute ma jeunesse, et tous les succès, tous les hommages de la terre ne valent pas Coppet avec lui. J'essaie de me distraire, parce qu'il est mal pour moi, mais la blessure est au cœur ; et, sans exagération, je puis dire que je mourrais s'il me quittait. » Nous avons même le contenu d'une lettre d'elle à Benjamin, grâce à une copie des archives de la Police de Vienne, datée du 15 mai 1808 : « Je reviens avec le même attachement pour vous, un attachement qu'aucun hommage n'a effleuré, un attachement qui ne vous compare avec personne sur la terre ; mon cœur, ma vie, tout est à vous, si vous le voulez et comme vous le voulez. Pensez-y ; je suis convaincue que personne ne remplacera Albertine et moi auprès de vous… » De son côté, il lui écrit des lettres encourageantes : il promet d'être à Coppet à la fin de juin. Dans le système de Mme de Staël, les relations avec Benjamin Constant restent la pierre angulaire ; dans le langage de Sartre, O'Donnell passerait dans la catégorie des amours contingentes. Dans la relation entre Germaine et Benjamin il n'est plus d'intimité physique mais l'intime conviction qu'ils forment un couple peut-être indestructible par l'esprit.

Benjamin Constant pouvait le croire, lui aussi. Mais, à la différence de Germaine de Staël, il éprouvait le supplice d'une domination et le désir d'une libération. Le 5 du même mois, dans le plus grand secret, il réalise l'un de ses fantasmes : se marier sans le dire à Germaine, pour rester son ami. Le mariage entre Benjamin Constant et Charlotte de Hardenberg, prononcé par un ami de son père, le pasteur Ebray de Besançon, devra être ratifié plus tard civilement, Benjamin en a fait le serment : pour le moment, il s'agit d'un mariage illégal. Les deux « époux » restent ensemble jusqu'au 27 juin ; Charlotte part alors pour Neuchâtel, avant de s'installer à Genève chez l'une de ses tantes à la fin de juillet. Lui se porte avec Auguste à la rencontre de Mme de Staël qui revient de son voyage, avant de se retrouver avec elle et ses amis à Coppet, au début de juillet, dans des dispositions de gentillesse inhabituelles. Les mois passent sans que Mme de Staël sache que l'être qui vit à son côté, l'être qui lui est le plus cher au monde, s'est uni clandestinement avec une autre femme, qui a accepté avec abnégation un pacte du silence l'obligeant au simulacre et un *modus vivendi* dont seul profite son époux, un pied à Coppet, un pied à Genève.

Ce voyage en Autriche et en Allemagne paraît moins fructueux que le grand voyage de 1804. Pourtant, elle a complété ses impressions et ses notes. Elle n'a pu revoir à Weimar ni Schiller, qui est mort, ni Goethe, qui s'est éloigné de la ville pour finir son *Faust* ;

elle a revu Wieland, a été reçue avec ferveur par l'archiduchesse Louise de Saxe-Weimar, affaiblie, malade, terrassée par la guerre. À Vienne et dans les villes étapes, elle a participé à une vie de société, dont elle nourrira les pages de sa grande étude *De l'Allemagne.*

Malheureusement pour elle, ce voyage n'a guère arrangé ses affaires avec Napoléon. Mme de Staël a récidivé dans ses mauvaises fréquentations, en entretenant une correspondance avec Gentz, ancien conseiller privé du roi de Prusse passé au service de l'Autriche, que lui a fait connaître le prince de Ligne. Elle avait espéré le voir à Prague à la fin de mai 1808, mais il était alors à Töplitz. C'est dans cette ville qu'elle le rencontre quelque temps plus tard et qu'elle passe sept heures à discuter avec lui, confie-t-elle dans une lettre à O'Donnell avec qui du moins elle continue de correspondre. Il parle le français avec une rapidité étourdissante : « C'est un homme de beaucoup d'esprit sans aucun doute, et qui a de très grandes connaissances, et je me serais estimée très heureuse d'avoir pu causer avec lui à Vienne, mais son caractère me paraît avoir une fermeté factice et il me semble en tout qu'il s'est fait au physique comme au moral. La nature ne l'avait point appelé à la vivacité ni à l'élégance, mais il s'est travaillé dans ce sens d'une manière qui doit nuire à la solidité du fond. » Malgré tout, il lui a paru remarquable, « un homme de première classe parmi les hommes de lettres ». Les espions de l'Empereur ne voyaient pas Gentz sous cette identité littéraire. C'était un ennemi de Napoléon, assignant à l'Allemagne d'être l'instrument de sa ruine : il n'est pas douteux qu'il a considéré Mme de Staël comme une alliée. Le 28 juin 1808, l'Empereur écrit à son ministre Champagny que Mme de Staël entretient une correspondance « active » avec Gentz : « Ces relations ne peuvent être que nuisibles. Je désire par conséquent que vous fassiez savoir à mes ministres et agents en Allemagne, et particulièrement à celui de Weimar, qu'ils aient à s'abstenir de voir cette dame. Il faut, en outre, la surveiller, quand elle vient dans des villes où résident des ambassadeurs. » À la même date il avertit Fouché qu'il faut surveiller Mme de Staël à Coppet et qu'il doit en avertir le préfet de Genève et le commandant de la gendarmerie. Il ajoute : « Vous ferez connaître que jusqu'à cette heure on ne l'avait regardée que comme une folle, mais qu'aujourd'hui elle commence à entrer dans une coterie contraire à la tranquillité publique. J'ai ordonné également au ministre des Relations extérieures de faire connaître cela à tous mes agents dans les cours étrangères, et de la faire surveiller dans tous les lieux où elle passera. »

Mme de Staël est imprudente ; elle ne s'interdit aucune relation, quitte à devenir suspecte aux yeux du pouvoir, des pouvoirs successifs. Elle ne peut être considérée comme une ennemie de la France, mais la France se confond alors avec Napoléon : qui manifeste son indépendance envers lui devient *ipso facto* suspect. L'étau se resserre. Elle était bannie, proscrite, exilée ; elle devient un agent de l'étranger – une femme à abattre.

21

Le cœur en miettes

Revenue à Coppet au début de juillet 1808, Mme de Staël apprend les nouvelles rigueurs qui lui sont imposées pour avoir eu des relations avec Gentz. Elle s'en étonne dans une lettre du 24 octobre au ministre des Affaires étrangères, le comte de Champagny : elle ne s'est entretenue avec Gentz que de littérature allemande pour son ouvrage en préparation ; qu'il le sache : elle ne s'occupe plus de politique ! Protestation en pure perte : le 24 novembre suivant, le ministre de la Police lui signifie que l'approche de Paris lui est défendue non plus à 40, mais à 50 lieues. Les armées de Napoléon s'enlisent alors en Espagne, où elles se heurtent à une résistance inattendue ; l'Empereur, sur ses gardes, veut éviter un retournement de fortune, car l'hostilité à sa personne gagne une partie de l'opinion. Bâillonner l'opposition lui est nécessaire, ce n'est pas le moment de laisser la bride sur le cou à une intrigante à tous crins, une salonnière supposée de mèche avec les agents de l'ennemi.

C'est dans ce contexte lourd de menaces que s'ouvre la saison 1808 de Coppet. Mme de Staël est entourée de presque tous ses fidèles : Benjamin apaisé, Mathieu de Montmorency cette fois présent, Guillaume Schlegel, Elzéar de Sabran, Simonde de Sismondi, le vieil ami de ses parents Charles-Victor de Bonstetten, le germanophile et ancien constitutionnel Camille Jordan, et combien d'autres, de tous pays, ceux qui ne font que passer, ceux qui restent, l'auteur dramatique allemand Zacharias Werner, le poète danois Adam Gottlob Œhlenschläger, le prince royal de Bavière, le baron de Voght que lui a envoyé Mme Récamier, le sculpteur Friedrich Tieck (qui fera son buste)... Il manque tout de même Barante, retenu à Bressuire, et la « belle Juliette », qui, suspecte aux yeux de l'Empereur à cause du salon qu'elle a rouvert à Paris au beau monde, a jugé plus prudent de s'abstenir. Il manque aussi, il manque surtout celui qui, de Vienne, n'a pu la suivre à Coppet, le cher Maurice O'Donnell, que Germaine à cette date continue d'associer à ses projets d'avenir.

Extinction d'un feu

Mise au supplice par le silence prolongé de Maurice au long de son voyage de retour, Mme de Staël a repris espoir à Coppet, où des lettres de lui arrivent de nouveau. Elle s'émerveille : « Oui, j'ai raison de vous admirer autant que je vous aime ! Quelle simplicité, quelle noblesse dans les expressions ! Je croyais vous aimer quand je vous ai quitté ; hé bien, mon âme est mille fois plus soumise qu'à Vienne. » Son parti est pris : puisque lui ne peut venir à Coppet, elle retournera en Autriche. « Cher ami, je passerai encore l'hiver avec vous : nous n'irons pas dans le monde, n'est-ce pas ? Je veux mener une tout autre vie. J'arrive dans une tout autre disposition : c'est pour vous que je viendrai, c'est pour vous seul que je vivrai. Votre oncle, et le prince de Ligne, voilà quel sera mon cercle. J'écrirai, je serai encore heureuse, si je ne crains pas pour vous. » À cette lettre du 12 juillet, O'Donnell tarde à répondre. Une lettre tout de même le 29 entraîne aussitôt une réponse enflammée de Germaine : qu'il ne tente pas de la dissuader d'aller à Vienne ! elle partira : « Vous ne seriez pas à Vienne que je trouverais le moyen de vous voir en allant, en revenant, enfin je vous verrai si la guerre ne me met pas au supplice. Si vous saviez quelles nuits je passe quelquefois quand cette idée me saisit... » Ce n'était pas une crainte infondée puisque la guerre reprendra effectivement en 1809.

Elle lui parle du livre qu'elle écrit sur l'Allemagne, de l'aide que lui apporte Schlegel (dont la jalousie s'apaise avec la distance), s'inquiète de son fils Albert qui s'est fait casser une dent de devant « en se battant à coups de poing ». Tout paraît aplani entre Mme de Staël et le comte Maurice, lorsque, dans les premiers jours du mois d'août, elle reçoit une lettre qui la laisse pantelante : « Je sais tout », lui écrit-il. Tout ? Mais encore ? Elle exige le 5 août une demande d'explication :

« Votre lettre du 21 m'a déchiré le cœur : je ne m'attendais pas que le sentiment le plus vrai reçût une telle récompense, je ne sais pas ce qu'on vous a dit à Vienne, mais il me semble que vous pouviez, que vous deviez au moins, me demander la vérité. Ce mot "je sais tout", est, j'ose le dire, inouï vis-à-vis d'une personne qui ne vous a rien caché sur cette terre. Vous avez un grand malheur au milieu de vos rares vertus, c'est de *croire à la calomnie.* »

Il semble qu'O'Donnell ait été particulièrement ulcéré par le don (le cadeau sous forme de prêt) que lui proposait Mme de Staël. Outre la crainte qu'il pouvait former d'une indiscrétion de son banquier, il se jugeait humilié par cette proposition même. Mme de Staël ne voulait-elle pas l'acheter, le tenir à merci ? Elle n'avait pas conçu ce que son offre avait de choquant aux yeux d'un jeune aristocrate autrichien sensible à l'estime de sa caste.

« Vous m'accusez, poursuit-elle, d'avoir osé vouloir vous être utile. Je ne vous ai point mis à la discrétion de mon banquier : je lui ai dit que vous vouliez bien vous charger de payer la pension d'Albert, et que vous m'aviez prêté de l'argent pour mon voyage. D'ailleurs il ne vous connaît pas, et ne s'inquiète guère d'aucun nom. Je pouvais me permettre, ce me semble, au milieu de la guerre [prévisible], dans des circonstances sans pareilles, ce que je n'aurais pas osé dans un autre temps. Vous me demandez si j'ai des *droits illimités* sur vous. Je n'en ai sûrement pas par aucun lien, que votre injustice envers moi rend à jamais impossible, mais vous ne pouvez pas empêcher que je ne vous aime, que je n'aille à Vienne, que je ne fasse deux cent cinquante lieues, cinq cents, mille, pour vous voir un quart d'heure et me justifier. Après être justifiée, vous serez avec moi comme vous le voudrez, mais au moins votre estime me restera, et peut-être regretterez-vous d'avoir brisé le sentiment le plus vrai que vous ayez inspiré dans votre vie. »

Elle n'en dort pas, se lève, reprend la plume, clame son incompréhension et sa douleur :

« Tout ce qu'il y a de plus nobles chevaliers en France n'ont point craint de recevoir des services de moi pendant l'émigration. Je pourrais vous en nommer dix qui m'ont fait l'honneur d'en accepter, et quand vous pouvez, dans les circonstances où se trouve votre pays, être utile à vos soldats, aux officiers sous vos ordres, vous ne permettez pas à l'amitié de s'unir à votre caractère libéral et de servir avec vous la cause que nous aimons tous les deux. [...] Je me trompais beaucoup en vous regardant comme mon appui : vous êtes mon accusateur. »

Cette nouvelle lettre se prolonge, furieuse contre les commérages de Vienne. Je suis bonne, je suis vraie, je suis dévouée, je suis honnête, et si j'aime c'est de tout mon être : « Ceux qui ont dit du mal de moi m'ont-ils vue à Stockerau mourante de douleur en vous quittant ? Ont-ils lu mes lettres depuis deux mois ? Savent-ils le mal que vous m'avez fait et que je vous ai pardonné ? »

Derrière une petite piqûre d'amour-propre, il y a bien autre chose, comme le lui explique Maurice dans une lettre qu'elle reçoit le 14 août. Il est désormais persuadé que Mme de Staël ne l'a jamais aimé, qu'elle s'est répandue sur le refus d'un mariage qu'il lui aurait offert, bref qu'il n'a cessé d'être sa dupe. Non ! non ! de telles paroles sont impossibles ; c'est un nouveau « coup de poignard ». Elle lui répond à plume abattue, outragée par une telle calomnie. Elle, dissimuler ! Elle, pratiquer l'abus de confiance ! « Et tout serait artifice : des torrents de pleurs, des convulsions, quarante lettres depuis deux mois, la résolution d'aller à Vienne, tout serait artifice pour faire croire que vous voulez m'épouser ! Certes, je ne crois pas qu'une telle folie puisse entrer dans la tête d'un homme, et vous êtes à la fois bien modeste et bien vain, bien modeste en ne croyant pas à un sentiment que tout vous atteste, bien vain en imaginant que j'ai tant besoin de faire croire à votre envie de m'épouser. » Elle achève sa lettre, altière, en exigeant qu'il lui rende ses lettres : « Je vous reverrai une fois pour ravoir de votre main, et de votre main *seule*, mes lettres. Vous me devez cet égard : aucun homme d'honneur n'a manqué de les remettre *lui-même.* »

Sans attendre la réponse, elle décoche encore deux jours plus tard ses menaces. S'il n'accepte pas de la revoir à Vienne, elle partira de Suisse pour la France, prenant tous les risques, bravant tous les dangers. Dans les jours suivants, elle narre au prince de Ligne ses déboires : « Qui donc a fait des tracasseries semblables après mon départ ? » Même question à O'Donnell, qui en a rajouté sur son « honneur » : « Vous appelez une loi d'honneur ce que vous me faites souffrir d'affreux depuis quarante jours. Examinons donc sous le rapport de la délicatesse cette conduite. Vous en croyez la calomnie sur moi. Vous ne me nommez ni les personnes ni les propos, rien ; simplement, d'un ton d'oracle, vous m'écrivez que vous *savez tout*, et je veux *mourir* si je sais à quoi cela se rapporte. » Il y a pourtant des accusations pour elle inadmissibles : « Je suis susceptible de coquetterie, d'imprudence, de tout ce que l'imagination se permet avec trop de confiance peut-être quand l'âme et la vie sont pures ; mais de la dissimulation, mais de l'art, il n'est pas un individu, excepté vous, qui l'ait dit sur moi, et vous-même, vous vous en servez comme d'un prétexte. Vous êtes léger et dur envers les femmes. » Et de se poser l'affreuse question : et si, après la nomination de son père à la présidence de la Chambre des finances d'Autriche ouvrant au fils des perspectives de carrière, le cher Maurice avait trouvé un prétexte pour se débarrasser de l'encombrante Germaine ? Impatiente de savoir le vrai, elle préfère cependant se réfugier dans une explication triviale qui lui laisse le beau rôle. Bientôt, le ton de la correspondance s'adoucit, les lettres s'espacent ; elle voudra garder son amitié, lui écrira encore. Lui répondra de moins en moins et se mariera en 1811 avec une petite-fille du prince de Ligne.

Cet échec a laissé sa marque dans le cœur de Germaine de Staël. Un échec comme il en était question dans les romans de l'époque : la société contre l'amour ; l'amour-propre contre la passion. Elle avait une vingtaine d'années de plus que lui, ce qui ne la gênait d'aucune manière, trop indifférente qu'elle était aux convenances pour ce qui la concernait. Le jeune homme, lui, ne pouvait s'y soustraire : l'avis du père – encore le père ! –, les commérages, le soupçon d'intéressement, tout cela avait pesé sur Maurice. Au total, leur amour n'aura été qu'une brève rencontre, mais aussi, pour elle, une nouvelle plaie sentimentale qu'il lui faudra cautériser. Elle n'était pas pour autant au bout de ses peines.

Coppet à l'heure allemande

Quand Œhlenschläger, le poète danois, arrive à Coppet, il est un peu inquiet de son mauvais français. Bonne surprise pour lui : non seulement son hôtesse comprend très bien l'allemand, mais aussi ses enfants ; si l'on ajoute Schlegel, le baron de Voght, Bonstetten, Zacharias Werner, on ne s'étonne pas que le visiteur puisse conclure que « les Allemands [ont] fait ici une conquête en Suisse française ».

Presque chaque jour, Mme de Staël travaille à ses « Lettres d'Allemagne », qui deviendront *De l'Allemagne*. Elle en lit des chapitres à ses invités, qui en discutent. Guillaume Schlegel, en contrant sans ménagement cette élève surdouée, l'a poussée très loin dans la connaissance de la culture allemande. Quel étrange personnage que ce Schlegel ! Son rêve serait de vivre en tête à tête avec Mme de Staël, dans ce château où il a pris ses habitudes, où il range ses livres parmi les autres dans la bibliothèque, où il commande aux domestiques. Faute de mieux, il se contente d'être là, près d'elle, dévoué et fidèle comme son ombre. Le laisse-t-elle seul au château pour une excursion ? Il lui écrit aussitôt : « Ce n'est pas la société que je regrette, mais uniquement votre présence. » Le malheureux n'est guère payé de retour. Certains témoins s'étonnent de le voir traité avec désinvolture, sinon quelque mépris. Lui-même peut ruer dans les brancards, maugréer et prendre l'air du chien battu, c'est sans conséquence. Au cours de l'été 1808, alors que Germaine de Staël et ses hôtes sont partis à la fête des bergers à Interlaken, il lui expose par lettre sa façon de penser : « Je ne demanderais pas mieux que d'exister exclusivement pour vous, mais le degré de réciprocité nécessaire pour cela vous serait insupportable. J'ai pour vous un attachement à toute épreuve et même un goût très vif, malgré que vous fassiez tout pour le repousser. C'est votre cortège qui ne me plaît pas, c'est votre système de vie sociale. [...] Vous allez encore amener quelqu'un à Coppet qui m'empêchera pour le reste de l'été de causer avec vous les soirs. » Rares bonheurs que ces tête-à-tête au clair de lune avec *elle*, qui le dédommagent de ses sacrifices !

Schlegel met alors au point le *Cours de littérature dramatique* qu'il a donné à Vienne et qui paraîtra en 1809 à Heidelberg (la traduction française attendra 1814). Mme de Staël a beau le rudoyer, elle a pour lui une très grande admiration et, au fond, une affection que ses amis de Coppet, sévères sur le caractère renfrogné et l'arrogance de Schlegel, ne comprennent pas. Elle lui rend un vif hommage dans *De l'Allemagne* : « W. Schlegel a donné à Vienne un cours de littérature dramatique qui embrasse ce qui a été composé de plus remarquable pour le théâtre depuis les Grecs jusqu'à nos jours ; ce n'est point une nomenclature stérile des travaux des divers auteurs, l'esprit de chaque littérature y est saisi avec l'imagination d'un poète ; l'on sent que, pour donner de tels résultats, il faut des études extraordinaires ; mais l'érudition ne s'aperçoit dans cet ouvrage que par la connaissance parfaite des chefs-d'œuvre. »

Guillaume Schlegel, par ailleurs, aime bien les enfants de Mme de Staël. Albert est alors à Vienne, mais Schlegel passe de longs moments avec Auguste, fait des lectures en sa compagnie, joue aux échecs, appréciant chez ce jeune homme de dix-huit ans le sérieux et l'esprit. Au mois d'août, Mme de Staël et son conventicule, Sabran, Mathieu, Sismondi, se rendent à Interlaken pour la grande fête des bergers donnée pour le 500e anniversaire de la Suisse. C'est par le truchement de cette fête que la Suisse allemande trouvera sa place dans un chapitre du grand livre en préparation. « Les Suisses ne sont pas une nation poétique, écrira-t-elle, et l'on s'étonne avec raison que l'admirable aspect de leur contrée n'ait pas enflammé davantage leur imagination. Toutefois un peuple religieux et libre est toujours susceptible d'un genre d'enthousiasme, et les occupations matérielles de la vie ne sauraient l'étouffer entièrement. Si l'on avait pu douter, on s'en serait convaincu par la fête des bergers, qui a été célébrée l'année dernière, au milieu des lacs, en mémoire du fondateur de Berne. »

C'est à cette occasion que Mme de Staël fait la connaissance de Zacharias Werner, auteur dramatique dont la réputation lui est connue : « Depuis que Schiller est mort, lira-t-on dans son livre *De l'Allemagne*, et que Goethe ne compose plus pour le théâtre, le premier des écrivains dramatiques de l'Allemagne c'est Werner », auteur d'*Attila*, des *Fils dans la vallée*, de *La Croix sur la Baltique*... L'homme, de haute taille, efflanqué, les yeux mouillés, passe pour un extravagant, que Friedrich Schlegel, le frère de Guillaume, juge atteint par « le vertige de la gloriole ». En tout cas, il introduit dans le groupe de Coppet un vent de mysticisme inattendu. Werner, ancien viveur converti au catholicisme, professe une religion d'amour qui sent le fagot, joue les prophètes et appelle Mme de Staël « Notre-Dame de Coppet ».

Déjà, l'année précédente, Constant avait frayé avec les « mystiques » de Lausanne, que dirigeait le couple des Langallerie. On a pu imaginer que, en cette année 1808, celle de son mariage clandestin, il avait intérêt à préparer des consolations divines pour Germaine pour mieux faire passer sa forfaiture. Au début de l'automne, une autre personnalité, séjournant quelques jours au château, renforça la tendance. Il s'agissait de Mme de Krüdener, l'auteur du roman *Valérie*, qui, après une vie sans vertu, s'évertuait à la pénitence : membre de la secte des Frères moraves, elle prêchait désormais à travers l'Europe et entendait bien élever la conscience religieuse de Mme de Staël : « Vous êtes faite, madame, pour appartenir à ce Dieu qui vous réclame. »

« Ces gens, écrit Bonstetten à l'un de ses amis, vont tous devenir catholiques, boehmistes, martinistes, mystiques, tout cela grâce à Schlegel et, par-dessus le marché, tous les Allemands... » Déiste d'abord, à la manière des philosophes et de son père, Mme de Staël quitte les rives d'une religion abstraite pour celles d'un Dieu personnel, vivant, que l'on peut prier, supplier, prendre à témoin. C'est vers la Bible qu'elle se tourne au cours de cette saison pour écrire la pièce de théâtre qu'elle va représenter et qu'elle appelle *La Sunamite*, dans laquelle l'héroïne passionnée qui avait trop aimé le monde voit mourir sa fille Semida, interprétée par Albertine. Dans sa souffrance, elle invoque la pitié divine, et le prophète Élisée va rappeler sa fille à la vie.

Benjamin Constant, lui, peaufine alors les vers de son *Wallstein*, adapté de la trilogie de Schiller, et en profite pour rédiger une préface, « Réflexions sur la tragédie de Wallstein et sur le théâtre allemand », futur jalon dans l'histoire du romantisme après avoir défrayé la critique hargneuse des journaux parisiens. Ce texte, dont Benjamin avait discuté avec Charlotte – ses lettres évoquent ses lectures allemandes –, était nourri également de toutes les conversations de Coppet. Tout en écrivant sa pièce selon les règles françaises du théâtre classique, Constant s'en prenait à la rigidité de ces règles. Il opposait « les Allemands [qui] prennent le sentiment pour base de la morale » aux Français, pour lesquels « cette base est la raison ». Il insistait ainsi sur le sentiment religieux qui baigne le théâtre allemand : « Tout l'univers s'adresse à l'homme dans un langage ineffable qui se fait entendre dans l'intérieur de son âme, dans une partie de son être, inconnue à lui-même, et qui tient à la fois des sens et de la pensée. [...] Le sort annoncé par les astres, les pressentiments, les songes, les présages, ces ombres de l'avenir qui planent autour de nous, souvent non moins funèbres que les ombres du passé, sont de tous les pays et de tous les temps, de toutes les croyances. Quel est celui qui, lorsqu'un grand intérêt l'anime, ne prête pas, en tremblant, l'oreille à ce qu'il croit la voix de la destinée ? »

Par sa comparaison entre le théâtre allemand et le théâtre français, Benjamin Constant annonçait un nouveau théâtre, plus libre, élargi, préférant l'action au récit de l'action, plus soucieux des caractères que des thèmes à traiter. Pour être vrai, un caractère est nécessairement complexe, contradictoire, hésitant, mobile, et non point fait d'une pièce comme si souvent en France. Cette préface, moins connue que la future préface d'*Hernani*, n'en ressemblait pas moins à un manifeste ; l'influence allemande y était prégnante. En cette saison 1808, Coppet aura été au diapason de la sensibilité et de la culture germaniques.

Le sous-préfet mélancolique

Dans les temps mêmes où les amours entre Mme de Staël et Maurice O'Donnell se décomposent, Prosper de Barante, qui se morfond dans sa sous-préfecture de Bressuire, entretient une correspondance régulière avec la châtelaine de Coppet. Il s'est convaincu de l'impossibilité d'une union durable avec elle, mais en même temps il se demande si y renoncer n'est pas le plus mauvais choix qu'il ait fait dans sa vie. En témoigne la manière dont il justifie son absence à Coppet en cet été 1808 : « C'est pour moi un malheur de n'y pas être et un malheur bien plus grand de craindre ce qui pourrait arriver si j'y étais. » En somme, l'aporie du soupirant.

Auprès de ses administrés du département des Deux-Sèvres, il s'ennuie, il broie du noir, s'enfonce dans le pessimisme, ce qui l'amène à cet aveu envoyé à Germaine le 28 juillet : « Même par calcul, j'aurais dû attacher ma vie à la vôtre. » Elle reçoit cette lettre à peu près au même moment que la lettre de rupture d'O'Donnell. C'est sa chance, mais, dans cette quête d'une union stable, peut-elle offrir l'exclusivité à Barante ? Il lui assènera la vérité sans ambages : « Quand je me donnerais tout à vous, vous ne serez pas toute à moi ; je serais un objet de plus qui entrerait dans votre tourbillon. » La vie de Mme de Staël est compliquée, trop compliquée, il s'en est aperçu dès leurs premières rencontres. Ce n'est ni la volonté du *pater familias*, ni son désir de faire une carrière qu'une alliance avec la proscrite rendrait impossible qui s'exercent contre leur union : c'est sa volonté de ne pas être un monsieur *bis* ou un monsieur *ter* dans la guirlande des dévots de Mme de Staël.

En novembre, Prosper vient à Paris, pour l'édition de son « discours », c'est-à-dire de son *Tableau de la Littérature française au XVIIIe siècle*. Il devient assidu chez Juliette Récamier et ne le cache pas à Germaine : « J'ai vu votre belle amie et j'ai passé un jour à la campagne chez elle. Elle est malheureuse de vide et d'ennui ; elle hésite entre la religion et l'amour (*sic*). Du reste, elle vous aime beaucoup ; nous avons parlé de vous sans cesse. »

Quoi ! Prosper chez Juliette ! Une jolie femme qui se dit malheureuse, un jeune homme qui s'ennuie ; des promenades côte à côte ! Elle a beau aimer d'amitié profonde Mme Récamier, Germaine de Staël s'inquiète et, toujours directe, avoue à Prosper qu'elle est jalouse. « Ce que vous me dites sur votre jalousie de Mme Récamier m'a surpris, lui répond-il ; il me paraît que vous lui en avez écrit aussi ; elle a dû vous mander que jamais un mot plus vif que la confiance et l'amitié n'a été prononcé entre nous. » Il lui assure qu'il n'a jamais parlé d'amour qu'à elle, Germaine, dans une jolie formule : « Soit avant, soit après le temps où il en résultait quelque bonheur. » Nous sommes à la mi-novembre 1808 : à partir de cette date, la correspondance cesse entre Mme de Staël et Mme Récamier ; la brouille va durer trois mois. Elles se boudent, l'une par jalousie, l'autre par blessure d'amour-propre.

Là-dessus une nouvelle pomme de discorde surgit entre Mme de Staël et Barante. Elle a reçu les épreuves de son *Tableau* ; elle l'a lu ; elle n'en croit pas ses yeux : Barante a oublié Necker ! Pas un paragraphe, pas un mot sur le grand homme, c'est inimaginable ! d'une injustice inouïe ! Elle ne peut s'expliquer raisonnablement cette lacune – impensable, scandaleuse – que par les accommodements de l'auteur avec le pouvoir, une bassesse d'ambitieux exigée par sa carrière ! Elle ne le lui fait pas dire. Le voilà blessé, effondré, car il est pur, Barante ! incorruptible ! il se moque de l'opinion ! il a écrit son essai en toute liberté. Oui, mais comment expliquer à Germaine de Staël que son père divinisé ne figure pas dans son *Tableau* ? Il essaie de le lui faire comprendre : son père était un homme d'action, et lui n'a pas parlé des hommes d'action, des gens aux affaires.

Grande dame, elle écrit, malgré sa fureur, un article favorable au livre : « Je vous remercie de votre extrait ; on ne peut pas louer plus un ouvrage qu'on n'aime point. » Mais il s'inquiète de la brouille qu'elle a avec Mme Récamier : « Vous n'êtes point juste pour Mme Récamier ; elle n'a mis nulle coquetterie vis-à-vis de moi [...]. Vous savez que son caractère et ses manières m'ont toujours plu beaucoup. » Il en rajoute : « Je trouvais sa société douce ; c'est à peu près là, le seul plaisir que j'aie eu pendant mon voyage à Paris [...]. » Est-il assez naïf pour ajouter : « Il était assez naturel qu'après une telle absence de relations agréables, de ce manque complet de bonheur, j'éprouvasse cette espèce de bonheur et j'avoue que je m'en serais mieux défendu, s'il ne m'eût pas semblé que j'avais cessé d'être autant pour vous. »

Il n'a pas renoncé à son amitié. Il plaide. Dans les lettres suivantes, il lui rappelle son attachement ; s'effare qu'elle veuille récupérer ses lettres ; lui remet en mémoire les causes de l'échec entre eux : les anciens engagements qu'elle avait, les liens antérieurs. Ainsi, pas de lettres entre Juliette et Germaine et des lettres vinaigrées entre Mme de Staël et le sous-préfet de Bressuire. Le 31 janvier 1809, il commence ainsi son épître : « Je viens de déchirer une lettre qui nous aurait séparés pour jamais. Je répondais à la vôtre qui m'a blessé beaucoup plus que vous n'avez fait jusqu'ici. »

En février, il réussit à convaincre Juliette d'écrire à son amie. Le coup porte. Germaine en est tout émue : « Je voudrais être à vos pieds pour votre lettre, ma chère Juliette. » Celle-ci lui a proposé de lui envoyer les lettres de Prosper pour se disculper de tout lien amoureux entre elle et lui. Non, elle ne veut pas les lire. Tant mieux ! Barante a déjà constaté que Germaine n'aime guère à s'attarder sur les preuves de ses défaites. Elle écrit le même jour à Prosper, qui s'enchante de la réconciliation et se remet à rêver : « Je reçois votre lettre, chère amie, elle est pleine de bonté et d'affection. Oui, il y aurait eu du bonheur à passer sa vie avec vous ; mais je ne sais quel fantôme d'un genre d'union que j'avais eu devant les yeux, un certain goût que vous m'avez vu plus d'une fois pour un amour mêlé d'ignorance, de faiblesse, d'inexpérience m'a empêché de me livrer tout entier à l'empire que vous exerciez sur moi ; je vous perds et ne trouverai pas ce que je cherche. »

En ce mois de février, Prosper de Barante est promu préfet de Vendée. Entre la baronne et le préfet, le nouveau ton est trouvé, celui de l'amitié sans nuage. Un scrupule lui reste : « Je ne crois pas que ce succès vous porte à croire que j'ai agi pour l'obtenir, en omettant le nom de M. Necker ; enfin, vous me voyez embarrassé. » Mais non, cher Prosper ! l'offense est oubliée. Alors, Barante n'a plus qu'à célébrer dans ses lettres la « si bonne », la « si douce » Mme de Staël, cet « ange de bonté » : « Quand on a été aimé de vous, il faut renoncer à être aimé ; il y a quelque chose de céleste dans cette perfection du sentiment. »

Quelques semaines plus tard, après le choc subi par Mme de Staël qui vient d'apprendre que Benjamin s'est marié, c'est encore lui qui la console : « Chère amie, votre douleur m'effraye, il règne un tel désordre dans la lettre que je reçois, qu'il faut bien que vos relations avec B. vous aient entièrement bouleversée. Que s'est-il donc passé ? »

L'impossible trahison

On se souvient que le mariage entre Benjamin Constant et Charlotte de Hardenberg, le 5 juin 1808, avait été célébré par un pasteur protestant sans déclaration à l'état civil. Plus tard, Constant s'en expliquait ainsi à sa cousine Rosalie : « Mon mariage n'a jamais été nul ; il n'a manqué que de quelques formalités qui sont si loin de le rendre non valable que le Code civil dit formellement que l'absence de ces formalités expose les contractants à une amende, mais que le mariage conserve toute sa valeur. Ces formalités ont été omises, en partie, par la difficulté de les remplir, ma femme étant née en Angleterre, quoique Hanovrienne et son extrait baptistère étant impossible à se procurer dans un temps donné, et en partie à cause de mon désir de conserver alors le secret par ménagement pour Mme de Staël, désir qui m'a empêché de suppléer à cet extrait baptistaire comme je l'aurais pu, par acte de notoriété qui aurait exigé le concours d'un assez grand nombre de témoins. » Ce mariage sera officialisé en décembre 1809, mais entre-temps, pour ménager Germaine, Constant voulut le garder secret, du moins jusqu'au moment où, de concert avec Charlotte, il devînt nécessaire d'en faire l'aveu à la dame de Coppet, ce qui prit presque un an !

À la fin de juin 1808, il a installé son épouse dans une auberge de Neuchâtel, l'hôtel des Balances, où il descendait du temps où il fréquentait Mme de Charrière. Elle a accepté cette réclusion qui devait durer quatre mois, jusqu'au moment où Benjamin dirait tout à Germaine. Là, elle s'ennuie ferme, mais elle apprend que sa tante, Mme de Decken, est à Berne. Alors elle quitte Neuchâtel à la mi-juillet, rejoint sa parente et l'accompagne à Lausanne. Entre-temps, Benjamin est allé en compagnie d'Auguste à la rencontre de Mme de Staël de retour de Vienne et a repris sa place à Coppet, où chacun le trouve charmant comme il l'a rarement été. « Je crois que notre été sera calme », disait dans une lettre la châtelaine, qui précisait à Mme Récamier : « Benjamin est doux cette année. »

Le 19 juillet, il signe à Coppet son contrat d'édition avec le libraire Paschoud pour son *Wallstein*, écrit des lettres à Charlotte, qui lui apprend sa présence à Lausanne avec sa tante. Le 25 du même mois, alors qu'elle doit se rendre de Lausanne à Genève, en passant par Coppet, elle demande à son mari d'être visible devant le château, afin qu'elle puisse l'apercevoir en passant… sans lui parler évidemment. La situation devenait burlesque. En août, Germaine et Charlotte – qui ne se connaissent pas – sont conviées à un même dîner, chez le chevalier Dupuch, à Genève. Le 6 août, Benjamin part pour accompagner Germaine à la fête des bergers d'Interlaken, en passant par Lausanne, où il a donné rendez-vous à Charlotte et se montre pour celle-ci sans aménité. Le jeu de cache-cache continue. Le projet de Benjamin est de passer aux aveux juste avant le départ de Germaine pour Vienne, mais, lorsqu'en septembre Mme de Staël renonce à son voyage, les retrouvailles entre les deux époux sont remises *sine die*. Charlotte finit par quitter la Suisse le 22 septembre pour gagner Brevans, la maison de son beau-père dans le Jura. Benjamin passe la voir en octobre, mais ne la rejoint définitivement qu'à la mi-décembre, sans avoir rien révélé à Germaine. Un mois plus tard, les deux époux sont à Paris où, leur mariage n'ayant toujours pas été rendu public, ils vivent séparément. Non sans occasionner de petites crises de jalousie de la part de Constant, qui voit d'un mauvais œil les visites de l'ancien mari Dutertre chez sa femme.

Il leur faut tout de même en finir. En mai 1809, ils quittent ensemble Paris et s'installent à Sécheron, tout près de Genève. Après avoir convaincu Charlotte que c'est elle qui doit faire part de leur mariage à Germaine de Staël, Benjamin se retranche non loin de là, dans une auberge de Ferney, à l'abri du tonnerre redouté. Charlotte, décidée à agir, rédige un billet, signé Charlotte de Hardenberg, qu'elle fait parvenir par un courrier à cheval, le soir du 9 mai, à Coppet. Elle s'attend que Mme de Staël viendra la voir dès le lendemain, mais celle-ci, au nom de Charlotte, rongée par la curiosité, fait préparer ses chevaux toutes affaires cessantes, et débarque à l'improviste dans la chambre de sa rivale vers dix heures du soir : « Je suis venue parce que vous êtes une Hardenberg », lui lance-t-elle pompeusement, alors que Charlotte est en train de prendre un bain de pieds. Elle a accouru surtout parce qu'elle soupçonne le pire, et le pire lui est effectivement révélé : malgré ses engagements, ses promesses, son serment, Benjamin s'est marié, Benjamin l'a trahie ! La colère, les imprécations, les condamnations s'abattent sur la malheureuse jeune mariée. Son époux l'a prévenue de rester calme ; c'est du reste son tempérament, elle écoute l'autre sans broncher. Mais où se cache donc Benjamin ? demande la visiteuse. Charlotte lui répond qu'elle l'ignore. Mme de Staël n'a pas dit son dernier mot, et elle fait jurer par Charlotte de garder son mariage secret jusqu'à nouvel ordre ; exige que Benjamin finisse la saison à Coppet, et puis que rien ne se sache avant qu'elle, Mme de Staël, ne parte, comme elle en a désormais l'intention, pour l'Amérique. Au petit matin, Charlotte rend compte de l'entrevue au téméraire chevalier de Ferney :

« Je n'en puis plus de fièvre et de fatigue. *Elle* est restée ici jusqu'à quatre heures du matin. Tout ce qui est au pouvoir d'une créature humaine de faire, je l'ai fait. Tout ce qu'on peut promettre, je l'ai promis. Te le dirai-je ? À travers tout ce qu'elle a montré de violence et de peine, je vois distinctement que ce qu'elle veut le plus, c'est une longue attente. Elle s'est mille fois trahie sur ce point. Soit. Je ne me refuse à rien de ce qu'il vous faudra à tous deux. Il est absolument essentiel que nous nous parlions avant que tu ailles chez *elle*. Je lui ai juré que je ne savais pas ton séjour, parce qu'elle veut envoyer te chercher sur toutes les routes. [...] Viens, je t'en conjure. » L'entrevue orageuse de Sécheron a ébranlé Charlotte dans sa confiance en Benjamin et dans le calme qu'elle avait su garder jusque-là : « Je l'avoue, ce dernier coup a été trop fort pour mon cœur, trop fort pour ce courage dont, plus que jamais, j'avais besoin. » Et quand Benjamin lui annonce qu'il doit encore la quitter pour suivre Germaine à Lyon, où elle a décidé d'emmener les siens écouter le grand Talma, elle se départit de son dernier courage.

Benjamin Constant, de retour à Coppet, a une explication avec Mme de Staël, lui avoue à son tour son mariage, mais, sur ses gardes, il n'en précise ni le lieu ni la date, sachant Germaine capable de remuer les montagnes pour faire annuler un acte... qui n'est pas, ou pas encore validé. Dans cette tourmente, du fond de sa tristesse, elle commence par annuler le départ d'Auguste pour les États-Unis. Elle a besoin de toutes les affections disponibles, et particulièrement celle de son cher fils aîné qu'elle aime tant. Benjamin s'inquiète : sans voyage en Amérique, jusqu'à quand donc faudra-t-il tenir secret le mariage ? Sans lui demander son avis, il revient chez son père à Brevans, où elle le poursuit de ses lettres lourdes de souffrance. Elle va même jusqu'à lui expédier son fils Auguste. Celui-ci, d'abord très calme, s'énerve en voyant Constant hésiter ; la discussion s'échauffe, Benjamin redoute que le jeune homme ne le provoque en duel, et accepte alors de rejoindre Mme de Staël à Lyon, au désespoir de Charlotte.

Mme de Staël et ses amis, que rejoignent Constant et aussi Mme Récamier, sont descendus à l'hôtel du Parc le 7 juin. Désespérée, Charlotte a suivi la petite troupe incognito et elle a opté, elle, pour l'hôtel de l'Europe. Furtive, elle rejoint dans son appartement Constant, qui se hérisse en la voyant. Il exige d'elle qu'elle regagne Lausanne ou Brevans. Rentrée dans sa chambre, elle lui laisse une lettre d'adieu :

« Tu as renoncé à moi, cela ne venait point de ton cœur ; le tien a été peut-être déchiré aussi. Je te plains plus que moi, je t'aime. Je suis, je crois, le seul être au monde qui t'ait véritablement aimé. La femme qui me tue est dure et ne sent que ce qu'elle appelle l'humiliation. Je ne sens qu'une seule douleur, c'est celle de te quitter. Prie Dieu pour qu'il me pardonne. Avant de quitter la vie, je le prierai aussi pour toi, pour mon cher fils, pour le bon Du Tertre, à qui ma mort fera de la peine. [...] C'est aujourd'hui, le lendemain du jour qui nous a unis, que tu as renoncé à moi. Pauvre, pauvre ami, je te pardonne ; j'aurais au moins voulu mourir dans tes bras [...] Vis donc, et ne fais de mal à personne, pas même à celle qui m'a détruite... »

Veut-elle vraiment en finir ? Elle ajoute en effet : « Mon Dieu, à présent que j'ai tout préparé, l'angoisse me saisit. Ne puis-je te voir encore ? Mais vite, vite... » N'est-ce pas un appel au secours ? Charlotte a bien absorbé du laudanum, mais Sainte-Beuve, sceptique, ironisera en son temps que c'était seulement « la dose de Coppet » – comme il appelait l'opium que Mme de Staël prenait si souvent pour combattre ses insomnies. En tout cas, Constant, lui, ne doutera jamais de sa sincérité. Avertis, alarmés, fous d'inquiétude, lui et Mme de Staël accourent à l'hôtel de l'Europe et trouvent Charlotte étendue sans connaissance sur un canapé. Elle s'en relèvera.

Constant emmène sa femme à Paris, l'installe à l'hôtel Vauban, la confie au docteur Koreff, et revient sans trop attendre et sans scrupule excessif à Coppet, où il a promis d'être le 26 juin. Il restera trois mois loin de sa femme. « Où dois-je t'écrire à l'avenir ? lui demande-t-elle. Dans ce Coppet que je hais ? Oh ! tout cela me rend folle. »

Germaine a gagné, mais elle n'est pas davantage heureuse. Elle l'écrit à Benjamin dans une lettre du 15 juin 1809, datée de Lyon : « Je suis à présent un être de trop sur la terre. [...] Je traîne les heures qui font des jours, et tout est mort en moi : amis, enfants, pensées, soleil – il n'y a que des formes de douleur. » Elle lui demande de prier pour elle. Après avoir assisté à la représentation d'*Hamlet* le 2 juillet, où elle a applaudi Talma, qu'elle souhaite faire venir à Coppet, Mme de Staël quitte Lyon pour Aix-les-Bains où Juliette Récamier l'a précédée, avant de retrouver son château et ses amis. Sur ce séjour à Lyon, le témoignage de la comtesse de Boigne, qui narre dans ses *Mémoires* sa rencontre avec Mme de Staël, ne manque pas de piquant :

« Je logeai à l'hôtel de l'Europe où j'arrivai tard. Le lendemain matin le valet d'auberge me dit que Mme de Staël était dans la maison et demandait si je voudrais la recevoir.

« [.. .] Cinq minutes après elle entra dans ma chambre escortée de Camille Jordan, de Benjamin Constant, de Mathieu de Montmorency, de Schlegel, d'Elzéar de Sabran et de Talma. J'étais fort jeune ; cette grande célébrité et ce singulier cortège m'imposèrent d'abord. Mme de Staël m'eut bientôt mise parfaitement à mon aise. Je devais aller faire des courses pour voir Lyon, elle assura que c'était tout à fait inutile, que Lyon était une très vilaine ville entre deux très belles rivières, qu'en sachant cela j'étais aussi habile que si j'avais passé huit jours à la parcourir. Elle resta toute la matinée dans ma chambre y recevant ses visites, m'enchantant par sa brillante conversation. J'oubliai préfet et préfecture. Je dînai avec elle. Le soir nous allâmes voir Talma dans Manlius, il jouait pour elle plus que pour le public, et il en était récompensé par les transports qu'elle éprouvait et qu'elle rendait communicatifs.

« En sortant du spectacle elle remonta en voiture pour retourner à Coppet. Elle avait rompu son exil, au risque de tout ce qui lui en pouvait arriver de désagréable, pour venir assister à une représentation de Talma.

« C'est ainsi que ce météore m'est apparu pour la première fois, j'en avais la tête tournée. Au premier abord elle m'avait semblé laide et ridicule. Une grosse figure rouge, sans fraîcheur, coiffée de cheveux qu'elle appelait pittoresquement arrangés, c'est-à-dire mal peignés. Point de fichu, une tunique de mousseline blanche fort décolletée, les bras et les épaules nus, ni châle, ni écharpe, ni voile d'aucune espèce. Tout cela faisait une singulière apparition dans une chambre d'auberge à midi. Elle tenait un petit rameau de feuillage qu'elle tournait constamment entre ses doigts. Il était destiné, je crois, à faire remarquer une très belle main, mais il achevait l'étrangeté de son costume.

« Au bout d'une heure j'étais sous le charme, et pendant son intelligente jouissance du débit de Talma, en examinant le jeu de sa physionomie, je me surpris à la trouver presque belle. »

Il y a de l'ogresse dans cette châtelaine qui, dans sa frénésie d'être aimée, semble devoir dévorer tous les hommes. Ils résistent, ils s'absentent, ils s'enfuient, mais, magnétisés par elle, ils ne savent jamais comment lui échapper. Chacun d'eux, selon un mot de Benjamin Constant, lui est nécessaire mais non suffisant. Benjamin et Germaine, après avoir applaudi Talma à Lyon, se sont retrouvés à Aix en compagnie de Juliette. La comtesse de Boigne, qui s'y trouve elle aussi, note les « scènes horribles » qu'ils se donnent l'un à l'autre, mais aussi la complicité intellectuelle qui nourrit le « goût mutuel qu'ils avaient à jouer ensemble de leur esprit ». Ajoutons cette notation du témoin, qui contribue à expliquer la difficulté de rompre : « [Constant] ne manquait pas de prendre des façons tout à fait paternelles avec la jolie enfant [Albertine] qui avait l'indiscrétion de rappeler tous ses traits. » Schlegel avait beau écrire à Auguste : « C'est un homme fini pour nous », Benjamin ne l'était certainement pas pour Germaine.

22

L'inexpiable

Les quinze mois qui suivent le mélodrame de Lyon, de juillet 1809 à octobre 1810, ont été parmi les plus éprouvants dans la vie de Mme de Staël. La révélation du mariage entre Benjamin Constant et Charlotte de Hardenberg est tombée comme la foudre ; elle n'arrive pas à y croire et va mettre toute son énergie à le nier, à en annuler les implications, et à maintenir Constant sous son empire. Désemparée, elle nourrit simultanément le fol espoir réactivé d'unir sa vie à celle de Prosper de Barante, promu, on l'a vu, préfet de la Vendée. Mais ses affres du cœur ne l'empêchent nullement de travailler, et elle achève d'écrire son grand livre, *De l'Allemagne*, dans un château princier des bords de la Loire, où elle transfère sa cour comme une reine itinérante. Ces semaines-là, douces à vivre, lui redonnent un sentiment de bonheur, et font aussi renaître l'illusion d'une grâce qu'elle obtiendrait de l'Empereur, soit à l'occasion du mariage de celui-ci Marie-Louise, soit sur l'effet de son livre *De l'Allemagne*, rien moins que politique selon elle, qui devrait, une fois publié, fléchir Napoléon.

Le rideau tombe

Une nouvelle saison s'ouvre à Coppet en juillet 1809, où se retrouvent les fidèles, Sabran, le baron de Voght, Mme Récamier.

Les lettres que Mme de Staël écrit à celle-ci après son retour à Paris conjuguent tendresse et adoration. Juliette est « céleste » ; c'est son « cher ange du ciel », son « amie chérie », sa « jeune sœur » dont le départ afflige toute la colonie. Reste le théâtre pour se consoler. L'événement de la saison est une pièce de Zacharias Werner, dont il a apporté un manuscrit à achever sur place et qu'il intitulera *Le Vingt-quatre Février*. Il y travaille avec Mme de Staël et un Schlegel enthousiaste qui s'est mis en tête de monter la pièce en même temps que d'interpréter l'un des rôles principaux, ce qui a bien lieu à la mi-octobre devant un parterre de Genevois et de Vaudois renforcé par des amateurs de la Suisse alémanique. En train d'écrire son ouvrage, Mme de Staël ne manque pas d'ajouter plusieurs paragraphes sur cette tragédie des Atrides transportée « chez des hommes du peuple » :

« La description des Alpes et de leur solitude est de la plus grande beauté ; la demeure du coupable [l'homme qui a causé la mort de son père et tue sans le savoir son fils], la chaumière où se passe la scène, est loin de toute habitation ; la cloche d'aucune église ne s'y fait entendre, et l'heure n'y est annoncée que par la pendule rustique, dernier meuble dont la pauvreté n'a pu se résoudre à se séparer : le son monotone de cette pendule, dans le fond de ces montagnes où le bruit de la vie n'arrive plus, produit un frémissement singulier. On se demande pourquoi du temps dans ce lieu ; pourquoi la division des heures, quand nul intérêt ne les varie ? et quand celle du crime se fait entendre, on se rappelle cette belle idée d'un missionnaire qui supposait que dans l'enfer les damnés demandaient sans cesse : Quelle heure est-il ? et qu'on leur répondait : l'éternité ! »

On continue à faire des lectures, Schlegel travaille à son *Cours*, les discussions vont bon train. Cette fois, ce sont les *Lettres* de Mlle de Lespinasse au comte de Guibert, publiées cette année-là par la femme de Guibert elle-même, qui sont objet de tous les commentaires : cette peinture de l'amour dans sa forme la plus exaspérée et dont la mort paraît la seule issue fascine. Mme de Staël, elle, n'appelle pas la mort, mais, après le départ de Constant, le 19 octobre, elle s'est mis en tête de partir pour l'Amérique. Ses hôtes perçoivent sa tristesse. Le baron de Voght la décrit à Juliette Récamier : « Que je la plains du vide que ce départ met dans sa vie, de si longues habitudes, cimentées par tant de souvenirs, déchirées tout d'un coup ! Elle ne peut pas croire à la réalité de cette perte. Elle attend, elle espère. Je n'attends, je n'espère rien, mais si j'ai tâché d'affaiblir, je n'ai pas osé détruire ce qui adoucit sa douleur. Elle le cache sans affectation, avec un pouvoir sur elle-même qui m'étonne. Pendant les premiers jours elle s'est soutenue par l'éther, du café, du vin ; elle a eu des fièvres et des insomnies, mais ses forces ne lui ont pas manqué. Elle avait un air calme mais ses traits étaient dérangés par la douleur, mais dans des moments où elle ne s'observait pas ses yeux étaient remplis de larmes. »

Germaine de Staël rêve sans doute du conjoint idéal qui serait à sa mesure et à ses pieds. Mais tout se passe comme si, échouant dans sa quête désespérée, elle devait ménager toutes ses chances auprès des amants possibles. En même temps, on l'a dit, elle pourrait difficilement vivre dans la monogamie-monotonie sentimentale. Elle a besoin de tous ceux qu'elle aime, qu'elle a aimés, qu'elle pourrait aimer. La peur du vide, la peur du manque, la peur de l'absence ne cesse de l'habiter.

Pendant tous ces mois, elle n'a cessé de correspondre avec Prosper de Barante, dont elle regrette l'éloignement. Lui, préfet que l'ennui guette, solitaire, abîmé dans ses remords autant que dans ses tâches quotidiennes, lui fait part de ses balancements entre son désir de vivre à ses côtés et la peur des fléaux dont une telle union serait porteuse. Il s'en veut de laisser passer « un pareil bonheur » qu'eût constitué une union avec elle, ajoutant : « Quelle sera la chute quand il faudra se rabattre sur quelque union bien vulgaire, bien commune, où je serai obligé de réduire toutes mes facultés… » Mais il n'ose prendre sur lui la responsabilité de la chance qu'elle lui offre.

Les circonstances vont les rapprocher. En mars, il a perdu son frère Amable, le benjamin de la famille, et Charles, le troisième fils de la famille, a été tué le 8 mai 1809 à la bataille de la Piave. Il en reste un autre sous les armes, Anselme, alors capitaine d'un régiment de dragons en Espagne, blessé en Allemagne deux ans auparavant. Leur père, très éprouvé, a tenté de lui faire obtenir un congé de trois mois, mais en vain. Avertie, toujours prête à utiliser ses relations pour rendre service, Mme de Staël écrit au mois d'août à Joseph, roi d'Espagne, par l'intermédiaire de sa femme

Julie : « Sans doute, Sire, les plus importants intérêts absorbent toutes vos pensées, mais je vous ai connu trouvant toujours un moment pour manifester votre bonté à ceux qui vous étaient dévoués, et mon attachement pour vous, Sire, a précédé vos grandeurs et vous attendrait dans la retraite, s'il pouvait en exister une après tant d'éclat. »

Est-ce grâce à elle ? C'est probable : Anselme obtient son congé à la fin de septembre. Les lettres de Prosper à « Louise » se font de plus en plus tendres ; il lui écrit le 10 novembre : « Jamais votre affection ne m'a été plus chère, jamais je n'ai mieux senti ce que nous étions l'un pour l'autre que dans ces six mois de chagrin et d'ennui, d'aride solitude. [...] De plus en plus je me dis qu'il n'y a pour moi que vous dans le monde. Je suis dégoûté de tout et le sentiment que j'ai pour vous, reste seul dans une âme qui se dépouille d'espérance et de sensations vives. » Le 29 décembre, il est à Genève, appelé par son père cette fois au chevet de sa sœur Adrienne, qui va mourir trois jours plus tard. Le malheureux père a perdu trois de ses six enfants la même année. Prosper reste auprès de lui à Genève jusqu'à la fin de janvier 1810 ; c'est l'occasion pour lui de revoir Mme de Staël : « La présence de Prosper m'a fait un peu de bien, écrit-elle le 12 janvier à Mme Récamier, mais il n'en résultera rien pour un avenir : mon âme est trop bridée pour donner du bonheur à personne. » Elle n'a pas pour autant renoncé au mariage, on le constate dans une lettre à Juliette du 23 janvier : « Je ne sais pas s'il me sera donné de passer ma vie près de lui, mais je ne l'ai jamais trouvé si supérieur en tout que dans ce voyage. » Dans cette entreprise elle quête l'aide de la « céleste » : « Prosper part dans six jours. Vous allez le voir tous les jours. Je m'en remets à vous pour voiler tout ce que vous êtes, pour ôter la séduction à vos manières et n'y laisser que la simple amitié. Je fais plus : j'ose vous demander de me faire aimer de lui. Quand vous parlez de moi, il me semble que vous me prêtez votre charme. »

Quand, à la fin de janvier 1810, Barante rentre à Paris, où il sera retenu quelque temps par ses devoirs de fonction, Mme de Staël lui confie une lettre pour Juliette, où elle avoue à son amie ses incertitudes sur son union possible avec lui et formule ce joli commandement à son amie : « Chère Juliette, qu'il m'aime et qu'il ne vous aime pas. » De Paris, Barante lui dit sans détour son « vif plaisir à voir Mme Récamier » mais la rassure : « Quant à Mme Récamier, à qui vous supposez des torts qu'elle n'a pas, je la vois peu ; elle craint qu'on vous mande qu'elle a de la coquetterie pour moi ; elle me blâme de ne pas m'être arrangé pour retourner à Napoléon-Vendée [La Roche-sur-Yon] sans passer par Paris ; elle a peur de vous et votre amitié lui est précieuse. »

Par la suite, les lettres de Prosper manifestent la même sensibilité attendrie, la même admiration pour son amie, mais il ne se lancera pas dans l'aventure d'un mariage avec elle. « Une sœur chérie », voilà le mot désespérant qu'il lâche le 26 mars pour préciser ce qu'il éprouve. Elle ne parvient pas à le rassurer. « Enfin, chère amie, lui écrit-il le 3 avril, je vous aime, je suis pénétré de l'affection que vous me montrez, je crois que votre caractère se modifierait comme déjà il s'est changé, qu'il perdrait quelque chose de son ardeur et de son inquiétude ; mais enfin, dans vos lettres toutes excellentes qu'elles sont, malgré le sentiment, l'abnégation qui me font tant d'effet, j'ai encore trouvé de quoi concevoir bien des alarmes. J'aime tant le repos [...] ; l'indépendance m'est une chose si précieuse, qu'il faut bien peu pour me donner de l'inquiétude. » En ce début de printemps, Mme de Staël comprend l'impasse dans laquelle elle s'est jetée. Scrupuleux, sincèrement épris d'elle, il l'a laissée espérer au-delà de ce qu'il était capable de vivre avec elle. Comme il le lui dit, ce n'est certes pas sa carrière qui fait obstacle ; ce qu'il ne lui dit pas c'est qu'elle lui fait peur, par sa personnalité écrasante, son anticonformisme, son âge aussi, sans doute. Pas plus que Benjamin il n'a renoncé à la douceur de la vie bourgeoise : Germaine était peut-être une femme exceptionnelle, mais elle ne ferait pas une bonne épouse.

Règlement de comptes

Charlotte de Hardenberg était-elle le modèle de la bonne épouse pour Benjamin Constant ? Il est sûr, en tout cas, que la « trop célèbre » l'attirait toujours et qu'il ne se fit pas vraiment prier pour revenir plus de trois mois à Coppet pour la saison 1809, sans craindre d'abandonner sa femme aux mains de ce docteur Koreff dont il pouvait pourtant se méfier, lui si jaloux. Charlotte était en droit de l'interroger sur ses volontés dans une lettre du 18 juillet : « Je me demande si tu recouvreras jamais cette indépendance sans laquelle ni toi ni moi ne pouvons être heureux. Et puis je crains qu'*elle* ne soit comme le paradis perdu, que tu passes ta pauvre vie à la regretter sans pouvoir le reconquérir. Alors je pleure sur nous deux. »

Mme de Staël lui avait fait promettre de tenir son mariage secret jusqu'à son départ pour l'Amérique. C'était une contrainte et une humiliation. À Paris, lui et sa femme ne devaient pas vivre ensemble et devaient mentir à ceux qu'ils fréquentaient. Du moins, la famille de Benjamin en Suisse fut mise au courant, d'abord par son père, et lui-même confirma. Il s'en explique dans une lettre du 17 juillet à Rosalie : « Quoique je ne déclare pas officiellement et par lettres circulaires mon mariage à tout le monde, cependant la lettre détaillée que j'ai écrite à Mme de Charrière prouve assez que ce n'est aucun motif relatif à ma femme ou à moi, qui me porte à cette négligence des formes. Cette lettre suffit pour éclairer les personnes de ma famille, et si en adoptant cette route j'ai pu conserver l'amitié d'une femme avec laquelle j'ai été lié 15 ans, et qui a de grandes et de nobles qualités, un beau talent et un esprit plein de grâce, je crois que l'avantage surpasse fort l'inconvénient. »

Constant a le souci de sa réputation et de celle de sa femme. Il explique donc à sa cousine et à sa tante que si Charlotte est loin de lui, à Paris, c'est qu'elle y a des affaires pécuniaires à régler avec son ex-époux Dutertre. Pour le qu'en-dira-t-on, les dîners en ville, il prie sa famille « d'annoncer la chose comme devant se faire et non comme faite ». Ajoutant : « S'il revenait par quelques-uns des Français qui sont à Genève, par les habitants de Saint-Jean par exemple, que la chose est faite, on ne concevrait pas à Paris la raison de mon absence et de sa dissimulation. » C'est acrobatique et Rosalie, volontairement ou non, lâche le morceau chez leur amie, Mme de Chateauvieux. Benjamin lui exprime sa peine : « Je parais tout à fait avoir manqué à ma parole d'honneur ; car on croit que je vous avais chargé de cette déclaration, et il est certain que, dans ce cas, je serais coupable d'une véritable perfidie... »

Rosalie et plus encore Mme de Nassau jugeaient scandaleux la tyrannie de Mme de Staël et le « méprisable esclavage » que leur cousin et neveu acceptait. Germaine se rend compte de la pression qu'exerce sa famille sur Benjamin, aussi se croit-elle tenue de plaider sa propre cause auprès de Mme Constance Cazenove d'Arlens, qui, de la famille de Benjamin, lui semble le membre le plus compréhensif : « Je sens bien que je n'ai pas de fierté dans ma conduite, mais quinze ans de liaison, mon départ prochain, de ce château où la mort est à droite et la trahison à gauche, l'exil, tout m'accable et j'ai tant pleuré, et j'ai tant pris d'opium qu'il ne reste de moi que de la bonté mais plus de force. » On ne doit pas oublier, dit-elle en substance, que j'ai été la dupe pendant près d'un an de Benjamin qui m'a dissimulé son mariage.

Cependant, toujours prête à saisir le moindre signe qui crée ou recrée l'illusion que rien n'est tout à fait perdu, elle se met en tête que Benjamin pourrait l'accompagner en Amérique, tout en confiant à Juliette Récamier sa crainte qu'il ne change d'avis en revoyant sa femme. Le prochain départ de Constant lui « brise le cœur » : « Son départ va renouveler dans huit jours ce qu'il y avait d'âpre dans ma peine. Enfin, vous qui pouvez tout sur les âmes, renouvelez-lui le désir d'aller en Amérique. Quelquefois je doute que cette alliance funeste [le mariage de Constant] soit légalement terminée. » Et Germaine de se raccrocher à l'affection de son amie : « Mon ange, dites-moi à la fin de votre lettre "je t'aime" : l'émotion que j'éprouverai par ce mot me fera croire que je vous presse sur mon cœur. » Après le départ de Benjamin, elle écrira encore à Juliette : « Il est parti depuis huit jours et je n'ai jamais de la vie éprouvé une convulsion de douleur pareille. »

Dans ses tentatives pour garder celui qui restera l'amour de sa vie, elle tente de prendre pour allié Juste Constant, lui faisant valoir qu'en raison des promesses anciennes de son fils elle est sa vraie femme. Sachant être obligeante, elle se met en quatre pour faire obtenir une place au demi-frère de Benjamin, Charles, lequel, après dix ans dans la Marine, a dû interrompre sa carrière en raison d'un bras estropié. De fait, elle obtient de Barante père, le préfet de Genève, un poste dans ses bureaux. C'était la meilleure façon de faire du père de Benjamin son allié. Mais, lui parti, ses illusions se dissipent ; l'Amérique avec lui n'était qu'un leurre : « Son manque de foi, quinze jours après m'avoir quittée, me fait craindre toute relation durable avec lui, désormais. » En même temps, elle veut le revoir. À cet effet, elle a un bon prétexte : régler le contentieux d'argent qu'elle a avec lui, la dette considérable qu'il lui doit formée des prêts à lui consentis, et dont la somme reste à définir.

À la fin de 1809, le mariage de Constant est légalisé, mais son arrivée à Coppet au début de février 1810 provoque l'indignation de Mme de Nassau : au lieu de régler ses affaires avec Mme de Staël en quelques jours, il s'attarde auprès d'elle jusqu'au début d'avril. Elle est beaucoup plus calme quand il arrive : de son propre aveu, le séjour de Prosper de Barante lui a fait grand bien. La note est à la mélancolie plus qu'à la querelle : « Nos esprits ne s'entendent que trop bien, confie-t-elle à Mme Récamier, mais depuis que nous ne nous querellons plus, nos âmes ne se touchent guère et chacun souffre à sa manière mais de son côté. » Pourtant, le nouveau départ de Benjamin la laisse déroutée. Elle n'a plus qu'un refuge : travailler, finir son livre, malgré son état de déréliction. Entre-temps, un accord financier a été signé entre elle et lui. Charlotte aurait voulu qu'il s'acquittât d'un coup de sa dette, estimée à 80 000 francs, mais ni lui ni elle n'étaient en mesure d'y parvenir. Le pacte signé sous seing privé engage Constant à réserver par testament la somme due soit à elle, soit à ses héritiers. Une solution qui n'a guère l'heur de plaire à Charlotte, puisque Benjamin reste et restera dépendant de sa débitrice.

Pour l'achèvement de son ouvrage, Mme de Staël pense depuis des mois à s'installer en France, à la distance prescrite par l'Empereur. En février 1810, Uginet, son homme de confiance, a signé un contrat avec le libraire Nicolle pour *De l'Allemagne*. L'impression des trois volumes prévus serait faite chez Mame, non pas à Tours comme il a souvent été écrit, mais à Paris. C'est pour se rapprocher de la capitale qu'elle choisit la région de Blois, où elle peut louer le château de Chaumont-sur-Loire, qui appartient à une connaissance de son père, James-Donatien Le Ray, qui vit alors aux États-Unis. Elle s'y installe le 24 avril 1810 et, tout en mettant la dernière main à son livre, le transforme en succursale de Coppet.

Le mariage de Napoléon et de Marie-Louise a eu lieu six semaines plus tôt, et Mme de Staël, une nouvelle fois, a dû renoncer à une grâce impériale. Toujours entreprenante, elle a pourtant eu l'idée de faire porter par son fils Auguste un exemplaire de sa brochure ancienne sur la défense de la reine Marie-Antoinette à l'ambassadeur d'Autriche à Paris, le prince de Schwarzenberg, espérant attirer la bienveillance de Marie-Louise d'Autriche : « Peut-être trouveriez-vous qu'il serait digne de l'illustre princesse qui va régner sur nous d'obtenir au moins l'amnistie pour les femmes [exilées], et surtout pour celle qui accepterait l'amnistie sans savoir quelle est sa faute. » Au début d'avril, elle avait déjà dépêché Auguste à Paris, d'abord pour régler la location de Chaumont, mais aussi pour tenter d'obtenir une nouvelle audience de Napoléon qui séjournait alors avec sa jeune épouse à Compiègne. En vain. Mme de Staël met désormais tous ses espoirs dans la bonne réception de son livre à paraître : ou bien elle obtiendra sa grâce et pourra de nouveau vivre à Paris, ou bien elle quittera la France pour l'Amérique – une Amérique qui dans son esprit n'est qu'une étape pour l'Angleterre inaccessible à partir des côtes françaises. Un passeport lui a été délivré par le ministre de la Police en janvier. Fouché, toujours assez bienveillant avec elle, autorise son séjour à Chaumont, bien que Napoléon, le 4 avril, lui ait rappelé sa volonté : « J'ai pris pour principe d'éloigner de Paris les personnes dont la présence y est absolument incompatible avec la tranquillité publique, avec la ferme résolution de ne point les y laisser revenir. » Corbigny, le préfet du Loir-et-Cher, annonce à Fouché l'arrivée de Mme de Staël à Chaumont, le 24 avril : « Elle compte y rester un ou deux mois, jusqu'à ce qu'un parlementaire [bateau américain autorisé à accoster en France], qui doit ramener des États-Unis le propriétaire du château de Chaumont, lui donne à elle-même le moyen de se rendre en Amérique. »

Coppet en Touraine

À Chaumont, elle bat le rappel des amis. Déjà, sur le chemin, elle a cueilli Prosper de Barante qui l'attendait à Blois et qui restera auprès d'elle une petite semaine, en compagnie d'Albert et Albertine qui ont accompagné leur mère. Prosper ne pourra plus revenir à Chaumont mais lui et Germaine se reverront deux ou trois jours, au début de juin, à Saumur, où ils rumineront les raisons d'un mariage possible et improbable.

Pendant cinq mois, les visiteurs se succèdent, à Chaumont puis à Fossé quand il lui faudra déménager. Les fidèles sont là : Schlegel, Juliette Récamier, Elzéar de Sabran, Mathieu de Montmorency... Benjamin Constant lui-même, fort d'un bon prétexte pour Charlotte : il doit à Mme de Staël d'être présent au moment où elle termine un ouvrage sur lequel ils ont, elle et lui, échangé tant d'idées ; il reste à Chaumont environ six semaines, sa femme, désespérant de le voir remettre régulièrement la date de son retour. De nouvelles têtes apparaissent, le baron de Balk, ancien plénipotentiaire russe habitué du salon de Mme Récamier, un musicien napolitain, Pertosa, qui donne des leçons de musique à Albertine, Fanny Randall, jeune dame de compagnie anglaise qui s'occupe d'Albertine, un ancien émigré, Adalbert de Chamisso, recruté par Schlegel pour l'aider dans la traduction de son *Cours* en français. Le bottin mondain s'enrichit chaque semaine, la baronne d'Escars et sa fille, le comte russe Carl-Robert de Nesselrode, attaché d'ambassade à Paris, son compatriote le prince Tuffiakin... Claude-Ignace de Barante et ses enfants Anselme et Sophie, ainsi que Mme d'Hémard qui s'occupe d'eux, allant d'Auvergne en Vendée, y font une halte prolongée. Le préfet de Blois lui-même trouve grand plaisir à se rendre au château de Chaumont, de même qu'il lui arrive de recevoir Mme de Staël et quelques-uns des siens à sa table.

Comme aux plus belles heures de Coppet, la brillante compagnie partage son temps entre le travail, les discussions, les jeux, la musique, le marivaudage. Seul le théâtre fait défaut, mais Mme de Staël, source inépuisable de tirades irrésistibles, est une scène à elle seule. Il est de ces journées ou de ces soirées qui prennent l'allure de fêtes galantes. Rien ne l'atteste mieux que le jeu de la « petite poste » auquel la compagnie se livre après le souper. Cela consiste à dialoguer par écrit sans mot dire avec la personne de son choix : on lui adresse un billet succinct et bien plié ; elle répond par la même voie, et l'échange se poursuit. On y fait assaut de bons mots, de madrigaux, de déclarations plus hardies. Plus tard, dans les jardins, on sera plus explicite dans « l'allée des explications » ou dans « l'allée des consolations ».

Les donneurs de sérénades
Et les belles écouteuses
Échangent des propos fades
Sous les ramures chanteuses.

Les petits billets entre Mme de Staël et Chamisso ne manquent pas de piquant. Comme elle l'interroge sur sa patrie, lui qui est un Français de culture allemande, il lui répond :

« Je suis Français en Allemagne et Allemand en France, catholique chez les protestants, protestant chez les catholiques, philosophe chez les gens religieux, et cagot chez les gens sans préjugés, homme du monde chez les savants, et pédant dans le monde, Jacobin chez les aristocrates, et chez les démocrates un noble, un homme de l'ancien régime, etc., etc., etc. Je ne suis nulle part de mise, je suis partout étranger. Je voudrais trop étreindre, tout m'échappe. Je suis malheureux... Puisque ce soir la place n'est pas encore prise, permettez-moi d'aller me jeter la tête la première dans la rivière. »

Schlegel, un peu jaloux de l'attention qu'accorde Mme de Staël à Chamisso malgré sa pipe malodorante et ses manières cavalières, badine avec Juliette. Il lui propose de lui donner des cours d'anglais, ce qu'elle accepte, et de se déclarer par petits papiers ; la coquette se prête au jeu :

« Croyez-vous que je suis la femme du tourment ou la femme du désir ?

« – Vous êtes une femme céleste un peu déguisée pour en être plus charmante.

« – M'aimez-vous ?

« – Si j'osais...

« – Osez !

« – J'ose... ensuite ?

« – Je vous dirais, Monsieur, que je ne peux pas me compromettre *par écrit*. Mais si vous voulez venir causer avec moi ce soir, je vous dirai ce que j'en pense.

« – Je viendrai pour être éconduit. Aussi bien j'y suis habitué. »

Le badinage est devenu une langue commune dans cette « atmosphère de passion » (mot de Barante) où chacun cherche sa chacune et inversement. Le jeune Auguste de Staël tombe amoureux, lui aussi, de Juliette. Sa mère s'en amuse d'abord avant de s'en inquiéter, tant son fils éprouve de la passion pour son amie qui en est troublée, mais qui risque de le rendre très malheureux. Elle-même est passablement attirée par Chamisso, mais plus encore par le baron de Balk, ancien chambellan du tsar. Il me fait la cour, dit-elle, « pour se consoler d'avoir été quitté par sa femme ». Il lui fera la promesse de la rejoindre à Coppet quand elle y retournera.

Pour le moment, elle est toujours résolue à partir, elle le répète aux siens depuis des mois : l'Amérique, à moins que, son livre paru, ses enfants puissent obtenir de l'Empereur son « rappel », c'est-à-dire la levée de son interdiction de séjour. Au mois de juillet, un terrible fait divers alimente son livre en cours d'achèvement (au chapitre VI sur la douleur, quatrième partie). Elle vient d'apprendre la mort dramatique de la princesse Pauline de Schwarzenberg, belle-sœur de l'ambassadeur autrichien, qui l'avait reçue à Vienne. Dans la nuit du 1er au 2 juillet, un incendie avait éclaté dans un pavillon que l'ambassadeur avait fait construire dans le jardin de son hôtel pour y donner un grand bal en présence de Napoléon et de Marie-Louise. La panique s'ensuivit, on compta de nombreux blessés et plusieurs morts. La princesse Pauline, précipitée dehors avec la foule mais persuadée que sa fille était restée dans le pavillon en flammes, avait voulu affronter le brasier pour sauver son enfant, ne sachant pas que celle-ci était sortie. Son acte d'héroïsme lui avait coûté la vie. « Ah ! tout ce qu'il y a d'horrible dans ce tableau est adouci par les rayons de la gloire céleste. Cette généreuse Pauline sera désormais la sainte des mères… »

Cependant, le séjour à Chaumont est écourté par le retour d'Amérique plus tôt que prévu du propriétaire, dans la première décade du mois d'août. Le Ray donne le temps à Mme de Staël de chercher une autre résidence, ce qui se fait assez rapidement, puisque dès le 18 août elle peut emménager à Fossé, dans un château moins prestigieux appartenant à un ami (que d'amis !), le comte de Salaberry. Elle en tient ainsi informé le baron de Voght alors en voyage :

« M. Le Ray est arrivé d'Amérique, et rien n'était plus bizarre que l'étonnement de sa femme en trouvant la maison tout occupée. Je n'y étais pas dans ce moment : j'étais sortie avec ses chevaux. Et quand elle demandait sa voiture, on lui disait que je l'avais prise ; sa chambre, on lui disait que j'en avais la clef. Enfin, un Napolitain qui est chez moi, lui jouait de la guitare, ce qui est assurément bien consolant et Schlegel, en excellent homme, se mettait en quatre, tandis qu'il fallait se mettre quatre en un pour tenir moins de place. Enfin, il résulte de tout cela qu'un autre ami nous loge près de Blois. [...] Nous partons demain en caravane pour cet autre lieu d'exil. »

À Fossé, la farandole continue, avec les mêmes, d'autres, ceux qui arrivent, ceux qui passent, ceux qui reviennent : le colloque sentimental le dispute au débat intellectuel. Mme de Staël a achevé d'écrire son livre, lorsqu'elle donne de ses nouvelles à Mme d'Hémard : « Mon ouvrage est fini. Les deux premiers volumes sont censurés [c'est-à-dire visés par la censure], et j'attends le troisième. Je compte donc partir les premiers jours d'octobre pour Nantes. Là j'attendrai l'effet de mon livre, et je partirai de là soit pour Rouen, soit pour Morlaix [il y a encore un trafic entre Morlaix et l'Angleterre]. Vous comprenez pourquoi je choisis Nantes : j'y apercevrai quelquefois Prosper [...]. J'écris à l'Empereur, en lui envoyant mon livre. Si j'obtenais seulement dix lieues, je resterais, mais si je n'obtiens rien, je partirai. »

Rien n'allait se passer comme elle l'avait prévu.

Le pilon

Le 7 mai 1810, le libraire-éditeur Nicolle dépose à la censure les épreuves du premier des trois volumes prévus de l'ouvrage de Mme de Staël, *De l'Allemagne*. Un décret du 5 février précédent organisait rigoureusement la censure. Un directeur général de la Librairie – au moment où Mme de Staël écrit son livre il s'agit de Portalis – a le pouvoir de surseoir à l'impression d'un ouvrage dont la communication préalable a été faite à des censeurs. Au vu de leur rapport, le directeur peut exiger des modifications ou des suppressions. En cas de refus de l'auteur, l'ouvrage est interdit. Un droit d'appel est possible, entraînant la mise en examen de l'ouvrage par un nouveau censeur et une décision définitive du directeur de la Librairie.

Nicolle, pressé de publier *De l'Allemagne*, se hasarde à brûler une étape : plutôt que de soumettre le manuscrit, il présente à la censure des épreuves – ce qui est prendre un risque financier, mais Nicolle est confiant : en quoi ce livre gênerait-il le pouvoir ? Les proches de l'auteur le connaissent déjà assez bien. Le 1er juillet, Benjamin Constant en parle avec ferveur à Prosper de Barante : « Une personne qui est bien loin d'être éteinte, c'est notre amie de Chaumont. Son talent est plus beau qu'il ne l'a jamais été. Je ne connais rien d'égal à quelques parties et à tout le troisième volume de son ouvrage actuel. J'espère qu'elle l'aura bientôt achevé. C'est un superbe monument du 19e siècle, le dernier peut-être. » Tout s'annonce bien, et Nicolle remet le 8 août le deuxième volume à la censure. Il commet cependant une imprudence en communiquant un jeu d'épreuves à son ami Antoine Roux-Laborie, homme de confiance de Talleyrand alors en disgrâce : les lectures qu'il fait dans son salon sont connues de la police et vont contribuer à rendre le livre suspect. Pour l'heure, le censeur a exigé quelques modifications dans le premier volume, qu'accepte Mme de Staël, tandis que le deuxième est autorisé sans changement.

Pendant ces semaines passées à Chaumont et à Fossé, elle est l'objet d'une surveillance accrue. Simone Balayé, qui a étudié de près les relations entre « Madame de Staël et le gouvernement impérial en 1810 » (*Cahiers staëliens* n° 19), nous a laissé un florilège de bulletins de police qui montrent comment elle est espionnée au jour le jour, à l'insu souvent du préfet de Corbigny qui a la charge officielle de cette surveillance. Ainsi, le 7 septembre :

« Mme de Staël, qui habite Fossé, est venue à Blois pendant la durée de la foire. Elle s'y est montrée au spectacle et quoiqu'elle fût sans Mme Récamier, elle y a produit une sensation qui s'est continuée et propagée jusqu'à la promenade publique, où son cortège s'est tellement grossi que l'on montait sur les chaises pour l'apercevoir. Cet empressement n'était pas seulement l'indiscrétion d'une foule curieuse. Ce que la province offre de plus remarquable en gens d'une opinion indiscrète réunis à Blois a fourni l'entourage de cette dame. C'était à qui l'approcherait et lui rendrait les moindres services. Le législateur Pardessus [un membre du Corps législatif], après contestation avec M. de Salaberry, est enfin resté possesseur de l'assiette où reposait la tasse de glace de cette dame. »

Une affaire de soucoupe qui en dit long sur la popularité de Mme de Staël et, partant, sur la méfiance d'un pouvoir politique qui ne supporte plus la moindre opposition dans sa volonté d'unifier les esprits. Ce genre de rapport est fait pour le ministre de la Police. Or, depuis le 3 juin, Fouché, qui s'était montré rassurant, a été remplacé par le général Savary, duc de Rovigo, une belle figure de butor zélé, aux yeux duquel Corbigny, le préfet du Loir-et-Cher, devient vite suspect de complaisance à l'égard de l'exilée.

Le 15 septembre, les épreuves du troisième volume sont soumises à la censure. Mme de Staël, le 17, l'annonce à l'une de ses correspondantes : « C'est dans 15 jours que mon livre doit paraître et c'est alors que je saurai ce que je ferai. » La clémence de l'Empereur ou l'Amérique. Elle a confiance ; Nicolle est rassurant ; Portalis ne lui veut aucun mal. Elle décide d'envoyer un exemplaire de son ouvrage sur épreuves à Napoléon, accompagné d'une lettre où elle réitère sa demande de grâce. Cette lettre, qui est confiée avec le jeu d'épreuves à Juliette Récamier repartant pour Paris, et dont le contenu sera reproduit dans les *Mémoires d'outre-tombe* de Chateaubriand, ne sera jamais transmise au destinataire, car un événement inattendu allait changer le cours des choses. Napoléon détenait déjà *De l'Allemagne* et avait pris connaissance de son contenu.

Ayant mis fin à la correction de la dernière épreuve de son livre le 23 septembre, Mme de Staël, la conscience sereine, part en compagnie d'Albert et de Salaberry visiter la Gaudinière, terre de Mathieu de Montmorency, à une quinzaine de kilomètres de Blois. Le lendemain, ils se perdent avec Mathieu lors d'une promenade dans le Vendômois. Un jeune cavalier qui les croise les invite à passer la nuit chez sa mère, au château de Conan. Dans la nuit, Auguste, parti à leur recherche et apprenant qu'ils passent la nuit au château de Conan, fait réveiller Mathieu pour l'avertir que l'ouvrage de sa mère a été saisi et mis sous scellés. Le coup ne vient pas de Portalis et de la censure, mais du ministre de la Police sur ordre de Napoléon. Le duc de Rovigo avait écrit cette lettre au préfet Corbigny le 24 septembre :

« Mme de Staël se trouve dans votre arrondissement, Monsieur, par suite de la résolution qu'elle a prise de se rendre aux États-Unis. Il lui a été accordé sur sa demande un passeport pour cette destination et ce n'est que sur ce motif qu'elle a été autorisée à quitter Coppet. Il est nécessaire que cette dame suive sa route, à moins qu'elle ne préfère retourner à Genève ou à Coppet. Dans les deux cas, vous viserez son passeport pour l'une ou l'autre de ces dernières villes, ou pour le port où elle jugera à propos de s'embarquer ; mais vous lui enjoindrez expressément de partir dans les quarante-huit heures. Cet ordre n'admet aucune exception et vous tiendrez la main à ce qu'il soit exécuté très exactement ; vous m'informerez sans le moindre délai de la direction que Mme de Staël aura choisie. Je vous charge aussi de vous faire remettre par Mme de Staël le manuscrit et les épreuves qu'elle pourrait avoir de l'ouvrage qu'elle fait imprimer actuellement à Paris. Vous me rendrez un compte circonstancié de l'exécution prompte de ces ordres. »

Ainsi, Portalis a été court-circuité. Des épreuves du livre sont parvenues à Rovigo, et Napoléon s'en est personnellement occupé. Le directeur de la Librairie, vexé, se plaint à son ministre Montalivet. Mais, dans sa lettre, il ne défend nullement *De l'Allemagne*, dont il dénonce le « mauvais esprit ». Il est improbable cependant que, dans son rapport final, Portalis ait préconisé la saisie puis la suppression de l'ouvrage. Les avis des censeurs, déposés aux Archives nationales, sont sévères sur bien des points mais ne concluent nullement à l'interdiction du livre. Mme de Staël est victime d'une décision personnelle de l'Empereur.

Au château de Fossé, pendant que Mme Staël et les autres se trouvaient à Conan, Auguste, Fanny Randall et même le préfet s'affairent au sauvetage du manuscrit. Corbigny paiera chèrement la sympathie active qu'il manifeste à Mme de Staël, notamment dans ses rapports au ministre de la Police : il sera un peu plus tard destitué. Pour l'heure, le 28 septembre, la suppression du livre saisi n'est pas encore décidée. Risquant le tout pour le tout, Mme de Staël écrit une nouvelle lettre à l'Empereur en même temps qu'à Rovigo. Auguste est chargé de porter ces lettres à Paris où il arrive le 29.

Consultant Regnaud de Saint-Jean-d'Angély – dignitaire impérial resté en bons termes avec Mme de Staël –, Auguste recueille des conseils sur les modifications à apporter à la lettre de sa mère à l'Empereur. Le 1er octobre, il dépêche son frère, qui, à cheval, regagne Fossé le lendemain avec les corrections conseillées ; sa mère rédige une troisième lettre à Napoléon, qu'elle confie à Albert reparti en diligence dès le soir du 2 octobre :

« En quittant ma patrie, ce qu'il m'en coûte en renonçant à ma langue native dont les accents me sont si chers et si doux, si je peignais à Votre Majesté ce qu'éprouve une femme en se séparant des amis de toute sa vie, de ces amis qu'elle craint de compromettre en restant, et qu'il lui est affreux de quitter, Sire, je suis sûre que vous auriez pitié de moi. Souvent quand je suis seule j'adresse dans ma pensée à Votre Majesté des plaintes si vraies sur mon sort qu'il me semble quelquefois que je l'entends me répondre qu'elle en est touchée.

« Si je revenais à Paris je me vouerais à composer quelques pièces de théâtre telles que je les conçois. Si je réussissais, il y aurait un talent de plus dans le siècle de Napoléon ; si j'échouais, à qui cela ferait-il du mal ? Enfin je ne connais pas d'existence plus inoffensive que la mienne et je ne puis me persuader que si je parlais à Votre Majesté elle ne lirait pas au fond de mon cœur comme moi-même. Sire, j'ose me flatter, je le répète, que ce que j'ai à dire à Votre Majesté captiverait son attention au moins quelques instants. Quel inconvénient donc peut-il y avoir à cet entretien, quelle que soit l'issue ? J'ose vous réclamer pour juge, Sire, puisque il s'agit de savoir non ce que j'ai fait mais ce que je suis. J'ose vous réclamer pour juge au moment où va se décider le sort de ma famille et le mien. Louis IX écoutait jadis lui-même le moindre de ses sujets. Ne rejetez pas, Sire, cet ancien et noble exemple. Je sens que je me soumettrai même à mon expatriation si vous ne la prononcez qu'après avoir daigné m'entendre. »

C'est une lettre typique du pouvoir extraordinaire que Germaine de Staël accorde à la parole : qu'on l'écoute et chacun sera convaincu !

Parallèlement, elle écrit à la reine Hortense [fille de Joséphine] pour être soutenue par elle dans sa demande d'entretien, en lui précisant qu'elle a fait imprimer son livre en France alors qu'elle aurait pu le faire en Allemagne et que, si elle n'avait pas cité l'Empereur dans son étude, c'est qu'elle n'avait pas voulu faire un éloge qui eût paru intéressé : « Je demande une demi-heure d'audience à l'Empereur avant de m'embarquer. Je suis sûre que je lui apprendrai, sur ma situation actuelle, et sur mes résolutions futures, mille choses qu'il ignore, et je ne suis croire que, s'il savait la vérité, il ne changeât pas sur mon compte. [...] Si d'ailleurs je n'obtenais rien de cet entretien, je partirais après, triste mais résignée, puisque du moins je ne croirais pas que mes ennemis seuls se soient fait entendre de l'Empereur. »

Ces lettres parvinrent-elles à leurs destinataires ? On ne sait. Elles étaient de toute façon inutiles : la décision de détruire l'ouvrage venait d'être prise. D'abord saisi, suspendu, *De l'Allemagne* devient un livre interdit, dont les sbires du pouvoir napoléonien vont s'efforcer de faire disparaître toute trace. Grâce à ses enfants, à ses proches, à ses amis, Mme de Staël, disposant de plusieurs copies de son livre, saura mettre à l'abri le manuscrit et les épreuves qu'elle avait pu conserver. Auguste, qui plaide encore pour sa mère, le 3 octobre, auprès de Rovigo, sort de son entretien effondré : il n'y aura pas de rémission. Ce même jour, le ministre de la Police rend compte à Mme de Staël de la décision de pilonner son ouvrage – une lettre qu'elle se fera un plaisir de publier dans sa préface à *De l'Allemagne*, quand son livre pourra être édité en Angleterre en 1813 :

« J'ai reçu, Madame, la lettre que vous m'avez fait l'honneur de m'écrire. Monsieur votre fils a dû vous apprendre que je ne voyais pas d'inconvénients à ce que vous retardassiez votre départ de sept à huit jours : je désire qu'ils suffisent aux arrangements qui vous restent à prendre, parce que je ne puis vous en accorder davantage.

« Il ne faut point rechercher la cause de l'ordre que je vous ai signifié dans le silence que vous avez gardé à l'égard de l'Empereur dans votre dernier ouvrage, ce serait une erreur, il ne pouvait pas y trouver de place qui fût digne de lui ; mais votre exil est une conséquence naturelle de la marche que vous suivez constamment depuis plusieurs années. Il m'a paru que l'air de ce pays-ci ne vous convenait point, et nous n'en sommes pas encore réduits à chercher des modèles dans les peuples que vous admirez.

« Votre dernier ouvrage n'est point français ; c'est moi qui en ai arrêté l'impression. Je regrette la perte qu'il va faire éprouver au libraire, mais il ne m'est pas possible de le laisser paraître.

« Vous savez, madame, qu'il ne vous avait été permis de sortir de Coppet que parce que vous aviez exprimé le désir de passer en Amérique. Si mon prédécesseur vous a laissé habiter le département de Loir-et-Cher, vous n'avez pas dû regarder cette tolérance comme une révocation des dispositions qui avaient été arrêtées à votre égard. Aujourd'hui vous m'obligez à les faire exécuter strictement, et il ne faut vous en prendre qu'à vous-même.

« Je mande à M. Corbigny de tenir la main à l'exécution de l'ordre que je lui ai donné, lorsque le délai que je vous accorde sera expiré.

« Je suis aux regrets, madame, que vous m'ayez contraint de recommencer ma correspondance avec vous par une mesure de rigueur ; il m'aurait été plus agréable de n'avoir qu'à vous offrir des témoignages de la haute considération avec laquelle j'ai l'honneur d'être, Madame, votre très humble et obéissant serviteur,

« Le duc de Rovigo. »

Dans un post-scriptum, le ministre de la Police indique à Mme de Staël les noms des ports autorisés pour son embarquement : Lorient, La Rochelle, Bordeaux et Rochefort. Les ports de la Manche lui sont fermés, le départ pour l'Angleterre interdit. Finalement, elle renonce à l'Amérique ; ce n'est pas la saison pour traverser l'Atlantique avec Albertine ; elle rentre à Coppet. Elle renonce aussi à revoir Prosper à Saumur : rendez-vous trop dangereux pour lui ! En chemin, elle revoit en revanche Benjamin, accompagné de Charlotte, à Briare, et, si sujette à l'illusion, elle croit l'impossible : « Mes deux jours à Briare, écrit-elle à Juliette, ont été bien singuliers. J'y ai acquis la preuve, mais la preuve la plus complète que Benjamin m'aimait toujours, et qu'il était malheureux avec sa dame, et elle avec lui. » Mais Benjamin repart, peut-être pour toujours, et Prosper est inaccessible. Alors, elle jette son dévolu sur ce nouvel ami, le baron de Balk, qui lui a promis de la rejoindre à Coppet. À trente-trois ans, il présente à ses yeux les qualités du gentilhomme idéal : l'esprit chevaleresque, le courage, l'enthousiasme, mais aussi la sensibilité poétique et religieuse. Un portrait qui n'aurait pas reçu l'aval de Barante, lequel, un rien jaloux, ne manque pas dans ses lettres à Germaine de Staël d'en tracer un tout autre : « Voilà un des hommes les plus vides et les plus ennuyeux que j'aie rencontrés. » Mme de Staël a d'autres yeux ; elle écrit au baron balte depuis Orléans : « Si vous voulez que je sois heureuse, ne me séparez plus de vous ; je ne suis pas tranquille loin de vous. » Ultime illusion : Balk, le gentilhomme, ne la rejoindra pas. Il prétexte des ennuis de santé mais, au vrai – et elle n'en était pas dupe –, il préfère Paris et Mme Récamier plutôt que Coppet et sa châtelaine assignée à résidence.

Le 14 octobre 1810, le bulletin de police informe : « On a commencé aujourd'hui à mettre au pilon le 145e ballot de feuilles de l'ouvrage de Mme de Staël. Les planches et formes ont été rompues le 11 chez l'imprimeur, en présence de l'inspecteur général et d'un commissaire de police qui sont proposés à l'opération de pilonnage. Les mesures sont prises pour qu'il n'en reste pas une seule feuille. »

Mme de Staël rembourse à Nicolle les 15 000 francs qui lui ont été versés pour *De l'Allemagne*, ce qui n'empêche pas l'imprimeur de faire faillite à la fin de l'année. L'ouvrage de Mme de Staël n'y a contribué que pour partie ; le régime impérial a déclaré la guerre aux « livres frondeurs » et aux « brochures séditieuses ». L'ordre règne, de Paris à Varsovie.

23

De l'Allemagne

Que pouvait-il y avoir de si sulfureux dans un ouvrage qui avait pour objectif de présenter la culture allemande aux Français ? Les censeurs n'avaient demandé à l'auteur que quelques suppressions de phrases ambiguës, de formulations regrettables. Napoléon, après avoir pris connaissance personnellement du livre, ne fut pas enclin à tant de mansuétude en faveur d'une femme qu'il n'avait cessé de considérer comme une dangereuse opposante. Il ne manquait pas d'arguments.

Il y avait d'abord cette étrange absence de l'Empereur lui-même dans la présentation d'une Allemagne qu'il avait pourtant su remodeler ; à laquelle il avait apporté les Lumières, le Code civil, la modernité. Plus tard, Henri Heine dira son admiration pour cet homme à cheval qui, à ses yeux, libérait l'Allemagne de la féodalité. Rien, on ne trouvait rien de Napoléon dans ce livre.

Plus grave, le censeur avait raison, dans ce livre le lecteur pouvait détecter nombre d'allusions au despotisme napoléonien. Le portrait de Frédéric II ne fait-il pas penser à l'Empereur ? Soit par antithèse, quand Mme de Staël vante le régime de liberté que le roi prussien a su établir en Allemagne du Nord ; soit par rapprochement, quand elle parle de la « conquête machiavélique » de la Pologne. Mais c'est surtout dans ses analyses des pièces de théâtre que les allusions abondent. Ainsi le portrait de Charles Quint dans le *Luther* de Zacharias

Werner : « Cet homme gigantesque [...] ne recèle point de cœur dans sa terrible poitrine. La foudre de sa toute-puissance est dans sa main ; mais il ne sait point y joindre l'apothéose de l'amour. Il ressemble au jeune aigle qui tient le globe entier dans l'une de ses griffes, et doit le dévorer pour sa nourriture. » Chez le même Werner, elle relève un portrait d'Attila, qui se croit « l'instrument des décrets du ciel ». Et comment ne pas voir une allusion à l'assassinat du duc d'Enghien dans *Le Comte d'Egmont* de Goethe ou dans la *Marie Stuart* de Schiller : « Un gouvernement est toujours digne d'estime quand il n'abuse point de son pouvoir, et ne sacrifie jamais la justice à son intérêt. » Autant de sentences accusatrices.

Le régime de censure l'a obligée à glisser la critique entre les lignes, et à employer un discours contenu. Mais la comparaison entre l'Allemagne et la France lui permet de mettre en évidence le déclin d'une culture stérilisée par le despotisme en vantant les libertés qui, à Weimar et à Berlin, sont les conditions d'une vie littéraire et théâtrale intense. Napoléon a voulu recommencer un « siècle de Louis XIV » par la restauration d'un classicisme redevenu doctrine officielle des arts et des lettres. Une culture figée, des écrivains enrégimentés, des critiques aux ordres, la création étouffée. Par contraste, elle vantait l'Allemagne comme le foyer le plus fécond des formes et des idées nouvelles. C'était une insulte jetée aux artisans de l'idéologie napoléonienne ; une injure faite à la France que de montrer en exemple les écrivains d'un pays vaincu. Et de surcroît, refaire, comme dans *Corinne*, l'apologie de l'Angleterre dont la « supériorité décidée » est due à une constitution libérale – « L'exemple de l'Angleterre et de l'Amérique nous apprend qu'il suffit des institutions libres pour développer l'intelligence et la sagesse du peuple » – c'était insupportable. L'esprit de liberté irradie dans tout le livre. Un passage, du reste coupé par les censeurs de Portalis sur les épreuves de 1810, était un appel aux écrivains à ne pas transiger : « Dès qu'on se met à négocier avec les circonstances, tout est perdu, car il n'est personne qui n'ait des circonstances. Les uns ont une femme, des enfants, ou des neveux, pour lesquels il faut de la fortune ; d'autres ont besoin d'activité, d'occupation, que sais-je, une quantité de vertus qui nous conduisent à la nécessité d'avoir une place à laquelle soient attachés de l'argent et du pouvoir. »

Traitant dans un autre chapitre des religions, elle défend la supériorité du protestantisme, qui, selon elle, réussit à unir la raison à la croyance par le libre examen : « Le droit d'examiner ce qu'on doit croire est le fondement du protestantisme. » C'est cette religion, celle de son père, qui est la mieux disposée à réconcilier les Lumières et la foi. Cette apologie de la religion protestante ne pouvait qu'indigner l'Empereur, qui, au moyen du Concordat, a voulu fonder l'ordre social sur une religion catholique fermée au libre examen, source de toutes les contestations – religion dans laquelle il voyait un pilier de l'ordre.

Le pire était sans doute aux yeux de Napoléon l'appel en filigrane lancé aux Allemands de se rassembler en État-nation : « Ils négligeaient la grande puissance nationale qu'il importait tant de fonder au milieu des colosses européens. » Elle ne pouvait pas parler du *Discours à la nation allemande* de Fichte écrit en 1806 après la défaite d'Iéna et qui passera pour un manifeste national : la censure l'eût interdit. Mais elle revenait sans cesse sur la nécessité pour les Allemands d'en finir avec le morcellement historique, féodal, et finalement humiliant de leur pays : « Les Allemands sont Saxons, Prussiens, Bavarois, Autrichiens ; mais le caractère germanique, sur lequel devrait se fonder la force de tous, est morcelé comme la terre même qui a tant de différents maîtres. » À mots couverts, elle donne une leçon de conscience nationale aux Allemands, sans pouvoir citer les écrivains patriotes et souvent francophobes, Fichte, mais aussi Gentz, Arndt, Stein, et son ami Schlegel (à la même époque l'occupation française éperonne le nationalisme allemand). Goethe dira en 1814, en lisant *De l'Allemagne*, que cet ouvrage, s'il avait paru en 1810, aurait fortement contribué à former les esprits de la guerre de libération. On comprend le mot de Rovigo, selon lequel ce livre n'était « pas français ».

Au demeurant, Mme de Staël n'avait pas voulu écrire un manifeste politique. Son livre était d'abord conçu comme une initiation à une culture allemande qu'elle avait découverte avec éblouissement. Les Français, qui connaissaient rarement l'allemand, étaient alors trop pénétrés d'une conviction de supériorité qu'attestait le fait que leur langue était parlée de Lisbonne à Saint-Pétersbourg, tandis que l'allemand leur paraissait un idiome inintelligible, d'une lourdeur qui déforme la mâchoire. L'exemple de Frédéric II de Prusse montrait à l'envi l'adhésion des élites allemandes à l'hégémonie française : « Frédéric II, écrit Mme de Staël, aurait voulu que la littérature française fût la seule de ses États. Il ne faisait aucun cas de la littérature allemande. » Il avait l'intention « de rendre Berlin à peu près semblable à Paris ». Mais elle ajoutait : « Frédéric a fait un mal terrible à son pays, en professant du mépris pour le génie allemand. » Avec et après la Révolution française, les émigrés auraient pu être des médiateurs entre l'Allemagne et la France. À de rares exceptions près, il n'en fut rien : à l'instar du comte d'Erfeuil dans *Corinne*, ces Français hors de chez eux restaient imbus de leur supériorité culturelle et ne manifestèrent aucune véritable curiosité pour les lettres allemandes. Peu d'ouvrages allemands circulaient en France même, les traductions étaient rares ou médiocres. Charles de Villers, qui avait aidé à initier Mme de Staël à l'Allemagne, est une exception : par ses ouvrages, la philosophie de Kant avait été introduite et avait connu quelque succès sous le Directoire. La guerre avait éteint cette petite flamme ; les conquêtes napoléoniennes, renforcé la suffisance et l'arrogance des Français. Si bien que, au moment où Mme de Staël conçoit, rédige et tente de publier son ouvrage, l'Allemagne – cette Allemagne qu'elle a visitée, ces grands écrivains qu'elle a rencontrés, cette « patrie de la pensée » qui doit renouveler en profondeur le cours de la philosophie et de la littérature – reste profondément ignorée ou méprisée. Demeurée fidèle à l'esprit des Lumières, elle n'accepte pas tout l'héritage du XVIIIe siècle : la raison raisonnante a desséché la puissance du sentiment, tari les sources de la religion, et favorisé une philosophie matérialiste qui a plongé « l'univers et l'homme dans les ténèbres ». Il faut renouer avec les sources de la sensibilité, et l'Allemagne doit y aider.

Elle n'est certes pas le premier écrivain de langue française à parler de l'Allemagne, mais ceux qui ont écrit avant elle, qui l'ont inspirée – Charles de Villers par exemple –, ne sont pas des auteurs connus. La célébrité de Mme de Staël ajoutée à son talent pédagogique, voire son esprit de système, fait d'elle le passeur idéal. Elle a recueilli ses informations au cours de ses voyages, dans les conversations qu'elle a eues à Weimar, Berlin, Vienne ; elle s'est faite l'élève de Guillaume Schlegel et de Charles de Villers, elle a entendu et lu Chamisso, comme elle a profité des idées et des conseils qui lui ont été prodigués par ses hôtes de Coppet.

Que nous dit-elle ? Son ouvrage n'est pas une apologie inconditionnelle de l'Allemagne. Ainsi, elle déplore que les clivages sociaux séparent les groupes : « Les nobles y ont trop peu d'idées, et les gens de lettres trop peu d'habitude des affaires. » Il en résulte une certaine lourdeur, la primauté en société des « révérences respectueuses », d'une « politesse remplie de formalités », des « phrases convenues ». Dans ces salons où l'on se transporte plusieurs soirs par semaine, dans ces dîners où l'on reste trois heures à table, on ne parle pas, on « gazouille », on échange un cliquetis de mots sans idée. Dans les classes populaires, la routine domine : « Les poêles, la bière et la fumée forment autour des gens du peuple en Allemagne une sorte d'atmosphère lourde et chaude dont ils n'aiment pas à sortir. » L'Autriche, elle, après Joseph II, est retombée dans une certaine médiocrité passablement encouragée par l'esprit du catholicisme : paresse de l'esprit, tranquillité profonde des jouissances domestiques, prospérité du peuple de Vienne, bien-être physique, aucun désordre, pas de mendiant dans les rues... On entend à peine les voix de la multitude qui, chaque soir, se rassemble au Prater, « tant sa joie est silencieuse ».

Ce qui frappe ainsi Mme de Staël, c'est l'inaptitude des Allemands à la conversation. Ils ne sont capables en compagnie que de banalités ou de politesses insipides ou que de savants exposés qui lassent. Or un lien existe entre la sociabilité et l'écriture. Notre auteur juge que l'art de la conversation, qu'elle maîtrise elle-même au plus haut degré, profiterait à la clarté des livres et les mettrait à la portée du grand nombre. Plus loin, elle émettra le regret que les philosophes allemands – si admirés par elle par ailleurs – se montrent si souvent opaques. Ce phénomène, avant tout social – la séparation des créateurs et des élites –, est encore renforcé, juge-t-elle, par la langue allemande elle-même : « L'allemand se prête beaucoup moins à la précision et à la rapidité de la conversation. Par la nature même de sa construction grammaticale, le sens n'est ordinairement compris qu'à la fin de la phrase. » Il s'ensuit que les interruptions, qui font le piquant de la conversation en français, sont interdites. Points de bons mots, mais des développements, des démonstrations, une surcharge de formules d'où l'ennui jaillit.

Cependant, ce défaut de sociabilité a son pendant positif. Elle vante le travail et la réflexion, traits distinctifs des Allemands, mais aussi leur âme poétique si sensible à la musique. Outre-Rhin, on est sérieux, on est vrai, en amour particulièrement. « Les femmes allemandes ont un charme qui leur est tout à fait particulier, un son de voix touchant, des cheveux blonds, un teint éblouissant ; elles sont modestes mais moins timides que les Anglaises [...]. Elles cherchent à plaire par la sensibilité, à intéresser par l'imagination ; la langue de la poésie et des beaux-arts leur est connue, elles font de la coquetterie avec de l'enthousiasme comme on en fait en France avec de l'esprit et de la plaisanterie. » Car l'amour, écrit-elle, est une passion beaucoup plus sérieuse en Allemagne qu'en France. La poésie, les beaux-arts, la philosophie même, et la religion, ont fait de ce sentiment « un culte terrestre qui répand un noble charme sur la vie. » Le divorce, qui est fréquent, l'atteste à sa manière : l'amour y est sacré, plus sacré que le mariage.

À cette puissance du sentiment, il faut ajouter l'indépendance de l'esprit. Les créateurs sont nombreux en Allemagne parce qu'ils ne subissent pas les lois d'un mimétisme social qui conduit inévitablement à l'uniformité et au conformisme. Un écrivain, un penseur allemand écrit et médite dans l'isolement, et délivre toute l'originalité de sa pensée et de son art sans le souci obsédant du préjugé dominant : l'imagination peut s'exercer sans contrainte.

D'un autre côté, les universités réputées depuis des siècles, surtout les universités protestantes de Göttingen, Halle, Iéna, etc. où convergent des étudiants de tous les coins du monde, voient les meilleurs maîtres soumis à l'émulation de la concurrence. Ces universités autonomes, disposant de biens en propre, sont un modèle qu'Ernest Renan célèbrera encore après la défaite française face à la Prusse en 1871 : c'étaient des institutions que la France aurait intérêt à imiter.

La deuxième partie du livre est un vaste tableau des lettres et des arts. D'emblée, elle insiste sur l'absence de règles, la liberté de l'auteur, la solitude dans laquelle il exerce son esprit. Il en résulte l'inconvénient d'une langue parfois trop âpre pour rendre les œuvres très accessibles, mais aussi l'avantage d'une originalité de la pensée :

« Les écrivains allemands ne se gênent point avec leurs lecteurs ; leurs ouvrages étant reçus et commentés comme des oracles, ils peuvent les entourer d'autant de nuages qu'il leur plaît ; la patience ne manquera point pour écarter ces nuages ; mais il faut qu'à la fin on aperçoive une divinité : car, ce que les Allemands tolèrent le moins, c'est l'attente trompée ; leurs efforts mêmes et leur persévérance leur rendent les grands résultats nécessaires. Dès qu'il n'y a pas dans un livre des pensées fortes et nouvelles, il est bien vite dédaigné, et si le talent fait tout pardonner, l'on n'apprécie guère les divers genres d'adresse par lesquels on peut essayer d'y suppléer. »

Mme de Staël présente dans son tableau de la littérature allemande les noms et les œuvres qui comptent à ses yeux. Dans tous les cas, elle s'efforce de mettre en relief la part originale de la création, sans s'interdire la critique. Elle passe ainsi en revue les ouvrages de Wieland, de Klopstock, Lessing, Winckelmann, s'arrête à Goethe, qui « pourrait représenter la littérature toute entière ». Elle montre son évolution depuis *Werther*, qui fut l'une des lectures choc de sa jeunesse : il n'a plus « cette ardeur entraînante qui lui inspira Werther ; mais la chaleur de ses pensées suffit encore pour tout animer ». Elle le place au-dessus de tout, par la profondeur de ses idées, par sa sensibilité, son esprit universel. Autre gloire de Weimar : Schiller, sur lequel elle rapporte ses souvenirs. Car elle n'hésite pas à dire « je » ; armée de ses carnets de voyage, elle écrit souvent en pionnière qui s'est aventurée sur des terres inconnues qu'elle révèle à ses compatriotes sédentaires.

La poésie allemande est un autre objet de son admiration, et c'est une des premières fois qu'elle emploie le mot « romantique », qu'elle définit ainsi : « Le mot *romantique* a été introduit nouvellement en Allemagne pour désigner la poésie dont les chants des troubadours ont été l'origine, celle qui est née de la chevalerie et du christianisme. » Alors que les Français pratiquent la poésie classique, imitée des Grecs et des Romains, et réservée à l'élite, les Allemands ont créé la poésie romantique inspirée par les traditions chevaleresques et religieuses, et qu'elle fait remonter à la *Messiade* de Klopstock. Elle cite les modernes Goethe, Schiller, mais aussi, moins connu, Bürger, dont les ballades ont illustré le *Sturm und Drang* et « qui possède le talent le plus populaire ». Dans son inventaire, elle n'hésite pas à traduire elle-même des morceaux parfois assez longs des poèmes cités, comme elle le fera plus loin des pièces de théâtre. Elle cite ainsi les *Mélodies de la vie* de W. Schlegel, son ami, comme elle a cité Klopstock.

Elle insiste sur les réussites de l'art dramatique allemand qu'elle oppose au théâtre français, cadenassé dans ses règles et dans la pompe des alexandrins, un théâtre germanique libre, moins bien ordonné sans doute, mais plus riche en émotions profondes. Elle rappelle à ce propos la préface de Benjamin Constant à son *Wallstein.* Celui-ci faisait observer que les Allemands peignaient des caractères là où les Français peignaient des passions. Or, dans les caractères, le vulgaire coexiste avec le sublime, ce que ne veulent pas les Français, qui séparent catégoriquement les genres : la tragédie, le mélodrame, la comédie... D'où résulte en Allemagne un théâtre plus « vrai », plus populaire aussi. Et Mme de Staël de se livrer à un panorama de l'art dramatique en Allemagne depuis Lessing, inventeur d'un théâtre national. Schiller occupe une place de premier rang dans son répertoire : *Les Brigands*, « traduits en français mais singulièrement altérés » ; *Wallstein*, « la tragédie la plus nationale qui ait été présentée sur le théâtre allemand » ; *Marie Stuart*, la tragédie « la plus pathétique et la mieux conçue » du théâtre allemand et dont elle traduit plusieurs scènes ; *Jeanne d'Arc*, annoncée par Schiller comme une « tragédie romantique », et dont elle cite en français d'admirables passages ; *La Fiancée de Messine*, plus faible mais recélant encore des traces du « beau génie » de Schiller ; *Guillaume Tell*, à la gloire de l'esprit d'indépendance. Elle poursuit avec le théâtre de Goethe, résume *Goetz de Berlichingen*, traduit un long passage du *Comte d'Egmont*, qu'elle estime « la plus belle des tragédies de Goethe », parle de ses autres pièces et en arrive à *Faust*, dont elle donne de larges extraits. Après la mort de Schiller et le retrait de Goethe, qui ne compose plus pour le théâtre, c'est Zacharias Werner, devenu le familier de Coppet, qu'elle présente, sans oublier *Le Vingt-quatre Février* qui fut joué devant elle. Elle parle aussi du poète danois Œhlenschläger, autre visiteur de Coppet, qui a traduit ses pièces en allemand, et dont l'imagination dramatique annonce l'avènement de la « littérature du Nord » qui « pourra devenir un jour aussi célèbre que celle de l'Allemagne ». Mme de Staël insiste sur le mélange des genres dans le théâtre allemand : comment le pathétique et la plaisanterie peuvent se succéder ou se mêler dans les tragédies. Il faut aux acteurs un grand talent pour jouer des deux registres dans une même pièce, et elle vante Iffland, le plus grand de ces acteurs allemands.

Et que dire du roman ? Mme de Staël place au-dessus de tout le *Werther* de Goethe, « sans pareil », « sans égal ». Elle sait que l'écrivain allemand considère aujourd'hui ce roman comme une œuvre de jeunesse ; il a tort : « Ce ne sont pas seulement les souffrances de l'amour, mais les maladies de l'imagination dans notre siècle, dont il a su faire le tableau. » Les romans qui suivent ont perdu de cette passion qui animait *Werther*, ce sont des romans plus philosophiques, tel *Wilhelm Meister* ou, ensuite, *Les Affinités de choix* (« Affinités électives »), qui a été traduit en France sans succès : « On dirait que l'émotion fait du mal à l'écrivain de ce roman, et que, par paresse de cœur, il met de côté la moitié de son talent, de peur de se faire souffrir lui-même en attendrissant les autres. »

Dans ce vaste tableau, elle n'oublie pas les frères Schlegel, au chapitre de la critique littéraire. Le *Cours* de Wilhelm donné à Vienne est mis à l'honneur, et le précepteur de Coppet a dû ressentir une grande émotion en retrouvant sa juste place : « J'étais à Vienne quand W. Schlegel y donna son cours public. Je n'attendais que de l'esprit et de l'instruction dans des leçons qui avaient l'enseignement pour but ; je fus confondue d'entendre un critique éloquent comme un orateur, et qui, loin de s'acharner aux défauts, éternel aliment de la médiocrité jalouse, cherchait seulement à faire revivre le génie créateur. »

Du mieux qu'elle peut, sans modestie mais avec ardeur, elle s'attelle aussi à la présentation – ce qu'elle maîtrise moins bien – de la philosophie allemande. Profitant de ses entretiens avec Charles de Villers et Wilhelm Schlegel, elle accorde, cela va de soi, une large place à Kant, sans oublier Fichte, Schelling, Jacobi qui l'ont suivi. Elle cherche à débusquer l'influence de cette nouvelle philosophie sur les lettres et sur les sciences, la puissance de la théorie en est la marque : « La philosophie allemande fait entrer les sciences physiques dans cette sphère universelle des idées où les moindres observations comme les plus grands résultats tiennent à l'intérêt de l'ensemble. » Au chapitre de la morale, elle montre l'importance de Kant : « La doctrine de Kant peut être en effet considérée comme trop sèche, parce qu'il n'y donne pas assez d'influence à la religion ; mais il ne faut pas s'étonner qu'il ait été porté à ne pas faire du sentiment la base de sa morale, dans un temps où il s'était répandu, en Allemagne surtout, une affectation de sensibilité qui affaiblissait nécessairement le ressort des esprits et des caractères. Un génie tel que celui de Kant devait avoir pour but de retremper les âmes. »

Ce vaste tableau n'est pas seulement descriptif ; elle reprend la méthode de Montesquieu qu'elle avait utilisée dans sa *Littérature*, en faisant de la création artistique et littéraire une résultante de données objectives : le climat, le milieu, l'histoire, la religion, la langue, le régime politique. La méthode comparative l'amène à présenter l'Allemagne comme l'antipode de la France.

Au long de cette immense enquête, elle trace un portrait en miroir de ces deux pays qu'elle aime et qui sont si différents. Elle nous fournit ainsi une des clés de l'originalité allemande. En France, tout converge, tout se dirige, tout afflue vers Paris, réceptacle de tous les talents du pays, foyer des meilleurs esprits de l'Europe, livrée luxueuse de la civilisation française. L'Allemagne, elle, n'a pas de capitale, pas de « centre commun de lumières et d'esprit public » ; son caractère centrifuge est à la fois une faiblesse et une force. Faiblesse pour le rayonnement ; force pour la liberté de création. Le morcellement de l'Allemagne s'observe aussi bien dans son statut politique sans unité que dans ses pratiques religieuses : le protestantisme et les nombreuses sectes le disputent au catholicisme, pour ajouter à l'émiettement général. Aussi Mme de Staël, on l'a dit, encourage dans son livre – ce qui a fort déplu à Napoléon – l'unité politique de l'Allemagne, qui, on le sait, ne sera consommée qu'en 1871 et encore ! puisque l'Autriche qu'elle range dans l'ensemble allemand ne fait pas partie du Reich bismarckien. Mais en même temps Mme de Staël se plaît à montrer toutes les implications intellectuelles, artistiques, culturelles de cet éclatement géographique.

En France, où le ton est donné par Paris, l'esprit de chevalerie a disparu après Louis XIV au profit de *l'esprit de fatuité* imposé par la « société », reine des comportements et des modes : « L'Allemagne, si l'on en excepte quelques cours avides d'imiter la France, ne fut point atteinte par la fatuité, l'immoralité et l'incrédulité, qui, depuis la Régence, avaient altéré le caractère naturel des Français. La féodalité conservait chez les Allemands des maximes de chevalerie. » En somme, l'archaïsme de l'Allemagne, selon elle, allait se révéler plus fécond que la modernité parisienne.

La concentration des beaux esprits et des gens du monde dans les salons a créé en France cet art inimitable de la conversation, du bel esprit, d'une certaine grâce à savoir parler de tout, moins en profondeur qu'avec un brio de langage. Une peur résulte de ce concours de talents autocontrôlés, celle du *ridicule*. Il en résulte le conformisme salonnier, issu du modèle de la Cour, la nécessité de se plier à la bienséance, d'éviter les écarts, autant de freins à l'enthousiasme – valeur suprême pour Mme de Staël. Ce plaisir de causer des Français n'existe pas en Allemagne, ou certainement pas à un pareil degré : « Rien n'est plus étranger à ce talent que le caractère et le genre d'esprit des Allemands. » Ceux-ci reprochent aux Français leur légèreté, mais ils ont le souci d'aller vite, de ne pas se perdre en longs discours, de laisser aux autres la parole. La règle est de ne jamais ennuyer. La mixité sociale des salons français, où les nobles fréquentaient les beaux esprits de la roture, où les ducs et pairs donnaient la repartie aux philosophes, cette mixité n'existe pas en Allemagne. Mais l'infériorité des Allemands dans ce domaine est réversible : « Leur supériorité consiste dans l'indépendance de l'esprit, dans l'amour de la retraite, dans l'originalité individuelle. » Une grande ville « qui servirait de point de ralliement » est peut-être souhaitable pour l'Allemagne, mais ce serait aux dépens de ses qualités intrinsèques : « La bonne foi scrupuleuse, le travail solitaire, l'indépendance audacieuse qui les distingue dans la carrière littéraire et philosophique… » La brillante causeuse qu'est Mme de Staël est donc partagée, mais, dans ce livre où elle force le trait, elle entend expliquer le génie allemand selon sa méthode, au risque de relativiser les mérites de son propre talent. Il est vrai qu'à Coppet elle sait faire la part du travail et la part de la conversation.

Cette grille de lecture : centralisation française/dispersion allemande, Mme de Staël l'applique à peu près à tous les domaines. La conversation ? Les Allemands n'ont nulle envie de plaire, s'abîment dans les formules de politesse, ignorent les bons mots. La littérature ?

Elle n'a jamais été tributaire en Allemagne d'un centre, de l'État, et de règles imposées. La poésie, et notamment la poésie lyrique, bénéficie en Allemagne de l'imagination indépendante et du recueillement contemplatif. En France, l'obsession du goût ; en Allemagne, le règne du sentiment :

« Dans tous les pays où il y aura de la vanité le goût sera mis au premier rang, parce qu'il sépare les classes, et qu'il est un signe de ralliement entre tous les individus de la première. Dans tous les pays où s'exercera la puissance du ridicule, le goût sera compté comme l'un des premiers avantages, car il sert surtout à connaître ce qu'il faut éviter. Le tact des convenances est une partie du goût, et c'est une arme excellente pour parer les coups entre les divers amours-propres ; enfin il peut arriver qu'une nation entière se place en aristocratie de bon goût vis-à-vis des autres, et qu'elle soit ou qu'elle se croie la seule bonne compagnie de l'Europe ; et c'est ce qui peut s'appliquer à la France, où l'esprit de société régnait si éminemment qu'elle avait quelque excuse pour cette prétention. »

Aux yeux de l'auteur, il faut mettre en littérature autant de goût que possible, mais celui-ci ne doit en aucun cas faire obstacle au sentiment, au mouvement, à l'émotion, « dont le goût à lui tout seul est souvent l'ennemi ». Les Français doivent donc s'abstenir de juger tout à l'aune des règles et des convenances, même si, de leur côté, les Allemands doivent s'abstenir de la grossièreté, de la brutalité, des images qui choquent la sensibilité. Mais le goût n'est pas le talent : « La meilleure preuve de goût, lorsqu'on n'a pas de talent, serait de ne point écrire. » Le théâtre ? Elle développe la même opposition entre les pièces françaises, bien tournées, mais soumises à la tyrannie des règles, et le théâtre allemand, qui manque sans doute d'usage du monde, mais qui sent « les beautés qui viennent de l'âme » et donne carrière à l'imagination. Cependant, le défaut de centralisation, l'inexistence d'un grand théâtre national peut jouer un mauvais tour au théâtre allemand, car les ouvrages dramatiques sont plus souvent lus que joués, ce qui peut encourager les longueurs et les abstractions.

À propos du roman et de Jean-Paul (Richter) *(Vie de Fixlein, Le Jubilé, Le Titan)*, elle fait une nouvelle comparaison : « Au fond de tout cela l'on trouve une foule d'idées nouvelles, et, si l'on y parvient, l'on s'y enrichit beaucoup ; mais l'auteur a négligé l'empreinte qu'il fallait donner à ces trésors. La gaieté des Français vient de l'esprit de société ; celle des Italiens, de l'imagination ; celle des Anglais, de l'originalité du caractère ; la gaieté des Allemands est philosophique. Ils plaisantent avec les choses et avec les livres plutôt qu'avec leurs semblables. Il y a dans leur tête un chaos de connaissance qu'une imagination indépendante et fantasque combine de mille manières, tantôt originales, tantôt confuses, mais où la vigueur de l'esprit et de l'âme se fait toujours sentir. »

Mme de Staël, pénétrée d'esprit européen, plaide pour la communication entre les cultures, convaincue des qualités et des talents complémentaires entre les Allemands et les Français : « Les nations doivent se servir de guide les unes aux autres, et toutes auraient tort de se priver des lumières qu'elles peuvent mutuellement se prêter. Il y a quelque chose de très singulier dans la différence d'un peuple à un autre : le climat, l'aspect de la nature, la langue, le gouvernement, enfin surtout les événements de l'histoire, puissance plus extraordinaire encore que toutes les autres, contribuent à ces diversités, et nul homme, quelque supérieur qu'il soit, ne peut deviner ce qui se développe naturellement dans l'esprit de celui qui vit sur un autre sol et respire un autre air : on se trouvera donc bien en tout pays d'accueillir les pensées étrangères ; car, dans ce genre, l'hospitalité fait la fortune de celui qui reçoit. »

Mme de Staël achève son livre par trois chapitres sur l'enthousiasme, qu'elle définit comme « Dieu en nous ». C'est la grande leçon que donnent les Allemands : « L'enthousiasme prête à la vie ce qui est invisible, et de l'intérêt à ce qui n'a point d'action immédiate sur notre bien-être dans ce monde ; il n'y a donc point de sentiment plus propre à la recherche des vérités abstraites ; aussi sont-elles cultivées en Allemagne avec une ardeur et une loyauté remarquables. » Elle revient ici encore sur le danger que fait courir l'esprit de société à l'enthousiasme : l'amour-propre, la moquerie, la hantise du ridicule, l'ironie, la méchanceté sapent l'originalité et épuisent la ferveur. L'esprit social se réfugie dans la plaisanterie et craint l'émotion, car on dissimule ses sentiments de peur de les voir tourner en dérision. « Les Allemands n'ont point à lutter chez eux contre les ennemis de l'enthousiasme. » Ils savent admirer, aimer, pleurer.

Prenant un ton personnel, elle achève son manifeste de l'enthousiasme en évoquant son père :

« Dans toutes les circonstances l'enthousiasme anime ou console ; et lors même que le coup le plus cruel nous atteint, quand nous perdons celui qui nous a donné la vie, celui que nous aimions comme un ange tutélaire, et qui nous inspirait à la fois un respect sans crainte et une confiance sans bornes, l'enthousiasme vient encore à notre secours ; il rassemble dans notre sein quelques étincelles de l'âme qui s'est envolée vers les cieux ; nous vivons en sa présence, et nous nous promettons de transmettre un jour l'histoire de sa vie. » Et les derniers mots du livre sont un appel à la France, qui avaient fait l'objet de la censure :

« Oh ! France ! terre de gloire et d'amour ! si l'enthousiasme un jour s'éteignait de votre sol, si le calcul disposait de tout, et que le raisonnement seul inspirât même le mépris des périls, à quoi vous serviraient votre beau ciel, vos esprits si brillants, votre nature si féconde ? Une intelligence active, une impétuosité savante vous rendraient les maîtres du monde ; mais vous n'y laisseriez que la trace des torrents de sable, terribles comme les flots, arides comme le désert ! »

Le portrait de l'Allemagne tracé par Mme de Staël est sans doute subjectif. Henri Heine, dans son propre ouvrage *De l'Allemagne* (1855), s'est beaucoup moqué d'elle pour avoir été, selon lui, cornaquée et inspirée par son « fidèle mameluk », Auguste-Guillaume Schlegel : « Ce bas-bleu était un fléau pire que ceux de la guerre. » Il lui reproche principalement, tout comme le duc de Rovigo, d'avoir fait de la « haine contre l'empereur » l'âme de son livre. Il est vrai que Heine parle de Chateaubriand comme d'un « fou lugubre » : la nuance n'est pas son fort. Quoi qu'il en soit, il est avéré que l'étude de Mme de Staël est très personnelle : elle parle de ce dont elle veut parler et ignore ce qui ne l'intéresse pas. Et ce qui l'intéresse, c'est d'opposer l'Allemagne, patrie de l'enthousiasme (l'imagination, le sentiment, la ferveur), et la France, qui s'est faite championne de la raison et de la civilité. Contrairement aux reproches de certaines critiques françaises, elle n'a pas idéalisé l'Allemagne, et bien des lecteurs allemands trouveront même ses descriptions offensantes.

Elle s'est voulue impartiale ; elle l'a souvent été. Mais elle a défendu une thèse, celle d'une polarité Allemagne/France, qui a systématisé l'identification respective des deux pays. Il s'ensuit des généralisations : l'Allemagne est couverte de forêts, tous les Allemands sont musiciens, les écrivains allemands n'ont ni conscience politique ni conscience sociale, etc. Manfred Gsteiger a noté « son penchant à brosser le tableau d'une littérature apolitique, anti-rationaliste, pour ne pas dire réactionnaire, sans liens avec l'esprit philosophique du XVIIIe siècle, peu intéressée aux problèmes sociaux, ouverte aux seules valeurs affectives, esthétiques et religieuses ». C'était oublier bien du monde, et notamment Georg Forster, auteur du *Tableau du Rhin*, fondateur à Mayence de la Société des amis du peuple, très favorable à la Révolution française ; ou encore son ami Georg Christoph Lichtenberg, qui avait pourfendu le mystique Lavater ; elle ne dit mot du poète du *Sturm und Drang*, Jakob Lenz, qui avait dû quitter Weimar à la suite d'un méchant libelle, etc. C'est clair : Mme de Staël a choisi ses modèles. Là où la France était enlisée dans son classicisme, sa civilisation des apparences, son rationalisme, il fallait que l'Allemagne fût la patrie de la profondeur réflexive, de l'enthousiasme poétique, de la philosophie religieuse. Autrement dit, ce qu'elle note et analyse n'est pas faux mais partiel.

Goethe, cependant, souvent agacé à Weimar par les *prestos* de la voyageuse, a laissé dans ses *Annales* un jugement mémorable sur la portée du livre : « Quoi qu'on puisse dire et penser des rapports de Mme de Staël avec la société de Weimar, ils furent certainement d'une grande portée et d'une grande influence pour la suite. Son ouvrage sur l'Allemagne, résultat de ces conversations familières, fut comme un puissant instrument qui fit la première brèche dans la muraille de Chine d'antiques préjugés, qui nous séparait de la France. On voulut enfin nous connaître, d'abord au-delà du Rhin, puis au-delà du Channel, ce qui nous assura une influence très sensible sur l'extrême Occident. Nous devons donc bénir cette gêne et le conflit des individualités nationales, qui nous semblaient alors incommodes et tout à fait inutiles. »

Contre le néoclassicisme napoléonien, contre la philosophie matérialiste des Lumières, *De l'Allemagne* annonce une littérature nouvelle, celle du romantisme, qui devait triompher une dizaine d'années plus tard. Mme de Staël n'en fait pas la théorie, c'est une catégorie encore incertaine, même si elle emploie le mot. Son ouvrage ouvre une brèche dans la « grande muraille de la Chine » qui entoure la culture française, stérilisée par Napoléon : l'Allemagne, jusque-là méprisée ou ignorée, devient une source d'inspiration. Se réclamant de Jean-Jacques Rousseau, de Bernardin de Saint-Pierre et de Chateaubriand, Mme de Staël engageait la création et la littérature françaises sur les voies du sentiment, de l'émotion, de l'enthousiasme. Son livre ne programmait pas une littérature nouvelle, mais il encourageait les écrivains français à en finir avec leurs œuvres impersonnelles, hantées par l'imitation, à s'ouvrir à l'épanchement, au lyrisme, à l'élégie et à ne pas craindre les illuminations du rêve et de l'imagination. Mme de Staël, dans ce livre, avait démontré avec son goût des systèmes généraux les bornes de la raison classique en littérature, traçant, pour la nouvelle génération, une ligne de fracture entre l'esthétique issue de la Renaissance en plein déclin et la nouvelle sensibilité qu'on appellera romantisme. On a du mal à imaginer l'influence qu'aura cet ouvrage sur les nouvelles générations d'écrivains, pour lesquels il deviendra une « bible ».

24

Reparlez-moi d'amour

Revenue mortifiée à Coppet le 25 octobre 1810, Mme de Staël éprouve au moins une consolation : les sbires de Savary-Rovigo, malgré leur zèle opiniâtre, n'ont pu détruire le manuscrit de *De l'Allemagne*. Grâce aux soins d'Auguste et de sa fidèle gouvernante Fanny Randall, l'original ou l'une des copies qu'elle avait fait faire, et aussi une partie des épreuves ont pu être soustraits aux limiers appliqués. Il appartiendra à Schlegel de mettre ces pièces précieuses en sûreté, d'abord à Berne, puis auprès de son frère Friedrich à Vienne. Pour l'heure, Mme de Staël est donc consignée à Coppet, et seulement autorisée à séjourner à Genève. Elle n'a pas l'intention de s'y embourber ; elle parle toujours de son projet américain, qui n'est que la version admissible par le pouvoir de son rêve d'Angleterre. Les choses n'iront pas aussi vite qu'elle le voudrait : le hasard ne renonce jamais à ses droits.

Retour à Coppet

Rentrée au bercail, Mme de Staël a pu distinguer ses vrais amis des autres. Elle peut compter sur Schlegel et sur Sismondi, sur Elzéar de Sabran ; Barante lui reste fidèle de sa lointaine Vendée et lui écrit abondamment, du moins au début ; Juliette Récamier,

Mathieu de Montmorency n'hésitent pas à venir la visiter, malgré les risques encourus. D'autres se révèlent franchement décevants. La défection du baron de Balk lui paraît particulièrement amère. « Je n'aurais jamais cru, écrit-elle à Juliette, qu'il fût capable de cette peur déguisée en mal de poitrine. » La peur de se compromettre, cette lâcheté lui est odieuse. Elle éprouve la même déception lorsqu'elle apprend, au cours de l'été 1811, que le baron de Voght, si flatteur, si flatté, est passé par Genève sans lui faire le moindre signe, afin de ne point diminuer ses chances d'obtenir une place : « Vous direz ce que vous voudrez du baron de Voght, écrit-elle à Bonstetten. Toutes les fois qu'on se laisse conduire dans la vie par des calculs d'ambition ou de fortune, que signifie l'amitié ? » D'où elle tire cette leçon morale : « Considère-t-on l'amitié comme un ornement de fête qu'il faille abandonner dans le malheur ? Si mon ami est en prison, je n'irai pas le voir de peur de me compromettre, s'il est malade, je craindrai de gagner sa maladie, s'il est pauvre, j'aurai peur qu'il ne m'emprunte de l'argent ? Enfin on finirait par ne voir d'amis que ceux qui nous sont utiles, et l'on établirait un cours de change sur les sentiments, comme sur les événements politiques. »

Mme de Staël a tout de même le bonheur d'être entourée de ses trois enfants, mais un bonheur nuancé. Auguste, l'aîné, a traversé l'adolescence selon ses vœux : le travail, l'étude, le sérieux étaient son lot, de même que l'affection pour sa mère. Mais la passion qui l'enfièvre pour Juliette Récamier l'inquiète. Certes, Mme de Staël, large d'esprit, compréhensive, ne lance pas d'interdit à son fils, mais ses efforts pour le retenir du mieux qu'elle peut hors du champ magnétique de la « belle Juliette » provoquent quelques tiraillements. Albert, le cadet, lui donne d'autres soucis ; c'est un cabochard tumultueux, un fumeur de pipe qui, comme l'ami Chamisso, empeste tous les lieux qu'il traverse et donne « mal au cœur » à sa mère, qui lui fait régulièrement la leçon : « Ce qui vous plaît, ce sont les habitudes vulgaires, la pipe, etc. Ni l'esprit de votre mère, ni la dignité des manières de votre frère, ni le charme de votre sœur, ni les lumières de M. Schlegel ne vous attirent, aucune idée de religion ne vous occupe [...]. Vous croyez que la vie consiste dans le plaisir. » Certes, lui dit-elle à la deuxième personne du pluriel, vous estimez la bravoure et n'en manquez peut-être pas, mais la bravoure n'est pas tout : « C'est une belle chose ; mais vous avez un malheur encore, c'est que, même dans ce genre, il vous manque cette générosité envers les faibles, ce respect pour les femmes, qui fait seul de la bravoure quelque chose de chevaleresque. » Tout de même, ces garçons chérissent leur mère et savent, à l'occasion, le lui montrer. Le réconfort lui vient surtout d'Albertine, dont elle se plaît à vanter les attraits et les qualités à ses correspondants. Elle est jolie, douce, intelligente : « Il s'élève à côté de moi, écrit-elle à son ami Hochet, une personne qui sera toute admirable en même temps que modeste et retirée, c'est ma fille. Je voudrais que vous la vissiez ; sa figure est charmante et son esprit vous confondrait. »

Il lui faut toutes ces affections pour supporter son état de proscrite, d'abandonnée, de maudite du pouvoir. Ses lettres à Mme Récamier – les deux femmes s'écrivent beaucoup en ces temps gris – distillent la déploration : « Rien ne m'intéresse plus. » Plus joliment : « Ma vie est pour moi comme un bal dont le violon a cessé ; et tout, excepté ce qui m'est ravi, me paraît sans couleur. » En mars 1811, elle félicite Chateaubriand pour son *Itinéraire de Paris à Jérusalem et de Jérusalem à Paris* – « un chef-d'œuvre » –, mais elle lui reproche de ne pas comprendre son état de souffrance : « Ah ! Que M. de Chateaubriand, écrit-elle à Juliette, connaît mal le cœur en me trouvant heureuse ! Il dit qu'il n'écrirait plus s'il avait de l'argent, et il considère le bonheur sous le même point de vue. C'est un côté vulgaire dans un homme d'ailleurs bien supérieur. »

Qu'est-ce qui la soutient dans son épreuve ? Comme elle le dit, ce n'est pas seulement un sentiment de dignité ; la religion y a sa part, un « besoin de religion » qui, explique-t-elle à qui veut l'entendre, lui interdit le suicide. Justement, elle se met à rédiger un *Essai sur le suicide*, c'est-à-dire contre le suicide. Un fait divers chargé d'émotion a été le prétexte de son essai, le suicide de l'écrivain Heinrich von Kleist et de sa maîtresse le 21 novembre 1811. Elle avait fait l'apologie du suicide dans son traité, *De l'influence des passions* ; son ami Mathieu n'avait pas apprécié le dénouement de *Delphine* et l'avait gourmandée là-dessus. Elle rectifie le tir. Non, il faut se battre, il faut survivre, il faut vivre ! Elle refuse cette solution en raison de ses scrupules religieux, mais aussi – elle ne craint pas de l'avouer – à cause de la « terreur » qu'elle éprouve à l'idée de se donner la mort. Contre sa propre affliction, elle dispose d'une autre arme : l'énergie. Rien ne le montre mieux que l'entrain qu'elle met à reprendre le théâtre.

Réinstallée à Genève à la fin de novembre 1810, dans un appartement qu'elle loue dans la Grand'Rue, elle regroupe ses amis, Mme Odier-Lecointe, Frédéric de Chateauvieux, la princesse Lubomirska et d'autres Genevois qui, avec ses enfants, et sous sa direction, vont reprendre Marivaux *(Le Legs)* et Racine (*Phèdre* encore et toujours), mais aussi deux comédies, *Le Capitaine Kernadec* et *Le Mannequin.* « On ne parle que de bals et de comédies, écrit Sismondi en février 1811. Mme de Staël en joue une ce soir qui est de sa composition ; dans huit jours elle en jouera une autre qu'elle a faite aussi elle-même, et ce qu'il y a de singulier, d'après son imagination mélancolique et la tristesse extrême de sa situation, toutes deux sont d'une extrême gaieté. » C'est une véritable troupe qu'elle met sur pied au cours de cet hiver ; on joue chez le prince et la princesse Lubomirski ou, plus à l'étroit, chez elle ou chez des amis. Elle a donc suffisamment d'*enthousiasme* pour écrire des comédies et faire rire. Cette aptitude à ne pas rester plongée dans une souffrance que, par ailleurs, dans ses lettres, elle offre aux plaintes de ses amis, est bien de ce caractère toujours actif, avide de bruit, de distraction. Elle pleure, mais elle va au bal. Elle sait aussi rester seule, méditer, écrire. Outre son *Essai sur le suicide*, elle commence à rédiger des Mémoires qui deviendront *Dix ans d'exil.* Son ami Sismondi, qui connaît Michaud, directeur d'une *Biographie universelle*, l'encourage à écrire un article pour ce dictionnaire. Elle se lance ainsi dans une longue notice sur Camoëns. Schlegel, qui est alors à Berne, lui adresse un texte rédigé par son frère Friedrich sur le même sujet pour une publication allemande ; il lit son article, lui suggère des corrections. Bref, le commerce intellectuel n'a pas cessé entre eux deux, même à distance.

Car Guillaume Schlegel a dû vivre éloigné de Coppet pendant une partie de cette époque. En décembre 1810, il avait gagné Berne, on l'a dit, pour mettre en sûreté le manuscrit de *De l'Allemagne*, puis, parce que Berne n'était pas assez sûre, il part en juillet 1811 pour Vienne, chez son frère. Au mois d'août, de retour en Suisse, il a un rendez-vous avec Mme de Staël, au cours d'une excursion qu'elle fait avec Mathieu de Montmorency, mais revient à Berne. Il va mettre désormais tous ses efforts dans le projet de fuite de la châtelaine de Coppet. Non pas le voyage en Amérique, mais le départ pour l'Autriche.

L'éloignement de Schlegel a été approuvé par le nouveau préfet du Léman, Capelle, qui a remplacé Claude-Ignace de Barante. Il écrit ainsi au ministre de la Police : « Il (Schlegel) est à l'excès imbu de l'esprit germanique, anti-français, et quoiqu'il soit tout à fait aux ordres de la dame de Staël, dont il se dit l'affranchi, son érudition jointe à son caractère ferme exercent de l'influence sur elle qui manque de l'un et de l'autre. » La preuve ? Sa brochure où il vante la *Phèdre* d'Euripide contre la *Phèdre* de Racine : « L'éloignement de cet homme aura le meilleur effet autant à Genève que dans la maison de Mme de Staël. » Il est autorisé à revenir quelques semaines à Coppet, où il reparaît en mars 1812 et où le plan du « grand départ » va être mis au point.

Amours mortes et amitiés vives

Bannie, abandonnée par les plus timorés, Mme de Staël reçoit le soutien du préfet de Vendée, toujours sous le charme. À ses yeux, Germaine de Staël reste cette femme exceptionnelle qui l'a ébloui : « Mais qui a de l'esprit ? lui écrit-il le 2 novembre 1810. Il n'y a que vous au monde, chère amie ; tous les autres ont des bornes, soit d'un côté, soit de l'autre ; ils manquent soit de science, soit de mouvement, ou de raison ou d'imagination et vous, vous vivez alternativement dans toutes ces sphères-là ; vous avez dans votre cœur une corde pour chaque son de la nature. » Il s'ennuie beaucoup, Barante, dans cette ville neuve de La Roche-sur-Yon : « La vie me pèse », confie-t-il à Germaine. De là à se laisser aller à « un désir secret et déraisonnable », il lui faut bien de la volonté pour y résister. Mais, « quand je viens à considérer l'abattement où je tombe chaque jour, l'idée me vient tout de suite que cinq minutes de conversation avec vous me transporteraient dans un autre monde. »

Un premier nuage se forme cependant au-dessus de leurs missives croisées lorsque le père de Prosper est destitué en novembre 1810 de son poste de préfet du Léman et bientôt remplacé par Capelle. Prosper lui peint ainsi celui-ci : « Je connais le successeur ; il est bon enfant et gascon d'accent et de caractère ; il était amant de la grande duchesse [de Toscane, Élisa, sœur de l'Empereur] et c'est pour cela qu'on l'éloigne de Livourne. » En fait, ce beau parleur se montre un zélé serviteur de Savary et de l'Empereur, autrement tyrannique que Claude-Ignace de Barante pour Mme de Staël. Celle-ci adresse un billet à Barante père, mais le père de Prosper n'en apprécie pas le contenu et le lui fait savoir. « Il a peut-être trouvé, lui explique Prosper, qu'il y avait de la supériorité dans vos consolations. » En fait, elle ne prise guère cet homme, qui, pour être estimable, n'en a pas moins tout mis en œuvre pour empêcher un mariage entre elle et son fils. Elle dit ce qu'elle pense de lui dans une lettre à Chamisso : « Autant Prosper est aimable, facile, délicat, autant l'autre est ombrageux et despotique, et plus il est estimable sous les grands rapports de la morale, plus on se reproche de le trouver insupportable. Je pense donc que Prosper ferait mal – s'il ne s'unit pas à moi [l'illusion continue !] – de se mettre dans une manière quelconque dans la dépendance de son père. » Mais la piété filiale de Prosper demeure intacte, et d'autant plus vive que l'ancien préfet n'est pas appelé à un autre poste ; il fait les frais lui aussi des rigueurs despotiques d'un empereur auquel rien ne doit résister. Or Barante père – et Mme de Staël devrait lui en savoir gré – n'a jamais été le chien de garde ou le chien policier que le maître exige de ses préfets comme de tous les fonctionnaires. Finalement, Barante père, resté provisoirement à Genève, et Mme de Staël se réconcilient, mais c'est une conciliation entre gens polis.

Les lettres de Prosper cessent brusquement en février 1811. Mme de Staël s'en émeut, se cabre, lui demande une fois encore de lui rendre ses lettres et le médaillon qu'elle lui a donné. Le 3 mars, il peut lui apprendre que cette correspondance devient dangereuse : on ouvre leurs lettres ; on le menace ; on lui fait savoir que son père et sa famille pourraient pâtir de ces relations épistolaires régulières entre le préfet de Vendée et la proscrite de Coppet. Ce « on » n'est pas seulement la police de Rovigo mais aussi Claude-Ignace, qui ne cesse de vouloir convaincre son fils qu'il fait fausse route en laissant son imagination voler vers les rives du Léman. Braver la volonté du père, ce serait possible, mais à condition d'être certain de rendre heureuse Germaine – et de se rendre heureux soi-même. Rien n'est moins sûr, surtout en des temps où Mme de Staël ne parle que de gagner l'Amérique. « D'un autre côté, lui dit-il, si je fais ce qui lui [mon père] convient, je serai humilié vis-à-vis de moi-même, ce qui est pis que tout. » Et de la supplier : « Vous me redemandez vos lettres et votre portrait. Je vous conjure de me les laisser. Vos lettres sont l'histoire de ma vie depuis cinq ans ; ce sera la seule trace du monde élevé où j'ai vécu avec vous. » Tel est Barante en son continuel balancement entre son cœur qui flambe et sa raison qui le refroidit. Il prévoit, avec douleur certes, mais il prévoit, il devine, il sait quelle est la voie à suivre : « Je ferai ma vie sottement et comme tout le monde ».

Au mois de mai 1811, Mme de Staël lui signifie que, décidément, tout est rompu entre eux. Il lui écrit alors une longue lettre qu'il intitule : « Lettre d'Oswald à Corine » (avec un seul *n*). Il lui confie combien les jours qu'il a vécus auprès d'elle ont été exaltants, enivrants, enthousiasmants ; que jamais il n'en connaîtra de pareils dans la « voie commune » qu'il va prendre, où tout sera décoloré : « Je vivrai malheureux et je mourrai coupable. » Il s'applique à s'en justifier par le dénouement de *Corinne*, non sans faire valoir à Germaine ses propres responsabilités : « Et cependant, je me précipite dans ce destin, la douce figure de votre sœur m'y conduit peu à peu ; mais c'est votre oubli qui en a décidé. » La solitude lui est devenue trop lourde, lui dira-t-il encore. Quand il apprendra que, selon son expression, les « essais de sentiment » (pour Rocca) de Germaine à Genève sont devenus chose sérieuse, il lui écrira, à la fin de juillet 1811, en manière de lettre d'adieu où les regrets se mêlent à la plaidoirie *pro domo* : « L'événement a prouvé, ce que je savais, que je ne vous étais point nécessaire. Nous nous entendions sur tous les points, nos âmes étaient sœurs, elles le sont encore ; et dans cette vie ou dans l'autre, elles ne se retrouveront jamais sans ressentir combien elles sont sympathiques. Mais le sort nous avait tellement séparés, la vie si différente que nous avions menée, chacun avant de nous connaître, avait mis de telles diversités dans nos caractères, que vous vous seriez bien vite repentie de vos souffrances, et personne, excepté moi, n'a jamais supposé que vous eussiez bien arrêté de les faire. » De fait, le 28 novembre 1811, Prosper de Barante se mariait à Césarine-Marie-Joséphine d'Houdetot, âgée de dix-sept ans, « jolie et encore enfant » comme il l'avait annoncé à Germaine. Celle-ci marqua peu de dépit. Dès le mois de mai, c'est elle qui avait pris l'initiative de la rupture. On put croire d'abord que c'était d'avoir retrouvé Benjamin. En effet, Mme de Staël pouvait alors écrire à son amie Juliette qu'elle recevait régulièrement des lettres de Benjamin, en provenance de l'Allemagne, en ajoutant : « Il a l'air de me regretter. » Pas mort, cet amour-là ?

Après la rencontre de Briare en présence de Charlotte, au moment de son expulsion, en octobre 1810, Mme de Staël avait eu l'occasion, quelques mois plus tard, de revoir Benjamin, alors sur le départ pour l'Allemagne avec sa femme, à Coppet et à Lausanne. Elle écrit drôlement à Mme Récamier en février 1811 : « Benjamin fait le mari à Lausanne d'une manière affectée. Il a bien changé depuis Briare. J'en suis fâchée pour nous, mais les femmes communes l'emportent toujours sur les femmes distinguées. » Une sentence qui dépasse la boutade : elle est convaincue de cette réalité, toute sa vie amoureuse en témoigne ; les hommes préfèrent les femmes brillantes, mais ils se marient avec les femmes communes. Elle se fait néanmoins quelque illusion sur le bonheur conjugal supposé de Benjamin. Soucieux des convenances plus que ne devraient l'y incliner ses propres frasques, il est gêné d'avoir à son bras la « femme aux trois maris », qui, de surcroît, ne séduit pas la société de Lausanne : « Vie misérable, Charlotte en tout réussit mal à Lausanne. »

Au début d'avril 1811, Mme de Staël a la surprise de voir Benjamin arriver seul à Coppet. La sienne est plus grande encore. Au dîner, il est pris à partie par un jeune homme jaloux qui le rattrape à la sortie du château pour le provoquer en duel. Sa dernière heure est-elle arrivée ? Par précaution, il rédige dans la nuit son testament : « M. Rocca m'a dit que mes assiduités auprès de Mme de Staël lui déplaisaient fort, et qu'il voulait se couper la gorge avec moi. Cette proposition ne pouvant être jamais refusée, je n'ai pu ni dû entrer dans aucune explication avec le dit M. Rocca, ni lui observer que mes prétendues assiduités s'étaient réduites à deux visites en trois mois, que je repartais demain et allais faire un très long voyage, et que tendrement attaché à ma femme, je ne pouvais être soupçonné d'aller sur les brisées de personne. » Il demandait pardon à sa femme qui a été un « ange » pour lui, et jurait que sa dernière pensée, s'il devait mourir, serait pour elle. Et puis : « Je pardonne à Mme de Staël l'événement qu'elle aura causé, et je ne la rends point responsable de la fureur d'un jeune fou. Je la prie de me pardonner aussi, si je lui ai fait de la peine en quelques circonstances. Je n'examine point si j'ai eu tort ou raison. Il suffit que je lui aie fait de la peine pour que j'en aie du regret. »

Le duel n'eut pas lieu ; on peut penser, sans savoir le détail, que Mme de Staël fit de son mieux pour éviter l'affrontement. Mais le « jeune fou » trouva une nouvelle occasion au mois de mai, à Lausanne, de provoquer encore Benjamin Constant, accusé à la veille de son départ pour Hardenberg d'être trop tendre pour Germaine dans ses adieux. Cette fois, Rocca fut envoyé au diable, et Constant accompagné de Charlotte quitta la Suisse le lendemain en direction de l'Allemagne sans donner suite. Le malheureux, qui pensait avoir trouvé la solution à ses tourments – une femme douce, câline et plaisante, la tranquillité propice au travail, loin des tourbillons de Mme de Staël –, se rend compte très vite qu'il est en train de s'enfoncer dans l'épais brouillard de l'ennui. Cet ennui, il tente de le dissoudre dans le travail, mais on ne peut y réduire sa vie. Alors, il reprend ses vieilles habitudes de tripot, gagne quelquefois, perd le plus souvent, s'en désole, se traite de fou, remet ses coudes sur le tapis vert, perd de nouveau, se lamente sur lui, sur sa vie, construit des projets chimériques. À la mi-août, il fuit Hardenberg pour gagner Göttingen, une ville universitaire où il espère trouver le climat favorable à ses travaux, et où il rejoint le grand germaniste Charles de Villers. Mais là comme ailleurs il éprouve une « tristesse profonde » ; travaille de son mieux ; guette le courrier comme un oxygène mental ; a de petites querelles avec Charlotte ; se tracasse au sujet d'un différend d'argent avec son père, qui le menace d'un procès, jusqu'au moment où il apprend, en février 1812, la mort de celui-ci. Il se demande s'il n'a pas fait l'erreur de sa vie : « Le caractère de Charlotte change beaucoup. De généreuse, avare ! de douce exigeante.

Quel sorcier que le mariage. M'en tirerai-je ? », note-t-il dans son *Journal*. Parfois, il voudrait être seul, seul…

Mme de Staël avait tous les défauts, sauf qu'il ne s'ennuyait jamais avec elle. Nul doute qu'il la regrette d'autant plus qu'elle a trouvé un amoureux. Le désespoir que traîne Constant en Allemagne lui fait mesurer sa perte : rien n'a été plus stimulant, plus réjouissant, plus euphorisant que les longues conversations qu'il a eues avec elle au long de toutes ces années d'amour bizarre qui s'était transformé en compagnonnage intellectuel nécessaire. De cette Charlotte qu'il a voulue comme celle qui devait le tirer des rets de la châtelaine de Coppet, que dit-il maintenant ? Qu'elle « est la plus ennuyeuse créature que la terre ait jamais portée » ! Germaine, elle, provoquait aussi la querelle, mais à une autre altitude. Les échanges avec elle l'ont toujours transporté et inspiré. La conversation avec elle était une mine de jouissance ; ça partait parfois dans tous les sens, il fallait suivre ; on cueillait un mot pour faire rebondir le propos ; on renchérissait, on contestait, on faisait assaut d'esprit, de bons mots ; on riait ; on parlait de tout, de littérature, de métaphysique, de religion, de politique… Et quand on revenait dans sa chambre, on prenait des notes sur ce qui avait été dit.

S'ajoute à ce spleen la mort de son père, Juste Constant. Bien qu'il se soit si souvent chamaillé avec lui, fâché même, et qu'à la fin de sa vie le vieil homme fût devenu odieux avec ses histoires d'argent, Benjamin ressent la nouvelle avec une douleur qui accroît encore la cruauté de son exil matrimonial. Mme de Staël lui écrit en avril une lettre pleine de nostalgie : « Ah ! je voudrais vous revoir encore une fois, vous qui avez connu mon père, vous que j'ai aimé quand je vivais. Ah je vous le dis, jamais on n'a été aimé comme je vous aimais. Un mot sensible et nous étions unis pour toujours en présence de Dieu et de mon père. Mais vous m'avez tant humiliée, vous m'avez tant dit que je ne vous plaisais pas, et cependant alors j'avais du charme, j'étais brillante de santé, d'espérance. » Regrets de ce qui n'est plus. Regrets de ce qui n'a jamais été et qui aurait pu être. Regrets de part et d'autre, même si, en ce printemps 1812, ils sont plus appuyés chez Constant, car Mme de Staël est occupée par deux échéances considérables : son grand départ, sa fuite, sa libération, et aussi, plus surprenant, on le verra, l'imminence de son cinquième accouchement.

Au chapitre des fidélités, elle a le bonheur de compter deux amis admirables, Juliette Récamier et Mathieu de Montmorency. Avec la première, elle entretient une correspondance assidue, débordante d'effusions de tendresse, d'admiration, d'affection réciproques. Sachant la souffrance de la proscrite, Mme Récamier s'avise d'aller la visiter malgré tous les conseils contraires qu'on lui donne. À ce moment-là, la vie de Juliette s'est enrichie d'une nouvelle présence à ses côtés, d'une petite Amélie de sept ans qu'elle a adoptée et qui fait sa joie. C'est avec elle et sa femme de chambre qu'elle se met en route le 23 août 1811. Avant qu'elle n'arrive, Mathieu de Montmorency, qui est alors à Coppet, après une excursion faite en compagnie de Mme de Staël à la Valsainte, reçoit le 25 août un ordre d'exil du ministre de la Police : « Donner ordre au sieur Mathieu de Montmorency de rester à Genève et de ne point rentrer à Paris. Il sera maître d'aller à Coppet ou dans tout autre endroit, pourvu qu'il soit éloigné de 40 lieues de Paris. » Pour Mme de Staël, nul doute que l'ordre qui frappe Mathieu résulte de la visite qu'il lui a faite et lorsque le 28 août une lettre de Juliette annonce son arrivée au château, elle et Mathieu pensent alors aussitôt au danger que le sort infligé à celui-ci ne soit réservé aussi à Juliette. Incontinent, Mme de Staël envoie son fils Auguste au-devant d'elle pour la convaincre de faire demi-tour : « Au nom du Ciel, lui écrit-elle, ne vous exposez pas. » Elle lui fixe un rendez-vous dans un petit village près de Nyon, à Trélex, où l'on pourrait éventuellement se revoir incognito, à l'insu des mouches du préfet Capelle. Auguste, parti dare-dare, accueille Mme Récamier à Morez, où il lui apprend le coup porté contre Mathieu. Que faire ? À Morez, où elle médite pendant cette journée du 30 août, Juliette prend finalement la décision de braver les oukazes et de rejoindre Germaine à Coppet. Auguste repart au galop en avertir sa mère, qui, aussitôt, accourt au-devant d'elle. Les retrouvailles sont inondées de larmes. Juliette annonce qu'elle restera dix jours puis se rendra à Bâle où elle doit, dans un ultime rendez-vous, conclure son roman avec le prince Auguste de Prusse. Mais à peine est-elle installée au château qu'arrive sans crier gare son neveu Paul David, un collaborateur de M. Récamier, qui se trouve alors en mission à Genève. Il met en garde sa tante contre les dangers qu'elle court et finit par la convaincre, appuyé par Mme de Staël, de quitter Coppet pour Genève. La baronne accompagne son amie jusqu'à Ferney où elles se séparent après s'être enlassées. Capelle, au courant de tout, avertit Savary-Rovigo : « J'ai lieu de croire qu'elle en repart pour Paris au moment où j'écris ces lignes, accompagnée par son neveu, qui ne veut la quitter qu'aux portes de la capitale. » En fait, c'est Auguste, toujours fou d'amour, qui accompagne Juliette dans la direction de Paris. Elle gagne d'abord Richecourt, en Haute-Saône, où, tandis qu'Auguste rentre à Coppet, elle est reçue par sa cousine, Mme de Dalmassy, chez laquelle elle reste trois ou quatre jours. Repartie pour Paris, Mme Récamier a la surprise de se retrouver à Dijon en face de son mari, accouru pour lui annoncer la mauvaise nouvelle : elle aussi, sur l'ordre de l'Empereur, est frappée des 40 lieues. En 1812, il suffit d'aller embrasser Mme de Staël à Coppet pour être proscrit.

Avertie avant elle à Coppet du coup qui frappe son amie après celui qui a été porté à Mathieu, Mme de Staël se désespère d'en avoir été la cause. « Je ne peux pas vous parler, je me jette à vos pieds. Je vous supplie de ne pas me haïr. » Voilà donc que le despote inflige une punition à ceux qui n'ont fait parler que leur cœur pour venir rendre visite à la femme ostracisée. En fait, cette double virée à Coppet n'est qu'un prétexte. Le pouvoir policier de Napoléon a décidé de leur sort avant le départ des deux amis vers le Léman, dès le 17 août. À Juliette, il reproche son salon, ses fréquentations, son influence parisienne, son « mauvais esprit ». Quant à Mathieu, la vraie raison de sa punition tient à ses activités subversives. Depuis 1808, en compagnie de son cousin Adrien, il s'est mis en cheville avec les princes espagnols prisonniers de Napoléon et avec ceux qui veulent les délivrer. En 1811, tous les deux ont fait la tournée des prisons où ces princes sont enfermés : le complot a été éventé. Il y a autre chose, car Mathieu milite non seulement en monarchiste, mais en catholique, en un moment où le pape Pie VII est tenu prisonnier par Napoléon à Savone. L'Empereur a annexé Rome en mai 1809 ; le pape, qui l'a excommunié, a été arrêté. Décidé à rétablir le gallicanisme contre la papauté romaine, l'Empereur a dû compter avec la résistance de 13 cardinaux sur 27, qui ont refusé d'assister à son mariage avec Marie-Louise. C'est avec ces cardinaux, qu'on appelle les « cardinaux noirs », que Mathieu a entrepris démarches et concertations, une nouvelle entreprise subversive aux yeux du maître.

Comme lieu d'exil, Mathieu obtient Montmirail. Mme Récamier se retrouve à Châlons-sur-Marne, où elle s'installe à l'auberge de La Pomme d'or avec sa petite Amélie. Entre-temps, le rendez-vous manqué de Bâle a d'abord jeté le prince Auguste dans une grande colère : « J'espère que ce dernier trait me guérira du fol amour que je nourris depuis quatre ans. » Mais Schlegel le voit à Berne, le met au courant de la situation ; il s'apaise. Commentaire de Mme de Staël à son amie : « Quand il a su tout ce qui vous était arrivé, il est revenu à son premier mouvement. Je crois cependant que l'été prochain vous devriez aller aux eaux de Pyrmont ou de Carlsbad en Allemagne, car il faut lui rendre sa visite. » Du savoir vivre à défaut de savoir aimer, chère Juliette !

Mme de Staël, elle, reprenait vie.

La folie Rocca

Le jeune homme teigneux qui avait provoqué Constant en duel n'était pas une passade. Elle l'a rencontré chez les Argant-Picot, vieille famille de Genève. Un soir, la maîtresse de maison lui présente son neveu, un jeune homme de vingt-trois ans, Albert-Michel-Jean Rocca, qu'on appelle John, et qui se tient timidement dans un coin du salon pendant la représentation. Il porte un beau visage sur un corps élancé, mais ne se déplace qu'à l'aide d'une grande béquille. Officier de l'armée napoléonienne dans laquelle il s'est engagé à moins de vingt ans avec enthousiasme, il revient d'Espagne où il a été blessé à la jambe gauche. Dès la première fois qu'il a vu Mme de Staël, il l'a dévorée des yeux. Elle n'y a pas pris garde, jusqu'au moment où elle le retrouve assidu à ses côtés. Rocca écrira dans ses Mémoires inachevés : « Quand j'entrais dans la salle de bal je ne voyais plus qu'*elle*, mais croyant que tout le monde devait savoir que je l'aimais, je m'éloignais quelquefois de la place où elle était afin de pouvoir la regarder plus à mon aise. Lorsque je m'approchais d'elle pour lui parler, je rougissais, je pâlissais, j'essayais vainement de trouver pour lui plaire quelques-uns de ses compliments que ses compatriotes lui adressaient avec tant de facilité. Mon embarras était tout mon langage… »

Cependant la femme de quarante-cinq ans qu'était Germaine de Staël, le corps alourdi comme elle en parle elle-même, souffrant d'un sentiment d'abandon depuis le départ de Benjamin Constant, ne pouvait qu'être flattée des attentions de ce beau jeune homme, dont la bravoure lui était connue. Certes, il n'avait pas l'art de la conversation qu'elle prisait tant. Sa culture à lui c'était la guerre, et son cheval Sultan qu'il continuait à monter dans les rues de Genève malgré sa jambe raide. Justement, pour faire sa cour, John ne trouve pas mieux, à défaut de mandoline, que de venir caracoler sur sa bête sous les fenêtres de Mme de Staël, à qui pareille aubade n'est pas familière. Touchée, elle l'invite aux concerts qu'elle donne chez elle et le place avec prévenance à la meilleure place. À qui veut l'entendre autour de lui, Rocca déclare : « Je l'aimerai tant qu'elle finira par m'épouser. » Un hussard ne doute de rien.

On commence à rire à Genève du singulier tableau qu'offrent cette jeune tête perdue et cette dame mûre. Lui s'est épris de la femme illustre et s'émeut de la punition qui lui est infligée : être le chevalier d'une telle dame anéantit en lui toutes les réserves que susciterait la différence d'âge. Mais elle, qu'on devine, qu'on voit de plus en plus charmée, que cherche-t-elle ? Serait-ce autre chose qu'un simple effet de sa coquetterie ?

Au printemps, la cour de Mme de Staël reprend ses quartiers à Coppet. Rocca suit. Il multiplie les gestes de gentillesse ; il se dévoue aux tâches obscures ; sympathise avec les enfants de la châtelaine. Le rôle modeste qu'il joue suggère à Schlegel un surnom shakespearien : on l'appelle Caliban – le symbole du peuple, l'opprimé des grands. Mme de Staël n'est pas seulement attendrie ; elle est de plus en plus émue par le dévouement et l'adoration manifestés par ce jeune et beau soupirant, qui, une fois de plus, lui fait miroiter la promesse de cet amour réciproque, toujours rêvé, entraperçu, jamais atteint, cet amour dont elle a fait la quête incessante et toujours leurrée.

Ses amis en tout cas le craignent, constatent son changement d'attitude et s'en émeuvent. On a cité Barante faisant allusion à ses

« essais de sentiment » ; le même, qui n'arrive pas à prendre au sérieux cette liaison, lui écrit au mois d'août 1811 : « Vous vous êtes livrée à ce sentiment incomplet que vous avez conçu pour M. Rocca. Je ne sais pas bien à quel moment précis ce penchant a commencé à avoir de l'influence sur vous... » Au printemps, alors à Coppet, Schlegel est tombé dans la désolation, comme l'atteste ce billet qu'il adresse un matin à Germaine : « J'ai un mal de tête affreux, je vous prie de me dispenser aujourd'hui de déjeuner. Quoi que vous disiez de mon humeur, je sais pourtant que ce que je sens n'est autre chose que la propre douleur de découvrir dans une aussi belle âme que la vôtre, toujours des preuves nouvelles et plus fortes d'une légèreté qui détruit toute confiance en votre amitié. Quelle est la situation d'un homme dont toute la destinée se compose de cette prétendue amitié, qui occupe une place si subalterne dans votre âme que vous risquez d'y renoncer vous-même en faveur du plus frivole engouement ! Dans une époque où vous me trouvez infiniment coupable de former des projets pour moi et de ne pas suivre implicitement votre sort, vous avez pensé à former un lien qui m'exilerait infailliblement de chez vous après avoir consacré sept ans de ma vie à une illusion ! Non seulement vous avez eu cette pensée mais vous l'avez avoué à celui qui en est l'objet indigne et vous lui avez par là donné des droits sur vous. » Et le mot s'achève par cette plainte pathétique : « Tous les soirs, enfermé dans ma chambre, je crois être dans un cachot devant la porte duquel se promènent des gens qui se moquent tout haut de ma situation ! » Il tempête, Schlegel, mais sa révolte d'esclave sera vite étouffée.

Le dépit rend lucide : Rocca n'aura de cesse d'éloigner ceux qui tournent autour de Germaine de Staël. L'épisode du duel raté avec Benjamin en est une illustration. Au mois de mai, il réussit à suivre l'adorée à Aix-les-Bains où, sans autorisation de Capelle, elle se rend pour faire soigner la surdité d'Albert. Averti avec quelque retard de la fugue, le préfet somme Mme de Staël de rentrer à Coppet ou à Genève immédiatement. Rocca, en tout cas, s'installe auprès d'elle, car – ce qu'ignore son entourage à l'exception de sa fidèle confidente Fanny Randall – elle a, le 1er mai précédent, signé une promesse de mariage avec lui « dès que les circonstances le permettront », en présence d'un pasteur. Étrange retournement mimétique :

un mariage secret était noué par elle trois ans après celui de Benjamin avec Charlotte ! Rocca lui a dit : « Je te veux tout entière, je veux que tu portes mon nom, je veux un enfant de toi qui sera vraiment un *petit nous.* » Pour la comtesse de Boigne, qui voit plusieurs fois Mme de Staël et Rocca, la baronne de Coppet est devenue « une femme d'esprit qui aime un sot ». La cousine de Mme de Staël, Mme Necker de Saussure, est portée à plus d'indulgence : « Une tendresse extrême, une constante admiration, des sentiments chevaleresques ; et ce qui plaisait toujours à Mme de Staël, un langage naturellement poétique, de l'imagination, du talent même comme l'ont prouvé quelques écrits, de la grâce dans la plaisanterie, une sorte d'esprit inattendu et irrégulier qui excitait le sien et mettait de la variété dans sa vie. Voilà ce qu'elle a trouvé en lui. »

Rocca s'est en effet peu à peu décrassé, Mme de Staël y a veillé en Pygmalion diligent. Elle confie ainsi à Juliette Récamier : « Vous ne pouvez vous imaginer ce qu'il a gagné sous tous les rapports. Tant de patience, tant d'études, tant de reconnaissance pour mes soins font de lui le plus parfait ami dont mon imagination eut l'idée. » Mais cette espèce d'union morganatique reste un scandale dans la bonne société et ne fait qu'une voix de la part de ses amis. Ils ne savent pourtant pas le plus inimaginable, ce qui les eût tristement ébahis : Mme de Staël tombe enceinte, Mme de Staël va accoucher à quarante-cinq ans ! Le « petit nous » espéré, voulu par Rocca, elle s'aperçoit à l'automne qu'il est en route. À part le père, personne n'en sait rien, excepté Fanny, toujours dévouée, dont le silence est garanti, et les deux médecins qui suivent sa grossesse, Butini et le professeur Jurine de l'Académie de Genève. Pendant ces mois d'attente, les transformations physiques de Mme de Staël, devenue pâle et bouffie, ne peuvent pas rester inaperçues. Avec la complicité de ses médecins, elle allègue qu'elle souffre d'hydropisie. « Si vous me voyiez maigrie, enflée, pâle, vous ne concevriez pas comment une aussi forte personne que moi a pu être ainsi terrassée », écrit-elle à son ami Henri Meister quelques jours avant son accouchement. Si certains ont pu en douter et soupçonner la vérité, le fait est que dans sa compagnie tout le monde n'y voit que du feu. Même le suspicieux Schlegel reste aveugle.

Au début d'avril, elle éloigne Auguste, qui ne demande pas mieux que d'aller voir Juliette à Châlons-sur-Marne. Albert et Albertine sont là, à Coppet, mais ne verront rien. Jurine l'accouche clandestinement le 5 avril 1812 d'un petit Louis-Alphonse Rocca. À peine né, l'enfant est amené en berline par Rocca, Jurine et Fanny au petit village de Longirond près de Nyon. Ils se rendent chez le pasteur Glayre, qui le baptise sous les noms de Louis-Alphonse, fils de Henriette, née Preston, et de Théodore Giles de Boston. Le pasteur, père de famille nombreuse, accepte de prendre en charge contre rémunération le nouveau-né. Le secret de cette naissance fut éventé ; les mouchards de Capelle permirent au préfet de Genève d'envoyer ce faire-part à Rovigo : « L'hydropisie de Mme de Staël s'est heureusement dissipée. Le résultat de cette fâcheuse maladie est un garçon fort bien portant. On attribue cette cure merveilleuse à un Genevois nommé Rocca… » Une pluie d'épigrammes tombe sur Genève, dont celui-ci paraît le moins médiocre :

Quelle femme étonnante et quel fécond génie !
Tout en elle produit, tout est célébrité,
Et jusqu'à son hydropisie,
Rien n'est perdu pour la prospérité.

La grossesse et l'accouchement ont retardé Mme de Staël dans la réalisation de son projet de « grand départ », mais elle n'a cessé d'y penser, de le préparer : elle ne peut plus vivre dans cette prison, peut-être dorée, de Coppet et de Genève, surveillée dans ses moindres déplacements, dans tous ses faits et gestes ; elle peut désormais prendre la fuite.

25

L'évasion

Le 2 juin 1812, le ministre de la Police Rovigo apprend par l'un de ses agents que Mme de Staël a quitté Coppet le jeudi 28 mai précédent : « On dit qu'elle est allée aux eaux de Schinznach, canton d'Argovie (Suisse), mais des personnes mieux informées prétendent que son projet est de s'embarquer dans un port de Russie pour passer en Angleterre. Ce départ s'est effectué si secrètement qu'il a été ignoré même à Coppet pendant trois jours. » À vrai dire, la police impériale tout comme celle du préfet Capelle ont été bernées : c'est le 23 mai que Mme de Staël a pris la fuite. Capelle tente de se justifier aux yeux du ministre de la Police puis, le 6 juin, auprès de Montalivet, ministre de l'Intérieur : « Vous savez peut-être déjà, Monseigneur, que Mme de Staël a fui précipitamment de Coppet où elle était depuis trois mois. C'est la première fois qu'elle a mis dans un acte de sa vie adresse et mystère. Elle gardait, depuis assez longtemps, beaucoup le lit et tout le monde la croyait malade ; les uns parce qu'ils avaient encore foi à son hydropisie dont elle avait toujours soin de montrer les signes apparents, les autres qui savaient qu'elle avait bien et dûment accouché d'un garçon dans le milieu d'avril dernier, parce qu'ils savaient aussi qu'elle avait dû commettre bien des imprudences pour cacher cet événement. Il paraît que c'est la publicité qu'il avait acquise, le scandale qui en résultait à Coppet et à Genève, où on est fort sévère, où le public ne l'aime pas plus qu'il ne l'estime, et la honte qu'elle en a éprouvé, qui ont été les dernières causes déterminantes de son départ. »

En fait, son accouchement n'a fait que retarder un projet ancien. Depuis l'interdiction de *De l'Allemagne* et la résidence surveillée qu'on lui impose à Coppet et à Genève, elle est décidée à recouvrer sa liberté. On ne la veut pas en France – Genève mis à part ? Elle partira pour l'étranger, et elle prépare depuis des mois ce départ auquel son ami Schlegel l'encourage et prête son concours. Par son fils Auguste, elle a demandé en mai 1811 un passeport pour l'Italie au ministre de la Police. En vain. À Fourcault de Pavant, elle a écrit clairement le 1er juin : « Je suis en prison entre Coppet et Genève. On m'éloigne de mes amis. Enfin, le système de me traquer comme une biche est tellement suivi qu'il faut ou plier ou partir, et je crois devoir au nom de mon père et à ma conscience de ne pas plier. » À ses amis de Paris et d'ailleurs, elle ne cesse d'exprimer son désir de prendre le large. Mais il n'est pas facile d'embarquer dans une Europe où Napoléon tient les ports, surveille les routes et verrouille les côtes. À un moment elle a espéré obtenir de la duchesse Louise de Saxe-Weimar un passeport pour Riga d'où elle comptait s'embarquer, mais au mois d'août la duchesse lui fait savoir qu'elle est navrée de ne pouvoir satisfaire cette demande en raison des représailles inévitables que le duché de Weimar subirait de la part de Napoléon. Elle veut croire en septembre qu'elle pourrait partir de Cherbourg sur la frégate *La Constitution* qui vient d'amener le nouvel ambassadeur des États-Unis. À Paris, Auguste obtient l'autorisation de Rovigo, mais celui-ci ne lui fournit pas les passeports nécessaires, alors que « la saison impraticable sur la mer est arrivée »...

Dès le 1er mai 1811, elle a pris ses dispositions avec son notaire Fourcault à Paris, lui réclamant notamment « une lettre de crédit de trois cent mille livres par M. Delessert sur l'Europe, l'Amérique et l'Angleterre. Cette lettre de crédit, je ne la toucherai peut-être que dans l'espace de trois années mais je veux avoir ce grand moyen d'indépendance dans le grand voyage que je vais commencer ». Ce voyage est donc une décision retardée mais pas le moins du monde improvisée. Son idée est de gagner l'Angleterre, mais, au moment où elle quitte Coppet, elle ne sait pas encore par quel chemin s'y rendre, même si la Russie lui semble l'étape la plus sûre ; encore faut-il y parvenir. Outre que Napoléon domine l'Europe continentale à l'exception de l'Espagne, le 24 juin 1812, soit un mois après le départ de Mme de Staël, il se lance dans la campagne de Russie. Le premier objectif de la fugitive est de gagner Vienne.

C'est donc le 23 mai, vers deux heures de l'après-midi, que Mme de Staël a quitté Coppet, un éventail à la main, montant en calèche comme pour une promenade ; elle est accompagnée d'Auguste, d'Albertine et de Rocca. Comme elle le raconte dans *Dix ans d'exil*, elle éprouve alors une affliction intense : peut-être ne reverra-t-elle jamais ces lieux où reposent son père et sa mère, ce château qui a connu tous les assauts de l'esprit. Son fils doit la soutenir pour monter dans la voiture qui prend la direction de Lausanne : « Ma mère, tu pars pour l'Angleterre, songes-y. »

Le soir du 23 mai, elle fait étape à Montpreveyres, non loin de Lausanne, où Uginet les attend depuis la veille. « Pendant cette journée douloureuse, écrira Albertine en racontant la vie de son frère, Auguste se montra plus que jamais le protecteur, l'appui de sa mère et de sa sœur. [...] Il ranimait sa mère abattue et savait même lui donner de la force par cette espèce de gaîté qu'inspire quelquefois un grand ébranlement aux âmes courageuses. » Poursuivant leur route, ils arrivent le 25 à Papiermühle, un hameau de la commune de Bollingen, près de Berne, où les fugitifs retrouvent Schlegel. Rocca étant de l'aventure, le loyal ami est mis enfin au courant de l'accouchement récent de Mme de Staël et de ses vraies relations avec John. La nouvelle le blesse mais n'entame pas sa fidélité chevillée au cœur.

Auguste est allé quérir les passeports nécessaires – établis sous un faux nom – auprès de l'ambassadeur d'Autriche Schraut. À ce moment-là, sa mère est encore dans une pénible incertitude, comme elle l'écrit à Rocca revenu à Genève où il avait des affaires à régler avant de la rejoindre : « Voyez-moi d'ici, dans un petit village attendant le retour d'Auguste de chez M. de Schraut et pas plus décidée qu'à Coppet ! Si je ne partais pas, venez à l'instant me rejoindre à Zurich, d'où nous partirions pour Schinznach... et venez alors avec Albert. Mais je ne sais que conseiller pour le grand voyage. Devez-vous le faire avec ou sans Albert ? Par Munich ou par Inspruck ? À

Munich il y a un agent français, M. de Mercy d'Argenteau, qui ne sait rien de nos rapports ; mais il est bien certain d'après ce que dit Schlegel que M. de Talleyrand [Augustin de Talleyrand, ministre plénipotentiaire de France à Berne] les connaît. Enfin je n'ai qu'une idée, c'est qu'il faut nous réunir. »

Auguste, qui éditera l'ouvrage posthume de sa mère, *Dix ans d'exil*, narre ainsi sa mission : « C'était peu d'être parvenu à quitter Coppet, en trompant la surveillance du préfet de Genève ; il fallait encore obtenir des passeports pour traverser l'Autriche, et que ces passeports fussent sous un nom qui n'attirât pas l'attention des diverses polices qui se partageaient l'Allemagne. Ma mère me chargea de cette démarche, et l'émotion que j'en éprouvai ne cessera jamais d'être présente à ma pensée. C'était, en effet, un pas décisif ; les passeports une fois refusés, ma mère retombait dans une situation beaucoup plus cruelle ; ses projets étaient connus ; toute fuite devenait désormais impossible, et les rigueurs de son exil eussent été chaque jour plus intolérables. Je ne crus pouvoir mieux faire que de m'adresser au ministre d'Autriche, avec cette confiance dans les sentiments de ses semblables qui est le premier mouvement de tout honnête homme. M. de Schraut n'hésita pas à m'accorder ces passeports tant désirés... »

Sa mission accomplie, Auguste fait ses adieux – déchirants adieux pour sa mère – et retourne à Coppet en nouveau propriétaire, car Mme de Staël a pris la précaution de lui vendre en toute légalité la demeure familiale pour éviter la confiscation. Les voyageurs repartent pour l'Autriche, via Zurich, Saint-Gall et Munich, chaque nuit passée à l'auberge. Le 28 mai, la petite troupe franchit la frontière du Tyrol, intégré depuis 1805 à la Bavière, alliée de la France.

C'est le 2 juin, le jour où Capelle apprend enfin sa fuite, que Mme de Staël, qui s'apprête à franchir la frontière autrichienne, reçoit un choc à Salzbourg – alors en Bavière : à l'auberge où ils sont descendus, un homme vient dire à Schlegel en allemand qu'un courrier français, arrivé d'Innsbruck, est venu demander une voiture. Elle s'affole. L'homme a sans doute pour mission de l'empêcher de passer la frontière et de l'arrêter. Que faire ? Où se cacher ? Par bonheur, le courrier français qui réapparaît n'est autre que Rocca. Il a traversé la Bavière de son côté à toute allure, et il est venu rejoindre la petite troupe, en se faisant passer pour un courrier français afin d'obtenir la priorité dans les relais de poste. Soulagée, stimulée par la présence de John, elle atteint Vienne le 6 juin. Albert, parti de Coppet le 27 mai dans la berline de voyage, avec les gros bagages, et qui emmène avec lui deux domestiques, les rejoint à son tour. Le groupe, désormais au complet, comprend outre Mme de Staël, Schlegel, Rocca, Albert et Albertine, Uginet son intendant et son épouse Olive sa femme de chambre, ainsi que deux domestiques suisses, Étienne Mercier et Jean Poitry.

Capelle et la police française ont été pris de court. Le 19 juin, le comte de Talleyrand en est encore, dans une note à Rovigo, à écrire qu'« il paraît certain qu'elle est allée à Vienne en Autriche ». « Il paraît »... Le retard de la surveillance est encore manifeste dans cette note de Capelle à Montalivet, qui date du 5 juillet, et alors que Mme de Staël a déjà quitté Vienne : « On a déjà eu de Vienne plusieurs lettres de Mme de Staël et plusieurs autres qui ont parlé d'elle. Il paraît qu'elle veut y soutenir la fable de son hydropisie, qui cependant lui a laissé faire trois cents lieues sans accident, courant en poste et nuit et jour. C'est sans doute par ordre que la *Gazette de Lausanne* d'avant hier annonçait son arrivée à Vienne et son départ pour les eaux de Carlsbad. Ses lettres tendent à faire croire qu'elle a le projet d'aller en Suède, ce qui ne m'empêche pas de persister encore dans l'opinion que j'ai à ce sujet émise à V.E. que son intention est de passer en Angleterre. Son fils aîné est toujours à Coppet. Son voyage est une singulière caravane ; elle femme de 44 ans [en fait, 46] avec un amant qui n'en a que 24 et une fille qui en a 18 !! [en fait, 15]. »

Dès son arrivée à Vienne, Mme de Staël prend conscience des changements qui se sont produits depuis son dernier séjour quatre années plus tôt. La guerre est passée par là, et la défaite de l'Autriche, et le mariage de Napoléon avec Marie-Louise : le pays de l'empereur François Ier est désormais l'allié apparent à moins qu'il ne soit le vassal de la France. Les gens sont méfiants, la police a ses mouchards dans tous les coins. La Cour est absente : tous les princes allemands sont à Dresde où Napoléon les a réunis avant sa grande offensive contre la Russie. Mme de Staël, qui ne sait encore si elle poursuivra son équipée par la Turquie ou par Saint-Pétersbourg, demande un passeport au comte de Stackelberg, l'ambassadeur de Russie à Vienne, qui se montre empressé. Un courrier doit partir incessamment pour Vilnius où se trouve l'empereur Alexandre. C'est une chance, mais la voyageuse devra tout de même attendre pendant trois semaines le retour du courrier. Pendant ce laps de temps, elle renoue avec la société qui l'avait si bien reçue lors de son précédent voyage, se rend au théâtre où danse le Français Duport, qu'elle invite à donner des leçons à Albertine. Elle a eu la prudence de descendre dans un hôtel différent de celui où séjourne Rocca, qu'elle présente comme son secrétaire. Elle reçoit peu, mais Friedrich Schlegel, le frère de Guillaume, est de ses invités. Bals, spectacles, dîners se succèdent ; elle est heureuse de retrouver des visages familiers, le prince de Ligne, le comte de Balk, Golowkin, Wilhelm von Humboldt, en poste à Vienne, Gentz, le diplomate prussien au service de l'Autriche, sans savoir qu'elle est épiée, que le gouvernement autrichien goûte peu sa présence dans les murs de Vienne et souhaite la voir partir promptement. Elle se rend compte que le charme ancien est rompu et décide de quitter la capitale de l'Autriche le 22 juin, avec un passeport obtenu de l'ambassadeur turc, en confiant à Schlegel et Uginet l'attente du courrier de Wilna. Elle prend le chemin de la Moravie, où elle est retenue plusieurs jours à Brünn [Brno], la capitale, par un gouverneur zélé et dépourvu d'aménité.

La situation de Rocca l'inquiète, car il est toujours considéré comme un officier de l'armée napoléonienne. Elle écrit à la duchesse de Saxe-Weimar pour la prier de lui donner asile dans le cas où, poursuivi, il serait menacé d'arrestation. Surtout, elle écrit à Metternich, qu'elle a rencontré à Berlin en 1804, pour lui demander un passeport qui permettrait à son « secrétaire », M. Rocca, de l'accompagner dans son voyage : « Monsieur le Comte, des agents de la police de Vienne se sont livrés envers moi et par conséquent envers celui qui m'était nécessaire pour me protéger dans un si long voyage, à tous les genres de persécutions. M. Rocca a servi et n'a quitté le service qu'à cause de ses blessures multipliées et avec les attestations les plus favorables. » Il lui faut donc un passeport « pour aller à Brody ou dans la Bukovine ». Le ministre viennois n'aime guère Mme de Staël ; pas plus que Napoléon il ne prise les « femmes amazones ». Mais, pour l'heure, peu soucieux de servir Napoléon, il joue les grands seigneurs et accorde le passeport qui parviendra à Rocca par Schlegel.

Rocca, parti le premier de Vienne en chaise de poste, retrouve Mme de Staël à Brody. Sur une intervention de Vienne, le gouverneur laisse partir la « caravane » vers la Galicie [autrichienne depuis le partage de la Pologne de 1772]. Mme de Staël a juste le droit de passer vingt-quatre heures à Landshut, chez ses amis les Lubormirski, la princesse Thérèse et le prince Henri, qu'elle a reçus naguère à Coppet. Elle est flanquée d'un commissaire de police à gros godillots qui commence par se faire inviter à la table de la princesse, puis a l'outrecuidance de déclarer à Mme de Staël que, selon le règlement, il devrait passer la nuit dans sa chambre pour la surveiller, mais que, grand seigneur, il n'en fera rien par égard pour elle. « Vous pouvez ajouter aussi par égard pour vous, lui réplique Albert, car si vous mettez de nuit le pied dans la chambre de ma mère, je vous jetterai par la fenêtre. – Ah ! monsieur le baron ! », répond le commissaire en se courbant plus bas qu'à l'ordinaire... « Le fantôme de la tyrannie me poursuivait partout », écrira Mme de Staël. Le 12 juillet, la petite troupe est à Lemberg [nom allemand de Lvov, dans la partie de la Pologne alors autrichienne], où les rejoignent avec les passeports russes Schlegel et Uginet, qui les avaient reçus le 30 juin. Dans *Dix ans d'exil*, Mme de Staël décrit ces Polonais de Galicie, humiliés par la police autrichienne, misérables, un peuple fier dans la détresse de l'oppression : « Je ne crois pas que jamais un pays ait été plus misérablement gouverné, du moins sous les rapports politiques, que ne l'était alors la Pologne et c'est apparemment pour dérober ce spectacle aux regards qu'on était si difficile pour le séjour ou même pour le passage des étrangers dans ce pays. »

Le 14 juillet 1812, deux mois avant que l'armée de Napoléon entre à Vitebsk, Mme de Staël passe la frontière russe à Brody, se jurant « de ne plus remettre les pieds dans un pays soumis d'une manière quelconque à Napoléon ». La surveillance incessante dans sa traversée de l'Autriche l'a écœurée. Certes, la Russie ne passe pas pour un pays de liberté, « mais le joug que l'empereur de France fait peser sur tous les États du continent est tel qu'on se croit dans une république dès qu'on arrive dans le pays où la tyrannie de Napoléon ne peut se faire sentir ». À ce moment-là, Mme de Staël a renoncé au détour par l'Empire ottoman, au profit de Saint-Pétersbourg pour parvenir en Suède. Mais la route directe de Saint-Pétersbourg est coupée par les troupes de Napoléon depuis que, le 25 juin, la Grande Armée a franchi le Niémen. Vilnius et Vitebsk sont bientôt prises. Mme de Staël doit donc passer par Moscou via Kiev, Orel et Toula, soit 1 000 kilomètres à parcourir, puis 600 kilomètres de plus de Moscou à Saint-Pétersbourg. Et sans traîner, sur des chemins épouvantables. Personne dans la petite troupe ne parle le russe ou le polonais, mais, par chance, ils rencontrent un médecin allemand russophone, le docteur Renner, qui les accompagne jusqu'à Moscou.

Elle est reçue dans chacune de ces villes avec empressement, comblée de compliments pour ses œuvres, on est curieux de la voir, on l'invite au bal : quel changement avec l'Autriche ! À Kiev, elle a été royalement invitée par le général Miloradovitch, gouverneur de la province. N'est-elle pas la plus célèbre ennemie de Napoléon ?

Les sentiments de Mme de Staël envers l'Empereur ne sont pas si simples. Gentz, quelque temps plus tard, lui reprochera ses indulgences. Au vrai, Mme de Staël est partagée ; elle hait la tyrannie mais elle aime la France. Elle observera de plus en plus que cette distinction lui est propre, à la différence des ennemis de Napoléon qui confondent dans la même haine le despote conquérant et son pays. À ce sujet, elle a l'occasion de se heurter à Schlegel, qui, lui, ne fait montre d'aucune sympathie pour la patrie de Germaine de Staël. Patriote allemand, il a d'abord défendu l'Allemagne contre la France sur le terrain culturel, littéraire, faisant de l'Allemagne une *Kulturnation*. Il a dépassé ce stade, est parvenu à une conviction politique : il mise sur la Prusse régénérée pour devenir l'instrument du nationalisme allemand non seulement contre Napoléon, mais contre la France elle-même.

On se ménage de part et d'autre, car, pour l'heure, on est allié. On roule, roule, roule interminablement à travers l'immense steppe, avant de parvenir, quinze jours plus tard, aux portes de Moscou. La Grande Armée avance : les voyageurs s'inquiètent de rencontrer les soldats de Napoléon sur la route de Moscou. C'est long, les chemins sont exécrables, il faut attendre pendant des heures dans les postes les chevaux de rechange, le paysage est monotone : « J'éprouvais cette sorte de cauchemar qui saisit quelquefois la nuit, quand on croit marcher toujours et n'avancer jamais. Il me semblait que ce pays était l'image de l'espace infini et qu'il fallait l'éternité pour le traverser. » L'immensité géographique n'est pas sans effet sur la psychologie des habitants : « Ce qui caractérise ce peuple, note-t-elle, c'est quelque chose de gigantesque en tout genre, les dimensions ordinaires ne s'appliquent à rien chez eux. Je ne veux pas dire par là que ni la vraie grandeur, ni la stabilité ne s'y rencontrent jamais, mais la hardiesse, mais l'imagination des Russes ne connaissant pas de bornes, tout y est colossal plutôt que proportionné, audacieux plutôt que réfléchi et, si le but n'est pas atteint, c'est parce qu'il est dépassé. »

Déjà elle remet en question les clichés qui règnent en France sur la Russie : une cour corrompue, des officiers aux ordres, un peuple d'esclaves… Elle observe les contrastes chez ce peuple, à la fois indolent et passionné, violent et hospitalier, rusé et généreux. Comme d'habitude, elle cherche la clé de ces oppositions : « Peut-être le mélange de la civilisation européenne et du caractère asiatique en est-il la cause. »

Le 2 août, les coupoles dorées de Moscou sont enfin en vue. La ville est hantée par la guerre qui se rapproche. Six semaines plus tard, Napoléon y fera son entrée, juste avant que la grande ville soit la proie des flammes. Tout se passe comme si Mme de Staël, harcelée, surveillée, condamnée, était de surcroît poursuivie par le maître provisoire de l'Europe en personne. Elle assiste à la mobilisation des esprits et des hommes. « C'était vers les premiers jours d'août qu'on me fit voir l'intérieur du Kremlin. J'y arrivai par l'escalier que l'empereur Alexandre avait monté peu de jours auparavant, entouré d'un peuple immense qui le bénissait et lui promettait de défendre son empire à tout prix. »

Elle est invitée par le gouverneur, le comte Fédor Rostopchine (le père de la future comtesse de Ségur, Sophie, alors âgée de treize ans), ancien ministre des Affaires étrangères, dans sa maison de campagne de Sokolniki – une maison à laquelle Rostopchine mettra lui-même le feu à l'approche de la Grande Armée. D'une manière générale, les Russes l'accueillent bien, voyant en elle une alliée d'une grande influence contre Napoléon. Pouchkine publiera en 1836 un récit, *Fragment inédit des mémoires d'une dame russe*, où l'on reconnaît notre voyageuse à la fois flattée par l'accueil enthousiaste dont elle est honorée mais aussi déconcertante pour ses hôtes :

« Elle arriva l'été, lorsque les habitants étaient dispersés dans les campagnes environnantes. Les Russes se mirent en quatre ; hommes et femmes accoururent de tous côtés. Ils ne furent pas satisfaits : ils virent une grosse femme de cinquante ans, vêtue d'une manière peu conforme à son âge. Son ton ne plut pas ; ses propos parurent trop longs et ses bras trop courts. » Elle est conviée à un grand dîner :

« Elle était assise à la place d'honneur, accoudée sur la table, roulant et déroulant un petit tube de papier [toujours cette manie]. Elle semblait de mauvaise humeur. Plusieurs fois elle voulut parler et ne put dire ce qu'elle avait à dire. Nos beaux esprits mangeaient et buvaient tout à leur ordinaire ; ils avaient l'air beaucoup plus satisfaits de l'*oukha* (soupe au poisson) que de la conversation de Mme de Staël. Les uns et les autres rompaient rarement le silence, intimement convaincus du néant de leurs propres pensées et tout intimidés de se trouver en présence de cette illustre européenne. [...]

« À quel point faut-il que notre grand monde ait paru vide à cette femme ! Elle est accoutumée à être entourée d'hommes pour lesquels un vif mouvement de son cœur, un mot enthousiaste ne sont jamais perdus. Et ici, pas une pensée, pas un mot remarquable pendant ces trois longues heures : des visages figés, une attitude raide. Comme elle s'est ennuyée ! »

Elle s'afflige du béotisme des Russes, regrette de rencontrer si peu d'hommes instruits parmi eux. Elle a son explication : il n'y a pas en Russie de tiers état où se recrutent les lettrés ; ce sont les étrangers, de culture française ou allemande, qui comblent le vide de cet « état intermédiaire ». Son premier enthousiasme s'est un peu refroidi. L'institution du servage et l'absence de constitution politique modèrent son admiration. Du moins est-elle convaincue que Napoléon trouvera à qui parler dans ces terres immenses et froides, dont le peuple saura se battre jusqu'à la mort. Il y a du « barbare » en eux, dit-elle, « conduits par un instinct souvent généreux ». Quant aux nobles, leur esprit « est tourné tout entier vers la guerre ». Elle entend dire, avant de quitter Moscou mais sans trop y croire, que les Moscovites sauront incendier leur ville si jamais Napoléon y entrait.

À Moscou, elle a le plaisir de retrouver son ami suisse, Ferdinand Christin, un de ses anciens amoureux. Il a été arrêté en juillet 1803 par la police française à Genève, a passé seize mois en prison au Temple, à la suite de quoi il a trouvé refuge en Russie, devenue sa seconde patrie.

Elle reprend, le 7 août, la route du Nord, toujours aussi monotone : « La route de Moscou à Pétersbourg n'est que sable d'abord et marais ensuite ; dès qu'il pleut la terre devient noire et l'on ne sait plus où trouver le grand chemin à travers ces vastes plaines qu'on appelle les routes. » Le 11 août, elle est à Novgorod, dont l'aspect lui paraît singulièrement triste : « Une vaste enceinte annonce que la ville jadis était grande et peuplée, et l'on n'y voit que des maisons éparses dont les habitants semblent placés là comme des figures qui pleurent sur les tombeaux. » Alors, quel contraste, quand, le 13 août, Mme de Staël et ses compagnons de voyage arrivent à Saint-Pétersbourg, « comme si tout à coup un enchanteur faisait sortir toutes les merveilles de l'Europe et de l'Asie du sein des déserts ». C'est une ville des Lumières construite au XVIIIe siècle de la volonté russe : « Tout autour la campagne est horrible ; la ville est bâtie sur un marais et le marbre même y repose sur des pilotis de bois, mais on oublie en voyant ces superbes édifices leurs fragiles fondements et l'on ne peut s'empêcher d'admirer le miracle d'une si belle ville bâtie en si peu de temps. »

Son séjour dans la capitale russe est facilitée par sa rencontre avec un Vaudois, Jacques-Augustin Galiffe, lors d'un dîner chez le baron Rall, banquier de la Cour et qui est aussi son propre banquier. Elle avait fait sa connaissance à Rolle, en Suisse ; il lui sert de guide pendant toutes ses allées et venues, la visite des églises, des couvents, les réceptions. « C'est probablement la femme la plus remarquable, écrira-t-il, que l'Europe ait produite : les bégueules de son sexe, et les pédants du nôtre, peuvent seuls lui refuser leur admiration, en la jugeant suivant les petites règles imaginées par leurs petits esprits. » Contrairement à Moscou désertée, Saint-Pétersbourg bruit de la présence de tous les diplomates, des hommes politiques, des envoyés en mission de tous les pays hostiles à Napoléon. Rencontres multiples, plans sur la comète, conciliabules, Mme de Staël est à son affaire : un tel aréopage ne peut qu'apprécier sa réputation d'ennemie jurée de Napoléon. Parmi ces admirateurs, elle prise particulièrement la conversation du baron de Stein, l'homme d'État prussien qu'elle a manqué de quelques heures à Moscou. Il est accompagné d'un écrivain très engagé dans la politique, Ernst Moritz Arndt, qui a laissé des souvenirs sur Mme de Staël dans ses *Erinnerungen*. Comme bien des hommes qui la rencontrent à cette époque, Stein est quelque peu déçu par l'apparence physique de l'illustre dame : « Trop forte pour une femme, bâtie comme un homme. » Mais il admire ses yeux intelligents qui « lancent des éclairs », et il est très vite séduit par l'esprit inimitable de son interlocutrice : « C'est plaisir, écrit Arndt, de les voir *caramboler* ensemble, quand ils sont assis sur le même sofa. » On se voit, se revoit, dîne ensemble, chez elle, chez le comte Orloff, un des grands seigneurs de la ville, directeur de l'Académie des sciences. On se réjouit de la paix qui vient d'être signée entre la Russie et l'Angleterre, en l'honneur de laquelle le comte fait jouer par ses musiciens le *God save the king* en présence de ses paysans : « Ils firent alors le signe de la croix et remercièrent le ciel de ce que la mer leur était encore une fois ouverte. » On prie Mme de Staël de lire quelques passages de son livre interdit, et elle s'exécute avec joie, en choisissant les dernières pages du livre sur l'enthousiasme. « Elle m'a profondément ému, écrit Stein à sa femme quelques jours plus tard, par la profondeur et la noblesse des sentiments, l'élévation des pensées, qu'elle exprime avec une éloquence qui va au cœur. »

Elle est en Russie, elle combat Napoléon, mais elle est partagée. Le malaise qu'elle éprouve au milieu de ces gens unis par la haine de Napoléon et de la France n'a pas cessé. Lors d'une journée à la campagne chez le grand maréchal de la Cour Narischkine, on porte un toast contre l'envahisseur français au milieu de la ferveur générale : « Moi, écrit-elle, je me sentis baignée de larmes. Fallait-il qu'un tyran étranger me réduisît à désirer que les Français fussent vaincus ! »

Arndt relate une autre expression de son patriotisme. Albert et Rocca étaient allés au théâtre entendre la *Phèdre* de Racine, qui avait enchanté tant de belles soirées à Coppet et à Genève. Ils en étaient revenus bouleversés : la pièce avait dû être interrompue à la suite des manifestations antifrançaises qui s'étaient déchaînées. « Les barbares ! s'écrie Mme de Staël en fondant en larmes ; ne pas vouloir entendre la *Phèdre* de Racine ! » Arndt en tire la conclusion de la profondeur du sentiment national des Français, en se demandant si une Allemande verserait des pleurs à Paris ou à Londres en entendant siffler Goethe ou Schiller.

Cependant la grande journée de Mme de Staël à Saint-Pétersbourg est celle du 17 août, lorsqu'elle se rend à l'invitation du tsar Alexandre et des « deux impératrices », sa séduisante épouse Élisabeth et la mère de l'empereur : « Je vis enfin ce monarque absolu par les lois et par les mœurs, et si modéré par son propre penchant. » Elle est d'abord présentée à l'impératrice Élisabeth, nièce de la grande-duchesse Louise de Saxe-Weimar, avant que ne les rejoigne le tsar Alexandre. Il porte beau, parle un joli français, et s'efforce de plaire à cette dame si influente et qui, sevrée pendant des années de parole politique, brûle de jouer un nouveau rôle sur la scène européenne. Or elle s'émerveille qu'Alexandre, loin de se contenter d'un échange de politesse autour d'une tasse de thé, aborde sans détour les questions d'État. « Vous n'ignorez pas, rapporte-t-elle dans ses *Considérations sur la Révolution*, me dit l'empereur de Russie, que les paysans russes sont esclaves. Je fais ce que je peux pour améliorer leur sort graduellement dans mes domaines ; mais je rencontre ailleurs des obstacles que le repos de l'Empire m'ordonne de ménager. – Sire, lui répondis-je, je sais que la Russie est maintenant heureuse, quoiqu'elle n'ait d'autre constitution que le caractère personnel de Votre Majesté. – Quand le compliment que vous me faites aurait de la vérité, répondit l'empereur, je ne serais jamais qu'un accident heureux. » Rapportant la même conversation dans *Dix ans d'exil*, Mme de Staël ajoute : « Superbes paroles, les premières, je crois, de ce genre qu'un monarque absolu ait prononcées ! Que de vertus il faut pour juger le despotisme en étant despote et que de vertus pour n'en jamais abuser, quand la nation qu'on gouverne s'étonne presque d'une si rare modération ! » Mme de Staël n'en dit guère plus dans ses Mémoires d'exil ; il est certain que l'entretien avec Alexandre a eu un autre objet que la politique intérieure de la Russie. Peu de temps après ce premier entretien doit se tenir à Abo, port finlandais sous domination russe, une rencontre de première importance entre Alexandre et le prince royal de Suède Bernadotte. Et Mme de Staël se sent assez suédoise pour en parler au Russe, d'autant qu'elle connaît Bernadotte qu'elle a rencontré jadis à Paris sous le Consulat, et le tsar ne demande pas mieux que d'être aidé dans sa future négociation avec Bernadotte par la femme prestigieuse qui passe pour une de ses amies. Il existait un contentieux entre les Russes et les Suédois depuis que, après le traité de Tilsit en 1808, l'empereur Alexandre s'était emparé de la Finlande au détriment des Suédois.

Le futur roi de Suède, Jean-Baptiste-Jules Bernadotte, était né à Pau ; il avait fait maintes campagnes en grand soldat et, devenu maréchal d'Empire après le couronnement de Bonaparte, avait participé à la victoire d'Austerlitz avec un éclat qui lui avait valu l'octroi par Napoléon de la principauté de Pontecorvo en 1806. Les deux hommes n'avaient guère d'affinités, Bernadotte n'avait jamais été soumis à Napoléon. Il avait accepté en 1810 la proposition du vieux monarque suédois Charles XIII, sans enfants, de l'adopter. Il était populaire dans ce pays pour avoir, après Iéna, fait preuve d'esprit chevaleresque à l'égard des officiers suédois vaincus, qu'il avait traités avec prévenance. Converti à la religion luthérienne, Bernadotte est ainsi devenu prince royal de Suède, héritier de la couronne. Il mène alors une politique d'indépendance, applique le Blocus continental napoléonien sans zèle, et résiste à Napoléon quand celui-ci lui demande d'armer 30 000 hommes face au danger russe. La fin de non-recevoir du prince a décidé l'Empereur à faire occuper la Poméranie suédoise. Les choses sont mûres pour un rapprochement entre Bernadotte et Alexandre. D'où la conférence d'Abo, l'ancienne capitale de la Finlande, du 27 au 30 août 1812. La Grande Armée est entrée dans Smolensk quelques jours plus tôt, le grand affrontement est proche. Alexandre souhaite qu'une armée suédoise lui prête main-forte. Dans ses *Mémoires*, le duc de Rovigo attribue à Mme de Staël un rôle majeur dans ce rapprochement entre Alexandre et Bernadotte.

Celle-ci revoit Alexandre à son retour d'Abo. Un pacte d'alliance secret a été signé entre la Suède et la Russie. Mme de Staël écrira en janvier 1813 à la duchesse de Saxe-Weimar : « La conférence d'Abo a lié pour jamais trois puissances [Russie, Suède, Angleterre], et l'empereur m'a parlé du prince de Suède avec la plus haute estime. » Le tsar lui apprend qu'après la prise de Smolensk le maréchal Berthier lui a assuré l'amitié réitérée de Napoléon, mais qu'il ne sera plus la dupe de l'Empereur français, qu'il est décidé à ne jamais signer la paix. Sur Bernadotte, il n'a que des éloges à faire : le message est clair pour Mme de Staël ; elle saura le transmettre au prince royal, et contribuer à parachever l'alliance entre les deux puissances. Elle devient ainsi un rouage actif dans la formation d'une alliance antinapoléonienne qui sera complétée par une grande coalition.

Après des jours emplis de visites, de fêtes, de dîners, de concerts, de séances théâtrales, d'assistance aux rites liturgiques orthodoxes, de conversations avec les uns et les autres, Mme de Staël et sa petite troupe quittent Saint-Pétersbourg le 7 septembre pour traverser la Finlande devenue russe en 1809 et gagner le port d'Abo, d'où ils doivent s'embarquer pour la Suède. La veille, une formidable bataille a eu lieu à Borodino, où 150 000 hommes se sont affrontés de part et d'autre. Le vieux maréchal Koutouzov a été remis à la tête des Russes, malgré sa défaite à Austerlitz. Mme de Staël avait eu l'occasion de le voir à la veille de son départ : « C'était un vieillard plein de grâce dans les manières et de vivacité dans la physionomie, quoiqu'il eût perdu un œil par les blessures inouïes qu'il avait reçues dans les cinquante années de sa carrière militaire. Néanmoins, en le regardant, je craignis qu'il ne fût pas de force à lutter contre les hommes âpres et jeunes qui fondaient sur la Russie de tous les coins de l'Europe […] ; je ne savais si j'embrassais un vainqueur ou un martyr. » En face, Napoléon malade a laissé l'initiative à ses généraux, Ney, Davout, Eugène, Poniatowski, Murat. Après des combats acharnés, les Français l'emportent au prix de dizaines de milliers de morts dans les deux camps, mais Koutouzov a pu battre en retraite avec ses canons, ce qui lui permet d'annoncer mensongèrement à Rostopchine et au tsar qu'il a gagné la bataille de la Moskova. En fait, pour Napoléon, la route de Moscou est ouverte.

Le 7 septembre, Mme de Staël fait donc route vers la Finlande et Abo, d'où elle doit embarquer. Forêts, pins, bouleaux, c'est une autre monotonie qu'elle traverse et qui se termine le 15 septembre à Abo, alors que la Grande Armée vient de faire son entrée dans Moscou. Dès le soir du 14 septembre, comme on le lui avait assuré, les incendies commencent à être allumés dans la ville sainte ; Napoléon évacue le Kremlin où il s'était installé, dans l'attente de conclure avec Alexandre un nouveau traité de paix comme à Tilsit. Il expédie un message à Alexandre par l'intermédiaire de son aide de camp Lauriston : « J'ai fait la guerre à V.M. sans animosité. Un billet d'Elle, avant ou après la dernière bataille, eût arrêté ma marche... Si V.M. me conserve encore quelque reste de ses anciens sentiments, elle prendra en bonne part cette lettre. » Ce sera non ; la guerre continue.

Elle a peur de prendre la mer ; Schlegel la réconforte en philosophe, Rocca en amoureux. Les premiers jours de traversée sur le bateau de pêcheur qu'ils ont pris se passent sans encombre, mais à la veille d'arriver à Stockholm une violente tempête fait vaciller l'embarcation qui échoue sur un îlot rocheux. Schlegel se remémorera vingt ans plus tard ce semi-naufrage : « La petite Albertine montra un courage héroïque dans le péril le plus imminent. Nous fûmes surpris dans le golfe Bothnique par une affreuse tempête, de sorte que les vagues inondaient à chaque instant notre frêle bâtiment. Au milieu du trouble général, elle se soutenait, elle portait la sérénité sur son front, uniquement occupée qu'elle était de dissiper les terreurs de sa mère. » Une actrice connue, Henriette Hendel-Schütz, son mari et leur nouveau-né sont de la traversée avec eux, et la dame, qui s'avise de danser, met une touche de gaieté dans la petite troupe. Finalement la tempête s'apaise, on n'en a eu que pour sa peur. Le 24 septembre, Mme de Staël est à Stockholm, sa seconde ou troisième patrie, puisque française, elle est aussi helvète par son père et un peu suédoise par son mariage avec le baron qui lui a donné son nom ainsi qu'à ses enfants. Elle respire. En même temps, elle apprend avec horreur la nouvelle de la chute et de l'incendie de Moscou : jusqu'où ira l'Ogre corse ?

26

Le rêve suédois

Capelle, préfet de Genève, toujours avantageux, envoie ce message confidentiel à son ministre Montalivet : « On a reçu des nouvelles de Madame de Staël de la Suède. Je crains bien que sa présence ne soit d'une influence funeste sur le Prince royal ! Si surtout les inconcevables bruits qui courent sur les plus inconcevables dispositions de ce prince sont fondés ; je parle de ces bruits parce qu'ils sont connus de Genève plus qu'ailleurs et avec des détails trop invraisemblables pour que j'ose les répéter ici. » Cette dépêche date du 29 septembre 1812 ; Mme de Staël est arrivée à Stockholm cinq jours plus tôt : après avoir eu tant de peine à suivre sa trace à travers l'Autriche et en Russie, les agents du chargé d'affaires Cabre cernent de nouveau la fugitive. Et ils sont assez bien renseignés sur la complicité qu'elle entretient avec Bernadotte, qui la reçoit avec tous les égards.

Mme de Staël et ses fils

Pour la première fois, Mme de Staël foule la terre de son ex-époux – un pays froid qu'elle avait dédaigné, même du temps de son mariage avec Éric-Magnus ; rien ne pouvait l'obliger à s'y installer comme le précisait une clause de son contrat de mariage. Cette fois, malgré un climat qu'elle juge débilitant, elle est bien aise de s'y installer et de pouvoir assurer à ses deux fils une carrière que leur nom autorise et que son amitié avec le Prince royal laisse promettre. Albert, ce lascar à surveiller, devient sans plus attendre aide de camp de Bernadotte. Auguste, lui, est encore à Coppet, du moins quand il n'est pas à Lyon (les allers-retours sont faciles), brûlant toujours pour les beaux yeux de Juliette Récamier : sa mère s'efforce de le faire venir. « Renvoyez-le vers le mois de mars », écrit-elle le 29 septembre à Juliette. Et, quand elle apprend que Bernadotte est disposé à aider Auguste à prendre rang dans la diplomatie de son pays, elle presse un peu plus son amie : « Je demande à votre générosité de me l'envoyer le plus tôt possible. » Mais Auguste n'y est pas du tout résolu. Schlegel épaule alors Mme de Staël pour indiquer le chemin du devoir à son ancien élève :

« Votre mère a votre promesse, elle en réclame l'accomplissement, vous ne pouvez pas vous séparer, peut-être pour toujours, d'elle et de toute votre famille dont vous êtes appelé à être l'appui. » L'ancien précepteur lui parle en vrai directeur de conscience : « Vous exprimez un grand dégoût de la vie, un découragement universel. C'est de bien bonne heure et permettez-moi de vous le dire, vous n'en avez pas encore le droit. » Plus ferme encore : « Il est un élément que je cherche en vain dans l'excellente composition de vos qualités morales, c'est l'ambition pure et noble. [...] Des circonstances particulières vous ont déjà fait perdre beaucoup de temps, les circonstances générales sont telles qu'il faut ou vous condamner à une nullité éternelle de votre existence, ou saisir le moment, vous lancer tout entier et aspirer fort haut. »

En décembre, Mme de Staël réitère sa demande à l'adresse de son amie : au besoin, qu'elle l'accompagne jusqu'ici ! « Je sais que vous me répondrez que vous ne le retenez pas, mais vous savez mieux que moi que sa disposition dépend de vous. Donnez-lui, chère amie, la force de ce qu'il doit faire. [...] Enfin, je conçois ce qu'il souffre et je l'ai ressenti en vous quittant ; mais pourquoi ne ferions-nous pas, s'il le faut, de ces lieux, un lieu de rendez-vous ? Vous y êtes si désirée ! » Auguste attend jusqu'au mois de mai. Une des raisons qui l'a finalement poussé à rejoindre sa famille en Suède est le départ de Mme Récamier pour Rome à la fin de février, sur le conseil de Mathieu de Montmorency. Il arrive, le cœur lourd, toujours épris, inconsolable, mais, à vingt-trois ans, Auguste est nommé « gentilhomme de la chambre », en attendant d'être chambellan à la Cour, et enfin agent diplomatique de la Suède.

Mme de Staël a beaucoup d'admiration pour Charles-Jean Bernadotte, le « Béarnais », qu'elle considère, écrit-elle à la grande-duchesse Louise, comme le « véritable héros du siècle », l'anti-Napoléon par excellence qui pourrait prendre la place de Napoléon. Elle conçoit l'alliance entre la Suède et la Russie, à laquelle elle pousse le Prince royal, comme un point de départ : sa participation à la défaite de l'empereur des Français peut lui ouvrir tous les espoirs. Bernadotte successeur de Napoléon ? Mme de Staël en rêve. Il a tout pour lui, la prestance physique, l'intelligence, ses états de soldat, le soutien du peuple suédois, et il est français. Son épouse, Désirée Clary, peu désireuse de vivre en Suède, est restée à Paris – provisoirement du moins : de là à penser que Mme de Staël ait pu imaginer quelque projet grandiose pour elle-même, certains ont brodé là-dessus. La seule certitude est le projet qui l'anime de faire jouer à l'ancien maréchal d'Empire un rôle éminent que lui-même peut-être n'envisageait pas. Les rapports de Cabre, l'ambassadeur français à Stockholm, ne tarissent pas sur les rencontres, les conciliabules, les tractations qui se déroulent entre Mme de Staël, Bernadotte et son entourage. Elle tient sa maison ouverte, donne des bals, parle aux représentants étrangers : « Elle va à toute heure chez le Prince royal, qui lui dit tout, et même le conseille quelquefois. » De Saint-Pétersbourg, elle reçoit des nouvelles par son ami Galiffe qu'elle transmet aussitôt à Bernadotte. Dans ce rôle d'éminence grise, elle est à son affaire ; elle exhorte le Béarnais à se montrer ferme envers le représentant de l'Autriche Binder et le représentant de la Prusse Tarrach, ambassadeurs de pays encore alliés à la France : il faut souder une grande coalition contre Napoléon.

En octobre 1812, elle s'est enthousiasmée pour la prétendue victoire des Russes à Borodino (la « Moskova ») du 7 septembre, elle l'écrit à l'épouse du général Koutouzov : « Quelle bataille ! Quel effort de l'âme il y a dans une pareille action ! Tant de sang, mais pour une si belle cause ! [...] Le Prince royal de Suède a sous les yeux le plan de la bataille de Borodino, et sans cesse il en parle avec enthousiasme. Dites-le, Princesse, à votre illustre époux. » Cette bataille de la Moskova avait été terrible ; 20 000 soldats de la Grande Armée avaient été tués. Ce n'était pas exactement une victoire russe, mais une bataille indécise à l'issue de laquelle Napoléon pouvait reprendre la route de Moscou. À son ami Étienne Dumont en Angleterre, elle dit la confiance qu'elle a dans l'empereur de Russie, qui doit persévérer, ne pas accepter la paix : « Ce sont les paix de Napoléon plus que ses guerres qui détruisent les nations. »

Mme de Staël a une vision de la « guerre mondiale ». La voici qui écrit en novembre à Thomas Jefferson, ancien président des États-Unis, une longue lettre où elle expose les buts de libération de l'Europe. La guerre que se font les États-Unis et l'Angleterre depuis juin 1812 est une « guerre civile » : les deux nations doivent être associées face à l'ennemi des libertés ; elles partagent les mêmes principes et, face à Napoléon, les mêmes intérêts : « Si, par un malheur qui mettrait la race humaine en deuil, l'Angleterre était asservie et que sa marine pût tomber entre les mains du vainqueur de la terre, c'est contre vous qu'il la tournerait, car vos principes sont les plus opposés du monde aux siens, et il voudrait effacer de l'histoire même les temps où les hommes n'ont pas été soumis au despotisme d'un seul. » Elle lui fait valoir qu'en Europe l'Angleterre, depuis dix ans, est la seule digue contre le despotisme, et qu'elle représente aussi contre ce despotisme un rempart pour les Américains. La réponse de Jefferson lui arrive à la fin de mai 1813. L'Américain lui déclare partager sa répulsion pour cet homme qui fait mourir des millions de pauvres et qui est encensé « par ceux-là mêmes qui se flattent d'admirer les sciences ». Toutefois, celui qui avait inspiré la *Déclaration d'indépendance* ne fait nulle confiance à l'Angleterre, dont les « pratiques de pirate » sont indéfendables. « L'Angleterre, écrit-il, est par principe l'ennemi de toutes les nations maritimes comme Napoléon l'est des nations continentales, et je considère comme une même insulte à l'esprit humain la prétention de conquérir l'océan pour établir le droit continental et celle de conquérir le continent pour y rétablir les droits maritimes. Non, chère Madame, le but de l'Angleterre, c'est *la domination permanente de l'océan et le monopole du commerce mondial.* »

Le point de vue de Jefferson ne manque pas de pertinence, mais Mme de Staël n'est pas alors en état de l'admettre ; sa vision du combat de titans livré contre le despote s'est élargie à l'Atlantique et, quels que soient ses manquements aux règles de la navigation maritime, l'Angleterre reste pour elle la nation libre qui n'a jamais baissé la garde contre l'autocrate. Cet échange a le mérite de montrer que la guerre qui se déroule alors en Europe n'est pas exactement celle qui oppose le souverain Bien au Mal absolu. La contradiction est au cœur de l'Histoire, et Mme de Staël aura à la méditer quand les Alliés envahiront la France. Pour l'heure, elle défend une cause pour laquelle l'Angleterre est l'alliée indispensable, la liberté des nations contre la domination d'un tyran.

Schlegel, devenu secrétaire particulier de Bernadotte et chargé plus spécialement des affaires allemandes, n'est pas en reste. Il associe Bernadotte au relèvement de l'Allemagne grâce auquel le projet d'empire universel de Napoléon sera anéanti. Dans un mémoire sur « l'état de l'Allemagne et sur les moyens d'y former une insurrection nationale », il préconise la direction d'un « grand capitaine », Bernadotte pour tout dire. En février 1813, il fait paraître à Hambourg, sans nom d'auteur, une brochure d'une centaine de pages intitulée *Sur le Système continental et sur ses rapports avec la Suède*. Dans ce pamphlet contre Napoléon, l'auteur appelle à l'alliance entre la Russie, l'Angleterre et la Suède, pour lancer une guerre d'indépendance de l'Europe contre le conquérant. La Suède doit se détacher clairement de la France en sortant de sa neutralité. L'Angleterre lui assurera les bienfaits de son commerce et la sécurité pour sa navigation ; la Russie lui fera acquérir la Norvège, si désirée (et tant pis pour le Danemark qui l'occupe !). L'éloge qu'il fait de Bernadotte, l'avenir lumineux qu'il lui souhaite pour le plus grand bien de l'Europe et des peuples asservis : on y reconnaît l'inspiration de Mme de Staël. Il est avéré cependant que Schlegel en est bien l'auteur, comme l'atteste la correspondance entre lui et Mme de Staël, même si, unis dans le même projet antinapoléonien, certaines des formules ou des idées de la baronne peuvent avoir pris place dans le pamphlet de Schlegel.

Un autre homme peut alors rêver de devenir le grand libérateur de l'Europe, après avoir repoussé l'envahisseur de son pays, le tsar Alexandre. Celui-ci, depuis le grand incendie de Moscou, est devenu inébranlable. À Saint-Pétersbourg, il n'avait prêté aucune attention au parti défaitiste autour du grand-duc Constantin. Deux femmes, l'impératrice Élisabeth et la sœur du tsar Catherine Pavlovna, le soutiennent fièrement dans son dessein, le refus de toute négociation avec l'envahisseur et la guerre de toute la nation contre celui-ci. Napoléon a reculé ; la Berezina – cette rivière gelée dont la débâcle a englouti des pans de la Grande Armée – est devenue le nom symbolique de la retraite catastrophique. Cependant, l'empereur des Français n'est pas encore vaincu ; il dispose d'un potentiel de guerre appréciable ; il a des alliés : l'Autriche, la Prusse. Aussi Alexandre s'efforce-t-il, en 1813, de détacher ces deux puissances de la France. Le roi de Prusse Frédéric-Guillaume III est un faible, un indécis, mais son pays sécrète en profondeur une volonté nationale de libération *(Befreiungskrieg)*, et il est poussé à déclarer cette guerre à la France le 16 mars 1813. Le 25 mars, le tsar, par la voix de Koutouzov, lance un appel à la nation allemande. Le 12 avril, Metternich rompt l'alliance française et offre sa médiation. Malgré ces défections, Napoléon reprend l'offensive, franchit la Saale le 29 avril, et remporte le 2 mai la victoire de Lützen sur l'armée prusso-russe, qui lui permet de reprendre la route vers l'est ; il remporte une nouvelle victoire les 20-21 mai à Bautzen, à 60 kilomètres de Dresde. Mais, faute de cavalerie, ces victoires sans poursuite des vaincus ne sont pas décisives. Le 4 juin, les belligérants signent, à l'invite de Metternich, l'armistice de Pleiswitz, chacun des deux camps avec l'arrière-pensée de renforcer sensiblement ses effectifs.

Mme de Staël, tout en suivant avec passion le cours des événements, publie en avril son *Essai sur le suicide*. Mais, par la préface sous forme d'envoi au Prince royal qu'elle lui donne, son ouvrage prend l'allure d'un acte politique :

« Monseigneur,

« J'ai écrit ces réflexions sur le suicide dans un moment où le malheur me faisait éprouver le besoin de me fortifier par le secours de la méditation. C'est près de vous, monseigneur, que mes peines se sont adoucies ; mes enfants et moi nous avons fait comme ces bergers d'Arabie, qui, lorsqu'ils voient venir l'orage, se retirent à l'abri du laurier. Vous n'avez jamais considéré la mort, monseigneur, que comme dévouement à la patrie ; et jamais votre âme n'a pu être atteinte par ce découragement que ressentent quelquefois les êtres qui se croient inutiles sur la terre. Néanmoins votre esprit transcendant n'est étranger à aucun sujet philosophique, et vous voyez de trop haut pour que rien ne puisse vous échapper. Je n'avais jusqu'à ce jour dédié mes ouvrages qu'à la mémoire de mon père ; je vous ai demandé, monseigneur, l'honneur de vous rendre hommage, parce que votre vie publique signale à tous les yeux les vertus réelles, qui seules méritent l'admiration des penseurs.

« Un courage intrépide vous distingue personnellement entre tous les braves ; mais ce courage est dirigé par une bonté non moins sublime : le sang des guerriers, les pleurs du pauvre, les inquiétudes mêmes du faible sont l'objet de votre humanité prévoyante. Vous craignez la souffrance de vos semblables, et le rang éminent où vous êtes placé ne pourra jamais effacer de votre cœur la sympathie. Un Français disait de vous, que vous réunissez la chevalerie du républicanisme à la chevalerie de la royauté [c'est bien le fond de la pensée staëlienne]. En effet, dans quelque sens que la générosité puisse s'exercer, elle vous est toujours native.

« [...] Cette nation suédoise, jadis si célèbre par ses exploits, et qui conserve encore les grandes qualités que ses ancêtres ont manifestées, chérit en vous le présage de sa gloire. Vous respectez les droits de cette nation, monseigneur, par penchant et par conscience, et l'on vous a vu, dans plusieurs circonstances difficiles, aussi fier des barrières constitutionnelles, que d'autres en seraient impatients.

« [...] Poursuivez, monseigneur, la carrière dans laquelle un si bel avenir vous est offert, et vous montrerez au monde ce qu'il avait désappris ; c'est que les véritables lumières enseignent la morale, et que les héros vraiment magnanimes, loin de mépriser l'espèce humaine, ne se croient supérieurs aux autres hommes que par les sacrifices mêmes qu'ils leur font. »

La conclusion de l'essai est tout autant politique : Mme de Staël réaffirme son attachement à la France, sa patrie, mais à une France libérée :

« L'imagination se représente cette belle France qui nous accueillerait sous son ciel d'azur, ces amis qui s'attendriraient en nous revoyant, ces souvenirs de l'enfance, ces traces de nos parents que nous retrouverions à chaque pas ; et ce retour nous apparaît comme une sorte de résurrection terrestre, comme une autre vie accordée dès ici-bas : mais si la bonté céleste ne nous a pas réservé un tel bonheur, dans quelques lieux que nous soyons, nous prierons pour ce pays qui sera si glorieux, si jamais il apprend à connaître la liberté, c'est-à-dire la garantie politique de la justice. »

C'est à Bernadotte, l'anti-Napoléon, qu'elle confie alors ce soin de libérer la France. Si elle lui fait allégeance, c'est pour le guider, le stimuler, le pousser à ce que la nature prudente du Prince royal ne lui dicterait pas nécessairement : il doit renforcer son alliance avec la Russie et prendre part à la grande coalition européenne capable de mettre à terre le despote. Peut-être alors l'occasion sera-t-elle favorable pour que Bernadotte prenne la conduite des nouvelles destinées de sa patrie d'origine.

Que sont mes amis devenus ?

En dépit de la joie qu'elle éprouve à être en selle de nouveau dans les tourbillons de la grande politique, Mme de Staël ne peut se déprendre d'un sentiment qu'elle connaît bien, cette phobie de l'absence qui l'a si souvent tourmentée.

La séparation d'avec Schlegel, qui jubile dans ses nouvelles fonctions dans l'ombre de Bernadotte, lui est pénible : « Songez que vous êtes de la famille, lui écrit-elle ; et revenez au nid quand vous aurez terminé votre noble entreprise. […] J'ai tant besoin de ne pas me croire séparée de vous ! » Du quartier général de Carlscrona où il est, il croit pouvoir lui apprendre le 11 mai 1813 que les Alliés ont vaincu Napoléon à Lützen, alors qu'il s'agissait d'une victoire française. Le lendemain, il lui annonce que le Prince royal et sa suite se sont embarqués pour Stralsund, de l'autre côté de la Baltique, où Bernadotte établit son quartier général, en prévision de son entrée en guerre avec les Alliés, un accord qui sera conclu le 9 juillet.

Schlegel écrit régulièrement à Mme de Staël, qui n'a jamais été peut-être aussi câline avec lui : « Dans ce moment où je vais prendre la grande résolution du départ pour Londres, lui écrit-elle le 14 mai, je sens combien vous me donniez de force et je marche encore sur les appuis que vos entretiens m'ont laissés... Mes derniers adieux en montant sur le vaisseau seront pour vous ! » Il l'entretient des événements, mais l'informe surtout de la conduite d'Albert qui laisse à désirer. Le jeune écervelé a autant l'âme militaire pour ce qui est de la bravoure qu'il en est dépourvu au chapitre de la discipline. Le Prince royal déplore son insubordination. Mais ce chien fou, qui a tous les courages, déploie sa témérité au combat, depuis trois semaines qu'il est devant Hambourg avec les Cosaques de Tettenborn, et alors que l'armée suédoise n'est pas encore entrée en action. Aussi Schlegel, qui avait commencé par transmettre à Mme de Staël les plaintes de ses supérieurs contre Albert, lui parle cette fois de ses prouesses : « Suspendez donc la lettre sur les sujets désagréables dont je vous parlais à Carlscrona... » De son côté, le Prince royal juge sévèrement ses incartades. Il y a plus : Albert a le vice du jeu ; il s'endette et, pour pouvoir payer ses dettes, s'engage dans une fuite en avant, jouant de plus belle, car les banquiers qu'il a sollicités à Hambourg et à Altona ne l'ont pas entendu. Bon prince, Bernadotte lui inflige seulement un blâme et le fait mettre aux arrêts quelques jours dans l'île de Rügen.

L'armistice de Pleiswitz du 4 juin désespère Schlegel le patriote : « Je ne puis pas croire à la paix, écrit-il à Mme de Staël le 21, elle couperait court à toutes nos espérances. » Et d'ajouter : « Si vous écrivez à Albert, parlez-lui surtout sévèrement sur le jeu – c'est une passion funeste que le Prince royal ne veut absolument pas souffrir dans son armée. »

Malgré la présence de Rocca à ses côtés, Mme de Staël est taraudée par la solitude. Deux êtres chers lui manquent particulièrement : Juliette Récamier et Benjamin Constant. Avec la première, un certain refroidissement s'est fait sentir. Mme Récamier a reproché à Mme de Staël de ne lui avoir pas écrit pendant son voyage. À cette lettre qu'elle trouve à Stockholm en arrivant, Mme de Staël s'était empressée de répondre : « C'est me mépriser que de ne pas croire que je vous aime. » Mais la mère d'Auguste réclame son fils, et elle n'est pas sûre que son amie fasse tout pour le lui rendre : « Je vous supplie de donner à Auguste l'imagination de ce qu'il doit faire. » Et quand, finalement, Auguste arrive en Suède alors que Juliette est partie pour l'Italie, Mme de Staël s'émeut qu'il n'apporte aucun message de sa grande amie : « Mon fils ne m'a rien apporté de vous, ma chère amie. J'ai cru voir dans ce silence un reproche tacite du parti que je le forçais à prendre et dont votre générosité lui a donné la force. Ce serait une grande douleur pour moi que d'avoir perdu votre affection par l'accomplissement d'un devoir qu'il m'est impossible de ne pas regarder comme impérieux. » Leur correspondance s'espace pour un certain temps. La distance, le temps que mettent les lettres à parvenir sont aussi à prendre en compte. L'amitié fervente qui unit les deux femmes n'est pas morte mais seulement endormie.

L'absence d'un autre cher visage se fait cruellement sentir, celui de Benjamin. En Allemagne, il est malheureux ; il s'ennuie. Il a suivi de près, autant que possible, le voyage de Germaine, s'en est inquiété, comme l'atteste son *Journal*. Les nouvelles qu'il reçoit d'elle le rassurent. Quelle folie – c'est son mot – ne s'est-elle pas emparée de lui lorsqu'il a cru que son mariage avec Charlotte allait, en normalisant sa vie, l'apaiser ! « Mauvaise nuit, écrit-il le 19 octobre 1812, parce que Charlotte n'a pas voulu se coucher. Entre autres choses, je me suis marié pour coucher beaucoup avec ma femme et me coucher de bonne heure. Je ne couche jamais avec elle, presque, et nous veillons jusqu'à 4 heures du matin. » Quel soulagement quand il apprend l'arrivée de Mme de Staël à Stockholm ; il commence à penser « sérieusement » au Béarnais : Bernadotte, oui, la solution peut-être ! La communication est lente entre les deux anciens amants mais non impossible. « Que je regrette Mme de Staël ! », lâche-t-il le 2 novembre 1812. Un mois plus tard : « Je regrette Mme de Staël plus que jamais. » En janvier : « Mme de Staël est bien perdue pour moi. Je ne m'en relèverai jamais. » Les lettres d'elle qui lui parviennent provoquent des scènes de Charlotte : l'absente est trop présente.

De son côté, Mme de Staël éprouve un manque parallèle à celui de Benjamin. Elle lui fait ses confidences dans cette lettre du 20 mai 1813 : « Depuis deux mois je n'ai rien eu de vous, depuis deux ans je ne vous ai pas vu. Vous souvenez-vous quand vous prétendiez que nous ne serions pas séparés l'un de l'autre ? [...] À qui puis-je parler, et comment me soutiendrai-je moi-même ? Mon fils aîné est avec moi ; il est nommé secrétaire de légation aux États-Unis. Je l'accompagne chez les Doxat [banquiers suisses de Londres] où il passera quatre mois avec moi à la campagne. Albert est chez son protecteur, Wilhelm aussi. Il reviendra auprès de moi, mais entre temps son absence a pour effet de me faire sentir encore plus seule. [...] J'ai toujours des lettres de vous auprès de moi ; je n'ouvre jamais mon secrétaire sans les prendre à la main ; je contemple l'adresse. Tout ce que j'ai souffert par ces lignes me fait frissonner, et pourtant je voudrais en recevoir de nouveau. » Ces deux êtres n'ont cessé hier de se déchirer ; ils vivent aujourd'hui une séparation qui leur est cruelle. Chacun est « occupé » de l'autre et ne se console pas d'une rupture qui assombrit sa vie. Bonheur impossible. Mme de Staël, dans son *Essai sur le suicide*, a voulu exorciser la tentation de fuir le malheur par la mort volontaire. Constant travaille à son œuvre et répète la formule de sa résignation : « L.v.d.D.s.f. » (« La volonté de Dieu soit faite ! »).

La Suède dans la grande coalition

À la fin du mois de mai 1813, Mme de Staël s'embarque de Göteborg pour Londres, accompagnée d'Albertine et de Rocca, Schlegel restant au quartier général du Prince royal. Ils débarquent en Angleterre une quinzaine de jours plus tard. Par souci des convenances, elle éloigne Rocca dans la ville d'eaux de Bath : « J'ai reçu des nouvelles de mon oiseau, lui écrit-elle en juin, et je suis contente de ce qu'il est arrivé. Je me tourmentais de l'idée qu'il pouvait s'être endormi de nuit et s'être fait mal en voiture. Je suis triste comme un chat-huant de son absence. Le 26 juillet, il doit être ici et sa patte *doit* être remise et il *doit* parler anglais. Mais surtout il ne lui est pas permis de penser à Benjamin. Moi est à lui pour la vie et au-delà. »

L'Angleterre ! terre rêvée de la liberté ! Les souvenirs de son ancien séjour la prennent d'assaut. C'était au temps où elle se consumait d'amour pour Narbonne. Étrange ironie de la destinée, Narbonne est devenu un serviteur de l'Empereur ; il est alors ambassadeur à Vienne. C'est lui qui, quand Napoléon sera à Dresde, viendra lui apporter la déclaration de guerre de l'Autriche. L'armistice de Pleiswitz n'a été qu'une pause. Napoléon s'est peut-être laissé piéger en l'acceptant, car les Alliés ont considérablement augmenté leurs forces. Le 26 juin, Metternich a un entretien orageux de près de neuf heures au quartier général de Napoléon. Le ministre autrichien demande à l'empereur des Français de renoncer à ses conquêtes : « Ainsi, lui répond celui-ci, vous voulez la guerre ? C'est bien, vous l'aurez ! J'ai anéanti l'armée prussienne à Lützen ; j'ai battu les Russes à Bautzen ; vous voulez avoir votre tour ? Je vous donne rendez-vous à Vienne... » Comme Metternich ne désarme pas, il s'écrie : « Eh bien ! Qu'est-ce donc qu'on veut de moi ? Que je me déshonore ? Jamais ! Je saurai mourir, mais je ne céderai pas un pouce de territoire. »

Le 11 août, après l'échec d'un « congrès de paix » tenu à Prague, la rupture est consommée ; Metternich renvoie Narbonne, et l'Autriche déclare la guerre à la France. Cette fois, c'est l'Europe qui se dresse contre Napoléon. Le rapport des forces a changé : face aux 350 000 hommes de la grande coalition, soutenue par l'or de l'Angleterre, encouragée par les nouvelles d'Espagne où Wellington a remporté la bataille de Vitoria, décidée à abolir les conquêtes de l'Empereur, celui-ci ne peut aligner que 200 000 hommes. Comme y avait travaillé Mme de Staël, Bernadotte y participe à la tête de 150 000 soldats, suédois, russes et prussiens. C'est au moment de cette veillée d'armes que Mme de Staël reçoit un des chocs terribles que la vie ne lui a pas épargnés : la mort de son fils Albert.

27

La fin du voyage

L'Angleterre, enfin ! En juin 1813, elle accédait à la terre de promission après des années d'attente, au bout d'un interminable périple, au moment où se dessinait sur le continent la fin de l'Empire napoléonien, c'est-à-dire le début espéré d'une ère nouvelle, celle de la liberté.

Mme de Staël avait emmené en Angleterre Auguste et Albertine et laissé Albert en Suède, où il continuait à servir dans la cavalerie du Prince royal. Ses frasques inquiétaient ; sa passion du jeu n'avait pas faibli malgré les remontrances de Schlegel et de sa mère. À la fin de juillet 1813, il se trouvait à Doberan, une ville d'eaux du Mecklembourg, non loin de Rostock, où les soldats des armées alliées goûtaient au repos du guerrier. Les querelles de tripot n'y étaient pas rares ; Albert s'en était pris à un officier de Cosaques du régiment de Tettenborn. Le duel qui suivit dura peu : à peine avait-il eu le temps de se mettre en garde que le jeune homme fut quasiment décapité d'un coup de sabre : « S'il avait été le moins du monde en garde contre son adversaire, il n'aurait pas pu être frappé comme cela, explique Schlegel dans une lettre à Mme de Staël. On peut dire qu'il est mort debout ; la terre ne servit de lit de repos qu'à sa froide dépouille. La fermeté contre le danger et la douleur qui le caractérisait ne s'est pas démentie dans ses derniers instants. »

Albert, selon le mot cruel de Sismondi à Mme d'Albany, était « le moins intéressant » des deux fils, le mouton noir, la tête brûlée, le risque-tout dont les écarts de conduite désolent. Mais Mme de Staël sait aussi qu'il y avait chez Albert quelque chose qui lui ressemble et dont sont dépourvus Auguste et Albertine : l'élan, la flamme, l'ardeur. « Le pauvre Albert avait pris le mouvement de travers, mais il en avait ! » Sa douleur n'est pas douteuse, même si elle n'est pas démonstrative. Elle se démène pour que son autre fils, Auguste, qui veut rejoindre le quartier général de Bernadotte, soit écarté du service militaire.

So british

La Suède n'a été pour Mme de Staël qu'une étape – une étape de huit mois, certes, qui lui a permis de mettre le pied de chacun de ses fils à l'étrier, et de poser les jalons de son grand projet politique. Mais, dès le départ de Coppet, elle a visé à rejoindre l'Angleterre, à ses yeux pays d'élection de la liberté. « J'admire l'Angleterre plus que jamais, confie-t-elle à la reine de Suède, sa prospérité, sa liberté, l'esprit public qui l'anime, les mœurs domestiques qui la soutiennent sont au-delà de tout enthousiasme [...]. » Dans ses *Considérations sur la Révolution française*, elle explicitera les raisons d'une admiration qu'elle a héritée de son père et qu'elle n'a cessé de nourrir sous l'effet du carcan napoléonien.

L'Angleterre, c'est d'abord le pays des institutions libres. Depuis la Glorieuse Révolution de 1688, en plein siècle de Louis XIV, elle en avait définitivement fini avec l'absolutisme et créé les bases durables d'une monarchie limitée : un système représentatif formé par une Chambre des lords et une Chambre des communes, l'indépendance de la justice, la garantie de la protection de l'individu, la liberté de la presse, la tolérance religieuse. Mme de Staël admire le système partisan, la dualité des tories et des whigs, qui interdit l'éteignoir de l'unanimité, féconde la discussion, permet de contrôler la majorité gouvernante. Elle apprécie la force de l'opinion, la ferveur patriotique et ce que nous appellerions le civisme des Anglais. Elle a conscience que des abus sont à corriger, mais elle fait fond sur le principal : un pays de liberté où le débat politique est possible sans dérapage vers les extrêmes comme en France. En même temps,

« l'esprit chevaleresque » va de pair avec « l'enthousiasme de la liberté », car la noblesse a gardé une place de choix, aussi bien politique avec la Chambre des lords qu'économique dans la mesure où l'aristocratie d'épée s'est mêlée – contrairement aux interdits de la France d'Ancien Régime – à l'élite des hommes d'affaires, négociants, banquiers, membres des professions libérales : « A-t-on vu faire [en France] un duc et pair de ce qu'on aurait appelé un parvenu ? Et ce mot de parvenu à lui seul n'était-il pas une offense ? » La valeur individuelle est ici récompensée plus que les droits de la naissance. Enfin la liberté politique et intellectuelle conditionne la prospérité d'un pays où la confiance règne entre l'État et les citoyens.

Cette ferveur pour l'Angleterre n'a pu que se fortifier dans l'hostilité à l'Empire napoléonien : elle rend grâce au seul pays d'Europe qui sache opposer à la tyrannie les principes de la liberté et de l'indépendance. C'est dire si l'esprit libéral de Mme de Staël se plaît à retrouver l'Angleterre et que l'Angleterre est prête à recevoir avec tous les honneurs l'ennemie déclarée de Napoléon.

À Londres, où elle a des amis comme partout, elle est hébergée par une famille de banquiers suisses, les Doxat, un havre au milieu des turbulences incessantes de la vie mondaine où elle est plongée. Elle veut voir tout le monde, tout le monde veut la voir, la recevoir, au moins l'approcher ; elle est devenue légendaire. Elle ne verra pas le roi George, claustré à Windor depuis qu'il a perdu la raison, mais assez souvent le prince de Galles, régent et futur George IV. Elle entre en relation avec tous les grands noms de la politique, des affaires, des lettres, le marquis de Lansdowne, ancien ministre whig, le comte Harrowby, un tory président du Conseil, Lord Grey, chef de l'opposition whig à la Chambre des lords, et les Liverpool, Erskine, Holland, Wellesley, tous ceux dont le nom prévient en faveur de leur rang. Nous avons un portrait d'elle à ce moment-là, dû à Jean-Louis Mallet, fils aîné de l'écrivain suisse antirévolutionnaire Mallet Du Pan, installé à Londres, et qui a laissé des notes écrites en anglais, traduites par Pierre Kohler :

« Ses circonstances domestiques, raconte-t-il, la mettaient dans l'embarras. Elle était accompagnée par Rocca, un beau jeune Genevois, de quelque vingt ans plus jeune qu'elle, qu'elle avait en réalité épousé[1]. Toutefois ils n'avouaient pas leur union. Mme de Staël, chose étrange, préférait faire passer Rocca pour son sigisbée ; et Rocca, qui était à d'autres égards un homme d'esprit élevé, acceptait la situation ; il vivait en pension et ne se montrait jamais chez Mme de Staël que le chapeau et la canne à la main, comme tout autre visiteur, tandis que Schlegel [qui la rejoindra plus tard] vivait sous le même toit que Mme de Staël et ses enfants. Schlegel était *sans conséquence*, et parfois le matin il apparaissait en robe de chambre et en pantoufles. »

Mallet et sa femme la rencontrent chez une amie, Mme Achard :

« Si Mme de Staël avait été accompagnée de vingt autres femmes, personne n'aurait fait de méprise à l'air dont elle entra, et à une certaine habitude du grand monde et de se sentir au premier rang, qui la distinguait. Elle est de taille moyenne, assez d'embonpoint, de grands beaux yeux noirs, un mauvais teint, des cheveux noirs et mal rangés, point bien vêtue, les épaules et la gorge fort découvertes pour une femme de son âge et pourtant point belles, beaucoup de mouvement de l'œil et des bras, une voix flexible, harmonieuse, agréable. »

La beauté physique n'a jamais été un bon auxiliaire de sa séduction, mais, la fatigue et l'âge aidant, l'ingratitude de son apparence en rebute plus d'un. Lord Byron, qui lui est présenté peu après son arrivée à Londres, n'apprécie guère d'abord cette grosse femme bavarde : « Mrs Corinne écrit des octavos et parle des folios. » Il la fuit ; elle le tance : « Traitez ceux qui vous admirent avec un peu plus de bienveillance et sachez-moi gré de pardonner à votre génie tout ce qui a dû me déplaire en vous. Je voudrais causer avec vous ; quand m'en trouverez-vous digne ? » Comme si souvent, l'esprit de Mme de Staël finit par désarmer ce détracteur aux goûts d'esthète, et il saura la trouver finalement « la femme la plus spirituelle ». Plus tard, il deviendra un familier de Coppet.

Les mondanités se succèdent. Le 8 juillet 1813, elle écrit à la reine de Suède : « On ne se fait pas d'idée de ce que c'est que la vie à Londres. Je puis vous dire sans exagération que j'ai reçu trois cents visites en quatre jours, vingt invitations et à des heures si fatigantes

1. Le mariage officiel aura lieu en 1816 seulement.

qu'après douze nuits de veille j'ai été malade seulement par la société. »

Aux réceptions mondaines, où « il faut une grande force physique pour traverser les salons sans être étouffé », elle préfère de loin les petits comités et les tête-à-tête. Pas plus qu'en Allemagne, on ne connaît en Angleterre les agréments de la sociabilité à la parisienne. « Ce qui manque toujours ici, explique-t-elle à Lady Davy, c'est l'intimité, il y a de la famille, mais pas d'amitié de choix telle que nous l'entendons en France. » Les membres de l'élite vivent les deux tiers de leur temps à la campagne, où ils passent leurs journées entre leurs chiens et leurs chevaux. Pas de salons ici, les femmes ne sont pas invitées dans la conversation des hommes. Elle l'avait déjà noté dans *Corinne* ; elle y revient dans les *Considérations sur la Révolution* : « Le bonheur des Anglais étant fondé sur la vie domestique, il ne leur conviendrait pas que leurs femmes se fissent, comme en France, une famille de choix d'un certain nombre de personnes constamment réunies. » Il existe bien des « femmes remarquables comme écrivains », qu'on lit, qu'on admire, qu'on traduit, mais « elles vivent en général très retirées et leur influence se borne à leurs livres ».

Réservé, timide, taciturne, l'Anglais est le contraire du beau parleur, ce qui nuit aux échanges. Mais ce pays encourage aux études, contrairement à ce qui se passe souvent en France où les gentilshommes affectent la « fatuité d'ignorance ». À Londres, elle goûte vivement l'amitié du philosophe écossais et député whig James Mackintosh, qui la voit presque chaque jour. Rocca en prend ombrage. « Voulez-vous m'interdire toute conversation littéraire ou politique ? lui demande-t-elle. Est-ce de bonne foi que vous me croyez le moindre goût, le moindre, pour un homme envers qui je ne suis pas même ce que je devrais être en faveur de ses bons soins et de ses rares connaissances. » Il est vrai qu'entre Mme de Staël et Mackintosh, la complicité intellectuelle va bon train. Il avait réfuté les attaques virulentes de Burke contre la Révolution française dans ses *Vindiciae Gallicae*, en 1791, ce qui ne pouvait que plaire à celle que 1789 avait exaltée. Elle lui rend hommage dans ses *Considérations* : « Sir James Mackintosh, désigné par l'opinion pour continuer Hume et pour le surpasser, en écrivant l'histoire de la liberté constitutionnelle de l'Angleterre, est un homme si universel dans ses connaissances et si brillant dans sa conversation, que les Anglais le citent avec orgueil aux étrangers pour prouver que, dans ce genre aussi ils peuvent être les premiers. » Lui ne l'oubliera pas dans ses *Mémoires* : « C'est une des rares personnes qui surpasse ce que l'on attend d'elle. »

Du 10 août au 24 septembre, elle et sa fille vont s'installer à Richmond, dans une maison qu'elle a louée au bord de la Tamise, où elle apprécie le voisinage de la duchesse de Devonshire. Elle était déjà venue en 1793 en compagnie de Narbonne dans cette jolie station estivale des environs de Londres où se retrouve une partie de la haute société. Rocca est installé à trois kilomètres de là, chez le marquis de Bute. La vie à Richmond est moins agitée, et elle peut corriger les épreuves de son livre.

C'est en Angleterre, en effet, qu'elle a la joie – mais peut-être pas aussi grande que prévue – de publier enfin *De l'Allemagne.* L'ouvrage était en retard d'une actualité, puisqu'il traitait d'un peuple vaincu au moment même où il se soulevait dans un élan national. Schlegel lui suggéra une note : « Je prie d'observer que ce chapitre [chap. 11 de la IIIe partie], comme tout le reste de l'ouvrage, a été écrit à l'époque de l'asservissement complet de l'Allemagne – depuis, les nations germaniques, réveillées par l'oppression, ont prêté à leurs gouvernements la force qui leur manquait pour résister à la puissance des armées françaises, et l'on a vu, par la conduite héroïque des souverains et des peuples, ce que peut l'opinion sur le sort du monde. » Elle ajoutait aussi une préface, on le sait, relatant l'interdiction de son livre en France, qui ne pouvait qu'accroître son prestige. La première édition datant d'octobre 1813 est emportée en trois jours. Une traduction anglaise est mise en vente en décembre ; une version allemande suit. James Mackintosh, qui a aidé l'auteur à corriger les épreuves de son livre, donne le signal, par son compte rendu paru dans l'*Edinburgh Review*, d'une revue de presse élogieuse. Quelle revanche !

Pourtant, malgré ce qu'on est tenté d'appeler son triomphe, Mme de Staël traîne toujours sur ses pas le cortège de la mélancolie, de l'ennui, ce fond de tristesse qui n'a jamais cessé de la tarauder. À bien considérer, cette Angleterre, qu'elle admire tant, n'est pas son pays. Les honneurs, les fêtes, les foules l'ont étourdie plus qu'amusée. « Je suis triste et découragée, confie-t-elle à Schlegel, alors séparé d'elle, et j'ai plus que jamais besoin de vous. » L'éloignement de son fidèle ami, la mort d'Albert, l'absence de Benjamin Constant, de Juliette Récamier, de Mathieu de Montmorency, le départ d'Auguste qui rejoint Bernadotte, tout l'accable de *spleen* malgré les innombrables sollicitations auxquelles elle passe son temps à répondre. Elle se fâche contre Schlegel qui ne lui écrit pas assez souvent à son gré, et l'ami fidèle est navré, réclame son indulgence : il n'écrit pas, lui, des lettres avec sa facilité à elle ; il lui faut du temps, de la concentration, « c'est un travail » qu'il ne saurait improviser ! Heureusement, la politique la tient, l'excite, et – miracle ! – la politique lui fait renouer des liens avec Benjamin.

« Je vous ai tant aimé »

Le grand dessein de Mme de Staël, conçu lorsqu'elle avait été en présence d'Alexandre Ier de Russie, encouragé par l'accord russo-suédois et par la retraite de la Grande Armée, reste de porter le Prince royal de Suède à la tête de la France, au moins comme régent, si ce n'est comme monarque. Elle veut croire que c'est par lui que les chances d'établir un régime constitutionnel et libéral sont les meilleures. Son projet est crédible, car son candidat, sans lien avec l'Ancien Régime, héros célèbre des guerres napoléoniennes mais séparé de Napoléon, peut apparaître comme un recours à une opinion lassée des armes mais désireuse de préserver les acquis révolutionnaires.

Au mois d'août 1813, elle écrit au général Moreau exilé en Amérique. Vainqueur de la bataille de Hohenlinden en 1800, Moreau ne s'était jamais entendu avec Napoléon ; il fut même accusé en 1804 d'avoir trempé dans le complot royaliste de Pichegru et Cadoudal. Aucune preuve ne put être avancée contre lui, mais son acquittement déclencha la colère de l'Empereur, qui le condamna à l'exil. Mme de Staël avait fait sa connaissance dans le salon de Mme Récamier ; elle savait qu'il était un ami de Bernadotte et elle lui avait demandé de revenir en Europe, avant d'apprendre qu'entre-temps Moreau avait pris lui-même la décision de rejoindre son ami le Prince royal :

« Surtout, lui écrit Mme de Staël, le 12 août 1813, parlez aux Français, dites-leur bien qu'on ne fait la guerre qu'à un homme qui est un étranger, leur chef, et promettez-leur ce que vous pouvez leur donner plus qu'un autre : un gouvernement libre sous une forme quelconque, car il ne faut pas se dégoûter des principes comme des malheurs. La vérité et, par conséquent, la liberté seront toujours la seule force des honnêtes gens. » Jean-Victor Moreau est revenu se battre au service de la coalition contre Napoléon ; hélas, pour les vues de Germaine, il meurt de ses blessures près de Dresde à la fin de ce mois d'août.

En quête d'appuis pour son grand projet, Mme de Staël songe à faire appel à Benjamin Constant qui se morfond en Allemagne. Déjà elle lui a écrit de Suède, mais c'est grâce à Schlegel surtout que le rapprochement peut se produire entre les deux anciens amants. Ses lettres expédiées de Londres sont encore pleines de reproches : « Je ne voudrais pas mourir sans vous avoir revu, sans avoir encore parlé comme je parlais. Mais je voudrais mourir après, car vous m'avez détruite au fond de l'âme et vous me détruirez encore » (30 novembre 1813). En ce mois de novembre 1813, la mort de Narbonne des suites de ses blessures de guerre ne paraît pas la contrister outre mesure : « Le pauvre M. de Narbonne, il n'était que léger, mais il s'est aussi précipité dans la ruine. » Benjamin Constant, lui, s'il donne prise à tous les griefs, reste le « tant aimé », l'admirable écrivain, celui avec lequel elle n'est jamais lassée d'échanger les idées et les émotions. Couple impossible mais séparation mortelle.

En cet automne et début d'hiver 1813, entre Cassel et Göttingen, il travaille encore à sa grande œuvre. Il s'est convaincu d'une réalité, que l'esprit de Mme de Staël est « unique » et que, loin d'elle, la vie est désespérément fade. Car il a beau travailler, il s'ennuie entre Charlotte qui l'assomme et le tapis vert qui le ruine. En novembre cependant, l'arrivée de Bernadotte à Hanovre l'excite ; il s'y précipite ; il dîne chez lui ; il conçoit un avenir possible à ses côtés, encore que... : « Le Béarnais veut de moi, écrit-il dans son *Journal* le 11 novembre. Je m'attache à lui. Il a l'air de m'aimer. Mais son propre terrain est mouvant. Ma cabane bâtie là-dessus serait du sable sur du sable. » Il le revoit, dîne en tête-à-tête avec lui : « Qui ne croirait que cette faveur doit me mener à quelque chose ? » Une dernière chance de se caser ? Car, contrairement à Mme de Staël, c'est toujours à lui d'abord que songe Benjamin Constant. Le 27 novembre 1813, il écrit au prince : « Le moment est venu, Monseigneur, où vos grandes destinées doivent s'accomplir. Le prétendu conquérant du monde se montre tellement vil qu'il doit révolter les Français par sa bassesse actuelle plus encore que par sa démence précédente. » Le Prince royal compte sur son influence et sur ses relations avec Mme de Staël, qui, de son côté, se dit l'amie du tsar. Constant écrit pour Bernadotte une proclamation hostile à Napoléon et favorable à l'intégrité de la France : les Autrichiens pénètrent en Alsace le 23 décembre et le 3 janvier 1814 les Alliés seront à Montbéliard. Bernadotte décore Constant de la croix de l'Étoile polaire, une distinction suédoise, et rencontre Schlegel qui fait le lien avec Mme de Staël et qui transmet à Bernadotte les renseignements qu'elle lui envoie de Londres. Benjamin, Germaine, les voilà de nouveau unis dans une même espérance.

Le 8 janvier 1814, Germaine lui écrit : « Je porte une douleur au fond de l'âme, que la distraction peut bien étouffer pendant quelque temps mais qui se réveille aussitôt que je suis seule. [...] C'est celle du bonheur irrémédiablement perdu ! Si vous aviez le caractère de l'ami qui m'est fidèlement dévoué, j'aurais été trop heureuse. [...] Ah ! Benjamin, vous avez dévasté ma vie. Pas un seul jour ne s'est écoulé depuis dix ans sans que mon cœur n'ait souffert par vous – et pourtant je vous ai tant aimé ! C'est cruel, laissons cela, mais jamais je ne pourrai vous pardonner, car jamais je ne pourrai cesser de souffrir... »

Stimulé par l'échec final prévisible de Napoléon, Constant rédige une brochure au ton pamphlétaire, *De l'Esprit de conquête et de l'usurpation*, dont il envoie les bonnes feuilles à Germaine à la fin de janvier 1814. S'élevant au-dessus de l'actualité, il condamne le « système guerrier » comme anachronique : « Les nations commerçantes de l'Europe moderne, industrieuses, civilisées, placées sur un sol assez étendu pour leurs besoins, ayant avec les autres peuples des relations dont l'interruption devient un désastre, n'ont rien à espérer des conquêtes. » Tout en flétrissant le conquérant et l'usurpateur, il fustige dans un tableau d'une éloquence métallique tous ces Français qui, par peur, cupidité, bassesse, se sont vautrés dans la servitude :

« Où trouver un germe d'honneur, un élément de vertu ? Tout n'est que fange, sang et poussière. »

À cet écrit qui l'électrise, Mme de Staël réagit avec un sentiment mêlé : elle admire, oui, mais elle se demande si cette diatribe est bien opportune au moment où les Alliés franchissent le Rhin : « Est-ce le moment de dire du mal des Français quand les flammes de Moscou menacent Paris ? » Deux craintes agitent son esprit clairvoyant : l'occupation de la France et le retour en force de la Contre-Révolution. En octobre, la bataille de Leipzig perdue par les Français a sonné le glas pour Napoléon, qui perd à peu près simultanément l'Allemagne, l'Espagne et la Hollande. À la fin de l'année 1813, la France a été ramenée derrière le Rhin. Cette défaite est un signal d'alarme pour elle : l'ennemi juré, s'il est écrasé, c'est la France qui risque l'abîme !

Mme de Staël est prise alors dans l'étau de sa contradiction, entre sa haine de Napoléon et de la tyrannie et le patriotisme dont elle ne s'est jamais départie. Elle souhaite que les Français puissent à la fois chasser l'ennemi et abattre leur dictateur. Dans sa lettre du 23 janvier à Constant, elle est explicite :

« Il n'est plus temps d'exciter [les esprits] contre les Français ; on ne les hait que trop. Quant à l'homme [Napoléon], quel cœur libre voudrait qu'il fût renversé par les cosaques ? [...] On ne doit pas dire du mal des Français lorsque les Russes sont à Langres. Que Dieu me bannisse de France plutôt que de m'y faire rentrer par des étrangers ! » Et d'espérer encore que le Sénat réuni appelle « le Prince de Suède comme négociateur de la paix ». À Tatichtchev, premier conseiller à l'ambassade de Russie à Londres, elle déclare clairement le 15 mars : « Je ne souhaite pas que les Alliés aillent à Paris : la conquête de la France me fait mal, et je souffre des malheurs du pays où je suis née et où mon père a été sept ans le premier ministre. [...] Je ne puis, malgré ma haine contre le chef des Français, souhaiter qu'on arrive même à lui à travers la France. »

Dans ce dialogue avec Benjamin Constant, au-delà des ondoiements du cynisme allié à la faiblesse de caractère sans doute, ils se retrouvent. On le voit dans ces mots qu'il écrit à Bernadotte : « J'ose, au nom de la Nation que j'ai représentée, invoquer d'un héros l'intervention de sa gloire et du poids de son suffrage pour obtenir de ses augustes alliés [...] une constitution qui garantisse les droits éternels de la propriété, de la liberté individuelle et religieuse, de la représentation nationale, de l'indépendance des tribunaux et du développement des lumières et de la pensée. » Ils n'ont pas le même caractère. Lui pense toujours à la place qu'il peut gagner dans le nouveau dispositif. Elle est plus grandiose, peut-être parce qu'elle trouvera toujours une maison pour l'héberger et un salon pour rayonner, mais c'est sur cette base politique qu'existe une réelle entente avec Germaine de Staël. L'idéal pour lui est de faire coïncider ses principes et ses intérêts. Pour l'heure, il mise encore sur Bernadotte, lequel lui répond : « Le cours des événements et mes engagements avec les Alliés m'appellent vers ce pays, je peux avoir besoin de m'entourer d'hommes impartiaux... Aussi, sans prévoir encore comment vos lumières pourront être employées, il me sera agréable de vous voir auprès de moi et je vous invite à vous rendre auprès de ma personne dès que vos affaires pourront le permettre... » Quel homme excellent ! Cri du cœur : « Je me dévoue à lui pour la vie. » En attendant un autre...

Les Alliés avancent toujours malgré la vaillance des « Marie-Louise » – ces jeunes conscrits auxquels on a donné le nom de l'impératrice –, et le soulèvement d'une partie du peuple contre l'envahisseur. Brienne, Champaubert, Montmirail, Vauchamps, Montereau... Autant de batailles éclatantes, autant de victoires inutiles. Napoléon échoue devant Laon le 7 mars 1814 et doit reculer sur Reims et Épernay. En février, la conférence de Châtillon-sur-Seine, sur l'initiative de l'Anglais Castlereagh et à laquelle participe le nouveau ministre des Affaires étrangères français Caulaincourt complètement désemparé, décide que la France doit se replier derrière les frontières de 1792. Napoléon recule toujours, Murat le trahit, Eugène de Beauharnais doit évacuer l'Italie du Nord. Le 9 mars, la négociation entre les Alliés aboutit à un pacte de vingt ans entre les Quatre (les deux empereurs, le roi de Prusse et Castlereagh au nom de George III) – le pacte de Chaumont – pour en finir avec les Bonaparte et réduire la France à ses anciennes limites : pas de paix séparée jusqu'à la fin des hostilités. Paris est en vue. Les Bourbons s'activent, par l'intermédiaire de leur agent, le baron de Vitrolles, pour prendre rang, avec l'appui de l'Angleterre.

Entre-temps, en mars 1814, Constant a rejoint le Prince royal, qui a installé à ce moment-là son quartier général à Liège. Il songe toujours à sa propre situation. Tandis que Schlegel, souffrant, est resté à Bruxelles, Auguste de Staël arrive lui aussi à Liège, mais dès le 11 mars, Benjamin note dans son *Journal* : « Il faut sauter sur une autre branche. » Néanmoins, il attend, dîne avec le prince, écrit pour lui une proclamation, se réjouit d'apprendre que son livre « se vend bien ». Le 20 mars, le généralissime autrichien Schwarzenberg remporte la victoire décisive d'Arcis-sur-Aube. Le 22, Mme de Staël écrit à Constant :

« Je hais cet homme, dit-elle de Bonaparte, mais je blâme les événements qui me forcent à souhaiter ses succès. Voulez-vous donc qu'on foule aux pieds la France ? [...] Si les Français rappelaient les Bourbons sans condition, ce serait bien beau, mais ne voyez-vous pas qu'on va faire de vingt-cinq ans un long crime et de la légitimité des princes un article de foi ? J'ai lu votre mémoire ; Dieu me garde de le montrer ! Je ne ferai rien contre la France ; je ne tournerai pas contre elle dans son malheur ni la réputation que je lui dois, ni le nom de mon père qu'elle a aimé. Ces villages brûlés sont sur la route où les femmes se jetèrent à genoux pour le voir passer. Vous n'êtes pas français, Benjamin, vous n'avez pas dans ces lieux tous les souvenirs de votre enfance ; voilà d'où vient la différence entre vous et moi. Mais pouvez-vous vraiment désirer voir les cosaques dans la rue Racine ? » Et d'ajouter qu'elle parle, quant à elle, contre ses intérêts personnels. Sensible différence de tempérament et de conviction : sa naissance à Paris, son éducation dans l'un des grands salons des Lumières, le rôle joué par son père au début de la Révolution, tout attache Mme de Staël à cette France qu'elle aime et dont Napoléon a été le mauvais génie. Benjamin, lui, reste pour elle un Français d'occasion.

Bernadotte tient-il sa chance ? Non, l'intrigue en sa faveur tourne court, car les événements se précipitent et le Béarnais n'a pas la résolution, l'audace, l'intrépidité d'un Bonaparte : il craint de lâcher la proie (la couronne de Suède) pour l'ombre (celle de France). Il n'ira pas avec les Alliés à Paris où tout doit se jouer, se contentant d'atteindre Nancy par scrupule : envahir le territoire français, combattre des Français en France n'est pas compatible avec sa conscience d'ancien maréchal d'Empire.

Le 21 mars, Augereau avait abandonné Lyon, pris par les Autrichiens. Le 25, les gardes nationaux mobilisés sont vaincus à Fère-Champenoise. Le 31, après une ultime défense acharnée de la capitale par Moncey, Mortier et Marmont, les Alliés, supérieurs en nombre, amènent ce dernier à signer la capitulation. Le tsar et le roi de Prusse font leur entrée dans Paris, acclamés par les royalistes aux cris de « Vive le roi ! ». Talleyrand, qui a su faire de la défaite l'occasion de son retour au pouvoir dans un gouvernement provisoire à Paris, s'emploie à convaincre Alexandre, qui loge chez lui, dans son hôtel de la rue Saint-Florentin, d'accepter la restauration des Bourbons. Le 2 avril, le Sénat proclame la déchéance de l'Empereur ; le 6, il appelle Louis XVIII, « roi des Français », à monter sur le trône. Napoléon, revenu à Fontainebleau, veut continuer la lutte, mais, abandonné par ses maréchaux, il se résigne à abdiquer sans condition. Le 20 avril, il fait ses adieux à la Vieille Garde et prend le chemin de l'exil, vers cette île d'Elbe dont les Alliés lui ont reconnu la souveraineté.

Mme de Staël est enfin débarrassée de l'homme qui, depuis de si longues années, n'a cessé de la persécuter, l'a proscrite, l'a poursuivie d'une hostilité de tous les instants. Pourtant, elle n'est nullement en état d'être heureuse ; elle eût préféré voir son bourreau victorieux et tué au combat, débarrassée de lui mais la France épargnée de l'ignominieuse invasion. Le rêve Bernadotte s'est dissipé, mais elle reste insensible aux approches que lui font les représentants des Bourbons. Benjamin Constant n'éprouve pas les scrupules de Mme de Staël : « Tâchons de nous faire une place commode dans un système paisible », écrit-il dans son *Journal* le 7 avril. Il reprend langue avec Talleyrand, « un homme qui est en même temps le sauveur et le plus aimable des Français », et part pour Paris, où, le 16, il note sans scrupule : « Servons la bonne cause et servons-nous. »

On a pu dire que le projet qu'avait caressé Mme de Staël (et Benjamin Constant) au sujet de Bernadotte était « extravagant ». Ce n'est pas si sûr : c'est une partie qu'elle a perdue ; ce n'était pas une chimère. En effet, elle comptait sur Alexandre Ier, avec lequel elle s'était entretenue à Saint-Pétersbourg, qu'elle avait aidé à pactiser avec le Prince royal, et le tsar ne s'était nullement montré hostile à l'idée de promouvoir celui-ci à la tête d'une régence, ou comme consul d'une « sage république », selon l'expression de La Harpe, son ancien professeur. Il redoutait en effet le manque d'assise des Bourbons et avait été convaincu de la nécessité pour la France de l'établissement d'un régime constitutionnel plutôt que d'une restauration qui pouvait se révéler instable et donc dangereuse. En prenant ses quartiers chez Talleyrand à son arrivée à Paris, il était encore hostile à la solution des Bourbons. C'est l'habileté du « diable boiteux » qui le décida en leur faveur, lorsqu'il eut obtenu du Sénat, outre la déchéance de Napoléon, leur rappel. Du moins Louis XVIII ne pourrait remonter sur le trône sans la promulgation d'une charte constitutionnelle. Autocrate en Russie, le tsar jugeait que les Français en avaient fini avec l'absolutisme : on peut supposer à bon droit que Mme de Staël avait contribué à l'en convaincre.

Le retour d'exil

Louis XVIII débarque à Calais le 24 avril. Ce même jour, Mme de Staël, restée à Londres, décrit à Benjamin Constant son état d'esprit : « Je suis tout à fait d'avis qu'il faut se rallier aux Bourbons, et j'espère qu'ils souhaiteront l'éloignement des troupes étrangères, ce qui me paraît plus essentiel à la liberté que tous les Sénats du monde. Je reviendrai cocarde blanche, le plus sincèrement du monde et pensant plus à l'indépendance qu'à la liberté, dont en vérité les Français ne sont guère dignes. Du reste, la politique est finie pour moi et j'irai en Grèce écrire mon poème sur les croisades de Richard. » Ce poème, c'est le projet qu'elle a conçu depuis un certain temps déjà sur Richard Cœur de Lion – et qu'elle n'écrira jamais. S'il ne faut guère prendre au sérieux l'affirmation selon laquelle la politique est « finie » pour elle, on doit mesurer aux mots qu'elle prononce sa désillusion et son amertume. Ayant fait siens les principes de 1789, elle doit accepter la Restauration comme pis-aller, puisque l'hypothèse Bernadotte est levée. Ce qui prime pour le moment est à ses yeux la libération du territoire français de l'occupation étrangère, ce sera le devoir de Louis XVIII de l'obtenir au plus vite. Mais le ralliement aux Bourbons a un autre sens : il est acceptable si eux-mêmes acceptent le principe de la monarchie limitée selon le modèle anglais. C'était la position de Mme de Staël en 1789 et si elle est devenue par la suite républicaine c'est parce que, à ce moment-là, la République représentait pour elle le seul régime capable d'assurer le règne de la liberté. Mais la liberté est plus importante que la République. Elle sait gré à Alexandre Ier d'avoir exigé des concessions libérales du prétendant, refusant le dogme de la monarchie de droit divin des contre-révolutionnaires : « La Constitution anglaise a été regardée de tout temps, par tous les publicistes, Montesquieu, M. Necker, etc., comme le plus haut point de perfection auquel la société humaine pût atteindre, écrit-elle au tsar le 25 avril. [...] Si la France se montre digne un jour de la monarchie limitée, il faut que votre nom, Sire, soit le cri de ralliement de toutes les âmes généreuses. »

Le tsar, qui a rencontré Louis XVIII à Compiègne juste après son arrivée en France, sceptique sur ses intentions, a voulu rester à Paris jusqu'à la proclamation de la Charte. Entre-temps, Mme de Staël, appelée par ses amis à Paris, s'est décidée à quitter l'Angleterre. Elle confie à sa cousine, Mme Necker de Saussure, l'ambivalence de ses sentiments : « Ce n'est pas à vous que j'apprendrai ce que j'ai éprouvé, ce mélange de plaisir et de peine, d'étonnement et d'abattement, de révolte à la présence des étrangers, de joie d'être délivrée de Bonaparte. [...] Oui, chère amie, je vais à Paris ; j'y vais. Qui m'eût dit que je parlerais ainsi de mon départ pour Paris ? qui m'eût dit que ce que j'ai désiré quinze ans m'arriverait sous une telle forme ! »

Dans ses *Considérations sur la Révolution française*, qu'elle a commencé à rédiger, elle retrace les détails de son retour après dix ans d'exil le 8 mai 1814. Elle est frappée dès qu'elle aborde Calais de ne voir que des uniformes prussiens, puis, « en approchant de Paris, les Allemands, les Russes, les Cosaques, les Baskirs s'offrirent à mes yeux de toutes parts : ils étaient campés autour de l'église de Saint-Denis, où la cendre des rois de France repose ». À Paris, elle s'émeut de voir la capitale occupée par des troupes « venues des confins de l'Asie » ; à l'Opéra, au théâtre, elle se sent humiliée « de la grâce française prodiguée devant ces sabres et ces moustaches ».

Loin d'être « finie » pour elle, la politique la passionne d'autant plus que le sort de la France se joue en ce printemps. À la veille de son entrée à Paris, Louis XVIII avait fait, le 2 mai, la « déclaration de Saint-Ouen », par laquelle il promettait d'établir un régime représentatif, d'assurer la liberté publique et individuelle, de respecter la liberté de la presse, la liberté des cultes et l'indépendance du pouvoir judiciaire... C'était la base du régime libéral espéré. Mais, lorsque, le 4 juin, le roi vient déclarer la Charte constitutionnelle aux deux assemblées, Sénat et Corps législatif réunis, Mme de Staël réagit contre la forme : la Charte n'est pas le contrat espéré entre le roi et la nation ; elle est « octroyée » par le souverain : « Nous avons volontairement, dit-elle, et par le libre exercice de notre autorité royale, accordé et accordons, fait concession et octroi à nos sujets, tant pour nous que pour nos successeurs, et à toujours, de la Charte constitutionnelle. » Le chancelier royaliste Dambray, dans son discours, utilise l'expression « ordonnance de réformation » : quelle faute ! « N'était-ce pas faire sentir, écrit-elle, que ce qui était donné par le roi pouvait être retiré par ses successeurs ? » L'assemblée est restée muette, trop habituée, selon elle, à la servitude sous Napoléon, et chacun de ses membres ne songeant plus qu'à son proche et lointain avenir. Ce n'est pas ces gens-là qui avaient à opiner : il eût fallu pour fonder le nouveau régime des représentants de la France « librement élus ». Méfiance donc, et vigilance !

Rue de Grenelle, où elle s'est réinstallée, elle rouvre son salon, dont l'influence devient vite considérable. Les Bourbons et les royalistes se méfient d'elle, mais ils respectent en elle l'adversaire et la victime de Napoléon ainsi que l'étendue de ses relations européennes. Elle est reçue à la Cour. De son côté, sa maison ne désemplit pas de tout ce que Paris compte alors de personnalités importantes, de tous les partis et de tous les pays. Elle retrouve ses amis chers, Mathieu de Montmorency, Benjamin Constant, Juliette Récamier, les ambassadeurs, les généraux et les princes, La Fayette, Boissy d'Anglas, Gentz, Humboldt, son cher Mackintosh, Wellington, Canning, Lord Harrowby et Alexandre de Russie, auquel elle voue une grande admiration. Elle s'est raccommodée avec Talleyrand, malgré tout le mal qu'elle pense de sa vénalité. Elle est redevenue une puissance qu'il faut ménager, fréquenter, écouter. Elle n'a rien perdu de son brio, mais, au dire de Constant, elle a changé physiquement : elle est devenue « maigre et pâle ». Elle règne sur ce Paris réapproprié, mais sans joie. L'occupation étrangère lui est souffrance, elle le dit et le répète : « Tant que les troupes étrangères resteront en France, écrit-elle à Lord Harrowby, il n'y aura pas un gouvernement consolidé. La bonne compagnie criera : Vive le roi ! mais il n'y a pas de roi de France, tant qu'il n'y a pas de nation. » Elle est amère en observant tous ces gens, ce grouillement d'âmes rampantes, qui, après avoir obéi servilement à Napoléon, jouent des coudes pour garder leur place ou en obtenir d'autres.

Elle souffre aussi, de manière plus intime, de l'attitude de Benjamin dont la froideur l'éprouve ; de l'éloignement de Mathieu, tout à son plaisir d'être l'aide de camp de Monsieur, le frère du roi, et le chevalier d'honneur de la duchesse d'Angoulême ; de la distance que les années ont créée entre elle et Juliette, qu'elle revoit le 1er juin. Heureusement, elle peut compter sur l'affection de Rocca, d'Auguste, d'Albertine, de Fanny Randall, et de Guillaume Schlegel revenu près d'elle. Mais John est atteint de phtisie, une cause supplémentaire d'inquiétude et de tristesse. Il lui arrive de penser que si elle reste à Paris, c'est seulement pour régler enfin son affaire d'argent. Elle résume clairement sa situation dans une lettre du 21 juin à sa cousine :

« J'ai été très inquiète de la santé de John, ma chère amie, et cela m'a bouleversé l'âme. – Dieu merci, il est mieux, mais encore bien faible et bien maigre. Le climat d'Angleterre a failli lui donner la consomption et l'abîme du désespoir s'est rouvert pour moi, mais grâces à Dieu il se remet et l'air natal fera j'espère le reste. – Je ne voulais pas laisser voir à ce Paris si moqueur mon agitation et Mathieu seul l'a sue, autant qu'il peut savoir, maintenant que [son zèle royaliste] l'absorbe. – Enfin je suis mieux, mais John seul m'a donné depuis que je vous ai quittée l'idée d'une affection véritable et toute ma force est en lui. Je me suis depuis huit jours toute dévouée à mes affaires d'argent pour lesquelles *j'attends* les papiers que j'ai demandés à votre excellent mari. J'ai quelque espoir mais faible ; j'ai pourtant vu le roi en particulier hier. Il m'a dit : *Je reconnais votre dette et je prendrai des arrangements pour la faire payer.* »

À quarante-huit ans, elle a sans doute atteint le sommet de sa gloire. La publication en France de son *De l'Allemagne* devient une réalité et ajoute à sa célébrité. Sa vie est de nouveau ouverte, une page blanche qu'il ne lui faut pas gâcher.

28

Fin de partie avec l'Empereur

La succession des événements politiques des années 1814 et 1815 bouleverse la vie de Mme de Staël comme celle de tant de Français : la défaite de Napoléon, l'effondrement de l'Empire, le retour des Bourbons dans les fourgons de l'étranger vainqueur, les nouveaux essais de monarchie constitutionnelle vingt-deux ans après la faillite de 1792, les débuts du congrès de Vienne appelé à décider du sort de la France, le retour stupéfiant de Napoléon de l'île d'Elbe, la fuite de Louis XVIII, la reprise de la guerre, Waterloo, la seconde Restauration… Pareils retournements de situation affolent les têtes comme les vents contraires, les girouettes. Mme de Staël, malgré la force de ses convictions, n'est pas épargnée par ces turbulences. Au cours de ces mois de fièvre et d'incertitude, elle voit sa vie privée plus que jamais imbriquée dans les aléas de la vie publique. La grande affaire du moment est pour elle le projet de mariage d'Albertine, pour lequel elle s'échine à la récupération des deux millions que lui doit l'État : il y va de la dot de sa fille, une dot substantielle dont le montant doit désarmer les résistances notables de la famille du promis, Victor de Broglie. Cette préoccupation d'ordre familial a une dimension politique puisque la restitution de ce qu'on lui doit dépend du pouvoir en place, et l'on peut imaginer qu'elle aura une certaine influence sur les choix de la baronne de Staël lors des Cent-Jours. Au demeurant, elle n'est pas mue par ses seuls intérêts personnels. Elle est, elle a été, elle demeure l'opposante au pouvoir autoritaire, l'avocate et la théoricienne d'un régime politique libéral : ce sont ses principes autant que ses calculs qui décident de ses faveurs et de ses hésitations au moment où la roue de Fortune replace Napoléon au centre des destinées de l'Europe. Dans cet épisode dramatique, elle retrouve celui qui fut le principal acteur de sa vie après son père, Benjamin Constant, éternel caméléon, prodigue de ses talents et cœur d'artichaut, avec lequel elle livre une petite guerre parallèle à la grande.

L'adhésion critique à la Restauration

Depuis son retour à Paris, son salon de la rue de Grenelle bruit de tous les mots du jour, des fausses confidences et des nouvelles de toute l'Europe. Le nouveau pouvoir la surveille discrètement, mais la ménage. Elle s'est ralliée à la « cocarde blanche » parce que Louis XVIII a promis d'instaurer en France un régime de liberté, mais bien des aspects de la restauration entamée lui déplaisent. Elle écrit à cette époque dans ses *Considérations sur la Révolution* : « Les ministres parlaient en public de la charte avec le plus grand respect, surtout lorsqu'ils proposaient les mesures qui la détruisaient pièce à pièce ; mais en particulier ils souriaient au nom de cette charte, comme si c'était une excellente plaisanterie que les droits d'une nation. Quelle frivolité, grand Dieu ! » Dès le mois d'octobre 1814, la Chambre rétablit la censure contrairement à l'inscription dans la Charte de la liberté de la presse. Dès le mois de juin, elle l'avait prédit dans une lettre à Bernadotte : « La liberté de la presse n'est qu'un mot que le fait démentira. » Une suite de résolutions lui fait craindre la réaction des vaincus de la Révolution incapables de comprendre la nécessité du compromis avec les œuvres de celle-ci : une résurrection de l'Ancien Régime de tournure plus cléricale lui paraît un danger certain.

Par ailleurs, elle se félicite de la paix revenue ; elle veut croire dans la promesse libérale que porte en lui sinon l'esprit, du moins la lettre (celle de la Charte constitutionnelle) du nouveau régime. Elle jouit personnellement d'une liberté d'expression – son livre imprimé, son salon ouvert à tous les partis – qu'elle ne connaissait plus depuis dix ans. Elle multiplie les interventions auprès des vainqueurs – en particulier de Wellington – pour atténuer le sort de la France vaincue.

Et elle se lance dans un autre combat, l'abolition de la traite des Noirs. Cette question n'est pas nouvelle pour elle. Comme son père, et dans la filiation de Montesquieu et de l'abbé Raynal, cet anticolonialiste familier du salon maternel, Mme de Staël tôt avertie s'est insurgée contre l'esclavage. En 1795, dans le *Recueil des morceaux détachés* qui contenait son *Essai sur les fictions*, elle avait publié trois nouvelles écrites avant ses vingt ans. L'une d'elles, *Mirza*, était l'histoire d'un amour impossible située au Sénégal, d'une tonalité fortement antiesclavagiste. Le « joug affreux de l'esclavage », « l'horreur de l'esclavage » allaient de pair avec son « amour de la liberté ». En 1814, la paix retrouvée, elle dénonce la traite – qui a été l'objet d'un grand débat politique dans cette Angleterre d'où elle rentre. D'abord elle rédige une préface pour la traduction française de l'ouvrage de William Wilberforce, *Lettre à son Excellence Monseigneur le Prince de Talleyrand Périgord au sujet de la traite des nègres*. Député à la Chambre des communes, Wilberforce avait déposé en 1787 un projet de loi condamnant la traite. Il avait enfin obtenu gain de cause en 1807. La réunion des souverains vainqueurs à Paris lui offre l'occasion de plaider en faveur de l'extension de l'abolition à tout le continent européen. Dans sa préface, Mme de Staël insiste sur le fait que l'abolition de la traite par l'Angleterre n'avait pas été la victoire d'un parti : c'était une œuvre religieuse accomplie par des « chrétiens zélés ». Dans la même perspective que Wilberforce, elle lance simultanément dans la presse un *Appel aux Souverains réunis à Paris, pour en obtenir l'abolition de la traite des nègres* : « Aujourd'hui que la confédération des souverains se trouve réunie pour affirmer par la paix le repos qu'elle a conquis par les armes, il semble que rien ne serait plus digne de l'auguste congrès qui va s'ouvrir, que de consacrer le triomphe de l'Europe par un acte de bienfaisance. » S'adressant nommément au roi de France, « héritier de Saint Louis », à l'Espagne, au Portugal, à l'Autriche, à la Prusse et à la Russie, elle réclame un acte qui serait conforme à la victoire sur le despotisme napoléonien : « On a proposé d'élever un monument pour consacrer la chute de l'oppresseur qui pesait sur l'espèce humaine ; le voilà, ce monument qu'une parole suffit pour élever : La traite des nègres est abolie par les rois qui ont renversé la tyrannie de la conquête en Europe. »

Sa voix parmi celles des abolitionnistes sera entendue, malgré les intérêts en jeu, le lobby colonial si puissant. Au congrès de Vienne, Talleyrand, soutenant la position britannique, fera introduire l'interdiction de la traite dans l'acte final. Louis XVIII la rendra formellement illégale en 1817. Il faudra attendre 1848 pour que la France abolisse de nouveau l'esclavage lui-même. Une des victoires posthumes de la fille de Necker.

Le 19 juillet 1814, Mme de Staël, après deux ans d'absence, revient dans ce Coppet sur lequel elle médisait jadis mais qu'elle s'impatiente de retrouver. On l'attendait, elle est fêtée par les autorités de la commune et les habitants, les visiteurs se pressent, leurs voitures défilent en rangs serrés dans la grande allée du château. On admire Albertine devenue une charmante jeune fille de dix-sept ans – « une des plus ravissantes personnes que j'aie jamais rencontrées », écrivait la comtesse de Boigne qui n'était pas tendre. Revenir à Coppet sans trop tarder c'est aussi pour Mme de Staël et Rocca revoir enfin leur fils, Alphonse, le « petit nous », qu'ils redécouvrent chez le pasteur de Longirod avec une émotion teintée d'inquiétude : l'enfant est un peu contrefait, porte une grosse tête et un regard vide. Ils apprennent qu'il a fait une chute dans ses premiers mois qui expliquerait son apparence, ce qui est probable pour rendre compte de sa claudication, mais non de sa légère débilité. La discrétion à son sujet reste de rigueur.

Au château, la baronne a repris sa vie mondaine. La fin de la guerre a permis aux Anglais de passer la Manche, et ils sont nombreux à Genève, tout comme les autres étrangers qui redonnent à Coppet son air cosmopolite. Sir James Mackintosh est du nombre des visiteurs moins enclins aux banalités verbeuses qu'aux échanges d'idées qui ont repris leur cours sous la direction de la châtelaine. À nombre de témoins, elle paraît plus apaisée, toujours vive mais sans exaltation. Pleine d'une nouvelle contention intellectuelle, elle s'est remise au travail, à la fois sur ses *Considérations*, sur ses Mémoires d'exil, et sur le grand poème *Richard Cœur de Lion*.

À peu près en même temps qu'elle rouvre toutes grandes les fenêtres de son château, Joseph Bonaparte s'installe avec sa femme non loin de chez elle, au château de Prangins, où l'ancien roi d'Espagne tente de survivre à ses tribulations et à la chute de son frère. Il fait lui aussi partie de ses visiteurs attentionnés, sans rancune envers Rocca, qui ne l'a pas ménagé dans ses *Mémoires de la guerre d'Espagne* publiés à Londres. Joseph est tenu en suspicion par les autorités locales qui le soupçonnent d'être en communication avec l'île d'Elbe et qui réclament de la diète helvétique son expulsion du canton de Vaud. Toujours attentive aux malheurs des persécutés, fussent-ils des Bonaparte, elle le prend, lui et sa famille, sous sa protection. En revenant à Paris, elle alertera le duc de Wellington sur les vexations et les menaces dont Joseph est l'objet. Celui-ci restera à Prangins jusqu'au débarquement de son frère à Golfe-Juan.

Sa compassion s'étend à ses pires ennemis, comme le démontre un épisode étonnant qui concerne Napoléon lui-même. Un ami la prévient que deux royalistes fanatiques ont décidé de rallier l'île d'Elbe pour assassiner l'empereur déchu. Sur-le-champ, elle se précipite à Prangins, où elle trouve Joseph en train de dîner avec Talma, lui narre le complot, et se déclare désireuse de partir sans retard mettre Napoléon au courant du danger. Talma se récrie que c'est à lui de partir ! Joseph les dissuade et confie à un Vaudois du nom de Boinod, qui a servi dans l'administration des armées françaises, le soin de prendre en charge cette mission.

Cependant, le mariage d'Albertine la mobilise à toute heure. Le 28 juillet, elle écrit à Louis XVIII pour se rappeler à « sa bonté suprême », attendant dans sa retraite que le roi la mette « sur la liste de ceux qu'[il] a résolu d'acquitter à présent ». Ce mariage projeté n'est pas sans difficulté. Outre qu'elle ne partage pas ses positions politiques, la famille Broglie est catholique. Elle a consulté à ce sujet son vieil ami Meister : « Je me trouve tout à coup dans le cas de vous demander, sous le sceau du secret, des informations importantes. Est-il vrai qu'à Coire dans les Grisons, ou dans les cantons médiats de la Suisse, ou dans les villes allemandes qui touchent à la Suisse, un catholique et une protestante peuvent se marier sans dispense du pape ? Nous voudrions n'y pas recourir, par mille raisons trop longues à vous détailler. » Pendant de longues semaines, elle s'emploie à trouver la solution et juge à bon droit qu'en offrant à Albertine la dot des deux millions elle ne manquera pas d'arguments. Victor de

Broglie n'est pas intéressé, sincèrement attaché qu'il est à Albertine, mais l'avis des parents ne peut être tenu pour négligeable.

De Coppet, elle écrit régulièrement à Juliette Récamier, mais ce nouvel échange épistolaire porte les traces d'un refroidissement malgré les déclarations d'affection réitérées. Elle ignore que Benjamin Constant, à Paris, toujours aussi papillon, est tombé éperdument amoureux de Mme Récamier. Celle-ci, amie de la reine de Naples Caroline, lui a demandé d'écrire un mémoire en faveur de Murat menacé de destitution par le congrès de Vienne. Toujours en quête d'une place, Constant a accepté, avec l'arrière-pensée qu'il pourrait jouer un rôle à Naples faute de le pouvoir à Paris. Et les tête-à-tête qu'il entretient avec Juliette à ce sujet provoquent chez lui le coup de foudre imprévisible : ne la connaissait-il pas depuis de longues années sans qu'elle l'ait jamais ému ? Il note dans son *Journal* à la date du 31 août : « Mme Récamier. Ah ça ! deviens-je fou ? » La suite de ses notes rissole de son nouvel amour, qui le « tourmente », qui l'occupe jour et nuit, tour à tour désespérant de lui plaire ou voulant croire qu'elle n'est pas insensible à ses démonstrations et qu'il sera payé de ses soins : « Je sens dans mes veines une chaleur inusitée. » Un témoin l'observe : Auguste de Staël. « Il dira tout à sa mère, écrit Constant le 8 septembre. Que diable me fait cette femme ? Qu'elle ne s'avise pas de me troubler. Elle m'a fait assez de mal. Juliette est difficile à prendre. Elle doute et elle oublie. Mais elle me trouvera plus aimable que personne. Elle m'aimera. » Il ne veut pas savoir que la belle Récamier, jamais embarrassée du culte qu'on lui voue, n'est à personne, qu'elle s'amuse, joue de sa coquetterie envers lui comme envers les autres hommes qui rivalisent dans l'adulation.

Mme de Staël rentre à Paris le 19 septembre, le jour où Constant note dans son *Journal* qu'il pleure sans cesse sous le charme de l'amie dont il enrage de ne pas triompher : « Ce qui rend cette douleur si insupportable, c'est l'irritation qui s'y mêle quand je sens que rien de ce que je lui dis ne fait effet et que même avec la bonne intention de m'écouter, pour me faire plaisir, une mouche qui vole la distrait, et la première idée bouffonne la fait rire. » Elle apprend vite la nouvelle passion de Benjamin, s'en étonne d'abord, veut en rire, mais cela la blesse plus qu'elle ne voudrait. Benjamin, le compagnon de tant d'années, celui qu'elle a aimé dans les orages de la passion, tombé amoureux de Juliette, sa meilleure amie ! Il y a en elle des rémanences du cœur qui ne lui permettent pas de prendre la « folie » de Benjamin et les encouragements pervers de Juliette comme une anecdote insignifiante. Du reste, quelques jours avant le retour de Germaine, il note, pressentant des tempêtes futures : « Gare à Mme de Staël si elle découvre ceci. » La suite confirmera son inquiétude.

Contre Benjamin Constant

Les mois d'automne et les premiers mois de l'hiver résonnent des grandes réceptions dans sa résidence de Clichy, « un château un peu délabré », où elle a emménagé dans le désir de s'éloigner du centre de la capitale, où s'agitent les réactionnaires qui la détestent. Sismondi, qui est à Paris en janvier 1815, constate qu'en dépit d'une éloquence et d'un esprit demeurés intacts, elle semble fatiguée de la vie mondaine et aspire à s'en retourner à Coppet. Les difficultés que présente le projet de mariage d'Albertine avec Victor de Broglie, qui fréquente chez elle, l'amènent à s'interroger sur un autre prétendant, Astolphe de Custine. Il en sera question pendant quelques mois. Elle confie, le 26 octobre, à sa cousine Necker de Saussure que le remboursement qu'elle attend doit avoir lieu prochainement : « C'est alors et alors seulement que je pourrai penser à la plus grande de mes affaires, Albertine. – J'ai toujours l'idée qu'il sera question du duc de Broglie, mais c'est peut-être parce que je le désire ; un autre se présente qui est bien mais voilà tout, enfin cela m'agite beaucoup. »

Patatras ! Napoléon débarque en France le 1er mars 1815, commence l'épopée des Cent-Jours, et rien n'est encore réglé pour elle. Dans la perspective d'un maintien durable au pouvoir de Napoléon, elle est tentée de reporter ses espérances de remboursement sur celui-ci, soutenue qu'elle est par Joseph Bonaparte et quelques autres. Un espoir sans doute assez mal placé au moment où l'Empereur est dans la nécessité de pourvoir à toutes les dépenses occasionnées par la préparation d'une guerre probable. Commence alors une querelle d'apparence assez médiocre entre elle et Benjamin

Constant, auquel elle réclame le remboursement d'une partie de sa dette s'élevant à 80 000 francs : « Je vous prie *si* ce mariage a lieu et *si* je ne reçois pas mon argent, de vous donner la peine de me payer ou bien 40 000 francs ou bien 2 000 francs de revenu. Si même je réunissais tous mes moyens, je ne pourrai pas dépasser 100 000 écus à cause de mes pertes en Italie qui sont complètes, de celles que j'ai essuyées en Angleterre et de ce que le total est menacé. » Constant, qui continue à dîner chez Juliette, et qui est bientôt nommé au Conseil d'État par Napoléon, n'a nullement l'intention d'obtempérer aux desiderata de Mme de Staël. Mais celle-ci ne le lâche plus : « Il y a mille difficultés que je ne puis lever dans mon mariage si je ne suis pas payée. [...] Si tous mes efforts sont vains, je vous prie de mettre à la disposition d'Albertine chez Fourcault [son notaire] 40 mille francs ou deux mille de revenus. » La situation l'exige, lui affirme-t-elle.

Constant est ulcéré : « Elle voudrait que je ne fisse rien pour ma fortune et que je lui donnasse le peu que j'ai. Jolie combinaison. » Toujours assidu chez Juliette, il écrit des articles, assiste aux séances du Conseil d'État, et n'a nulle intention de se laisser gâcher la vie par les demandes d'argent de son ancienne maîtresse. « Quelle harpie ! Elle n'aura pas si bon marché de moi qu'elle croit », note-t-il le 6 mai 1815. Il lui répond sèchement. De Coppet où elle est revenue depuis le début des Cent-Jours, Mme de Staël continue à le harceler. Il est remarquable qu'elle n'utilise jamais directement le fait qu'Albertine est aussi sa fille à lui, Benjamin ! « Vous me devez 80 mille francs ; payez-en la moitié et laissez-moi du reste sans rapport de service avec vous. » À la réception de cette lettre, le 19 mai, il écrit, rageur : « Voilà donc la guerre entre nous. Je le veux bien. Je la ferai de bon cœur. » Les échanges acides se poursuivent. Elle veut le culpabiliser de l'échec redouté du mariage d'Albertine. Lui, mal inspiré, se hasarde à la menacer de rendre publiques ses lettres :

« Je ne voulais plus vous écrire sur ce sujet affreux, lui écrit-elle le 28 mai, mais les lettres que mon fils m'apporte exigent une dernière réponse. Vous me menacez *de mes lettres*. Ce dernier trait est digne de vous : menacer une femme de lettres intimes qui peuvent compromettre, elle et sa famille, pour ne pas lui payer l'argent qu'on lui doit, c'est un trait qui manquait à M. de Sade. [...] Quand il sera prouvé aux yeux de l'Europe que vous me devez 80 mille francs dont 34 *à mon père* pour Hérivaux, 18 pour votre billet pour Valombreuse [la propriété qu'avait achetée Constant près de Lausanne], etc., etc., point d'intérêts depuis dix ans, je déclarerai qu'une femme ne peut pas s'exposer à la menace d'un homme de publier ses lettres et ce nouveau genre de moyen de s'enrichir sera connu, car avant vous personne n'eût osé le concevoir. » Et ce coup de grâce : « L'argent seul dispose de votre vie politique et privée. » Gonflé d'arrogance, il note dans son *Journal* à la date du 31 mai : « Lettre furieuse de Mme de Staël. Je l'attends et je l'écrase. » Ultime flèche en provenance de Coppet six jours avant Waterloo : « Vous me dites que depuis six mille ans les femmes se sont plaintes des hommes dont elles n'ont pas été aimées, mais depuis six mille ans aussi les hommes ont aimé l'argent, et je ne crois pas que depuis deux mois vous vous y soyez montré indifférent. [...] Vous me dites que ma douleur autrefois vous faisait plus d'impression ; voulez-vous me dire si elle vous a empêché de vous marier malgré une promesse à moi, et de porter à une autre, à mon insu, la fortune que vous teniez de mon père et de moi ? [...] Il n'y a pas une place de mon âme qui ne soit ravagée par votre persévérante haine. »

La défaite de Waterloo met fin à cette mauvaise querelle d'argent. Mauvaise querelle, car on ne peut croire que Mme de Staël ait besoin de ces 40 000 francs pour sauver l'espoir de marier sa fille. La somme est dérisoire par rapport aux deux millions qu'elle attend et elle fera difficilement croire que, malgré les pertes auxquelles elle fait allusion, elle est ruinée ! Cette « guerre » est celle d'une femme qui estime avoir été trahie, et dont la douleur a été ravivée par la passion nouvelle de l'ancien bien-aimé pour la belle Juliette. À celle-ci, sans le lui dire, elle reproche ses complaisances, le jeu de la séduction sans gage qui attise le désir et la jalousie des malheureux soupirants sans les éloigner et qui pouvait la faire sourire tant qu'elle n'était pas concernée. Déjà ce manège de la coquetterie lui avait déplu quand Auguste, son fils, avait précédé Constant dans l'ensorcellement exercé par l'irrésistible Mme Récamier. Cette fois, c'est une grande part de sa vie qui revit en elle, l'histoire au fer rouge d'une désillusion causée par un homme auquel, malgré tout, elle reste intimement attachée. La minable comédie des gros sous nous touche plus qu'elle ne nous indigne : cette femme, dont on n'a cessé de louer la générosité, s'abaisse sans que lui, d'ailleurs, se grandisse. Plus tard, à la fin du siècle, la trahison sera punie par certaines amantes abandonnées par le vitriol. Mme de Staël et Benjamin Constant ne font qu'y tremper leur plume, mais la violence du ressentiment chez elle et de l'égoïsme chez lui n'est pas moindre.

Mme de Staël et Napoléon

L'attitude de Benjamin Constant au cours de l'extraordinaire aventure des Cent-Jours, son éclatante palinodie qui transforme l'opposant le plus éloquent en collaborateur zélé de l'Empereur, a compté plus que n'importe quel autre de ses actes pour faire de lui un arriviste cynique, un opportuniste sans scrupule, prêt à servir qui lui paiera les dividendes de sa volte-face. Il faut pourtant y regarder de plus près, car si Constant est d'évidence l'homme résolu à obtenir cette place qui, depuis son renvoi du Tribunat, reste son but le plus cher, nous ne pouvons oublier qu'il est avant tout un adepte du libéralisme, auquel il est resté fidèle vaille que vaille.

Mme de Staël, qui partage ses idées et parfois les inspire en se réclamant de Necker, ne joue pas en mesure avec lui en ce printemps flamboyant de 1815. Elle n'en est pas moins attentive et sensible, en pleine « guerre » sentimentale et financière qu'elle lui fait, aux arguments de son ralliement à Napoléon, d'autant que Constant publie en mai 1815 ces *Principes politiques* appelés à former intellectuellement des générations libérales présentes et à venir. D'où résultent quelques hésitations chez elle, qu'on ne soupçonne pas en lisant ses *Considérations sur la Révolution française*, franchement hostiles à l'Empereur.

La nouvelle du débarquement de Napoléon à Golfe-Juan avec 900 de ses gardes le 1er mars 1815 arrivée à Lyon par le télégraphe de Chappe, transmise de là à Paris par un courrier, est connue par la Cour dans la soirée du 5. Le Conseil des ministres, réuni aussitôt, décide l'envoi de troupes sous le triple commandement du comte d'Artois, le frère du roi, et des deux fils de celui-ci, le duc d'Angoulême et le duc de Berry. Le lendemain, Mme de Staël comme tout

Paris est mise au courant de l'événement, qui la consterne : « Je crus, écrira-t-elle, que la terre allait s'ouvrir sous mes pas. » L'opinion est sceptique sur les chances de Napoléon, au point que Prosper de Barante ne lui accorde pas la moindre chance : « C'est tout bonnement un acte de désespéré. Il est dans les montagnes où on le prendra, ou desquelles il se sauvera déguisé. » Ces montagnes, c'est la route des Alpes qu'il a préféré prendre plutôt que la vallée du Rhône trop favorable aux Bourbons. Mme de Staël, au contraire, est très vite convaincue d'une marche irrésistible vers Paris, connaissant l'homme, sa volonté et aussi sa popularité dans l'armée. De fait, ce qu'on appellera le « vol de l'Aigle » déjoue tous les pronostics optimistes de ceux qui entourent Louis XVIII. À Grenoble, la garnison se rallie à l'homme dont la légendaire redingote grise fait sensation, excite les enthousiasmes, gonfle les soldats et les anciens soldats, devenus demi-solde, d'un élan de patriotisme qui ne cesse d'entraîner les volontaires et empêche le comte d'Artois et les cadres de l'armée destinée à arrêter l'Empereur de lui opposer la moindre résistance. À Lyon, il connaît un triomphe : c'est la gauche, ce sont les républicains, c'est le peuple qui soutient l'armée, et le comte d'Artois, qui était arrivé dans cette ville le 8 mars, est obligé de faire demi-tour et de regagner Paris. Mme de Staël est décidée à prendre la route de Coppet, très inquiète déjà du dénouement : « C'en est fait de la liberté si Bonaparte triomphe, et de l'indépendance nationale s'il est battu. » À ceux qui veulent la retenir, en lui faisant valoir que Napoléon pourrait, dans ses nouvelles dispositions, dans sa volonté de rallier la plus large partie de l'opinion, lui rembourser ses deux millions, elle répond, selon les *Mémoires* du duc de Broglie : « Il me hait ; il hait en moi mon père, mes amis, nos opinions à tous, l'esprit de 1789, la charte, la liberté de la France... »

Le 6 mars, elle accourt chez Mme Récamier, lui annonce son prochain départ, lui propose de l'accompagner, mais Juliette refuse de quitter Paris, espérant notamment y disposer de la protection de son amie la reine Hortense. Ayant quitté Paris le 10 mars en chaise-poste, elle écrit le 12 à Mme Récamier pour la persuader de faire quitter la capitale à Benjamin Constant, lequel vient d'écrire un article pamphlétaire contre Napoléon dans *Le Journal des débats* : « J'ai la plus grande anxiété sur lui après ce qu'il a écrit. La route que je suis est d'une sécurité parfaite ; rien ne doit plus le retenir à Paris. » Rien, vraiment ? C'est compter sans Juliette, qui le reçoit et l'encourage. Une Juliette aux yeux de laquelle il veut se montrer un résistant héroïque à l'heure où tout s'effondre autour des Tuileries. Le 17 mars, jour où Napoléon atteint Auxerre, on apprend à Paris la défection du maréchal Ney, le suprême espoir du nouveau régime, qui n'a pu résister à l'emballement de ses soldats en faveur du « petit caporal ». Benjamin Constant, qui n'a plus guère de doute sur l'arrivée triomphale de l'Empereur à Paris mais reste obsédé par le désir de se faire admirer par Mme Récamier, n'hésite pas à publier dans *Le Journal des débats*, le 19, jour du départ du roi pour la Belgique, un article resté célèbre à la fois par sa conclusion et par le démenti que lui infligera la suite des événements : « Je n'irai pas, misérable transfuge, me traîner d'un pouvoir à l'autre, couvrir l'infamie par le sophisme et balbutier des mots profanes pour racheter une vie honteuse. » Dans son *Journal*, il note que c'est un article paru bien mal à propos, en pleine débâcle, au moment où la « poltronnerie » est devenue « universelle ». Il n'y a qu'une chance sur vingt pour que Napoléon soit battu ; il risque sa vie, mais note avec superbe : « Tâchons de nous souvenir que la vie est ennuyeuse. » Juliette sera-t-elle émerveillée par la témérité qui éteint sa lucidité ?

Tout de même, il faut se mettre à l'abri, et Napoléon étant à Paris dans la soirée du 20 mars, Constant prend la fuite non pas en direction de Coppet, mais de la Vendée. Au bout de quelques jours, il s'avise de revenir auprès de Juliette. Il connaît les déclarations libérales de Napoléon : sa chance est peut-être négociable ! Il ne se trompe pas, car le revenant a besoin de lui pour convaincre l'opinion des notables qu'il a la volonté d'instaurer un régime de liberté : le nom de Constant, ses publications, ses articles vengeurs eux-mêmes seront des garants de sa nouvelle politique. Louis XVIII a été contraint d'« octroyer » une Charte constitutionnelle libérale ? Il fera aussi bien, il fera mieux, il n'est pas, il n'est plus un dictateur. Dès son retour à Paris, des envoyés de Napoléon, Sebastiani et Joseph Bonaparte, le persuadent qu'il a un rôle à jouer dans l'édification de l'Empire libéral. Mme de Staël lui écrit sa désapprobation. Mais elle-même est l'objet des entreprises de séduction qui lui viennent de Fouché et Joseph Bonaparte, lequel lui écrit le 5 avril :

« La France est aujourd'hui une avec l'Empereur. Il veut donner plus de liberté que vous n'en voudrez [...]. Vos sentiments, vos opinions peuvent aujourd'hui se manifester librement ; elles sont celles de toute la nation, et je me trompe fort si l'Empereur ne devient pas dans cette nouvelle phase de sa vie plus grand qu'il ne l'a été, plus grand qu'aucun autre prince dont les historiens ont le plus célébré la vertu et la modération. [...] Vous ne pouvez être étrangère à rien de ce qui est grand et généreux ; je serai donc charmé des titres que vous acquerrez de nouveau à promulguer les doctrines d'éternelle vérité qui vous honorent. Vous serez sans doute contente d'apprendre que j'ai entendu dire à l'Empereur, lorsqu'il a détruit la Censure : "Il n'y a pas jusqu'au dernier ouvrage de Mme de Staël que les censeurs ne m'aient fait prohiber ; je l'ai lu à l'île d'Elbe ; il n'y a pas une pensée qui dût le faire défendre. Je ne veux plus de censeurs ; que l'on dise ce que l'on pense, et que l'on pense ce que l'on voudra..." » Il est amusant d'apprendre que Napoléon rejetait sur ses censeurs appointés l'interdiction de *De l'Allemagne* – Mme de Staël ne peut être dupe de cette esquive et de cette flatterie. Néanmoins, elle est perplexe devant la nouvelle attitude de celui qui l'a persécutée. Oui, écrit-elle à Constant dans une de ses lettres où elle le prie à nouveau de remettre à son notaire les 40 000 francs qu'elle exige de lui, oui, « si l'Empereur donne la liberté, il sera pour moi le gouvernement légitime », mais elle est certaine que, s'il est vainqueur de ses ennemis, rien ne lui résistera et le temps de la liberté aura vécu ce que vivent les roses. Elle ne viendra pas à Paris.

Le 14 avril, Napoléon reçoit Constant. Celui-ci a soigneusement rapporté, dans ses *Mémoires sur les Cent-Jours* qu'il écrira quelques mois plus tard pour se justifier, le contenu de sa conversation : « La nation, me dit-il, s'est reposée douze ans de toute agitation politique, et depuis une année elle se repose de la guerre. Ce double repos lui a rendu un besoin d'activités. Elle veut ou croit vouloir une tribune et des assemblées. Elle ne les a pas toujours voulues. Elle s'est jetée à mes pieds, quand je suis arrivé au Gouvernement. Vous devez vous en souvenir, vous qui essayâtes de l'opposition. Où étaient votre appui, votre force ? Nulle part. J'ai pris moins d'autorité que l'on ne m'invitait à en prendre. » Mais les temps ont changé : « Un gouvernement faible, contraire aux intérêts nationaux, a donné à ses intérêts l'habitude d'être en défense et de chicaner l'autorité. Le goût des constitutions, des débats, des harangues, paraît revenu... Cependant, ce n'est que la minorité qui les veut, ne vous y trompez pas. Le peuple, ou si vous l'aimez mieux, la multitude ne veut que moi. [...] Je ne suis pas seulement, comme on l'a dit, l'Empereur des soldats, je suis celui des paysans, des plébéiens de la France. Aussi, malgré tout le passé, vous voyez le peuple revenir à moi. Il y a sympathie entre nous. [...] Mais je ne veux pas être le roi d'une jacquerie. S'il y a des moyens de gouverner par une constitution, à la bonne heure. J'ai voulu l'Empire du monde, et pour me l'assurer, ce pouvoir sans borne m'était nécessaire. Pour gouverner la France seule, il se peut qu'une constitution vaille mieux. »

À cette fin, Napoléon demande à Constant de lui apporter ses idées : « Je suis l'homme du peuple ; si le peuple veut réellement la liberté, je la lui dois. » Il est donc prêt à tout recommencer, à établir un régime constitutionnel. Il veut la paix désormais, même s'il ne peut envisager d'y arriver sans une guerre ultime, difficile, dans laquelle il fera corps avec la nation.

Pendant plusieurs jours, les deux hommes se concertent, et c'est Benjamin Constant, suppléant le Comité de constitution qui a été mis en place, qui rédige le nouveau texte constitutionnel, que, par dérision, Montlosier appellera « la Benjamine ». Un texte finalement assez proche de celui de la Charte, mais donnant plus de poids à la Chambre des députés, plus d'indépendance à la magistrature, assurant la fin du catholicisme comme religion d'État, une complète liberté de la presse, etc. Ce texte, Napoléon l'avalise, tout en le complétant à sa manière. Il l'intitule : « Acte additionnel aux constitutions de l'Empire », pour bien montrer qu'il ne renie rien du passé. Surtout, ce qui déplaira à nombre de libéraux, il préserve l'institution du plébiscite, en affirmant la souveraineté du peuple et interdit « de proposer le rétablissement des Bourbons »... C'est une Constitution extrêmement libérale mâtinée de ce qu'on appellera le bonapartisme, pouvoir monarchique reposant sur la volonté du peuple tout en restant un pouvoir héréditaire : éminente contradiction !

Les libéraux, qu'on a tenté de séduire, rechignent. Mais Sismondi, l'ami cher de Mme de Staël, ne cache pas son enthousiasme, qui écrit dans son *Examen de la constitution française* : « Je ne connais aucune épreuve de constitution, tentée pendant ces vingt dernières années, au milieu des convulsions de l'Europe, dans laquelle les privilèges sur lesquels tous les publicistes sont d'accord, soient mieux respectés, et qui établisse mieux l'équilibre des pouvoirs et leur harmonie, sans lesquels on ne peut espérer ni liberté, ni repos, ni durée. » L'Acte additionnel est publié le 22 avril ; il est approuvé par plébiscite en mai. Ce n'est pas un triomphe, car on dénombre 79 % d'abstentions.

Comment Mme de Staël réagit-elle à ces bouleversements ? Il n'est pas douteux que le travail de Benjamin Constant, les avis de Sismondi ont un moment ébranlé sa résolution d'opposante farouche. Quand les élections ont été décidées, La Fayette, symbole de la Révolution libérale, s'est rallié. Elle a refusé de revenir à Paris, malgré les approches de Napoléon, mais elle manifeste son adhésion à l'Acte additionnel dans une lettre à Joseph Bonaparte : « Les articles additionnels sont tout ce qu'il faut à la France, rien que ce qu'il faut, pas plus qu'il ne faut ; le retour de votre frère est prodigieux et dépasse toute imagination. » À Benjamin lui-même : « La constitution m'a fort satisfaite », tout en faisant quelques critiques de détail. De son côté, l'autre frère, Lucien Bonaparte, installé alors à Versoix, lui jure que l'Empereur veut la paix. Auguste de Staël, d'autre part, resté à Paris, rencontre l'Empereur aux Tuileries, où il est accueilli avec chaleur. Hantée par la menace d'une nouvelle guerre, Mme de Staël se décide à adresser le 23 avril une lettre à William Harris Crawford, ministre américain à Paris, par l'entremise duquel elle écrit en réalité au ministre anglais Lord Castlereagh, qu'elle veut convaincre de ne pas faire une nouvelle guerre à Napoléon : « Si la paix continue les têtes se calmeront et il y aura ici liberté et repos. [...] S'il y a la guerre, au contraire, toute la France se réunira contre l'invasion étrangère, et si l'Empereur a un premier succès, comme il l'aura, l'orgueil national fournira à son vengeur toutes les ressources d'hommes et d'argent qui lui seront nécessaires. » Si l'ennemi entre en France, « ce pays sera pour vous ce qu'a été l'Espagne pour nous ». Elle tente de dissuader les Anglais de croire les émigrés qui

« se trompent depuis 20 ans ». À Talleyrand, toujours au congrès de Vienne, qui « nous a fait du mal », elle affirme : « La nation aime le roi, mais elle hait les étrangers. »

Justement, la perspective de la guerre qui semble de plus en plus inéluctable la tient à distance de Napoléon : « Quoi qu'il arrive, écrit-elle le 22 mai à Bethmann, ce sera un vrai malheur et tout cela à cause d'un seul homme, et quel homme ! Que de bonheur il y a trois mois ; à présent c'est le désespoir. » Elle est partagée, pleine de respect pour la constitution libérale et pleine de doute envers celui qui s'y est brusquement converti. Mais, comme en 1814, son patriotisme prend le dessus dans cette situation où la France risque d'être une seconde fois envahie et punie par les Alliés. Elle exprime son tourment à Harrowby, une dizaine de jours avant Waterloo :

« Je n'ai pas besoin de vous dire, j'espère, que ni les promesses ni les menaces qui m'ont été faites pour me faire venir à Paris n'ont pu m'y décider. Je n'ai point cru au changement d'un homme qui fait des manœuvres diverses selon le vent, mais qui tend toujours au même but. [...] Souffrez que je ne désire pas tous vos succès. Que ferez-vous si vous arrivez encore une fois à Paris ? Que deviendrons-nous si vous partagez la France ? Dieu nous préserve d'une victoire de Bonaparte ! Mais si vous devenez maîtres de la France, quel avilissement pour cette nation, qui a commis tant de fautes qu'il lui faudrait des lauriers pour les cacher. Je désire le retour du roi de toute mon âme ; non seulement le bonheur, mais la liberté s'établissant sous son règne. Toutefois, s'il n'est pas rappelé par la France, que pouvez-vous pour lui ? Il a le malheur d'être avec les étrangers et d'humilier l'amour-propre national. [...]

« Je ne parlerai point du passé, des fautes de votre congrès [de Vienne], qui ont servi si bien Bonaparte, mais dans l'avenir ne démembrez pas la France, ne l'humiliez pas. [...] Cette affreuse alternative de trahir son pays ou de seconder un tyran me condamne à l'inaction la plus absolue. Je suis seule ici avec mes enfants. J'achève mes *Considérations sur la Révolution de France* en laissant un grand blanc pour ce qui va arriver. »

Quelques jours plus tard, le « grand blanc » est rempli : la défaite de Waterloo achève le cycle révolutionnaire. Benjamin Constant, qui avait trouvé dans l'événement l'occasion de devenir conseiller d'État, a tout perdu encore une fois comme un joueur malchanceux sa martingale ; il renonce même à son amour pour Juliette Récamier qui l'a définitivement éconduit (« C'est un grand malheur que de l'avoir connue »). Il écrit un mémoire d'apologie *pro domo* qu'il croit « admirable de modération et de noblesse », et qui deviendra ses *Mémoires sur les Cent-Jours*. Mme de Staël apprécie : « Votre justification est parfaite et je me suis sentie ébranlée en le lisant. Il n'y a pas une possibilité de vous attaquer légalement. Il n'y a que vos amis qui peuvent s'affliger de l'extrême mobilité de votre caractère. » Se reverront-ils à Paris ? Non ! Alerté par les menaces qui pèsent sur lui, Constant choisit l'exil ; Mme de Staël, quant à elle, n'est nullement pressée de rentrer dans une ville qui résonne de nouveau du bruit des bottes étrangères.

Elle n'a pas crié victoire mais défaite. Car, pour elle, l'ennemi n'est pas unique : elle pouvait craindre avant Waterloo la reconstruction d'un empire napoléonien (ou napoléonin), synonyme de guerre et de despotisme ; elle redoute, après la bataille perdue de l'Empereur, l'esprit de revanche des royalistes et souffre, par-dessus tout, de l'humiliation nationale infligée à la France par les souverains étrangers.

Quant à la liberté, qui lui est chère comme l'indépendance nationale, si Mme de Staël peut faire confiance, dans une certaine mesure, à Louis XVIII, elle a toutes les raisons de craindre la passion réactionnaire du parti ultra-royaliste, ces gens qui n'ont rien compris à la Révolution et rien oublié de leurs privilèges d'Ancien Régime et qui se posent en adversaires du régime représentatif autant que des libertés. Ce courant contre-révolutionnaire a son champion, le comte d'Artois, frère du roi ; elle a son heure de gloire, la victoire électorale du mois d'août 1815, qui met en place la « Chambre introuvable », entièrement dominée par les réactionnaires, et dans laquelle figure leur doctrinaire, le baron Louis de Bonald. La Terreur blanche sévit, notamment dans le Midi : plusieurs centaines de bonapartistes sont massacrés à Marseille, le maréchal Brune est assassiné à Avignon, autant de forfaits sauvages que complètent les lois d'épuration, le rétablissement des cours prévôtales, les lois d'exception visant les complices des Cent-Jours ; le 7 décembre 1815, le maréchal Ney est fusillé. L'union du trône et de l'autel est le vœu de tous les ultras, laïcs et ecclésiastiques.

Dans ces conditions, Mme de Staël ne se sent pas « grand goût pour la France dans l'état où on l'a réduite ». De Coppet, où elle ne reste pas inactive, elle écrit aux grands acteurs de l'heure, Wellington et Alexandre Ier. À l'Anglais, ambassadeur extraordinaire et ministre plénipotentiaire à Paris, elle demande de protéger son pays contre les ressentiments de ceux que Napoléon a jadis vaincus. L'Angleterre, qui n'est pas dans cette catégorie, doit montrer l'exemple : « Il ne faut pas humilier vingt-quatre millions d'hommes si l'on veut rendre la paix au monde » (9 août). Au tsar, elle confie sa crainte : « Les deux Chambres ne sont-elles pas composées en grande partie d'hommes dont l'intention secrète et même publique est de ramener l'ancien régime ? » Wellington et Alexandre surent modérer la volonté vengeresse des Prussiens ; en perdant Sarrelouis et la Savoie par le second traité de Paris, le 20 novembre 1815, la France échappait au démembrement. Le ministère Richelieu – un modéré – qu'Alexandre avait conseillé à Louis XVIII de mettre en place y contribua.

L'occupation étrangère, dont les effectifs passèrent de 150 000 hommes à plus de 1 200 000, décourageait Mme de Staël de revenir à Paris. Elle avait d'autres raisons de prolonger son éloignement en décidant de partir pour l'Italie. La santé de Rocca empirait : un meilleur climat lui était conseillé. D'autre part, elle devait obtenir du pape la dispense nécessaire au mariage d'Albertine avec un catholique. Elle avait un moment espéré s'en passer, on l'a vu, grâce à la loi civile de la Confédération helvétique et à l'appui des pasteurs suisses, mais cette loi ne visait que la procédure civile des mariages mixtes. Il lui fallait la dispense de Rome, et c'est en Italie qu'elle envisageait le mariage de sa fille. Louis XVIII, fidèle à sa promesse, lui fit restituer un million sur les deux que l'État lui devait sans compter les intérêts et une rente de 100 000 francs. À la mi-septembre, elle partait pour Lausanne avec Rocca et Albertine, avant de gagner l'Italie par le Simplon.

29

« Mon père m'attend sur l'autre bord »

Au cours de ce nouveau voyage en Italie qu'elle entreprend en septembre 1815 et qui devait durer neuf mois, Mme de Staël ne s'accorde pas de repos dans son activité politique. Installée successivement à Gênes, à Pise, à Florence, elle continue sa correspondance avec quelques-uns des acteurs de premier plan de la scène internationale. À Jefferson, elle dit toute l'admiration qu'elle a pour l'Amérique, à une réserve près, de taille : « Si vous parvenez à détruire l'esclavage dans le Midi, il y aurait au moins dans le monde un gouvernement aussi parfait que la raison humaine peut le concevoir. » À ses amis anglais, elle ne cesse de répéter que la grande faute des Alliés est l'occupation de la France. Elle se heurte à une résolution que lui exprime clairement Harrowby en juillet 1816 : « Le grand but était d'anéantir la tyrannie qui pesait sur le monde ; et si cet objet ne pouvait s'atteindre qu'en se prêtant aux vues des puissances, sans lesquelles nous n'aurions pu agir que sur la défensive, doit-on blâmer d'avoir couru au plus pressé ? et sentant encore que la tranquillité de l'Europe repose sur le parfait accord des grandes puissances alliées, devons-nous risquer cet accord en faisant le Don Quichotte ? » Combat inutile ? Elle ne désarme pas.

Les affaires privées priment, cependant – la santé de Rocca et le mariage d'Albertine.

Le mariage d'Albertine et de Victor de Broglie

Le 19 novembre, séjournant à Gênes, elle écrit une longue lettre à sa cousine Necker de Saussure, qui a fait le voyage de Nice avec sa fille Albertine Turrettini, phtisique. Mme de Staël regrette qu'un défaut de communication ait empêché de se réunir. « L'air de Gênes, écrit-elle, a fait du bien à John, mais le fond de la maladie subsiste toujours, et celle-là est si inquiétante que mon sang s'arrête bien souvent par ce qu'on en dit. Il se trouve bien des pilules de ciguë et c'est un remède qui paraît efficace et calme le pouls. » Elle lui parle aussi du prochain mariage de sa fille, elle n'attend plus que la dispense du pape, mais les conditions imposées par Rome la blessent : « Je ne sais si mon père et ma mère les approuveraient et que ne dois-je à mon père ? c'est encore lui qui marie ma fille. »

De Gênes, Mme de Staël, Albertine, Rocca et Schlegel se transportent en novembre à la « casa Roncionni », à Pise, dont le climat est réputé favorable aux poitrinaires. Mais, dès les premiers froids, Rocca fait une rechute : « John, écrit-elle à sa cousine le 4 février 1816, a eu aussi un catarrhe et c'était bien plus sérieux pour lui que pour votre fille. [...] Il n'a point fait de progrès depuis deux mois ; on me dit qu'on est bien heureux de ne pas rétrograder en hiver ; voyons donc le printemps, il ne reste plus que lui. » C'est parler assez légèrement du cas d'Albertine, la fille de Mme Necker de Saussure, dont l'état de santé aggravé provoque la venue de son père à Nice. « Mon anxiété est insupportable », lui écrit aussitôt Mme de Staël en l'apprenant. Elle se risque à annoncer que « M. Rocca est mieux, mais qu'[elle n'est] pas tranquille sur lui non plus ».

Pendant ce temps-là, Victor de Broglie a quitté Paris en compagnie d'Auguste de Staël pour Coppet, où tous deux s'occupent du contrat de mariage dressé par un notaire local et dont Sismondi et Frédéric de Chateauvieux sont les témoins. Après un bref séjour à Genève, où Victor de Broglie est introduit dans la bonne société, les deux voyageurs, accompagnés par Sismondi qui se rend en Toscane, ont repris la route et sont arrivés à Pise, où Mme de Staël les accueille avec joie et soulagement. La dispense du pape étant parvenue, le mariage religieux peut être célébré le 20 février 1816, cinq jours après la cérémonie civile à Livourne. Le même jour, elle écrit à Mme Necker de Saussure : « À quatre heures, c'est fait, chère amie. – La première cérémonie, celle du prêtre catholique, ne m'a pas émue le moins du monde ; je crois en vérité que la veille le code civil m'avait plus attendrie, mais quand les paroles de la liturgie anglaise ont été prononcées, mon cœur a été comme brisé. – J'avais le portrait de mon père et j'ai depuis sans cesse pensé à vous. – [...] John était à la cérémonie. Le bon Dieu m'a épargné la douleur de son absence dans ce moment. Il y a huit jours encore qu'il n'aurait pu y être. – Donnez-moi des détails de la santé de votre fille. »

Le 13 avril, c'est de Florence, où elle espère un printemps salvateur pour Rocca, qu'elle écrit à sa cousine : « John est beaucoup mieux, cependant il n'est pas guéri et l'ennui le saisit plus depuis que son courage n'a plus à lutter contre le danger. Auguste et Victor sont à Rome pour la semaine sainte et reviennent dans quatre jours. – Le ménage va bien ; ce n'est certainement pas l'idéal de l'amour mais peut-être ce qui manque à l'expression passionnée de Victor excite l'imagination et un peu l'amour-propre d'Albertine ; le mieux de tout cela c'est qu'elle est vraiment religieuse et que cette disposition suffit pour conserver ce qu'il y a dans le cœur. – Schlegel est tombé amoureux d'une Allemande et il est insupportable d'humeur et de solennité. – J'ai toutes les nuits la maladie de ma mère et cette absence de sommeil rend la vie trop longue, il n'y a pas assez d'intérêt pour 24 heures. »

Elle ne discerne pas entre les deux jeunes époux la passion qui l'a si souvent dévorée, elle. Mais elle se croit fondée à espérer, sans doute à juste titre, que c'est une union solide ; que les deux jeunes gens se sont choisis, et elle est bien aise d'avoir pour gendre un jeune pair de France, distingué, cultivé, intelligent. Victor de Broglie est le fils d'un député à l'Assemblée constituante guillotiné en 1794. Sa mère s'est remariée au marquis d'Argenson, dont la famille plaît bien à Albertine. Benjamin Constant, en cet été 1816, brosse un portrait flatteur de Victor à sa cousine Rosalie : « C'est un homme d'une honnêteté rare et de l'esprit le plus impartial que j'aie jamais vu. Il a d'ailleurs une grande bonté, et beaucoup de piquant dans la manière. J'espère qu'il rendra Albertine heureuse et qu'il sera heureux. »

Mme de Staël s'ennuie donc à Florence mais elle a décidé d'y prolonger son séjour pour la guérison de Rocca. Elle-même, qui n'est plus gaillarde, confie à Benjamin Constant : « Ma santé s'affaiblit et plus encore mon intérêt pour une vie qui ne sera plus que très courte. J'y suis maintenant très attachée pourtant, parce qu'elle est heureuse et je regrette beaucoup la perte de temps que m'a ravi le malheur. » Ce bonheur, dont l'affirmation est peut-être un peu forcée, elle le ressent surtout pour avoir vu le mariage de sa fille s'accomplir : elle l'avait tant voulu !

Au début de juin, le retour à Coppet est décidé. Les jeunes mariés franchissent le Simplon, mais les risques de neige lui font prendre avec John le passage du Mont-Cenis. Ils sont à Coppet vers le 21 juin.

Coucher de soleil sur Coppet

L'été 1816 voit la dernière saison de Coppet, mais une saison de bourrasques, de vents, d'inondations, de neige même au loin sur les sommets du Jura, comme si la nature annonçait la fin du réenchantement annuel de ce que Stendhal, qui fut des hôtes cette année-là, appela « les états généraux de l'opinion européenne ». Car, pour une dernière année, et malgré la pluie et les orages, le château de Coppet est animé comme le salon le plus brillant, le plus cosmopolite, le plus stimulant qui ait existé. Mme de Staël reçoit des Anglais, des Allemands, des Russes, des Polonais, des Italiens, écrivains, savants, diplomates, altesses royales, ducs et princes, sans négliger les Genevois. Stendhal doit être encore cité : « Voltaire n'a jamais rien eu de pareil, dit-il. Il y avait sur les bords du lac six cents personnes les plus distinguées de l'Europe. »

La république de Genève vient de recouvrer son indépendance, mais c'est au profit d'une classe patricienne rien moins que libérale, et pour tout dire réactionnaire. Mme de Staël s'en afflige : « C'est comique et triste comme le monde en miniature. » Toutefois, il existe une opposition libérale, où Sismondi figure à côté d'Étienne Dumont, Frédéric de Chateauvieux, Charles de Constant – frère de Benjamin –, Odier, Pictet-Diodati et Pictet de Rochemont, Guillaume Favre, et d'autres encore qui, encouragés par Mme de Staël, font partie de ses hôtes familiers. Victor de Broglie, présent à Coppet, narre dans ses Mémoires qu'il s'était engagé « de tout cœur » dans l'opposition au gouvernement genevois et s'entretenait régulièrement chez Mme de Staël avec les membres de cette opposition.

Le clou de la saison est cependant Lord Byron. Depuis le mois de juin, le poète habite avec son médecin Polidori juste en face de Coppet, à Cologny, dans la villa Diodati. Dans un farouche isolement, il tente sans consolation de survivre à la séparation d'avec sa femme Annabella ; il y écrit le troisième chant de *Child Harold.* Mme de Staël, qui reçoit l'univers, ne peut se résoudre au refus de Byron de venir à Coppet. Ses rapports avec lui n'avaient pas été faciles lors de son dernier séjour en Angleterre ; lui ne la tenait pas en grande estime. Devant son empressement, sa gentillesse, l'admiration qu'elle lui témoigne, Byron renonce à sa solitude et accepte l'invitation au château. Toujours animée par le « démon du Bien », elle se met en tête de réconcilier Byron et son épouse avec plus ou moins de maladresse mais avec une sincérité et une bonté qui le touchent. Il lui écrit en anglais le 24 août :

« Chère Madame, J'avais l'intention de vous écrire longuement, mais mon objet comporte trop de pensées pour être exprimé. [...] Dire simplement que je *regrette* de savoir que lady B. est souffrante serait ne rien dire du tout, mais c'est elle-même qui m'a privé du droit d'en dire davantage. Il se peut que la séparation soit de *ma* faute, mais c'est *elle* qui l'a décidée. J'ai employé tous les moyens pour l'empêcher et ferais tellement plus encore pour y mettre fin. Il suffirait d'un mot, mais il n'est pas à moi de le prononcer. Vous me demandiez si je croyais que lady B. m'était attachée ? À cela je ne puis que répondre que je l'aime. Je suis tout à fait incapable d'ajouter un mot de plus à ce sujet, et si j'en disais dix mille, ils n'aboutiraient qu'à la même conclusion et seraient aussi inutiles que sincères... [...] Je ne puis conclure sans vous remercier une fois de plus de vos aimables dispositions envers moi, dans cette circonstance, comme dans d'autres, et en vous priant de me croire bien sincèrement votre serviteur obligé et affectueux. »

Dans une lettre à une amie, Byron parle de la « bonté de cœur » de son illustre voisine. Peut-être la juge-t-il un peu indiscrète dans ses questions, mais il n'est jamais blessé : « Elle prit le plus grand intérêt à ma querelle avec Lady Byron et je crois que, si elle l'eût connue elle eût pris quelque influence sur elle qui eût peut-être balancé celle de sa mère. Elle fit les derniers efforts pour amener une réconciliation entre nous. C'était la meilleure créature du monde. »

Au cours de cet été 1816 est publié le roman de Benjamin Constant, *Adolphe*, à la fois à Londres, où il vit avec sa femme depuis le début de l'année, et à Paris. L'ouvrage, qui passera plus tard comme un chef-d'œuvre du roman d'analyse, n'a qu'un succès relatif, sauf à Coppet où l'on en parle beaucoup. Constant craignait le mauvais accueil de Mme de Staël, mais celle-ci le félicite, et Benjamin d'être rassuré. De Spa, où il est revenu d'Angleterre, il le confirme à Mme Récamier dans une lettre du 17 août : « Adolphe ne m'a point brouillé avec la personne dont je craignais l'injuste susceptibilité. Elle a vu au contraire mon intention d'éviter toute allusion fâcheuse… » De son côté, Albertine livre sa réaction à celui qui l'a toujours aimée comme sa fille : « Nous avons reçu ici votre roman que tout le monde a trouvé très spirituel, mais je ne me suis pas senti grande sympathie avec le héros, je n'ai pas encore souffert du malheur d'être trop *aimée* pour compatir à ses douleurs, je vous avoue que j'ai eu un sentiment d'humeur en le lisant, mais peut-être que ceux qui ne sont pas vos amis n'auront pas ce sentiment-là. […] Victor vous aime beaucoup et moi aussi, mais il faut pour cela que je croie qu'Adolphe n'est pas vous tout à fait, quoique malheureusement il y ait des traits semblables. »

À Coppet, on n'apprécie qu'à demi le roman « spirituel » de Benjamin. Victor de Broglie n'aime pas les auteurs qui se déshabillent moralement devant le public. Sismondi, d'un autre avis, livre sa pensée à son amie la comtesse d'Albany : « L'analyse de tous les sentiments du cœur est si admirable, il y a tant de vérité dans la faiblesse du héros, tant d'esprit dans les observations, de pureté et de vigueur dans le style, que le livre se fait lire avec un plaisir infini. » Sismondi a cru reconnaître Mme de Staël dans le personnage d'Ellénore, même si l'auteur a voulu éviter toute ressemblance : « Mais à l'impétuosité et à l'exigence dans les relations d'amour, on ne peut la méconnaître. Cette apparente intimité, cette domination passionnée, pendant laquelle ils se déchirent par tout ce que la colère et la haine peuvent dicter de plus injurieux, c'est leur histoire à l'un et à l'autre. » Il ajoute que l'amie qui tente en apparence de les réconcilier et les brouille davantage n'est autre que Mme Récamier.

Un passage parmi d'autres confirme l'observation de Sismondi : « Sa résistance, lit-on, avait exalté toutes mes sensations, toutes mes idées ; je revenais des emportements qui l'effrayaient, à une soumission, à une tendresse, à une vénération idolâtre. Je la considérais comme une créature céleste. Mon amour tenait du culte, et il avait pour elle d'autant plus de charme qu'elle craignait sans cesse de se voir humiliée dans un sens opposé. Elle se donna enfin tout entière. » Ou celui-ci : « Je ne saurais peindre quelles amertumes et quelles fureurs résultèrent de nos rapports ainsi compliqués. Notre vie ne fut qu'un perpétuel orage ; l'intimité perdit tous ses charmes, et l'amour toute sa douceur ; il n'y eut plus même entre nous ces retours passagers qui semblent guérir pour quelques instants d'incurables blessures. »

Il n'est pas douteux que les amours orageuses d'Adolphe et d'Ellénore transposent, avec ce qu'il faut de maquillage pour donner le change, celles de Benjamin et de Germaine, comme l'a vu Sismondi. Même si Germaine de Staël n'est pas une réplique d'Ellénore, Germaine avait de quoi s'émouvoir à la lecture de la peinture d'une passion marquée au sceau du tumulte, du délire et de l'exaspération. Constant pouvait d'autant plus craindre la réaction de Mme de Staël que celle-ci en avait entendu une lecture partielle en 1806 au château d'Acosta, à la suite de laquelle elle s'était déchaînée contre lui. Afin de parer à un nouveau démêlé, il s'était fendu d'une préface où il affirmait qu'*Adolphe* n'avait aucun rapport avec des individus qu'il connaissait, jurant de sa discrétion et protestant contre la « malignité » de ceux qui s'évertuaient à traquer des clés à son roman. Il avait même pris le soin d'en appeler à l'exemple de Mme de Staël, dont les personnages de Delphine et de Corinne, écrivait-il, avaient souvent été pris pour des représentations d'elle-même : « Toute perfidie sociale est incompatible avec le caractère de Mme de Staël, ce caractère si noble, si courageux dans la persécution, si fidèle dans l'amitié, si généreux dans le dévouement. » Il n'empêche, à peu près achevé dix ans plus tôt, *Adolphe* n'avait pas été publié, par crainte de tempête. Le texte fut oublié, repris, retravaillé, et lu par son auteur dans les salons parisiens en 1814 et 1815. Le sentiment qu'il avait rompu définitivement avec son ancienne amie ajouté à son éloignement en Angleterre le détermina à rendre public son roman.

Pourquoi Mme de Staël ne réagit-elle pas avec la même colère qu'en 1806 ? Est-ce à dire que pour elle l'union avec Benjamin est définitivement rejetée dans un passé qui désormais la laisse de marbre ? Il est difficile de le croire, trop de signes témoignent du caractère ineffaçable de son attachement. Elle a préféré, malgré cela, faire montre de la sagesse à laquelle elle aspire. C'était lui, c'était moi, cela fait partie de notre vie, mais nous n'en sommes plus là. Une vivacité de réaction eût du reste authentifié le réalisme vécu du roman, dont les personnages pouvaient avoir, après tout, d'autres modèles que l'auteur et son ancienne idole. En tout cas, elle préféra se montrer indifférente aux allusions que ses intimes comme Sismondi y décelaient. Constant revint à Paris soulagé, en compagnie de Charlotte, à la fin de septembre 1816.

Le dernier séjour de Mme de Staël à Coppet fut l'occasion pour elle d'une grande décision, celle de régulariser son mariage avec John Rocca et de légitimer leur fils Alphonse. Le mariage fut célébré au château le 10 octobre 1816 dans l'intimité, avec pour seuls témoins Fanny Randall et Charles Rocca, le frère de John. Auguste et Victor étaient déjà à Paris, où Mme de Staël devait les rejoindre, tandis qu'Albertine et Schlegel se trouvaient à Lausanne. Devant le pasteur Guillaume Gerlach, « Mme la baronne Anne-Germaine-Louise Necker, veuve du baron de Staël-Holstein, prenait pour époux M. le Chevalier Albert-Jean-Michel Rocca ». Tous les deux rappellent leur promesse solennelle du 1er mai 1811 qui n'a pu être réalisée au bout de quelques semaines comme ils s'y étaient engagés, en raison de « l'exil et de la persécution dont ladite dame Necker était victime à cette époque [...], de la crainte continuelle de se voir privée de sa liberté, de la fuite précipitée à laquelle elle s'est vue forcée loin du continent européen et des dangers qu'a courus postérieurement la vie dudit chevalier Rocca ». Les nouveaux époux déclarent la naissance d'un enfant mâle le 7 avril à Coppet et baptisé à Longirod comme étant le fils de Théodore Giles de Boston et d'Henriette, née Preston. Les circonstances avaient contraint les parents au secret de cette naissance ; ils veulent que Louis Alphonse soit dûment reconnu comme le leur. Ils souhaitent que leur mariage reste encore confidentiel pendant un certain temps : « Nous avons jugé, attestait le pasteur Gerlach, les raisons morales à nous énoncées assez fortes pour passer sur la publicité ordinaire ; et nous avons béni dans les formes usitées et en présence des dits témoins de mariage. [...] Fort de notre conscience d'avoir agi dans les vues aussi désintéressées que morales, nous avons signé le présent acte [...]. » Lequel acte fut déposé aux archives du tribunal d'Aubonne.

Le surlendemain, Mme de Staël rédige son testament sous un hommage rendu à son père dont l'esprit n'a cessé de l'inspirer et met au jour son mariage avec John : « Je me suis mariée secrètement avec Monsieur Albert Jean de Rocca comme le constate l'acte de célébration joint à ce testament. La différence d'âge et des circonstances politiques et privées m'ont fait désirer de rendre ce mariage secret ; mais comme il en est né un fils, Louis Alphonse de Rocca, il doit entrer en possession par cet écrit de tous ses droits comme mon fils légitime. » Quelques jours plus tard, elle est à Paris, dans son hôtel du 6 rue Royale. Avant son départ, en apprenant le retour de Benjamin Constant, elle a mis en garde Juliette Récamier : « Mais que tirerez-vous de Benjamin, d'un homme qui n'aime que l'impossible ? » Un éventuel retour de flamme de son incontrôlable ami suscite encore chez elle l'alarme. Elle a réglé toutes ses affaires mais Benjamin est à elle.

Derniers feux politiques

À Paris, Mme de Staël, malgré sa fatigue, ses insomnies, la conviction qu'elle s'est faite qu'elle n'a plus longtemps à vivre, est reprise par la politique. Dans son salon de la rue Royale, amaigrie et vieillie, elle reçoit de nouveau les représentants de tous les partis. Elle poursuit aussi sa correspondance avec Wellington et Alexandre Ier dans sa volonté de contribuer à alléger le poids d'une occupation étrangère qui lui est odieuse.

« Il est malheureux, je le répète, écrit-elle au premier le 1er décembre 1816, de dépendre des étrangers ; mais le génie est cosmopolite et je crois fermement que bien qu'anglais et le premier des Anglais, vous seriez plus généreux envers la France que cet envoyé diplomate [Canning ?] qui ne sait pas que la ruse et la colère s'anéantissent mutuellement. [...] S'il y a un homme dont la grande âme puisse avoir pitié de la détresse et de l'abaissement où une nation jadis si belle est tombée, si cet homme existe, c'est vous seul, my lord, qui l'êtes. Vous rappelez les fautes de la France ; sans doute, mais comme un fleuve dont les flots changent chaque jour. Déjà la génération bonapartiste se retire, celle des jacobins est finie ; mais la France reste et la France veut suivre l'exemple de l'Angleterre. [...] Je suis française, fille de l'homme qui a le plus aimé la France et le sort de la Pologne me fait horreur pour mon pays. Si j'avais l'honneur d'être anglaise, il me semble que je ne voudrais pas la destruction d'une nation qui depuis cinq cents ans a mérité la gloire de se battre avec l'Angleterre et qui dans les champs de Waterloo vous a montré au moins, my lord, qu'elle savait mourir. »

Elle reprend sa supplique en termes encore plus pressants auprès d'Alexandre, le 14 décembre : « Tant que les étrangers occuperont le territoire français, rien de ce qui se passe dans l'intérieur ne peut acquérir de stabilité. [...] Si vous voulez, Sire, qu'il y ait une France et que la réforme politique soit consolidée par vous, hâtez-vous de rendre ce pays à lui-même ; l'opinion ne s'y montrera qu'alors. Mais, dira-t-on, serait-il sûr que sans l'appui des étrangers les Bourbons restassent sur le trône ? Singulière question ! L'Europe peut-elle et doit-elle rester en armes pour les y maintenir ? Le Roi s'est fait aimer depuis qu'il a repris le système constitutionnel ; ses successeurs n'ont qu'à l'imiter, et ils seront de même certains de régner. »

Mme de Staël va plus loin : si Wellington reste encore pendant quatre ans maître de la France, alors il faudra craindre un soulèvement de la nation : « Tous les partis, un seul excepté peut-être [les ultras], sentent avec une égale vivacité ce que j'ose exprimer à Votre Majesté. Les exagérés s'adressent à l'Angleterre, mais tout ce qu'il y a de cœurs français, Sire, vous réclame. Impartial par votre situation, et plus encore par la générosité de votre caractère, sauvez la France et par elle la liberté de l'Europe et la cause des lumières [...]. » Pour elle, la cause libérale est indissociable de la cause nationale : c'est par le retour à la souveraineté que la France connaîtra ce régime des libertés qui doit faire régner la paix en Europe.

Le pouvoir actuel, qui affirme son respect des libertés, maintient ses lois d'exception sur la presse. Il donne aussi des signes d'intolérance religieuse. Mme de Staël dénonce auprès du tsar l'oppression que subissent les protestants à Nîmes. Le cléricalisme va bon train : « Huit maisons de Jésuites, sous le nom de Pères de la Foi, sont déjà établies en France, et c'est par les prêtres qu'on fait sa cour et par les prêtres que les moyens les plus funestes à la liberté sont préparés. » Ces lettres au tsar en faveur des libertés et de la tolérance nous paraissent insolites : Alexandre Ier n'est-il pas comme ses prédécesseurs un autocrate ? Mais Mme de Staël juge que la France n'est pas la Russie, qu'elle a, chevillée au corps, une passion de la liberté et des traditions de tolérance que la réaction ultra met à mal. En s'adressant ainsi au tsar, elle prend le point de vue de l'intérêt général, de l'intérêt européen : si les grandes puissances veulent la paix, qu'elles n'attisent pas la guerre religieuse, la guerre civile en France !

Le tsar lui répond avec toute la courtoisie qu'il lui a toujours manifestée, mais il se retranche derrière l'impératif des traités : « Le prix que j'attache au maintien de l'ordre établi en France est déterminé par la foi des traités, et par la conviction intime où je suis qu'il n'y a qu'une persévérance imperturbable qui puisse consolider le résultat de tant d'efforts. » Dialogue de sourds.

Elle se cabre devant les manifestations arrogantes des anciens émigrés à cocarde blanche, du retour en force du catholicisme politique, de tous les talons rouges à l'« amour invincible » pour leurs privilèges. Elle confie à Jefferson, dans une lettre du 12 février 1817, son désarroi sur l'état de la France : « Serons-nous libres une fois dans ce pays ? Vingt-sept ans d'efforts ne nous ont amené que la tyrannie et la conquête. Il y a pourtant au fond de cette grande masse un désir de recueillir quelques fruits de ce qu'elle a souffert, une idée confuse de liberté qui plane sur toutes les têtes, mais nos privilégiés sont incorrigibles et le mot de légitimité consacrant tout le passé, on ne sait à quoi sert le temps dans un pays où l'on voudrait le faire passer lui-même pour un usurpateur. » Les vaincus de la Révolution, les vainqueurs de la Restauration n'ont rien rien appris et rien oublié :

elle attend, elle, du nouveau régime le compromis entre la légitimité et la liberté, entre l'héritage de la tradition et les promesses de la Révolution.

Elle a toujours voulu vivre ou revivre à Paris, mais elle confie à ses proches que le Paris qu'elle a retrouvé ne lui plaît pas. « Personne ne dit ce qu'il pense, écrit-elle à la comtesse d'Albany, et la nation elle-même semble cacher ses souffrances par prudence. » La situation politique n'est pas seule à l'affliger, elle est malade. Victor de Broglie la décrit ainsi dans ses *Souvenirs* : « Elle lutta contre l'invasion du mal avec une impétuosité héroïque : partout invitée, allant partout, tenant maison ouverte, recevant le matin, à dîner, le soir, tous les hommes distingués de tous les partis, de tous les rangs, de toutes les origines, prenant à la politique, aux lettres, à la philosophie, à la société sérieuse ou frivole, intime ou bruyante, ministérielle ou d'opposition, le même intérêt que dans les premiers beaux jours de sa jeunesse. »

Quel est son mal ? Les angoisses et l'insomnie qu'elle combat sans doute imprudemment par l'absorption d'opium sont anciennes. « Je suis abattue par l'opium », confie-t-elle à Juliette. Les meilleurs médecins, comme Portal, médecin du roi, demeurent courts sur le diagnostic. Une insuffisance cardio-rénale pourrait être à l'origine d'une néphrite. Toujours est-il que le 21 février 1817, alors qu'elle monte l'escalier de l'hôtel du ministre de l'Intérieur Decazes, elle s'écroule sur les marches. Victor de Broglie, qui la prend dans ses bras et la ramène chez elle, parle d'une attaque d'hydropisie qui s'est déclarée et un commencement de paralysie. Le 1er mars, elle garde la chambre alors que vient de naître Louise, sa petite-fille. Constante dans le culte du père, elle fait porter à Albertine un portrait de Necker dont elle ne se séparait pas, comme une image pieuse et protectrice pour l'accouchée et le nouveau-né.

Les jambes gonflées, elle ne peut se déplacer. Ses amis accourent, Mathieu le premier, plein de remords pour l'avoir délaissée tout occupé qu'il était de servir avec zèle le nouveau régime. Avec les moyens de l'époque, Portal réussit à faire tomber la fièvre, Rocca et ses enfants se rassurent. Elle va mieux à la fin du mois de mars, peut se lever pour s'asseoir dans son salon où elle continue à recevoir. Mais le mal empire, la paralysie l'empêche d'écrire et il lui faut une main amie, celle de Fanny ou celle d'Albertine, pour continuer sa correspondance : « L'excès de la fièvre m'a ôté l'usage des mains et des pieds. » Portal s'échine avec « l'éther nitreux », les infusions, la « teinture de digitale » à la maintenir en vie. Elle a toute sa tête, parle d'abondance, mais elle est clouée, « pétrifiée », dit-elle. Ses amis affluent, la distraient par leurs discussions savantes. En revanche, la porte de son hôtel reste close devant Benjamin Constant qui n'est pas admis et qui s'en plaint dans une lettre à Schlegel, le supplie de la convaincre de le faire entrer : « Est-ce qu'elle ne veut pas me voir ? Croyez-moi le passé est un spectre terrible pour ceux qu'on a fait souffrir. » Mais la porte reste close : est-ce sa volonté à elle ? Sans doute sa famille voulait-elle éviter le surcroît d'émotion qu'eût provoquée la présence de Benjamin. Le 17 avril, celui-ci écrit à Rosalie : « Mad. de Staël a été à la mort, et je la crois malheureusement encore frappée de manière à ne pas s'en remettre de si tôt, si jamais elle s'en remet complètement. Cet événement [m'a causé] une grande peine. »

Pour bénéficier du soleil printanier, d'un jardin, elle demande à son amie Sophie Gay, par l'intermédiaire d'Auguste, la possibilité de louer sa maison de la rue Neuve-des-Mathurins, ce qui lui est accordé. Là, elle continue à recevoir dans sa chambre. Juliette Récamier, dont l'hôtel est proche, lui rend des visites quotidiennes. Le 28 mai, lors d'un dîner offert par Mme de Staël et présidé par ses enfants alors qu'elle-même est dans son lit, Mme Récamier se trouve placée à côté de Chateaubriand, dont elle avait fait la connaissance une douzaine d'années plus tôt dans le salon – déjà – de Mme de Staël : ce sera une de ses dernières œuvres que d'avoir permis la naissance d'une des liaisons les plus célèbres de l'histoire littéraire. Tous les deux comprirent, selon l'auteur des *Mémoires d'outre-tombe*, que Mme de Staël « leur laissait, à un repas funèbre, son souvenir et l'exemple d'un attachement immortel ».

Vaillamment, Mme de Staël supporte sa paralysie, dicte des lettres, parle avec une vivacité qui ne se dément pas. Fanny se montre une infirmière dévouée, une dame de compagnie attentive, qui la pousse, quand c'est possible, dans sa chaise roulante au milieu des fleurs du grand jardin. Insomniaque, elle a peur de s'endormir sans pouvoir se réveiller. Elle ne se plaint pas, fait des projets, parle de Coppet qu'elle espère bientôt retrouver. Mais, écrit son gendre, « le mal, un instant suspendu, reprit bientôt sa marche rapide ; la paralysie gagna des extrémités aux organes essentiels ». La gangrène survient, aux mains et aux pieds. Victor de Broglie raconte comment, accompagné du docteur Esparon, il s'est mis en quête des meilleurs médecins. L'un d'eux est un de ses anciens camarades de l'École centrale, René Laënnec ; celui-ci « se servant d'un cornet de papier dont il posa la base sur une partie du thorax et dont il introduisit la pointe dans une de ses oreilles », il « crut reconnaître un commencement d'hydrothorax et même entendre dans cette cavité une espèce d'ondulation ». Les médecins ne sont pas d'accord entre eux, Portal ne prise guère la thérapie conseillée par Laënnec et prescrit, lui, du lait d'ânesse. L'impuissance médicale est avérée, les diagnostics divergent, et partant les prescriptions. Mme de Staël désire alors l'avis et l'aide du célèbre médecin genevois Butini, dans lequel elle a une immense confiance. Son gendre part sur-le-champ pour Genève, mais Butini allègue son âge, sa fatigue, et juge sans doute le cas trop désespéré pour s'en mêler. Victor de Broglie ramène alors à Paris le docteur Jurine, qui s'était si obligeamment et discrètement chargé de l'accouchement de Mme de Staël en 1812 et qui accepte de faire le voyage, par estime pour elle. Arrivé le 4 juillet à Paris, Jurine parvient par un traitement à la moutarde à apaiser les plaies qui l'empêchaient de s'asseoir, mais il « était trop tard, et son discernement ne fut pas même récompensé par une apparence de succès ».

Elle souffre le martyre, elle prie, se fait lire *L'Imitation de Jésus-Christ*, tout en se préoccupant de l'état de santé de John. Lors d'une visite, Chateaubriand, qui le rencontre pour la première et la dernière fois, le voit « le visage défait, les joues creuses, les yeux brouillés, le teint indéfinissable ». Fanny et Albertine la veillent pendant la nuit, tandis qu'Auguste et Victor restent dans le salon attenant à sa chambre.

Le 8 juillet, Mme Récamier écrit à Mme Darlens : « La situation de Mme de Staël est toujours la même, sans danger immédiat, mais sans espérance de guérison. Son imagination est aussi bien malade. Il est impossible de la voir sans être navré de son état. Elle ne voit plus que ses amis intimes et ne peut même pas les voir longtemps de suite ; mais au milieu de toutes ses douleurs, elle conserve toujours la grâce de son esprit. Le soin de plaire dans une situation où il serait si naturel de n'être occupé que de soi a quelque chose de si attendrissant qu'il est impossible de ne pas en être émue. »

Le dimanche 13 juillet, elle a encore la force de recevoir quelques instants le duc d'Orléans. Le soir, oppressée, dans l'incapacité de s'endormir, elle réclame à Fanny une nouvelle dose d'opium que Portal lui a interdit. Elle serre la main de Fanny, qui s'endort à son tour. Quand celle-ci se réveille au petit matin du 14 juillet, elle ne sent plus qu'une main glacée dans la sienne. Le moment est arrivé pour elle de rejoindre son père « sur l'autre bord ».

La mort de Mme de Staël fait tomber les portes devant Benjamin Constant qui accourt, bouleversé : la famille lui accorde de veiller aux côtés de Victor pendant la première nuit le corps de celle qui a occupé tant de place dans sa vie et qui devait rester à jamais ancrée dans sa mémoire. Schlegel, le fidèle, est toujours là. Les autres amis viennent rendre leur hommage, Mathieu très ému, Juliette en larmes... On embaume le corps de la défunte ; on fait de son visage un moulage. Les obsèques auront lieu à Coppet, où elle a demandé expressément de reposer aux côtés de ses parents. Victor et Albertine partent préparer le château pour accueillir le 26 juillet le convoi funéraire, une voiture tendue de noir sous l'escorte d'Auguste et de Guillaume Schlegel. Le cercueil, transporté dans le salon du château, est bientôt entouré de tous ceux qui viennent rendre un ultime hommage à la maîtresse des lieux. Victor, qui a pris en main la cérémonie, a fait percer la porte murée du monument où reposent les Necker et a pénétré seul dans le tombeau :

« J'eus à préparer, en arrivant, la triste cérémonie. Il y fallait quelque précaution. On savait que les restes de M. et de Madame Necker, déposés dans une chambre sépulcrale, située au cœur même du monument, n'étaient point enfermés dans des cercueils. Madame Necker, préoccupée, durant les dernières années de sa vie, de la crainte des enterrements précipités, avait ordonné, dans son testament, que son corps, et plus tard, celui de son mari, fussent placés dans une cuve de marbre noir, et conservés dans l'esprit de vin. [...]

« La chambre sépulcrale était vide, écrit-il ; au milieu la cuve de marbre noir, encore à moitié remplie d'esprit-de-vin. Les deux corps étaient étendus, l'un près de l'autre, et recouverts d'un manteau rouge. La tête de Mme Necker s'était affaissée sous le manteau ; je ne vis point son visage ; le visage de M. Necker était à découvert et parfaitement conservé. Je ne confiai à personne la clé de l'enclos qui entourait le monument et préposai un homme sûr en sentinelle, pour éviter toute indiscrétion curieuse. »

La cérémonie funéraire eut lieu sous un ciel d'azur, le 28 juillet 1817, le pasteur de la paroisse officiant, tandis qu'Albertine et Fanny étaient à genoux devant le cercueil. On vit Sismondi pleurer et Rocca comme mort. Une foule d'habitants de Coppet et de Genève attendait dans la cour la formation du cortège qui devait emmener le cercueil jusqu'au monument situé dans le parc. Le corps municipal avait tenu à ce que ce soit quatre de ses membres qui portent la bière, « voulant honorer la mémoire de la bienfaitrice des pauvres ». Les quatre hommes, escortés par Auguste et Victor, déposèrent le cercueil dans le tombeau. Aussitôt fait, la porte d'entrée fut murée à tout jamais.

La mort de Mme de Staël fut diversement commentée par la presse parisienne. Les journaux ultras furent odieux envers celle qu'ils appelaient la fille du « fossoyeur de la monarchie », la « révolutionnaire impénitente », l'« insupportable frondeuse » qui recevait à dîner la « clique philosophique ». Benjamin Constant publia deux articles anonymes dans son journal, le *Mercure de France*. Le premier, paru le 19 juillet, avait le ton d'un faire-part :

« Les journaux ont déjà annoncé la mort de Mme de Staël, cette mort, que ne faisaient que trop prévoir cinq mois de souffrances, presque continues, mais dont l'amitié passionnée de ceux qui l'entouraient s'efforçait encore de repousser les présages. Cette amitié ressentie par tous ceux qui avaient eu le bonheur de la connaître, et qui a déjà tâché de lui rendre un faible hommage, recueille aujourd'hui péniblement quelques forces pour faire connaître, autant qu'il sera possible, non ce talent plein d'éclat, ce génie et cette profondeur de pensées que l'Europe admire, mais aussi cette âme pleine de bonté, d'affection, de tous ces sentiments doux et généreux, et ce caractère noble qui n'a jamais vu le pouvoir injuste sans lui résister, le malheur sans le secourir, la douleur sans la plaindre. »

Le 26 juillet, dans le même journal, Constant publiait un autre article plus étoffé, mais il attendra des années avant d'écrire et de publier sa véritable oraison funèbre.

Une autre vie commençait pour l'auteur de *Corinne*, la vie posthume, au cours de laquelle des injustices envers elle furent réparées. On la connut mieux, on la jugea moins mal, mais sa mémoire est marquée d'injustice, confinée dans quelques paragraphes d'histoire de la littérature. Son nom est mille fois cité dans les manuels ; il est douteux cependant, les spécialistes mis à part, qu'on la lise et la connaisse comme sa vie et son œuvre le justifieraient.

Épilogue

Le 29 juillet 1817, le testament de Mme de Staël rédigé le 12 octobre de l'année précédente et signé Anne Louise Germaine Necker de Rocca, veuve du baron de Staël de Holstein fut ouvert. Dans le préambule, elle révélait son mariage avec John et l'existence de leur fils Alphonse de Rocca qui devait être tenu pour un héritier légitime.

La fortune de Mme de Staël était donc répartie entre Rocca et son fils Alphonse, son fils Auguste et sa fille Albertine. Des legs étaient prévus pour Fanny Randall sous forme de rente viagère, pour Guillaume Schlegel (3 000 francs de France comme pension et un appartement à Coppet), pour Mme Rilliet-Huber, le pasteur Gerlach, son notaire Fourcault de Pavant, son beau-frère Charles de Rocca, ses cousins Necker, trois années de gage étaient attribuées à ses domestiques Étienne et Marie, laquelle pourrait aussi disposer de son linge et de ses robes ; des donations devaient être distribuées par le pasteur Bernaud aux « pauvres de Coppet » et une somme d'argent était destinée à l'hôpital de Genève. Elle chargeait Auguste de veiller conjointement avec Schlegel à la publication de ses manuscrits, et notamment celui de ses *Considérations sur la Révolution française*, son grand livre politique. Guillaume Schlegel en toucherait les droits d'auteur jusqu'à la somme de 8 000 francs suisses (le franc suisse équivalait à 1,5 franc français), le reste irait à Auguste. Elle souhaitait que celui-ci « puisse un jour parler de son père, le mien, à la France », mais ses papiers littéraires, à elle, appartenaient à « Monsieur Schlegel ». Auguste recevait une somme un peu supérieure à celle d'Albertine, car c'est lui qui devait garder le château de Coppet, « qui n'est qu'une charge et point un revenu ».

Les *Considérations sur la Révolution* publiées en 1818 eurent un très grand retentissement et imprégnèrent les esprits de l'opposition libérale. La revue de Guizot, *Archives philosophiques, politiques et littéraires*, fit paraître au mois de novembre une longue étude du jeune Charles de Rémusat qui exprimait son admiration devant « la hauteur à laquelle [Mme de Staël] a élevé le talent de l'écrivain dans un ouvrage destiné à la faire triompher des sophismes et des passions. Guidée, dans ce dernier emploi de sa vie, par sa conscience, par le simple besoin d'être vraie, juste et utile, Mme de Staël s'y est peut-être plus parfaitement empreinte qu'en aucun autre de ses écrits ; et, semblables à ces images placées sur les tombeaux, il nous la conservera sous sa plus noble ressemblance ». Dans la même revue, François Guizot publiait une note, « De l'influence du dernier ouvrage de madame de Staël sur la jeune opinion publique », où il louait la « grande et salutaire influence » de l'auteur des *Considérations* sur la nouvelle génération.

Les volontés de Mme de Staël ne furent pas entièrement respectées quant au sort de ses manuscrits. Ses enfants avaient la volonté de protéger sa mémoire contre les médisances dont l'opinion n'avait pas été avare avec elle de son vivant. Sa vie si peu conformiste leur faisait redouter l'effet de certains de ses écrits inédits. Soucieux de tout maîtriser, ils proposèrent à Schlegel de renoncer à « tous les manuscrits de Mme de Rocca, à tous les ouvrages imprimés ou inédits, et à tous ses autres papiers littéraires », en échange du bénéfice exclusif des droits d'auteur attachés à la première édition des *Considérations*. Schlegel accepta de signer cette convention avec Auguste, Albertine et Victor de Broglie. Malheureusement, le pieux souci des enfants de Mme de Staël eut pour effet la destruction de nombreux documents personnels, une partie de sa correspondance, au grand dam des historiens à venir. Cette extinction des feux et ce verrouillage de la mémoire retardèrent longtemps une connaissance un peu approfondie de Mme de Staël. La première à éclairer sa personnalité fut Lady Blennerhasset avec sa *Madame de Staël et son temps*, en 1890. Malheureusement, bien des lettres reçues ou récupérées par Mme de Staël ont disparu.

Schlegel, après la signature du compromis, vécut ensuite quelques semaines à Paris, dans l'hôtel des Broglie de la rue de Bourbon, d'où il partit pour l'Allemagne pour épouser la jeune Sophie Paulus, mais ce fut encore un mariage manqué, puisque les deux époux divorcèrent au bout de six mois d'union. Schlegel devait laisser son nom avec celui de son frère comme les hérauts du romantisme naissant, sans avoir écrit d'œuvres majeures à l'exception de ses traductions très admirées.

John Rocca, très malade, partit dans le Midi avec son petit Alphonse âgé de cinq ans. Il ne survécut guère à son épouse et mourut à Hyères en janvier 1818. Albertine de Broglie se chargea d'élever Alphonse avec ses propres enfants. Il épousa la fille du comte de Rambuteau, le préfet de la Seine, et mourut précocement sans postérité en 1842.

Auguste s'occupa de publier les œuvres de Mme de Staël, rédigea une notice sur Necker, comme l'avait souhaité sa mère, en se partageant entre Paris et Coppet. Attentif à l'évolution politique, il prit à cœur la cause de l'abolition de la traite des Noirs, participa à des œuvres protestantes comme la Société biblique et publia en 1825, après un voyage outre-Manche, des *Lettres sur l'Angleterre*. Un peu plus tard, il se plongea dans l'étude de l'agronomie et appliqua sa science au domaine de Coppet qu'il avait agrandi, éleva des chevaux et des moutons, en associant ses employés à la bonne marche de son entreprise agricole. En 1826, celui qui était devenu baron de Coppet épousa Adélaïde Vernet, petite-fille de Marc-Auguste Pictet. Un bonheur très court, puisque Auguste mourut en 1827 d'une brusque maladie.

Albertine et Victor de Broglie eurent cinq enfants, deux fils et trois filles ; elle mourut dès 1838. Très religieuse, elle laissait des écrits sur la foi, que son mari publia sous le titre de *Fragments sur divers sujets de morale et de religion*. Lui-même fit une grande carrière politique. Après avoir approuvé la révolution de 1830, il devint dès cette année-là ministre de Louis-Philippe, et, ami de Guizot, fut élevé à la présidence du Conseil en 1835-1836. Élu député de l'Eure sous la Seconde République, il devint un des chefs de la droite, il quitta la vie politique après le coup d'État du 2 Décembre. Élu à l'Académie française en 1855, il mourut en 1870. Son fils, Albert de Broglie, orléaniste comme lui, devint à son tour président du Conseil, sous Mac-Mahon. Son autre fils, Auguste Théodore de Broglie, devint prêtre. Sa fille Louise-Albertine devint par son mariage comtesse d'Haussonville. L'un des descendants d'Albertine et de Victor fut Louis Victor de Broglie, consacré prix Nobel de physique en 1929.

Le nom de Staël s'éteignit, mais il reste historiquement et indissolublement lié à la grande conquête de la liberté, au sujet de laquelle la grande dame avait écrit, dès son premier ouvrage d'importance, ses *Lettres sur Jean-Jacques Rousseau* : « Je l'aime aussi de toute la force et de toute la vivacité de mes premiers sentiments, cette liberté qui ne met entre les hommes d'autre distinction que celle marquée par la nature. »

La municipalité de Paris a attribué son nom à une rue de Paris dans le XVe arrondissement, non loin de l'hôpital Necker.

30

Qui êtes-vous, Madame de Staël ?

« Elle me confond tous les jours davantage. » Ainsi parlait Sismondi qui l'a pourtant bien connue, et nous partageons aujourd'hui son étonnement sur la personnalité et la vie de la femme la plus célèbre de son époque. Tour à tour exaltée et abattue, rayonnante et solitaire, applaudie et décriée, monarchiste et républicaine, républicaine et monarchiste, fille des Lumières et capable d'enthousiasme religieux, généreuse et femme d'argent, passionnée et coquette, femme de tête et cœur ardent, elle ne se laisse pas résumer d'un mot.

Mme de Staël a d'abord été toute sa vie une *salonnière*. Au XVIIIe siècle, on parlait d'une *maîtresse de maison*, mais l'expression, devenue banale, a perdu le sens qu'il avait à l'époque de Mme Du Deffand. Il faut commencer par là, puisque dans le salon de sa mère la petite Louise (Germaine), dès son plus jeune âge, a côtoyé et entendu quelques-uns des esprits les plus brillants du Siècle des lumières. C'est par cette décision, assurément, que sa mère a exercé l'influence la plus grande sur elle. Sans doute Mme Necker a-t-elle été exigeante quant aux lectures et aux exercices pédagogiques soumis à sa fille, mais son plus beau legs a été de lui permettre cette familiarité précoce avec la fine fleur de l'intelligence de son époque.

Dans le salon de sa mère, elle a acquis le sens de l'hospitalité mondaine, le goût des échanges intellectuels et littéraires, la pratique d'une conversation de haut niveau : « Pour porter à ce point l'art de la conversation, écrivait son ami Meister, il ne suffit pas sans doute d'être né avec beaucoup d'esprit et une grande souplesse dans le caractère, il faut avoir été à même d'exercer ses talents de bonne heure et de les former par l'usage du monde. » Savoir présider une réunion de beaux esprits qui ne s'aiment pas forcément, ne pas déroger au code des usages, mettre en valeur ses hôtes, elle en a fait l'apprentissage dans l'ombre de Mme Necker. Celle-ci lui a laissé un précepte : « Il ne faut aller dans le monde que pour s'occuper des autres. Lorsqu'on veut s'occuper de soi, l'on doit s'enfermer dans sa chambre. » Cette attention aux autres induit la générosité, notamment matérielle. Les Necker ont pensionné les Suard, ils ont fait une rente à Meister, autant d'exemples que suivra Mme de Staël, la bourse toujours ouverte pour ses amis. En même temps, la science et le brio des visiteurs ont nourri ses connaissances, affiné et enrichi son langage, lui ont donné à tout jamais et par-dessus tout la passion des échanges d'idées, y compris dans la controverse.

C'est dans le salon maternel qu'elle a conçu son appartenance indéfectible à la société parisienne. Le salon du XVIIIe siècle est un espace cosmopolite, où les créateurs des quatre coins de l'horizon affluent. Ils viennent évidemment de la province, aspirés par la gloire : pour compter, être académicien, être publié et être lu, point de salut hors de Paris. Mais aussi de cette Europe dont les élites parlent le français d'un bout à l'autre du continent, et pour lesquelles séjourner à Paris est une consécration. Où qu'elle aille, en Italie, en Allemagne, en Autriche, en Russie, en Suède, en Angleterre, et bien sûr à Coppet, elle s'ennuie de Paris, siège social du commerce intellectuel.

L'art de la conversation que l'on a tant admiré chez elle n'est pas celui de l'échange en tête-à-tête, c'est celui de la *société*. Une manière de production théâtrale. « La conversation est le spectacle », disait encore Mme Necker. Sa fille ne cessera pas de se mettre en scène. Elle parle avec ce naturel qui lui appartient peut-être d'instinct, mais aussi grâce à ces applications auxquelles chaque habitué des salons s'évertue : les improvisations demandent l'entraînement, la préparation, la répétition. La finesse des formules, les jeux de mots, l'aptitude aux reparties sont aussi des techniques qu'on acquiert.

Mme de Staël a toujours tenu un salon, et, quand Paris lui a été interdit, elle a transporté le sien à Coppet, qui fut le plus brillant des salons d'Europe quand ceux de Paris furent éclipsés sous la Révolution et sous l'Empire. La châtelaine du lac Léman avait pris la relève de Mmes Geoffrin, Du Deffand, de Mlle de Lespinasse, et, bien sûr, de Mme Necker.

Nourri de tous ceux-là, son salon pourtant est bien autre chose qu'un salon des Lumières. L'usage du XVIIIe siècle exigeait, en effet, que la maîtresse de maison n'eût aucune prétention à rivaliser avec ses hôtes. Tout juste leur donne-t-elle la réplique. L'obligation de réserve fait partie des convenances imposées : si les salonnières écrivent, c'est par la correspondance, elles ne publient pas. Mme Necker a beaucoup écrit, mais la publication de ses œuvres par son mari est posthume. Et si Mme Du Châtelet échappe à la règle, il lui faut subir les brocards de ses contemporains. « Concluons de tout cela, disait Mme d'Épinay, qu'une femme a grand tort et n'acquiert que du ridicule lorsqu'elle s'affiche pour savante ou pour bel esprit et qu'elle croit pouvoir en soutenir la réputation… » Acquérir des connaissances, oui, mais ne pas le montrer ; les utiliser seulement pour mieux mettre en valeur les savants et les gens de lettres présents. Rien de tel chez Mme de Staël, qui dès le moment où elle ouvre son propre salon, après son mariage, déroge à la règle : elle entre dans la discussion, argumente et défend ses thèses. À vingt-deux ans, elle publie son premier livre (sur Jean-Jacques Rousseau), qui n'a rien d'un ouvrage de dame. Elle entre dans cette carrière de femme auteur qui suscite moqueries et satires. Elle n'est pas à sa place. Son père lui-même, qui l'aime tant, se moque d'elle en la nommant « Mademoiselle de Saint-Écritoire ». Servie par les circonstances politiques de la Révolution, elle n'aura cure des railleries et des caricatures : elle se sent l'égale des hommes.

Cette salonnière est une héritière. La fortune de Jacques Necker joue un rôle déterminant dans le genre de vie de sa fille unique, à la fois mécène, hôtelière et femme d'affaires. Elle peut offrir de longs séjours à ses amis sur les bords du Léman, pensionner les uns, aider largement les autres quand ils se trouvent dans le besoin ; accueillir les émigrés de la Convention et de l'Empire ; entreprendre des voyages au long cours et entretenir un train de grande dame. Pas question toutefois de luxe ostentatoire, ni de la désinvolture aristocratique envers l'argent. La correspondance avec son notaire Fourcault de Pavant pourrait constituer un volume entier : on l'y voit attentive à la gestion de sa fortune jusqu'au détail. L'argent lui est familier, mais elle sait qu'elle n'en dispose que grâce au travail de son père. L'entêtement qu'elle met pendant plus de quinze ans à se faire rembourser le prêt que Necker avait consenti à Louis XVI, ces deux millions de livres qui ne lui seront rendus qu'à la veille de sa mort, a pu noircir sa réputation : que n'est-elle pas plus désintéressée, la perte de cette somme ne l'empêche pas de vivre sur un pied qu'on lui envie ! Mais si elle s'acharne par intérêt et pour l'intérêt de ses enfants, c'est aussi par esprit de justice et fidélité à son père qu'elle juge spolié. Elle est dépositaire des acquis paternels ; elle doit des comptes à l'homme qu'elle admire, qu'elle aime, qu'elle idolâtre, et qui lui a appris, parmi tant d'autres choses, à compter.

C'est à son père aussi qu'elle doit ses idées religieuses. Comme lui, elle estime qu'un ciment moral est indispensable à la solidité d'un régime libéral. Les modèles anglais et américain la confirment dans cette idée. Mais ce sont des nations protestantes comme elle-même est protestante, et la religion civique qu'elle souhaite, fondée sur un christianisme libéral, a peu de chances de s'acclimater dans un pays conditionné par le catholicisme séculaire. Ses références anglo-saxonnes (elle ne cite guère que La Fayette parmi les Français) montrent son isolement, et si le régime de Louis-Philippe doit beaucoup aux doctrinaires (Guizot, Broglie, Rémusat...) qui sont ses lecteurs, il ne sera pas en mesure d'établir le règne de la concorde qu'elle appelle : par la paix, par la liberté, et par la morale civique et religieuse. Avec le temps, l'empreinte religieuse est chez elle et dans ses écrits de plus en plus sensible mais jamais dogmatique.

Cette femme de tête, cette protestante qui sait calculer n'est pas seulement une fille de banquier ; elle est aussi fille de ministre. Et quel ministre ! De sa vie, Mme de Staël n'oubliera la popularité dont a joui son père, héros sans doute fugitif de la Révolution mais porté aux nues, suscitant les vivats et la ferveur, notamment lorsque, après le 14 juillet 1789, Louis XVI a dû rappeler le ministre exilé. Necker n'a pas seulement fait la fortune matérielle de Mme de Staël ; il lui a fait aimer la gloire politique. C'est lui, partisan de la monarchie limitée, admirateur de la Constitution britannique, qui lui a enseigné les fondements du libéralisme. La passion affective autant qu'intellectuelle qu'elle lui porte a été payée de retour. Contrairement à Mme Necker, le ministre banquier n'a pas mesuré à sa chère Minette tendresse, affection, voire indulgence. Elle a été l'amoureuse de son père, dont elle a cherché toute sa vie la copie dans la personne de ses amants successifs. Cet amour du père dépasse la norme : ne va-t-elle pas jusqu'à parler de lui à ses enfants en l'appelant « votre père » ? Laissons Freud conclure. Ce qui est sûr, c'est que la mémoire de Necker n'a cessé de l'inspirer, de la stimuler ; il est la référence de tous ses actes et de toutes ses pensées, le personnage empyréen avec lequel on voudrait unir sa vie, un dieu.

Fille de ministre, Mme de Staël n'en était pas moins une roturière. Elle qui très jeune a fréquenté Versailles, la Cour, les grands seigneurs, aurait sans doute aimé compter ses quartiers de noblesse. Son père, en acquérant Coppet, s'était anobli selon la loi helvétique ; il n'était pas pour autant le pair d'un Français armorié, d'une famille de vieille souche. Devenue baronne de Staël par son mariage, un titre dont s'honore cette républicaine qui aime les blasons : Narbonne, Montmorency, Clermont-Tonnerre, Lally-Tollendal, Barante et combien d'autres. Malgré ses idées avancées, elle n'est pas une démocrate. Pas question bien sûr de discuter le principe d'égalité proclamé par la Déclaration des droits de l'homme et du citoyen, mais le *rang* prime chez elle : il y a les personnes distinguées et les autres, la bonne compagnie, la *société*, le *monde*, et la foule. Même si la distinction est le fruit de l'éducation et du travail sur soi-même, elle est encore majoritairement la marque sociale de la noblesse. Mme de Staël tient à son nom, à son titre : c'est aussi ce qui (dans un premier temps) la fait reculer devant le projet d'un mariage avec Benjamin Constant : ce qu'il eût représenté comme déchéance sociale lui interdisait de le conclure. La société française, même après la Révolution, n'est pas encore démocratisée. L'argent promeut, mais la naissance fait le rang. La nuit du 4 Août a beau avoir eu lieu, les titres continuent à briller, et les bourgeois gentilshommes, une fois l'orage révolutionnaire passé, continuent à vouloir marier leur fille à des marquis. Mme de Staël est enchantée qu'Albertine épouse Victor de Broglie. Élevée au premier rang par l'argent de son père, elle n'a cessé d'agir comme si elle était issue d'une grande famille. Stendhal ne parle-t-il pas de sa « ducomanie » ? La noblesse libérale est sa famille adoptive : elle n'en admire pas seulement les mœurs, l'élégance, le raffinement ; elle y voit le groupe social le mieux apte à incarner ses idées.

À ses parents, elle doit encore un autre legs, bien encombrant celui-là et, à certains égards, empoisonné : le modèle du couple parfait. M. et Mme Necker s'aimaient profondément, s'admiraient l'un l'autre, ne se quittaient guère. Sa vie durant, leur fille a été en quête de l'amour réussi, exalté, indestructible. Ses passions chaotiques n'ont jamais été que le produit de cette espérance à reproduire le paradigme admirable du couple parental.

Il est vrai qu'elle a voulu se marier au baron de Staël sans amour véritable. Ses fonctions d'ambassadeur, son titre de noblesse, ajoutés à sa prestance l'ont peut-être éblouie. Et elle a pu croire, pendant un certain temps, que l'amour pouvait mûrir dans la relation conjugale. Il n'en a rien été. Staël l'a déçue, il n'était pas à la hauteur de son désir d'admirer. Quand Narbonne est passé, beau, spirituel, fringant, elle a cru rencontrer l'homme de sa vie. Ce n'était que le début de la ronde.

Germaine de Staël n'était pas belle et sans doute elle en souffrait un peu. Malgré de jolis yeux très vivants, de beaux bras terminés par des mains gracieuses, qu'elle s'efforce par tous les moyens de mettre en valeur, elle a conscience de ce défaut de grâce. Elle n'est pas même élégante, vêtue qu'elle est de couleurs trop vives et coiffée d'un étrange turban. Mais elle dispose malgré cela d'un étonnant pouvoir de séduction. Sa vivacité, son esprit, les étincelles de sa culture, son art consommé de la conversation, ses improvisations, sa gentillesse aussi retiennent, fascinent et finalement font chavirer les cœurs, Narbonne, Ribbing, Barante, Rocca, et tant d'autres qui furent ses amants, mais aussi Clermont-Tonnerre, Guillaume Schlegel, fidèle jusqu'à la mort, Montmorency, Sismondi, Monti, Mackintosh, Sabran qui ne le furent pas. À ceux qui ne lui ont pas fait une vraie cour, elle inspire parfois un attrait irrésistible, comme à Wellington, au baron de Voght, à Balk, et autres. Souvent, des hommes et des femmes qui, de loin, sans la connaître, éprouvaient contre elle le préjugé contre « l'homme-femme », le bas-bleu, ou la Cathos de la comédie renouvelée, sont tombés, dès leur première rencontre, sous le charme irrésistible d'une hôtesse accueillante, spirituelle, brillante à souhait ! Est-ce si étonnant ? Solaire, elle désarme les malveillants, les soupçonneux, les adversaires, de son magnétisme. Tout le monde veut la voir, l'écouter, l'applaudir dans ses rôles de tragédienne. Les admirations, les déclarations, les ovations pleuvent sur elle comme sur une diva inondée des fleurs du parterre.

Or cette femme sans beauté a eu le culte de la beauté physique. Ses amants sont des Adonis, avec l'allure et le panache. Un cependant échappe à cette catégorie de jeunes gens superbes, Benjamin Constant. Justement, elle met beaucoup de temps à éprouver un sentiment d'amour pour lui, parce qu'elle trouve cet homme aux cheveux roux sans attrait. Ce culte de la beauté, elle le voue aussi à Juliette Récamier, considérée par ses contemporains comme la reine des belles, la femme dont l'Europe entière tombe amoureuse. On ne peut se défaire de l'idée que Mme de Staël a opéré un transfert dans l'amitié fervente qu'elle a entretenue avec Mme Récamier, comme dans une association de l'esprit et de la grâce. Il n'est pas nécessaire de supposer que l'amitié passionnée qu'elle lui a portée était d'origine sexuelle : Mme Récamier est pour elle un manque à combler, une alliance à sceller, une union qui la projette elle-même dans le cercle de la beauté – comme d'autres peuvent se sentir promus par les effluences intellectuelles d'une proximité flatteuse.

Le cas de Benjamin Constant est différent. Il a été amoureux d'elle comme un fou, s'est roulé par terre, a cru mourir de ne pas la conquérir. Ses démonstrations extravagantes pouvaient certainement la toucher, mais elle fut surtout séduite à la longue parce que Constant s'est imposé comme l'indispensable partenaire du dialogue, l'interlocuteur enfin à sa hauteur : avec lui, point d'ennui ! L'esprit a aussi ses exigences ; le sien plus que tout autre. L'intelligence, le talent, les idées, Constant en avait à revendre. Et Germaine de Staël pouvait mesurer, à chaque fois qu'il s'éloignait d'elle, à quel point il lui était nécessaire. Il fut l'amour de sa vie parce que, pendant une quinzaine d'années, tous les deux ont entretenu l'échange intellectuel le plus fécond, chacun se nourrissant de l'autre.

Malgré ses efforts, Mme de Staël n'a connu que des amours malheureuses. Elle a lassé tous ses amants, l'un après l'autre. Tous le disent ou le suggèrent, ils finissaient par ne plus supporter la domination qu'elle exerçait sur eux. Car elle exige, elle ordonne, elle fustige celui qui ne lui écrit pas aussi souvent qu'elle voudrait, elle convoque, elle gourmande, elle se conduit en reine capricieuse, insatiable, impérieuse. « Toute l'existence et toutes les heures, gémit Constant, les minutes et les années doivent être à sa disposition ou c'est un fracas comme tous les orages et tous les tremblements de terre réunis. C'est souvent la séparation géographique qui permet enfin la rupture, pas toujours définitive du premier coup, comme c'est le cas de Narbonne, de Ribbing, et encore de Barante. C'est aussi l'éloignement qui finit par résoudre Constant à briser ses « chaînes » – un mot de lui, un mot qu'il répète dans son *Journal*, de même que le mot « esclavage ». Ils éprouvent tous à tour de rôle une aliénation pesante dont ils rêvent un jour ou l'autre de se débarrasser.

On ne doit pas pour autant oublier une des motivations profondes et généralement secrètes de ces hommes : le désir d'un mariage conventionnel qui n'est pas pensable avec Mme de Staël. La correspondance de Prosper de Barante l'atteste, et le cas de Benjamin Constant est en l'espèce caricatural qui n'en finit pas de chercher la bonne épouse, avant de conclure un mariage qu'il garde longtemps secret avec Charlotte de Hardenberg. Femme d'exception qui transgresse les normes, Mme de Staël leur fait peur : elle est trop « agitée », trop démonstrative, trop « imprudente », trop subversive. Ils sont flattés d'être les élus de son cœur mais jugent leur situation trop inconfortable pour risquer une union définitive.

Ils éprouvent aussi une autre crainte, que Barante a exprimé mieux que personne, d'être à côté d'elle en perpétuelle concurrence avec tous ceux qu'elle attire et auxquels elle veut plaire. Nous sommes là devant la contradiction qui fut au cœur de la vie de Mme de Staël : désireuse de réaliser l'idéal platonicien de l'amour unique, nécessaire et durable, elle est aussi la salonnière qui ne peut vivre sans la présence des autres, soupirants et admirateurs. Elle veut être aimée de tous ceux qu'elle traîne derrière elle et qui composent cette étrange cour à l'échelle de l'Europe. Son époux légitime a fini par s'accommoder jusqu'à fermer les yeux sur des paternités douteuses.

Le dépit de n'avoir pas le monopole de son cœur entraîne souvent la jalousie. Rocca, lui, sera toujours prêt à envoyer ses témoins aux concurrents.

Cette femme si entourée a été habitée par la hantise de la solitude et animée par la volonté de toujours regrouper les siens. Venez, venez à moi, dit-elle sans arrêt, et, quand tout le monde est là sauf l'un ou l'une de ses invités, elle se morfond, parle dans ses lettres de sa « solitude » : le salon doit être au complet.

« Ses véritables amis, écrit Mme Necker de Saussure dans la notice qu'elle lui a consacrée, lui étaient à la lettre nécessaires, ils l'étaient plus qu'ils ne se sentaient portés à le croire. La voyant toujours entourée, toujours étincelante d'esprit, toujours occupée de mille objets divers, ils croyaient ou feignaient de croire qu'ils pouvaient se retirer inaperçus : mais il n'en était pas ainsi ; tous ces intérêts, si vifs en apparence, se seraient évanouis pour elle avec le bonheur de l'amitié. [...] Jamais, disait-elle souvent bien à tort, mais avec une persuasion intime et douloureuse, jamais je n'ai été aimée comme j'aime. »

L'enthousiasme et la mélancolie sont chez elle inséparables. Tous les hôtes de Coppet louent son entrain, sa faculté de faire vivre ensemble des êtres si différents, ses initiatives de tous ordres pour rendre leur séjour agréable. Certains connaissent aussi sa maladie cyclique, la mélancolie. Sa tristesse a souvent des causes objectives : la mort du père, l'ostracisme dont elle est victime, le désaveu d'un amant, mais elle peut aussi souffrir sans cause comme elle attend la nuit sans sommeil. L'absorption d'opium est devenue une habitude pour vaincre l'insomnie, cette maladie de sa mère, comme elle dit. Il se pourrait que l'abus en la matière ait hâté sa mort, comme certains l'ont cru. Elle a tout, fortune, château, amis, admirateurs, succès littéraires, et Chateaubriand se demande de quoi elle se plaint. Elle porte en elle un tourment, une insatisfaction, peut-être la nostalgie du paradis perdu de l'enfance, quand son père, le grand Necker, jouait avec elle et lui apprenait à vivre.

Elle a eu la joie d'être mère. Comme bien des femmes de son milieu et de son temps, elle n'avait guère d'intérêt pour les nourrissons. Mais ceux-ci devenus des enfants et des adolescents, elle a pris soin de leur éducation et de leur instruction. Les nombreuses lettres qu'elle écrit à Auguste quand celui-ci fait ses études à Paris la montrent soucieuse de pédagogie et affectueuse. Elle s'entend bien avec eux, et eux l'adorent. Avec ses enfants devenus grands, elle se montre à la fois exigeante et libérale. Elle leur parle, contrairement à la règle si fréquente du silence dans les familles ; elle ne craint pas de leur montrer la vie qu'elle mène, les hommes qu'elle aime. L'exception à cette transparence fut le secret gardé de son mariage avec Rocca et de la naissance d'Alphonse. Elle a peut-être craint de provoquer chez eux un malaise, dont la différence d'âge eût été la raison. Mais elle ne cache pas Rocca, Albertine lui écrit, Auguste l'estime, Schlegel le jalouse. On s'est habitué dans la famille à voir Mme de Staël entourée : Schlegel, Sismondi, Mathieu de Montmorency ; la famille est ouverte.

Mais pourquoi Rocca ? pourquoi ce mariage extravagant ? Il est probable qu'après tous ses échecs sentimentaux et, pis que tout, la fuite et le mariage secret de Benjamin Constant, elle ait été sensible à l'amour d'un jeune homme beau et blessé qui ne trichait pas, empli de passion pour elle, et qu'elle pouvait protéger. Dans son besoin inassouvie d'être aimée, elle a été touchée par ce cavalier débordant d'amour si désireux, lui, de l'épouser, de lui faire – encore – un enfant. Ainsi, usée par les ans, trahie par celui qu'elle avait tant aimé, elle a accepté cette union comme une chance ultime de sceller sa destinée à une promesse d'amour enfin apaisé.

Est-elle une féministe ? C'est surtout dans ses deux romans, *Delphine* et *Corinne*, qu'elle présente la condition des femmes dans son propre milieu social et la place subordonnée que leur assigne la société. Déjà dans son essai *De la Littérature*, elle faisait le constat du dimorphisme sexuel en faveur des hommes, et si l'on peut lire dans les *Mélanges* posthumes de Mme Necker qu'« un homme doit savoir braver l'opinion, une femme s'y soumettre », ce n'était certes pas l'avis de sa fille, qui ne cessa de plaider l'apport spécifique des femmes à la civilisation.

Dans *Delphine*, les femmes en général font des mariages ratés : mariées sur l'injonction de leur famille, unies à des hommes détestables, sans recours imaginable au divorce. La superstition, la bigoterie, la soumission aveugle où tombent les femmes font l'objet de la part de l'auteur d'une peinture contestataire qui n'a pas échappé à la critique conformiste.

Corinne dépeint dans un environnement différent le même conflit d'une femme avec la société. Cette fois, il s'agit d'une femme supérieure par le talent et la gloire qui ne peut trouver sa place aux côtés de l'homme qu'elle aime, en raison du conformisme et du conservatisme de celui-ci. Le génie de Corinne ne sert à rien ; il est même dangereux aux yeux de cette société confite dans des usages inviolables. C'est la *Gazette de France* qui, en mai 1807, résume la critique dominante : « Une femme qui se distingue par d'autres qualités que celles de son sexe contrarie l'ordre général. » Et il arrive à Germaine de Staël, devant les critiques et les moqueries des feuilles purulentes, de s'écrier : « Oh ! si je pouvais me faire homme, quelque petit qu'il fût, comme j'arrangerais une bonne fois ces anti-philosophes ! » Pour les plus violents de ses critiques, elle n'était pourtant pas une femme, mais plutôt une hermaphrodite : elle subvertissait la loi des genres. « Une femme impétueuse, écrivait le *Mémorial* en 1797, que les deux sexes regardent comme une méprise de la nature. »

Mme de Staël est une femme romantique. La malédiction qui semble peser sur sa destinée amoureuse, ses chagrins inconsolables, sa mélancolie : autant de traits qui caractérisent le romantisme. Mais elle est romantique aussi par ses élans, son enthousiasme, le courage qu'elle déploie contre l'adversité. L'hyperthymie de son tempérament exagère sa gaieté et sa tristesse, dont l'expression écrite courante est l'hyperbole, la plainte démesurée et le style convulsif. Il y a en elle un trop-plein affectif qui conduit à l'hypertrophie du verbe. Elle est extrême dans ses sentiments et dans ses mots.

Le courage physique, à l'entendre, n'est pas la plus claire de ses qualités. Tentée un moment par le suicide, elle avoue que le passage à l'acte lui est impossible. Grande voyageuse, elle a peur de la mer et souffre le martyre dès qu'elle embarque pour l'Angleterre ; elle renonce à sa velléité d'Amérique en grande partie par crainte des tempêtes. Ces faiblesses, elle sait les surmonter le plus souvent et faire montre d'un magnifique courage à l'occasion. Rappelons seulement comment, au moment des massacres de septembre 1792, elle retarde son départ de Paris et court la ville pour donner protection à ceux qui sont menacés, alors qu'elle est lourde d'une grossesse avancée ; et aussi comment, alors que Napoléon l'a condamnée à une résidence forcée à Coppet et Genève, elle prend la décision de gagner l'Angleterre, via l'Allemagne occupée et la Russie lointaine. Voyages en berline cahotée sur des routes transformées souvent en fondrières, sous la menace toujours des brigands de grand chemin, traversées hasardeuses de contrées hostiles, fatigues incessantes à surmonter, crainte des espions et des gendarmes, elle brave tout, stoïque, héroïque, parce qu'elle ne veut pas rester dans la prison dorée de Coppet à laquelle l'Empereur l'a assignée. Cette femme qui avait le mal de mer savait en fait braver tous les dangers.

Reste que, par-dessus tout, cette passionnée est une femme de raison. Fille des Lumières, elle a repoussé les excès de la rationalité du XVIIIe siècle, elle a aimé la sensibilité, Bernardin de Saint-Pierre, Rousseau, le Goethe de *Werther*, mais elle n'en a pas moins été formée par la lecture des philosophes, la liberté sous toutes ses formes, et l'invitation, par son père surtout, à la pensée politique. La romantique avait une tête politique.

Le libéralisme dont elle est une des pionnières a pris corps entre 1795 et 1815 – les vingt années pendant lesquelles Germaine de Staël tente, en totale complicité avec Benjamin Constant, d'élaborer la voie constitutionnelle qui saura triompher de l'instabilité révolutionnaire et de la dictature napoléonienne. Le mot « libéral » est repéré sous le Consulat. Balzac, dans *La Vieille Fille*, lui en attribue l'origine : « Le sacrifice de ses opinions *libérales*, y lit-on, mot qui venait d'être créé pour l'empereur Alexandre, et qui procédait, je crois, de Mme de Staël par Benjamin Constant. » Thibaudet, lui, en parlant du libéralisme, fait de l'auteur de *Corinne* « la mère de la doctrine ».

Elle n'en est pas pour autant l'initiatrice. Montesquieu, Necker et quelques autres lui ont inspiré la doctrine du système représentatif, de la monarchie limitée et de l'équilibre des pouvoirs. Le libéralisme qu'elle professe à leur suite est avant tout le libéralisme politique. Il n'est pas séparable sans doute du laisser-faire laissez-passer des économistes, mais le politique prime. « J'ai défendu pendant quarante ans, dira Benjamin Constant, le même principe de liberté en tout, en religion, en philosophie, en littérature, en industrie, en politique, et par liberté j'entends le triomphe de l'individualité. » Cette individualité, cet individu, cet individualisme dont les maîtres de la Contre-Révolution, un Louis de Bonald, un Joseph de Maistre, ont fait l'ennemi à écraser sous le poids des bons préjugés et des dogmes. Eux défendent la société ; elle proclame la liberté de l'homme, qu'ils diabolisent. Toute personne humaine à ses yeux est sacrée, inviolable – et toute l'organisation sociale doit tendre à permettre à l'individu une autonomie de pensée et d'action. À la suite de Mme de Staël, deux courants libéraux se distinguent, qu'elle a tous deux influencés. Les doctrinaires, dont Guizot est la plus illustre incarnation, sont surtout préoccupés de réinventer un ciment social, alors que Benjamin Constant représentera le libéralisme du « sujet individuel » qui insiste sur la réciprocité des rapports entre l'individu et la société, sans sacrifier le premier à la seconde. Lucien Jaume insiste sur la notion de « libéralité du jugement », selon l'expression de Mme de Staël, et rappelle la définition de Littré : la libéralité est d'abord « la disposition d'esprit de l'homme libre », et encore : « L'émancipation de l'esprit hors de ses préjugés. » Exercer son libre arbitre, juger par soi-même, au mépris de l'opinion dominante, c'est là un des legs précieux de Mme de Staël, s'opposant à la conviction d'un Guizot qui récuse le « prétendu droit de juger en personne de la légitimité des lois et du pouvoir ». La société à venir sera pour elle une société d'hommes libres et responsables.

Avec le principe de liberté pour boussole, Mme de Staël a combattu deux formes de despotisme, l'absolutisme et le jacobinisme, qui érigent l'État en toute-puissance. Elle a combattu les contre-révolutionnaires, partisans de la monarchie de droit divin, aussi bien que les révolutionnaires après le 10 Août, à la recherche d'une voie moyenne, dont la référence clé est pour elle la Constitution anglaise. Elle a adhéré pleinement à 1789 lorsque l'Assemblée nationale élaborait une Constitution pour la France. Proche des monarchiens, inspirés eux aussi par l'exemple britannique, elle a, contrairement à ceux-ci, surmonté sa déception d'abord causée par le refus des Constituants de mettre en place le système des deux chambres, puis par leur adoption de la Constitution civile du clergé qui provoquait le schisme religieux, et, malgré le renvoi de Necker en 1790, elle a accepté la Constitution votée l'année suivante. « L'assemblée constituante, écrit-elle, avait fait plus de lois en deux ans que le parlement d'Angleterre en cinquante ; mais au moins ces lois réformaient des abus et se fondaient sur des principes. »

Les restrictions mentales du roi qui ne jure sur la Constitution que par ruse, la guerre et la montée en puissance des extrêmes ruinent ce premier essai de monarchie limitée. À partir du 10 Août et de la chute de la royauté, Mme de Staël a cessé d'être en phase avec le mouvement révolutionnaire, et dénoncé les lois d'exception et la Terreur. Contre le fanatisme politique qui se déchaîne, nourri par la volonté de dominer et la guerre sociale, elle revendique la liberté pour y mettre fin : « Tel est le principe de toutes les violences : le prétexte change, la cause reste, et l'acharnement réciproque demeure le même. Les querelles des patriciens et des plébéiens, la guerre des esclaves, celle des paysans, celle qui dure encore entre les nobles et les bourgeois, toutes ont eu également pour origine la difficulté de maintenir la société humaine, sans désordre et sans injustice. Les hommes ne pourraient exister aujourd'hui ni séparés, ni réunis, si le respect de la loi ne s'établissait pas dans les têtes : tous les crimes naîtraient de la société même qui doit les prévenir. Le pouvoir abstrait des gouvernements représentatifs n'irrite en rien l'orgueil des hommes, et c'est par cette institution que doivent s'éteindre les flambeaux des furies. Ils se sont allumés dans un pays où tout était amour-propre, et l'amour-propre irrité, chez le peuple, ne ressemble point à nos nuances fugitives ; c'est le besoin de donner la mort. » Elle discerne dans l'amour de l'égalité le « volcan souterrain de la France ».

La bourrasque passée, elle croit pouvoir espérer ce régime d'équilibre et de liberté dans le Directoire : elle devient républicaine parce que la République est alors le moyen du libéralisme politique. Elle accepte même de transgresser ses principes de droit en se ralliant au coup d'État de Fructidor. Et, dans l'impossibilité de voir s'établir le système représentatif qu'elle espère, elle se rallie, non sans états d'âme, au coup d'État du 18 Brumaire, s'imaginant Bonaparte, dont elle aurait bien voulu devenir l'égérie, l'éminence grise, comme un nouveau Washington. Elle se trompe, Bonaparte rejette ses services, le pouvoir personnel s'instaure contre ses vœux, et dès lors que Benjamin Constant est radié du Tribunat, son opposition à Bonaparte puis à Napoléon s'affermit. Un nouveau despotisme s'installe, un mélange d'absolutisme et d'héritage révolutionnaire, une nouvelle monarchie qui se présente comme issue du peuple. L'instauration de l'Empire, qu'elle a prédite, couronne l'œuvre contre-révolutionnaire de Napoléon Bonaparte.

C'est finalement par la restauration des Bourbons en 1814-1815 qu'elle peut enfin espérer voir s'établir le régime de ses vœux : la proclamation de la Charte l'y encourage. L'ancienne militante de la monarchie limitée était devenue républicaine par nécessité ; elle redevient monarchiste en raison des « circonstances ». Favorable à la Révolution raisonnable, à la Révolution modérée, elle ne pactise en aucun cas avec les ultras, ces émigrés de la première heure qui n'ont rien compris au sens de l'Histoire. Elle adhère à la Charte dans le prolongement des idées héritées de son père : un régime constitutionnel, un pouvoir monarchique tempéré par le système représentatif des deux chambres, un régime de liberté. Très vite, elle est déçue par le poids que prennent les contre-révolutionnaires, par les lois d'exception, par le retour en force du catholicisme politique. Elle meurt dans l'incertitude, mais ses idées annoncent la révolution de 1830 et le régime de la monarchie de Juillet, où son gendre, Victor de Broglie, deviendra ministre.

Les idées de Mme de Staël ont largement ouvert la voie du mouvement libéral. Elles ont inspiré l'œuvre de Benjamin Constant, qui s'en fera le champion dans l'opposition sous la Restauration et les mettra en forme dans une langue plus ciselée que la sienne. Elle-même n'a pu, de son vivant, publier ses œuvres politiques les plus importantes. En 1795, elle doit renoncer à faire paraître son essai *De la Paix intérieure*, où elle appelait les monarchistes constitutionnels et les républicains modérés à fonder une république parlementaire et libérale. Les suites du coup d'État du 13 Vendémiaire l'invitaient au silence. Rédigé en 1798, un nouvel essai, *Des Circonstances actuelles qui peuvent terminer la Révolution et des principes qui doivent fonder la république française*, ne verra le jour qu'en 1906. Enfin, son grand livre sur la Révolution, *Considérations sur la Révolution française*, qu'elle écrit à la fin de sa vie, et qu'elle laisse inachevé, ne sera publié qu'en 1818, après sa mort. Ainsi, ses contemporains ont ignoré, sinon par bribes, son œuvre politique. Si elle est « la mère de la doctrine », d'autres la cisèleront.

Cette championne de la liberté était-elle progressiste ou conservatrice ? De gauche ou de droite ? Pour en juger il faut évidemment faire l'effort de se reporter à l'époque où elle a vécu. Pénétrée de l'esprit des Lumières, elle croit fermement à la *perfectibilité* du genre humain, et le répète dans ses ouvrages : « En étudiant l'histoire, il me semble qu'on acquiert la conviction que tous les événements principaux tendent au même but : la civilisation universelle. » Le règne de la liberté, si difficile à établir, viendra. Elle croit au bonheur possible de l'humanité et, comme les philosophes, elle pense que le bonheur est largement tributaire des institutions d'une nation. C'est par des institutions libres que les hommes connaîtront la paix et la liberté. Les bonnes constitutions sont les instruments de cet avènement futur d'un bonheur collectif, véritable finalité de la politique. C'est une idée « de gauche » à n'en pas douter. La droite, et *a fortiori* la droite contre-révolutionnaire juge de l'homme selon la Chute. Pour elle, le progrès moral est une chimère, et c'est pourquoi l'autorité – et une autorité fondée sur l'alliance du trône et de l'autel – doit primer. Mme de Staël, elle, croit au progrès et à la liberté comme conditions du bonheur.

Au compte de sa modernité politique, on doit aussi inscrire son esprit européen. Genevoise par ses parents, d'ascendance prussienne par son père, française de naissance et de cœur, grande voyageuse à travers un continent bouleversé par la Révolution française et les conquêtes napoléoniennes, astre de Coppet brillant sur les intelligences et les talents qui affluent de tous les horizons de la rose des vents, elle est immunisée contre les enfermements des nationalismes. Elle croit en l'Europe des Lumières, qui doit se faire par l'association de tous ses penseurs : « Souvent, écrit-elle dans son *De l'Allemagne*, ils n'ont entre eux aucune relation ; ils sont dispersés à de grandes distances l'un de l'autre ; mais quand ils se rencontrent un mot suffit pour qu'ils se reconnaissent. Ce n'est pas telle religion, telle opinion, tel genre d'études, c'est le culte de la vérité qui les réunit. »

En même temps, elle récuse une forme d'union européenne construite par la conquête, et ne cesse de combattre un empire napoléonien qui fait fi des particularités et des traditions nationales. Avant l'essor du grand mouvement des nationalités appelé, tout au long du XIXe siècle, à construire les États nationaux contre les empires, elle prône le respect, la concorde et les échanges entre les nations : « Les nations doivent se servir de guides les unes aux autres et toutes auraient tort de se priver des lumières qu'elles peuvent mutuellement se prêter. Il y a quelque chose de très singulier dans la différence d'un peuple à l'autre : le climat, l'aspect de la nature, la langue, le gouvernement, contribuent à ces diversités, et nul homme quelque supérieur qu'il soit, ne peut deviner ce qui se développe naturellement dans l'esprit de celui qui vit sur un autre sol, qui respire un autre air ; on se trouvera donc bien en tout pays d'accueillir les pensées étrangères ; car dans ce genre l'hospitalité fait la fortune de celui qui reçoit » *(De l'Allemagne)*.

Son hostilité à Napoléon plonge ainsi ses racines à la fois dans son libéralisme (contre la tyrannie gouvernementale) et dans cette sensibilité aux libertés nationales (contre l'impérialisme assimilateur). Adversaire des cloisonnements féodaux (elle appelle de ses vœux l'unité de l'Allemagne, elle déplore le morcellement de l'Italie), adepte des idées de 1789, elle rejette autant la résurgence des empires que les anciens régimes. En avance sur son temps, elle rêve d'une Europe harmonisée par l'esprit libéral mais respectueuse des sentiments nationaux.

Sa vision politique est marquée par l'élitisme, par quoi cette libérale qui croit au progrès est aussi une conservatrice. Si l'Europe qu'elle rêve est celle des penseurs, le régime politique qu'elle soutient est celui des propriétaires. Le règne des propriétaires qu'elle annonce a ses justifications : seuls ils ont assez de loisir pour penser le bien commun, l'intérêt général. Les paysans, les pauvres, le peuple en général se bat pour sa survie ; il n'a pas les connaissances pour penser la société globale. Contrairement à l'un de ses contemporains, Destutt de Tracy, qui partage avec elle bien des idées, elle est dépourvue de toute visée démocratique. Elle se méfie du suffrage universel, pour lequel le peuple n'est pas mûr. C'est aussi par ce côté-là qu'elle préfigure la monarchie de Juillet, le règne des notables qui est aussi celui des intérêts.

Fille d'un grand banquier, familière des grands de la Cour sous Louis XVI, salonnière de l'Europe intellectuelle, Mme de Staël ne connaît du peuple que ses domestiques. Elle a une représentation abstraite des masses qui, dévorées à ses yeux par la passion de l'égalité, se sont montrées sous Robespierre comme sous Napoléon les ennemies de la liberté. Cependant, on peut penser qu'elle n'a pas dit son dernier mot au sujet du peuple, car, pour elle, ses violences sont le fruit « de cent ans de superstition et d'arbitraire ». Les bons gouvernements à venir élèveront sa conscience morale : l'idée de progrès ne s'efface pas, mais ce n'est pas l'heure de la démocratie.

Mme de Staël est-elle un grand écrivain ? Ses romans, qui ont connu un succès international, tranchaient avec ceux de ses contemporains en abordant tous les sujets – politique, philosophie, religion, morale, psychologie –, autant de facettes qui nuisent parfois à l'unité d'action mais qui passionnent un public peu désireux de lire des œuvres plus abstraites. Les fictions de Mme de Staël, y compris la plupart de ses nouvelles, peuvent être considérées comme des textes « engagés », où l'auteur présente les points de vue de ses personnages pour mieux défendre les siens. La cause de la liberté en est le ressort secret. Mais, simultanément, le roman lui permettait de quitter à sa guise les hauteurs de la raison pour ouvrir son cœur lourd aux affres de la mélancolie. C'est par ses romans comme par sa correspondance que se révèle la fragilité d'une femme qui ne jure que par la perfectibilité du genre humain. La proposition se trouve renversée : optimisme de la raison, pessimisme du cœur.

Deux essais ont contribué à la ranger au premier rang parmi les écrivains de son temps, *De la Littérature* et *De l'Allemagne*. Le premier, très neuf, était une leçon de méthode, imitée de Montesquieu, et appelé à renouveler l'histoire littéraire, en montrant que les œuvres ne pouvaient être analysées et jugées en faisant fi de leur conditionnement historique, politique, social, géographique. La démarche n'a pas échappé à un Sainte-Beuve et a stimulé la critique savante. *De l'Allemagne*, dont on connaît les péripéties, fut considéré comme un grand livre et, *a posteriori*, comme un véritable coup de tonnerre dans la culture française : la révélation de la littérature allemande ouvrait la porte au romantisme. L'auteur en appelait à l'émotion, au sentiment, au rêve et si elle ne programmait pas ce que sera plus tard le romantisme français, du moins opérait-elle une rupture dans une littérature nationale stérilisée par le classicisme d'imitation et le conformisme des règles.

Malgré ces œuvres, souvent brillantes, novatrices, qui furent l'objet de discussions passionnées, la postérité de Mme de Staël est douteuse. Ses romans n'ont plus guère de lecteurs, devenus obsolètes par la forme, leur caractère échevelé, souffrant d'un trop-plein de discours, de diversions, d'invraisemblances. Stendhal, qui la jugeait une « femme admirable », détestait « l'enflure » de son style. Son livre posthume, *Considérations sur la Révolution*, premier ouvrage d'histoire embrassant l'immense séquence de la Révolution et de l'Empire, a été enseveli par les innombrables ouvrages d'historiens qui ont suivi. *De l'Allemagne* a été déconsidéré lorsque, à partir de 1870, le voisin d'outre-Rhin est devenu l'ennemi héréditaire de la France. Après la défaite de Sedan, il fallait en finir avec cette Allemagne de Mme de Staël : « Je crains, écrivait le philosophe Caro, que toute l'intelligence, tout l'art et le cœur de Mme de Staël n'aient réussi qu'à nous donner du peuple allemand une idée légèrement chimérique, un *idéal*, dirais-je plutôt, dont ces prétendus ingénus ont été les premiers à sourire. Les vrais ingénus, c'était nous. » Plus violemment, Charles Maurras a pourfendu « l'introductrice du germanisme dans la France du XIXe siècle » : on ne pouvait plus être l'ami de l'Allemagne, la patrie de Luther et de Bismarck.

Il a manqué sans doute à Mme de Staël un grand livre – un seul suffit – qui marquât à jamais l'imagination. On pense à son contemporain Chateaubriand, qu'on aurait quelque peu délaissé s'il n'avait écrit ses *Mémoires d'outre-tombe* : ses *Dix années d'exil* à elle, malgré tout leur intérêt, sont inachevées et ne peuvent leur être comparées. On songe aussi à Benjamin Constant, le lirait-on encore s'il n'était l'auteur d'*Adolphe* ? Sa *Corinne* à elle, trop diserte, a pu faire l'objet d'un programme d'agrégation de lettres, être reprise dans une collection de livres de poche (Folio), elle n'a pas pris rang d'ouvrage à lire à tout prix.

N'esquivons pas une raison qui a pu contribuer à l'ingratitude de la postérité : la misogynie, celle de son temps et celle des faiseurs de manuels qui ont suivi. Mme de Staël a écrit son œuvre un peu avant et un peu après la publication du Code civil, qui entérine les préjugés sur les femmes, leur place dans la société, leur subordination, leur minoration dans le mariage. La science du XIXe siècle a apporté sa contribution au renforcement du préjugé et des plaisanteries envers les « femmes savantes », les « précieuses ridicules », les bas-bleu, tout ce vocabulaire qui consigne les femmes au foyer domestique et dans l'éducation des enfants. Un personnage de Balzac, dans *La Muse du département*, nous en avertit : « Une femme chez qui l'on trouve une bibliothèque et un sérail est bien dangereuse. » Bien plus tard, une George Sand, autre grand écrivain, se lancera dans la littérature sous les oripeaux masculins (comme d'autres : Daniel Stern, etc.). L'antiféminisme dont sa mémoire a souffert a exercé son influence, ostensible ou souterraine[1].

S'il fallait encore user d'un mot pour la caractériser, j'avancerais volontiers un terme qui date de la fin du XIXe siècle, celui d'*intellectuelle*. Sa condition de femme lui a interdit les ambitions du pouvoir, alors que Benjamin Constant a fait une carrière éclatante de député sous la Restauration après avoir été un moment membre du Tribunat sous le Consulat et que Chateaubriand, pair de France, a été ministre des Affaires étrangères. Les grands talents étaient portés, à l'heure du régime constitutionnel, à prétendre à des postes de pouvoir ; ce n'était évidemment pas le cas des femmes, considérées comme des mineures politiques. Débarrassée d'une ambition qui peut compromettre ou rendre trop prudent, Mme de Staël a exercé un autre pouvoir, celui de la critique. Napoléon ne l'a persécutée, bannie, détestée qu'en raison de ce pouvoir intellectuel qu'il ne pouvait souffrir et dont il avait compris le danger. Dans son salon parisien, à Coppet, dans ses articles et brochures, elle a représenté, à l'heure où tout le monde se couchait, une opposition qui ne fut pas seulement

1. Dans le discrédit dont souffre la mémoire de Mme de Staël on ne saurait négliger la part de l'acharnement d'un critique du XXe siècle, Henri Guillemin, dont le talent et la verve étaient redoutables. Dans plusieurs ouvrages, notamment *Madame de Staël et Napoléon* (1966), il s'est acharné contre « l'unique héritière de Necker » : « Dans la tourbe des critiques délétères qui ont puisé sans vergogne dans le répertoire des attaques misogynes ou xénophobes pour proférer quelques jugements meurtriers sur sa personne, écrit Claire Garry-Boussel, Henri Guillemin est sans doute l'un de ceux qui se sont avancés le plus loin dans la voie de la médisance et de la calomnie » (*Cahiers staëliens*, n° 53, 2002).

morale mais intelligente. Ses facultés d'analyse, ses convictions, sa passion de la liberté la situent clairement dans ce registre de l'esprit critique, qui est le propre de l'intellectuel. En même temps, par ses projets constitutionnels, son jugement des situations, son sens du compromis, elle ne s'est pas enfermée dans la routine de l'esprit « qui toujours nie » ; elle a su prendre part aussi à la réflexion positive sur les meilleures conditions pour achever la Révolution, en finir avec l'autocratie impériale et parvenir à un régime de liberté. On ne s'étonnera jamais assez devant cette femme qui, par le débordement de son affectivité, pouvait aller jusqu'à l'imagination la plus échauffée, et qui pouvait par ailleurs se prévaloir d'une intelligence pénétrante. Voltaire disait du Grand Frédéric : « Jamais homme peut-être n'a plus senti la raison, et n'a plus écouté ses passions. » Cela vaut aussi pour elle, qui écrivait : « Je ne puis séparer mes idées de mes sentiments. »

Petite anthologie

Amour

« Il est certain que l'amour est de toutes les passions la plus fatale au bonheur de l'homme. » *(Passions.)*

« L'amour est l'histoire de la vie des femmes ; c'est un épisode dans celle des hommes. » *(Passions.)*

« Rien n'est motivé dans l'amour ; il semble que ce soit une puissance divine qui pense et sent en nous, sans que nous puissions influer sur elle. » *(Cor.)*

Ancien Régime (héritage)

« Nous ne pouvons le dissimuler cependant, l'on n'a encore acquis en France que peu d'idées de justice. On n'imagine pas qu'un ennemi puisse avoir droit à la protection des lois, quand il est vaincu. Mais dans un pays où, pendant si longtemps, la faveur et la disgrâce ont disposé de tout, comment saurait-on ce que c'est que des principes ? Le règne des cours n'a permis aux Français que le développement des vertus militaires. Une classe très resserrée se mêlait seule des affaires civiles ; et la masse de la nation n'ayant rien à faire, n'a rien appris et ne s'est point exercée aux vertus politiques. » *(RF.)*

Angleterre

« Grâce à la tolérance, aux institutions politiques et à la liberté de la presse, il y a plus de respect pour la religion et pour les mœurs en Angleterre que dans aucun autre pays de l'Europe. » *(RF.)*

Athéisme

« Il n'y a d'athéisme que dans la froideur, l'égoïsme, la bassesse. » *(Cor.)*

Danger de l'esprit de géométrie

« Rien n'est moins applicable à la vie qu'un raisonnement mathématique. Une proposition en fait de chiffres est décidément fausse ou vraie ; sous tous les autres rapports le vrai se mêle avec le faux d'une telle manière, que souvent l'instinct peut seul nous décider entre les motifs divers, quelquefois aussi puissants d'un côté que de l'autre. L'étude des mathématiques, habituant à la certitude, irrite contre toutes les opinions opposées à la nôtre ; tandis que ce qu'il y a de plus important pour la conduite de ce monde, c'est d'apprendre les autres, c'est-à-dire de concevoir tout ce qui les porte à penser et à sentir autrement que nous. Les mathématiques induisent à ne tenir compte que de ce qui est prouvé ; tandis que les vérités primitives, celles que le sentiment et le génie saisissent, ne sont pas susceptibles de démonstration. » *(All.)*

Démagogie

« Dans un état démocratique, il faut craindre sans cesse que le désir de la popularité n'entraîne à l'imitation des mœurs vulgaires ; bientôt on se persuaderait qu'il est inutile, et presque nuisible, d'avoir une supériorité trop marquée sur la multitude qu'on veut captiver. Le peuple s'accoutumerait à choisir des magistrats ignorants et grossiers ; ces magistrats étoufferaient les lumières ; et, par un cercle inévitable, la perte des lumières ramènerait l'asservissement du peuple. » *(Litt.)*

Dire

« Tout ce que je sens, je le dis. » *(Correspondance.)*

Dogmes

« Les dogmes qui blessent ma raison refroidissent aussi mon enthousiasme. » *(Cor.)*

Échafaud

« Ce pays malheureux, persécuté par tant de factions diverses, a moins besoin de punir tous les crimes qui l'ont déchiré, que d'éloigner la mort de ces funestes rives ; de désaccoutumer ce peuple du sang même des coupables, alors qu'il est encore si près de verser celui des innocents. Déportez, rejetez loin de nous cette écume révolutionnaire ; mais renversez ces échafauds trop honorables pour les criminels, ces échafauds où la leçon de l'exemple ne peut plus être donnée, ces échafauds qui font autant de coupables qu'ils attirent de spectateurs. » *(Paix int.)*

Éducation

« L'éducation faite en s'amusant disperse la pensée ; la peine en tout genre est un des grands secrets de la nature : l'esprit de l'enfant doit s'accoutumer aux efforts de l'étude, comme notre âme à la souffrance. » *(All.)*

Ennemis

« Il faut se garder d'apprendre à ses ennemis comment ils peuvent vous faire du mal. » *(Neck.)*

Enthousiasme

« Il n'y a que deux classes d'hommes distinctes sur la terre, celle qui sent l'enthousiasme et celle qui le méprise. » *(Cor.)*

« Quand on dit que la raison est inconciliable avec l'enthousiasme, c'est parce qu'on met le calcul à la place de la raison, et la folie à la place de l'enthousiasme. Il y a de la raison dans l'enthousiasme, et de l'enthousiasme dans la raison, toutes les fois que l'une et l'autre ont pris naissance dans la nature, et qu'aucun mélange d'affectation n'en fait partie. » *(Suic.)*

« L'enthousiasme qu'inspire la gloire des armes est le seul qui puisse devenir dangereux à la liberté. » *(Litt.)*

Esprit de parti

« L'esprit de parti ne peut jamais obtenir ce qu'il désire ; les extrêmes sont dans la tête des hommes, mais point dans la nature des choses. Jamais il n'existe un esprit de parti sans qu'il en fasse naître un autre qui lui soit opposé, et le combat ne finit que par le triomphe de l'opinion intermédiaire. » *(Passions.)*

Fanatisme

« Beaucoup de gens sont prévenus contre l'enthousiasme ; ils le confondent avec le fanatisme, et c'est une grande erreur. Le fanatisme est une passion exclusive dont une opinion est l'objet ; l'enthousiasme se rallie à l'harmonie universelle : c'est l'amour du beau, l'élévation de l'âme, la jouissance du dévouement, réunis dans un même sentiment qui a de la grandeur et du calme. Le sens de ce mot chez les Grecs en est la plus noble définition : l'enthousiasme signifie *Dieu en nous*. En effet, quand l'existence de l'homme est expansive elle a quelque chose de divin. » *(All.)*

« Le fanatisme est une passion très singulière ; elle réunit à la fois la puissance du crime et l'exaltation de la vertu. » *(Paix int.)*

Femmes

« La destinée des femmes ressemble, à quelques égards, à celle des affranchis chez les empereurs ; si elles veulent acquérir de l'ascendant, on leur fait un crime d'un pouvoir que les lois ne leur ont pas donné ; si elles restent esclaves, on opprime leur destinée. » *(Litt.)*

« La nature et la société donnent aux femmes une grande habitude de souffrir, et l'on ne saurait nier, ce me semble, que de nos jours elles valent, en général, mieux que les hommes. » *(All.)*

« L'opinion semble dégager les hommes de tous les devoirs envers une femme à laquelle un esprit supérieur serait reconnu : on peut être ingrat, perfide, méchant envers elle, sans que l'opinion se charge de la venger. *N'est-elle pas une femme extraordinaire ?* Tout est dit alors ; on l'abandonne à ses propres forces, on la laisse se débattre avec la douleur. L'intérêt qu'inspire une femme, la puissance qui garantit un homme, tout lui manque souvent à la fois : elle promène sa singulière existence, comme les Parias de l'Inde, entre toutes les classes dont elle ne peut être, toutes les classes qui la considèrent comme devant exister par elle seule, objet de la curiosité, peut-être de l'envie, et ne méritant en effet que la pitié. » *(Litt.)*

« En étudiant le petit nombre de femmes qui ont de vrais titres à la gloire, on verra que cet effort de leur nature fut toujours aux dépens de leur bonheur. » *(Passions.)*

« Les femmes font habituellement de la confidence le premier besoin de l'amitié. » *(Passions.)*

« Chaque femme comme chaque homme ne doit-elle pas se frayer une route d'après son caractère et ses talents ? Et faut-il imiter l'instinct des abeilles, dont les essaims se succèdent sans progrès et sans diversité ? » *(Cor.)*

Grands hommes

« Les hommes de génie paraissent créer la nature des choses, mais ils ont seulement l'art de s'en emparer les premiers. » *(Paix int.)*

Libéralité de jugement

« Les opinions qui diffèrent de l'esprit dominant, quel qu'il soit, scandalisent toujours le vulgaire : l'étude et l'examen peuvent seuls donner cette libéralité de jugement, sans laquelle il est impossible d'acquérir des lumières nouvelles ou de conserver même celles qu'on a. » *(All.)*

Liberté

« C'est autour de l'amour sacré de la liberté, de ce sentiment qui exige toutes les vertus, qui électrise toutes les âmes, quoiqu'il ne reste plus dans notre langue aucun mot sans tache pour l'exprimer ; c'est autour de cette idée, sublime encore, parce qu'il n'est pas vrai qu'on en ait même approché, c'est à son véritable sens qu'il faut se rallier. » *(Paix int.)*

« La liberté des temps actuels, c'est tout ce qui garantit l'indépendance des citoyens contre le pouvoir du gouvernement. La liberté des temps anciens, c'est tout ce qui assurait aux citoyens la plus grande part dans l'exercice du pouvoir. De ces deux grandes différences sort la nécessité, pour la République en France, de ne pas exiger, de ne pas peser, de prendre pour guide une morale préservatrice plutôt qu'un système de dévouement qui devient féroce lorsqu'il n'est point volontaire ; enfin, de songer que la perfectibilité dans l'art social ayant rendu le bonheur privé plus facile, a d'autant plus éloigné des sacrifices au bien public. » *(Circonst.)*

« L'esprit militaire fait haïr le raisonnement comme un commencement d'indiscipline, la liberté fonde l'autorité sur la conviction. » *(Circonst.)*

« La liberté a trois sortes d'adversaires en France : les nobles qui placent l'honneur dans l'obéissance passive, et les nobles plus avisés, mais moins candides, qui croient que leurs intérêts aristocratiques et ceux du pouvoir absolu ne sont qu'un ; les hommes que la révolution française a dégoûtés des idées qu'elle a profanées ; enfin les bonapartistes, les jacobins, tous les hommes sans conscience politique. » *(RF.)*

« La première base de toute liberté, c'est la garantie individuelle, et rien n'est plus beau que la législation anglaise à cet égard. » *(RF.)*

Littérature

« Les chefs-d'œuvre de la littérature, indépendamment des exemples qu'ils présentent, produisent une sorte d'ébranlement moral et physique, un tressaillement d'admiration qui nous dispose aux actions généreuses. » *(Litt.)*

« Les progrès de la littérature, c'est-à-dire le perfectionnement de l'art de penser et de s'exprimer, sont nécessaires à l'établissement et à la conservation de la liberté. » *(Litt.)*

« Parmi les divers développements de l'esprit humain, c'est la littérature philosophique, c'est l'éloquence et le raisonnement, que je considère comme la véritable garantie de la liberté. » *(Litt.)*

Morale

« Les progrès des sciences rendent nécessaires les progrès de la morale ; car, en augmentant la puissance de l'homme, il faut fortifier le frein qui l'empêche d'en abuser. » *(Litt.)*

« Ce n'est pas le nombre des individus qui constitue leur importance en morale. Lorsqu'un innocent meurt sur un échafaud, des générations entières s'occupent de son malheur, tandis que des milliers d'hommes périssent dans une bataille sans qu'on s'informe de leur sort. D'où vient cette prodigieuse différence que mettent tous les hommes entre l'injustice commise envers un seul et la mort de plusieurs ? C'est à cause de l'importance que tous attachent à la loi morale ; elle est mille fois plus que la vie physique dans l'univers et dans l'âme de chacun de nous qui est aussi un univers. » *(All.)*

« Se permettre de mauvais moyens pour un but que l'on croit bon, c'est une maxime de conduite singulièrement vicieuse dans son principe. Les hommes ne savent rien de l'avenir, rien d'eux-mêmes pour demain ; dans chaque circonstance et dans tous les instants le devoir est impératif, les combinaisons de l'esprit sur les suites qu'on peut prévoir n'y doivent entrer pour rien. » *(All.)*

Nostalgie

« Les idées nouvelles déplaisent aux personnes âgées ; elles aiment à se persuader que le monde n'a fait que perdre au lieu d'acquérir depuis qu'elles ont cessé d'être jeunes. » *(Cor.)*

Paix

« La paix ! voilà le cri de la terre fatiguée de carnage ; la paix ! voilà le vœu de la raison et de l'humanité. Toutes les âmes honnêtes doivent la souhaiter en France, tous les esprits éclairés en Europe. » *(Paix ext.)*

Passions

« Les passions des hommes, mises en fermentation, sont comme l'or fulminant, qu'aucun chimiste n'a trouvé l'art de diriger. » *(Paix int.)*

« Les passions, cette force impulsive qui entraîne l'homme indépendamment de sa volonté, voilà le véritable obstacle au bonheur individuel et politique. » *(Passions.)*

Père

« Bonheur, fortune, renommée, ces brillants avantages dont mes premiers pas ont été environnés, c'est à mon père seul que je les dois. » *(Neck.)*

« La Providence ne guida pas la révolution française dans les voies de la justice ; mon père, qui les suivait, dut être renversé. » *(Neck.)*

Politique

« Les institutions politiques peuvent seules former le caractère d'une nation. » *(All.)*

« Un gouvernement n'a qu'un examen à faire, c'est de chercher de quelle manière il peut se concilier le plus grand nombre d'intérêts particuliers ; tout ce qui est au-delà de ce moyen est la violence qui comprime, mais ne garantit point. » *(Paix int.)*

« Un gouvernement est toujours digne d'estime quand il n'abuse point de son pouvoir, et ne sacrifie jamais la justice à son intérêt. » *(All.)*

« Le bonheur des nations serait de concilier ensemble la liberté des républiques et le calme des monarchies, l'émulation des talents et le silence des factions, l'esprit militaire au-dehors et le respect des lois au-dedans. » *(Passions.)*

« Le peuple, quand il abandonne l'ambitieux, s'éclairant sur les crimes qu'il lui a fait commettre, l'accable pour s'en absoudre. » *(Passions.)*

« Le principe de la représentation n'est point ni la proportion des représentants avec les représentés ni l'unité de la représentation ni sa toute-puissance. La représentation n'est pas le calcul de réduction, si l'on peut s'exprimer ainsi, qui donne en petit l'image du peuple ; la représentation, c'est la combinaison politique qui fait gouverner la nation par des hommes choisis et combinés de manière qu'ils ont la volonté et l'intérêt de tous. » *(Circonst.)*

« Un pouvoir exécutif ne doit jamais pouvoir être forcé à faire exécuter une loi qu'il désapprouve. Ce serait alors, pour ainsi dire, un pouvoir exécuteur, un gouvernement sans force et sans considération morale. » *(Circonst.)*

« Tout ce qui est de raison, de justice, d'humanité, exige des ménagements, des conciliations, une raison toujours adaptée au moment présent sans perdre de vue l'avenir, et transiger avec chaque circonstance est honorable pour l'homme public chargé de l'intérêt de la nation. Aucun sacrifice, aucun dévouement de pur héroïsme, et sans avoir pour but une utilité positive, ne peut lui être permis. » *(Circonst.)*

« Il faut choisir, non le meilleur selon son opinion, mais le moins mauvais possible à telle époque. » *(Circonst.)*

Progrès

« Il faut ramener les Français et le monde avec eux à l'ordre et à la vertu ; mais pour y parvenir, on doit penser que ces biens sont unis à la véritable liberté ; marcher avec son siècle, et ne pas s'épuiser dans une lutte rétrograde contre l'irrésistible progrès des lumières et de la raison. » *(Paix ext.)*

Religion

« La religion catholique est la seule qui consacre l'indissolubilité du mariage, mais c'est parce qu'il est dans l'esprit de cette religion d'imposer la douleur à l'homme sous mille formes différentes, comme le moyen le plus efficace pour son perfectionnement moral et religieux. » *(Delph.)*

« Il y a dans l'esprit humain deux forces très distinctes, l'une inspire le besoin de croire, l'autre celui d'examiner. L'une de ces facultés ne doit pas être satisfaite aux dépens de l'autre : le protestantisme et le catholicisme ne viennent point de ce qu'il y a eu des papes et un Luther ; c'est une pauvre manière de considérer l'histoire que de l'attribuer à des hasards. Le protestantisme et le catholicisme existent dans le cœur humain ; ce sont des puissances morales qui se développent dans les nations, parce qu'elles existent dans chaque homme. » *(All.)*

« Toute religion qui aurait pour base ce qu'on appelle les dogmes, c'est-à-dire les mystères, qui s'appuierait sur la croyance aveugle, toute religion de ce genre aurait besoin de se fonder sur les mêmes arguments qui, différemment appliqués, relèveraient la noblesse et le trône. » *(Circonst.)*

« Il faut à une nation dont on a fortement attaqué la religion dominante une religion d'État, pour qu'elle ne confonde pas la destruction de quelques dogmes avec le mépris de tous les cultes […], pour lui rapprendre la morale qu'elle croit prescrite. » *(Circonst.)*

« Prier ensemble dans quelque langue, dans quelque rite que ce soit, c'est la plus touchante fraternité d'espérance et de sympathie que les hommes puissent contracter sur cette terre. » *(Cor.)*

République

« Les horreurs de la Révolution sont nées des obstacles qu'elle a rencontrés. La République est arrivée en France avant les lumières qui devaient préparer la République. » *(Circonst.)*

« Si la puissance de la morale n'est pas, pour ainsi dire, le pouvoir constituant d'une république, la république n'existe pas. » *(Circonst.)*

« L'objet du système représentatif, c'est que la volonté du peuple, autrement dit les intérêts de la nation, soient tous défendus et protégés comme si la nation elle-même pouvait le faire en se réunissant sur la place publique. » *(Circonst.)*

« Quand la nation entière aura les opinions et les lumières républicaines, quand l'instruction publique fera de tous les hommes, si cela est possible, des amis sages et éclairés de la liberté, non seulement alors vous pourrez tout élire mais presque, pour ainsi dire, vous passer de gouvernement. » *(Circonst.)*

« C'est dans l'ordre judiciaire qu'il importe surtout de maintenir la plus grande indépendance et des factions et du pouvoir suprême. » *(Circonst.)*

« L'Assemblée constituante aurait fait le bonheur de la France, si elle avait décrété la République à l'époque où le roi partit pour Varennes. Elle commit une faute immense en replaçant sur le trône un homme qui n'avait plus le prestige nécessaire pour régner. » *(Circonst.)*

« S'il n'y avait pas eu de République je n'aurais pas eu l'idée de la créer, mais puisqu'elle existait il fallait la faire vivre. » *(RF.)*

Réputation

« Les premiers pas qu'on fait dans l'espoir d'atteindre à la réputation sont pleins de charmes, on est satisfaite de s'entendre nommer, d'obtenir un rang dans l'opinion, d'être placée sur une ligne à part ; mais si l'on y parvient, quelle solitude, quel effroi n'éprouve-t-on pas ! » *(Litt.)*

« La célébrité qu'on peut acquérir par les écrits est rarement contemporaine. » *(Passions.)*

Science

« Les mots de diversité, de sort, d'imprévu, sont tous nécessaires à notre ignorance, mais ils disparaissent à chaque pas que nous faisons dans une science. » *(Circonst.)*

Souffrir

« Cette terrible faculté de souffrir, qui me tue, c'est une manière de sentir particulière à moi seule. » *(Cor.)*

« Les plus grandes qualités de l'âme ne se développent que par la souffrance, et ce perfectionnement de nous-mêmes nous rend, après un certain temps, le bonheur. » *(Suic.)*

Supériorité

« Le génie le plus remarquable ne s'élève jamais au-dessus des lumières de son siècle, que d'un petit nombre de degrés. » *(Litt.)*

« Les exploits militaires ne conservent qu'un faible intérêt par-delà l'époque de leur puissance. Il n'y a qu'un fait pour l'homme éclairé depuis le commencement du monde, ce sont les progrès des lumières et de la raison. » *(Litt.)*

« Les furieux appellent aristocratie ce qu'il y a de plus républicain au monde, l'amour des lumières et de la vertu. » *(Litt.)*

Théorie

« La théorie sans l'expérience n'est qu'une phrase, l'expérience sans la théorie, qu'un préjugé. » *(Circonst.)*

Abréviations

All. = *De l'Allemagne*
Circonst. = *Des Circonstances actuelles*
Cor. = *Corinne*
Delph. = *Delphine*
Litt. = *De la Littérature*
Neck. = *Du Caractère de M. Necker*
Paix int. = *Réflexions sur la paix intérieure*

Paix ext. = *Réflexions sur la paix*
Passions = *De l'Influence des passions*
RF = *Considérations sur la Révolution française*
Suic. = *Réflexions sur le suicide*

Florilège

Un laideron lascif

Actes des Apôtres, novembre 1791 :

Je dis que ton regard sent l'impudicité,
Que ton faux bel esprit n'est que témérité ;
Je dis que tes amants reçurent en partage
Des dieux et des démons l'intrépide courage.
Je ris de tes travares, j'insulte à tes faveurs ;
En dédaignant enfin tes lascives fureurs,
J'en veux à qui t'admire et je plains qui te cède :
Pour avoir des amants, on n'en est pas moins laide.

*
* *

Une hermaphrodite intrigante

L'Invariable, 2 juillet 1797 :

Tous les yeux sont fixés, depuis quelques jours, sur cette femme singulière qui, n'ayant ni les grâces ni la pudeur de son sexe, prend la figure d'un homme, ou plutôt n'est ici ni homme ni femme, change tour à tour son cabinet de toilette en cabinet littéraire et politique, et le plus souvent en arsenal de factions, intrigue, s'agite, fait des couplets, de gros livres et des enfants, tout cela n'amuse point M. de Staël qui l'a réclamée en Suisse où il est avec le vieux Necker.

Le Mémorial, 24 juillet 1797 :

Madame de Staël, être singulier que l'on ne peut définir, qui n'est ni homme ni femme, production monstrueuse de M. Necker, composé bizarre d'ambition, de vanité, de faiblesse, d'esprit, remplie de prétentions, environnée d'une cour nombreuse qui l'admire, parlant, écrivant, intriguant sans cesse, alliant à la fois la volupté, le travail de cabinet, les manœuvres, faisant des livres métaphysiques sur les passions, attirant à elle les Lameth et autres grands hommes du jour, restes épars du parti d'Orléans ; cette femme impétueuse, que les deux sexes regardent comme une méprise de la nature, faite pour les révolutions, cuirassée de politique et de philosophie, qu'elle n'entend pas plus que ses sectateurs, marche avec son bataillon dans le sens de la faction orléaniste.

Un homme de génie

Isidore Bourdon, *La Physiognomonie et la phrénologie*, 1842 :

Les temps de révolution où vécut madame de Staël eurent de l'influence sur son caractère. À cette époque, où chacun changeait si subitement de nom et d'état, de position et de fortune, *madame de Staël changea pour ainsi dire de sexe* [...] *Elle se fit homme* dans un temps où beaucoup de grands seigneurs se faisaient citoyens ; mais elle resta toujours un homme de génie, amie fidèle, enthousiaste et dévouée.

*
* *

Une étrangère

Maleyssie, *Observations sur l'ouvrage de Mme de Staël intitulé Considérations sur la Révolution*, 1822 :

Protestante, Genevoise, quoique née en France ; républicaine, quoique sujette d'une monarchie, Mme de Staël ne peut ni voir, ni sentir, ni juger comme un catholique qui considère sa fidélité à cette monarchie et l'amour de ses lois, moins encore comme un devoir, que comme un héritage de famille.

*

* *

Pas une méchante femme

Las Cases, *Mémorial de Sainte-Hélène* :

Parlant de son exil, [Napoléon] disait [de Mme de Staël] : « Sa demeure à Coppet était devenue un véritable arsenal contre moi ; on venait s'y faire armer Chevalier ; elle s'occupait à me susciter des ennemis, et me combattait elle-même. C'était tout à la fois Armide et Clorinde [deux personnages de la *Jérusalem délivrée* du Tasse]. » Ensuite, se résumant, ainsi que cela lui était ordinaire, il a conclu : « Et puis, en somme, il est vrai de dire que personne ne saurait nier, qu'après tout, Mme de Staël est une femme d'un très grand talent, fort distinguée, de beaucoup d'esprit : elle restera.

« Plus d'une fois autour de moi, et dans l'espoir de me ramener, on a essayé de me faire entendre qu'elle était un adversaire redoutable, et pourrait devenir une alliée utile. Il est sûr que, si elle m'eût adopté, au lieu de me dénigrer, ainsi qu'elle l'a fait, j'y eusse pu gagner sans doute ; car sa position et son talent la faisaient régir les coteries ; et l'on connaît toute leur influence à Paris. » Puis il a ajouté encore : « Et malgré tout le mal qu'elle a dit de moi, sans compter tout celui qu'elle dira encore, je suis loin assurément de la croire, de la tenir pour une méchante femme : tout bonnement c'est que nous nous sommes fait la petite guerre, et voilà tout. »

*

* *

Une grande dame

Benjamin Constant, *Mélanges de littérature et de politique*, 1829 :

Les deux qualités dominantes de Mme de Staël étaient l'affection et la pitié. Elle avait, comme tous les génies supérieurs, une grande passion pour la gloire ; elle avait, comme toutes les âmes élevées, un grand amour pour la liberté : mais ces deux sentiments, impérieux et irrésistibles, quand ils n'étaient combattus par aucun autre, cédaient à l'instant, lorsque la moindre circonstance les mettait en opposition avec le bonheur de ceux qu'elle aimait ou lorsque la vue d'un être souffrant lui rappelait qu'il y avait dans le monde quelque chose de bien plus sacré pour elle que le succès d'une cause ou le triomphe d'une opinion.

Cette disposition d'âme n'était pas propre à la rendre heureuse, au milieu des orages d'une révolution à laquelle la carrière politique de son père et sa situation en France l'auraient forcée de s'intéresser, quand elle n'y eût pas été entraînée par l'énergie de son caractère et la vivacité de ses impressions. Après chacun de ces succès éphémères qu'ont remportés tour à tour les divers partis, sans jamais savoir affermir par la justice un pouvoir obtenu par la violence, Mme de Staël s'est constamment rangée parmi les vaincus, lors même qu'elle était séparée d'eux avant leur défaite. [...]

Certes, je ne méconnais ni le génie extraordinaire, ni la force de volonté, ni surtout les talents militaires de l'homme qui a, durant quatorze années, gouverné les Français et dompté l'Europe ; mais j'ai toujours regardé, je regarderai toujours la persécution longue et obstinée qu'il a fait peser sur Mme de Staël comme un des actes de tyrannie les moins excusables de son règne, où néanmoins les actes de ce genre sont assez nombreux. Des hommes qui font retentir le ciel et la terre lorsqu'on commet contre eux la moindre injustice, ont trouvé révoltant qu'une femme dont Napoléon abîmait la vie jugeât Napoléon un peu sévèrement. Ils pensent que tout l'univers doit prendre fait et cause parce qu'on leur refuse une pension qu'ils disent leur être due ; mais ils s'indignent que la victime de l'exil le plus dur, le plus arbitraire, je dirai le plus ignoble, car rien n'est plus ignoble que la force brutale s'acharnant sur le génie désarmé, ne se soit pas résignée au despotisme qui l'arrachait aux lieux de sa naissance et la séparait de tous les objets de son affection : et si l'on réfléchit que le seul crime de cette femme qu'il rendait si malheureuse était une conversation animée et brillante, et que celui qui la poursuivait disposait d'une autorité sans bornes, faisait mouvoir d'un mot huit cent mille soldats, avait trente millions de sujets et quarante millions de vassaux, on ne peut se défendre d'une indignation mêlée de pitié pour un pouvoir si timide d'une part et si violent de l'autre. [...] Je le déclare, sa persécution d'un des plus beaux talents de ce siècle, son acharnement contre l'un des caractères les élevés de notre époque, sont dans son histoire une tache ineffaçable. [...]

Quant à l'amour de Mme de Staël pour cette France dont une tyrannie si impitoyable la tenait séparée, il faut n'avoir pas lu même les *Dix ans d'exil* pour méconnaître l'empire qu'avait sur son âme cet amour indestructible. Les victoires des alliés renversaient la barrière contre laquelle elle s'était si longtemps brisée, et toutefois elle déplorait amèrement ces victoires. Elle assistait de ses vœux son persécuteur, parce qu'il protégeait le sol envahi ; elle oubliait ses longues souffrances, ses justes griefs ; elle repoussait les espérances que lui rendait la chute d'un ennemi implacable, pour ne voir que l'intérêt, la gloire, l'indépendance de la patrie.

*

* *

La tolérance incarnée

Mémoires de la comtesse de Boigne, t. 1, Plon, 1908, p. 414 :

La haine qu'elle portait à Bonaparte avait rendu Mme de Staël très royaliste, elle s'émerveillait elle-même de n'être pas dans l'opposition. Toutefois, la supériorité de son esprit ne lui permettait pas de tomber dans notre absurde intolérance. Je la voyais souvent. Chez moi, je lui entendais tenir un langage selon mon cœur ; mais chez elle, j'étais souvent scandalisée des propos de son cercle. Elle admettait toutes les opinions et tous les langages, quitte à se battre à outrance pour la cause qu'elle soutenait. Mais elle finissait toujours par une passe d'armes courtoises, ne voulant priver son salon d'aucun des tenants de ce genre d'escrime qui pouvait y apporter de la variété.

Elle aimait toutes les notabilités, celles de l'esprit, celles du rang, celles mêmes fondées sur la violence des opinions. Pour des gens qui, comme moi, vivaient dans les idées rétrécies de l'esprit de parti, cela paraissait très choquant ; et je suis souvent sortie de son salon indignée des discours qu'on y tenait et disant, suivant notre expression de coterie, que c'était trop fort.

*
* *

Une femme exceptionnelle

Ballanche, lettre à Mme Récamier du 19 mars 1817, cité par Édouard Herriot, *Madame Récamier et ses amis*, Gallimard, 1934 :

Très certainement, c'est une des femmes les plus remarquables qui aient jamais existé. Elle a exercé sur les opinions de son siècle une influence considérable et il faut considérer encore que pour exercer une telle influence sur un tel siècle, il a fallu une bien grande puissance d'imagination. Un livre, une démarche, un mot de cette femme ont été très souvent un événement dans ce siècle si fertile en événements. Ainsi elle ne pourra pas quitter ce monde sans y laisser un vide. Ses ennemis eux-mêmes seront obligés d'en convenir.

*
* *

Le véritable esprit français

Schiller à Goethe (Correspondance 1804) :

Mme de Staël vous apparaîtra sans doute telle que vous vous l'êtes représentée *a priori*. Tout en elle est d'une seule pièce : on ne trouve pas en elle un trait disparate ou faux. Voilà pourquoi, malgré la différence de sa nature aux nôtres, on se sent à l'aise près d'elle ; on peut tout entendre de sa part et on se sent disposé à tout lui dire ; elle est la représentation aussi parfaite qu'intéressante du véritable esprit français.

Dans tout ce que nous appelons philosophie, par conséquent sur les principes les plus élevés de toutes choses, on est en opposition avec elle, et cette opposition se maintient en dépit de son éloquence. Mais chez elle le naturel et les sentiments valent mieux que la métaphysique, et son esprit s'élève souvent jusqu'à la puissance du génie. Voulant tout expliquer, tout comprendre, tout mesurer, elle n'admet rien d'impénétrable, et ce que le flambeau de la raison ne peut éclairer n'existe pas pour elle. De là son insurmontable aversion pour la philosophie idéaliste, elle n'y voit qu'un acheminement vers le mysticisme et la superstition.

Le sens poétique, tel que nous le comprenons, lui manque complètement : aussi Mme de Staël ne peut-elle s'approprier, dans les œuvres de ce genre, que le côté passionné, oratoire ou général. Elle n'approuvera jamais le faux, mais elle n'appréciera pas toujours le vrai. Malgré le peu d'habitude que j'ai de m'exprimer en français, nous parvenons cependant à nous entendre passablement, et puisque vous parlez cet idiome avec facilité, je ne doute pas que vos conversations avec Mme de Staël n'aient beaucoup d'intérêt pour vous et pour elle.

*

* *

Une intelligence supérieure

Chateaubriand, *Mémoires d'outre-tombe*, Gallimard, « Pléiade », t. 2 :

Madame de Staël partit une seconde fois pour l'Allemagne. Ici recommence une série de lettres à madame Récamier, peut-être encore plus charmantes que les premières.

Il n'y a rien dans les ouvrages imprimés de madame de Staël qui approche de ce naturel, de cette éloquence, où l'imagination prête son expression aux sentiments. La vertu de l'amitié de madame Récamier devait être grande, puisqu'elle sut faire produire à une femme de génie ce qu'il y avait de caché et de non révélé encore dans son talent. On devine de surplus dans l'accent triste de madame de Staël un déplaisir secret, dont la beauté devait être naturellement la confidente, elle qui ne pouvait jamais recevoir de pareilles blessures.

Madame de Staël mourut. [...] Avec [elle] s'abattit une partie considérable du temps où j'ai vécu : telles de ces brèches, qu'une intelligence supérieure en tombant forme dans un siècle, ne se refermant jamais. Sa mort fit sur moi une impression particulière à laquelle se mêlait une sorte d'étonnement mystérieux : c'était chez cette femme illustre que j'avais connu madame Récamier, et, après de longs jours de séparation, madame de Staël réunissait deux personnes voyageuses devenues presque étrangères l'une à l'autre : elle leur laissait à un repas funèbre son souvenir et l'exemple de son attachement immortel.

*
* *

Une cantatrice enturbannée

Charles de Rémusat, *Mémoires de ma vie*, Plon, 1958 :

Quand elle reparut à Paris en 1814, elle avait l'air d'une vieille étrangère. On ne savait, quand elle entrait dans un salon, si ce n'était pas une ancienne cantatrice ou quelque chose d'approchant. Elle était assez grande, plutôt large que grosse. Elle avait du laisser-aller dans l'attitude, une démarche traînante. Son costume rappelait un peu les modes du Directoire, modifiées par des couturières d'Allemagne ou d'Angleterre. Ses robes, d'une couleur claire ou tranchante, tenaient mal sur elle, et tombaient tout d'une venue. Ses manches, courtes et plates, laissaient voir de fort bras nus ; son corsage, échancré derrière et devant, découvrait de grandes surfaces auxquelles on avait pu jadis trouver une certaine beauté charnelle, mais que l'âge avait déjà délabrées. Sur sa tête un gros bonnet, toque ou turban assez bas, était bordé tout en rond d'un bouillon de cheveux noirs crépus, ébouriffés et non frisés, encadrant un visage un peu massif qui frappait d'abord par la laideur ! Le front n'était pas haut, mais large. Les sourcils, l'enchâssement des yeux, les yeux enfin et regard, tout cela était grand, beau, animé, expressif. Le nez était assez bien, mais sans finesse et les narines s'ouvraient quand elle s'animait. Sa bouche était affreuse et l'avait fait comparer à une négresse blanche ; ses lèvres épaisses couvraient mal sa mâchoire supérieure, et laissaient voir des dents proéminentes qu'elle aurait mieux fait de cacher. « Vrai soupirail d'enfer », disait de cette bouche M. Royer-Collard qui n'aimait pas Mme de Staël depuis le 18 fructidor. Chez elle, le bas du visage avait une expression que je suis obligé d'appeler sensuelle. Mais chez Mme de Staël tout paraissait plus naturel, plus sincère, tout annonçait un abandon sans calcul, et plus d'entraînement que de système. [...] Mais il y avait de la force dans toute sa personne, et l'esprit, l'âme plutôt, la transfigurait dès qu'elle parlait.

*
* *

Une femme morte trop tard

Balzac, *Modeste Mignon* : Lettre d'Ernest de La brière
à Modeste Mignon :

Croyez-moi, pour une fille, comme pour une femme, la gloire sera toujours d'enfermer dans la sphère des convenances les plus serrées ses ardents caprices. Si j'avais une fille qui dût être Mme de Staël, je lui souhaiterais la mort à quinze ans. Supposez-vous votre fille exposée sur les tréteaux de la gloire, et paradant pour obtenir les hommages de la foule, sans éprouver mille cuisants regrets ? À quelque hauteur qu'une femme se soit élevée par la poésie secrète de ses rêves, elle doit sacrifier ses supériorités sur l'autel de la famille. Ses élans, son génie, ses aspirations vers le bien, vers le sublime, tout le poème de la jeune fille appartient à l'homme qu'elle accepte, aux enfants qu'elle aura.

*
* *

Une impératrice de la pensée

Sainte-Beuve, *Portraits de femme*, Gallimard, « Folio classique », 1998 :

L'existence de Mme de Staël est dans son entier comme un grand empire qu'elle est sans cesse occupée, non moins que cet autre conquérant, son contemporain et son oppresseur, à compléter et à augmenter. Mais ce n'est pas dans un sens matériel qu'elle s'agite ; ce n'est pas une province après une province, un royaume après un autre, que son activité infatigable convoite et entasse ; c'est dans l'ordre de l'esprit qu'elle s'épand sans cesse ; c'est la multiplicité des idées élevées, des sentiments profonds, des relations enviables, qu'elle cherche à organiser en elle, autour d'elle. Oui, en ces années de vie entière et puissante, instinctivement et par l'effet d'une sympathie, d'une curiosité impétueuse, elle aspirait, on peut dire avec éloge, elle aspirait à une vaste cour, à un empire croissant d'intelligence et d'affection, où rien d'important et de gracieux ne fût omis, où toutes les distinctions de talent, de naissance, de patriotisme, de beauté, eussent leur trône sous ses regards : comme une impératrice de la pensée, elle aimait à enserrer dans ses libres domaines tous les apanages. Quand Bonaparte la frappa, il en voulait confusément à cette rivalité qu'elle affectait sans s'en rendre compte elle-même.

Le caractère dominant de Mme de Staël, l'unité principale de tous les contrastes qu'elle embrassait, l'esprit rapide et pénétrant qui circulait de l'un à l'autre et soutenait cet assemblage merveilleux, c'était à coup sûr la conversation, la parole improvisée, soudaine, au moment où elle jaillissait toute divine de la source perpétuelle de son âme : c'était là, à proprement parler, ce qui constituait pour elle *la vie*, mot magique qu'elle a tant employé, et qu'il faut employer si souvent à son exemple en parlant d'elle.

*

* *

Un fléau

Henri Heine, *Allemands et Français,* 1868 :

Ce bas-bleu était un fléau pire que ceux de la guerre. Elle poursuivait nos savants jusque dans le sanctuaire de leur méditation, et plus d'un qui aurait tenu tête à Napoléon, prit la fuite devant la terrible voyageuse. Il y avait des hommes de lettres, qui lui plurent particulièrement, tant par le tour de leur esprit que par la coupe de leur nez ou la couleur de leurs yeux, et à ceux-ci elle exprimait son haut contentement, tandis que le mameluk Auguste-Guillaume Schlegel inscrivait leurs noms dans la liste des élus qui seraient décorés de quelque citation louangeuse, pour ainsi dire d'une croix d'honneur littéraire dans le livre *De l'Allemagne*. Dans ce livre, qui fait toujours sur moi une impression aussi comique que fâcheuse, je vois la femme passionnée s'agiter avec toute sa fougue impétueuse, je vois cette tempête en jupons tourbillonner à travers notre tranquille Allemagne, en s'écriant partout avec ravissement : Oh ! quelle douce paix je respire ici ! – Elle s'était échauffée en France, et elle vint chez nous pour se rafraîchir. Le chaste souffle de nos poètes fit tant de bien à son cœur bouillant et embrasé ! Elle regardait nos philosophes comme autant de sortes de glaces, elle humait Kant en sorbet à la vanille, et Fichte en pistache ! – Oh, quelle charmante fraîcheur règne dans vos bois ! – s'écriait-elle constamment ; – quelle ravissante odeur de violettes ! comme les serins gazouillent paisiblement dans leurs petits nids allemands ! Vous êtes un bon et vertueux peuple, et vous n'avez pas encore d'idée de la corruption de mœurs qui règne chez nous en France, dans la rue du Bac !

*
* *

Un bas-bleu excusable

Jules Barbey d'Aurevilly, « Les Bas-Bleus », 7 mars 1866 :

Car, j'en suis assez affligé pour elle, c'est Mme de Staël qui est vraiment la mère – *mater castrorum* – des Bas-bleus français ! Avant elle, on les comptait, – baliveaux dans le raz du désert ! – depuis elle, c'est une forêt, on ne les compte plus. C'est Mme de Staël qui leur a donné l'audace d'être. C'est elle qui leur a délivré des lettres de naturalité et fourni une possession d'état, en écrivant *Corinne*. Corinne poète, antiquaire, historien, critique, le diable Légion littéraire, et, en même temps, androgyne infernal, la solennelle et détestable diablesse de l'ennui ! Pauvre Mme de Staël ! Avec son esprit qui était presque du génie, de ce génie qui pourrait brûler dans sa flamme le ridicule, s'il voulait naître ! avec son cœur – grand comme le monde – ce qui est peut-être la raison pour laquelle tant de monde y entra, – Mme de Staël avait plus d'âme, de talent spontané, de vie, qu'il en faut pour être un bas-bleu ou la mère Gigogne de tous les Bas-bleus de la génération présente. Elle en avait incomparablement plus à son petit doigt, – qui n'était pas très petit, – qu'à tous leurs corps, les nombreux enfants qu'elle a faits. Oui, malgré cet affreux turban que les Bas-bleus de notre âge se garderont bien de porter, mais qu'elle immortalise, malgré son pied à la Samuel Johnson qu'elle chaussait de filoselle, hélas ! et qu'un soir de bal masqué, Rivarol reconnut comme un « piédestal », avec une flatteuse insolence, on ne comprendrait même pas qu'elle eût été un Bas-bleu, cette femme de tant de passion et de vérité, si on ne savait pas qu'elle était la fille de Mme Necker, un Bas-bleu pire qu'un Bas-bleu anglais, puisque c'était un Bas-bleu suisse, et si, dès douze ans, elle n'avait perché sur le cap Misène d'un tabouret, au milieu des philosophes du temps émerveillés, et qui laissèrent sur sa jeune tête l'influence de leur pédantisme ! Qui eût pu résister à cela ? Voilà ce qui doit être dit à la décharge de Mme de Staël ! et pour l'expliquer, cette femme toujours femme, sous le turban, la filoselle et le bas-bleu ; qui rêva toujours, au contraire des Bas-bleus, l'amour dans le mariage et la beauté qu'elle n'eut jamais, et qui, tout bas-bleu qu'elle pût être, n'a pas laissé de théorie du Bas-bleuisme comme les Bas-bleus concentrés qui lui ont succédé ! [...]

*

* *

Un dragon

Louis Veuillot, *Libres penseurs*, 1848, cité par *Le Robert des grands écrivains de langue française* :

Madame de Staël est un dragon : je doute de son sexe. Cette grosse femme avec son turban, je suis tenté de la prendre pour le Grand Turc et de lui en reconnaître les privilèges. Dans sa maison, je ne vois qu'une femme, c'est Benjamin Constant ; dans ses livres, je ne vois qu'un homme, c'est Corinne. Ne me citez pas Madame de Staël parmi les femmes hardies : je la classe parmi les hommes imprudents.

*

* *

Un cœur ardent

Gustave Lanson, *Histoire de la littérature française*, Hachette, 1903 :

Mme de Staël appartient au XVIIIe siècle, elle est le XVIIIe siècle vivant, le XVIIIe siècle tout entier : car les courants les plus contraires se rassemblent en elle sans s'affaiblir. Elle est fille de Rousseau, par l'intensité de la vie sentimentale. Elle a l'imagination troublée et fiévreuse, le cœur ardent, tumultueux, d'où jaillit une inaltérable source de passion. Elle a l'égoïsme généreux, une soif furieuse de bonheur pour elle et pour les autres ; de là, pour les autres, la pitié, l'appel énergique à la justice, la haine de l'oppression ou du despotisme ; pour elle, l'expression violente de l'individualité, la révolte contre toutes les contraintes et les limites ; elle veut le plus possible se développer en tout sens ; elle veut jouir d'elle-même. Mais la suprême jouissance, c'est de soi en autrui, de voir sa perfection reflétée dans une âme qui s'en éprend : elle veut donc être, se développer, afin d'être digne d'être aimée. Là est le bonheur, et ce n'est que faute de ce bonheur qu'elle se rabattra sur la gloire : elle le fera dire à Corinne, et elle est Corinne. Mais elle aura peine à en prendre son parti ; aucune de ses expériences ne vaincra son optimisme sentimental. Le désaccord de son rêve et des réalités n'aboutira qu'à fortifier la disposition romanesque qui est en elle. *Clarisse Harlowe* et *Werther* ont transporté sa jeunesse ; Walter Scott charmera ses derniers jours ; à travers toute son existence, elle persistera à croire que le roman a raison contre la vie, et que la vérité, c'est le roman. Par un hasard singulier, sa foi fut récompensée : elle finit par se reposer dans un amour absurde et un mariage ridicule, qui fut heureux.

*

* *

Une intelligence sans lecture

Albert Thibaudet, *Histoire de la littérature française, de 1789 à nos jours*, Stock, 1936 :

Sur De la Littérature :

La première partie, qui concerne le passé, est souvent hasardée ou contestable, même absurde, Mme de Staël ayant peu de lecture et connaissant surtout les livres par ceux qui en parlaient. Mais la seconde partie nous introduit pour la première fois et en plein dans la conscience littéraire de cette génération de 1789, dans les problèmes qui se posent pour elle. Il n'est pas difficile de reconnaître dans cet ouvrage si riche d'idées les couches successives de ces idées, depuis celles qu'elle recueillait des philosophes, à dix ans, sur son tabouret, celles aussi de son père, celles surtout de ses amis du Directoire et du Consulat, et la liaison en somme du Salon de Mme Necker et du salon de sa fille rue du Bac, le tout vivifié par une intelligence ardente et illuminatrice.

Sur Corinne :

Corinne ou l'Italie serait aussi *Corinne ou la Poésie*. Malheureusement rien ne manque plus que la poésie au livre de Mme de Staël. Petite-fille de Brandebourgeois elle voyage en Italie pour s'instruire, « profiter » ; française de culture, elle y voyage pour en parler, et pour y parler. Mais elle ne voyage pas pour sentir : le sentiment de la nature et le goût des arts lui sont étrangers. Elle eût donné, dit-elle, la baie de Naples pour un quart d'heure de conversation. Mais précisément l'intérêt de ce site, c'est pour elle le quart d'heure de conversation écrite qu'il peut suggérer. Entre la courbe sensuelle dont la prose des *Martyrs* épouse les lignes mêmes du golfe, et la poésie napolitaine de Lamartine, Corinne n'étend qu'un désert d'idées. Mme de Staël a défini le génie, pour une femme, le deuil éclatant du bonheur. *Corinne* est d'une certaine manière le deuil intelligent de la poésie.

*
* *

Une Junon bovine

Pierre de Lacretelle, *Madame de Staël et les hommes*, Grasset, 1939 :

Poussée à la fois par l'impérieux besoin de dominer qu'ont les hommes, et par celui de séduire, qui appartient aux femmes, Mme de Staël a dû, pour les satisfaire, compenser sa laideur par une continuelle virtuosité cérébrale qui frappa d'étonnement les contemporains. Car elle était laide – malgré la vivacité de son regard – par la vulgarité des traits, l'épaisseur des formes et des attaches, son masque enflammé et sa crinière noire de Junon bovine. Gouverneur Moriss, quand il fut reçu pour la première fois chez elle – Germaine avait vingt-trois ans – lui trouva un aspect viril et « absolument l'air d'une femme de chambre ».

Bien d'autres pensaient comme lui, ce qui n'a pas empêché Mme de Staël, après avoir ébloui, transporté ses égaux grâce à une prodigieuse éloquence, de les amener par ce moyen au paroxysme de la passion physique. Devant elle, ce n'est pas la chair qui était faible, mais l'esprit, tant sa parole ardente et persuasive semblait promettre ce que l'homme cherche toujours. [...]

Du moins la laideur de Mme de Staël devait-elle contribuer à développer sa franchise naturelle ; une fois assurée qu'il lui était impossible de vaincre par les armes de la femme, elle renonça aux ruses, à la coquetterie, et, par voie de conséquence, à toute dissimulation, pour mettre hardiment sa vie en pleine clarté. La morale courante aurait pu s'en offenser ; or il se trouve que tous les préjugés sont tombés devant elle car l'amour lui créait une surabondance de vertus trop rares pour ne pas inspirer le respect aux plus austères censeurs, toujours prête à grandir et à servir ses élus, Mme de Staël, par un privilège qu'elle tenait de sa double nature, pouvait dispenser à un même être, s'il consentait à lui appartenir tout entier, les transports de l'amour et les soins de l'amitié.

*

* *

Une plaie oratoire

André Suarès, *Portraits et préférences*, Gallimard, 1991 :

L'infortune de Benjamin Constant sera toujours d'avoir aimé Mme de Staël, au lieu d'une femme, ce gendarme d'éloquence, cette plaie oratoire [...] mi-suisse, mi-allemand.

Elle était son aînée de vingt mois. Elle pesait, pour le moins, quarante livres plus que lui ; et l'a bien fait voir en trois volumes. Avec ses gros bras, ses mamelles de Lucine, ses vastes fesses et ses flancs de Rhéa, elle remuait un monde de certitudes, de vanité, d'idées obscures, et de prétentions à l'empire. Le génie de l'impuissance, en Benjamin Constant, s'est d'abord révélé en ce qu'il a cru aimer cette détestable créature, qui poussait l'atrocité jusqu'à être bonne, pourvu qu'on lui cédât.

Ils se sont pris, ils se sont quittés, sans pouvoir jamais être l'un à l'autre. Elle aurait bien voulu qu'il fût la grande passion de sa vie : lui-même, il a toujours tremblé d'y croire. S'il avait aimé Mme de Staël avec passion, il eût été réduit à la condition de premier domestique et de scribe : pour une pareille femme on ne peut être qu'un objet mobilier de la gloire ; il faut porter sa livrée. Mme de Staël n'avait qu'une passion : le bruit, ou la gloire, comme on appelle le bruit, quand on y trouve sa musique. Cette femme veut régner. On lui fait tort du trône. Elle rend des arrêts sous le chêne de St-Louis, qu'elle ôte à Vincennes, pour l'offrir à Coppet. Elle se jugeait bien née pour faire le bonheur de la France et du monde : mais d'un homme, fi donc ! Elle avait la vocation, enfin, pour être ministre. D'ailleurs, elle a de gros appétits, une grosse taille, une grosse voix, une grosse figure et de gros crins noirs plein son turban. Tout est gros en elle.

*
* *

Une protestante anglophile

Louis Girard, *Les Libéraux*, Aubier, 1985 :

Ce grand livre [*Considérations sur la Révolution*] a ouvert la voie aux enfants du siècle atteignant l'âge viril à la chute de Napoléon.

Il donne une interprétation de la Révolution, qui n'est pas considérée comme un bloc. Interprétation durable qui place entre parenthèses la période qui s'étend de 1792 à 1795, celle où l'auteur doit fuir la France. La majorité silencieuse est méconnue, le mouvement de 1789 dénaturé. C'est l'époque des crimes. Mais la contrepartie, la défense de la Révolution contre ses ennemis n'est pas moins méconnue. Enfin Bonaparte a été porté au pouvoir par un mouvement national dont Germaine fut témoin. Ce mouvement, elle le minimise. Son livre traite des déconvenues apportées par la Révolution et de la manière de les réparer. Sans dissimuler certaines faiblesses de l'Angleterre, le livre idéalise son régime. Il esquive le problème d'une armée importante dans les États continentaux, dont le prestige fait des chefs militaires les éventuels rivaux des gouvernements civils. Le problème ne se pose pas dans l'Angleterre insulaire. Protestante, Madame de Staël pense que la Réforme est, plus que le catholicisme, favorable à l'esprit de liberté. Elle demeure persuadée que la religion est un des ressorts de tout gouvernement et note que « la Réformation a mis chez les Anglais les lumières parfaitement en accord avec les sentiments religieux ; ils forment la nation la plus religieuse, la plus morale et la plus éclairée dont l'Europe puisse se vanter ». Tous les libéraux lieront avec elle morale, religion et politique. En quoi ils se distinguent des Idéologues pour lesquels la « vertu » ne doit rien à la « superstition ». Pour Mme de Staël, « c'est parce que les Français n'ont pas uni la religion à la liberté que leur révolution a sitôt dévié de sa direction primitive ». Liberté politique et liberté religieuse signent ici un Concordat malaisé à respecter dans une nation catholique. Une réforme religieuse doit-elle doubler la réforme politique ? Dans son enthousiasme anglomane, cette Genevoise de la rue du Bac, sans les méconnaître absolument, passe sur certains obstacles importants. Elle a néanmoins montré la voie à suivre, les dangers à éviter pour atteindre le but.

*

* *

Un esprit européen

Émile Faguet, *Politiques et moralistes du dix-neuvième siècle*, 1891 :

Elle est un génie très bon, très persuasif, très libre et souple, plus suggestif qu'impérieux, qui impose infiniment moins que celui de Chateaubriand, par exemple, et qui se fait aimer davantage. Elle n'a pas donné une puissante secousse à l'esprit français, elle a insinué en lui des idées, des sentiments et des goûts. Un certain « état d'esprit » aristocratique sans hauteur, libéral, religieux ou plutôt respectueux des religions, s'inspirant de la révolution française sans la suivre jusqu'en ses conclusions radicales, qui a été celui, non pas précisément d'un parti, mais d'une fraction notable de la société française jusqu'en ces dernières années, peut-être légitimement rattaché à elle comme à son initiateur. La jeunesse élevée par Chateaubriand pour ce qui est de l'art, et par Mme de Staël pour ce qui est des idées, n'a pu que former une génération très noble, très généreuse et très distinguée. En la lisant, le siècle finissant doit se dire à lui-même le mot du marquis de Posa : « Rappelez-lui qu'il doit porter respect aux rêves de sa jeunesse. » Elle a eu elle-même un mot bien profond : « Désormais il faut avoir l'esprit européen. » C'était donner au siècle qui naissait sa devise. Elle aurait pu la prendre pour elle. Personne, tout en gardant l'amour de ce que sa patrie avait pensé et avait fait de grand, n'a eu plus qu'elle l'intelligence ouverte à tout le travail de la pensée européenne. Elle élargissait la patrie bien plutôt qu'elle ne l'oubliait. C'était un esprit européen dans une âme française.

*
* *

Une thermidorienne ambitieuse

Henri Guillemin, *Madame de Staël et Napoléon*, Seuil, 1987 :

Mme de Staël, qui a estimé plus sage, pour sa sécurité personnelle, de quitter Paris au lendemain du 10 août (1792) – cette Suissesse, mariée à un Suédois, tenait beaucoup à jouer un rôle dans la politique française et n'avait pas peu contribué à pousser Narbonne, son amant, au pouvoir – Mme de Staël avait reparu dans la capitale des « Gaulois » dès que le règne des Thermidoriens lui avait paru assuré. Elle amenait de Suisse avec elle son nouvel élu, Constant (encore que, maîtresse alors de Ribbing, elle niait, bien entendu, toute complaisance trop intime en faveur du long rouquin vaudois au petit ventre proéminent). Et Constant a, comme elle, une démangeaison forcenée d'être quelque chose, en France, et le plus près possible du gouvernement. C'est l'heure où les « gens de bien » connaissent l'euphorie.

*
* *

Une femme virile

Simone de Beauvoir, *Le Deuxième Sexe*, Gallimard, 1949 :

Ce sont les femmes dont on s'occupe trop, ou qui s'occupent trop d'elles-mêmes qui présentent le plus de phénomènes morbides [pendant leur grossesse]. Celles qui traversent le plus facilement l'épreuve de la grossesse, ce sont d'une part les matrones totalement vouées à leur fonction de pondeuses, d'autre part les femmes viriles qui ne se fascinent pas sur les aventures de leur corps et qui ont à cœur de les surmonter avec aisance : Mme de Staël menait une grossesse aussi rondement qu'une conversation.

*
* *

L'impétuosité et le chagrin

Mona Ozouf, *Les Mots des femmes*, Fayard, 1995 :

Deux fantômes hantent les pensées de madame de Staël : le silence, la solitude. [...] L'image terrifiante de la mort gouverne la rêverie de madame de Staël sur le silence et la solitude. Elle « descend » dans le silence. Elle « s'enfonce » dans la solitude. L'absence des amis, leur mutisme sont des tombeaux. Tombe la campagne, et l'éloignement de

Paris, lieu où fleurit l'échange amical, « le plus grand plaisir concevable ». Tombe plus profonde encore, l'exil. Tombe le vieil âge, où il faut « descendre sans appui ». Aussi faut-il prendre à la lettre les cris qui déchirent la correspondance de Germaine ; leur éloquence est moins celle de l'amour que de l'impatience, de l'effroi ; de la colère, aussi, mise à réclamer ces missives qui, lorsqu'elles n'arrivent décidément pas, alors même que l'heure du courrier s'est passée dans le tremblement de la fièvre, donnent le coup de la mort ; ou bien, lorsqu'elles arrivent, mais couvertes de mots négligents tracés par un indifférent ou un ingrat, portent une sentence également fatale. Il est vrai qu'en sens inverse les lettres peuvent délivrer le cordial des mots qui raniment et ramènent au nombre des vivants. Quand ils annoncent le retour de l'aimé, le bonheur proche de la présence, alors le ciel se rouvre. La vérité profonde de madame de Staël tient dans ce mouvement de systole et de diastole. Euphorie de la présence et de la parole, abattement de l'absence et du silence. Entre les deux, nulle sérénité. [...]

Dans le triste bagage du délaissement, une fée compatissante a pourtant déposé deux talismans capables de réenchanter la vie, de ranimer le sentiment de l'existence chez l'individu qui ne le trouve pas en lui-même, sur qui la présence et la parole d'autrui détiennent le droit de vie et de mort. L'amour, qui rend à l'être le plus démuni le sentiment de sa nécessité ; la gloire, qui fait vivre au centre d'un cercle brillamment éclairé. L'un et l'autre peuvent et savent conjurer l'esseulement des êtres humains. Mais jusqu'à quel point exactement ? Et la conjuration vaut-elle pour tous les individus ? Les femmes ont-elles ce recours ? Et Germaine, tout spécialement ? Une grande partie des écrits de madame de Staël est consacrée à tourner autour de ces questions. Et c'est toujours à travers l'obsédante image des deux spectres familiers qu'elle traite, avec le mélange d'impétuosité et de chagrin qui la définit, le problème des destinées féminines.

*

* *

Actualité

Karle de Meyer, « France-Allemagne : recherche nouvelle Mme de Staël désespérément », *Les Échos*, 4 janvier 2010 :

« Un Français sait encore parler, alors même qu'il n'a point d'idées ; un Allemand en a toujours dans sa tête un peu plus qu'il n'en saurait exprimer. » Voilà l'une des nombreuses perles qui émaillent un livre formidable, dont on célèbre cette année les deux cents ans : *De l'Allemagne*, et dont de nombreuses pages restent d'une actualité confondante. Mme de Staël, qui rédige son texte après avoir sillonné les États germaniques, lors d'un exil entamé dès 1803 avec l'orageux Benjamin Constant, vise à faire connaître en France, où elle est fort méconnue, la production intellectuelle des contrées de langue allemande – il n'y a pas encore d'Allemagne au sens moderne. La fille de Jacques Necker réussit l'exploit de résumer avec deux siècles d'avance les difficultés du dialogue franco-allemand en 2010. [...] Le livre, qui ne cesse dans sa première partie, de comparer les tempéraments français et allemand, sans en épargner aucun, ferait à n'en pas douter un précieux bréviaire dans les ministères, des deux côtés du Rhin. Dans certaines entreprises aussi, d'Areva à Siemens, de la SNCF à la Deutsche Bahn, ou encore au sein d'EADS. Parce que la modernité de Mme de Staël a tout de même ses limites et que la situation politique a sensiblement évolué depuis, il nous faudrait, toutefois, une nouvelle héroïne du franco-allemand qui écrive, sinon une suite, du moins un essai motivé par la même soif de dialogue. Un ouvrage qui puisse inspirer une louange aussi appuyée que celle de Goethe pour *De l'Allemagne* : « Un puissant instrument qui fit la première brèche dans la muraille d'antiques préjugés élevée entre nous et la France. »

Sources et bibliographie

Archives

Archives nationales, cote F7 6331, 400 AP 32
Archives du ministère de l'Intérieur à Vienne, cote 1808-Z. 230
Archives d'État de Berne
Archives de Coppet (très fermées)
BNF, ms fr. nouv. acq. 14069, 14079, 14080, 12726
Bibliothèque publique de Genève

Sources écrites

Les *Œuvres complètes* de Mme de Staël ont été publiées en dix-sept volumes par son fils, Auguste-Louis Bon de Staël-Holstein, en 1820-1821, chez Treuttel et Wurtz. Un certain nombre de textes étaient alors inédits ou inconnus. On peut les consulter sur le site Gallica de la BNF. Les éditions Champion de Genève ont entrepris une nouvelle publication des *Œuvres complètes* depuis 2000, sous la direction de Florence Lotterie.

En particulier :

Des Circonstances actuelles et autres essais politiques sur la Révolution, tome I, sous la dir. de Lucia Omacini ; textes établis, présentés et annotés par Bronislaw Baczko *et al.*, H. Champion, 2009. Cet ouvrage posthume a été publié pour la première fois en 1906 ; il a été réédité, avec une édition critique de Lucia Omacini, chez Droz en 1979 avant la reprise dans les *Œuvres complètes*.

Correspondance générale, établie par Béatrice W. Jasinski, a été publiée d'abord par J.-J. Pauvert, aujourd'hui par Champion-Slatkine, 1960 –... À ce jour (fin 2009) cette correspondance comprend 7 tomes. Le dernier en date concerne la période du 9 mai 1809 au 23 mai 1812 ; il a été préparé par Béatrice W. Jasinski et, après le décès de celle-ci, édité par Othenin d'Haussonville en 2008.

Voir aussi :

Correspondances suédoises de Germaine de Staël : 1812-1816, édit. par Norman King, Société des études staëliennes.

Lettres inédites de Mme de Staël à Rocca, Genève, Chapuisat, 1929.

Lettres de Mme de Staël à Mme Récamier, présentées et annotées par E. Beau de Loménie, Domat, 1952.

Lettres de Claude-Ignace de Barante à son fils Prosper sur Mme de Staël, de Mme de Staël à Claude-Ignace de Barante, de Prosper de Barante à son père sur Mme de Staël, de Prosper de Barante à Mme de Staël, Clermont-Ferrand, Imprimerie moderne, 1929.

Lettres inédites de J.-C.L. de Sismondi, de M. de Bonstetten, de Mme de Staël et de Mme de Souza à Mme la Csse d'Albany, Michel Lévy, 1863.

Lettres inédites de Mme de Staël à Henri Meister, Hachette, 1903.

Lettres inédites du Prince de Ligne à Madame de Staël, publiées par Simone Balayé, Bruxelles, Palais des Académies, 1966.

Madame de Staël et J.-B. Suard : correspondance inédite, 1876-1817, pub. par Robert de Luppé, Droz, 1970.

Madame de Staël, ses amis, ses correspondants (1778-1817) : choix de lettres, Klinscksieck, 1970.

Talma, François-Joseph, *Correspondance avec Madame de Staël*, éd. Montaigne, 1928.

Ouvrages de Mme de Staël réédités en dehors des Œuvres complètes :

Carnets de voyage de Mme de Staël : contribution à la genèse de ses œuvres, par Simone Balayé, Genève, Droz, 1971.

Considérations sur la Révolution française, éd. critique par Jacques Godechot, Tallandier, 1983.
Corinne ou l'Italie, préface de Simone Balayé, Folio/Gallimard, 1985.
Delphine, présentation et notes par Béatrice Didier, Flammarion, 2000.
De l'Allemagne, intro. de Simone Balayé, Garnier-Flammarion, 1968.
De la Littérature, édit. établie par Gérard Gengembre et Jean Goldzink, Flammarion, 1991. Nouv. éd. critique en 1998.
Dix ans d'exil. Édition critique par Simone Balayé et Mariella Vianello Bonifacio, Fayard, 1996.
Œuvres de jeunesse, présentation et notes de Simone Balayé, Desjonquères, 1997.
Trois nouvelles, Folio/Gallimard, 2009.

Contemporains de Mme de Staël :

Boigne, comtesse de, *Mémoires*, Plon-Nourrit et Cie, 1905.
Chateaubriand, René de, *Mémoires d'outre-tombe* « La Pléiade », Gallimard, 1951.
Constant, Benjamin, *Lettres à un ami : cent onze lettres inédites à Claude Hochet*, Neuchâtel, À la Baconnière, 1949.
Isabelle de Charrière et Benjamin Constant, *Correspondance (1787-1805)*, édit. établie par Jean-Daniel Candaux, Desjonquères, 1906.
Goethe, Schiller, *Correspondance*, 2 vol., Gallimard, 1994.
Guizot, *Mémoires pour servir à l'histoire de mon temps*, Lévy frères, 1872.
Ligne, Prince de, *Lettres et pensées*, Paris, 1809.
Las Cases, *Mémorial de Saint-Hélène*, Paris, 1823.

Journaux :

Le Moniteur, Le Journal de l'Empire, Gazette de Lausanne, le *Publiciste, Nouvelles politiques*, *Journal de Paris, Actes des Apôtres*, *La Mémorial*, *L'invariable.*

Bibliographie sur Mme de Staël et son œuvre

Colloques et ouvrages collectifs

Benjamin Constant, Madame de Staël et le groupe de Coppet, colloque 15-19 juillet 1980, Oxford, The Voltaire Foundation, Lausanne, Institut Benjamin Constant, 1982.

Les *Cahiers staëliens* édités par la Société des études staëliennes, aujourd'hui édités par les Éditions Honoré Champion. Notamment :

N° 37, *Le groupe de Coppet et l'Allemagne.*

N° 44, *Madame de Staël et les polices françaises sous la Révolution et l'Empire.*

N°52, *Madame de Staël : sagesse et folie. Bibliographie staëlienne (1994-2000).*

N° 53, *« Est-ce sérieusement que vous me haïssez ? » : ennemis et contradicteurs de Mme de Staël.*

Colloque de Coppet, 18-24 juillet 1966, *Madame de Staël et l'Europe,* Klincksieck, 1970.

Le Groupe de Coppet : actes et documents du 2e colloque de Coppet, 10-13 juillet 1974, Genève, Slatkine, 1977.

Madame de Staël : actes du colloque de la Sorbonne du 20 novembre 1999, dir. Michel Delon et Françoise Mélonio, Presses de l'université Paris-Sorbonne, 2000.

Madame de Staël, Corinne ou l'Italie, Société des études romantiques. Textes réunis par José-Luis Diaz. Actes du colloque d'agrégation des 26 et 27 nov. 1999, Sedes/HER, 1999.

Corinne ou l'Italie de Germaine de Staël, sous la dir. de Christine Planté, Christine Pouzoulet et Alain Vaillant, université Paul-Valéry, Montpellier, 2000.

Coppet, creuset de l'esprit libéral : Les idées politiques et constitutionnelles du groupe de Madame de Staël, dir. Lucien Jaume, Presses universitaires d'Aix-Marseille/Economica, 2000.

Études biographiques et autres

Andlau, Béatrix d', *La Jeunesse de madame de Staël : de 1766 à 1786,* Droz, Paris, Genève, 1970.

Baczko, Bronislaw, *Politiques de la Révolution française,* Folio histoire/ Gallimard, 2008.

Balayé, Simone, *Madame de Staël et le gouvernement impérial en 1810 : le dossier de la suppression de « De l'Allemagne »*, V. Attinger, 1974.

Balayé, Simone, *Madame de Staël : Lumières et liberté*, Klincksieck, 1979.

Balayé, Simone, *Madame de Staël : écrire, lutter, vivre*, Genève, Droz, 1994.

Balayé, Simone, *L'Éclat et le silence : « Corinne ou l'Italie » de Madame de Staël*, Champion, 1999.

Bastid, Paul, *Benjamin Constant et sa doctrine*, A. Colin, 1966.

Barudio, Günter, *Madame de Staël und Benjamin Constant* : *Spile mit dem Feuer*, Berlin, Rowolt, 1996.

Blennerhassett, Charlotte Julia, *Madame Staël et son temps 1766-1817*, Genève, Slatkine reprints, 2002. Première édition en 1890.

Bredin, Jean-Denis, *Une singulière famille : Jacques Necker, Suzanne Necker et Germaine de Staël*, Fayard, 1999.

Broglie, Jacques de, *Madame de Staël et sa cour au château de Chaumont en 1810*, Plon, 1936.

Cordey, Pierre, *Madame de Staël ou le Deuil éclatant du bonheur*, Edito-Service, 1979.

Didier, Béatrice, *Madame de Staël*, Ellipses, 1999.

Diesbach, Ghislain de, *Madame de Staël*, Perrin, 1983.

Dixon, Sergine, *Germaine de Staël, daughter of the enlightenment : the writer and her turbulent era*, Amherts (NY), Prometheus books, 2007.

Dubé, Pierre H., *Bibliographie de la critique sur Mme de Staël : 1789-1994*, Genève, Droz, 1998.

Du Plessix Gray, Francine, *Madame de Staël : The First Modern Woman*, Turnaround, 2008.

Fairweather, Maria, *Madame de Staël*, Londres, Constable, 2004.

Félix-Faure, Jacques, *Stendhal, lecteur de Mme de Staël*, Aran (Suisse), Éditions du Grand Chêne, 1974.

Gautier, Paul, *Madame de Staël et Napoléon*, Plon, 1903. Nouv. éd. 1933.

Gautier, Paul, *Mathieu de Montmorency et Madame de Staël*, Plon, 1908.

Gennari, Geneviève, *Le Premier Voyage de Mme de Staël en Italie et la genèse de Corinne*, Boivin, 1947.

Gooden, Angelica, *Madame de Staël : the dangerous exile*, Oxford University Press, 2008.

Grange, Henri, *Les Idées de Necker*, Klincksieck, 1974.

Guillemin, Henri, *Madame de Staël et Napoléon ou Germaine et le caïd ingrat*, Le Seuil, 1987.

Gwynne, Griffith E., *Madame de Staël et la Révolution française, politique, philosophie, littérature*, A.-G. Nizet, 1969.

Haussonville, Gabriel-Paul-Othenin d', *Le Salon de Madame Necker*, Calmann-Lévy, 1882, Slatkine Reprints, Genève, 1970.
Haussonville, Gabriel-Paul-Othenin d', *Madame de Staël et M. Necker, d'après leur correspondance inédite*, Paris, 1925.
Haussonville, Gabriel-Paul-Othenin d', *Madame de Staël et l'Allemagne*, Calmann-Lévy, 1928.
Henning, Ian Allan, *« L'Allemagne » de Madame de Staël et la polémique romantique*, Genève, Slatkine, 1975.
Herold, Christopher, *Mistress to an Age : A Life of Madame de Staël*, Grove, 2008.
Herriot, Édouard, *Madame Récamier et ses amis,* Gallimard, 1934.
Hogsett, Charlotte, *The Literary existence of Germaine de Staël*, Edwardsville, Southern Illinois University Press, 1987.
Jasinski, Béatrice W., *L'Engagement de Benjamin Constant. Amour et Politique (1794-1796)*, Minard, 1971.
Kohler, Pierre, *Madame de Staël et la Suisse,* Lausanne et Paris, Payot, 1916.
Lacretelle, Pierre de, *Madame de Staël et les hommes*, Grasset, 1939.
Lang André, *Une vie d'orages*, Calmann-Lévy, 1958.
Larg, David Glass, *Madame de Staël, la vie dans l'œuvre*, Champion, 1924.
Lenormant, Mme A., *Coppet et Weimar*, Michel Lévy, 1862.
Laurent, Marcel, *Prosper de Barante et Madame de Staël*, Saint-Laure, 1972.
Levaillant, Maurice, *Madame de Staël et madame Récamier : une amitié amoureuse*, Hachette, 1956.
Lilti, Antoine, *Le Monde des salons*, Fayard, 2005.
Luppé, Robert de, *Les Idées littéraires de Madame de Staël et l'héritage des lumières 1795-1800*, Vrin, 1969.
Jean Mistler, *Madame de Staël et Maurice O'Donnell*, Calmann-Lévy, 1926.
Notice sur la caractère et les écrits de Madame de Staël par Madame Necker de Saussure, Londres, Treuttel et Würtz, 1820.
Ozouf, Mona, *Les Mots des femmes*, Paris, Fayard, 1995.
Pange, Pauline de, *Mme de Staël et la découverte de l'Allemagne*, Malfère, 1929.
Pange, Pauline de, *Monsieur de Staël*, éd. des Portiques, 1931.
Pange, Pauline de, *Madame de Staël et le prince de Ligne*, Bruxelles, 1935.
Pange, Pauline de, *Auguste-Guillaume Schlegel et Madame de Staël*, Albert, 1938.
Pange, Pauline de, *Le Dernier Amour de Madame de Staël*, La Palatine, Genève, 1944.

Pellegrini, Carlo, *Madame de Staël e il Gruppo du Coppet*, Bologne, Patron, 1974.

Phalèse, Huvert de, *Corinne à la page*, Nizet, 1999.

Plessis Gray, Francine du, *Madame de Staël : The First Modern Woman*, Atlas and Co., 2008.

Sainte-Beuve, Charles-Augustin, *Portraits de femmes*, Folio classique/Gallimard, 1998.

Solovieff, Georges, *Madame de Staël : choix de textes, thématique et actualité*, Klincksieck, 1974.

Tribouillard, Stéphanie, *Le Tombeau de Madame de Staël : les discours de la postérité staëienne en France, 1817-1850*, préface de Florence Lotterie, Genève, Slatkine, 2007.

Wilkes, Joanne, *Lord Byron and Madame de Staël : born for opposition*, Aldershot, Ashgate.

Winegarten, Renee, *Germaine de Staël and Benjamin Constant : a dual biography*, Yale University Press, 2008.

Wittmer, Louis, *Charles de Villers (1765-1813), un intermédiaire entre la France et l'Allemagne et un précurseur de Mme de Staël*, Genève et Paris, 1908.

Repères chronologiques

1764 : Mariage de Jacques Necker et de Suzanne Curchod à Paris.

1766 : 22 avril. Naissance d'Anne, Louise, Germaine Necker à Paris.

1776 : Necker Directeur des finances adjoint.

1777 : Necker Directeur général des finances.

1781 : Démission de Necker à la demande de Louis XVI.

1784 : Achat du château de Coppet

1786 : 14 janvier. Mariage de Melle Necker et du baron de Staël-Holstein à la chapelle de l'ambassade de Suède à Paris.

1787 : 22 juillet. Naissance de Gustavine, premier enfant de Mme de Staël.

1788 : 26 août. Necker rappelé au ministère des finances.
Rencontre du comte Louis de Narbonne par Mme de Staël.

1789 : 7 avril. Mort de Gustavine.
11 juillet : Exil de Necker.
30 juillet : retour triomphal de Necker à Paris.

1790 : 31 août. Naissance d'Auguste de Staël.
3 septembre. Démission et retour en Suisse de Necker.
Mme de Staël publie à un nombre d'exemplaires limité deux pièces de théâtre, *Sophie* et *Jeanne Gray*.

1791 : Salon de Mme de Staël à Paris.
Vote de la Constitution.
Mme de Staël favorise l'accès de Narbonne au ministère de la Guerre.

1792 : 20 avril. La guerre est déclarée à l'Autriche.
Au lendemain du 10-Août, Mme de S. sauve quelques-uns de ses amis monarchistes et fait s'évader Narbonne en Angleterre.
2 septembre. Dans la tourmente des massacres de septembre.
3 septembre : elle peut s'échapper de Paris.
Naissance d'Albert à Rolle, non loin de Coppet.
1793 : 20 janvier-27 mai. Séjour en Angleterre.
Rencontre de Ribbing.
Septembre. Publie ses *Réflexions sur le procès de la reine.*
1794 : Publication de *Zulma.*
Ribbing obligé de quitter la Suisse s'installe au Danemark.
15 mai. Mort de Mme Necker.
18 septembre. Rencontre de Benjamin Constant.
Publication des *Réflexions sur la paix adressées à M. Pitt et aux Français.*
1795 : 25 mai. Mme de St. et Constant à Paris. Son salon est ouvert de nouveau. *Réflexions sur la paix intérieure*, restées inédites.
Octobre. Exilée par le Comité de salut public, repart pour la Suisse.
1796 : 22 avril. Mandat d'arrêt contre elle. Constant rentre à Paris.
Septembre. Publication de *De l'Influence des passions* à Lausanne.
Fin décembre. Autorisation de rentrer en France ; s'installe à Hérivaux chez Constant jusqu'en mai 1797.
1797 : 8 juin. Naissance d'Albertine de Staël.
4 septembre. Coup d'État du 18 Fructidor.
6 décembre. Première rencontre avec Bonaparte.
1798 : En Suisse. Écrit *Des Circonstances actuelles* mais ne les publie pas.
1799 : S'installe à Saint-Ouen en mai ; expulsée en juillet. Retourne à Coppet. Retour à Paris le 9 novembre, au soir du 18 Brumaire.
24 décembre. Constant nommé au Tribunat.
1800 : 5 janvier. Audacieux discours de Constant au Tribunat.
Avril. Publication de *De la Littérature.*
Séparation d'avec M. de Staël.
1801 : Coppet, puis Paris.
1802 : Épuration du Tribunat, exclusion de Constant.
9 mai. Mort d'Eric-Magnus de Staël à Poligny.
Août. Necker publie ses *Dernières vues de politique et de finances*, qui lui valent à lui et à sa fille les foudres de Bonaparte.
Décembre. Publication de *Delphine.*
1803 : Ordre d'exil à quarante lieues de Paris.
Octobre : départ pour l'Allemagne.

1804 : 22 avril. Apprend à Weimar la mort de son père. Rentre à Coppet en compagnie d'August Wilhelm Schlegel.
Publie les *Manuscrits de M. Necker*, qu'elle fait précéder par *Du Caractère de M. Necker et de sa vie privée.*
Départ pour l'Italie en décembre.

1805 : Rentre d'Italie à Coppet en juin.
Début de liaison avec Prosper de Barante.
Visite de Chateaubriand à Coppet.

1806 : Retour en France en avril ; installation au château de Vincelles, près d'Auxerre.
Septembre. À Rouen.
Amours de Constant et de Charlotte de Hardenberg.
29 novembre. S'installe au château d'Acosta près de Meulan. Constant lui lit une première version d'*Adolphe* : scène violente.

1807 : Retour à Coppet.
Publication de *Corinne.*
Grande saison du groupe de Coppet.
4 décembre. Part pour Vienne, où elle a une liaison avec O'Donnell.
5 juin. Mariage secret entre Constant et Charlotte.
Juillet. Retour à Coppet.

1809 : Constant publie *Wallstein.*
Elle publie les *Lettres et pensées* du prince de Ligne.
9 mai. Aveu dramatique du mariage de Constant.

1810 : Avril. S'installe au château de Chaumont puis en août au château de Fossé. Début de l'impression de *De l'Allemagne.*
24 septembre. Son livre est interdit et pilonné.
En résidence surveillée à Coppet, avec la seule autorisation de séjour à Genève.
Début novembre à Genève, où elle rencontre John Rocca.

1811 : Schlegel parvient à mettre un jeu d'épreuves de *De l'Allemagne* en sûreté à Vienne.
1er mai. Mme de Staël épouse secrètement Rocca.
Elle écrit ses *Dix années d'exil.*

1812 : 5 avril 1812. Naissance de Louis-Alphonse Rocca.
23 mai. Elle fuit Coppet. Arrive à Moscou le 1er août et le 7 août à Saint-Pétersbourg.
Septembre. Début de séjour à Stockholm. Rencontres avec Bernadotte, le prince royal.

1813 : *Essai sur le suicide* dédié à Bernadotte.
Juin. Arrivée en Angleterre.

12 juillet. Albert de Staël est tué en duel.
Première publication de *De l'Allemagne*.
Commence ses *Considérations sur la Révolution*.

1814 : 6 avril. Abdication de Napoléon.
12 mai : retour de Mme de Staël à Paris.
Juillet. Retour à Coppet après deux ans d'absence.

1815 : 10 mars. Se réfugie à Coppet à la nouvelle du retour de Napoléon.
Ralliement de Constant, qui rédige l'*Acte additionnel aux constitutions de l'Empire*.
Septembre. Se rallie aux Bourbons. Louis XVI lui restitue le prêt de Necker.

1816 : 20 février. Mariage à Pise d'Albertine avec le duc Victor de Broglie.
Retour à Coppet. Régularisation de son mariage avec Rocca, qui reste secret.

1817 : À Paris. Le 21 février subit une attaque qui la rend paralysée.
14 juillet. Mort de Mme de Staël.

1818 : 30 janvier. Mort de John Rocca.
Publication des *Considérations sur la Révolution française*.

1820 : Publication des *Dix années d'exil* et des *Œuvres complètes*.

Index des noms de personnes

Table des matières

Du même auteur (suite)

Parlez-moi de la France
Plon, 1995
et Seuil, « Points », n° P336, 1997, 1999

Le Siècle des intellectuels
[prix Médicis essai 1997]
Seuil, 1997 et « Points », n° P613, 1999, « Points Histoire », n°364, 2006 et 2009

1914-1918
raconté par Michel Winock
Perrin, 1998 et 2008

La France politique
XIXe-XXe siècle
Seuil, 1999, et « Points Histoire », n° 256, 1999, 2003 et 2009

Les Voix de la liberté
Les écrivains engagés au XIXe siècle
[prix R. de Jouvenel de l'Académie française]
Seuil, 2001 et « Points », n° P1038, 2002,

La Belle Époque
La France de 1900 à 1914
Perrin, 2002 et « Tempus », n°44, 2003

Jeanne et les siens
récit
[prix Eugène Colas de l'Académie française]
Seuil, 2003 et « Points », n° 1263, 2004

La France et les Juifs
De 1789 à nos jours
Seuil, « L'univers historique », 2004
« Points Histoire », n° 350, 2005

Victor Hugo dans l'arène politique
Bayard, 2005

Pierre Mendès France
Bayard/BnF, 2005

13 mai 1958 : L'Agonie de la IVe République
Gallimard, 2006

La Gauche en France
Perrin, « Tempus », n°143, 2006

La Gauche au pouvoir
L'héritage du Front populaire
(en collab. avec Séverine Nikel)
Bayard, 2006

La Mêlée présidentielle
Flammarion, 2007

Clemenceau
Perrin, 2007

1958, la naissance de la Ve République
Gallimard, « Découvertes », 2008

L'Élection présidentielle en France
(1958-2007)
Perrin, « Tempus », 2008

La Droite
Plon, 2008

Le XXe siècle idéologique et politique
Perrin, « Tempus », 2009

en collaboration avec Jean-Pierre Azéma

Les Communards
Seuil, 1964, éd. revue et complétée, 1971

Naissance et Mort de la IIIe République
Calmann-Lévy, 1970, éd. revue et complétée, 1976 ;
rééd. sous le titre
La Troisième République
Hachette, « Pluriel », 1978, 1986

ouvrages collectifs

Pour la Pologne
Seuil, 1982

Pour une histoire politique
(direction : René Rémond)
Seuil, « L'univers historique », 1988
« Points Histoire », n° 199, 1996

« Jeanne d'Arc »
in Les Lieux de mémoire
(direction : Pierre Nora)
tome VIII, Gallimard, 1992

Histoire de l'Extrême droite en France
(direction : Michel Winock)
Seuil, « XXe siècle », 1993 ; « Points Histoire », n° 186, 1994

La France de l'Affaire Dreyfus
(direction : Pierre Birnbaum)
Gallimard, 1993

Dictionnaire des intellectuels français
(direction : Jacques Julliard, Michel Winock)
Seuil, 1996, 2002 et 2009

Les Cultures politiques
(direction : Serge Berstein)
Seuil, « L'univers historique », 1999

Sous la direction de Serge Berstein Philippe Contamine, Michel Winock
HISTOIRE DE LA FRANCE POLITIQUE
1. Le Moyen Âge
(direction : Philippe Contamine)
Seuil, « L'univers historique », 2002
et « Points Histoire », n° 367, 2006

2. La Monarchie entre Renaissance et Révolution
(direction : Joël Cornette)
Seuil, « L'univers historique », 2000
et « Points Histoire », n° 368, 2006

3. L'invention de la démocratie
(direction : Serge Berstein, Michel WInock)
Seuil, « L'univers historique », 2003
et « Points Histoire », n° 369, 2008

4. La République recommencée
(direction : Serge Berstein, Michel Winock)
Seuil, « L'univers historique », 2004
et « Points Histoire », n° 370, 2008

Photocomposition Nord Compo
Villeneuve-d'Ascq

Pour l'éditeur, le principe est d'utiliser des papiers composés de fibres naturelles, renouvelables, recyclables et fabriquées à partir de bois issus de forêts qui adoptent un système d'aménagement durable.
En outre, l'éditeur attend de ses fournisseurs de papier qu'ils s'inscrivent dans une démarche de certification environnementale reconnue.

Impression réalisée par
CPI BRODARD ET TAUPIN
La Flèche

en février 2010

Édition exclusivement réservée aux adhérents du Club
Le Grand Livre du Mois
Avec l'aimable autorisation des Éditions Fayard

Imprimé en France
Dépôt légal : mars 2010
N° d'impression : 56709